西方语言学教材名著系列

Toward a Cognitive Semantics
(Volume II)
Typology and Process in
Concept Structuring

认知语义学

（卷 II）

概念构建的类型和过程

[美] 伦纳德·泰尔米（Leonard Talmy） 著

李福印 胡志勇 贾红霞 张炜炜 张洋瑞 任龙波 刘娜 译

北京大学出版社
PEKING UNIVERSITY PRESS

著作权合同登记号　图字：01-2010-1792

图书在版编目(CIP)数据

认知语义学. 卷Ⅱ：概念构建的类型和过程 /（美）伦纳德·泰尔米（Leonard Talmy）著；李福印等译. —北京：北京大学出版社，2019.1
（西方语言学教材名著系列）
ISBN 978-7-301-30105-0

Ⅰ. ①认… Ⅱ. ①伦… ②李… Ⅲ. ①认知语言学–语义学 Ⅳ. ① H0-06 ② H030

中国版本图书馆 CIP 数据核字(2018) 第 274485 号

Toward a Cognitive Semantics (Volume Ⅱ): Typology and Process in Concept Structuring
by Leonard Talmy
© 2000 Massachusetts Institute of Technology

Simplified Chinese Edition © 2019 Peking University Press
Published by arrangement with the MIT Press through Bardon-Chinese Media Agency

All rights reserved.

书　　名	认知语义学（卷Ⅱ）：概念构建的类型和过程 RENZHI YUYIXUE (JUAN II): GAINIAN GOUJIAN DE LEIXING HE GUOCHENG
著作责任者	[美] 伦纳德·泰尔米（Leonard Talmy）著　李福印 等 译
责任编辑	唐娟华
标准书号	ISBN 978-7-301-30105-0
出版发行	北京大学出版社
地　　址	北京市海淀区成府路 205 号　100871
网　　址	http://www.pup.cn　新浪微博：@北京大学出版社
电子信箱	zpup@pup.cn
电　　话	邮购部 010-62752015　发行部 010-62750672　编辑部 010-62767349
印　刷　者	北京虎彩文化传播有限公司
经　销　者	新华书店
	730 毫米 × 1020 毫米　16 开本　33.5 印张　549 千字 2019 年 1 月第 1 版　2025 年 3 月第 4 次印刷
定　　价	98.00 元

未经许可，不得以任何方式复制或抄袭本书之部分或全部内容。
版权所有，侵权必究
举报电话：010-62752024　电子信箱：fd@pup.pku.edu.cn
图书如有印装质量问题，请与出版部联系，电话：010-62756370

This Chinese translation of the original is dedicated to Leonard Talmy

谨将此汉语译本献给伦纳德·泰尔米

李福印

My immense thanks to Li Fuyin for undertaking the translation of this work, and for taking such care with all of its aspects. My interactions with him in the process have been a real pleasure.

                                             Leonard Talmy

目　录

译者前言　1
体例说明　1
序　　言　1

第一部分
事件结构表征的类型模式

第 1 章
词汇化模式　3

第 2 章
词汇化模式概览　151

第 3 章
事件融合的类型　215

第 4 章
语义空间的借用：历时混合　294

第二部分
语义互动

第 5 章
语义冲突与解决　327

第 6 章
交际目的和手段:二者的认知互动　340

第三部分
其他认知系统

第 7 章
文化认知系统　377

第 8 章
叙事结构的认知框架　412

英汉术语对照表　468
参考文献　487

译者前言

译者前言共五部分,前四部分分别介绍原著、作者、译者及译校情况,第五部分为致读者。

1. 原 著

英文原著共两卷,书名分别为 *Toward a Cognitive Semantics* (Volume I): *Concept Structuring Systems*(《认知语义学(卷 I):概念构建系统》)以及 *Toward a Cognitive Semantics* (Volume II): *Typology and Process in Concept Structuring*(《认知语义学(卷II):概念构建的类型和过程》)。两卷书于 2000 年由 MIT 出版社出版。本书为认知语言学创始人、美国认知科学家、语言学家 Leonard Talmy 积数十年功力精心撰写而成。本书奠定了认知语义学的基础,是认知语言学领域研究者必读之作(Ibarretxe-Antuñano 2005, 2006)。本书内容丰富翔实,不仅对语言学的分支(尤其是语义学、句法学、类型学等)具有方向性的引领作用,而且对人类学(Bennardo 2002;Farrell 2002)、文学(尤其是叙事学)、心理学、哲学、文化研究、神经科学、人工智能等学科中的话题也有重要影响。此书的出版使作者一举成为国际公认的认知语言学创始人之一(Turner 2002)。

原著作者 Talmy 于 1972 年完成博士论文,论文题目为:*Semantic Structures in English and Atsugewi*(《英语及阿楚格维语中的语义结构》)。此后,他以博士论文为基础逐步拓展研究范围,深化研究内容。2000 年,他将此前发表的论文经过修订收录到两卷本巨著《认知语义学》中出版。卷 I 主要研究概念的构建,卷II主要描述概念构建过程中呈现的类型学和结构特征。关于本书的汉语译名,笔者经过与作者充分商讨,定为《认知语义学》。Talmy 认为,英文书名中的第一个词"toward"表示一个过程,他希望其他学者将来能提出更好的语义学理论,本书只是一个铺垫,一个基础。这当然是作者的自谦,也是对未来的期盼(李福印 2012a,2012b)。

全书的核心内容是"概念构建系统"。作者两卷书的副标题中均使用了"structuring"一词,该词既可以表示静态的结构,又可以表示形成这个静态系统的动态认知过程,即"构建"。卷 I 包括四个部分,共 8 章;卷 II 三个部分,也是 8 章;两卷书共计 16 章。为了方便读者阅读,我们沿用原著中的体例,例如 I-1 表示卷 I 第 1 章,II-8 表示卷 II 第 8 章,以此类推。

全书内容贯穿着作者深刻的语言哲学思想,在此略举一二(李福印 2015)。首先,作者把语言看作一种认知系统(Talmy 2015)。这种认知系统和其他认知系统既有联系也有交叉。其他主要的认知系统包括感知系统、推理系统、情感系统、注意系统、文化系统、运动控制等,作者进一步提出了系统交叉模型(overlapping system models)这一概念。由于语言认知系统和其他认知系统的交叉,语言既具有其独特的图式系统特征,又与其他系统有交叉之处。作者的大部分研究可以归入五个图式系统。表 1 是全书内容和这些图式的对应关系。

语言是一个认知系统,这是贯穿整个著作内容的主线之一,也是 Talmy 的一个重大的哲学思想(Marchetti 2006)。语言之外还有其他非语言认知系统。语言表达本身是认知系统的表层表现(最主要的是语言认知系统的表现),是整座冰山浮在水面以上的部分。认知系统则是这些语言表达的深层理据,是冰山隐没在水面以下的部分,是根基所在。这些语言表征反映的是同一个主题、同一个目的、同一种本质,那就是,用 Talmy 多次在不同场合跟笔者交流中用到的话说"how the mind works",即"心智的工作机制"。正如 Bennardo 所言,这两卷书中的每一章,都有两个主角,一个是语言,一个是心智(In each chapter of these two volumes there are two principal actors, human language and human mind)(Bennardo 2002:89)。二者相互交织,互相映现,了解这些对于读者充分理解原著大有帮助。作者也正是为了强调认知在语言中的作用,在两卷书的副标题中均使用动态的"structuring",而不是静态的"structure"。

表 1 语言作为认知系统

	图式系统	章节及内容
语言认知系统 (Language Cognitive System)	语言中概念构建的基础 (Foundations of Conceptual Structuring in Language)	I-1:语法与认知
	构型结构图式系统(Ma 2014) (The Schematic System of Configurational Structure)	I-2:语言与"感思"中的虚构运动
		I-3:语言如何构建空间
	注意图式系统(Lampert 2013) (The Schematic System of Attention)	I-4:语言中的注意视窗开启
		I-5:语言中的焦点与背景
		I-6:连接事件的结构
	力动态图式系统(Huumo 2014) (The Schematic System of Force Dynamics)	I-7:语言与认知中的力动态
		I-8:因果关系语义学
	事件结构框架(Li 2013) (The Framework for Event Structure)	II-1:词汇化模式
		II-2:词汇化模式概览
		II-3:事件融合的类型
		II-4:语义空间的借用:历时混合
	概念加工 (Conceptual Processing)	II-5:语义冲突与解决
		II-6:交际目的和手段:二者的认知互动
	视角图式系统(Batoréo 2014) (The Schematic System of Perspective)	主要在 I-1 中
	认知状态图式系统(Lampert 2013) (The Schematic System of Cognitive State)	主要在 I-2 中

续表

	图式系统	章节及内容
非语言认知系统 （Nonlanguage Cognitive System）	文化认知系统（Bennardo 2002） （The Cognitive Culture System）	II-7：文化认知系统
	模式形成认知系统 （Pattern-forming Cognitive System）	II-8：叙事结构的认知框架
	其他认知系统（包括感知、推理、情感、注意、记忆及运动控制等） （Other Cognitive Systems (including perception, reasoning, affect, attention, memory, and motor control)）	与语言认知系统的交叉体现在语言的各个图式系统中

贯穿全书的另一个重要思想是深层结构和表层表达之间的关系。这反映了 Talmy 的另一个重要哲学思想，或者说语言假设，也是他遵循的语言普遍性假说。书中虽然没有专辟章节论述，但是这一思想贯穿始终。这一假说可以表述为：人类具有相同的心智工作原理，不同语言具有相同的深层表征，尽管它们的表层表达各异，呈现为不同语言中不同的语义结构。理解这一思想，对于读懂原文也大有裨益。下面引原文来说明：

以下是 I-8 章前言中的一段原文：

> Although English is the main language tapped for examples, the semantic elements and situations dealt with are taken to be fundamental, figuring in the semantic basis of all languages—that is, taken to constitute a part of universal semantic organization, deeper than those respects in which individual languages differ from each other. For the semantic notions brought forth in this study, such differences would involve mainly where, how explicitly, and how necessarily the notions are expressed at the surface.
>
> （Talmy 2000a：471）

笔者就上面这段原文给 Talmy 提出以下问题：

Li（李）：

Question 1："Deeper than those respects in which individual languages differ from each other", in what way is it deeper? The topic here is "the semantic elements and situations", then putting them together would be "the semantic elements and situations are deeper than those respects in which individual languages differ from each other". If this is the case, what does "deeper" mean?

Question 2: "Such differences would involve mainly where, how explicitly, and how necessarily the notions are expressed at the surface." Here "such differences" would just refer to individual language differences. Do you mean languages share something at a deeper level, but at surface level, they only differ at where, how explicitly, and how necessarily these notions are expressed?

以下是 Talmy 对以上问题所做的答复：

Talmy：

I presuppose the existence across languages of a distinction between deep and surface semantics. Deep semantic organization is universal—hence, it is present at the foundation of all languages. I presume that the causation-related semantic elements and situations that I set forth in this paper are of this universal type. But languages can differ as to how they treat these otherwise universal causative aspects. For example, the distinction between intentional agency and unintentional "authorship" (my term) could be represented by a verb suffix in one language and by an adverb in another language (= where). It could be overtly marked in one language, or covertly represented in another—for example, by word order, or as one option within a set of ambiguous alternatives (= how explicitly). And it might be obligatorily expressed in one language, but only optionally in another (= how necessarily).

基于 Talmy 的解答，我们将上面那段原文翻译如下：

尽管我们使用的例句主要来自英语，但是我们讨论的语义元素和语义情景是基本的，是所有语言语义基础的重要部分。即，它们构成普遍语义结构的一部分，和具体语言之间的差异相比，属于深层语义学。就本研究中提出的语义概念而言，这些差异主要体现在这些深层概念在表层表达中的位置、明晰度及必要性上。

以上内容充分反映了作者持有的语言普遍性的思想。这些思想不仅使全书内容独树一帜，自成系统，不同于认知语言学的其他理论体系，而且使本书内容与心理学以及认知科学中的其他学科有机衔接。

2. 作　者

笔者痴迷于书中原创理论的同时，从未忘记从作者的经历和人格魅力中去探究这种原创性的根源。在翻译过程中，笔者常常夜半醒来，或叹服 Talmy 理论构思的缜密和理论本身的绝妙，或为自己找到了恰当的翻译而兴奋不已，难以入眠。笔者也常常向作者抱怨书中语言晦涩难懂。其他认知语言学创始人的奠基性著作已经翻译成十余种甚至几十种语言。Talmy 的两卷书，到目前为止，此汉语译本是唯一的翻译版本。换言之，这两卷书原著为英语，目前只翻译成汉语。记得笔者在伯克利访学的时候，曾向作者当面抱怨：It took me a whole day to finish just one paragraph（花了我一整天时间，才完成一段）。Talmy 的回应则是：Sometimes I was pondering on a term for several days（有时好几天我都在琢磨一个术语）。

原著作者 Leonard Alan Talmy（1942—　），美国人，1959 年入读芝加哥大学数学专业，1961 年转入加州大学伯克利分校学习语言学，1963 年在该校获得语言学学士学位，并于 1972 年获得博士学位。Talmy 在 1978—1980 年期间，在加州大学圣迭戈分校做过博士后研究。1972—1990 年期间，Talmy 在加州大学伯克利分校、斯坦福大学等高校担任过多个教学和研究职位，与 Paul Kay，Joseph Greenberg，Charles Ferguson，Donald Norman，David Rumelhart 和 Jay McClelland 等著名学者都有过合作。Talmy 于 1975 年及 1990 年两次以富布莱特学者身份，分别在罗马和莫斯科任教。1990 年至 2004 年，Talmy 任纽约州立大学布法罗分校语言学系及认知科学研究中心教授，直至退休，两卷著作正是在此期间出版的。目前 Talmy 常住加州伯克利家中，仍在潜心研究。

作者知识渊博，这可以从原著得到印证。原著核心内容是关于语言中的概念结构，属于认知语言学领域，但是著作直接运用了来自以下学科的理论：语言学领域中的其他各学科及学派（例如：心理语言学、生成语言学等）、心理学、认知科学中的其他学科、哲学、数学、拓扑学、人类学、物理学、文化学等等。笔者经常就本书原创性的根源与作者交流。以下是作者的回复：

To address your question seriously, I don't think any particular influences gave rise to whatever insight I have into language. I always gave my professors a hard time. It just seems to come from inside.

（认真回答您的问题，我认为我对语言的感悟不是来自什么具体影响。我经常把教授问得无言以对。我对语言的感悟似乎来自内心。）

原创源于独立思考和感悟！

笔者曾多次造访伯克利。作为语言学系的访问学者，笔者有机会参加心理学系、认知科学系、人类学系等其他学系的讲座。心理学系每周的讲座，Talmy本人每次必到，尽管双目失明，却风雨无阻。每次都会看到Talmy拄着他的探测拐杖，慢慢穿过校园，走进心理学系的背影。参加讲座的人数每次不定，少则十余人，多则三四十人。讲座之后，大家一边享受着举办者准备的茶饮及午餐，一边热烈讨论。值得一提的是，Eleanor Rosch——另一位对认知语言学有原创贡献的学者——是心理学系的教授，2010年笔者拜访她的时候，她尽管年事已高，却依然在心理学系任教。原创源于宽松的学术氛围！

欲寻Talmy学术原创根源，伯克利大学周边的咖啡馆不得不提。这些咖啡馆是大学的延伸，与大学融为一体，在咖啡馆即可登录大学网络。Talmy每天下午四五点钟都会去几间咖啡馆会见朋友。他们各自买一杯咖啡，找个位置入座，然后自由地和任何人交谈。笔者与Talmy在咖啡馆的多次交谈中，曾经偶遇George Lakoff, Dan Slobin等学者。讨论书稿的过程中，也曾被陌生的数学教授打断，并参与我们的讨论。原创源于自由交流！

提起伯克利的咖啡馆，笔者不得不提及一位咖啡馆的常客。她就是高贵的另类"街头达人"（street person）——伯克利女诗人Julia Vinograd。

去过伯克利的人，大致都能有机会看到如下这一幕情景。在Telegraph及Dwight大街上，人们经常看到一位装着假肢的年迈妇女。她常常面带微笑走进咖啡馆，买一杯咖啡，找个座位坐下。说她高贵，笔者认为她这不是真正的乞讨，但是她的行为的确是在乞讨。我们姑且称为"高贵的乞讨"吧，因为她用另类方式兜售自己的诗作。一般图书价格大致在五六十美元、上百美元。她的诗集只售五美元、十美元不等。客人如果喜欢她写的诗，甚至可以买一杯咖啡与她交换。她就是伯克利诗人

Julia Vinograd。请看以下这段介绍：

> While leisurely sipping my almost-daily cafe au lait at Peet's Coffee on Telegraph and Dwight Way, I'm fairly certain that I'll see Julia Vinograd making her way slowly along the Avenue; she limps because of a brace on her leg. Immediately recognizable for her black and gold cap and loose flowing robe bearing the emblem of a human skull and the teeth of her dead friend Gypsy Canto, Julie is well known as the unofficial poet laureate of Berkeley. For nearly 30 years she has written lyrically about the lost, the misfits, the downtrodden, the abandoned, the wild and the free. Her latest book, "Skull and Crosswords" is her 50th volume of poetry.
>
> (Snodgrass 2011)

笔者和 Julia Vinograd 也有过多次交谈。她是美国著名生物化学家 Jerome Vinograd(1913—1976) 的女儿。她的父亲曾经获得诺贝尔奖提名，但尚未领奖就因病去世。因为诺贝尔奖不授予已过世的人，她的父亲生前未能有幸获此殊荣。回到我们的主题，原创源于伯克利的社会环境！

笔者翻遍了 Talmy 的简历，期盼能从这位大理论家的成长经历中寻找可供我们借鉴的"原创之秘诀"。同时，笔者反观中国高校的学术评价体制，思考人文学科教授的研究。笔者任教于一所用国人熟悉的话来说的"211"兼"985"高校，也是现在的双一流大学。国内大多数高校，尤其此类高校，在学术评价中，十分强调在 SSCI、SCI、A&HCI 等检索的国外期刊上用英文发表的论文。用汉语撰写并在国内期刊上发表的被 CSSCI 检索的期刊论文，在评价上不被看重，更不用提汉语译著。但是汉语是我们的母语，汉语语言蕴藏着深厚的文化。如果我们再一次追寻 Talmy 理论原创之根源，我会毫不迟疑地说，根源之一是美国宽松、务实、非程式化、以内容为主的学术评价体系。

毫无疑问，Talmy 本人对研究的热爱及长时间的投入，也是其重要的原创源泉之一。据他本人讲，上个世纪 60 年代的最初几年里，每年夏天他都在做数据搜集等实地调查工作，比如在加州的一些偏远地区采访会说阿楚格维语的土著人。

既然这一部分笔者谈的是作者本人，请允许笔者再次回到这一主题。十余年来，刻在笔者脑海中对 Talmy 最深的印象是：一位学识渊博、造诣高深的大理论家；一位谦虚友善、有求必应、做事低调的朋友；一位年过七句、有视力障碍却在世界各地行走自如的长者；一位坚强乐观、心态坦然、谈吐幽默的犹太人；一位及时准确回复邮件、有西方学者风范的大学教授；同时，他也是一位坦然面对生死的勇者（他把自己已经完成但尚未发表的文稿[Talmy自称为保险手稿（safe drafts）]存在笔者这里，嘱托一旦他没有机会发表，让笔者传于后世）。Talmy的学术贡献和人格魅力，使他当之无愧成为每一位学人的楷模。

3. 译　者

　　这项翻译工程始于2003年春。时值笔者刚刚在香港中文大学获得博士学位，开始在北京航空航天大学任教。笔者在给语言学方向的研究生开设的"认知语言学"课程中，开始系统讲授Talmy的认知语义学。正是此时，笔者开始了此书部分章节的汉译工作。2004年，笔者受聘于北京外国语大学（时任校长为陈乃芳教授）任兼职教授，给北外的研究生也开设了同一门课程。在讲授Talmy理论的过程中，笔者再次切实感受到国内学界对Talmy理论热爱之深切，但同时对该理论体系理解之不甚完善。为了达到全面、系统、透彻地把握整个理论体系的目的，汉译工作是必须的。两卷书初稿的翻译工作，在教学过程中由北航和北外两所大学选课的研究生完成，名单如下（按照承担章节内容的顺序）：

卷Ⅰ：
北京外国语大学2005年入学的语言学专业硕士研究生：
　　高秀平、王强、姜涛、赵韵、李欣、张敬叶、粟向莹、杨玲玲、吴力、徐秋云、陶鑫、刘景珍、芦欣、辛杨、杨碧莹、那晓丹、张会、金月、霍青、刘艾娟这20位同学。
北京外国语大学2005年入学的翻译专业硕士研究生：
　　周晓亮、孔德芳、刘显蜀、郝娟娣、黄秀丽、高洺木、薛妍、张晓丽、蔡金栋、刘宏、刘坤、林虹、韩玲、张伟平、文超伟、翟志良、邹贵虎、洪一可这18位同学。
　　卷Ⅰ正文549页，前言18页，由以上38位同学完成。

卷Ⅱ：
北京航空航天大学2004年及2005年入学的语言学专业硕士研究生：
　　安虹、丁研、贾丽莉、贾巍、李慧锋、李妙、李银美、刘俊丽、申淼、盛男、王小川、王坛、张迪、张连超、张晓燕、周楠、李占芳、吴珊这18位同学。

卷Ⅱ正文 482 页，由以上 18 位同学完成。

丁研和张炜炜分别对卷Ⅰ和卷Ⅱ做了全面系统的补漏及初步校译工作，分别形成卷Ⅰ和卷Ⅱ的第二稿。此后每整体校对一次，称为"第×稿"。卷Ⅰ第三稿和第六稿及最终稿由笔者完成，第四稿由任龙波完成，第七、第八稿分别由张洋瑞和贾红霞完成。卷Ⅱ第三稿和最终稿由笔者完成，第四稿由任龙波(1—3 章)和胡志勇(4—8 章)完成，第六稿由胡志勇完成，第七、第八稿由张洋瑞和贾红霞完成。两卷书稿的定稿由笔者最终审校完成。各阶段参与人员见表 2。

表 2　翻译及译校人员

	初稿	第二稿	第三稿	第四稿	第五稿	第六稿	第七稿	第八稿	最终稿
卷Ⅰ	38 人	丁研	李福印	任龙波	集体	李福印	张洋瑞	贾红霞	李福印
卷Ⅱ	18 人	张炜炜	李福印	任龙波(1—3 章) 胡志勇(4—8 章)	集体	胡志勇	张洋瑞	贾红霞	李福印

关于两卷书的第五稿集体校对，过程如下：

卷Ⅰ完成第四稿后，我们打印装订成册，在 2014 年秋季北航研究生的"认知语言学"教学中，我们使用卷Ⅰ原著作为教材，将第四稿汉译本作为参考译文，同时进行了集体校对。这次集体校对由笔者指导的博士生、硕士生以及访问学者完成。他们分别是邓宇、杜静、胡志勇、贾红霞、李金妹、廖逸韵、刘婧、牛晨熹、任龙波、王晓雷、徐萌敏、汪丹丹、俞琳、张洋瑞这 14 人。他们分别阅读了卷Ⅰ的第 1 章至第 8 章的汉译稿件。笔者于 2014 年寒假至 2015 年 8 月间，认真审阅并消化吸收反馈意见，形成第六稿。此后先由张洋瑞按照项目组"定向校对"要求，专门校对术语、例句等指定部分，由笔者确定是否接受，形成第七稿。此后由贾红霞按照第七稿的要求重复这一过程，由笔者确定是否接受新的修订，此为第八稿。最后，笔者再审阅全文，形成阶段性"最终稿"。

完成卷Ⅱ的第四稿之后，我们同样是打印装订成册，在 2015 年春季北航博士研究生的"认知语义学研究"课程中，我们使用卷Ⅱ作为教材，汉译本为参考译文，进行了集体校对。参加人员有：胡志勇、李金妹、刘婧、牛晨熹、王晓雷、徐萌敏、俞琳、张洋瑞等人。这些同学校对后的稿子为第五稿。胡志勇完成对大家的反馈意见的消化吸收及整理工作，并形成第六稿。此后程序和卷Ⅰ相同，先由张洋瑞按照项目组"定向校对"要求，专门校对术语、例句等指定部分，由笔者确定是否采纳这些修订，形成第七稿。

此后由贾红霞按照要求重复这一过程,由笔者确定是否采纳新的修订,此为第八稿。最后,笔者再审阅全文,成为阶段性"最终稿"。

两卷书例句中的图表及插图由杜静设计完成。在两卷书的集体校对过程中,王晓雷负责了所有文档的整理工作。

以上出现的所有名字,均为译者。

译者代表在本书封面的署名方式如下:

卷Ⅰ:李福印、任龙波、张洋瑞、丁研、贾红霞、胡志勇;

卷Ⅱ:李福印、胡志勇、贾红霞、张炜炜、张洋瑞、任龙波、刘娜。

笔者首先向以上各位同仁致以最诚挚的感谢!翻译初稿的完成,给了我们继续完成此项工作的巨大信心。没有初稿,我们就没有进入第二稿的决心。至于目前最终的译文,在多大程度上保留了初稿的文字,完全是另一回事。笔者要特别感谢丁研和张炜炜对初稿的全面整理和补漏工作,胡志勇、任龙波中期的参与以及张洋瑞、贾红霞后期的参与,他们伴我走过了这段"天路译程"。没有他们的投入,这部译著不可能完成。丁研和张炜炜是笔者在北航指导的硕士研究生;丁研在香港大学获得博士学位,目前在北京交通大学任教;张炜炜师从认知语言学国际领军学者 Dirk Geeraerts,在欧洲鲁汶大学获得博士学位,目前在上海外国语大学任教;胡志勇、任龙波、贾红霞是笔者在北航指导的博士研究生;张洋瑞为笔者指导的访问学者,于 2014—2015 年在北航学习。笔者感谢以上参加集体校对的人员,他们在最后关头发现了不少错误,为提高译文的质量做出了重要贡献。在翻译校对的不同阶段,不少国内学者也曾提出过反馈及修改意见,包括高航、李雪、蓝纯、毛继光、史文磊、席留生、祖利军等人,在此一并致谢。

北京大学出版社完成排版之后,我们在排版打印稿上校对分工如下:

表3 卷Ⅰ和卷Ⅱ终校名单

卷Ⅰ	I-1	I-2	I-3	I-4	I-5	I-6	I-7	I-8	其他
一校	张炜炜	马赛	任龙波	张洋瑞	丁研	张洋瑞	胡志勇	贾红霞	李福印
二校	贾红霞,张洋瑞,李福印								
三校	张炜炜	马赛	任龙波	张洋瑞	张洋瑞	丁研	胡志勇	贾红霞	李福印
四校	张炜炜	马赛	任龙波	张洋瑞	张洋瑞	丁研	胡志勇	贾红霞	李福印
五校	张炜炜	马赛	任龙波	张洋瑞	张洋瑞	丁研	胡志勇	贾红霞	李福印

续表

	I-1	I-2	I-3	I-4	I-5	I-6	I-7	I-8	其他
卷Ⅰ									
六校	张炜炜	马赛	任龙波	张洋瑞	张洋瑞	丁研	胡志勇	贾红霞	李福印
终稿	李福印								

	Ⅱ-1	Ⅱ-2	Ⅱ-3	Ⅱ-4	Ⅱ-5	Ⅱ-6	Ⅱ-7	Ⅱ-8	其他
卷Ⅱ									
一校	张洋瑞	张炜炜	贾红霞	任龙波	胡志勇	胡志勇	张洋瑞	张洋瑞	李福印
二校	贾红霞,张洋瑞,李福印								
三校	张洋瑞	张炜炜	贾红霞	任龙波	张洋瑞	张洋瑞	丁研	胡志勇	李福印
四校	张洋瑞	张炜炜	贾红霞	任龙波	胡志勇	胡志勇	丁研	胡志勇	李福印
五校	张洋瑞	张炜炜	贾红霞	任龙波	任龙波	任龙波	丁研	胡志勇	李福印
六校	张洋瑞	张炜炜	贾红霞	任龙波	任龙波	任龙波	丁研	胡志勇	李福印
七校	张洋瑞	刘娜	贾红霞	任龙波	任龙波	任龙波	丁研	刘娜	李福印
八校	刘娜								
终稿	李福印								

以上人员负责全面校对各自负责的章节,笔者对每人的修改作全面修订,逐句审订各章内容以及决定是否采纳每章所做的修改,之后形成下一稿。全书付梓之前,笔者再次通读了全部书稿,此为在排版打印稿上的第六次校对(卷Ⅰ)和第八次校对(卷Ⅱ),形成最终的"终稿"。

以下人员参加了卷Ⅰ和卷Ⅱ的部分章节校对工作:邓巧玲、杨婷、葛红、郭宁、夏晓琳、杨珺、刘婧、姜莹、季海龙、张若昕、薛文枫、靳俊杰、孙方燕、张翠英、李艳等。

4. 译 校

以上第三部分虽然以"译者"为题目,但是翻译和校对都是交织进行的,很难分清译者和译校。以下几件事是和整个翻译及译校密不可分的。先谈第一件事:为了准确理解 Talmy 全书的内容,2007 年 10 月笔者邀请了 Talmy 来北航讲学。Talmy 作为"第四届中国认知语言学国际论坛"的主讲专家来京做了十场讲座。事实上,Talmy 的这十场讲座,正是用课堂教学形式全面讲授了两卷书的核心内容。讲座给译者提供了和作者面对面交流的机会,也是"翻译主体间性"的一种践行。笔者认为,面对这项巨大的工程,这种交流是十分必要的。后来这十讲内容作为"世界著名语言学家系列讲座"系列图书中的一种,2010 年由外语教学与研究出版社正式出版，书名为《伦纳德·泰尔米认知语义学十讲》(李福印，高远 2010)。

第二件事，《认知语义学》两卷书的原著影印本在中国出版。该书是外研社"当代国外语言学与应用语言学文库"的一种正式引进。2008年，正值翻译进行到第三稿，笔者开始为原著影印本撰写汉语导读，至 2012 年，两卷带汉语导读的原著影印本在外研社出版。笔者撰写汉语导读耗时四年时间。这期间，为了"浓缩"出每章的汉语导读，笔者结合全书的翻译，对术语进行了再三梳理和确认。最后每卷导读篇幅大致缩减到三万字左右。影印本的出版对 Talmy 理论在中国的普及起到了推动作用。

最后一件事是笔者 2010 年以高级访问学者身份访美。此次出访的邀请人和导师是加州大学伯克利分校的 George Lakoff 教授，但是访问的重要目的之一却是和 Talmy 就两卷书的很多细节进行交流。此时 Talmy 已经退休，长住伯克利小镇。加州大学伯克利分校的南门，叫作 Sather Gate。南门正对的大街叫 Telegraph Avenue。这条街的 2629 号是个咖啡馆，有个法文名字叫"Le Bateau Ivre"（取自诗人 Rimbaud 的一首诗的名字，英文是"The drunken boat"），这正是笔者和作者交谈的地方。每次面谈，咖啡馆老板娘都会端上我们各自喜爱的咖啡，以至于数年后的今天，翻开书稿，仿佛仍然能闻到当时咖啡的味道。但是这六个月的访问让笔者对全书翻译进度产生了深深的恐慌和不安，因为六个月过去了，竟然连卷 I 第一章的翻译（准确地说是译校）都没完成！那时，笔者深感这两卷书理论的深厚博大以及笔者自身知识的缺乏。那时的状况就恰如一个不会游泳的人，本以为能卷起裤腿过河，未曾想人未到河中央，水面已经淹没脖子，脚已经踩不到水底了。此时是继续往前游，还是退回岸边，成了进退两难的问题。当时，笔者最担心的是此生是否有能力完成这项工作。

离开伯克利之后，Talmy 的邮件及电话给了笔者莫大的精神上的支持。无论笔者何时从国内打电话咨询，他都能耐心倾听并解答。电子邮件是我们交流的主要手段，Talmy 本人能及时准确地回复每封邮件，解答笔者针对某章某页某个句子的各种疑问，这的确是个谜！因为 2000 年他的两卷本在 MIT 出版社出版之前，他已经双目失明。笔者将这两卷巨著汉译本献给 Talmy 本人，是出于对他由衷的感激。如果没有 Talmy 数年来的强大支持，完成这项工作绝无可能，译稿也毫无准确性可言。对于那个不识水性、涉水过河的冒险者来说，Talmy 恰如一艘救命之船。

5. 致读者

笔者感谢上面提到或未提到名字的所有为本书翻译做出贡献的学人。同时,笔者也要感谢本译著的读者。尽管我们已经竭尽全力,力图用汉语再现原著思想,但由于各种局限,错误及不当一定存在。所有可能的译误由笔者一人负责,恳请读者反馈您的宝贵建议。

同时,我们对北京大学出版社责任编辑唐娟华女士在本书翻译过程中所付出的巨大劳动及给予我们的指导,表示最真诚的谢意。

最后,对始终安静伴我左右,并时时给予我各种帮助的太太李素英女士表示由衷的感谢!

李福印(教授)
邮编:100191
北京市海淀区学院路 37 号,北京航空航天大学外国语学院
邮箱:thomasli@buaa.edu.cn;thomaslfy@gmail.com
手机:(86)13811098129(限短信)
微信:thomasli1963

参考文献

李福印,2012a,"汉语导读"《认知语义学》(卷 I) *Toward a Cognitive Semantics* (Volume I): *Concept Structuring Systems*(原著 Leonard Talmy,2000. Cambridge,MA: MIT Press),北京:外语教学与研究出版社。

李福印,2012b,"汉语导读"《认知语义学》(卷 II) *Toward a Cognitive Semantics* (Volume II): *Typology and Process in Concept Structuring*(原著 Leonard Talmy,2000. Cambridge, MA:MIT Press),北京:外语教学与研究出版社。

李福印,2015,Leonard Talmy 的语言哲学思想,《中国外语》第 6 期,41—47 页。

李福印、高远(主编),2010,《伦纳德·泰尔米认知语义学十讲》,北京:外语教学与研究出版社。

Batoréo, Hanna Jakubowicz. 2014. Leonard Talmy's Schematic System of Perspective. *International Journal of Cognitive Linguistics* 5(1): 53—54.

Bennardo, Giovanni. 2002. Cognitive Semantics, Typology, and Culture as a Cognitive System: The Work of Leonard Talmy. *Journal of Linguistic Anthropology* 12(1): 88—98.

Farrell, Patrick. 2002. *Toward a Cognitive Semantics*. Volume 1: *Concept Structuring Systems*. Volume 2: *Typology and Process in Concept Structuring* by Leonard Talmy. *Anthropological Linguistics* 44(2): 201—204.

Huumo, Tuomas. 2014. Leonard Talmy's Schematic System of Force Dynamics. *International Journal of Cognitive Linguistics* 5(1): 1—2.

Ibarretxe-Antuñano, Iraide. 2005. Leonard Talmy. A Windowing to Conceptual Structure and Language Part 1: Lexicalization and Typology. *Annual Review of Cognitive Linguistics* 3: 325—347.

Ibarretxe-Antuñano, Iraide. 2006. Leonard Talmy. A Windowing onto Conceptual Structure and Language Part 2: Language and Cognition: Past and Future. *Annual Review of Cognitive Linguistics* 4: 253—268.

Lampert, Guenther. 2013. Leonard Talmy's Schematic System of Cognitive State. *International Journal of Cognitive Linguistics* 4(2): 161—162.

Lampert, Martina. 2013. Leonard Talmy's Schematic System of Attention. *International Journal of Cognitive Linguistics* 4(2): 89—90.

Li, Thomas Fuyin. 2013. Leonard Talmy's Framework for Event Structure. *International Journal of Cognitive Linguistics* 4(2): 157—159.

Ma, Sai. 2014. Leonard Talmy's Schematic System of Configurational Structure. *International Journal of Cognitive Linguistics* 5(1): 75—78.

Marchetti, Giorgio. 2006. *A Criticism of Leonard Talmy's Cognitive Semantics*. www.mind-consciousness-language.com.

Snodgrass, Dorothy. 2011. Julia Vinograd: Berkeley's Poet Laureate. In *The Berkeley Daily Planet*. (http://www.berkeleydailyplanet.com/issue/2011-06-15/article/37985?headline=Julia-Vinograd-Berkeley-s-Poet-Laureate 访问日期:2014 年 3 月 5 日)

Talmy, Leonard. 1988. Force Dynamics in Language and Cognition. *Cognitive Science* 12: 49-100.

Talmy, Leonard. 1995. The Cognitive Culture System. *The Monist* 78: 80-116.

Talmy, Leonard. 2000a. *Toward a Cognitive Semantics*. Volume I: *Concept Structuring Systems*. Cambridge, MA: MIT Press.

Talmy, Leonard. 2000b. *Toward a Cognitive Semantics*. Volume II: *Typology and Process in Concept Structuring*. Cambridge, MA: MIT Press.

Talmy, Leonard. 2015. Relating Language to Other Cognitive Systems: An Overview. *Cognitive Semantics* 1(1): 1-44.

Turner, M. 2002. Review on the Book *Toward a Cognitive Semantics*. Vol. 1: *Concept Structuring Systems*. Vol. 2: *Typology and Process in Concept Structuring* by Leonard Talmy. Cambridge, MA: MIT Press. *Language* 78(3): 576-579.

体例说明

1. **整体体例**

   在汉译本中,我们保留原著的所有体例。这里的"体例"是指章节编号、例句编号、上标号、下标号、注释顺序等等。

2. **例句的翻译**

   我们保留了原著中的例句,并在括号中给出了参考译文。

3. **未翻译之处**

   对于句法及语义公式,我们未做翻译。

4. **原著中的印刷错误**

   在翻译过程中,我们跟原著作者 Talmy 确认了原著中的个别印刷错误,并直接按照正确的内容进行了翻译,并未在译文中标出。

5. **注　释**

   按照上述第 1 条,原著各章中本身的注释,我们照译。因为需要另外注释说明的问题太多,也是为了不和原著中的注释混淆,我们未在译本中另加译者的注释。在翻译过程中,我们和原著作者 Talmy 有过大量的交流,这些交流将编辑成书,待日后出版,书名暂定为 A Companion to Toward a Cognitive Semantics,即《认知语义学手册》(卷Ⅰ,卷Ⅱ)。我们希望在此书中对更多细节问题作出说明。

6. **术　语**

   我们共翻译了 1237 个术语,以英汉术语对照表的形式在书后列出。这些术语涵盖了原著正文中黑体部分的术语以及部分斜体的术语、书末附录中的术语以及我们认为有必要添加的术语等几个部分。翻译过程中,参考了一些专业性词典、非专业性的普通词典以及相关论著。下面仅列出参考过的主要英汉及英英语言学专业词典。

语言学词典目录

布斯曼,H.编,2000,《语言与语言学词典》,北京:外语教学与研究出版社。

戴炜栋主编,2007,《新编英汉语言学词典》,上海:上海外语教育出版社。

黄长著,林书武等(译),1981,《语言与语言学词典》,上海:上海辞书出版社。

克里斯特尔,D.编,沈家煊(译),2007,《现代语言学词典》,北京:商务印书馆。

劳允栋编,2004,《英汉语言学词典》,北京:商务印书馆。

里查兹,J.C.等编,管燕红,唐玉柱(译),2005,《朗文语言教学与应用语言学词典》(第三版),北京:外语教学与研究出版社。

马修斯,P.H.编,杨信彰(译),2006,《牛津英汉双解语言学词典》,上海:上海外语教育出版社。

王寅,1993,《简明语义学辞典》,济南:山东人民出版社。

心理学名词审定委员会,2014,《心理学名词》,北京:科学出版社。

语言学名词审定委员会,2011,《语言学名词》,北京:商务印书馆。

赵忠德主编,2004,《英汉汉英语言学词汇手册》,沈阳:辽宁教育出版社。

Aitchison, Jean. 2003. *A Glossary of Language and Mind*. Edinburgh: Edinburgh University Press.

Cruse, Alan. 2006. *A Glossary of Semantics and Pragmatics*. Edinburgh: Edinburgh University Press.

Evans, Vyvyan. 2007. *A Glossary of Cognitive Linguistics*. Edinburgh: Edinburgh University Press.

Matthews, Peter. H. 2014. *The Concise Oxford Dictionary of Linguistics* (3rd edition). Oxford: Oxford University Press.

Murphy, M. Lynne and Anu Koskela. 2010. *Key Terms in Semantics*. UK: Continuum.

序　言

本卷及其姊妹卷的中心议题是概念结构的语言表征。尽管语言中这类概念组织的研究以前没有得到足够的重视，然而，过去二三十年来，对这一领域的关注不断增加。现在我们一般称为"认知语言学"的这一语言研究范式，是一个正在发展的、比较年轻的语言学领域。认知语言学已经发展成与其他语言研究范式相互补充的一种不同的语言研究范式。两卷书中的研究成果是日益增多的认知语言学研究成果的一部分，为认知语言学学科的形成做出了贡献。两卷书统称为《认知语义学》，收录了迄今为止我发表的绝大多数论著。此外，我对全部内容进行了修订和扩展，补充了一些尚未发表的材料，并按主题进行了分类。第Ⅰ卷，称为《概念构建系统》，重点阐述语言构建概念所遵循的基本系统。第Ⅱ卷，即本卷，称为《概念构建的类型和过程》，重点阐述语言概念构建的类型及过程。

我觉得有必要在卷首描述认知语言学的本质以及确立认知语言学的必要性。为此，我把认知语言学置于一个更大的语言分析范式框架内来探讨。为便于初步对比，我把与语言内容相关的研究（暂且不提音系）分为三种研究范式，并给这三种范式各取一个简单的名称：形式研究范式、心理学研究范式和概念研究范式。具体的研究传统基本上以上述其中一种研究范式为基础，同时关注另外两种范式所涉及的议题（当然成就大小有异）。下面将概述这些研究范式之间的关系。

形式研究范式主要研究语言表达形式的显性方面所呈现出来的结构模式。这些结构模式大部分脱离相关语义抽象而来，或者被认为是自主的，与相关语义无关。因此，这一类研究包括对形态结构、句法结构及词汇结构的研究。举一个显而易见的例子，过去四十多年，生成语法研究的核心内容就理所当然属于形式范式领域。但是，形式范式与另外两种范式的关系非常有限。生成语法一直以来都提及要重视语法和语义之间的关系,而且也的确对语义的诸多方面做出了很多重要贡献。但是,总体而言,这一领域没有研究语言的普遍概念结构。生成语法传统下的形式语义学,只涉及那些符合生成语法传统主流所关注的形式范畴和操作的语义内容。生成语言学只是将心理学的认知结构和加工过程用于形式语义学的范畴划分和语义运算。

第二种范式,即心理学范式,是以相对普遍的认知系统为出发点来研究语言的。心理学领域长期以来的传统是从感知、记忆、注意以及推理的角度研究语言。此外,该领域还研究上文提到的另外两种范式所关注的一些话题。因此,该领域既探讨语言的形式特征,也关注语言的概念特征。后者包括语义记忆分析、概念的关联性、范畴结构、推理生成以及语境知识。但是,这些研究大都局限在有限的领域之内。因此,心理学传统对那些处于概念方法研究中心地位的各种结构性范畴关注不够,这一点,下文将会进一步描述。此外,心理学传统对图式结构的整体综合系统的关注也不够,而语言恰恰是根据图式结构来组织语言所要表达的概念内容的。图式结构的综合系统本身也许正是概念方法所要研究的主要对象。

我们所讨论的研究语言的第三种范式是概念方法。它所关注的是语言组织概念内容的模式及过程。"构建"(structure)这一术语既可以指模式,也可以指过程。因此,简而言之,概念方法研究语言如何构建概念内容。认知语言学这一较新的研究领域,其核心指向就是概念范式。因此,认知语言学主要对一些基本概念范畴的结构进行探讨,例如,空间和时间、场景和事件、实体和过程、运动和位置、力和因果关系等等。此外,认知语言学还研究一些与认知主体相关的基本概念范畴和情感范畴的语言结构,比如注意和视角、意志和意向、期望与情感等。认知语言学还研究形态形式、词汇形式以及句法模式的语义结构,也研究概念结构之间的内在关系,比如隐喻映射中的概念结构、语义框架中的概念结构、文本和语境之间的概念结构以及构成更大的结构系统的概念范畴中的概念结构。总体而言,或者说最重要的是,认知语言学的研究目的就是探知语言中协调统一的整体概念构建系统。

再进一步讲,认知语言学探讨另外两种研究范式所关注的内容。首先,认知语言学从概念视角考察语言的形式特征。因此,它力图通过考察语法在概念结构表征中的功能来解释语法结构。

其次,作为认知语言学最显著的特点之一,认知语言学力求将其研究成果与研究心理学范式中的认知结构相关联,并致力于从心理结构视角解释语言中概念现象的特点;同时,在详细考察语言如何构建概念结构的基础上,也尝试解释这些心理结构的特点。因此,认知语言学的传统是努力挖掘与概念内容相关的既涵盖心理学中已知认知结构、也涵盖语言学中已知认知结构的更普遍的认知结构。正是这种试图整合心理学研究范式的思路,促使我们在这一语言学研究传统中使用"认知"这个术语。本卷以及姊妹卷书名中的"toward"一词所指的,其实就是我们的研究传统所形成的一条宽广的轨迹:整合语言学和心理学对认知机制的研究,为人类的概念结构提供统一的认识。

认知语言学对心理结构的青睐,也正是其总体区别于语义学研究传统的地方。与认知语言学一样,在语义学研究传统中,语义学的研究对象也是概念内容在语言中的构建模式。但是,与认知语言学不同的是,语义学未能系统地将其研究发现与更普遍的认知范畴和认知过程相联系。

在本概述中,我们可以把认知语言学看成是对其他两种语言研究范式的补充。因为它直接考察了一个语言现象的领域,而其他两种研究范式对这个领域的分析要么不够充分,要么是间接的。因此,认知语言学的发展是我们语言理解中必不可少的一个环节。

尽管"认知语言学"这个术语已经被大家接受,用来指上文所描述的研究范式,不过,至少我对于自己的整部著作,还是使用"认知语义学"的名称。在这个新名称中,"语义学"一词的优点是可以表示特定的研究方法,即概念方法。本书的研究正是以这一视角为基础,也是从这一视角出发来考察其他研究范式所关注的问题。这一术语之所以有这种含义,正如前文所述,是因为语义学具体关注语言的概念组织形式。[1]

为了更明确这一用法,需要进一步论述我对语义学的看法。简言之,语义学就是根据概念内容在语言中构建的本来面目来考察概念内容的。所以,"语义"一词就是从语言形式的角度指"概念"这一更抽象的概念。因此,整体认知,即思想,在更广泛的范围内涵盖了语言意义。很明显,语言意义(无论是由某种具体语言来表达,还是由人类语言整体来表达)需要从整体概念化中选取内容,并限制整体概念化;而语言意义仅是整体概念化的一部分。因此,认知语义学研究就是对概念内容及其语言组织形式的研究,即研究概念内容的本质以及普遍组织形式。在这一描述中,概念内容不仅包括概念内容本身,还包括情感和感知在内的任何经验内容。

认知语义学研究围绕概念结构即意识内容展开,这就引出了方法论这一话题。也就是说,对认知语义学而言,其主要研究对象本身是存在于意识中的定性的心智现象。因此,认知语义学是现象学的一个分支。具体来说,它是概念内容及其在语言中的结构的现象学。那么,什么方法才能探究这样的目标呢?事实上,唯一可以触及现象内容及意识的结构的方法就是内省法。

任何认知系统都是如此,语义系统的不同方面对意识的可及性程度不同。例如,我们对于自己听到的一个词的具体语义会有强烈的意识,而对于该词的一词多义或同形异义的范围,我们的意识却非常弱,甚至完全没有意识。可见,词语的两个不同的语义方面(当下的具体语义和语义范围)对意识的触及性不同。总体而言,意识更易触及的语义系统诸方面更适宜用内省法进行直接判断。与此形成互补,意识不易触及的语义系统诸方面,只能通过传统的间接法,如对比和抽象,才能在一定程度上得以确定。然而,即便是后者,研究者仍需从最初的概念内容开始,这只有通过内省法才能达到。原因是,为了从意识内容的组织模式中抽象出概念结构的较少意识部分,我们必须从对比意识中的概念内容入手。

与任何其他科学研究方法一样,内省法必须遵循严格程序。内省法必须包括这样一些步骤,例如,对其意义正被评判的语言材料进行可控操作。此外,使用内省法得到的发现必须与其他方法所得到的发现相关联。此类其他方法包括:对他人的内省报告分析、话语和语料库分析、跨语言和历时分析、语境及文化结构的判断、心理语言学的观察和实验技术、神经心理学的损伤研究、神经科学使用大脑扫描机械的探索。关于最后一种方法,从长远来看,神经科学对人类大脑功能的理解或许将解释内省的发现。但是,即使到那个时候,内省法仍然是一种必需的方法,以确保神经科学对人类大脑的描述和心智中存在的主观内容的一致性。因此,内省法将继续作为一种必需的方法,用于考察意识的主观内容。

内省这种方法,与所有其他科学研究中既定的方法一样,拥有其合理性。在任何科学研究中,研究者都必须寻找其相关数据来源。比如,如果一个人的研究领域是地质学,他就必须去考察地球。这里,"去数据所在地"意味着去地质现场进行实地考察。同理,如果一个人的科研领域是语言的意义,他就必须探抵意义的来源。意义存在于意识的体验中。对这种主观数据而言,奔赴"数据来源"就包括内省。

内省法在认知语义学中的地位尚需确立。然而,即便是在语义学之外的大多数语言学研究中,它也早已成为必要的组成部分。因此,对句法的形式语言学研究,最终也是建立在个体对句子合法性或者逻辑推理特征的一系列判断之上。这些判断完全是内省的结果。

其实,更概括地说,多数关于人类心理的理论归根到底都建立在对某种意识形式的预设或内省法的效验之上,无论这一点是否曾经被明确指出过。在心理学实验中,典型的受试被认定能理解实验要求,并愿意根据其理解来操作。这种理解以及实验过程中的配合就是与意识相关的现象。

因此,对认知科学中的受试来说,意识通常是一种必不可少的伴随状态。不过,有人可能还会说,对研究者而言,意识同样是必不可少的,在所有的研究活动中都是如此,无论该科学研究多么客观。因此,即便是在技术性要求最强的科学实验中,当显示器屏幕上显示了所有图表,当所有数据输出都已完成,当所有的测量仪器显示出具体数值,即使如此,某个研究者仍然需要对这些记录事项进行判断,并在其意识状态下理解这些含义。Dennett(1991)曾尝试用他的关于异现象学(Heterophenomenology)的思想以客观科学的方法研究现象学这一学科。在他的这一研究中,个体受试将各自假定的经验以书面形式记录下来,然后将这种书面记录当作与客观世界中所有其他实体一样来对待。但是,从目前的角度看,Dennett 的这种做法遗漏了非常重要的一点:一个拥有自己现象观的人,依然必须阅读这些文字记录以便依次理解它们的含义;否则这些文字记录只是写在纸上的一组符号(或者是计算机里面的一系列的状态)。

总而言之,内省法作为一种恰当的、可以说是必要的方法,必须得到认可,并和其他获得普遍接受的方法一样在认知科学中使用。

下面转入本卷及其姊妹卷的结构和内容。这两卷书收集了我在认知语义学以及认知科学相关领域的绝大多数作品,时间跨度为过去二十年左右。而且,对两卷中的所有文章都进行了重新修订和更新。几乎所有的论文都得到扩充,加深了分析的深度,拓宽了分析的广度。大多数文章的修改幅度较大,有几篇文章整体重写。此外,此前未发表的作品也收录进了已经发表的作品中。由于上述修订、扩展、增编,两卷中的很大一部分资料都是全新的。[2]

由于书中材料本身的更新及安排上的调整,两卷书的内容更加浑然一体。因此,修订过的文章在一个连贯的理论框架内,更加清晰地表述了它们的思想。而且,这些文章中使用的术语都得到了统一。所有论文都分别编为这两卷书中独立的章节,其排列顺序的依据是主题内容,不是发表时间。

因此,在卷Ⅰ中,第一部分即第一章为全书两卷构建了概念结构方面的理论起点,并介绍了全面整合的"图式系统"(schematic system)的概念。卷Ⅰ的其余三个部分所含的章节,分别介绍三个图式系统。在卷Ⅱ中,第一部分的各章节考察某些概念结构所映射出来的类型模式(typological patterns)。这部分所收集的作品主要考察事件结构(event structure),其部分内容把语义结构的考察范围从事件的某些方面扩展到事件整体。以上各章已经考察了静态和动态的认知过程,接下来第二部分的章节跨出这个范围,集中研究多种因素实时交互的过程。前面各章从概念及认知角度对语言进行分析,在第三部分的各章中,这些内容扩展到其他认知系统,即解释文化和叙事的认知系统。其实,最后一章的末尾关于叙事结构的介绍,总体而言是用更概括的形式探讨卷Ⅰ第1章所介绍的概念结构。因此,我们可以发现,这两卷书的总体安排所遵循的路线是从语言概念结构的核心部分开始,最后又回到非语言认知系统中的概念结构。

两卷书中每卷都是遵循这个总体顺序来组织各自的主题内容的。卷Ⅰ阐明了语言组织概念系统的模式,并详细考察了几种图式系统。具体而言,第2章和第3章阐述"构型结构"(configurational structure)图式系统,第4章至第6章阐述"注意分配"(distribution of attention)图式系统,第7章和第8章讨论"力与因果关系"(force and causation)图式系统。所有这些图式系统共同构成语言的基本概念结构系统。卷Ⅰ的组织思路就是总体介绍这个基本系统。

卷Ⅱ通过考察概念构建的类型和过程,进一步分析语言中的概念结构。卷Ⅱ阐明了组织概念所依据的类型和过程。认知过程可以初步理解为在三个时间量级上发挥作用。短时量级维度是当前即时进行的概念加工的维度;中间量级维度发生在个体成长过程中的某阶段并随之发展;长时量级维度发生于个体实时判断的累加,以及该个体的判断与他人的判断之间的互动关系,正是这些判断保存了语言和文化的各个方面,或导致语言和文化各个方面的逐步变化。在1至4章,类型模式涉及第三类长时量级的过程。因此,这几章讨论语言如何从一个小型的普遍模式中选择并保持一个特定的类型范畴以及各个类型范畴之间的历时转换。在长时量级方面,第4章还介绍了混合(hybridization)的过程,通过该过程,一种语言可能会呈现在两种语言类型的历时转换之中。第 7 章考察中间量级加工，提出存在一个认知系统的假设，即该认知系统管辖儿童习得文化模式的过程。短时量级过程在第 5 章和第 6 章中有所论述；其中，第 5 章介绍解决语义冲突的即时方案，第 6 章讨论同时控制当下交流目的和途径的办法。第 8 章进一步探讨短时量级，该章描述了叙事者和接受者组织、整合该叙事整体结构所依据的认知因素。

我想有必要介绍一下拙著的主题的特点、发展脉络、最初出处及其在这两卷书中的使用情况。总体而言，这两卷书从一开始就围绕语义/概念结构，考察该结构的形式和过程。上文所列的具体议题，即认知语言学的研究对象，正是贯穿我整部著作的中心主题。下面是一些具体介绍。其中，以前已经发表的论文在参考文献中标注为"T-"，本书卷Ⅰ和卷Ⅱ中的各章节分别标注为"Ⅰ-"和"Ⅱ-"。

对事件结构的考察这一主题从我的博士论文延续至今。我一直关注与运动相关的一类事件结构。在分析中，该结构的总体形式包含一个基本的"运动事件"，即关于运动或位置的事件，以及一个与其相关的"副事件"作为运动事件的方式或原因。"运动事件"和"副事件"两者共同存在于一个更大的"运动情景"之中。该分析首次出现在我的博士论文中，为 T-1972，并在 T-1985b 中得以扩展。文章经充分修订，分别为Ⅱ-1 章和Ⅱ-2 章。

在研究运动事件的同时，我研究了空间和时间的整体图式结构、时空中的物体及运动过程。在最直接的研究中，关于空间结构的分析首次出现在 T-1972/1975b 中，并在 T-1983 中进一步展开，修订版为本书的 Ⅰ-3 章。关于时间结构的直接分析首次出现在 T-1977/1978c 中，在 T-1988b 中进一步展开，修订版为 Ⅰ-1 章。应该指出的是，几乎所有章节都涉及语言如何根据时空构建运动事件。比如，Ⅰ-2 章描述了虚构运动的概念化；而 Ⅰ-4 章则描述了运动事件不同阶段中的注意视窗的选择。

随后，运动情景及其所包含的事件复合体的思想被概括出来。该思想包括"框架事件"（framing event）这一概念，框架事件与副事件相关，归属于一个更大的"宏事件"（macro-event）。宏事件不但包括运动情景，而且包括"体相"（temporal contouring）、"状态变化"（state change）、"行动关联"（action correlating）及"实现"（realization）。该总结首次出现在 T-1991 中，其扩展版本成为Ⅱ-3 章。此外，如前文所述，副事件作为运动事件的方式或原因与运动事件相关，副事件与框架事件之间各种不同的关系(我称之为"支撑关系"(support relations))远远比原来了解的多,正如II-1和II-3两章所示。

我的著作还详细分析了另一类与因果关系有关的事件结构。具体而言,该分析所依据的思想是,一个使因事件与一个受因事件在一个更大的致使情景中发生联系。但是,该分析进一步的目的是确定这些致使情景背后的概念基元,研究这些概念基元的一系列的类型,从最基本的到最复杂的。在这些变量中,致使情景包括"施事性"(agency),该认知范畴进一步依赖于"意向"(intention)和"意志"(volition)这两个不同的概念。这个关于因果关系的分析首次出现在 T-1972 中,在 T-1976b 中进一步展开,经过较大的修订后为本书 I-8 章。关于语言因果关系的进一步讨论出现在 T-1985b(II-1 章)和 T-1996b(I-4 章)中。在这两篇论文中,前一篇描述了不同致使类型与不同体类型之间相互作用的词汇化模式;此外,这篇文章还讨论了语法手段是如何允许这些致使类型相互转化的。后一篇描述了因果链中语言的注意视窗开启,尤其是在普遍注意模式和语言表征的相关性中,因果链的中间部分是如何常常从注意中被省略掉的。

正如上文所述,运动情景可概括为宏事件;同样,与因果相关的事件结构复合体(event structure complex)可概括为"力动态"(force dynamics)。力动态涵盖了两个实体之间在力方面一系列的关系。这些关系包括一个实体内在的力趋向、第二个实体对这个趋向的反抗力、第一个实体对该反抗力的阻力以及第二个实体对该阻力的克服。此外,第二个实体对第一个实体的内在动力趋向会产生阻力,力动态也谈及该阻力的存在、消失、实施和克服等情况。于是,在力动态中,因果关系被纳入一个更大的概念框架中,与其他概念形成系统关系,比如允许与阻止、帮助与妨碍等。关于力动态的一些基本思想渊源可以追溯到 T-1972,并在 T-1976b(本书 I-8 章)中进一步展开,在 T-1985a/1988a(经进一步修订后收入本书 I-7 章)中进行了更加详细的论述。

如前文所述,我关注的焦点之一就是事件复合体的结构,该复合体包括构成事件及事件之间的特定关系。因此,如前所述,在运动情景及其向宏事件概括时,副事件与框架事件可以构成任何一种支撑关系。在致使情景及其向力动态概括时,一个组成部分与另一个组成部分通过力连接,包括两个组成部分本身都是事件的情况。以类似的方法,我在两方面进一步考察了事件复合体的结构:构成事件之间的焦点/背景关系或从属/并列关系。T-1972 论述了物理因素中的焦点/背景关系,这种关系后来又概括并应用于其他各种实体，包括事件。因此也适用于如下的例子，即处于一个更大的事件复合体中的两个事件，其中一个事件是焦点，另一个事件是背景。这一扩展应用首次出现于 T-1975a/1978a 中，现经修订编入 I-5 章（下文将继续论述焦点与背景）。然后，一个更大事件复合体中的一个事件与另一个事件的从属或并列关系被分析为一整套"交叉事件关系"（cross-event relations），包括时间关系、条件关系、基于推理的关系、让步关系（concessive）、附加关系（additive）以及替代关系（substitutional）。关于事件复合体结构的详细论述出现在 T-1978b 中，现全部重写后为本书 I-6 章。

本书内容中与事件复合体极为相关的一点是关于这些复合体的语言显性表征模式。因此，本书极为关注在焦点/背景或从属/并列关系中事件的句法表征，详见 I-5 章和 I-6 章。当然，颇为有趣的是，在概念层面上由两个事件及二者关系构成的复杂结构，通常由单个完整的句法成分表征，我们就将这种压缩方式称为"词化并入"（conflation）。这种将一个复合体的概念结构合并到一个单句中的现象广泛出现在运动情景以及致使情景的表征中。T-1972 首次分析了这些情景的合并模式，T-1976b/1985b/1991 进行了详细论述；这些内容经修订编入本书，其中 I-8 章主要是因果关系，II-1 章至 II-3 章为运动事件及其扩展。

因此，通过将概念层面与形式层面相结合，我集中考察了一些具体模式。在这些具体模式中，概念复合体中的具体语义成分通过句子中的具体句法成分来表征。换句话说，这些模式是关于什么内容出现在什么地方的。在前面介绍的关于事件类型的文章中，以符号和/或图表的方式表现了这种"意义-形式的映射"（meaning-form mappings）模式。这些事件类型包括焦点/背景、从属/并列、因果关系以及运动。尤其在运动情景中可以发现，不同语言非常明显地采用不同的意义-形式的映射模式。以此为基础，不同的语言可以归入不同的类型（见下文关于类型及其普遍性的详细论述）。

接下来，我在词汇语义学分析中常采用这种意义-形式映射视角。可以确定的是，我对词汇语义学的分析涵盖了很多关于具体语素的语义基础结构。不过，这些分析的主要篇幅是考察某些语义范畴单独出现或者合并成不同类型的语素出现时的系统模式。（意义合并在一个语素中的现象也称作"词化并入"，这是该术语的另一用法。）我一直把后一种词汇语义学当成形式和意义映射必不可少的一部分，与整个句子中整个概念复合体有关。因此,在我的分析中,某类语素所呈现出来的词汇化模式与该类语素所适用的句子结构的句法模式是相互对应的。我对意义–形式映射以及系统词汇语义学的写作过程以及该内容在本书中的安排与上文所列一致。

上文这些话题的研究形成了图式系统这一概念。首先,通过观察空间及时间的认知结构(尤其是两者之间的平行性)可以得出这样的结论:这两种形式的结构可以综合成一个更概括的图式系统,即"构型结构"。进一步研究发现,关于构型结构的图式系统还包含时间和空间之外更多语域的语言表征,比如性质特征域(the domain of qualitative properties)。

另外,除了构型结构,本书还发现了其他一些大的图式系统。其实,在一定数量的大型图式系统下,我们就可以理解所有受语言形式影响的概念结构的整体轮廓。因此,正像在一段话语中,某些语言形式通过构型结构来组织一个参照情景;这样,其他语言形式也可以引导我们确定自己的视角,从该视角出发来认识新组织起来的参照情景。这些特点构成第二个图式系统,即"视角点位置"(location of perspective point)。此外,还有一些语言形式可以进一步明确具体的注意分布,人们根据该注意分布从自己所选择的视角来理解一个结构情景。这种特性构成第三种大型图式系统,即"注意分布"。第四种大型图式系统为"力动态"。力动态关系到一个结构情景中具体实体之间力的互动及因果关系的语言表征。这四种图式系统,即构型、视角、注意和力,是到目前为止我的研究所讨论的主要系统。但是,还有更多的图式系统,有待未来的详细研究。关于这些图式系统的思想最初出现在 T-1983 中,在 T-1988b 中进一步展开,现在为 I-1 章以及卷 I 的第二、三、四部分。

再深入分析,可以看到注意图式系统包括几种不同的注意分布模式,这些模式在我的著作中都有单独讨论。其中之一即"中心/边缘"模式。这种模式的一个例子就是"焦点/背景"组织结构,我对其最初的分析就是用来统一心理范畴和语言范畴的首次尝试。在焦点/背景组织中,起焦点作用的实体吸引中心注意,这一实体的特点及发展正是要关注的。背景实体处于注意的边缘,起到参照实体(reference entity)的作用,用于表现关注点的焦点性特征。T-1972 首次探讨焦点/背景结构中运动及致使情景中物体之间的关系。如前所述,这一内容在 T-1975a/1978a 以及 T-1978b(即 I-5 和 I-6 章)中进一步拓展,用于解释更大事件复合体中构成事件之间的内在关系。后来发现,中心/边缘模式在力的相互作用领域中也具有解释力，其作用形式为两个题元角色，即"主力体"（Agonist）与"抗力体"（Antagonist）。这两种角色出现在上文所述的力动态中。

本书也研究了注意分布的其他模式。因此，在"注意层次"（level of attention）的模式中，语言形式要么将一个人最大的注意指向所指情景的某个方面的构成要素的层面，要么指向包含这些构成要素的整体层面。T-1978c/1988b 首次提出了这种模式，在本书中为 I-1 章。注意结构的第三种模式是注意"视窗开启"（windowing）。在这种模式中，语言形式可以有选择地将最大注意指向所指情景的具体部分，或者从所指情景的具体部分收回注意。这种模式首次出现在 T-1996b 中，在本书中为 I-4 章。

除了分析上述概念域以及概念结构系统，我在研究中还提出了在这些域和系统中起作用的一些基本组织原则。其中一项原则即图式结构的中心性。这一思想是指，语言形式的结构特点一般以如下方式概念化：抽象化的、理想化的以及具体关系之间的虚拟几何描述。T-1972 含有对这些穿越空间的运动路径图式以及因果作用的描述。这篇论文还用图表展现了这些图式，并标注了图表结构的相关组成部分。后来，这些图表用于表示阿楚格维语（Atsugewi）中用卫星语素表征的一系列因果事件的图式结构；这些表格放在 II-2 章中。虽然我的大部分论文都很重视图式结构，但若论其最完善的形式，也许是 T-1977 及 T-1983（现修订为 I-1 和 I-3 章）对构型结构的描述以及 T-1985a/1988a（现修订为 I-7 章）对力动态的描述。

第二条组织原则是，语言中的封闭类系统是语言中最基本、最全面的概念结构系统。也就是说，整体而言，语言中整个封闭类形式为概念内容提供结构，其构建过程是通过具体的图式系统进行的，这些图式系统，我们另有详细讨论。这种对整体系统的研究可以称为"封闭类语义学"或者"语法语义学"。我认为可以在更高层面上建立一个涵盖各封闭类的研究方向，这个想法最初出现在 T-1978c 里，经过了较大扩展，成为 T-1988b，现在修订为 I-1 章。

与语言的概念结构系统直接相关的第三条组织原则是：总体来讲，相同的复杂概念体系可以用不同的概念化来表征。所以，说话人一般可以选择某一种或者其他几种概念化来表达他们当下想表达的概念复合体。我把这种通过一系列不同的途径识解复杂概念体系的认知能力称为"概念可选性"（conceptual alternativity）原则。说话人系统地选择不同的概念化，这个观点最初是我在 T-1977/T-1978c/T-1988b 系列论文中提出来的，如今修订为 I-1 章。这一思想在 T-1983 和 T-1996b 中扩展到其他语义范畴,在本书中分别修订为 I-3 和 I-4 章。

第四条组织原则是空间结构和时间结构在语言表征上的平行性。很多概念结构,其相同形式存在于时间和空间表达中,存在于事物和过程中,从而存在于分别用来表达事物和过程所指的名词和动词这两类原型性语言形式中。对这种平行性的研究首次出现在 T-1977,在 T-1978c 中得以扩展,在 T-1988b 中进一步得到完善,修订后现为 I-1 章。

最后,本书用较长的篇幅探讨语言的一些普遍性质。首先是认知动态性(cognitive dynamism)。它包括处理语言其他概念结构的过程系统,如果没有这个系统,这些概念结构就是静止的。如前文所述,卷Ⅱ包括与类型保持和类型变化相适应的长时量级过程,与发展变化相适应的中间量级以及与即时认知过程相关的短时量级。关于这种短期加工过程,我最早的论述出现于 T-1976b 和 T-1977,现修订为Ⅱ-5 章和Ⅱ-6 章。其中第一篇论述的是说话人同时有数个不同交际目的,现有的交际手段能同时满足这些交际目的的认知过程。第二篇论述同一段语篇里两个语言形式之间的语义冲突,以及解决冲突的一系列过程。这些过程包括"转移""整合""并置""曲解"和"阻碍"等。另外,T-1978c/T-1988b现修订为 I-1 章,发展了如下这一思想:封闭类形式触发控制概念结构的认知操作。然后,T-1983 修订为 I-3 章,该章第四节讨论了一些认知过程,通过该过程,语言中一个数量有限的(确实相对比较小的)语素清单可以被用来(或者至少有这种潜势)表征无限的意识内容。T-1995b 修订为本书Ⅱ-8 章,概括了一个人进行叙述或者理解叙述时需要交互使用的一些概念参数和层级。除了动态的认知加工形式外,语言对动态概念的偏爱,即喜欢用动态行为来表达静态概念,该内容在 T-1996a 中谈到,现修订为I-2章。

第二,我的论著广泛讨论了语言的类型学和语言的普遍性质。事实上,我的论文几乎没有仅为讨论某一种语言而讨论该语言的一些现象。我研究某个语言现象是因它揭示了一个类型学的或一个普遍性的问题。我关于类型学的主要发现都放在了卷Ⅱ的第 1 至第 4 章,它们分别由 T-1982、T-1985b、T-1987 以及 T-1991 改编而成。卷Ⅰ的第 6 章里讨论了其他的一些类型学发现,这部分根据 T-1978b 修订而来。Ⅱ-2 章具体列出了在词汇模式中可以观察到的大量的类型学和语言的普遍特征。实际上,几乎所有的其他内容都具有普遍意义。进一步讲,就连类型学的分析都能提供关于普遍性的证据。这样,我在分析这些内容时发现,每一种类型中的变体都是一个基本模式(这种基本模式本身就具有普遍意义)中的不同元素的组合。因此，贯穿全书的主线就是弄清语言中概念组织的一般特征。

在过去的研究中，我持续关注了语言（以及语言领域之外）的另外一种普遍存在的组织特征，并提出了认知组织中的"系统交叉模型"（overlapping systems model），该模型将引导我日后的研究。在这个模型中，人类的认知能够理解某些相对明显的主要认知系统。这些认知系统包括语言、感知、推理、情感、注意、记忆、文化结构以及运动控制。主要发现表明，每一种认知系统都有属于该系统本身的独特的结构特征，同时和其他一种或几种认知系统有相同的结构特征，甚至和所有的其他认知系统共有一些基本的结构特征。这些系统特性之所以被称为"系统"，是因为它们在结构上相互重叠，共同构成一个认知结构，而不是 Fodor 提出的"自主结构"。

到此为止，我在论著里研究了语言和其他几个主要或次要认知系统之间在结构上的相似点及不同点，尤其是概念结构。这些系统包括视觉感知、动觉感知、注意、理解/推理、模式融合（如在叙事中）、文化结构、情感及运动控制。此外我还研究了所有这些系统共有的结构特征。

我近期发表的三篇论文主要探讨了其他几个认知系统。T-1996a (I-2) 详细地探讨了视觉感知和语义结构的平行性。这一研究还把传统上被视为两个截然不同的系统——"感知"（perception）系统和"概念"（conception）系统——概括为一个统一的"感思"（ception）系统。T-1995a (II-7) 提出，人类有一套认知系统，它进化到目前的状态，能够用来习得、展现、传承文化结构。这套认知系统和我们所理解的语言的认知系统类似。T-1995b (II-8) 提出，人类有一个能够连接各种心理体验并使之成为一个统一的概念模式的认知系统。特别是，这个系统能够将一段时间内认知的一系列经验融合为一个模式，而这个模式又被理解为一个故事、一段历史或者人的生平。也就是说，总体上理解为一段叙事。在其"参数"部分，进一步讲述迄今为止我发现并全面分析过的、存在于所有认知系统中的基本结构特征。这一分析主要是参考了决定叙事结构的认知系统，但旨在涵盖全部的认知结构系统。

接下来是对几章内容的介绍。这几章把语言中的概念结构与其他认知系统的概念结构进行对比，或者与所有其他认知系统的概念结构进行对比，这些认知系统与认知组织的系统交叉模型相一致。I-1 至 I-3 章对比语言结构与视觉感知结构。I-7 章对比语言结构与动觉感知结构。I-4 至 I-6 章对比语言结构与注意系统。I-1 和 I-7 章对比语言结构与理解和推理系统。II-8章对比语言结构与支配叙事模式的融合系统。I-2和II-7章对比语言结构和文化认知系统。I-1章对比语言结构和情感系统。II-8章分析普遍贯穿于各种认知系统的结构构建原则。

总之,我认为这两卷书中的研究和其他认知语言学家以及其他认知科学家完成的研究工作一起,共同构成认知科学事业的一部分。这个事业的最终目标是要弄清楚人类认知中概念结构的普遍特征。

接下来是本卷书中的排版格式和标示方法。在章节的讨论中,新出现的术语用黑体。语言形式示例用斜体标出。斜体还用来表示强调。单引号包括所有引用的语义成分。例如,单引号表示非英语表达形式的字面翻译。双引号除了用来表示它平常的用法以外,还用来表示非英语语言形式的非正式或者口语体形式。

在此,我要感谢国家科学基金及美国学术协会委员会的资助,使我能在1996年到1997年的学术休假期间完成此书。

我要感谢在构思本书过程中所有帮助过我的人,感谢他们所做的工作,感谢与他们的讨论。我在相应章节里列出他们的名字逐一致谢。但是在这里,我要向 Stacy Krainz 和 Kean Kaufmann 致以特别的谢意,没有他们的帮助和审议,我不可能完成本书。

我将本书及其姊妹卷献给已故心理学家,我的朋友,也是我的导师,同时也是一位世界级的天才 Theodore Kompanetz 先生。他思想博大而深邃,遗憾的是他未能给这个世界留下任何论著。

注 释

1. 我认为,把"认知"两个字加在"语义学"前面,显得有点多余。因为语义学本质上就是关于认知的。我之所以冠以"认知"这个限定词,除了想标明传统语义学中所缺失的指向心理学范式的轨迹,主要是由于有人认为语义可以独立于人的心智而存在。
2. 已发表的论文只有一篇未收录,即 Talmy(1975b)。因为其中的大部分内容都在后来的几篇论文中得以修订和扩展,其保留部分已经贯穿在本书的一些章节中,因而略去未收录。关于我的博士论文,即 Talmy(1972),本书收录时唯一接近原文的是卷II第2章描述阿楚格维语形式的部分。其他部分都经过修订收录到这两卷的其他章节中。需要指出的是,虽然博士论文有些内容由于字数限制没有收录,但仍然有其参考价值。它们讨论的语料在本书里没有涉及,或者讨论语料比本书中的更为详细。举一个例子,博士论文的10.4就"alpha-,beta-,and gamma-order"为配价置换(valence permutations)展示了一种跨语言模式。

第一部分

事件结构表征的类型模式

第 1 章　词汇化模式

1　引　言

本研究讨论语言中语义与表层表达之间的系统关系。[1]（贯穿本章的"表层"(surface)一词仅指明确的语言表达形式,与任何转换生成理论无关。）为此,我们具体采取的研究方法包含以下几个方面。首先,我们假定语义域和表层表达域的元素都是可以单独分离出来的。诸如'运动'(Motion)、'路径'(Path)、'焦点'(Figure)、'背景'(Ground)、'方式'(Manner)、'使因'(Cause)等都是语义元素,而动词、附置词、从句以及我们所称的**卫星语素**（**satellite**）都是表层元素。其次,我们考察哪些语义元素通过哪些表层元素来表达,这种表达大都不是一一对应的。几个语义元素的组合可由单个表层元素来表达,或单个语义元素也可由几个表层元素的组合来表达。或者,不同类型的语义元素可通过相同类型的表层元素来表达,相同类型的语义元素也可由不同类型的表层元素来表达。在这里,我们总结了一系列普遍原则、语言类型模式以及不同语言类型模式之间语言形式范畴的历时转换或保持。

我们不关注语义与表层关系的个案,而是只关注那些能在一种语言内部或不同语言之间形成普遍模式的案例。我们特别关注如何解释不同语言间此类模式的异同。即,我们的研究目的是,对于一个具体的语义域来说,语言中是否呈现出广泛各异的模式,还是数量相对较少的模式（类型）,抑或是单一的模式（一种普遍模式）。我们将主要关注最后两种情况以及在任何一种语言中都不存在的模式（普遍性缺省）。我们也研究从一种类型模式到另一种类型模式的历时转换及这些类型模式的认知基础（二者均在Ⅱ-4 章进一步论述)。我们的研究方法可按此框架概括为以下步骤：

(1) ("实体"(entities)＝元素、关系和结构：包括它们的具体实例以及范畴)

　　a. 确定某种语言中各种不同的语义实体。
　　b. 确定该语言中各种不同的表层实体。
　　c. 观察(a)中的哪些实体是由(b)中的哪些实体、通过何种组合方式以及以什么关系来表达，并关注所有模式。
　　d. 比较(c)-类型模式的跨语言差异，关注所有元模式。
　　e. 比较(c)-类型模式在一种语言发展的不同阶段的差异，尤其相对于(d)-类型元模式的转换或非转换现象。
　　f. 探究导致(a)到(e)这些现象的认知过程与结构。

这一框架大致勾勒了语义与表层关系研究的大致范围。但是，本研究的范围并没有那么宽泛，这表现在以下几个方面。首先，研究语义与表层关系可以有两个途径，且都卓有成效。第一个途径是保持一个特定的语义实体恒定，观察这一语义实体可以出现在哪些表层元素中。举例来说，在英语中，语义元素'否定'(negative)是通过一个动词复合体副词(will *not* go)、形容词(*no* money)、形容词派生词缀(*un*kind)以及并入动词特征的(*doubt*)这些表层表达来实现的。在阿楚格维语中，'否定'则可通过带有不定式补语的动词(mit^{h}i:p 'to not')来实现；而其他一些语言则用动词的一种屈折变化形式来表达。另一个途径是保持某一选定的表层实体恒定不变，观察它可以表达哪些不同的语义实体。II-3 章的研究属于第一种，本章则仅遵循第二个途径。

根据上述的划分，我们进一步缩小研究范围。我们可以研究由不同数量的语素所构成的词汇的语义。那么，位于量表最底端的形式是"零"形式。因此，对于英语中像 I feel like [having] a milk shake(我想要杯奶昔)和 I hope for [there to be] peace(我希望和平)以及德语中 Wo wollen Sie denn hin [gehen/fahren/...]? 'Where do you want to go?'(你想去哪儿)的表达形式，有一种解释认为，此类结构缺失了一个动词。我们可以得出这样的结论：缺失的动词语义来自成员数量很少的一类动词，包括'have''be''go'这样的词。[2] 或者，我们也可以研究由表层复合体表达的语义。一个相对较长的表层结构可能只编码单一的语义元素。例如，英语中与单纯动词 interest(感兴趣)的语义大致等同的结构是 be of interest to(对……感兴趣)，或者 investigate(调查)与 carry out an investigation into(对……展开调查)结构等同。然而,本研究把范围限定在一个中间的部分,即只研究单一的语素,也在小范围内研究由词根和派生语素构成的词。

在第 2 节,我们将探讨一种开放类的元素,即动词词根;第 3 节将定义并探讨一种封闭类元素,即**卫星语素**(**satellite**)。这两类表层表达形式大体上可以用来表达相同的一组语义范畴。[3] 这两节的目的在于提出一类基本的语义与形式相对应的语言模式,并描述这些语言模式所体现的类型学以及普遍性原则。第 4 节讨论这些模式对含有动词和卫星语素的复合体在语义突显度上的影响。第 5 节为结论,讨论本研究所采用的研究方法的优势。本章探讨特定语义域的概念结构;不同语言的形态句法结构中概念结构的类型模式;这种类型背后的认知过程,以及导致历时类型转换或类型保持的认知过程。

1.1 词汇化的特征

我们先简要概括一下词汇化的一些普遍特征,以此作为本研究的理论背景。一般来说语义经由三种过程与表层形式结合:词汇化、删除(或零形式)及阐释。下面,我们通过一个例子来对比一下这三种过程,这个例子并未显示哪种过程最适用。请看词组 *what pressure*(如在句子"*What pressure was exerted?*"中(施加了多大程度的压力)),该结构实际上问的是 'what degree of pressure'(多大程度的压力)——不同于 *what color*(什么颜色)这类更常见的结构,后者需要在不同的颜色中选择一种特定的颜色。那么 'degree'(程度)这种语义是如何产生的呢?一种解释方式是通过词汇化,也就是通过某个语义成分同特定语素的直接结合。按照这种解释,这里的 *pressure* 同其一般用法的不同之处在于有一种新的语义成分加入了进来:$\text{pressure}_2 = degree\ of\ \text{pressure}_1$(或另一种说法是,这里有一个特殊的 *what*:$\text{what}_1\ degree\ of$)。我们还可以认为,类似 *degree of* 的成分在该结构的中间被删除了(或者说,现在取而代之的是含有 'degree of' 语义的零形式)。再或者,还有一种语义阐释过程,即通过当前的语境和一般常识我们了解了 'degree' 的语义。[4]

总之,当一个特定的语义成分同一个特定的语素出现规律性组合的时候,我们说这就是词汇化。一般来说,词汇化研究也必须关注这样的语言现象,即一个语素的整体语义是由与该语素有关的具有某些特定关系的一组语义成分构成的。最明显的例子是,一个句法结构中一个语素的语义构成等同于一组其他语素的语义构成,其中后者每一个语素含有原语素的语义成分中的某一个成分。这里举一个熟悉的例子,*kill* 和 *make die* 之间的语义近似性问题。然而,这类明确的例子毕竟还是少见的。如果只是基于语言中现有语素间的等值度来研究词汇化过程,这显然是不明智的。如果英语中没有 *die* 这个词,那么研究应如何进行呢?我们仍将把 *kill* 解释为含有'致使'(cause)的语义成分。动词 *poison*(即'用毒药杀死或伤害某人')更好地说明了这一问题。*poison* 事实上缺省了意指'死于或受到毒药的伤害'这样的一个非致使性形式(*They poisoned him with hemlock. / * He poisoned from the hemlock*)(他们用毒芹属植物毒死了他。/ * 他死于毒芹属植物)。

这样一来,我们可以建立一种研究语素用法的新理念,即以特定方式选取语素语义和句法特征,然后着眼于不同语素用法等值度的研究。语素用法等值度的研究甚至可在具有不同核心语义的语素间,乃至跨语言的层面展开。

请看下面的例子,*kill*(杀死)和 *make appear*(使出现)之间在用法上具有等值性。在语义上,*kill* 含有'施事作用于受事'('致使')的语义。在句法上,*kill* 与施事主语和受事宾语搭配。这种用法与 *make appear* 结构中 *make* 的用法相同,在 *make appear* 中,*make* 包含'施事与受事关系',*appear* 除了含有'受事单独活动'('非致使')的语义,还有受事当主语的语义。在既包含词汇语素(L),也含有语法语素(G)的例子中,这种关系可表示为:

(2) L_2 的用法 = L_1 与 G 的搭配用法
    (e.g., L_2 = kill, L_1 = appear, G = make)

我们可以说,L_2 含有了 G 的语义,而 L_1 要么不含有语法语义,要么含有对语法语义的补充。在某种特殊情况下,一个单一的语素的用法会等同于 L_1 或 L_2 的用法,因此,我们认为它具有一系列的用法。例如,$break_2$(如在"*I broke the vase*(我打碎了花瓶)"中)和 make $break_1$(如在"*I made the vase break*(我使花瓶碎了)"中)存在用法的等值性。那么,*break*(打碎)的用法范围既包含致使性的,也包含非致使性的。例(3)用相同的方式描述了这种用法范围。作为一个具体的例子,*break* 的致使性和非致使性用法范围就相当于 *kill*(杀死)的致使性用法加上 *appear*(出现)的非致使性用法。

(3)　　L_3　　　　　=　　　　L_2　　　　+　　　　L_1
　　　　用法范围　　　　　　　用法　　　　　　　用法
　　　其中 L_1 和 L_2 的关系同(2)

术语说明：我们用三个术语表示语义与形式的对应关系。它们分别是来自 McCawley（如 1968）的"词汇化"(lexicalization)、Gruber(1965)曾使用的"词化编入"(incorporation)以及笔者(Talmy 1972)在书中自创并使用的"词化并入"(conflation)。随着这些术语在本研究中的使用，这些术语本身的侧重点及含义也会明朗化，但它们都表示表层形式中的语义表征。

1.2 运动事件概览

下面谈及的几个模式属于表达运动和方位这个大系统的一部分。下面我们先简要描述这一系统。进一步的分析可参见 I-2 章、I-3 章以及 Talmy(1975b)。

首先，我们把含有运动及持续性静止的情景都看作是**运动事件**（**Motion event**，大写 **M**）。基本的运动事件包含一个客体（**焦点**）相对于另一客体（**背景**或参照客体）的运动或方位。运动事件可以分析为含有四种成分：除了**焦点**（**Figure**）和**背景**（**Ground**），还包括**路径**（**Path**）和**运动**（**Motion**）。**路径**（**P**）是焦点相对于背景所走过的路径或所处的方位。**运动**（**M**）指运动事件中运动本身的存在或方位关系。语言仅对这两种运动状态做了结构性的区分。我们分别用 **MOVE** 和 **BE**$_{LOC}$（'be located'的简写形式）来表达运动和方位关系。[5] 运动成分指**位移运动**（**translational motion**）的发生（**MOVE**）或未发生（**BE**$_{LOC}$）。这里的运动是焦点在一定时间段内所发生的位置上的变化。因此，它不指焦点呈现的所有类型的运动；尤其是，它不包括下面提到的诸如旋转、振荡或膨胀之类的"自足运动"（self-contained motion）。除了这些内在成分，一个运动事件可以同一个外部**副事件**（**Co-event**）联系在一起。这些副事件经常与运动事件有着方式或原因上的关系。(4)中的句子展示了所有这些语义实体。

(4)		方式	原因
a.	运动	The pencil rolled off the table.（铅笔滚离桌子。）	The pencil blew off the table.（铅笔被吹离桌子。）
b.	方位	The pencil lay on the table.（铅笔放在桌子上。）	The pencil stuck on the table (after I glued it).（铅笔粘在桌子上（在我用胶粘它之后）。）

在所有四个句子中，*the pencil* 充当了焦点的角色，而 *the table* 则为背景。*off* 和 *on* 表示路径（分别表示路径和地点）。顶排两个句子中的动词表示

运动，而底排两个句子中的动词则表示方位。除了表达这些运动状态外，方式通过 rolled 和 lay 得以表达，而原因由 blew 和 stuck 来表达。

焦点（**Figure**）和**背景**（**Ground**）术语取自完形心理学。Talmy（1972）赋予它们不同的语义学解释，在这里可以继续使用。焦点是一个运动的，或者说概念上可以运动的客体，但其路径或方位是未知的。背景是一个参照框架，或是在参照框架内静止的参照客体。正是相对于该背景，焦点的路径或方位得以描述。

焦点和背景这些概念同 Fillmore（如 1977）的格语法系统相比具有一些优势。I-5 章有详细的对比，这里只列出一些主要的不同。充当参照客体的背景这一概念，涵盖了 Fillmore 格语法体系中"方位"（Location）、"来源"（Source）、"目标"（Goal）和"路径"（Path）所有这四个格的共性特点。而在 Fillmore 格语法体系中，没有表明这四个格和"工具"（Instrument）、"受事"（Patient）及"施事"（Agent）相比具有共性。再者，相对于"方位"而言，Fillmore 格语法体系也没有对"来源""目标"和"路径"这些格之间的共性作出说明。在本研究中，这种区别用运动成分中的两个相对立的成分 MOVE 和 BE_{LOC} 清晰地表达出来了。再进一步说，Fillmore 的那些格词化编入了除背景物之外的另外几个路径概念，比如，来源格中的'from'概念与目标格中的'to'概念。这样一来，每一个新发现的路径概念都可能会为格语法体系增加一个新成员，这样不利于概括出语言的共性。我们的系统通过把所有的路径概念抽象成独立的路径成分，既可以表征体现语言普遍性的语义复合体，也可以表征体现语言特性的语义复合体。[6]

2 动 词

在对动词的研究中，我们主要关注动词词根本身，一方面是因为本研究主要目的在于探讨含有一个单一语素的词汇化类型，另一方面是因为只有这样才能对有着不同词汇结构的语言进行词汇化模式的对比。例如，汉语中的动词词根一般可以独立成词，而在阿楚格维语中，动词词根同许多词缀结合在一起构成多式综合动词。但是，就动词词根而言，这两种语言存在一致性。

首先介绍动词词根词汇化的三种主要类型。在大多数情况下，一种语言在其表达最典型的运动时，只使用其中一种类型。这里的"典型"（characteristic）是指：(1) 文体上的**口语化**（*colloquial*），而不是书面表达或是一些不自然的表达等;(2)口语中的**常见性**(*frequent*),而不是偶然出现的;(3)**普遍性**(*pervasive*),而不是使用范围具有局限性,即,一系列的语义概念通过这种类型得以表达。

2.1 运动+副事件

某些语言具有独特的表达运动的句子模式,动词可以同时表达运动和副事件[7],副事件通常是运动的方式或原因。这种类型的语言通常使用一系列的动词来表达通过各种方式发生的或由各种原因导致的运动。这类语言也会有一系列的动词来表达通过各种不同方式或由各种原因而具有的方位,但这样的动词在数量上相对较少。这种语义与形式的关系可以用下面的图表表示。属于这种类型的语系或者语言有印欧语系(后拉丁罗曼语系语言除外)、芬兰-乌戈尔语、汉语、奥吉布瓦语和沃匹利语。英语是这种类型的典型代表。

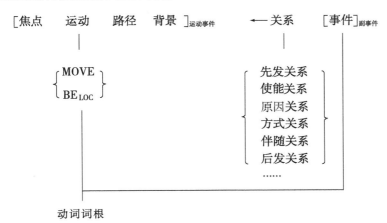

词化并入运动动词的副事件

(5) **词化并入方式或原因的英语运动表达形式**
方位+方式

    a. The lamp *stood/lay/leaned* on the table.
       (台灯**立**/**放置**/**靠**在桌子上。)

    b. The rope *hung* across the canyon from two hooks.
       (绳索穿过两个钓钩,横**挂**在峡谷间。)

运动＋方式

非施事性

c. The rock *slid/rolled/bounced* down the hill.
   （石头**滑下**/**滚下**/**弹下**山坡。）

d. The gate *swung/creaked* shut on its rusty hinges.
   （门**晃晃荡荡**/**吱吱嘎嘎**地关在了生了锈的折页上。）

e. Smoke *swirled/rushed* through the opening.
   （烟雾**旋转着飘**出/**冲**出开口。）

施事性

f. I *slid/rolled/bounced* the keg into the storeroom.
   （我将小桶**滑进**/**滚进**/**弹进**储藏室。）

g. I *twisted/popped* the cork out of the bottle.
   （我将软木塞从瓶子里**拧出**/**砰地一声拧出**。）

自我施事性

h. I *ran/limped/jumped/stumbled/rushed/groped my way* down the stairs.
   （我**跑下**/**跛行下**/**跳下**/**摔下**/**冲下**/**摸索**下了楼梯。）

i. She *wore* a green dress to the party.
   （她**穿**一件绿连衣裙参加了舞会。）

运动＋原因

非施事性

j. The napkin *blew* off the table.
   （餐巾被**吹**离了桌子。）

k. The bone *pulled* loose from its socket.
   （骨头被从骨臼里**拉**松动了。）

l. The water *boiled* down to the midline of the pot.
   （水**沸腾**后降到了壶的中间线。）

施事性

m. I *pushed/threw/kicked* the keg into the storeroom.
   （我将小桶**推进**/**扔进**/**踢**进了储藏室。）

n. I *blew/flicked* the ant off my plate.
   （我将蚂蚁从盘子上**吹**走/**弹**走。）

o. I *chopped*/*sawed* the tree down to the ground at the base.
（我从根将树**砍**倒/**锯**倒在地。）

p. I *knocked*/*pounded*/*hammered* the nail into the board with a mallet.
（我用木槌将钉子**敲**进/**砸**进/**锤**进木板。）

这里，判断动词中词化并入的是方式还是原因取决于动词所指的是焦点的行为还是施事或工具的行为。例如，在'I rolled the keg …'（我滚动小桶……）一句中，*rolled*（滚）主要描绘的是桶的运动，因此是方式，而在'I pushed the keg …'（我推小桶……）一句中，*pushed*（推）主要指的是我的动作，因此是事件的原因。

对于讲英语的人来说，这类句子看起来很直接，他们不需要时间来考虑，因为如果不这样表达，这样的情景在口语中还能怎样表达呢？事实上，世界上有许多语言采用非常不同的表达方式。就连看似与英语亲缘关系较近的西班牙语都不存在与以上英语句子相同的表达方式，如下文所述。

2.1.1　副事件的词化并入模式

我们可以用单个表征那些独立语义成分的语法结构来说明词化并入模式的类型，即解构或"分解"句子。因此，我们最好使用表示副事件的单个从句来表征词化并入动词中的方式或原因概念。在这种结构中，副事件与主要的运动事件的关系可以用 WITH-THE-MANNER-OF（……的方式）或者 WITH-THE-CAUSE-OF（……的原因）的形式表现。该形式代表了深层或者中间层次上且在语义上起复合句中介词或连词作用的语素（见下文）。因此，WITH-THE-CAUSE-OF 在功能上相当于英语施事结构中的从属词 *by*（例如，*I moved the keg into the storeroom by kicking it*（我通过踢，将小桶移动到储藏室）），或者相当于非施事结构中的 *from* 或 *as a result of*（例如，*The napkin came off the table from*/*as a result of the wind blowing on it*（餐巾被吹离了桌子，因为一阵风吹过））。尽管这种表达有点蹩脚，但它表达了我们要的语义，具有便于记忆的优势。其次，它们无论是在施事还是非施事的用法中，都可以用相同的形式表达。此外，这种统一的模式便于引入更多此类结构，后文将介绍一些这样的结构。在下文的结构中，下标"A"放在动词前，表示该动词为施事性的（因此，$_A$MOVE（施事运动）= CAUSE to MOVE（使运动））。GO 形式表示自我施事运动。

(6) 对含有词化并入的英语运动表达的分解
方位＋方式

a′. The lamp lay on the table. ＝[the lamp WAS$_{LOC}$ on the table] WITH-THE-MANNER-OF [the lamp lay there]
（台灯放在桌子上。＝[台灯处于桌子上]的方式为[台灯放在那里]）

b′. The rope hung across the canyon from two hooks. ＝[the rope WAS$_{LOC}$（EXTENDED）across the canyon] WITH-THE-MANNER-OF [the rope hung from two hooks]
（绳子穿过两个钓钩横挂在峡谷间。＝[绳子（伸展着）横跨峡谷]的方式为[绳子穿过两个钓钩悬挂着]）

运动＋方式
非施事性

c′. The rock rolled down the hill. ＝[the rock MOVED down the hill] WITH-THE-MANNER-OF [the rock rolled]
（石头滚下山坡。＝[石头运动下了山坡]的方式为[石头滚动]）

d′. The gate swung shut on its rusty hinges. ＝[the gate MOVED shut (＝the gate shut)] WITH-THE-MANNER-OF [the gate swung on its rusty hinges]
（门晃晃荡荡地关在了生了锈的折页上。＝[门运动到关上（＝门关上了）]的方式为[门晃晃荡荡地关在了生了锈的折页上]）

施事性

f′. I bounced the keg into the storeroom. ＝[I $_A$MOVED the keg into the storeroom] WITH-THE-MANNER-OF [I bounced the keg]
（我把小桶反弹进了储藏室。＝[我把小桶$_{施事}$运动到储藏室]的方式为[我反弹小桶]）

自我施事性

h′. I ran down the stairs. ＝[I WENT down the stairs] WITH-THE-MANNER-OF [I ran]
（我跑下了楼梯。＝[我运动到楼下]的方式为[我跑]）

运动＋原因
非施事性

j′. The napkin blew off the table. ＝［the napkin MOVED off the table］WITH-THE-CAUSE-OF［(something) blew on the napkin］
（餐巾被吹离了桌子。＝［餐巾远离桌子运动］的原因为［(某物)吹了餐巾］）

k′. The bone pulled loose from its socket. ＝［the bone MOVED loose from its socket］WITH-THE-CAUSE-OF［(something) pulled on the bone］
（骨头被从骨白里拉松动了。＝［骨头移动，从骨白里松动了］的原因为［(什么东西)拉动了骨头］）

施事性

m′. I kicked the keg into the storeroom. ＝［I $_A$MOVED the keg into the storeroom］WITH-THE-CAUSE-OF［I kicked the keg］
（我将小桶踢进了储藏室。＝［我把小桶$_{施事}$移动到了储藏室］的原因为［我踢了桶］）

o′. I chopped the tree down to the ground at the base. ＝［I $_A$MOVED the tree down to the ground］WITH-THE-CAUSE-OF［I chopped on the tree at the base］
（我从根部把树砍倒在了地上。＝［我把树$_{施事}$移动到地上］的原因为［我从根部砍树］）

需要注意，许多分解后的结构与不含有词化并入的句子有更直接的联系，因此这些句子可以看作是对原来句子的解释，如例(7)。

(7) c″. The rock rolled down the hill.
（石头滚下了山坡。）
The rock went down the hill, rolling in the process/the while.
（石头到达山坡下，期间一直滚动着。）

j″. The napkin blew off the table.
（餐巾被吹离了桌子。）
The napkin moved off the table from (the wind) blowing on it.

（因（风）吹，餐巾离开了桌子。）

m″. I kicked the keg into the storeroom.
（我将小桶踢进了储藏室。）
I moved the keg into the storeroom by kicking it.
（我通过踢，把小桶移进了储藏室。）

2.1.2 副事件词化并入的特征

这一部分，我们将在更大的运动情景中考察副事件与主要运动事件之间的关系特征。

2.1.2.1 动词的两种用法

在以上各例及在分解了的构式中，出现在从句中的动词形式与出现在融合后的整句中的动词形式相同。用这里提出的词化并入理论来解释，动词前一种用法更为基本，后一种用法是将前一种用法与运动的其他语义成分词化编入而来的，并且与运动事件构成某种特殊的关系。一般来说，像英语这种类型的语言有一种固定的模式来表示这种"词汇双式词"(lexical doublets)。

动词 $float$（漂）的基本用法指的是物体与介质间的浮力关系，如例(8)。

(8) The craft floated on a cushion of air.
（那艘船漂在一个气垫上。）

我们用下标"1"来标记这种用法。这个动词也可以出现在从句中，跟在表示运动的主句之后。

(9) The craft moved into the hangar, floating$_1$ on a cushion of air.
（那艘船移进了船库，漂$_1$在一个气垫上。）

但这个动词形式还有第二种用法，在该用法中，动词包含了漂浮以及运动两种含义。这种用法的动词——我们用下标"2"来标记——可以出现在只有一套主谓结构的句子中，而这个句子相当于前面所说的包括两个分句的句子。

(10) The craft floated$_2$ into the hangar on a cushion of air.
（那艘船在气垫上漂$_2$进了船库。）

因此，动词 $float$（漂）的两个语义之间的关系可以分别单独表征如下：

(11) MOVE WITH-THE-MANNER-OF [floating₁]→float₂
    or MOVE [floating₁(the while)]→float₂
    (以[漂₁]的方式运动   →漂₂
       或 运动[(同时)漂₁] →漂₂)

可用一个更大的句子表示,如例(12)。

(12) The craft MOVED [floating₁(the while)] into the hangar on a cushion of air.

↓

floated₂

(那艘船在气垫上运动[(同时)漂₁]进了船库。)

↓

漂₂

施事动词 *kick*(踢)同样也可以有两种用法。在基本用法中(仍用下标"1"来表示),该动词表示施事用脚向某物体施加作用力,但并不预设物体的移动。这一点好理解,比如受力物体可以是原地固定不动的。

(13) I kicked₁ the wall with my left foot.
    (我用左脚踢₁了一下墙。)

同理,如(14a)所示,该动词可以用在从句中,跟在表示运动的主句之后。同样,该动词有第二个用法,用下标"2"表示。该词将运动连同 *kick*₁ 的基本含义一同词化编入,从而与球的运动构成因果关系,如(14b)所示。

(14) a. I ₐMOVED the ball across the field, by kicking₁ it with my left foot.
     (我把球施事移动过了操场,通过用左脚踢₁它。)
   b. I ₐMOVED [by kicking₁] the ball across the field with my left foot.

↓

kicked₂

(我用左脚把球施事移动[通过踢₁]过了操场。)

↓

踢₂

我们可以看到,汉语与英语相同,也是一种可以把副事件词化并入动词的语言,但汉语与英语的相似之处远远不止于此。汉语中单个动词形式也可以有两种不同的用法。

(15) a. 我用　　　左　脚　踢₁　了　　一下　　　墙
　　　　I use(-ing) left foot kick PERF one stroke wall
　　　　'I kicked the wall with my left foot.'
　　b. 我用　　　左　脚　把　球　踢₂　过　　了　　操场
　　　　I use(-ing) left foot D.O. ball kick across PERF field
　　　　'I kicked the ball across the field with my left foot.'

2.1.2.2 词汇化阐释

有证据表明,像 *float*(漂)和 *kick*(踢)这一类动词,它们有两种不同的词汇化用法。首先,这类动词的第二种用法与两种不同类型的语义成分同时出现,而第一种用法只与其中一种语义成分同时出现。因此,例(12)中的 *float*(漂)与方向成分 *into the hangar*(进了船库)以及方位成分 *on a cushion of air*(在气垫上)同时出现。我们认为,动词将两个不同概念词化并入进来,一个表示运动,一个表示方位关系,这两个概念分别体现在两个语义成分中。在第一种用法中,*float* 没有词化编入运动的概念,因此仅与方位成分一同出现。同理,*kick* 在其第二种用法中,词化编入了致使运动的概念以及与身体部位撞击的概念。这两个概念分别与方位成分 *across the field*(穿过操场)以及身体部位 *with my left foot*(用我的左脚)相关联;而 *kick* 的第一种用法只与后一种类型的成分同时出现。[8]

我们将通过展示只有某一种用法的动词来证明上述观点:即 *float*(漂)一类动词的两个用法表征两种不同的词汇化过程。首先,以 *float* 为例,在例(16)中,动词形式 *be afloat* 可以出现在与 $float_1$(漂₁)相同的语义和句法环境中,但是不能出现在 $float_2$(漂₂)的语义和句法环境中。

(16) a. The craft floated₁/was afloat on a cushion of air.
　　　　(那艘船漂₁/漂浮在一个气垫上。)
　　b. The craft floated₂/ * was afloat into the hangar on a cushion of air.
　　　　(那艘船在气垫上漂₂/ * 漂浮入船库。)

此外,有一些与 *float*(漂)相似的动词——按常理推断应该与 *float* 一样有同样的两种用法——但事实上只有其中一种用法。例(17a)中的 *lie*

（放在）在语义上很像 $float_1$，虽然表示的不是介质对物体的浮力作用，但也表示了物体之间的支撑关系，在此是一个线性物体与一个坚硬底面水平相接。但是，如(17b)所示，虽然(17b)试图表达的是笔在滑下斜面的同时一直以底面接触斜面，但却不能使用 lie，也就是说，lie 不能像 $float_2$ 那样词化编入运动的语义。相反，如(18b)所示，$drift$（漂移）和 $glide$（滑）只能表示空间中的运动，与 $float_2$ 的用法相同，但却不能表示(18a)中的非运动含义。

(17) a. The pen lay on the plank.
（笔放在木板上。）

b. *The pen lay quickly down along the incline.
（*笔迅速地沿斜面放下。）

(18) a. *The canoe drifted/glided on that spot of the lake for an hour.
（*独木舟在湖的那一点上漂/划了一个小时。）

b. The canoe drifted/glided halfway across the lake.
（独木舟漂/划过了湖的一半。）

动词的施事形式也存在着相同的情况。如(20b)所示，$throw$（扔）与 $kick_2$ 在语义上相似，它们都可指由身体运动所引起的显著的运动事件。但是，如(20a)所示，$throw$ 却不具备 $kick_1$ 的用法，它不能单指身体的运动——也就是不能表达一个人挥舞手臂抡起物体但却没有扔出，使物体获得独立运动轨迹的身体运动。与其相反的是动词 $swing$（挥舞），如(19a)所示，$swing$ 与 $kick_1$ 的用法相同，它只能表示身体的动作，不能用于(19b)中表示身体动作所引起的物体的空间运动。

(19) a. I swung the ball with my left hand.
（我用左手挥舞球。）

b. *I swung the ball across the field with my left hand.
（*我用左手将球挥舞过了操场。）

(20) a. *I threw the ball with my left hand without releasing it.
（*我用左手扔球，但没有放手。）

b. I threw the ball across the field with my left hand.
（我用左手将球扔过了操场。）

所有这些形式都符合并进一步说明了(2)和(3)的词汇化公式。如果将以上各例中的动词代入公式(2),我们可以发现上述动词不但表现出了用法上的等值性,还表现出了语义上的等值性。因此,当 $swing(L_1)$ 与语法结构（G）$cause\ to\ move\ by\ ...-ing$（'throw'='cause to move by swinging'）搭配使用时,它的用法和语义与 $throw(L_2)$ 完全相同。至于动词 $kick$,它有一系列不同用法,这是因为我们可以将它代入公式(2)的左右两边,即:$kick_2 = cause\ to\ move\ by\ kicking_1$;或者我们可以将该动词代入公式(3),那么 $kick(L_3)$ 在用法上即等同于 $throw(L_2)$ 和 $swing(L_1)$ 的用法总和。[9]

词义的历史演变也可以为不同用法的词汇化过程提供证据。例如,在传统的用法中,动词 $hold$（拿着）和动词 $carry$（拿到）几乎是完全互补的一对,它们的差别仅在于 $carry$ 额外词化编入了运动事件,而 $hold$ 没有。

(21) 无运动   有运动

    a. I held the box as   a. *I held the box to my
       I lay on the bed.   neighbor's house.
      （我躺在床上,手里拿着盒子。）   （*我手里拿着盒子到邻居家。）
    b. *I carried the box as   b. I carried the box to
       I lay on the bed.   my neighbor's house.
      （*我躺在床上,手里拿到盒子。） （我把盒子拿到邻居家。）

目前,在某些语境中,如运动刚刚完成或即将发生,$carry$ 也可以表示方位含义。例如,$I\ stood\ at\ the\ front\ door\ carrying\ the\ box$（我站在门口,手里拿着盒子）。对于这种从最初的运动义到方位义的扩展现象,基于词汇化的解释要比基于构式的解释更为合理。

这里提出的用法之间的关系与儿童语言的错误分析显示出的心理真实性相一致。Bowerman(1981)描述了在儿童习得英语过程中,有一个阶段,儿童"意识"到动词中词化并入的运动含义,后来过度扩展这种用法模式。于是,通常成年人不用来表达运动的动词,儿童却用来表达运动。如例(22)。

(22) a. Don't hug me off my chair（=by hugging move me off）.
      （不要把我抱离椅子（=通过抱我,使我从椅子上离开）。）
   b. When you get to her [a doll], you catch her off（on a merry-go-round with a doll, wants a friend standing nearby

to remove the doll on the next spinaround).
(你到她［布娃娃］身边时就把她抓下来（一个小孩和布娃娃在旋转木马上，小孩想让她身边的朋友在下一圈旋转时把布娃娃拿下去）。）

c. I'll jump that down (about to jump onto a mat floating atop the tub water and force it down to the bottom).
(我跳上去把它踩下去（这个小孩准备跳上一个浮在水面上的垫子，从而使它沉到浴盆底部）。）

注意上文中提到的 *carry* 例子是从运动义扩展到了方位义，而这些与儿童的语言用法刚好相反。

在以上提到的所有例子中，我们都将动词的第二种用法（在较为复杂的单主谓结构句子中的用法）看成是动词词化并入了额外的语义成分。Aske(1989)和Goldberg(1995)则仍然将其视为原始单纯动词，并认为与之搭配的复杂结构是词义变多的原因。也许上述例证用构式也可以解释。总之，不管是词化并入使然还是所在构式使然，真正重要的是我们鉴定出了正确的语义成分以及它们之间的关系。但是，不管是哪一种解释方法，都应保持一致性，都应可以解释动词成对的用法现象。例如，我们的词汇化解释方法应该——而且的确如此——将不及物的 *break*（破碎）和及物的 *break*（打碎）看成是不同的词项，而后者一并词化编入了前者的含义和因果关系成分的含义。我们对动词 *float*（漂）所做的许多关于两种用法的论证也同样适用于像 *break* 这样的及物和不及物动词。因此，及物的 *break* 本身包含更多的语义成分，在句子中可以与更多的论元相搭配。一些与 *break* 类似的动词只有不及物的用法，例如 *collapse*（坍塌）；或者只有及物的用法，例如 *demolish*（拆毁）。通过历史演变，一些只有单一用法的动词扩展为具有两种用法。儿童在语言使用中也会将动词的用法错误地扩展。同理，构式方法应表明英语中不存在及物的 *break*，而是将表致使含义的及物的 *break* 看成是不及物的 *break* 与所在句子的构式相互作用的结果，这样便和他们分析像 $float_2$ 等运动/方式动词所使用的方法一致了。[10]

2.1.2.3 位移运动和自足运动

当句子所表达的运动复合体被分解为运动事件和方式副事件时，我们发现了其他一些特性。运动事件从运动复合体中抽象出主要位移运动

(translational motion),由焦点完成;而副事件,如果也涉及运动,则从复合体中抽象出"自足运动"(self-contained motion)。在位移运动中,物体的基本位置发生了变化,从空间中的一点转移到另一点上。在自足运动中,物体保持其基本的位置或"通常"的位置。自足运动一般包括振动、旋转、膨缩(膨胀或缩小)、摇摆、原地运动或静止。因此,(23a)表达的运动复合体,可以分解为(23b)由深层动词 MOVE 专指的纯位移运动事件和振动或旋转型自足运动的方式副事件。(而且,如下文所述,西班牙语等语言通常会用一个动名词分句中的动词来表示副事件。)这两类自足运动用(23c)中两个不同的句子来表示。[11]

(23) a. The ball bounced/rolled down the hall.
（球弹下/滚下门厅。）
b. [The ball MOVED down the hall] WITH-THE-MANNER-OF [the ball bounced/rolled]
（[球运动下门厅]的方式为[球弹/滚]）
c. The ball bounced up and down on the same floor tile. / The log rolled over and over in the water.
（球在同一块地砖上弹跳地运动。/原木在水中不停地滚动。）

这种语言现象与我们的认知的关联是,我们在概念化或在感知某些复杂运动时,会将其视为由两个简单的、抽象程度不同的图式合成而来。例如,在我们概念化及感知一个球的复杂运动时,如通过门厅时一连串弧度不断减小的抛物线运动,我们可能将其视为是由两个不同的图式化运动的叠加或合并形成:水平方向的向前运动和竖直方向的往复运动。那么在语言结构上,我们对运动事件与方式副事件组成的分解,恰好反映了我们的认知分离过程。

当我们将运动事件分为主要运动事件与副事件时,产生了另一个问题,即**概念可分性**(**conceptual separability**)的问题:是否能彻底地将复合体分解为独立的事件成分。比如在"那艘船"的例子中,分离就相当彻底,把运动复合体分解为位移图式([the craft MOVED into the hangar]（那艘船运动进了船库))和自足运动的独立成分([the craft floated on a cushion of air]（那艘船漂在一个气垫上))。在球弹跳着在门厅滚动的例子中,分离就要困难一些。因为对于一个纯粹的自足弹跳运动来说,它的运动轨迹是一条竖直的线,但是在整个运动复合体中,竖直方向上的弹跳运动与水平方向上的向前运动混合之后，产生的运动轨迹是一条抛物线。在球在门厅滚动的例子中，运动的分离则更加困难，因为我们在概念上抽象出来的旋转运动并不是一个完全独立的运动，它必须沿着一定的方向以合适的速度行进，以便与向前的位移运动相契合。在独木舟划过湖面和书滑下斜面的情景中，运动的分离也很成问题，因为在分离出划行或滑动的位移运动事件后，还剩下什么可以充当副事件呢？毕竟，滑动的方式本身就包括了焦点和背景物体平面之间的摩擦，而且这种摩擦只能存在于物体的位移运动中，无法单独存在。

也许有人质疑，方式不应该被看成是与简化了的主要事件相关的独立事件，而至多被看成是复杂事件的某一方面，因为现实中许多这种假定存在的方式根本无法单独存在。但是，从认知的角度上看，我们的语言结构证实了我们至少经常将方式概念化为一个独立事件。同理，语言结构本身证实——如在"$I\ started/continued/stopped/finished\ sweeping$（我开始/继续/停止/结束了清扫）"中，主要动词可以表达某种形式的体——某种过程的"体相"(temporal contour)，可从对该过程的剩余部分的概念化中抽象出来，并将其本身概念化为一个独立的过程（见Ⅱ-3章）。

2.1.3 副事件词化并入模式的扩展形式

在有副事件词化并入模式的语言中，目前为止所讨论的词化并入模式不仅仅用于对简单运动事件的表征。这部分我们将考察五种词化并入模式的扩展。再次强调，西班牙语之类的语言没有使用五种中的任何一种模式。在后面的例子中，F代表焦点，G代表背景，A代表施事，用(to) AGENT代表施事格致使，用$_A$MOVE代表施事格致使运动，并用大写字母来表示深层或中间层次语素。此种术语描述方式适用于整章（事实上也适用于整卷书）。

深层语素和中层语素都没有显性语素形式。**深层语素**（deep morpheme）表征语言语义结构中既基本又普遍的概念；**中间层次语素**（mid-level morpheme）表征特定的概念复合体，该复合体既包括深层语素所表征的概念，又包括一些附加的语义内容。而且，尽管该复合体也存在于许多其他语言中，在某特定语言语义结构中它会反复出现。因此，如果一个深层或中间层次的语素表征某一特定的语义，那么我们推定这一语义在所有语言或某一种语言的语义结构中起到结构性作用。这样一种语义的具体内涵——连同任何一个表层语素的语义——都可以通过语言学考察逐步得到准确的界定。这里提出的深层和中间层次语素的语义,是无法全部通过以下方式进行详细分析的,但是我们至少可以给它们一个图式性定义。

由于没有外在形式,深层和中间层次语素可以用已有的符号来表示。我们的做法是采用能够提示语素含义的大写表层词汇来表示。但是,需要强调的是,深层和中间层次语素原则上不同于用来表达它们的表层词汇,不能与表层词汇相等同。因此,在下文的论述中,中间层次动词 GO——只用来表示施事根据自我意志发生的运动,不具备任何指示功能——不能与英语中的动词 *go* 相等同,因为表层动词 *go* 确实词化编入了指示含义,并具有许多不同的用法。

更具体地说,GO 表征一个语义复合体,在该复合体中某生命体通过有意志的、有目的的内部控制(神经肌肉的控制)或由内部控制产生的结果(如驾驶交通工具)来改变整个个体在空间中的位置。在该语义复合体中,体现单纯运动动词位移概念的是有生命的物体自身。尽管其他学者经常对两者不做区分,作者在著述中一直严格区别对待表示自我施事运动的 GO 与表示自主运动的 MOVE。尽管如此,语言的确在很大程度上用相同的句法结构以及相同的表层词汇来表示自我施事运动和自发运动。例如,*The plumber/The rain went into the kitchen*(管道工/雨进了厨房),该句体现了英语表层动词 *go* 的用法。

与 GO 相似,此处的中间层次动词 PUT 表示在英语(或许多其他语言)的语义结构中起结构组织作用的特定概念。该概念的内涵如下:施事通过部分身体的运动(而非整个身体的运动)来控制某一物体的运动。事实上,PUT 至少包括了以下含义:英语表层动词 *put*(*I put the book in the box*(我把书放到箱子里)),*take*(拿)(*I took the book out of the box*(我把书从箱子里拿出来)),*pick*(拣)(*I picked the book up off the floor*(我把书从地板上拣起来))以及 *move*(移)(*I moved the book three inches to the left*(我把书向左移了三英寸))。因此,我们不能将中间层次动词 PUT 与英语表层动词 *put* 相混淆。

2.1.3.1　含处所(BE_{LOC})或运动(MOVE)的中间层次动词的词化并入

在第一种扩展模式中,我们注意到,来自副事件的语义成分不但可以词化并入两个深层动词处所(BE_{LOC})和运动(MOVE)(或者与之对应的施事性的动词)中,还可以词化并入基于那些深层动词的某些中间层次动词。(24)给出了词化并入副事件的三个中间层次动词的例子,(25)和(26)将列出更多例子。

(24) **词化并入副事件的中间层次动词**

a. COVER:[F] BE$_{LOC}$ all-over [G]
(覆盖:[焦点]处于全部[背景])
[paint COVERED the rug] WITH-THE-MANNER-OF [the paint was in streaks/dots]
([油漆覆盖小地毯]的方式为[油漆呈条状/点状])
Paint streaked/dotted the rug.
(小地毯上都是油漆道/点。)

b. GIVE:[A$_1$] $_A$MOVE [F] into the GRASP of [A$_2$]
(给:[施事$_1$]$_{施事}$运动[焦点]到[施事$_2$]的掌握中)
[I GAVE him another beer] WITH-THE-MANNER-OF [I slid the beer]
([我给了他另一瓶啤酒]的方式为[我滑动啤酒瓶])
I slid him another beer.
(我滑着推给他另一瓶啤酒。)

c. PUT:[A] controlledly $_A$MOVE [F] by limb motion but without body translocation
(放:[施事]通过控制肢体的运动而非整个身体的位置变化来使[焦点]$_{施事}$运动)
[I PUT the hay up onto/down off of the truck] WITH-THE-CAUSE-OF [I forked the hay]
([我把干草放上/放下卡车]原因为[我叉干草])
I forked the hay up onto/down off of the truck.
(我把干草叉上/叉下卡车。)
(*I forked the hay to my neighbor's house down the block shows that *fork* is based on PUT, not on $_A$MOVE.)
(*我顺着街区把干草叉到邻居家门口,这一例句说明表层动词 *fork*(叉)是基于深层动词(PUT),而不是运动$_A$MOVE。)

2.1.3.2 运动(MOVE)和主句动词(Matrix Verbs)结合的词化并入

在前文中,我们看到副事件可以词化并入运动(MOVE)的施事形式中,用 $_A$MOVE 表示。这种施事形式可以看成是从运动(MOVE)和一个表示致使概念的主句动词的结合演化而成,其中含致使概念的主句动词可以表示为"(to)AGENT"(施事格致使)。因此,(to)$_A$MOVE 是从(to)AGENT to MOVE(施事致使运动)演化而来的。现有模式的第二种扩展形式是将副事件词化并入运动(MOVE)与非施事(非(to)AGENT)主句动词的搭配中,或上述两种形式结合的嵌套形式中。这些其他主句动词可以进一步包含致使动词,例如"(to)INDUCE"(导致)(参见 2.6 中的一系列的深层致使动词),或表目的的动词,例如"(to)AIM"(旨在)。单个深层动词"INDUCE"(导致)用来表达抽象的'致使性施事'的概念,这一点在 I-8 章有详细介绍。深层动词"AIM"(旨在)用来表示施事想导致某种情况发生的意向,而这种意向的结果悬而未决。(25)中的例子给出了一系列基于自我施事动词"GO"(其本身是基于运动(MOVE)的,如上所述)搭配的嵌入情况。

(25) a. GO:[A]AGENT himself [i.e., his whole body,=F]to MOVE [the child WENT down the hallway] WITH-THE-MANNER-OF [the child hopped]
(自我施事运动:[施事]施事本身[即,他的整个身体=焦点]以[孩子单腿跳跃]的方式使[孩子去沿着门厅]运动)
The child hopped down the hallway.
(孩子单腿跳跃着通过了门厅。)
类似:I ran into the house.(我跑进了房子。)

b. GET:[A$_1$] INDUCE [A$_2$] to GO
(使:[施事$_1$]导致[施事$_2$]做自我施事运动)
[I GOT him out of his hiding place] WITH-THE-CAUSE-OF [I lured/scared him]
([我使他从藏身之地出来]原因为[我引诱/恐吓他])
I lured/scared him out of his hiding place.
(我把他引诱/恐吓出他的藏身之地。)
类似:I talked him down off the ledge./I prodded the cattle into the pen./They smoked the bear out of its den.
(我把他从房檐边上劝了下来。/我用棒把牛群赶进围栏。/他们用烟把熊从洞里熏了出来。)

c. URGE：[A₁] AIM to GET [A₂] = [A₁] AIM to INDUCE [A₂] to GO
催促：[施事₁]旨在使[施事₂]=[施事₁]旨在导致[施事₂]做自我施事运动
[I URGED her away from the building] WITH-THE-CAUSE-OF [I waved at her]
（[我催促她离开那座建筑]原因为[我向她挥手]）
I waved her away from the building.
（我挥手让她离开了那座建筑。）
类似：I beckoned him toward me. /I called him over to us.
（我招手让他过来。/我喊他到我们这边来。）

我们必须区分(b)类和(c)类的词化并入类型，因为(b)类预设了运动事件的发生，因此不能够否定说 They lured/scared/smoked/prodded/talked him out，*but he didn't budge（他们把他引诱/恐吓/熏/刺/劝说出来，*但是他没有动）。而(c)类词化编入的是'aiming/attempting（旨在/试图）的概念，只是暗示了运动事件可能发生，因此事件是可以不发生的，我们完全可以说"They waved/beckoned/called him over，but he didn't budge"（他们挥手让/招手让/喊他过来，但是他没有动）。

2.1.3.3 运动(MOVE)隐喻扩展的词化并入

目前讨论的模式的第三种扩展形式是副事件可以与运动（MOVE）的隐喻扩展形式或基于运动（"MOVE"）的中间层次语素词化并入。这里我们用带引号的深层动词"MOVE"（运动）来表示运动（MOVE）的隐喻扩展形式。本部分我们只探讨一例，就是从空间运动通过隐喻扩展到状态的变化。[12]英语中一些表示状态变化的表层结构与表示运动的表层结构是相同的，因此"MOVE"（运动）恰好可用作它们的深层表征（见（26a）和（26d））。但是这里，对于含有形容词的、表示状态变化的结构，我们用更富于提示性的形式 BECOME（变）来表示非施事类结构（见26(b)），用 MAKE₁（使……成为₁）来表示施事类结构（见（26e））。在有些结构中，状态的变化与进入存在状态是一致的，是一种语义复合体。我们用中间层次动词 FORM（形成）表示非施事形式（见26(c)），用 MAKE₂（使……成为₂）来表示施事形式（见（26f））。

(26) **类似运动的状态变化结构**
非施事性

a. "MOVE":[F] MOVE metaphorically (i.e., change state)
("运动":[焦点]隐喻性运动(即,状态变化))
[he "MOVED" to death] WITH-THE-CAUSE-OF [he choked on a bone]
([他"运动"到死亡的状态]原因为[他因一根骨头窒息了])
[He died from choking on a bone. —or:]
([他死于一根骨头引起的窒息。——或者:])
He choked to death on a bone.
(他因一根骨头憋死了。)

b. BECOME:"MOVE" in the environment:＿Adjective
(变:在某种环境下"运动":＿形容词)
[the shirt BECAME dry] WITH-THE-CAUSE-OF [the shirt flapped in the wind]
([衬衫变干了]原因为[衬衫在风中吹])
[The shirt dried from flapping in the wind. —or:]
([衬衫在风中吹,所以干了。——或者:])
The shirt flapped dry in the wind.
(衬衫在风中吹干了。)
类似:The tinman rusted stiff./The coat has worn thin in spots./The twig froze stuck to the window.
(铁皮人锈住了。/大衣被穿得有的地方变得很薄。/细枝冻在了窗子上。)

c. FORM:[F] "MOVE" into EXISTENCE (cf. the phrase *come into existence*)
(形成:[焦点]"运动"到存在状态(例如,词组"出现"))
[a hole FORMED in the table] WITH-THE-CAUSE-OF [a cigarette burned the table]
([一个洞在桌子上形成]原因为[一支香烟烧坏了桌子])
A hole burned in the table from the cigarette.
(香烟把桌子烧出了一个洞。)

施事性

d. "$_A$MOVE":[A] AGENT [F] to "MOVE"

("施事运动":[施事]使[焦点]"运动")

[I "$_A$MOVE" him to death] WITH-THE-CAUSE-OF [I choked him]

([我"施事运动"他到死亡的状态]原因是[我使他窒息了])

(I killed him by choking him. —or:)

(我通过让他窒息杀死了他。——或者:)

I choked him to death.

(我闷死了他。)

类似:I rocked/sang the baby to sleep.

(我把婴儿摇/唱睡了。)

e. $_A$BECOME=MAKE$_1$:"$_A$MOVE" in the environment:__Adjective

(施事变=使……成为$_1$:在某种环境下"施事运动":__形容词)

[I MADE$_1$ the fence blue] WITH-THE-CAUSE-OF [I painted the fence]

([我使篱笆变成了蓝色]原因是[我粉刷了篱笆])

I painted the fence blue.

(我把篱笆刷成了蓝色。)

f. $_A$FORM = MAKE$_2$:[A] AGENT [F] to "MOVE" into EXISTENCE (cf. the phrase *bring into existence*)

(施事形成=使……成为$_2$:[施事]使[焦点]"运动"到存在的状态(例如,词组"使……形成"))

[I MADE$_2$ the cake out of fresh ingredients] WITH-THE-CAUSE-OF [I baked the ingredients]

([我使$_2$蛋糕从新鲜的原料中形成出来]原因是[我烤了那些原料])

I baked a cake out of fresh ingredients.

(我用新鲜原料烤制了一个蛋糕。)

类似:I knitted a sweater out of spun wool. /I hacked a path through the jungle. /The mouse chewed a hole through the wall.

(我用毛线织了一件毛衣。/我在丛林中砍出了一条道路。/老鼠在墙上啃了一个洞。)

2.1.3.4 副事件和运动事件之间各种关系的词化并入

目前讨论的模式的第四种扩展形式是词化并入副事件与运动事件之间的关系,二者之间的关系不局限于方式或原因,事实上可以囊括一系列的关系。在这些关系中,我们选取其中的八种关系,依据副事件与运动事件发生的时间先后顺序,先讨论副事件发生在运动事件之前的情况,最后讨论副事件发生在运动事件之后的情况。这一系列关系的词化并入对施事结构和非施事结构都适用,因此将给出两种结构都适用的例子。[13]

在第一种关系即**先发关系**(Precursion)中,副事件发生在主要运动事件之前,但副事件并没有导致或促使运动事件的发生。即使没有先发的副事件,运动事件也可以同样地发生。因此,在(27a)的第一个例子中,玻璃没有先破碎也可以直接掉到地毯上。尽管玻璃的破碎发生在前,但是并不会导致玻璃掉到地毯上。同理,在(27a)的第二个例子中,尽管我把香菜种子磨碎在前,但这个事件并不导致种子进入试管,研究人员可简单地把种子直接倒入或者扔入试管中。

(27) a. **先发关系**

　　 i. [glass MOVED onto the carpet] WITH-THE-PRECURSION-OF [the glass splintered]

　　　 ([玻璃运动到地毯上]先发事件为[玻璃碎了])

　　　 Glass splintered onto the carpet.

　　　 (玻璃碎了,掉在地毯上。)

　　 ii. [The researcher $_A$MOVED the caraway seeds into the test tube] WITH-THE-PRECURSION-OF [the researcher ground the caraway seeds]

　　　 ([研究者将香菜种子$_{施事}$运动到试管里]先发事件为[研究者把香菜种子磨碎了])

　　　 The researcher ground the caraway seeds into the test tube.

　　　 (研究者把香菜种子碾磨到试管里。)

需要注意的是,当副事件与主要运动事件之间为先发关系时,不同语言对两者之间语义疏密性的制约条件不同。英语通常要求副事件直接在主要运动事件之前,并且作为一个单独的活动与主要事件紧密相连。因此,如果上述第二个例子使用恰当的话,那么研究者就不能先用捣钵和钵槌把香菜种子捣碎,然后从捣钵里倒出来,再倒入试管中;而是把捣钵直接放到试管口上,这样刚捣出来的香菜种子就能掉入灌进试管中。另外,把种子碾碎和把碾碎的种子灌入试管中必须被看成是一个完整事件。但是，在阿楚格维语中，先发的副事件与主要运动事件之间可以有间隔，而且两者之间并不存在什么固定关系。II-2 章第 4.2.4 节，标题"用法 3"的这部分对这类例子进行了详细的探讨。我们选取那节的一个例子来分析，以便与英语进行对照。动词词根 -miq̌'- 的意思大概可以用英语解释成'建筑结构的解体（失去结构的整体性）'。这个动词词根可以加上表示路径＋背景的后缀，该后缀表示'落入地上的封闭体'的语义，还可以再加上一个表示原因的前缀，该前缀表示'因为风吹过它'之义。最后得到的动词可以表示一种情景，即房子被风吹倒并塌进地下室。这里，动词词根表示的是建筑结构解体的副事件，该事件与向下运动的主要运动事件同时发生，表达了主要运动事件的方式。但是，同样是这个动词词根却可以加上一套不同的前后缀：路径＋背景的后缀，该后缀表示'向上'的语义；加原因前缀，该前缀为'因为施事的整个身体作用于该物体'之义。如此得到的动词可以用来表示这样一种情景：一个男孩在一堆已经倒塌的房子的木板下面匍匐爬行，站起来的时候用整个身体把这些木板抬了起来。在这个例子中，动词词根所指的建筑解体这个副事件可以发生在含有向上运动的主要事件之前的任何时间，而且和后来的事件没有任何特定的关系。因此，这个动词可以表示时间和关系上都没有关联的先发情况，然而这在英语中是不允许的。

在**使能关系**（**Enablement**）中，副事件直接发生在主要运动事件之前，并且为导致运动发生的事件提供前提，但是副事件本身却并不导致该主要运动事件。因此，在(27b)的第一个例子中，你伸手去够或去抓瓶子并不能导致瓶子从架子上运动下来，而是当你将手臂从架子上往回移动的时候，去够或去抓的这个事件使你能够一直把瓶子握在手中，正是往回移动的这个事件导致了瓶子的运动。同理，在(27b)的第二个例子中，我用勺子把糖豆舀起来并不能导致它们运动到袋子里，但是这个舀起来的事件能够使糖豆被抬高到袋子的高度，再从勺子里流出，而正是后者使糖豆进入了袋子。

(27) b. **使能关系**

   i. [could you ₐMOVE that bottle down off the shelf] WITH-THE-ENABLEMENT-OF [you reach to/grab the bottle]
      （[你能把瓶子从架子上_施事_挪下来吗]使能为[你够到/拿到瓶子]）
      Could you reach/grab that bottle down off the shelf?
      （你能把瓶子从架子上够/拿下来吗？）

ii. ［I ₐMOVED jellybeans into her sack］WITH-THE-ENABLEMENT-OF［I scooped up the jellybeans］

（［我把糖豆_{施事}移动到她的袋子里］使能为［我用勺子把糖豆舀起来］）

I scooped jellybeans up into her sack.

（我用勺子把糖豆舀到她的袋子里。）

在**逆向使能关系**（Reverse enablement）中，由动词表达的副事件是之前发生的，但尚未完成，而这一新的事件，反过来促使了由卫星语素表达的主要运动事件的发生，后面的这种使能关系与我们上面讨论的是完全一致的。于是，在（27c）的第一个例子中，我首先解开先前系的袋子，即我解开了袋子。解开袋子是打开袋子的条件。注意，解袋子的动作并不能导致打开袋子事件。解袋子只是一个使能，而用我的手指拉开袋子口才是打开袋子事件的真正原因。[14]

（27）c. **逆向使能关系**

i. ［I ₐMOVED the sack TO AN-OPEN-CONFORMATION］WITH-THE-ENABLING-REVERSAL-OF［(someone) had tied the sack］

（［我把袋子_{施事}运动到打开的状态］逆向使能是［(有人)系紧了袋子］）

Ich habe den Sack aufgebunden.

I   have the sack open-tied

"I untied the sack and opened it."

（我解开了袋子并打开了它。）

ii. ［I ₐMOVED the dog TO FREENESS］WITH-THE-ENABLING-REVERSAL-OF［(someone) had chained the dog］

（［我使狗_{施事}运动到自由的状态］逆向使能为［有人用链子拴住了狗］）

Ich habe den Hund losgekettet.

I   have the dog   free-chained

"I set the dog free by unchaining it."

（我解开狗的链子，放开了它。）

原因关系在前面已经详细讨论过。在原因关系中，如果是**初始因果**

关系(onset causation),那么副事件可以发生在主要运动事件之前;如果是**持续因果关系**(extended causation)(见 I-7 和 I-8 章),那么副事件和主要运动事件可以同时发生。无论哪种情况,都是副事件导致了主要运动事件的发生。也就是说,这种运动事件可识解为——如果副事件不发生,那么主要的运动事件也不会发生。

(27) d. **原因关系**

初始

i. [our tent MOVED down into the gully] WITH-THE-ONSET-CAUSE-OF [a gust of wind blew on the tent]
([我们的帐篷移动掉下了水沟]初始原因为[一阵风吹过帐篷])
Our tent blew down into the gully from a gust of wind.
(我们的帐篷被一阵风吹下了水沟。)

ii. [I ₐMOVED the puck across the ice] WITH-THE-ONSET-CAUSE-OF [I batted the puck]
([我将冰球_施事_移动过冰场]初始原因为[我击打了冰球])
I batted the puck across the ice.
(我击打冰球使它穿过了冰场。)

持续

iii. [the water MOVED down to the midline of the pot] WITH-THE-EXTENDED-CAUSE-OF [the water boiled]
([水运动到壶的中线位置]持续原因为[水沸腾了])
The water boiled down to the midline of the pot.
(水沸腾到了壶的中线位置。)

iv. [I ₐMOVED the toothpaste out of the tube] WITH-THE-EXTENDED-CAUSE-OF [I squeezed on the toothpaste/tube]
([我使牙膏_施事_移动出了牙膏管]持续原因为[我挤压牙膏/牙膏管])
I squeezed the toothpaste out of the tube.
(我把牙膏挤出了牙膏管。)

方式关系(Manner)前面也已详细探讨过。在方式关系中,副事件与运动事件同时发生,并且被概念化为运动事件焦点的一个附加活动——

一个与运动事件直接相关,但却与之不同的活动。在这种概念化过程中,副事件以几种不同的方式与运动事件"相关联",例如与主要运动相互作用,影响主要运动,或者只能在主要运动的过程中得以体现。因此,副事件可以包括焦点的运动模式——具体来说,一种概念上可抽象的自足运动——该模式与焦点的位移运动合成为一个更为复杂的运动包络形式,例如,球弹下/滚下门厅。或者副事件可以是焦点的一个在概念上可进行抽象的活动,但只存在于与焦点相关的位移运动中,例如独木舟划过水面,或者书滑下斜面,或者婴儿爬过地板。

(27) e. **方式关系**

  i. [the top MOVED past the lamp] WITH-THE-MANNER-OF [the top spun]
  ([陀螺运动过台灯]方式为[陀螺旋转])
  The top spun past the lamp.
  (陀螺旋转着从台灯旁边经过。)

  ii. [the frond MOVED into its sheath] WITH-THE-MANNER-OF [the frond curled up]
  ([叶子运动到叶鞘中]方式为[叶子卷了起来])
  The frond curled up into its sheath.
  (叶子卷入叶鞘中。)

  iii. [I $_A$MOVED the mug along the counter] WITH-THE-MANNER-OF [I slid the mug]
  ([我使杯子沿着吧台_{施事}运动]方式为[我滑动杯子])
  I slid the mug along the counter.
  (我把杯子滑过吧台。)

伴随关系(Concomitance)与方式关系的相同之处在于:副事件都与主要运动事件同时发生,而且都是运动事件中的焦点呈现的附加活动。但是在伴随关系中,从上文讨论的"相关性"来看,这个活动本身与运动不相关,且可以独立发生(尽管伴随关系与方式关系的差异可能更多呈现梯度性而非二分性)。因此,在(27f)的第一个例子中,不管那个女子去不去舞会都可以穿绿色连衣裙,而且对她去参加聚会的运动路径没有任何影响。伴随关系在英语中表现得并不十分明显(因此,不同的人对下面第二个例子的可接受性不同)。但是在某些语言中,这种伴随关系非常普遍。例如,在阿楚格维语中,我们可以说"The baby cried along after its mother"(孩子哭着跟在母亲后面),意思是"The baby followed along after its mother, crying as it went"(孩子跟着母亲,边走边哭)。

(27) f. **伴随关系**

　　i. [she WENT to the party] WITH-THE-CONCOMITANCE-OF [she wore a green dress]
　　　([她自我施事运动到聚会]的伴随状态为[她穿着绿色连衣裙])
　　　She wore a green dress to the party.
　　　(她穿了绿色连衣裙到聚会上。)

　　ii. [I WENT past the graveyard] WITH-THE-CONCOMITANCE-OF [I whistled]
　　　([我自我施事运动穿过墓地]的伴随状态为[我吹着口哨])
　　　I whistled past the graveyard.
　　　(我吹着口哨走过墓地。)
　　　参见该例:I read comics all the way to New York.
　　　(我一路看着漫画,来到纽约。)

在**伴随结果关系**(**Concurrent Result**)中,副事件是由主要运动事件所导致的,是主要运动事件的结果,且没有主要运动事件就没有副事件。副事件与主要运动事件共存,或者与主要事件的某个部分共存。副事件的焦点可以与主要运动事件的焦点相同,也可以不同。因此,在(27g)的第二个例子中,水的四处飞溅既是火箭落入其中的结果,又与火箭落入其中的运动同时发生。

(27) g. **伴随结果关系**

　　i. [the door MOVED TO A-POSITION-ACROSS-AN-OPENING] WITH-THE-CONCURRENT-RESULT-OF [the door slammed]
　　　([门运动过门口的位置]的伴随结果为[门砰地一响])
　　　The door slammed shut.
　　　(门砰地关上了。)

　　ii. [the rocket MOVED into the water] WITH-THE-CONCURRENT-RESULT-OF [the water splashed]

（[火箭运动到水里]的伴随结果为[水四处飞溅]）
The rocket splashed into the water.
（火箭溅入水中。）

最后,在**后发关系**(Subsequence)中,副事件紧随着主要运动事件发生。主要运动事件或促使副事件的发生,或导致副事件的发生,或副事件是主要运动事件发生的目的。事实上,我们最好把后发关系理解成一个概括性的术语,其下还包含了许多存在细微差别的关系,这些关系在结构上有待进一步区分。[15]

(27) h. **后发关系（包括结果/目的）**

　　i. [I will GO down to your office] WITH-THE-SUBSEQUENCE-OF [I will stop at your office]

　　（[我将自我施事去你的办公室]的后发事件为[我将在你办公室停留]）

　　I'll stop down at your office (on my way out of the building).
　　（我将（在我离开大楼的路上）在你办公室停留一会儿。）

　　ii. [I will GO in (to the kitchen)] WITH-THE-SUBSEQUENCE-OF [I will look at the stew cooking on the stove]

　　（[我将自我施事去厨房]的后发事件为[我将看看炉子上炖的菜]）

　　I'll look in at the stew cooking on the stove.
　　（我会去看看炉子上炖的菜。）

　　iii. [they $_A$MOVED the prisoner into his cell] WITH-THE-SUBSEQUENCE-OF [they locked the cell]

　　（[他们把囚犯_{施事}运动到他的牢房]的后发事件为[他们锁上了牢房]）

　　They locked the prisoner into his cell.
　　（他们把囚犯锁进了他的牢房。）

　　(with PLACE : [A] PUT [F] TO [G])
　　（放置：[施事]放[焦点]到[背景]上）

　　iv. [I PLACED the painting down on the table] WITH-THE-SUBSEQUENCE-OF [the painting lay (there)]

　　（[我把那幅画放到桌子上]的后发事件为[那幅画放在那里]）

I laid the painting down on the table.
（我把那幅画摆在桌子上。）

类似：I stood/leaned/hung the painting on the chair/against the door /on the wall.
（我把画立/靠/挂在椅子/门/墙上。）

类似：I sat down on the chair.
（我在椅子上坐下。）

2.1.3.5 多重词化并入

目前这种模式的最后一种扩展形式是：副事件的词化并入不是只能在包含两个分句的结构中出现一次，而是在含 $n+1$ 个从句的结构中可出现 n 次。我们在理论上可以如此推断，在含 $n+1$ 个分句的结构中，这些分句呈层级性嵌入排列，从最底层的一对从句开始，然后按照顺序先后逐个词化并入。下面的例子只是简单地按顺序展示了这些从句。第一个例子展示的是三个从句一组的情况，这是在之前的两个小句一组的情况下扩展而来的。因此，其中最基本的形式 $reach_1$（够$_1$）指的是把胳膊伸向物体；$reach_2$（够$_2$）指的是当以 $reach_1$ 的方式拿到物体后，通过自身对物体的抓握来移动物体；$reach_3$（够$_3$）指的是当以 $reach_1$ 的方式拿到物体，并以 $reach_2$ 的方式移动物体后，交出该物体。

(28) a. [could you GIVE me the flour,]
WITH-THE-ENABLEMENT-OF [you $_A$MOVE the flour down off the shelf], WITH-THE-ENABLEMENT-OF [you $reach_1$ to it with your free hand]?
（[你能给我面粉吗，]
使能为[你将面粉从架子上 $_{施事}$ 运动下来]，使能为[你用空闲的手够$_1$ 到面粉]?）
⇒[could you GIVE me the flour,]
（你能给我面粉吗，）
WITH-THE-ENABLEMENT-OF [you $reach_2$ the flour down off that shelf with your free hand?]
（使能为[你用空闲的手把面粉从架子上够$_2$下来?]）
⇒Could you $reach_3$ me the flour down off that shelf with your free hand?

(你能用空闲的手替我把架子上的面粉够₃下来吗?)

类似:[I ₐMOVED a path through the jungle]

(我在丛林中施事运动出一条路)

WITH-THE-ENABLEMENT-OF [I ₐFORMED a path (⇒*out*)]

(使能为[我施事形成一条路(⇒出去)])

WITH-THE-CAUSE-OF [I ₐMOVED STUFF away]

(原因为[我施事移动走了一些东西])

WITH-THE-CAUSE-OF [I hacked at the STUFF with my machete]

(原因为[我用砍刀砍那些东西])

⇒I hacked out a path through the jungle with my machete.

(我用砍刀在丛林里砍出一条路来。)

b. [the prisoner SENT a message to his confederate] WITH-THE-MANNER-OF [the prisoner ₐMOVED the message along the water pipes]

([囚犯给他的同党发送了一条信息]方式为[囚犯沿水管施事运动信息])

WITH-THE-ENABLEMENT-OF [the prisoner ₐFORMED the message (⇒*out*)]

(使能为[囚犯施事形成了信息(⇒出去)])

WITH-THE-CAUSE-OF [the prisoner tapped on the water pipes]

(原因为[囚犯轻敲水管])

⇒The prisoner tapped out a message along the water pipes to his confederate.

(囚犯在水管上敲击出信息给同党。)

2.2 运动+路径

在表达运动的第二种类型模式中,动词词根可以同时表达运动和路径。如果句中还有表达方式或原因的副事件,那么该副事件必须用状语成分或者动名词类型的成分单独表达出来。在许多语言中,例如,西班牙语中,这样的成分会在语体上显得很别扭,于是关于方式或原因的信息在临近的语篇中建立,或者是省略掉。总之,主要动词词根自身不能表达方式或原因。但是这样的语言中通常都有大量的表层动词来表达沿不同路径的运动。这种词化并入模式可以用图式来表征，如图所示。

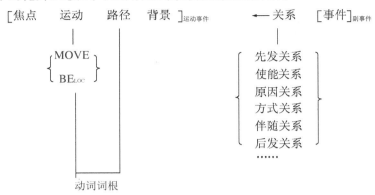

词化并入运动动词的路径

2.2.1 路径事件的词化并入模式

属于这种类型的语言或语系有罗曼语、闪族语、日语、朝鲜语、土耳其语、泰米尔语、波利尼西亚语、内兹佩尔塞语和喀多语。其中西班牙语最具代表性，因此我们以西班牙语为例，首先用非施事句子来说明这种类型的普遍性。[16]

(29) 西班牙语中将路径词化并入(非施事)运动的表达形式

a. La botella entró　　　a la　cueva (flotando)
　　the bottle MOVED-in to the cave （floating）
　（瓶子　　运动-进　　至　洞　　（漂着））
　"The bottle floated into the cave."
　（瓶子漂进了洞。）

b. La botella salió　　　de　la cueva (flotando)
　　the bottle MOVED-out from the cave （floating）
　（瓶子　　运动-出　　从　　洞　　（漂着））
　"The bottle floated out of the cave."
　（瓶子漂出了洞。）

c. La botella pasó　　　　por la piedra (flotando)
　　the bottle MOVED-by past the rock （floating）
　（瓶子　　运动-过　　经　　岩石　（漂着））
　"The bottle floated past the rock."

（瓶子漂过了岩石。）

d. La botella pasó   por el   tubo (flotando)
   the bottle   MOVED-through through the pipe (floating)
   （瓶子   运动-穿过   通过   管道（漂着））
   "The bottle floated through the pipe."
   （瓶子漂浮着穿过管道。）

e. El globo subió   por   a chimenea (flotando)
   the balloon MOVED-up through   the chimney (floating)
   （气球   运动-上   通过   烟囱   （漂着））
   "The balloon floated up the chimney."
   （气球飘上了烟囱。）

f. El globo bajó   por   la chimenea (flotando)
   the balloon MOVED-down through the chimney (floating)
   （气球   运动-下   通过   烟囱   （漂着））
   "The balloon floated down the chimney."
   （气球飘下烟囱。）

g. La botella se fué   de la orilla (flotando)
   the bottle MOVED-away from the bank (floating)
   （瓶子   运动-离开   从   河岸 （漂着））
   "The bottle floated away from the bank."
   （瓶子漂离了河岸。）

h. La botella volvió   a   la orilla (flotando)
   the bottle MOVED-back to   the bank (floating)
   （瓶子   运动-回   至   河岸 （漂着））
   "The bottle floated back to the bank."
   （瓶子漂回了河岸。）

i. La botella le dió vuelta   a la isla (flotando)
   the bottle to-it gave turn to the island (floating)
   （瓶子   至-岛 围着岛转   （漂着））
                （='MOVED around'）
   "The bottle floated around the island."
   （瓶子在岛周围漂来漂去。）

j. La botella cruzó el canal (flotando)
   the bottle MOVED -across the canal (floating)
   （瓶子　　运动-过　　　运河（漂着））
   "The bottle floated across the canal."
   （瓶子漂过了运河。）

k. La botella iba por el canal (flotando)
   the bottle MOVED-along along the canal (floating)
   （瓶子　　运动-沿着　沿　运河（漂着））
   "The bottle floated along the canal."
   （瓶子顺着运河漂流而下。）

l. La botella andaba en el canal (flotando)
   the bottle MOVED-about in the canal (floating)
   （瓶子　　运动-周围　在运河里　　（漂着））
   "The bottle floated around the canal."
   （瓶子在运河中漂来漂去。）

m. Las dos botellas se juntaron (flotando)
   the two bottles MOVED-together (floating)
   （两个　瓶子　运动--起　　（漂着））
   "The two bottles floated together."
   （两个瓶子漂到一起。）

n. La dos botellas se separaron (flotando)
   the two bottles MOVED-apart (floating)
   （两个　瓶子　运动-分开　　（漂着））
   "The two bottles floated apart."
   （两个瓶子漂着分开了。）

西班牙语还有一些非施事动词可以体现这种路径的词化并入，例如 *avanzar* 'MOVE ahead/forward'（向前运动），*regresar* 'MOVE in the reverse direction'（反方向运动），*acercarse* 'MOVE closer to (approach)'（运动接近），*llegar* 'MOVE to the point of (arrive at)'（运动到某点（到达）），*seguir* 'MOVE along after (follow)'（一直跟在……运动（跟随））。

　　西班牙语的施事性动词也有同样的路径词化并入模式。同样，如果存在表示方式或原因的副事件，也就必须以独立的成分来表达。首先我们看一下副事件为方式的表达：

（30）西班牙语中将路径词化并入（施事）运动的表达形式

  a. Metí　　　　el　barril　a　la　bodega　rodándolo
   I-$_A$MOVED-in the keg　to　the　storeroom rolling-it
   （我–$_{施事}$运动–进　小桶　到　　储藏室　　滚动它）
   "I rolled the keg into the storeroom."
   （我将小桶滚进储藏室。）

  b. Saqué　　　　el　corcho　de　la　botella retorciéndolo
   I-$_A$MOVED-out the cork　from the　bottle　twisting-it
   （我–$_{施事}$运动–出　木塞　从　　瓶子　　拧–它）
   Retorcí　el　corcho　y　lo saqué　　　de　la botella
   I-twisted the cork　and it　I-$_A$MOVED-out from the bottle
   （我–拧　　木塞　并且它我–$_{施事}$运动–出　从　　瓶子）
   "I twisted the cork out of the bottle."
   （我把软木塞从瓶子里拧了出来。）

接下来我们看看西班牙语中词化并入原因的（施事）运动表达：

  c. Tumbé el　árbol serruchándolo// a hachazos/ con　una hacha
   I-felled the tree　sawing-it//　by ax-chops/with an　ax
   （我–砍倒–树（因为）锯–它　　用斧–砍/用斧子）
   "I sawed//chopped the tree down."
   （我把树锯倒/砍倒了。）

  d. Quité　　　　el papel　del　　paquete cortándolo
   I-$_A$MOVED-off the paper from-the package cutting-it
   （我–$_{施事}$运动–开　纸　　从–　包裹（因为）剪–它）
   "I cut the wrapper off the package."
   （我把包裹的包装纸剪开。）

  有一类施事运动可以用中间层次动词 PUT 表征。在这种类型中，施事用身体的某（些）部位（或拿着的工具）与焦点保持持续的接触，然后通过身体某（些）部位的运动来移动焦点，但是施事的整个身体没有位置变化。[17]像先前讨论的简单运动（MOVE）一样，西班牙语用不同的路径概念词化并入 PUT，从而生成一系列不同的动词形式，这些动词形式可以单独表示不同的路径，详见表 1.1。

表 1.1

西班牙语中的'putting'（放）动词，根据路径的不同而有所不同。（A＝施事，F＝焦点物体，G＝背景物体）

A poner F en G	A 把 F 放到 G 上
A meter F a G	A 把 F 放进 G 里
A subir F a G	A 把 F 放到 G 上
A juntar F_1 y F_2	A 把 F_1 和 F_2 放到一起
A quitar F de G	A 把 F 从 G 拿开
A sacar F de G	A 把 F 从 G 中拿出
A bajar F de G	A 把 F 从 G 上拿下来
A separar F_1 y F_2	A 把 F_1 和 F_2 拿开

需要注意的是，英语确实可以在这里使用不同的动词形式，例如 *put*（放）和 *take*（拿）可词化并入笼统的路径概念'to'（去）和'from'（来），这一现象与西班牙语中的动词词化并入路径有相似之处。这也许是最合适的解释方法。但是还有另一种观点，认为英语中的 *put* 和 *take* 只是 PUT 这个更为广义的、不带方向性的概念的替补形式。而表层的具体形式完全由特定的路径小品词"和/或"介词决定。为表达这一概念，英语的 *put* 与'to'（去）-型的介词相搭配（*I put the dish into/onto the stove*（我把菜放到炉子里/上））；在没有 *up*（上）的情况下，*take* 与'from'（来）-型的介词相搭配（*I took the dish off/out of the stove*（我把饭菜从炉子上/里拿下来/出来））；在有 *up* 的情况下，*pick*（拣）与'from'（来）-型的介词相搭配（*I picked the dish up off the chair*（我把菜从椅子上端起来））；*move*（移动）与'along'（沿着）-型介词相搭配（*I moved the dish further down the ledge*（我把菜从壁架上端了下来））。

当上述动词词化并入了方式后，它们之间的区别便消除了，这一点更好地证明了我们纯形式的解释方法。因此，在句子 *I put the cork into/took the cork out of the bottle*（我把软木塞放到瓶子中/我把软木塞从瓶子里拿出来）中，我们使用了两个不同的动词，但是在句子 *I twisted the cork into/out of the bottle*（我把软木塞拧到瓶子里去/我把软木塞从瓶子里拧出来）中，我们却只使用了一个词化并入了方式的动词"拧"（*twist*）来取代"放"（*put*）和"拿"（*take*）。与之类似的是 *I put the hay up onto/took the hay down off the platform*（我把干草放到台子上/我把干草从台子上拿下来）和 *I forked the hay up onto/down off the platform*（我把干草叉到台子上/我把干草从台子上叉下来）。可以看出，英语中 PUT 动词所词化并入的关于路径的信息少于同一句中小品词或介词所表示的信息，并且与小品词及介词所表示出来的信息并无差异。因此,在英语典型的方式词化并入情况中,它们可以很容易地被取代。

另一方面,西班牙语中 PUT 动词所词化并入的一系列路径语义——在这类动词中所使用的介词只有 *a*, *de* 和 *en*——处于非常中心的位置,无法被取代。这是西班牙语的典型结构。

英语中确实存在一些动词,这些动词的确可以和西班牙语中的动词一样词化并入路径信息。代表性的例子包括 *enter*(进入), *exit*(退出), *ascend*(上升), *descend*(下降), *cross*(穿过), *pass*(经过), *circle*(环绕), *advance*(前进), *proceed*(前进), *approach*(靠近), *arrive*(到达), *depart*(离开), *return*(返回), *join*(加入), *separate*(分开), *part*(分离), *rise*(上升), *leave*(离开), *near*(靠近), *follow*(跟随)等。这些动词所在的句子结构甚至也与西班牙语相同。因此,方式概念必须以一个独立的成分表示。例如, *The rock slid past our tent*(石头滑过我们的帐篷),这句话用一个包含方式的动词和一个路径介词展示出了基本的英语表达形式。但是如果将上句中的动词换成一个包含路径的动词,那么方式就要以一个单独的成分来表达,上面的句子就要改写成 *The rock passed our tent in its slide/in sliding*(石头从帐篷边滑过去)。可以看出,改写后的句子十分别扭。然而,这些动词(以及句型)都不是英语中最典型的表达,而且很多也不是最口语化的句式。更为重要的是,在上文提到的动词中,除了最后四个,其他都不是英语原有的动词,而是借自罗曼语,它们是罗曼语中典型的表达方式。相比之下,由于德语较少地借用了罗曼语的语言结构,因此上面的大多数路径动词在德语中都没有与之对应的动词词根。

2.2.2　路径的组成成分

到目前为止,尽管我们把路径看成是一个单一的成分,但事实上,我们最好将其理解为一个包含不同成分的结构。在口语中,路径包括三个主要成分,即矢量(Vector)、构形(Conformation)和指示语(Deictic);而在手势语中,除了上述三个主要成分外,还可能有轮廓(Contour)和方向(Direction)。

矢量包括焦点图式相对于背景图式所做的到达、穿过和离开的基本类型。这些矢量形式数量有限,但极有可能是普遍存在的**运动-体公式**(**Motion-aspect formulas**)的一部分。例(31)给出了这些运动-体公式,其中的矢量以大写的深层介词来表示。[18]在这些公式中,焦点和背景都是高度抽象化的基本图式。**基本焦点图式**（fundamental Figure schema）首先出现，在此总是以"点"来表示，而数量有限的**基本背景图式**（fundamental Ground schema）出现在矢量之后。每一个公式都配有一个例句说明，这些例句更详细的空间指称都是基于公式的。

(31) a. A point BE$_{LOC}$ AT a point, for a bounded extent of time.
（在某个时间段内，一点位于一点上。）
The napkin lay on the bed/in the box for three hours.
（餐巾在床上/盒子里放置了三个小时。）

b. A point MOVE TO a point, at a point of time.
（在某个时间点上，一点运动到一点上。）
The napkin blew onto the bed/into the box at exactly 3:05.
（就在3:05时，餐巾被风吹到了床上/盒子里。）

c. A point MOVE FROM a point, at a point of time.
（在某个时间点上，一点从一点运动。）
The napkin blew off the bed/out of the box at exactly 3:05.
（就在3:05时，餐巾被风从床上/盒子里吹走了。）

d. A point MOVE VIA a point, at a point of time.
（在某个时间点上，一点经过一点运动。）
The ball rolled across the crack/past the lamp at exactly 3:05.
（就在3:05时，球滚过裂缝/台灯。）

e. A point MOVE ALONG an unbounded extent, for a bounded extent of time.
（在某个时间段内，一点沿着无界范围运动。）
The ball rolled down the slope/along the ledge/around the tree for 10 seconds.
（球在斜面上向下/沿着壁架/在树周围滚了10秒钟。）

e′. A point MOVE TOWARD a point, for a bounded extent of time.
（在某个时间段内，一点朝一点运动。）
The ball rolled toward the lamp for 10 seconds.
（球朝台灯方向滚了10秒钟。）

e″. A point MOVE AWAY-FROM a point, for a bounded extent of time.

（在某个时间段内，一点运动离开一点。）
The ball rolled away from the lamp for 10 seconds.
（球滚离台灯滚了10秒钟。）

f. A point MOVE ALENGTH a bounded extent, in a bounded extent of time.
（在某个时间段内，一点沿着一个有界时间范围运动。）
The ball rolled across the rug/through the tube in 10 seconds.
（球用10秒钟的时间滚过了地毯/管子。）
The ball rolled 20 feet in 10 seconds.
（球在10秒内滚了20英尺。）

f′. A point MOVE FROM-TO a point-pair, in a bounded extent of time.
（在某个时间段内，一点在两点间移动。）
The ball rolled from the lamp to the door/from one side of the rug to the other in 10 seconds.
（球用10秒钟的时间从台灯处滚到门口/从地毯的一边滚到另一边。）

g. A point MOVE ALONG-TO an extent bounded at a terminating point, at a point of time/in a bounded extent of time.
（在某个时间点上/某个时间段内，一点沿着有界范围运动至一终点。）
The car reached the house at 3:05/in three hours.
（汽车于3:05/在三个小时内，到了那座房子前。）

h. A point MOVE FROM-ALONG an extent bounded at a beginning point, since a point of time/for a bounded extent of time.
（从某个时间点开始/在某个时间段内，一点从一起点沿着有界范围运动。）
The car has been driving from Chicago since 12:05/for three hours.
（从12:05开始，汽车一直驶离芝加哥/汽车已经离开芝加哥行驶了三个小时。）

路径的构形成分是一个几何图形复合体，它在一个运动-体公式中，将基本的背景图式与完整背景物体的图式联系到了一起。每种语言都有自己的一组几何图形复合体的词汇化形式。例如,(32a)到(32c)中的基本背景图式都是'一个点'。对于这个基本背景图式,英语可以添加特定的构形概念,例如'which is of the inside of [an enclosure]'(该点位于[一个封闭体]的内部);或者还可以添加另外一个特定构形概念'which is of the surface of [a volume]'(该点位于[一个容体]的表面)。在每一种这样的构形中,方括号里的内容代表完整背景物体的图式。为恰当起见,我们必须将任何一个背景物体抽象成括号中描述的理想化的几何图形的样子。例如,将盒子抽象为'封闭体',将床抽象为'容体'。例(32)中,从(32a)到(32c)的公式将矢量、基本背景图式以及构形三者结合在一起。

(32) a. 在[封闭体]里面的一点 = in [封闭体]
在[容体]表面的一点 = on [容体]

b. 到[封闭体]里面的一点 = $in(to)$ [封闭体]
到[容体]表面的一点 = $on(to)$ [容体]

c. 从[封闭体]里面的一点 = $out\ of$ [封闭体]
从[容体]表面的一点 = $off(of)$ [容体]

(33a)展示了由(32a)至(32c)的完整公式加上含有表示'内部'(inside)构形构成的复合体,相应地,(33b)则给出了加上表示'表面'(surface)构形构成的复合体。

(33) a. i. A point BE$_{LOC}$ AT a point which is of the inside of an enclosure for a bounded extent of time.
(一点在有界的时间段内处于封闭体内。)
The ball was in the box for three hours.
(球在盒子里放了三个小时。)

ii. A point MOVE TO a point which is of the inside of an enclosure at a point of time.
(一点在某一时间点移向封闭体里面的一点。)
The ball rolled into the box at exactly 3:05.
(球正好在3:05滚入了盒子。)

iii. A point MOVE FROM a point which is of the inside of an enclosure at a point of time.
(一点在一时间点从封闭体里的一点运动出来。)

　　　　　　The ball rolled out of the box at exactly 3:05.
　　　　　　（球正好在 3:05 滚出了盒子。）
　　　b. i. A point BE$_{LOC}$ AT a point which is of the surface of a volume for a bounded extent of time.
　　　　　　（一点在某一时间段内处于容体表面的另一点上。）
　　　　　　The napkin lay on the bed for three hours.
　　　　　　（餐巾在床上放了三个小时。）
　　　　ii. A point MOVE TO a point which is of the surface of a volume at a point of time.
　　　　　　（在某个时间点，一点移向容体表面上的另一点。）
　　　　　　The napkin blew onto the bed at exactly 3:05.
　　　　　　（就在 3:05，餐巾被吹到了床上。）
　　　　iii. A point MOVE FROM a point which is of the surface of a volume at a point of time.
　　　　　　（在某个时间点，一点开始从容体表面上的另一点运动。）
　　　　　　The napkin blew off of the bed at exactly 3:05.
　　　　　　（就在 3:05，餐巾从床上被吹下来了。）

相比之下，在(31d)中矢量加上基本的背景图式"VIA a point"（通过某一点）可以和构形'[点]的另一侧'搭配产生 past（通过）(*The ball rolled past the lamp at exactly 3:05*（球正好在 3:05 滚过台灯))。它也可以和构形'[线]上的（许多点中的一点）'搭配产生 across（经过)(*The ball rolled across the crack at exactly 3:05*（球正好在 3:05 滚过裂缝))。它还可以与构形'[平面]上的（许多点中的一点）'搭配产生 through（穿过)(*The ball sailed through the pane of glass at exactly 3:05*（球正好在 3:05 穿过玻璃窗))。

同样，在(31e)中的矢量加上基本背景图式"ALONG an unbounded extent"（沿着无界范围）可以和构形'在[无界范围]的另一侧或与之平行'结合产生 alongside（沿着)(*I walked alongside the base of the cliff for an hour*（我沿着峭壁下面走了 1 小时))。矢量加上(31f)中的基本背景图式"ALENGTH a bounded extent"（沿着有界范围）可以和构形'与[有界圆筒形]相连或共轴'产生 through（穿过)(*I walked through the tunnel in 10 minutes*（我用 10 分钟的时间穿过了隧道)(I-3 章的附录列出了这种结构的扩展形式及更详细的介绍)。

在区分了路径中的矢量和构形两个要素后,我们可以更详细地描述西班牙语中表示运动事件的方式。动词词根一起词化并入运动事实以及路径成分中的矢量和构形两个要素。与表示背景的名词可一同出现的介词单独表示矢量。因此,在"F *salir de* G"形式中,动词的含义是'从(封闭体)里面的一点移开',介词仅简单表征矢量'FROM'。相比之下,在形式"F *pasar por* G"中,动词的含义是'通过(某一点)一侧的另一点',介词只表示矢量'VIA'(通过)。

在含有运动事件典型表征的语言中,路径的指示语成分通常仅有两个下属概念:'朝着说话人'和'不朝着说话人'。[19]在含有词化并入路径的动词系统的语言中,指示语成分出现在不同的位置上。西班牙语大都将指示性动词(如 *venir*(来)和 *ir*(去))与"构形动词"(Conformation verbs)归为一类。构形动词表示词化并入运动事实、矢量及构形的动词,如 *entrar*(进入)。因此,在典型的表运动的句子中,主要动词选自路径类动词,而方式则由动名词形式的动词表示。

与西班牙语类似,朝鲜语的主要动词既可以是表示构形的路径动词,也可以是表示指示的路径动词,搭配一个表示方式的动名词成分。但与西班牙语不同,朝鲜语可以在非施事性句子里同时出现两个路径成分(Choi & Bowerman 1991)。在这种情况下,指示性动词是主要动词,构形动词以动名词成分出现,方式动词以另一个动名词成分出现。因此,朝鲜语是典型的路径动词类的语言,但是在结构上,路径的指示语成分与构形成分相区别,并且在两个成分同时出现时,指示成分被优先配价。

2.3 运动+焦点

在第三种表达运动的主要类型模式中,动词和焦点一起表达运动事实。以此为典型表达模式的语言有一系列的表层动词,它们能表达各种物体或物质的运动或位置。这种词化并入类型可以用图式表征,见下图。

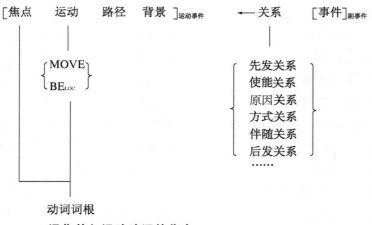

词化并入运动动词的焦点

这种类型的例子首先在英语里就有,不必从其他语言里寻找,因为英语确实有几个符合这一类型的例子。因此,非施事性动词(to)*rain*(下雨)指"雨运动",施事动词(to)*spit*(吐痰)指"致使痰运动",见(34)。

(34) a. It *rained* in through the bedroom window. 非施事性
    (雨从卧室窗户洒入。)

   b. I *spat* into the cuspidor. 施事性
    (我朝痰盂吐了口痰。)

但是,在以这种模式为特征的语言中,许多运动＋焦点的动词是口语中最常出现的,且有一系列的扩展用法。在加利福尼亚北部的霍卡语言中,阿楚格维语便是一个很好的例子。(35)中的动词词根只是一组例子。

(35) **阿楚格维语焦点词化并入运动动词词根**

-lup- '指小的、闪光的、球形物体(如圆形的糖果、眼球、冰雹等)运动/处于'

-t- '指在功能上可以附着在其他物体上的、小的、平面物体(如邮票、衣服补丁、纽扣、木瓦、摇篮的遮阳伞等)运动/处于'

-caq- '指光滑、笨重的物体(如癞蛤蟆、牛粪)运动或处于'

-swal- '指一端悬挂起来的长条状柔软的物体(如晒衣绳上挂的衬衫、悬挂起来的死兔子、疲软的阴茎等)运动/处于'

-qput- '指干燥松散的污泥运动/处于'

-staq- '指松软发黏的物质(如泥、肥料、腐烂的番茄、内脏、咀嚼过的口香糖等)运动/处于'

这些动词词根也可以具有施事语义。比如-siaq-还有另外一个语义,即'(施事)移动松软的黏状物质'。因此这种动词词根同等地、典型地适用于位置、非施事性运动和施事性运动事件的表达。从-siaq-所指为内脏的例子('松软发黏的物质'的例子)中,我们可以了解它的每一种用法。每个例子都有它的词素音位和语音形式(标在上方的元音是这种语言的特殊词素音位)(注意:动词词根已经为焦点提供了一个参照,表'内脏'义的单独名词可以与动词搭配,为焦点物体提供另外一个参照)。

(36) 阿楚格维语中焦点词化并入运动的表达形式

a. **方位后缀:** -ik· '在地面上'
   原因前缀: uh- '因"重力"(物体自身的重量)作用其上'
   屈折词缀集: '-w --ᵃ '第三人称-主语;事实语气'
   /'-w-uh-siaq-ik·-ᵃ/⇒[wosiaqik·a]
   字面意义: '因松软的黏状物质使其自身的重量作用于本身,而位于地面上。'
   示例: "内脏正放在地上"。

b. **方向后缀:** -ict '进入液体'
   原因前缀: ca- '因风吹在焦点上'
   屈折词缀集: '-w --ᵃ '第三人称-主语,事实语气'
   /'-w-ca-siaq-ict-ᵃ/⇒[c'wasiaqicta]
   字面意义: '松软的黏状物质因风的吹动进入了液体。'
   示例: "内脏被吹到了河湾里。"

c. **方向后缀:** -cis '进入火里'
   原因前缀: cu- '因一个长条状物体做轴线运动,作用于焦点上'
   屈折词缀集: s-'-w --ᵃ '我-主语(第三人称-宾语),事实语气'
   /s-'-w-cu-siaq-cis-ᵃ/⇒[scusiáqcʰa]
   字面意义: '我用某一长条状物体做轴线运动,把一个松软的黏状物体送入火里。'
   示例: "我用小棍把内脏捅进火里。"

阿楚格维语中将焦点词化并入运动的这种模式,可以扩展到把身体部位及衣服作为焦点。注意英语中指代身体部位控制的句法结构常常将身体部分表达为一个控制类动词的名词性直接宾语,如:*I laid my head on the pillow/pulled my arm back out of the cage/put my ear against the wall/stuck my tongue out*(我把头放在枕头上/把胳膊从笼子里拽出来/把耳朵贴在墙上/把舌头伸出来)。有零星的动词词根表示身体部位的运动,而这些词根经常会有其他一些语义限制。如:在 *I stepped into the puddle/over the crack*(我踩进水坑/踏过裂缝)中的 *step*,表示'一只脚站立,同时施事性地控制另一只脚'。但是在阿楚格维语中,通常模式中有一个表示身体某一部位运动或方位的动词词根,该词根可以带一系列的方向性后缀。同样,阿楚格维语不使用英语中的如下句法结构,如 *I have a hat on/put my shirt on/took my shoes off/put a coat on her*(我戴上帽子/穿上我的衬衣/我脱下鞋子/给她穿上外套),而是用指代要穿的衣服被移动或被放置的动词词根加上词缀表示"衣服是自己或他人穿着、穿上还是脱掉的"。[21]

2.4 运动动词的类型

至此所讨论的运动动词的三种词化并入模式,很显然是从跨语言角度发现的主要类型。但在某些情况下,还有一些可能出现或不会出现的模式。下面讨论这些情况。

2.4.1 运动+副事件、路径或焦点

表 1.2 总结了语言中呈现出来的运动动词的三种词化并入模式。依据运动事件的其余成分在句中的表达位置划分的这三种类型的下属类型将在后面讨论。

表 1.2 运动动词的三种主要类型范畴

语言/语系	动词词根所惯常表征的 运动事件中的具体成分
罗曼语	运动+路径
闪族语	
波利尼西亚语	
内兹佩尔塞语	
喀多语	
日语	
朝鲜语	

续表

语言/语系	动词词根所惯常表征的运动事件中的具体成分
印欧语系诸语言（除罗曼语） 汉语 芬兰-乌戈尔语 奥吉布瓦语 沃匹利语	运动＋副事件
阿楚格维语（多数北方霍卡语） 纳瓦霍语	运动＋焦点

2.4.2 运动＋背景

上面的分类有这样的问题，即有些组合可能不会出现。运动事件中的成分之一——背景，其本身并不能词化并入运动动词，从而构成语言表示运动的核心系统。这种类型的词化并入甚至都不是次要系统。

然而，这种词化并入方式的个案确实存在。这让我们设想，如果有个系统包含了所有的种类组合，这个系统会是什么样子。英语动词 *emplane*（乘飞机）和 *deplane*（下飞机）中的动词词根 *-plane* 可以表示'相对于飞机运动'——描述了一个具体的背景物体加上运动的事实，但没有任何路径信息。这里描述了具体路径的是独立的前缀语素。此类的一个完整系统应能表达很多其他的路径和背景。因此，除了刚看到的 *em-* 和 *de-* 前缀形式之外，我们认为这样的系统包括 *circumplane*（围绕飞机运动），'move around an airplane'（在飞机周围运动），*transplane*（穿过飞机），'move through an airplane'（在飞机中运动）。这个系统中还应该有许多其他动词词根，如 (*to*) *house*（'相对于房子的运动'），*I enhoused/dehoused/circumhoused*（我走进房子/走出房子/围绕房子运动），以及 (*to*) *liquid*（'相对于液体的运动'），*The penguin will enliquid/deliquid/transliquid*（企鹅将要进入液体/从液体中出来/绕液体移动）。但是，这种系统并不存在。

背景成分不被并入的原因尚不清楚。但是我们可以从语篇推断，某一情景中的背景物体是最稳固的成分，因此最不需要详述。但是，焦点似乎更稳固——因为语篇常常是追寻同一个焦点物体相对于一系列背景物体的运动——从而构成了主要类型系统的基础。我们不妨往下设想，背景物体是最不显著、最不易识别的成分。但是，比飞机、房子、液体（列举几例可能的背景物体）更模糊不清的是关于路径的概念，而路径却构成了主要类型系统的基础。

我们下一步可以从层级概念中寻找答案：不同的词化并入类型在各个语言中的普遍性不同，路径的词化并入是最为广泛的一种，副事件次之，焦点最后。因此，背景成分的词化并入也是一种可能，但在任一语言中至今都没有发现这样的例子。尽管如此，如果通过深入研究弄清楚词化并入类型在不同语言中的使用差异，这必定是有重要意义的。只有将这个问题解释清楚，我们才能将当前的分析再深入一些。

2.4.3 运动＋两个语义成分

还有其他一些可能的组合方式需要考虑，其中有运动事件的两个语义成分与运动事实词化并入动词词根，这类词化并入的次要系统确实存在。例如，英语施事性动词中有这样一类动词，背景和路径词化并入运动，例如 *shelve* '施事运动到书架上'（*I shelved the books*）（我把书放到书架上了），以及 *box* '施事运动到箱子中'（*I boxed the apples*）（我把苹果装入箱子中了）。[22] 英语中另一类施事动词是焦点和路径词化并入运动：如 *powder* '将粉施事运动到'（*She powdered her nose*）（她往鼻子上扑粉），*scale* '将鳞从……施事运动开'（*I scaled the fish*）（我把鱼鳞刮了）。

很明显，这种多重语义成分的词化并入系统绝不会构成语言中表达运动的主要系统。这种现象产生的原因是显而易见的，因为需要做更细致语义区分的话，系统需要很大的词库。任何这种更细致的语义组合都需要有一个不同的动词来实现。例如除了 *box* 表示'把东西装进盒子中'，还需要有一个动词，比如 *foo*，来表示'把某物从盒子中拿出'的意思，动词 *baz* 表示'在盒子周围运动'等。还需要有更多的动词表示无数个背景不是 *box* 的情景。这样的系统对语言而言是不可行的。因为语言组织更多地基于少量成分的组合，而不是大量不同的成分。

然而，我们可以设想另一种多重成分词化并入系统。它类似一种分类系统，成分的总量很少，但是所指却相当宽泛。这个系统包含的动词可以表示'运动到圆形物体''从圆形物体离开''穿越/路过圆形物体''运动到线状物体''从线性物体运动开'，等等。语言确实可以有这样的系统，然而由于尚未出现，因此，目前无法作出解释。

2.4.4 运动＋不添加其他语义成分

另一种可能的组合方式是动词词根单独表达运动成分，不含有运动事件其他成分的词化并入。这一类型在方位运动事件中确实存在，而且出现的频率也不低。具有这种组合特征的语言中，单一的动词形式代表深层动词 BE_{LOC}，且不词化并入各种路径焦点或副事件。西班牙语有这种形式：动词 *estar* 表示'处于'的意思，它的后面可以跟各种地点介词或表示地点的介词复合形式。但是西班牙语并没有一系列不同的动词词根将各种地点词化并入 BE_{LOC}，以此产生诸如'在……里''在……上'以及'在……下'的语义。[23]

就运动事件中运动类型的表征而言，阿楚格维语确实有一种次要系统，该系统不含词化并入的动词。含有元音 *i*- 的动词词根可以单独表达'运动'的概念，该元音后面可以直接添加任何表示"路径+背景"的后缀。然而，该形式并非是阿楚格维语表达运动的主要方式（虽然并不完全清楚何时运用该形式）。

如果在一种语言的主要系统中，缺少词化并入的模式极少出现或从未出现，一个可能性的解释是这种模式相对低效。在每一次提到运动事件时，这种类型需要将有固定语义的同一语素重新表征——无论是单独的'MOVE'或者'MOVE/BE_{LOC}'。然而，该固定语义很容易从其他表征运动事件的成分中发现。如上文所述，在表达运动事件的主要系统中，没有任何语素可以只表达运动语义成分。

2.4.5 运动＋具有最小区别性特征的语义成分

然而事实上，一些主要词化并入类型的确包含类似零词化并入的形式。在这些系统中，运动确实词化并入运动事件的其他成分。但在这里，仅有两三个与那个成分相关的特征被表征出来，我们之前看到的大量特征则未被表征出来。

因此，西南部霍次语（Pomo）在运动中词化并入焦点，但并不像阿楚格维语那样，将与物体或材料的种类相关的焦点词化并入运动，而是词化并入焦点的数量表征。这里它只标记了三个特征。具体来说，西南部霍次语中动词词根 -*w*/-*ʔda*/-*pʰil* 分别表示'一个/两个或者三个/几个一起……运动'，并且这三个词根会反复出现在指示运动事件的动词中。任何焦点物体的类型或者材料特征的表征都不出现在动词词根中，而是出现在做主语的名词性词中。

与此类似，印地语在表达非施事性运动时，路径被词化并入到运动中，但仅仅词化并入路径的指示成分，而不是几何构形部分。在此，指示词中只有二值特征'这里/那里'被词化并入到运动中,因而得到的两个动词词根——主要是'来'和'去'——在表征非施事性运动事件结构中经常出现。路径的构形部分由一个单独的路径卫星词或者介词复合形式表达。

最后,Supalla(1982)的分析指出,美国手势语中表征运动事件主要系统的核心中有一小部分手部运动类型,它们可以被看作是动词词根的对应部分。这些手势所表征的路径成分,在任何口语中,都很难从结构上被发现。这个组成成分可被称为'轮廓'(Contour),它包括焦点物体描述的不同种类的路径形状。Supalla 总共区分了七种路径轮廓(Path Contours),其中三种为事实运动的路径轮廓:直线、曲线和圆。

我们操控一只手,使之运动而勾勒出一个路径轮廓时,它可能同时表征路径的其他组成成分,即矢量、构形、指示词及路径的方向——以及一组特定的运动方式。此外,手形同时表征焦点的所属范畴以及潜在的工具或者施事的某些特定方面。这些额外的语义表征的作用与口语中伴随动词词根的单独的卫星语类似。尽管如此,这里得出来的结论是,在美国手势语表征运动事件的主系统中,相当于动词词根的成分词化并入路径,像在西班牙语中,它只词化并入了路径的轮廓成分,并在此成分中只标记三种不同形式。

2.4.6 分裂型词化并入系统

目前,我们主要从一种语言典型的词化并入类型来探讨这种语言,偶尔会提及次要系统和其他词化并入类型的偶然形式。此外,一种语言可以使用一种词化并入模式来表达一种类型的运动事件,使用另一种不同的词化并入模式来表达另一种运动事件。这种情况可以被称为"分裂"型或"互补"型词化并入系统。

正如先前提到的,从运动状态上看,西班牙语就有这种分裂系统。比如在含有 BE_{LOC} 语义的方位情景中,西班牙语呈现出使用零词化并入模式的特征。但对于含有 MOVE 语义的实际运动,西班牙语的特征是使用路径词化并入模式。[24] 在这种 MOVE 类型内,可以发现更细致的分裂系统。Aske(1989)、Slobin & Hoiting(1994)发现其路径被概念化为穿越边界的运动事件——以'into'和'out of'为代表——都由路径词化并入模式表征。但是路径没有被概念化为穿越边界的运动事件——以'from''to'和'toward'为代表——被典型地表征为副事件词化并入模式,正如英语一样。例如 *Corrí de mi casa a la escuela*，'I ran from my house to the school'（我从我的家跑到了学校）。

另一种不同的分裂类型出现在依麦语（Emai）中（Schaefer 1988）。依麦语中有大量很像西班牙语的路径动词。但在表运动的句子中，它通常只用这些路径动词表达自我施事性运动。它使用含有副事件词化并入形式的主要动词来表示非施事性和施事性运动。如果方式不是'步行'类，这种语言也用副事件词化并入模式来表达自我施事运动。[25]

然而，泽尔托尔语呈现出另一种分裂类型。事实上，它分别使用三种主要的词化并入模式中的一种来表达不同类型的运动事件。正如阿楚格维语、泽尔托尔语语言中具有大量的词化并入了焦点的动词词根。这些"位置词根"大多根据焦点物体的配置来区分焦点物体：焦点的形状、方位和与其他物体的相对排列。与阿楚格维语不同，当表达运动事件时，泽尔托尔语只在一种情况下使用这些词根：焦点在某位置获得支撑或者焦点在某位置不再被支撑。词根的静态形式指处于某位置的情景，具有'具有 X 特点的焦点处于某具体的位置被支撑'的语义。词根的起始形式，即"假定词"（assumptive），表示"本身具有 X 特点或在到达过程中需要有 X 特点的焦点到达某支撑位置"。词根的施事形式，即"放置词"（depositive），指施事把本身具有 X 特点或在放置过程中获得 X 特点的焦点放置于某支撑位置，施事控制整个运动——即用身体部位或者工具控制焦点的运动。

此外，尽管和西班牙语类似，泽尔托尔语有一组词化并入路径的动词词根——即"移动动词"（movement verbs）——用来表达另外两种类型的运动事件。这种动词的非施事形式用在焦点的自主运动中，具有'（某焦点）沿着 X 路径运动'的语义。动词的施事形式用于被控制的施事运动，因此，该形式具有'（某施事）拿着焦点沿路径 X 做施事性运动'的语义。

最后，和英语一样，泽尔托尔语使用词化并入副事件的动词与路径动词的"方向"形式搭配——此时路径动词的功能类似于路径卫星词。这种结构的用法涵盖的范围几乎和英语一样——相当于如下英语例句，像"I kicked it in"（我把它踢进来）这类路径不受施事控制的致使类型；像"I carried it in"（我把它拿进来）这种路径受施事控制的致使类型；像"I ran out"（我跑出去）这类自我施事性方式类型；像"It fell down"（它倒了）这类非施事性方式类型（尽管这是最不广泛的一类）。尽管最后三种情景类型大多也可以用路径动词结构来表征，但是第一种类型却只能使用目前这种结构。[26]

2.4.7 并列型词化并入系统

在分裂系统中,一种语言使用不同类型的词化并入模式来表达不同类型的运动事件。但是,在并列型词化并入系统中,一种语言可以使用不同类型的词化并入模式和大致相同的口语体,来表达相同类型的运动事件。例如,如果句子 *The bottle exited the cave floating*(瓶子漂浮着出了洞穴)和句子 *The bottle floated out of the cave*(瓶子漂出了洞穴)在口语中使用频率一样——即,如果英语中基于路径动词的结构和基于副事件动词的结构的口语化程度一样,那么英语就呈现出并列型词化并入系统。但是,事实并非如此,所以英语被归为典型的副事件词化并入类型。另一方面,现代希腊语的确是并列型词化并入系统,正如上文引用的例子那样,现代希腊语正好使用两种口语化程度相同的词化并入模式来表达绝大多数的自发运动事件和自我施事性运动事件。因此,对于大多数路径概念而言,希腊语既可以使用路径卫星词与方式和原因动词搭配,也可以使用路径动词与表示方式或原因的动名词搭配。我们用'in(to)'这一路径概念来说明,请看(37)。[27]

(37) a. etreksa mesa (s-to spiti)
　　　I-ran　in　　(to-the house [ACC])
　　　(我-跑　进了　(到-那　房子 [宾格]))
　　　"I ran in (-to the house)."
　　　(我跑进了(屋子)。)

　　b. bika　　　(trekhondas) (s-to　spiti)
　　　I-entered　(running)　　(to-the house [ACC])
　　　(我-进了　(跑着)　　　(到-那　房子 [宾格]))
　　　"I entered (the house) (running)."
　　　(我(跑着)进入(那房子)了。)

下面是希腊语中路径卫星词与路径动词结构并列的例子,符号说明见第 3 节。

(38) [*se*'在/到'; *apo*'从'; V_C=副事件动词; V_{MC}=词化并入'运动+副事件'的动词]

　　into　　　　　焦点 V_{MC}←mesa　　焦点　beno (se+宾格>背景)
　　(进入)　　　(se+宾格>背景)　　(V_C-属格)

out (*of*) （从……出去）	焦点 V_{MC}←ekso （apo＋宾格＞背景）	焦点 vgheno（apo＋宾格＞背景） （V_C-属格）
up (*along*) （沿着……向上）	焦点 V_{MC}←pano （se＋宾格＞背景）	焦点 anaveno（se＋宾格＞背景） （V_C-属格）
down (*along*) （沿着……向下）	焦点 V_{MC}←kato	焦点 kataveno（apo＋宾格＞背景） （V_C-属格）
back (*to*) （回(到)）	焦点 V_{MC}←piso （se＋宾格＞背景）	焦点 ghirizo（se＋宾格＞背景） （V_C-属格）

2.4.8 混合型词化并入系统

原则上讲，语言中某种运动事件也许并无一致的词化并入的类型，而是不同种类的运动事件使用不同词化并入类型。正如将在 2.7.1 节谈到的那样，拉丁语在表达状态变化时采用不同词汇化模式的混合形式。但是，尚未发现有哪种语言使用典型的词化并入模式来表达所有不同语义类型的运动事件。我们也不难设想出这种混合型系统是什么样的。对于某些路径概念，希腊语没有类似的平行结构，而是单独使用路径动词或路径卫星词。因此，像'across'和'past'这样的词只能和路径动词（*dhiaskhizo* 和 *perno*）一起使用，而'around'只能和路径卫星词（←*ghiro*）一起出现。如果其他路径概念也是通过这一种或者另一种词化并入模式来表达，没有任何语义规则作为基础——而不像大多数表示路径概念的词以成对的形式出现——那么希腊语就属于混合型词化并入系统。

2.5 体

除了上面我们探讨的运动类型外，根据语言表达状态（变化）的典型方式，语言呈现出不同的类型。这一领域涉及体、因果关系及二者的相互作用。这些将在本节和下面两节中讨论。"体"可以被描述为'行动在时间上的分布模式'。这里使用的"行动"这一术语既指静态——状态或者方位的持续——又指运动或变化。下图表示动词词根中体的部分词汇化类型，每类都用英语的施事性和非施事性动词来示例。

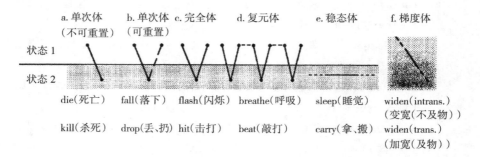

各种语法性测试表明,这些体的类型有不同的特征,词化编入这些体类型的动词词根亦有不同特征。单次可重置动词与不可重置动词的区别在于前者与含重复语义的表达兼容,例如 *He fell three times*(他跌倒三次)。不可重置动词则不能出现在这里,* *He died three times*(*他死亡三次)。这种单次体与完全体的区别在于它能与逆转表达搭配。例如前者可以说 *He fell and then got up*(他摔倒了又爬了起来)。后者不能说 * *The beacon flashed and then went off*(*灯塔闪烁了一下又消失了)。梯度动词可以和表示程度或数量增加的副词连用,如 *The river progressively widened*(河流逐渐变宽了);而表达稳态体的动词则不能,如 * *She progressively slept*(*她逐渐睡着了)等等。

有时,两个具有相同核心语义的动词形式,它们的区别体现在词化编入的体上。从某些方面来看,learn 和 study 就是这类例子,如 *learn*(学会)词化编入了一层完成体的语义(当然不是所有人都这样认为),*study*(学习)表示一种稳定的状态。在语义上同它们相似的是 *teach*,该词的词汇化涵盖了这两种体类型,正如(39)所示:

(39)　**完成体**　　　　　　　　　**稳态体**

We learned/ *studied French in three years.　　We *learned/studied French for two years.

(我们在三年内学会了/*学习法语。)　　(我们*学会了/学了两年法语。)

She taught us French in three years.　　She taught us French for two years.

(她用三年教会我们法语。)　　(她教了我们两年法语。)

在语言分析中,体的词汇化有几种形式。首先,体总体上说似乎是动词词根内在语义的一部分。[28]我们对"是否存在不带有任何体的语义的动词词根"这一观点持怀疑态度——有些词根同表达体的屈折形式连用,即使在这样的语言中,这一观点也站不住脚。

第二,动词词根内在的体的语义决定了它与同样具有体的含义的语法要素如何相互作用。很多语法要素似乎只与具有某一特定类型的体的动词词根结合,结果产生另一种体类型。例如,英语中 *keep* 的语法形式 *keep-ing* 与(c)型的完全体动词搭配产生具有复元体意义的类型(d)。这种转换体现在句子 *The beacon kept flashing*(灯塔持续闪烁)中的 *flash* 上。同样,利用包含派生于名词形式的动词词根的结构,我们还可以使用抽象的语法形式($V_{dummy}\ a\ [\_+Deriv]_N$)将(d)型倒推成(c)型。比如动词词根 *breathe*(有内在复元体意义)在句子 *She took a breath*(她做了一次深呼吸)(有'仅一次'的意义)中的用法。[29]

第三,不同语言中,动词体的词化编入类型不尽相同。比如在 2.7 中将会看到,表示同一状态的、意为进入状态动词,在有些语言中与(b)"单次"体类型结合后词汇化,而在另一些语言中则与(e)"稳态"体类型结合后词汇化。

第四,动词词根的体的词化编入还能与环境因素相关联。如,一般用现有动词屈折变化表达'复元体'的语言含有较少的动词词根,不像英语中的 *beat*(击打),*wag*(摇摆),*flap*(拍打)和 *breathe*(呼吸)一样本身就带有复元体。相反,动词词根自身指代单一周期值的活动,用屈折变化标记复元体。一种明显的语言例子是霍皮语(Whorf 1956),另一种是美国手语(与 Elissa Newport 的个人交流)。

2.6　因果关系

根据分析,相当一部分类型迥异的因果关系体现在词汇化了的动词上(见II-6 章)。其数目比我们过去按照'致使'和'非致使'区分的两类词还要多。有些动词只词化编入一种因果关系类型,而有些则词化编入多种因果关系类型。这些类型可以按照复杂度或从基本形式的偏离依次排序如下(除了(40g)中插入的类型)。除了其中两种类型以外,其他类型都可以用动词 *break* 解释。我们用其他动词来解释类型(40h)和(40i)。此处多数类型都是以这些动词所带的主语类型命名的。

(40) 词化编入动词词根的致使义的不同类型

  a.　The vase broke.　　　　　　　　　　自发事件(非致使)
  　　(花瓶碎了。)
  b.　The vase broke from a ball's rolling into it.　结果事件因果关系

（花瓶碎于球的撞入。）

c. A ball's rolling into it broke the vase.　　使因事件因果关系
（球的撞入击碎了花瓶。）

d. A ball broke the vase (in rolling into it).　　工具因果关系
（球撞碎了花瓶（因为它滚入花瓶）。）

e. I broke the vase in rolling a ball into it.　　行为者因果关系
（我把球滚入花瓶，打碎了它。）　　（即，无意图结果）

f. I broke the vase by rolling a ball into it.　　施事因果关系（即，
（我通过把球滚入花瓶，打碎了它。）　　有意图结果）

g. I broke my arm when I fell (= My arm　　受事者情景（非致
broke [on me]…).　　使）
（当我跌倒时我摔断了我的胳膊（＝我的
胳膊断了［发生在我身上］……）。）

h. I walked to the store.　　自我施事性因果关系
（我走向商店。）

i. I sent him to the store.　　诱发因果关系（致
（我让他去商店。）　　使性施事）

以前的语言学分析（如 McCawley 1968）用大写的"CAUSE"表示词化编入的致使成分。此处作出的区分更多，因此需要更多表征形式。[30]

(41) a. … broke …　　　　　　　　　　　　＝ … broke …

b. … RESULTED-to-break …　　　　　　　＝ …$_R$broke（结果打破）…

c. … EVENTed-to-break …　　　　　　　　＝ …$_E$broke（事件打破）…

d. … INSTRUMENTed-to-break …　　　　　＝ …$_I$broke（工具打破）…

e. … AUTHORed-to-break …　　　　　　　＝ …$_{Au}$broke（行为者打破）…

f. … AGENTed-to-break …　　　　　　　　＝ …$_A$broke（施事打破）…

g. … UNDERWENT-to-break …　　　　　　＝ …$_U$broke（受事者打破）…

自发类型（40a）表示事件自主发生，不暗含原因。这类原因不在本章考察范围内。[31]

另一方面，在（40b）"结果事件因果关系"中，主事件因为另一事件而发生，否则便不会发生。使因事件不仅可以由一个完整分句表达，如（40b）及下面（42a）所示，还可以用动词派生的名词结构表示，如（42b），或用"行为名词"表示，如（42c）。而像（42d）的标准名词则行不通。

(42) The window cracked
    （窗户坏了）
    a. from a ball's sailing into it   名词性从句
       （由于一个球飞向它）
    b. from the pressure/bump of a branch against it   由动词派生
       （由于树枝对它的压力/撞击）   的名词
    c. from the wind/a fire/the rain   行动名词
       （由于风/火/雨）
    d. *from a ball   标准名词
       （*由于一个球）

行动名词的用法类似分句，是因为它们实际上是完整的分句的并入结构。因此(42c)在内在语义结构上等同于(43)中的分句。

(43) a. wind   'air's blowing [on the Figure]'
        （风   '空气吹[在焦点上]'）
     b. rain   'rainwater's falling [on the Figure]'
        （雨   '雨水落[在焦点上]'）
     c. fire   'flames acting [on the Figure]'
        （火   '火焰作用[在焦点上]'）

这种出现在名词语义上的词化并入，主要是以语法范畴的形式出现，而不是本章中提到的动词词根或卫星语素等形式。（涉及词化并入从属和并列连词及某些副词类的其他例子参考 I-6 章。）

或许大部分被词汇化来表示自发因果关系或结果事件因果关系的动词也可以表示其他因果关系类型。英语动词中仅包含这两种因果关系类型而没有其他类型的动词是 *die*（死），*fall*（落下），*drift*（飘），*disappear*（消失）和 *sleep*（睡觉）。英语在词汇表达上似乎仅用 *be*（在）和 *stay*（待在）这两个动词在静态中区分了两种因果关系，如(44)所示。

(44) a. The pen was on the incline.   自发情景
        （钢笔在斜坡上。）
     b. The pen *was/stayed on the incline   结果事件因果关系
        from a lever pressing against it.
        （由于一支杠杆顶着钢笔，钢笔*在/待在斜坡上。）

(40b)这个类型侧重由其他事件导致发生的主要事件，(40c)这个类型则侧重引发主要事件的使因事件。[32] 工具型的(40d)这个类型侧重使因事件中的物体,该物体实际作用于结果事件中受影响的成分。[33] 英语动词中很少有在词化编入(c)或(d)类型的同时不词化编入(e)和(f)类型的。但是有一个例子除外,即"*The river's rushing along it/The river/? * The scientists eroded that section of land*(河沿着它急流/河流/? *科学家侵蚀了那块田地)"中的 *erode*。此外,应该没有动词只被词汇化为(c)类型或(d)类型时却不能表达另一种类型。

在(40e)中的行为者和(40f)中的施事因果关系中,一个有生命的人或物控制身体运动导致(通过长度各异的因果事件链)主要事件发生。[34] 在行为者类型中,人的意图包括最后事件之外的所有事件;在施事者类型中,人的意图包含了包括最后事件的所有事件。与行为者类型相联系但很少或根本不与施事类型相联系的英语动词是 *spill*(溢出),*drop*(掉下),*knock*(*down*)(击(倒))和双语素词 *mislay*(遗失)。完全施事动词是 *murder*(谋杀),*throw*(扔)和 *persecute*(迫害)。

(40g)中的受事者类型与行为者类型类似,他并不是有意要去做所提及的事件。但他也没有故意采取某些行为引起那一事件。相反,事件独立于受事者发生,但对受事者产生了不好的影响。许多语言常用间接的成分表示受事者,如西班牙语。

(45) a. Se me quebró el brazo.
'The arm broke itself [to] me.' = 'I broke my arm.'
('胳膊自己断了[对于]我=我弄断了自己的胳膊。')

b. Se me perdió la pluma.
'The pen lost itself [to] me.' = 'I lost my pen.'
('钢笔自己丢了[对于]我=我弄丢了我的钢笔。')

英语确实也存在这种结构(用 *on*: My arm broke on me(我的胳膊断了,我很难受))。但是也有允许受事者做主语的动词,如: I *broke* my arm(我弄断了自己的胳膊),I *caught* my sweater on a nail(我的毛衣被钉子挂了),I *developed* a wart in my ear(我耳朵里长了个疣)。有的动词甚至必须要受事者做主语,如 *lose* 和 *forget*。我们可以用句子 I *hid/mislaid/lost* my pen *somewhere in the kitchen*(我把我的钢笔藏在/把我的钢笔遗失在/把我的钢笔丢失在厨房的某个地方)中的三个动词比较施事者、行为者和受事者这三种因果关系类型。这些动词核心含义相似,即某个物体变得找不到了,但是每个词词化编入了不同类型的因果关系。

(46) $\begin{Bmatrix} \text{to AGENT} \\ \text{to AUTHOR} \\ \text{to UNDERGO} \end{Bmatrix}$ that NP become not findable
（以致找不到 NP）

(approx.（大约）= $\begin{Bmatrix} \text{to } hide（藏） \\ \text{to } mislay（遗失） \\ \text{to } lose（丢失） \end{Bmatrix}$ NP（名词短语））

(40h) 自我施事型与施事型相似，区别是前者发出的身体动作本身是最后的相关事件，不仅仅是因果序列的早期事件。通常是，整个身体作为焦点在空间中移动。在惯常用法中，英语动词 go（去），walk（走），run（跑），jump（跳），trudge（艰难地走），recline（斜倚），crouch（蹲伏）等就词化编入了这种类型。动词 roll 可以词化编入好几个不同的因果关系类型，其中有自我施事型，例子对比如下。

(47) a. The log rolled across the field.　　　　自发事件
　　　（原木滚过了田野。）
　　b. The boy rolled the log across the field.　施事型因果关系
　　　（那个男孩滚着原木穿过了田野。）
　　c. The boy rolled across the field on purpose.　自我施事型因果关系
　　　（那个男孩故意滚过田野。）

在(40i)诱发因果类型中，某事（无论是某物、某事件或某另一施事）诱发施事有意执行某一动作。[35] 对大部分这类动词而言，诱导的施事行为实际上属于自我施事这一类的动作，特别是'going'（去）这个动作。比如句子 *I lured him out of his hiding place*（我引诱他走出他的藏身之地）中动词 *lure* 的含义是'by luring, to INDUCE to GO'（通过引诱，诱发走）。但是在句子 *I sicced/set the dogs on the intruder*（我让/放狗攻击入侵者）中，*sic/set...on* 的含义是'by issuing directions, to INDUCE to attack'（通过发出指令，诱发去攻击），因此指代攻击的自我施事动作，而没有去的含义了。一些仅词化编入诱使类含义的英语动词（至少它们用法的一部分是这样）是 send（送），drive（off）（驱使），chase（away）（赶跑），smoke（out）（熏出），lure（诱惑），attract（吸引），repel（强迫），sic...on（让……去攻击）。动词 *set...upon* 所具有的因果关系类型可对比如下。[36]

(48) a. The dogs set upon us.　　　　　　　自我施事型因果关系

（狗攻击我们。）

b. He set the dogs upon us. 诱发因果关系（致使施事型）
（他让狗攻击我们。）

我们区分因果关系类型的方法是找到那些只词化编入一种类型或者词化编入了多种类型但只有一个类型相异的动词（或者，至少是以不同方式彼此交叉的多种类型）。比如，我们可以用 die, kill 和 murder 来分别解释(49)中的每个致使类型：

(49) a. He died/ *killed/ *murdered yesterday (i.e., 'He underwent death').
（他昨天死了/ *杀死/ *谋杀（即，他'经历了死亡'）。）

b. He died/ *killed / *murdered from a car hitting him.
（他死了/ *杀死/ *谋杀，由于汽车撞他。）

c. A car's hitting him *died/killed/ *murdered him.
（汽车撞他 *死了/杀死了/ *谋杀他。）

d. A car *died/killed/ *murdered him (in hitting him).
（汽车 *死了/杀死/ *谋杀了他（因为撞击他）。）

e. She unintentionally *died/killed/ *murdered him.
（她无意地 *死了/杀死/ *谋杀了他。）

f. She *died/killed/murdered him in order to be rid of him.
（她 *死了/杀死/谋杀了他以摆脱他。）

g. He *died/ *killed/ *murdered his plants (i.e., 'His plants died on him').
（他 *死了/ *杀死/ *谋杀了他的植物（即，'由于他的原因，他的植物死了'）。）

h. He *died/ *killed/ *murdered (i.e., 'He killed himself by internal will').
（他 *死了/ *杀死/ *谋杀（即，'他用内在的意志杀死了自己'）。）

i. She *died/ *killed/ *murdered him (i.e., 'She induced him to kill [others]').
（她 *死了/ *杀死/ *谋杀他（即，'她诱使他杀[别人]'）。）

我们根据例(49)总结出表 1.3，表中只列出可接受的用法。

表 1.3　可接受的致使用法类型:*die*,*kill* and *murder* (死,杀死和谋杀)

	die	kill	murder
a	√		
b	√		
c		√	
d		√	
e		√	
f		√	√
g			
h			
i			

　　对可接受模式的分析有助于我们确定语言对哪些因果关系类型作了结构上的区分,因此我们作了如下分类:施事型(f)自成一类,只有它接受 *murder* 的用法。在(a)与(b)中,*die* 而不是 *kill* 为可接受用法;(c/d/e)(不包括(f),因为它已经自成一类)中 *kill* 为可接受用法;(g/h/i)中哪个动词都不合适。现在我们可以找出例子来说明这些类型之间的不同。我们已经看到,(a)类和(b)类至少在静态情景上是有区别的,英语中的 *be* 和 *stay* 可以说明这一点。我们已经发现,(e)行为者因果关系类型有选择地词汇化在动词中,如动词 *mislay*,因此把(e)类型与(c)—(d)—(e)这些类型区分开来。(g)型的特点在于只有它和动词 *lose*(在其'不能发现'义中)搭配,上述例句可以说明。此外,(g)区别于(h)(i)之处在于,*break* 可以词化编入(g),但不能词化编入后两者。(h)与(i)的区别是,只有(h)可以和 *trudge* 搭配,只有(i)可以和 *sic…on* 搭配。然而,很可能没有动词或者跨语言形式能够区分(c)和(d)的致使类型,因此不得不将这两种类型合并在一起。

　　总之,我们能够确定,一个动词通过特殊的测试框架词化编入特定的因果关系类型。比如,下面就是两套可以测试英语动词的行为者型和施事型词化编入的测试框架。

(50) a. **S author-causative**(主语行为者-致使)
　　　　S accidentally(主语意外地)
　　　　S in (+Cause clause)(主语在(+原因从句))
　　　　S…too…(主语……太……)
　　　　may S! (祝愿主语!)

b. **S agent-causative**（主语施事-致使）
S intentionally（主语有意地）
S in order that...（主语为了……）
NP intend to S（名词短语有意让主语）
NP$_1$ persuade NP$_2$ to S（名词短语$_1$劝名词短语$_2$对主语）
S！（主语！）

当把动词 *mislay*（遗失）和 *hide*（藏）放到这些框架中，两个词的可接受类型呈现互补性。在此，每个动词词化编入测试框架里的是一种因果关系类型，而非另一种类型。

(51) a. I accidentally mislaid/ * hid my pen somewhere in the kitchen.
（我不小心把钢笔遗失/ * 藏在厨房的某处，找不着了。）
I mislaid/ * hid the pen in putting it in some obscure place.
（我把钢笔放/ * 藏在一个无人知晓的地方，却想不起来在哪儿了。）
May you mislay/ * hide your pen!
（希望你丢失/ * 藏起来你的笔！）

b. I intentionally * mislaid/hid my pen somewhere in the kitchen.
（我故意把我的钢笔 * 丢/藏在了厨房某处。）
I * mislaid/hid the pen so that it would never be seen again.
（我 * 丢失/藏起了钢笔，以至于它再也不会被看见。）
I intend to * mislay/hide my pen somewhere in the kitchen.
（我故意把我的钢笔 * 丢失/藏在了厨房某处。）
She persuaded me to * mislay/hide my pen.
（她劝我把钢笔 * 丢失/藏起来。）
* Mislay/ Hide your pen somewhere in the kitchen!
（把你的钢笔 * 遗失/藏到厨房某处吧！）

然而，我们发现这种示例存在一些问题：*mislay* 是双语素词汇，其前缀明显表达无意的行为。为了避免这个问题，我们可以用 *spill*（溢出）和 *pour*（涌出）这一组例子来代替 *mislay* 和 *hide*。这一组另外的优点是它可以解释框架'S... too...'，而原来那一组却不合适：I spilled/ *poured the milk by opening the spout too wide（我把喷口开得太大了，使牛奶溢出来了/ *涌出来了）。

值得注意的是,上面例子所采用的测试框架也同样适用于类似 *break* 的动词,它们可以词化编入一系列致使类型中的任何一种,从而具有一个具体的致使义。例如,*break* 在(52a)中只能是行为者型动词,而在(52b)中只能是施事型动词。

(52) a. I broke the window by pressing against it *too* hard.
    (由于我使劲抵着窗户,窗户碎了。)
   b. I broke the window *in order* to let the gas escape.
    (为了让煤气散出去,我打碎了窗户。)

在词汇化过程中,增加不同的语法元素来表示致使类型的转化,这一现象证明了动词可进行不同的致使性词汇化。表 1.4 列出了英语中增加的语法元素及其在转化中所起的作用。在(53)中,每一次转化由一个动词体现,动词仅在起点型致使类型中被词汇化,并与分句中的相关语法转换词搭配使用。同时,我们用一个致使义相同的句子作为对比,这种句子中的动词(用斜体表示)没有被加上语法元素,而仅在转换后的致使类型中被词汇化。因此,在(53a)中,*disappear*(消失)仅仅是自发型的(*The stone disappeared* / * *The witch disappear the stone*)(石头消失了 / * 巫师使石头消失了),加上 *make*(让)后变为施事型,语义上就相当于未被加上语法元素的 *obliterate*(使消失),这个词本身就是施事的(*I obliterated the stone* / * *The stone obliterated*)(我使石头消失 / * 石头使消失了)。[37]

表 1.4 由语法元素导致的因果关系词汇化类型的转换

	autonomous (自发型)	agentive (施事型)	self-agentive (自我施事型)	undergoer (受事者型)	inducive (诱发型)
a	V ⟶	make V			
b	V ⟶		make REFL V		
c	{V or V} ⟶			have V	
d		V ⟶	V REFL		
e		{V or V} ⟶			have V

注意:(a)—(e) 对应(53)中的(a)—(e)。

(53) a. The witch made the stone disappear.   Cf. The witch *obliterated* the stone.
    (女巫将石头弄没了。)   (比较:女巫使石头消失了。)
   b. He made himself disappear.   Cf. He *scrammed*.
    (他使自己消失了。)   (比较:他走开了。)

c. You might have your toy sailboat drift off. (你这样可能会让你的玩具小帆船漂走。)	Cf. You might *lose* your toy sailboat. (比较:你可能丢失了你的玩具小帆船)。
You might have your wallet (get) stolen in the crowd. (你的钱包可能在人群中让人偷了。)	Cf. You might *lose* your wallet in the crowd. (比较:你可能在人群中丢了钱包。)
d. She dragged herself to work. (她吃力地拖着身子上班。)	Cf. She *trudged* to work. (比较:她吃力地走路上班。)
e. I had the maid go to the store. (我让女佣去商店买东西。)	Cf. I *sent* the maid to the store. (比较:我派女佣去商店。)
I had the dog attack the stranger. (我让狗去咬那个陌生人。)	Cf. I *sicced* the dog on the stranger. (比较:我放狗咬那个陌生人。)

  我们可以在语言结构的各个层面观察到致使词汇化类型。在单个的词汇层面,仅从一个动词的核心含义即可以解释其特定的词汇化范围。比如,*break* 这个词,它的基本含义可以用来指人身体部分的损害,而不能指整个身体损害(I broke his arm/ * I broke him)(我弄断了他的胳膊/ * 我弄断了他)。因此,这个动词就没有自我施事类型的用法(如 * I broke,意为'我弄断自己/我的身体')。同样,*erode* 没有施事用法,因为施事者一般不能主动控制腐蚀。另一方面,*poison* 具有施事用法,但是没有自发性的用法(He poisoned her with toadstools(他用毒菌毒死了她)/ * She poisoned after eating toadstools(* 她吃毒菌把自己毒死了));而 *drown* 两者都有(He drowned her(他淹死了她)/She drowned(她淹死了));*conceal* 有施事用法,但没有自我施事用法(I concealed her(我把她藏起来)/ * She concealed in the bushes(* 她藏到了灌木丛中)),而 *hide* 两种都有(I hid her(我把她藏起来了)/She hid in the bushes(她藏到了灌木丛中))。但是无论是出于理据还是出于词语特性,所有这些词汇化模式都与具体的词汇相联系。

  词汇化模式在整个语义范畴层面也同样起作用。如英语中表死亡(不表达原因)含义的动词(对比,如 *drown*(淹死))体现了基本的致使和非致使的区分,即,它们要么被词汇化为致使类型(40c-e),要么被词汇化为非致使类型(40a/b),但不可能二者兼有。这种词汇化模式对简单的和复杂的表达形式都适用,如(54)所示。

(54)

非致使		致使	
die(死亡)	kick off(死(俚))	kill(杀死)	exterminate(灭绝)
expire	kick the bucket	slay	off
decease	bite the dust	dispatch	waste
perish	give up the ghost	murder	knock/bump off
croak	meet one's end	liquidate	rub out
pass away	breathe one's last	assassinate	do in
		slaughter	do away with

相比之下,几乎所有表达物体被损坏的英语动词,如 *break*(断),*crack*(裂),*snap*(断裂),*burst*(爆破),*bust*(打破),*smash*(粉碎),*shatter*(粉碎),*shred*(切碎),*rip*(撕破)和 *tear*(撕碎),既可用于致使,也可用于非致使(*The balloon burst / I burst the balloon*(气球爆了/我弄爆了气球))。只有个别例外,如 *collapse* 没有施事性用法(*I collapsed the shed*(*我塌了棚子));*demolish* 无自发性用法(*The shed demolished*(*棚子拆除了))。

对于一种特定的语义范畴,不同的语言经常表现出不同的词汇化模式。例如,在日语中,表状态的动词大部分被词汇化成自发型,而在西班牙语中,则被词汇化成施事型。日语通过在动词上添加屈折形式来表达施事功能,而西班牙语则是加反身附着形式(此处不具有"自反"功能,而是有"去施事化"功能)来表达自发因果关系。我们可以用含'open'义的动词来说明这些互补模式。

(55) **日语**

    a. Doa ga aita.
       door SUBJ open (PAST)
       (门 主语 开 (过去时))
       "The door opened."
       (门打开了。)

    b. Kare wa doa o aketa.
       he TOP door OBJ open (CAUS PAST)
       (他 话题 门 宾语 开(表示原因的过去时))
       "He opened the door."

（他打开了门。）

西班牙语

c. Abrió   la puerta
   he-opened the door
   （他-开了   门）
   "He opened the door."
   （他打开了门。）

d. La   puerta se   abrió.
   the   door   REFL   opened
   （门   反身代词 开了）
   "The door opened."
   （门打开了。）

最后，从宏观上看，语言的某些词汇化类型影响了这一语言的全部词汇。一个例子是(40c)使因事件因果关系和(40d)工具因果关系类型在日语中很少被表达出来。因此，与英语中的 *kill* 和 *break* 对应的日语动词在使用时，不能用使因事件或工具做主语（否则将比较拗口）。要表达这些成分，就必须用(40b)结果事件因果关系类型。

2.7 体与因果关系的交互作用

不同的动词词根词化编入了不同的体和致使类型的组合。人们或许认为这些组合在语言的词汇分布里是大致均等的，并且对语义转换进行语法标记。但是我们发现两个限制条件，第一，并不是所有体致使的组合都与每一个语义域相关。比如在许多语言中，'状态'这个语义域似乎只涉及（或主要涉及）三种体致使的类型，见(56)（比较 Chafe 1970）：

(56) a. Being in a state(处于某状态)   静态的
     b. Entering into a state(进入某状态)   起始的
     c. Putting into a state(使进入某状态) 施事的

第二，即便对于这么小的集合，语言中相关的动词一般在各个类型中并不是均匀地被词汇化的。比如，在一些语言中，为表达'状态'义，动词词根仅仅被词汇化成(a)类型、(b)类型或(c)类型。在另一些语言中，动词词根的词汇化范围很窄，或者是(a/b)型，或者是(b/c)型。还有一些语言中，相同的动词词根均等地用于这三种体致使类型。有时候，在'状态'域内，一种语言的词根用不同模式表达不同范畴。无论动词的词根被局限在它们体致使范围的哪个地方,一般都有语法手段来实现其他类型。但正是由于这些局限性,所需的语法手段就比较少。

首先,我们来看一个关于'姿势'的状态范畴的词汇化类型,即人体或被当作人体的物体的姿势或方位。[38]我们这里用英语来示例,主要是有关'处于某状态'(being-in-a-state)类型的词汇化模式。常见的动词有 *lie*(躺),*sit*(坐),*stand*(站),*lean*(斜倚),*kneel*(跪下),*squat*(蹲下),*crouch*(蹲伏),*bend*(弯腰),*bow*(鞠躬)等。[39]这些动词一般必须加上其他成分才能表达其他体致使类型。比如,*lie* 本身指处于躺着的姿势。该动词必须增加卫星语素,生成 *lie down*(躺下)形式,来表明完成这一姿势。而要表达致使"躺下",即使用 *lay down* 形式,也必须增加施事性派生形式,[40] 如(57)所示。

(57) a. She lay there all during the program.
（整个节目期间她一直躺在那儿。）

b. She lay down there when the program began.
（节目开始时她躺下了。）

c. He laid her down there when the program began.
（节目开始时,他扶她躺下了。）

与英语不同,在日语中,表示姿势的动词一般被词汇化成'进入某种状态'(getting into a state)的类型,其他类型则由此派生。例如 *tatu* 的基本含义是'站起来'(与英语动词 *arise* 类似),当它加上语法形式 *-te iru*,意思是'已经处于……状态'(to be (in the state of) having [Ved]),整个词的意思是'保持站立的姿势'。如果动词增加施事性或诱发性后缀,得到 *tateru* 和 *tataseru* 形式,意思分别是'使一事物或人做出站立的姿势'。如:

(58) a. Boku wa tatta
   I   Top arose
（我   话题 站起来了）
"I stood up."
（我站起来了。）

b. Boku wa tatte   ita
   I   Top having-arisen was
（我   话题 已经-站起来的是(过去时))

"I was standing."
(我站着。)

  c. Hon o tateta
   book OBJ AGENTED-to-arise
   (书 宾语 施事-去-立)
   "I stood the book up."
   (我把书立起来了。)

  d. Kodomo o tataseta
   child OBJ INDUCED-to-arise
   (孩子 宾语 诱使-去-站起来)
   "I stood the child up."
   (我让孩子站起来了。)

  第三种模式是,西班牙语中姿势的概念被词汇化为'使进入某种状态'(putting-into-a-state)的施事类型,并由此派生出其他形式。比如及物动词 *acostar*,意思是'让(某人)躺下'。对这个词,我们必须加上反身代词语素,形成 *acostarse*,才能得到'躺下'的语义。[41] 如果要得到表稳定状态的含义'躺',需要加过去分词的末尾做后缀,并与动词 *estar acostado*('to be')连用。[42]

(59) a. Acosté el niño
   I-laid-down the child
   (我-躺-下 孩子)
   "I laid the child down."
   (我让孩子躺下来。)

  b. Me acosté
   myself I-laid-down
   (我自己我-躺-下)
   "I lay down."
   (我躺了下来。)

  c. Estaba acostado
   I-was laid-down
   (我-曾是 躺-下的)
   "I lay (there)."
   (我躺在那儿。)

这些类型学发现可以一起表征为单个图式矩阵,见表1.5。

表1.5 姿势动词的词汇化模式
(V＝动词词根,SAT＝卫星语素,PP＝过去分词的屈折变化)

	be in a posture (保持某个姿势)	get into a posture (换作某个姿势)	put into a posture (使做出某个姿势)
英语	V─────────→	V+SAT ─────────→	V+CAUS+SAT
日语	'be'+V+PP ←─────	V ─────────→	V+CAUS
西班牙语	'be'+V+PP ←─────	V+REFL ←─────	V

表1.5显示,在每一种语言中,通常被词汇化的表示姿势概念的动词的体致使类型以及派生其他类型的类型。

其他语言有其他派生那些非基本类型的方式(从自己普遍的体致使类型派生)。比如,德语把静态类型作为基本的姿势概念,这一点和英语类似。如动词 *liegen* 是'lie'(躺)的意思,*sitzen* 是'sit'(坐)的意思。但是德语并没有由此直接派生出'进入某状态'这个类型,而是首先产生了施事的'使进入某状态'类型,比如动词 *legen* 和 *setzen*。由此,像西班牙语一样,德语利用反身形式变回'进入某状态'这个类型,比如 *sich legen* 和 *sich setzen*。我们可以用下面的图表表示:

(60) 德语

在前面提到的词汇化类型中,动词词根通常仅词化编入一种体致使类型。但是,有的动词形式可以词化编入两种,如有第三种,还需要增加语法形式。在这样的一种模式里,'处于某种状态'和'进入某种状态'用相同的词汇形式体现,而第三种'使进入某种状态'则需要增加语法形式来体现。通常认为,这种类型的动词词根抓住了两种类型的共同之处,即,只涉及一个参与者(注意:未被表征的'使进入某种状态'类型需要一个施事,涉及两个参与者)。鉴于以上分析,我们发现,现代标准阿拉伯语可以很好地解释姿势概念的这个模式(下例是其中一种解释),下面是词根含义为'睡觉'和'躺着'的例子。

(61) a. Nām-a　　　　ṭ-ṭifl-u　　　　ʕalā　　　s-sarīr
{was-lying / lay-down}-he　the-child-NOM　{on / onto}　the-bed

"The child was lying on the bed." / "The child lay down onto the bed."

（孩子正躺在床上。/孩子躺在床上。）

b. Anam-tu　　ṭ-ṭifl-a　　　ʕalā　　s-sarīr
laid-down-I　the-child-ACC　on(to)　the-bed

"I laid the child down onto the bed."

（我把孩子放在床上，让她躺下来。）

在另一种模式中，同一个动词词根既被用来表达起始的'进入某种状态'，又被用来表达施事的'使进入某种状态'，而表达静态的'处于某种状态'则用另一种形式。在这种模式中，具有两种用法的动词似乎都包含'状态的改变'(change-of-state)。在常见的语言中，并没有明显的例子证明在动词表达姿态时，这种模式是优先的。但是，如果我们在此把注意转向另一个状态范畴，即'状况'(conditions)范畴（下面将详细解释），这种模式便可以从英语中找到例证。如：动词 *freeze*（冻）将'frozenness'（冷冻）这一状况与施事类或起始类一起词汇化了。然而，对于静态类，则必须加上语法形式 *be*＋'过去分词屈折形式'，进而形成 *be frozen*（冷冻的）。如(62)所示：

(62) a. The water was frozen.
　　　（水结冰了。）

b. The water froze.
　　（水结成冰了。）

c. I froze the water.
　　（我把水冻成冰了。）

还可能有一种双向模式——动词词根既能用于静态类，又能用于施事类，但不能用于起始类——但这种模式在语言中似乎没有具体例子。形成此空缺的原因之一可能是缺乏一个静态类和施事类共有的、但起始类没有的因素。

对双向模式的分析使我们发现了另一种模式，在这一模式中，同一动词词根不需要增加任何语法成分就可以用于所有三种体致使类型。事实上，目前英语姿势动词似乎正朝这一模式的方向发展。因此，正如上文所述，当代英语在某种程度上被迫将姿势动词视为纯静态动词，当它们表达除静态外的其他体致使类型时则需要增加语法成分。一方面，许多方言的口语中对施事与非施事区分的标记几乎消失了，像 *lay* 或 *sit* 这样的形式可以表示两种语义。另一方面，卫星语素也可以经常在静态用法中出现。因此，"动词＋卫星语素"这一组合在很大程度上可以同样用于所有三种体致使类型。如（63）所示：

(63) a. He lay down/stood up all during the show.
　　　（整个表演中他一直躺着/站着。）
　　b. He lay down/stood up when the show began.
　　　（表演开始时他躺下/站起来了。）
　　c. She laid him down/stood him up on the bed.
　　　（她把他放平/让他站在床上。）

然而，在某种程度上，这些形式的使用仍然存在差别：卫星语素在有些静态表达形式中看起来有些别扭。例如：在 He lay (?down) there for hours（他在那里躺（?下）了几个小时）。而且，在施事用法的口语表达中，如果动词不加卫星语素看起来也可能有些别扭。例如：?She laid/stood the child on the bed（?她让孩子躺/站在床上）。

在英语中，相同的词汇化模式可以无限制地用于其他几个表'状态'范畴的动词。一个明显的例子是'位置'(position)动词 *hide*，如（64）所示。[43]

(64) a. He hid in the attic for an hour.　　　　　处于某个位置
　　　（他在阁楼里躲了一个小时。）
　　b. He hid in the attic when the sheriff arrived.　进入某个位置
　　　（警长到的时候，他躲到了阁楼里。）
　　c. I hid him in the attic when the sheriff arrived.　使进入某个位置
　　　（警长到的时候，我把他藏到了阁楼里。）

我们可以进一步分析另一种词汇化模式。在这里，总是有一些本身有体致使语义的语素伴随着动词词根，因此很难确定动词词根本身是否词化编入任何体致使型语义。也许它未词化编入，那么这种动词仅指一个特定状态，从所有的体和因果关系的概念中被抽象出来。因此，这种动词的所有体致使语义都需要通过增加语法成分来实现。如果是这样，那么增加的那些语素本身就能显示出一些词化编入模式，在前文中，这些模式为动词词根所使用。因此，在有些情况下，每一个体致使类型都需要不同的语素，而在其他情况下，单独的一组形式将用来表达其中的一对体致使类型，另一组形式表达剩余的第三种体致使类型。后一种模式可以从阿楚格维语中得到例证。在此，一个指姿势的动词词根常常会加上一些表示体致使的词缀。在这些词缀中，通常有一组既能表示'进入一种状态'，又能表示'使进入一种状态'的语义，但需要用其他组来表达'处于一种状态'的语义。如（65）所示。

(65) a. **动词词根**　　　　　　-it^u-　　　　　'用于一个线性物体处于//运动进入/出去/同时正处于躺着的姿势'
  　　方向后缀　　　　　　-mić-　　　　　'下到地上'
  　　屈折词缀集　　　　　s-w-'- -^{a}　　'我—主语（第三人称宾语），事实语气'

  /s-'-w-it^u-mić-^{a}/ ⇒ [swit^h mić]
  "I lay down onto the ground." / "I laid it down onto the ground."
  （我躺倒在地上。/我把它放在地上。）

b. **动词词根**　　　　　　-it^u-　　　　　同上
  　　方位后缀　　　　　　-ak·-　　　　　'在地上'
  　　屈折词缀集　　　　　s-'- w- -^{a}　　'我—主语（第三人称宾语），事实语气'

  /s-'-w-it^u-ak·-^{a}/ ⇒ [swit·ák·a]
  "I was lying on the ground."
  （我当时正躺在地上。）

像前面所引用的那些例子一样，阿拉伯语形式有另一种变化方式，因此在此处说明。动词词根可被视为一个辅音形式——像阿楚格维语词根一样——只用来命名状态，并且常常带不同的、被插入的元音序列（作为增加的语法元素）。这样，这些语法成分遵循一个与阿楚格维语的语法成分互补的模式：一个元音序列既可用于静态类，又可用于起始类，其他一个用于施事类。

2.7.1 一种语言内模式的一致性

在一种语言中，表达体致使性类型的词汇化模式会表现出不同程度的普遍性，首先体现于一种模式在一个语义范畴内的支配程度。例如：英语中的姿势概念在它们状态的词汇化上高度一致，可能只有起始的 *arise*（起身）是例外。与之相反，拉丁语中的姿势概念由具有多种词汇化类型的动词体现。每类动词都用不同的方式产生其他的体致使意义（例如：静态的 *sedere* '坐'，加上前缀卫星语素来产生起始的 *considere* '坐下'；而施事的 *inclinare* '将（某物）靠在'则加上反身代词来产生起始的 *se inclinare* '（自己）靠在'）。如（66）所示：

（66） 静态的　　　　　　起始的　　　　　　　施事的
　　　stare　'站'　　　surgere　'站起来'　　ponere　'躺，放置'
　　　sedere　'坐'　　locare　　'放置，躺下'
　　　iacere　'躺'　　inflectere '鞠躬，弯腰'
　　　cubare　'躺'　　inclinare '斜倚'

其次，在一种语言的一个语义域范畴内占支配地位的模式在其他范畴中可能占支配地位，也可能不占。正如我们已经看到的，英语在这方面就是这样的。因为它的姿势动词通常词汇化在静态的体致使中，而它的状况动词则有两个非静态的体致使语义。

拉丁语在不同范畴中也表现出不同的模式。为了便于说明一点，我们首先要指出，到目前为止，我们所认为单独的"状况"范畴最好理解为包含两个独立的范畴，一种是"自主状况"：物体被认为是自然发生这些状况的；另一种是"从属状况"：它们不是物体的原始状况，物体必须受到外力作用才能进入这些状况。在许多语言中，自主状况通常词汇化于形容词中，在拉丁语中也是如此，只是它们也常出现在动词中。在此，它们通常词汇化于'处于某一状态'的类型中，其他类型则由此派生。另一方面，从属状况通常在施事体致使中词汇化为动词，并且遵循西班牙语的派生模式（除了这一点，即不是用反身代词，而是用中间被动屈折变化形式）。图式化的表征如表1.6所示。

表1.6　拉丁语状况动词的词汇化模式（V=动词词根，PP=过去分词的屈折变化）

	处于某种状况	进入某种状况	使进入某种状况
自主状况	V	V+INCHOATIVE（起始体致使）	V+CAUS
从属状况	'be'+V+PP	V+MEDIOPASSIVE（中间被动式）	V
例子			
自主状况	patere '开着'	patescere '打开（不及物）'	patefacere '打开（及物）'
从属状况	fractus esse '断了'	frangi '断开（不及物）'	frangere '弄断（及物）'

我们在这一节中看到其他语言在不同范畴中表现出更大的一致性。它们的状况动词的词汇化模式与它们的姿势动词的词汇化模式相同。我们先用日语（67a）、再用西班牙语（67b）来说明该模式的扩展形式。我们

将(58)(59)与以下例子相比较：

(67) a. **日语**

　　i. Mizu　　ga　　　kootte　　ita
　　　 water　SUBJ　frozen　 be（PAST）
　　　 （水　　主语　　结冰　　是（过去时））
　　　 "The water was frozen."
　　　 （水结冰了。）

　　ii. Mizu　　ga　　　kootta
　　　 water　SUBJ　freeze（PAST）
　　　 （水　　主语　　结冰（过去时））
　　　 "The water froze."
　　　 （水结成冰了。）

　　iii. Mizu　　o　　　koorasita
　　　　water　OBJ　freeze（CAUSE PAST）
　　　　（水　　宾语　　结冰（表原因的过去时））
　　　　"I froze the water."
　　　　（我把水冻成冰了。）

b. **西班牙语**

　　i. El　　auga　　estaba helada
　　　 the　 water　　was　　 frozen
　　　 （水　　　　　是　　 结冰了）
　　　 "The water was frozen."
　　　 （水结冰了。）

　　ii. El　　auga　　se　　　　heló
　　　　the　water　REFL　　 froze
　　　　（水　　　　反身代词　结冰了）
　　　　"The water froze."
　　　　（水结冰了。）

　　iii. Helé　　el　　agua
　　　　 I-froze the water
　　　　 （我-冻了　水）
　　　　 "I froze the water."
　　　　 （我把水冻成冰了。）

与之相似,阿拉伯语中指状况的动词像指姿势的动词一样被词汇化,静态的和起始的使用同一形式。比较(61)和(68)。

(68) a. ʕAmiy-a   ṭ-ṭifl-u
       {was-blind / became-blind}-he the-boy-NOM
       "The boy was/became blind."
       (这个男孩是/变成盲的了。)

   b. Aʕmay-tu   ṭ-ṭifl-a
      made-blind-I the-boy-ACC
      "I blinded the boy."
      (我把这个男孩弄瞎了。)

2.7.2 其他体致使类型

除(56)所列的三种体致使类型外,还有其他一些体致使类型可能与状态概念高度相关。它们可能涉及"从处于某种状态到不再处于这种状态"的转换。这样的转换既可以用于非施事性的,又可以用于施事性的。如(69)所示。

(69) b′. exiting from a state(离开某种状态)
    c′. removing from a state(使离开某种状态)

然而,'状态离开'(state departure)的这些类型似乎具有一种普遍局限性,因此连一种词汇化类型都没有:即一个动词词根可以指处于某一状态(state location)和进入某一状态(state entry),但它不能在指这两种状态中的一种的同时又指离开某种状态。因此,阿拉伯语中的表示'是/变成盲的'的动词(be/become blind)不能同时表示'不再是盲的'(cease being blind)的意思。与此相似,英语中的 *hide*(躲藏),像在"*He hid*(他藏起来了)"中一样,可以指'处于躲藏状态'或'进入躲藏状态',但不可以指'离开躲藏状态'。更进一步说,我们可以这样理解,甚至是对于一个只被词汇化为一种而非一组状态改变语义的动词词根来说,它所表达的这一语义总是进入某一状态,而非离开某一状态。因此,基于这一分析,英语动词 *die* 的基本语义不是'离开死亡状态'(leave death)或者'变为不再活着的状态'(become not alive),而是'进入死亡状态'(enter death)或者'变为死亡状态'(become dead)。这一点,实际上可以在词源学上找到证据:*die* 这一动词在词源学上不是与形容词或名词 *live/life* 相关,而是与 *dead/death* 相关。

此外,离开某一状态——虽然仍是状态类型的一种——似乎在很大程度上未被与动词词根交互作用的语法手段体现出来。例如:英语中 *hide* 不能与表示状态离开的卫星语素或介词一起使用,这两类成分都不能后置。

(70) a. * He hid out of the attic. = He came out of the attic, where he had been hiding.

(* 他躲出阁楼。= 他从他所躲藏的那个阁楼里出来了。)

b. * I hid him out of the attic. = I got him out of the attic, where he had been hiding.

(* 我把他藏出阁楼了。= 我把他从他躲藏的那个阁楼里弄出来了。)

这两类成分也不能将这些成分用作前缀[44]。如:

(71) a. * He unhid from the attic.

(* 他不藏在阁楼。)

b. * I unhid him from the attic.

(* 我不把他藏在阁楼。)

与之相似,状况形容词有现成的附加动词或构成动词的词缀来表达处于某一状态和进入某一状态。但是,在英语和许多其他语言中,它们不可以表示离开某一状态。[45]

(72) **处于某一状态**

be sick

(病了)

进入某一状态	**离开某一状态**
get sick	* *lose* sick
(生病)	(* 失去生病)
sicken	* *desick*
(使生病)	(* 使不生病)
使进入某一状态	**使离开某一状态**
make(someone)sick	* *break*(someone)sick
(使(某人)生病)	(* 使(某人)不再生病)
sicken(someone)	* *desick*(someone)

（使（某人）生病）　　　　　　（＊使（某人）不再生病）

美国手势语也有类似的局限性。因此，用于表达状况的手势（像'sick'）通常可以通过一些不同的动作模式指示这一状态的不同方面（'be sick'（病了），'be sick for a long time'（病了很长时间），'stay sick'（还处于生病状态），'become sick'（生病了），'become thoroughly sick'（病得很重），'repeatedly become sick'（一再生病），'be prone to becoming sick'（容易生病）等等）。但是，这一手势却没有离开某一状态的表达（＊'cease being sick'（＊停止生病状态）），这一语义必须由两个手势（'be sick'（病了）＋'finish'（结束））合在一起才能表达。

诚然，英语中确实有 un- 和 de-/dis- 这样的词缀可以与一些位置和状况动词一起使用（如 unload（卸下），decentralize（分散））。但是，它们的使用范围有限。而且，这种用法也不是主要的，因为它们所表示的是进入状态的相反之义，而不是直接指状态离开。因此，central 必须先加上 -ize 表示进入状态语义，之后才能加上 de-，没有像 ＊decentral 这样的词。

语言对状态离开的处理与对"处于某一状态"和"进入某一状态"的处理不同，这一点也常在表达路径的附置词系统中体现出来。例如：在法语中用一个语素 à 来表达'在'和'到'，但是却用一个不同的语素 de 来表示'从……中'。日语中用 ni 来表达'处于'和'进入'，而用 kara 来表达'从……中'（虽然 e 也可以单独用来指'进入'）。阿楚格维语用 -i ʔ /-i ʔ /-uk·a 来分别表示这三个意思。在英语中，这一模式由一些介词和相关的疑问形式来体现。如(73)所示：

(73) a. She was *behind* the barn.　　　*Where* was she?
　　　（她在谷仓的后面。）　　　　　　（她在哪里？）
　　b. She went *behind* the barn.　　　*Where* did she go?
　　　（她去了谷仓后面。）　　　　　　（她去了哪里？）
　　c. She came *from behind* the barn.　*Where* did she come *from*?
　　　（她从谷仓后面出来。）　　　　　（她从哪里出来的？）

然而，我们尚不清楚为什么语言会回避对状态离开的表达。但是，在语法成分中，这只是一种倾向，而非绝对现象。在阿楚格维语中，指姿势和位置（显然也包括状况）的动词词根经常带有一些指示状态离开的语法成分，至少在施事体致使中是这样。我们用前面(65)中提到的动词词根来证实这一点。

(74) 动词词根　　　　-itᵘ-　　　　'用于一个线性物体处于//运动进
　　　　　　　　　　　　　　　　　　入/出去/同时正处于躺着的姿势'
　　　方向后缀　　　　-ič　　　　　'从某物上离开'
　　　屈折词缀集　　　s-w-'- -ᵃ　　'我-主语(第三人称-宾语),事实语
　　　　　　　　　　　　　　　　　　气'

/s-'-w-itᵘ-ič-ᵃ/ ⇒ [swit·úč]
"I picked it up off the ground, where it had been lying."
(我把它从原来放置的地上拣起来了。)

2.8　角色构成

作为与前面讨论因果关系的那一节的对比,这一节我们介绍一个语义范畴,此前大多数研究把它错误地与致使性混为一谈了。对于某些类型的行动,不管它包含一个参与者还是两个参与者,大体上都是同一行动的内容得以表达。例如:不管约翰是给他自己刮胡子还是给我刮胡子,这一行动都包含了"一只手拿着剃须刀在一张脸上移动"的行为。这里唯一的区别是,这只手和这张脸是否属于同一个人。这里的区别与不同的因果关系类型无关。在因果关系类型中,参与者的增加将使行动内容也增加,如:从自发的 *The snow melted*(雪融化了)到施事性的 *John melted the snow*(约翰把雪融化了),意味着约翰增加了额外的行动复合体。此处涉及的,确切地说,是一个新的参数,我们将其称为**角色构成**(**personation**),它与一个行动所涉及的角色构成有关。特定的行动复合体可以局部地表征在单个行动者的身体和运动中,即单元型角色构成类型(the *monadic* personation type);也可以分散地表征在由一个行动者的身体作用于另一个参与者的表达中,即二元型角色构成类型(the *dyadic* personation type)。

一个动词词根可以只词汇化为一种角色类型(两种类型中的任何一种),而用增加语法元素的方法来表达另一种类型,它也可以同时词汇化为两种类型。不同的语言呈现出不同的模式,且具有不同的词汇化倾向。例如,涉及用手或手动工具在身体上实施行为的范畴。以法语为例,很明显,必须将此类动词词汇化为二元型角色构成类型,即在不同于行动者的另一个人身上实施的行为,对于那些作用于行动者自身的行动,必须要使用语法派生形式——此处是反身代词。

(75) a. Je　raserai　　Jean
　　　 I　will-shave, John

（我将-刮胡子,约翰）
"I will shave John."
（我将给约翰刮胡子。）

b. Je me raserai
I myself will-shave
（我自己 将-刮胡子）
"I will shave."
（我将刮胡子。）

同样,英语也有很多这类角色构成类型的动词。如例(76)所示:

(76) a. I cut/bandaged/tickled John.
（我把约翰割伤了/包扎好了/逗笑了。）

b. I cut/bandaged/tickled $\begin{Bmatrix} \text{myself} \\ *\text{-}\varnothing \end{Bmatrix}$.
（我把自己割伤了/包扎好了/逗笑了/*-∅。）

但是,英语中有相当大的一组动词,其最简单形式既能表达对别人实施的行动,又能表达施事作用于自身的行动。因此,此类动词有一系列词化编入义,不仅包含二元型角色构成类型,也包含单元型角色构成类型。如(77)所示。

(77) a. I shaved.（我刮了胡子。）
b. I washed.（我洗漱了。）
c. I soaped up.（我打了肥皂。）
d. I bathed.（我洗了澡。）
e. I showered.（我洗了个淋浴。）
f. I scratched (too hard)/Don't scratch!
（我挠痒痒(太用力了)/别挠痒痒!）
g. I buttoned up.（我把扣子扣上了。）
h. I dressed.（我穿上了衣服。）
i. I undressed.（我脱了衣服。）
j. I changed.（我换了衣服。）

像注释4所说的那样,我们没有理由认为这些动词词化编入任何反身语义,连同指向他人的基本语义。把这些动词简单地看作是表达行动者本身的动作是很合理的。英语有这样的一组形式,这一点与法语不同,法语中的动词形式必须与相应的反身代词一起使用(除了像在(78e)和(78j)中的情况：反身概念由"动词＋名词"这一结构来表达)。

(78) a. se raser
　　 b. se laver
　　 c. se savonner
　　 d. se baigner
　　 e. …(prendre une douche)
　　 f. se gratter
　　 g. se boutonner
　　 h. s'habiller
　　 i. se déshabiller
　　 j. …(changer de vêtements)

正如我们已经注意到的那样,(77)中的那类英语动词,通常也可以表达二元型角色构成类型(如：I shaved him(我给他刮了胡子))。因此,它们适用于一系列的词汇化类型。阿楚格维语中有一组动词,像(77)中的那些动词,但是它们只能指单元型角色构成类型。要表达二元型角色语义,这些动词必须加上一个屈折变化成分——通常是施益后缀-iray。就这样一组形式而言,阿楚格维语正好与法语的情况互补。例如：

(79) a. 原因前缀＋
　　　　动词词根　　　　cu-spáí-　　　　'梳头发'
　　　　屈折词缀集　　　s-'-w- -ᵃ　　　　'我-主语'
　　　　/s-'-w-cu-spáí-ᵃ/⇒[scuspáíᵃ]
　　　　"I combed my hair."
　　　　(我梳了我的头发。)

　　 b. 原因前缀＋
　　　　动词词根　　　　cu-spáí-　　　　'梳头发'
　　　　施益后缀　　　　-iray　　　　　　'为另一个人'
　　　　屈折词缀集　　　m- w- -isahk　'我-主语,你-宾语,事实语气'
　　　　/m-w-cu-spáí-iray-isahk/⇒[mcuspáíəré·sahki]
　　　　"I combed your hair."
　　　　(我给你梳了头发。)

美国手势语在表达涉及躯干这类的行为时似乎将动词全部词汇化为单元型角色构成类型。表达这些行为的手势本质上指一个人对着自己做出这些行为。要表达将这些动作作用于别人,这些手势必须加上一些附加的动作(如身体方向的变化)。例如:一个手语者可以通过"把她的双手移向耳朵"这个动作(还有其他动作)清楚地表明"她戴了耳环"。然而,要表达"她给她妈妈戴了耳环"这一行为动作(手语者"假定/设定"她妈妈在附近的某一处),她不能简单地把手移向她妈妈的耳朵那里。相反,她只是先把手向外伸,之后稍微改变身体的方向,再做出一个不同的面部表情——表示她的身体现在代表妈妈的身体——然后,将手收回来移向她自己的耳朵。也就是说,要想让所指的动作被理解为是指向别人的,就需要增加额外的动作复合体。

应注意,没有身体接触的动作也可以被词汇化为不同的角色构成类型。例如:英语动词 get(此处指'go and bring back'("去某处拿来"的意思)基本上是单元型的,如(80a),但是,它可以加施益表达来指二元型,如(80b)。与之相反,*serve*(服务)基本上是二元型的,如(80d),但是,它可以加一个反身代词来表达单元型,如(80c)。这里,反身代词只表示角色构成类型的改变,因为它没有像在 *I shaved John / I shaved myself*(我给约翰刮胡子/我自己刮胡子)中一样的字面语义。

(80) 单元型   二元型

    a. I got some dessert → from the kitchen.
       (我去厨房取了些甜点。)

    b. I got some dessert from the kitchen for Sue.
       (我去厨房给苏取了些甜点。)

    c. I served myself some ← dessert from the kitchen.
       (我从厨房给自己弄了些甜点吃。)

    d. I served (Sue) some dessert from the kitchen.
       (我从厨房给(苏)弄了些甜点吃。)

角色构成类型的语义范畴能够概念化为图式。下面来看角色构成类型范畴能够适用的一个概念复合体。在一个关于这样的概念复合体的句子中,谓语(典型的是动词)本身就能够明确地指示这一概念复合体的一个具体部分,此处称这一部分为"行动"(action)。句子的名词性主语,通常指在该复合体内执行该行为的行动者(典型的是施事)。像 I-4 章和 I-8 章中讨论的那样,一个连续因果关系链被概念化为从行动者到他所产生的行为的进程,尤其是空间所指为物体时。因此,人们可以将"包络"(envelope)概念化为"不仅包括所有将行动者和行动联系在一起的因果活动,还包括行动者和行动本身"。

此处所指的图式概念化为,如果包络所指的行动涉及包络外的其他实体,那么这一概念复合体就被认为是二元型。而表征这一概念复合体的句子的原型形式在句法上是及物的。但是,如果包络包括概念复合体的所有成分——除了在包络内不受行动影响的偶发因素——那么这一概念复合体就被认为是单元的,而表征这一概念复合体的句子的原型形式,在句法上将是不及物的。因此,此处所讲的图式包络既可以称为**角色构成包络**(personation envelope),也可以称为**及物性包络**(transitivity envelope)。[46]

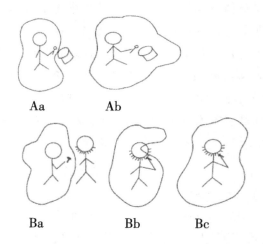

相应的图解代表上文的两种图式情景。(Aa)代表句子(*The girl is beating the drum*)(女孩在敲鼓),包络包括行动者'女孩'(the girl)和行动'敲打'(beating),但是不包括'鼓'(the drum)。这是因为动词敲(*beat*)本身仅预示着有另一个受影响的物体存在,但是字面上仅指能够影响这一物体的行动。并且这个动词是及物的,它要求有一个直接的名词性宾语来指受影响的物体。然而,(Ab)代表句子 *The girl is drumming*(女孩在敲鼓),包络不仅包括行动者'女孩'(the girl)和活动'敲打'(beating),还包括指物的'鼓'(a drum)。这是因为字面意义上的动词 *drum*(敲鼓)在一个整体的语义范围内,既包括一个动态的活动,又包括所涉及的物质材料,这个动词是不及物的。

同样的图式化可用于先前讨论的反身代词问题,如图中 B 部分所示。在此,表征句子 *I shaved him*(我给他刮了胡子)的(Ba),代表一个涉及基本的二元角色构成和及物句法结构的特定的概念复合体。该图式包络包括行动者'我'(I)和行动'刮胡子'(shaving)——即"用剃须刀在脸上滑过,将胡子刮掉"这一行动。但是,它不包括一个受影响的宾语'他'(him),而他的脸正是行动的接受者。(Bb)代表句子 I shaved myself(我给我自己刮了胡子),包络还是既包括行动者'我'(I),又包括行动'刮胡子'(shaving),但是它不包括行动者的'脸'(face),因为脸被当作外部的受影响的物体。因此,事实上这种情况与前一种只是在如下一点上不同:此处,反身代词指明剃须刀所作用的那张脸属于使用剃须刀的行动者,而不是其他人。像这样的情况,可以在角色构成类型上被称为**反身二元型**(**reflexively dyadic**)角色构成。尽管动词 shave(刮)在这里仍然是及物的,但人们可能想把它的句法结构称为**反身及物的**(**reflexively transitive**)。而(Bc)代表句子 I shaved(我刮了胡子),现在包络包括整个复合体,在这一复合体中'我'(I)是行动者,在同一行动者即'我'的'脸'上实施'刮胡子'这一活动。因此,此处概念复合体被概念化为单元的。动词 shave(刮)在此处可被理解为基本上是不及物的,并具有一个字面语义指称,所指的行动包含了同属于一个人的推剃刀的手和长胡子的脸。

2.9 配价

我们从前面论述因果关系和角色构成的章节可以看出,与一个动词相连的论元的数目和类型构成类型学的基础。这些论元的显著性模式也是类型学的基础,下面我们对此进行分析。

2.9.1 概览

在对包括表现不同角色的几个实体的事件进行概念化时,人们能够给这些实体中的某一个较其他实体更多的注意,或者可能采取真实视角。进一步讲,可以给另一个实体次要注意视角。此类确定聚焦点(focus)的认知形式可以通过一系列的方法在语言上体现出来。一种方法是把聚焦点成分置于语法主语的位置;或者,将附加成分置于次要聚焦点的位置,使之成为直接宾语。(本书采用简单的语法关系概念"主语"和"直接宾语",并将它们与语言中的格标记"主格"(nominative)和"宾格"(accusative)相联系。)现在,一个关于多角色事件的实义动词,在自由分派聚焦点时可能有内在的局限。它可能被限制到只能用成分类型中的某一种类型作为它的主语(或直接宾语),因此,将它的聚焦点词汇化在那一成分类型上。在其他情况下,一个动词能够允许其聚焦点位置上出现不同类型的成分,因此,它有一系列的词汇化类型。这些聚焦点特性在此被称为一个动词的**配价**(valence)。在传统语义上,配价曾被用来指(或者仅仅指,或者附加地指)与动词搭配的不同类型成分的数目。在这一章中,成分数目这一问题只是在处理因果关系和角色构成时出现。在此,在与其相关的特定的成分类型数目固定的情况下,配价只是被用来指一个动词所表现出的特定的格分配形式。

当两个动词主语不可用的情况正好为第三个动词主语可出现的情况时,词化并入配价的现象能够被有效地展示出来。*emanate*(从某物散出)和 *emit*(发射)与 *radiate*(发出)的对应就是这种情况。所有这三个动词指的都是大致相同的一个事件,即一个既有一个焦点成分又有一个背景成分的事件。但是 *emanate* 要求焦点做主语,而 *emit* 要求背景做主语——与 *radiate* 两者都可以的情况不同。因此,*emanate* 将聚焦点词化编入事件焦点(辐射),*emit* 将聚焦点词化编入背景(放射源),而 *radiate* 可词化编入以上两个聚焦点中的任意一个。

(81) **emanate,emit 和 radiate 的配价特征**

焦点做主语	背景做主语
Light emanates from the sun. (光从太阳上发散出来。)	* The sun emanates light. (* 太阳发散出光芒。)
* Light emits from the sun. (* 光从太阳上发出。)	The sun emits light. (太阳发出光芒。)
Light radiates from the sun. (光从太阳上射出来。)	The sun radiates light. (太阳射出光芒。)

我们可以用一个施事的例子来说明类似的关系。*steal*(偷),*rob*(抢)和 *rip off*(盗)都是指相同的一个事件,所带的名词性成分分别做施事、焦点和背景。[47] 三者都将施事做主语,从而使之成为主要聚焦点。但是,在选择作为次要聚焦点的直接宾语时,*steal* 选择事件焦点(所有物),而 *rob* 选择事件背景(所有者),*rip off* 则两种情况都可以。

(82) **steal,rob 和 rip off 的配价特征**

焦点做直接宾语	背景做直接宾语
I stole his money from him. (我从他那里偷了他的钱。)	* I stole him of his money. (* 我偷他的钱。)
* I robbed his money from him. (* 我从他那里抢了他的钱。)	I robbed him of his money. (我抢了他的钱。)

I ripped his money off from him.	I ripped him off（? of his money）.
（我从他那里偷了他的钱。）	（我偷了他（? 他的钱）。）

有些动词——例如 *suffuse*（充满）和 *drain*（流走）——可以使其名词性成分既能用于焦点优于背景的施事或非施事情景，也能用于背景优于焦点的施事或非施事情景。倒装时，焦点用两个"降级小品词"（demotion particles）中的一个。当有'from'（从）类型路径时，用的是 *of*，如 *drain*；当有其他路径类型时，用的是 *with*，如 *suffuse*（有些语言在这种情况下用不同的格来表示）。因此，这两个动词的一系列形式事实上构成了一个词形变化表，相比之下，其他的动词都在某一方面更受限制，如(83)所示。

(83) a. 非'from'（从）类型路径的配价模式（F＝焦点，G＝背景，A＝施事）

	非施事情景	施事情景
基本的 优先配价 形式	Perfume (F) suffused through the room (G). （香水(F)弥漫于整个房间(G)。）	I (A) suffused perfume (F) through the room (G). （我(A)让整个房间(G)弥漫着香水(F)。）
倒装的 优先配价 形式	The room (G) suffused with perfume (F). （房间(G)弥漫着香水(F)。）	I (A) suffused the room (G) with perfume (F). （我(A)让整个房间(G)弥漫着香水(F)。）

b. 'from'（从）类型路径的配价模式

	非施事情景	施事情景
基本的 优先配价 形式	The gasoline (F) drained from the fuel tank (G). （汽油(F)从燃油箱(G)里流干了。）	I (A) drained the gasoline (F) from the fuel tank (G). （我(A)把汽油(F)从燃油箱(G)里放干了。）
倒装的 优先配价 形式	The fuel tank (G) drained of gasoline (F). 燃油箱(G)里的汽油(F)流干了。	I (A) drained the fuel tank (G) of gasoline (F). 我(A)把燃油箱(G)里的汽油(F)放干了。

（*slowly*（慢慢地）一词可以插入前面的句子中，以便读起来更顺口。）

事实上,这个词形变化表是由一个区分三种焦点与背景优先配价关系的更完整的词形变化表(参照 Talmy 1972:301—375)删节而成。这个完整列表包含三种焦点与背景优先配价模式:在格层级上焦点位于背景之上的基本形式,只有焦点降级的形式和焦点降级而背景升级的形式。可能没有一个能够表现所有形式的动词,但有一对动词能说明这些形式(参照 Fillmore 1977,Hook 1983)。

(84)	非施事情景	施事情景
基本的 优先配价 形式	The bees swarmed in the the garden. (蜜蜂在花园里飞。)	I pounded my shoe on the table. (我把我的鞋猛击在桌子上。)
焦点 降级	It swarmed with bees in the garden. (花园里有蜜蜂在飞。)	I pounded with my shoe on the table. (我用我的鞋在桌子上猛击。)
背景 升级	The garden swarmed with bees. (花园里飞着蜜蜂。)	I pounded the table with my shoe. (我用我的鞋猛击桌子。)

注意 with 在这里为降级小品词,仍标记焦点。但当它出现在当前句子中,而该句又内嵌在一个致使性母句(见注释 31)时,它就变成标记工具的 with 了。因此,(85a)中的句子能够被内嵌在如(85b)这样的句子中,产生(85c)。

(85) a. I kicked the ball (G) with my left foot (F).
[<I kicked my left foot (F) into the ball (G)]
(我用我的左脚(F)踢球(G)。)
[<我把我的左脚(F)踢在球(G)上]

b. I MOVED the ball (F_2) across the field (G_2) by kicking it (G_1) with my left foot (F_1).
(我把球(F_2)运动过场地(G_2)通过踢它(G_1)用我的左脚(F_1)。)

c. I kicked the ball (F) across the field (G) with my left foot ($F_2 \Rightarrow I$).

(我踢球(F)过场地(G)用我的左脚(F_2=工具)。)

像体和因果关系一样,一种语言可以用一些语法手段使属于某一配价类型的动词能够表达另一个不同的类型。德语就是这样一种语言。德语前缀 be- 能够表示次要聚焦点从事件焦点转移到事件背景,如(86)所示。

(86) a. Ich   raubte   ihm   seine   Tasche
       I   stole   him(DAT)   his(ACC)   wallet
       "I stole his wallet from him."
       (我偷了他的钱包。)   焦点作为直接宾语
   b. Ich   beraubte   ihn   seiner   Tasche
       I   SHIFT-stole   him(ACC)   his(GEN)   wallet
       "I robbed him of his wallet."
       (我抢了他的钱包。)   背景作为直接宾语[48]

当一种语言像德语这样,有实现某一特定配价类型的语法手段时,词汇化为那种配价类型的动词词根可能相对较少。事实上,本身将背景作为直接宾语的动词词根,如英语的 rob(抢)和 pelt(向……投),在德语中相对较少,德语是将带有焦点的词根同配价变指成分(valence shifter)一起使用来表示背景做直接宾语的情况,如 be-raub(en), be-werf(en)。英语和德语在所谓的给予动词上有着与前面谈到的类似的差异,此处,差异表现在它们是如何在给予者身上或在接受者身上标明聚焦点(即视角)的。两种语言确实有这样的例子,即用配价类型互补的、不同的动词词根来表示这种差异,如(87)所示。

(87) give(给)   teach(教)   get('收到'之义)   learn(学)
     geben   lehren   kriegen   lernen

但是,在其他情况下,英语有两个动词词根,德语只有一个动词词根,该词根和聚焦点一起词汇化在接受者身上,用前缀 ver- 将视角逆转到给予者的身上,如(88)。

(88) sell(卖)   bequeath(遗赠)   lend(借(出))
     verkaufen   vererben   verleihen   verborgen
     buy(买)   inherit(继承)   borrow(借(进))
     kaufen   erben   leihen   borgen

这一视角的转移可由(89)说明。

(89) a. Ich kaufte das Haus von ihm
　　　 I　 bought　the house from　him
　　　（我 买了　　　　房子　从　　他）
　　　"I bought the house from him."
　　　（我从他那里买了这座房子。）

　　b. Er *ver*kaufte　　　 mir　　　das Haus
　　　 he bought(REVERSE)　me(DAT)　the house
　　　（他买了(相反之义)　　我(与格)　　房子）
　　　"He sold me the house."
　　　（他把房子卖给了我。）

2.9.2 情感动词的配价

我们来看一下情感动词（verbs of affect）的配价。这类动词通常要求情感事件的刺激物（Stimulus）或经历者（Experiencer）做主语。[49] 因此，它们将聚焦点词化编入刺激物的特征或经历者的状态。这一词汇化区别可以通过比较表达类似情感情景的 *frighten* 和 *fear* 看出来（如(90)所示）。[50]

(90) a. That frightens me.
　　　（那件事吓到我。）　　　　刺激物做主语
　　b. I fear that.
　　　（我害怕那样。）　　　　　经历者做主语

对于词汇化为两种配价类型中的任何一种动词来说，存在语法的或者语法上派生的手段能使其实现相反的配价类型。因此，一个由刺激物做主语的动词，通常可以放在"BE V-en P"（非被动式：表介词的 P 可以是除 *by* 以外的其他词）这一结构中，使经历者成为它的主语。而一个由经历者做主语的动词，常常可以出现在"BE V-Adj to"这一结构中，使刺激物成为它的主语，如表 1.7 所示。

虽然对于每种配价类型所有语言可能都有一些动词，但是，哪种配价类型占主导地位却不尽相同。在这方面，英语似乎倾向于将刺激物词汇化为主语。[51] 虽然英语中一些最口语化的动词（*like*, *want*）将经历者做主语，但大部分表情感的词都以刺激物为中心，如表 1.8 所示。[52]

与英语相反，阿楚格维语的词根几乎全部将经历者做主语。在实地考察中，几乎每一个表达情感的动词（与'be'相搭配的形容词也是如此）

都被词汇化为主语是经历者。要想表达刺激物做主语的情况,这些形式需加-ahú后缀,如表1.9所示。[53]

表1.7 聚焦刺激物或经历者的情感动词的派生模式

刺激物做主语	⇒	经历者做主语
It frightens me（它吓到了我）		I am frightened of it（我害怕它）
It pleases me（它让我高兴）		I am pleased with it（我因它感到高兴）
It interests me（它使我感兴趣）		I am interested in it（我对它感兴趣）
经历者做主语	⇒	刺激物做主语
I fear it（我害怕它）		It is fearful to me（它对我来说很恐怖）
I like it（我喜欢它）		It is likable to me（它对我来说很讨人喜欢）
I loathe it（我厌恶它）		It is loathsome to me（它对我来说很讨厌）

表1.8 英语情感动词

刺激物做主语					
please（使高兴）	key up（使激动）	astonish（使吃惊）	annoy（使烦恼）	incense（使愤怒）	worry（使焦虑）
satisfy（使满意）	turn on（使兴奋）	awe（使畏惧）	bother（使苦恼）	infuriate（使愤怒）	concern（使关心）
gratify（使满足）	interest（使感兴趣）	wow（使佩服）	irk（使厌烦）	outrage（使愤怒）	trouble（使忧虑）
comfort（安慰）	engage（引起兴趣）	confuse（使迷惑）	bug（使厌烦）	miff（使生气）	distress（使痛苦）
soothe（抚慰）	captivate（使着迷）	puzzle（使迷惑）	vex（使发火）	put out（使恼怒）	upset（使生气）
calm（使镇静）	intrigue（激起兴趣）	perplex（使困惑）	pique（使生气）	disgruntle（使不满）	disturb（使焦虑）
charm（使陶醉）	fascinate（把……迷住）	mystify（使疑惑）	peeve（使气愤）	frustrate（使受挫折）	disconcert（使慌张）
amuse（使发笑）	beguile（诱惑）	baffle（使困惑）	nettle（激怒）	chagrin（使懊恼）	unsettle（使焦急）
cheer（使欢欣）	entrance（使入迷）	bewilder（使迷惑）	irritate（使烦躁）	embarrass（使尴尬）	shake up（使激动）
tickle（使高兴）	bewitch（使着迷）	boggle（使吃惊）	provoke（激怒）	abash（使困窘）	discombobulate（使混乱）

续表

刺激物做主语

delight （使高兴）	tantalize （逗引）	stupefy （使惊讶）	gall （使恼怒）	cow （威胁）	frighten （使惊恐）
thrill （使激动）	matter to （对……重要）	dumbfound （使发愣）	aggravate （激怒）	shame （使蒙羞）	scare （使惊恐）
transport （使欣喜若狂）	bore （使厌烦）	flabbergast （使大吃一惊）	grate on （刺激）	humiliate （使受辱）	alarm （使恐慌）
move （感动）	surprise （使惊讶）	shock （使吃惊）	piss off （使生气）	disgust （使厌恶）	grieve （使悲伤）
stir （激发感情）	startle （使吃惊）	dismay （使气馁）	exasperate （使恼怒）	gross out （使厌恶）	hurt （使受伤）
arouse （激起）	amaze （使惊奇）	appall （使惊骇）	anger （触怒）	revolt （使反感）	pain （使痛苦）
excite （使兴奋）	astound （使震惊）	horrify （使震惊）	rile （使生气）		torment （使痛苦）

经历者做主语

like （喜欢）	marvel over （惊奇）	want （喜欢）	lust for （贪恋）	abhor （厌恶）	worry about （担心）
enjoy （喜欢）	wonder at （对……疑惑）	feel like （想要）	crave （渴望）	deplore （谴责）	grieve over （为……悲伤）
care for （喜欢）	trust （信任）	desire （渴望）	need （需要）	anger over （对……生气）	sorrow over （为……伤心）
fancy （想要）	respect （尊敬）	prefer （更喜欢）	covet （垂涎）	fume over （发怒）	regret （后悔）
	esteem （尊重）	wish for （希望得到）	envy （羡慕）	seethe over （愤怒）	rue （后悔）
relish （喜欢）	admire （钦佩）	hope for （希望得到）	dislike （不喜欢）	gloat over （贪婪地看）	hurt from （被伤害）
love （爱）	appreciate （欣赏）	hanker after （渴望得到）	resent （怨恨）	distrust （不信任）	ache from （患上）
adore （爱慕）	value （重视）	hunger for （渴望）	hate （讨厌）	fear （害怕）	suffer from （遭受……痛苦）
delight in （对……很喜欢）	prize （珍视）	thirst for （渴望得到）	detest （憎恶）	dread （惧怕）	bear （容忍）
thrill to （对……感到兴奋）	cherish （珍惜）	long for （渴望）	despise （鄙视）		stand （忍受）
exult over （狂喜）	revere （敬重）	yearn for （渴望得到）	loathe （厌恶）		tolerate （宽容）

表 1.9　阿楚格维语中由经历者做主语到刺激物做主语的动词词根的派生

经历者做主语

动词词根：	-lay-	'认为是好的'
原因前缀：	sa-	'通过视觉'
派生后缀：	-im	（没有具体的语义；作为习语成分出现在这里）
屈折词缀集：	s-'-w- -ᵃ	'我-主语，宾语为第三人称形式'

/s-'-w-sa-lay-imᵃ/ ⇒ [sẃsal·ayíw]
"我发现它很美"

派生为：刺激物做主语

动词词根：	-lay-	'认为是好的'
原因前缀：	sa-	'通过视觉'
配价-变指后缀：	-ahw'	'从刺激物到经历者'
屈折词缀集：	'-w- -ᵃ	'主语为第三人称形式'

/'-w-sa-lay-ahw'-ᵃ/ ⇒ [wsal·ayáhwa]
"它很美"

此处的'情感'范畴的边界似乎范围太大，或者说划分地不够准确，以至于不能对其作出相对合理的评定。情感范畴可再更'自然'地细分，从而更好地体现语义结构特征。比如，表示'意愿'（desiderative）的范畴就不妨被单独列出来；表 1.8 中所列的所有表示'想要'（wanting）的英语动词都以经历者为主语，这一划分方式即使不是普遍的也是广泛存在的。因此，尽管带有相反的配价类型的口语表达出现在其他语言中，它们是基于以经历者为主语的动词词根派生出来的结构。（然而，在新几内亚的卡鲁利语（Kaluli）中，可能所有的表心理状态的动词——包括表达'想要'（wanting）和'知道'（knowing）的那些动词——都将经历者放在表层格上，从而确定经历者为受影响的论元（Bambi Schieffelin，个人交流）。我们也可能将表达'尊重'（esteem）、'重视'（value）和'珍视'（prize）这些语义的词单独归到'评定'（assessment）范畴；在表 1.8 中，所有表达这些语义的英语动词也都将经历者做主语。对于更高智的心理过程，我们划分出了一个'认知'（cognitive）范畴。这一范畴内的动词不在前面所列的情感动词之内。并且，英语似乎再一次倾向于将经历者做这类动词的主语，如表 1.10 所示。

(91) a. 依地语

　　Mir　vilt　zikh　esn
　　me to　wants　self　to eat
　　（我　想要　自己（去）吃）

b. 萨摩亚语

'Ua sau ('iate a'u) le fia 'ia
ASP come (to me) the want (to) eat
"A desire for eating has come on me (I feel like eating)."
(我产生了想吃东西的意愿(我想吃东西)。)

表 1.10　含'认知'义的动词

刺激物做主语				
strike （突然发生）	occur to （想起）			
seem to （似乎）	dawn on （使某人明白）			
remind … of （使……想）				
经历者做主语				
know （知道）	think （想）	consider （考虑）	remember （记得）	learn （学习）
realize （意识到）	feel （感觉）	suspect （怀疑）	forget （忘）	discover （发现）
believe （相信）	doubt （怀疑）	imagine （想象）	wonder about （想知道）	find out （发现）

一个语义认知原则也许能够解释心理事件范畴和词汇化倾向之间的所有这些关系：主语身份，可能因为它常与施事性相联系，它倾向于赋予任何在它的范围内表达的语义范畴一些初步的或者始发的特征。因此，在刺激物为主语时，一个外部的物体或事件（即刺激物）能够被感觉到作用于一个经历者，从而在他或她的内部引发一个特定的心理事件。相反，在经历者为主语时，心理事件被认为是自发地产生的，并且指向除自身以外的一个特定物体。例如，'想要'这一心理事件，可能在各种文化中都被当作心理上的自发事件。因此，根据这一原则，它在各种语言中都有占主导地位的倾向，并与经历者做主语相对应。

3 卫星语素

在第 2 节，我们仔细考察了一组相关联的语义范畴，它们词汇化于动词词根这一开放类表层成分中。在此，为了说明词汇化的相同特点，并对前面的类型进行扩充，我们将考察语义相同且词汇化在封闭类表层成分中的范畴。这种成分在语言学文献中还没有获得普遍认可,我们将其称为**动词的卫星语素**(satellite to the verb)——或者,简称为**卫星语素**(satellite),缩写为"Sat."。卫星语素是指与动词有姊妹关系的语法范畴,包括除了名词短语或介词词组的补语之外的任何成分。它与动词词根之间是从属成分与中心语的关系。卫星语素既可以是一个黏着词缀,也可以是一个自由词,因此它包括以下所有语法形式,这些语法形式在传统上大多被认为是彼此无关的:英语中的动词小品词,德语中的可分离的和不可分离的动词前缀,拉丁语或俄语中的动词前缀,汉语中的动词补语,拉祜语中的非中心"多功能动词"(versatile verbs)(参考 Matisoff 1973),喀多语中的合成名词以及阿楚格维语中的围绕动词词根的多式综合型词缀。一种语言中的卫星语素集合,经常与那种语言中的另一语法范畴有部分重合,而不是全部重合,这些范畴通常是介词、动词或名词。因此,英语中的卫星语素大部分与介词重合——但是,举例来说,*together*, *apart* 和 *forth* 只做卫星语素,而 *of*, *from* 和 *toward* 只做介词。与之相似,汉语普通话中的卫星语素大多与动词词根重合。而在喀多语中,一种类型的卫星语素大多与名词词根重合。把卫星语素作为一个语法范畴的一个理由是,它的所有形式之间有一个显著的共性,既是句法上的也是语义上的——例如,它在不同语言的同一类型范畴下,可以与动词搭配来共同表达路径,或者更概括地说,表达"核心图式"(core schema)(Ⅱ-3 章)。

与动词词根处于同一结构中的哪些成分是卫星语素是不确定的。最明显的是前面提到的那些形式,如:英语中的动词小品词,拉丁语中的动词前缀,汉语中的结果补语和阿楚格维语中的多式综合型动词的非屈折词缀。在英语中像在(*to*) *test-drive*(试驾)这一复合形式中的第一个成分似乎也是卫星语素。可能获得卫星语素地位的是词化编入的名词,像在喀多语中的多式综合型动词中的一样;而法语中的那些代词附着语素是卫星语素的可能性要小一些,完全名词短语则全部被排除在外。至于应该怎样界定以下这些动词短语形式是不确定的:屈折变化,助动词,否定成分,封闭类小品词如英语中的 *only* 或 *even*,还有与动词词根语义关联的自由副词。上述不确定性是由目前的理论正处于发展阶段的前期还是由卫星语素范畴的渐变体特征造成的,这一点也尚不明确。

还有一点也没有被普遍认可,一个动词词根与它的卫星语素一起独立地形成一个成分,即**动词复合体**(verb complex)。这一成分是作为一个整体与其他成分(如做直接宾语的名词短语)相联系的。

英语中的卫星语素很容易阐释。它的形式既可以是一个自由词,也可以是一个词缀(此处,卫星语素用"←"这一符号标出,"箭头"从卫星语素指向它的中心语,即动词词根)。

(92) a. 卫星语素　　　　←over　　　　　　　←mis-
　　　b. 动词复合体　　start←over　　　　　fire←mis-
　　　c. 例句　　　　　The record started over.　The engine misfired.
　　　　　　　　　　　(唱片重新开始了。)　　(发动机开动不起来了。)

在一个动词复合体中,这样的卫星语素可以多达四个,如(93)所示。(此处,*right*——属于一个既包括 *way* 又包括 *just* 的语素集合——在语义上依赖后面的修饰语卫星语素,但这占据一个句法空位,在音位功能上像典型的卫星语素。)

(93) Come←right←back←down←out from up in there!
　　　(你赶快从那上面出来/下来/回来!)
　　　(比如这是一个家长对在树屋里的孩子说的话)

在英语中,传统上将上面所说的成分称为"动词小品词"(verb particle)(参考 Fraser 1976)。引入**卫星语素**这一术语是为了说明这样的小品词和其他语言中类似形式之间的共性。在印欧语系中,这种形式包括德语中"可分离的"和"不可分离的"前缀,还有拉丁语和俄语中的动词前缀,如表 1.11 所示。

表 1.11　德语、拉丁语和俄语中做动词前缀的卫星语素

	A. 德语	
	"可分离"前缀	"不可分离"前缀
卫星语素	←entzwei	←zer-
动词复合体	brechen←entzwei(entzweibrechen)	brechen←zer-(zerbrechen)
例句	Der Tisch brach entzwei	Der Tisch zerbrach
	("桌子断为两半了")	("桌子碎为几片了")
	B. 拉丁语	C. 俄语
	前缀	前缀
卫星语素	←in-	←v-
动词复合体	volare←in-(involare)	letet' ←v-(vletet')
例句	Avis involavit	Ptica vletela
	("鸟飞进来了")	("鸟飞进来了")

还有一种卫星语素是汉语中复合动词的第二个成分,有些人将其称为"结果补语"(resultative complement)。另外一个例子是藏缅语中典型的、冗长的动词序列中的非中心词。在拉祜语中,Matisoff(1973)把任何这样的词都称为"多功能动词"(versatile verb)。第三个例子是阿楚格维语中的所有加在"多式综合动词"(polysynthetic verb)词根上的非屈折词缀。[54] 现在我们来观察卫星语素中的一系列语义类型。

3.1 路径

在英语中,卫星语素大多与路径的表达形式有关。通常,路径通过一个卫星语素与一个介词的组合得到完整表达,如(94a)所示。但通常,卫星语素也可以单独出现,如(94b)所示。此处,介词短语的省略通常要求它的名词性成分或者是一个指示词,或者是一个复指代词(也就是说,作为背景的那个物体必须能被听话人准确地辨别)。[55]

(94) a. I ran *out of* the house.
（我跑出房子。）
b. (After rifling through the house,) I ran *out* [i.e., ... of it].
((在房子里搜索之后,)我跑出去[也就是说,从房子里……]。)

此处,用符号体系有助于表现语义情景和语法情景。符号＞放在介词之后,指向介词的名词性宾语。因此,这个符号与符号"←"一起表示所有描述路径的表层形式(卫星语素加上介词),如(95a)所示。符号表征再细致一些,括号里表示可省略的成分,F 和 G 表示充当焦点和背景的名词性成分的位置,如(95b)所示。

(95) a. ←out of ＞
b. F... ←out (of＞G)

英语有相当多的表示路径的卫星语素。例(96)中列举了一些,但是这些都不是句末包含背景的词组。

(96) **英语中的一些路径卫星语素**

I ran *in*$_1$.	He ran *across*.	It flew *up*$_1$.
（我跑进来$_1$。）	（他跑过去。）	（它飞上去$_1$。）
I ran *out*$_1$.	He ran *along*.	It flew *down*.

(我跑出去$_1$。)	(他向前跑。)	(它飞下来。)
I climbed *on*.	He ran *through*.	I went *above*.
(我继续爬。)	(他跑过去。)	(我走上去。)
I stepped *off*$_1$.	He ran *past/by*.	I went *below*.
(我走下楼梯$_1$。)	(他跑过去。)	(我走下去。)
He drove *off*$_2$.	She came *over*$_1$.	I ran *up*$_2$ (to her).
(他开车走了$_2$。)	(她过来了$_1$。)	(我跑上前(到她那里)。)
I stepped *aside*.	It toppled *over*$_2$.	She followed along *after*(us).
(我走到一旁。)	(它倒塌了$_2$。)	(她跟在(我们)后面。)
She came *forth*.	She spun *around*$_1$.	They slammed *together*.
(她出来了。)	(她转了转$_1$。)	(他们打在一起。)
She walked *away*.	She walked *around*$_2$.	They rolled *apart*.
(她离开了。)	(她四处走$_2$。)	(他们滚着分开了。)
He went *ahead*.	She walked (all) *about*.	It shrank *in*$_2$.
(他向前走。)	(她(到处)散步。)	(它缩进去$_2$了。)
He came *back*.		It spread *out*$_2$.
(他回来了。)		(它传开$_2$了。)

另外,英语中还有一些路径卫星语素,它们并没有获得普遍认可,即人们不认为它们和(96)中所列的路径卫星语素一样属于同一语义范畴。

(97) **英语中更多的路径卫星语素**

F...←loose(松开的) (from>G) The bone pulled loose (from its socket).
(骨头(从骨臼中)被拉松了。)

F...←free(自由的) (from>G) The coin melted free (from the ice).
(硬币(从冰中)融化出来。)

F...←clear(离开) (of>G) She swam clear (of the oncoming ship).
(她游着避开了(迎面驶来的船只)。)

F...←stuck(卡住的) (to>G) The twig froze stuck (to the window).

			（树枝冻在（窗户）上了。）
F...	←fast(快速)	(to＞G)	The glaze baked fast (to the clay).
			（釉很快烧入（粘土）。）
F...	←un-(非，不)	(from＞G)	The bolt must have unscrewed (from the plate).
			（螺钉肯定是（从金属板）中拧下来的。）
F...	←over- (在……上)	∅＞G	The eaves of the roof overhung the garden.
			（屋檐悬在花园上方。）
F...	←under- (在……下)	∅＞G	Gold leaf underlay the enamel.
			（金色的叶子衬垫在搪瓷下。）
G...	←full(满的)	(of＞F)	The tub quickly poured full (of hot water).
			（水盆很快装满了（热水）。）

多数印欧语系分支中的语言都有路径系统，与前文所讨论的英语中的路径系统同源。即，它们也用一个卫星语素和一个介词，这个介词短语通常是可以省略的。这一点可以由(98)和(99)中所列的俄语例子说明（关于俄语中此种形式更为全面的论述可参照 Talmy 1975b）。[56]

(98) 俄语中的一些路径表达

F...	←v-(v＋宾格＞G)'into'(进入)
F...	←vy-(iz＋所有格＞G)'out of'(出去)
F...	←pere-(čerez＋宾格＞G)'across'(穿过)
F...	←pod-(pod＋宾格＞G)'to under'(在下边)
F...	←pod-(k＋与格＞G)'up to'(向上)
F...	←ob-(ob＋宾格＞G)'to against'(对着)
F...	←ot-(ot＋所有格＞G)'off a ways from'(离开一段距离)
F...	←na-(na＋宾格＞G)'onto'(到……上面)
F...	←s-(s＋所有格＞G)'off of'(从……离开)
F...	←pro-(mimo＋所有格＞G)'past'(过去)
F...	←za-(za＋宾格＞G)'to behind/beyond'(在后边/在外边)
F...	←pri-(k＋与格＞G)'into arrival at'(到达)
F...	←do-(do＋所有格＞G)'all the way to'(一直到)

F... ←iz-(iz＋所有格＞G)'(issuing) forth from'(从……出来)

(99) a. Ja vbežal (v   dom)
　　　I   in-ran (into house(ACC))
　　　（我进-跑（入　房子（宾格））
　　　"I ran in (-to the house)."
　　　（我跑进（入房子）。）

　　b. Ja vybežal (iz   doma)
　　　I   out-ran(out of the house(GEN))
　　　（我出-跑　（出了　　房子（所有格））
　　　"I ran out (of the house)."
　　　（我跑出（房子）。）

对于所有这些表达路径的例子,我们需要强调,卫星语素应该与介词很好地区分开。在大多数印欧语系的语言中,卫星语素和介词之间有着截然不同的位置和语法特征,所以二者不会混淆。例如,在拉丁语、古希腊语和俄语中(如(98)和(99)),卫星语素作为前缀黏着在动词上,而介词(不管它出现在句中的哪个位置)是伴随名词使用的,同时介词还决定了它所伴随的名词的格。即使一个卫星语素和一个与其有着相同语音形式的介词一起用在同一个句子中表达一个特定的路径语义——此种情况在拉丁语、希腊语和俄语中常常发生(如(98)和(99))——两者在形式上仍然是不同的。然而,英语却存在一个问题,即英语可能是印欧语系中唯一一种经常将卫星语素和介词并置在一个句子中的语言。尽管如此,两种形式——卫星语素和介词——仍有相互区别的地方。

首先,两类形式中的成员地位不一致:有些形式只有两种功能中的一种。例如,如前所述,*together*,*apart*,*away*,*back* 和 *forth* 是从来不做介词的卫星语素,而 *of*,*at*,*from* 和 *toward* 是从来不做卫星语素的介词。[57] 此外,那些同时有两种功能的形式在每一种功能中常常有不同的语义。例如,作为介词的 *to*(*I went to the store*（我去了商店）)与作为卫星语素的 *to*(*I came to*（我来到）)是不同的。再比如,作为卫星语素、意为'围绕一个水平的轴旋转'的 *over*(*It fell/toppled/turned/flipped over*（它翻倒/倒塌/转过/翻过）),与作为介词指'在……之上'或'覆盖'的 *over*(*over the treetop*（在树梢上）及 *over the wall*（在墙那边）)在语义上不是严格对应的。

此外,二者在特征上也有区别。首先,就短语结构和共现关系来说,卫星语素与动词处于同一结构中,而介词则与名词性宾语在同一结构中。与这一原则相符,当作为背景的名词性成分被省略的时候——即当作为背景的名词性成分的所指是已知的或可以推断的时候,它通常被省略——本来会与名词性成分一起出现的介词也会被省略,而卫星语素则被保留。比如,*He was sitting in his room and then suddenly ran out (of it)*(他坐在他的房间里,然后突然跑出了(房间)),如果 *it* 被省略,那么与它处于同一结构中的介词 *of* 也必须被省略。但是,与动词 *ran* 处于同一结构中的卫星语素 *out* 还在它原来的位置。此外,一个没有任何名词性宾语,甚至连省略的名词性宾语都没有的句子可以包含一个与动词搭配的卫星语素,如句子 *The log burned up*(原木烧尽了)。但介词总是与某一名词性宾语有关——尽管这一名词性宾语可能被移位或者省略,如句子 *This bed was slept in*(这个床被睡过)或 *This bed is good to sleep in*(这个床睡起来很舒服)。

第二,就位置特征而言,介词位于它的名词性成分之前(除非它的名词性成分被移位或省略),如(100a)所示。但是,一个自由卫星语素(即非动词前缀的卫星语素)有以下这些更为复杂的特征:如果有介词,它位于这个介词之前,如(100b)所示。它可以位于一个没有介词的完整的名词短语之前,或者位于其后,如(100c)所示。但如果它被放置在一个紧跟其后的介词之前,它更倾向位于该名词短语之后,如(100d)所示。还有,它必须位于一个没有介词的代词性名词之后,如(100e)所示。

(100) a. I ran from the house/it.
    (我从房子/那里跑出来。)

b. I ran away from the house/it.
    (我从房子/那里逃跑了。)

c. I dragged away the trash. / I dragged the trash away.
    (我把垃圾拖走了。/我拖走了垃圾。)

d. ?I dragged away the trash from the house. / I dragged the trash away from the house.
    (?我从房子那里拖走了垃圾。/我把垃圾从房子那里拖走了。)

e. *I dragged away it (from the house). / I dragged it away (from the house).
    (*我拖走了它(从房子那里)。/我把它拖走了(从房子那里)。)

第三，就重音来说，在无标记格并且只有代词性宾语（它比非代词性宾语更具可鉴别性）的情况下，介词不重读，而卫星语素重读，如（100）中的句子所示。实际上，如果一个句子的所有名词短语都是代词性的，那么这个句子中的卫星语素——如果此句中有多于一个的卫星语素，就是最后一个卫星语素——通常是这个句子中读音最重的词，如句子 I dragged him <u>away</u> from it（我把他从那里拉开）或句子 You come right back down <u>out</u> from up in there（你赶快从那上面出来，下来，回来。）。

最后，英语的路径系统有一个特殊的特征。有一些像 past 一样的形式，它们在句末没有名词性成分时，作用与普通卫星语素一样，如（101a）所示。但如果句末有名词性成分，即使是代词性的，这些形式将位于这个名词性成分之前并重读。即，它们有介词的前置特征，同时又像卫星语素一样重读。

(101) a. (I saw him on the corner but) I just drove pást.
    （（我看见他在拐角处，但是）我只是把车开了过去。）
   b. I drove pást him.
    （我开车从他旁边经过。）

由于像 past 这样的形式表现出独特的双重用法，它的后一种用法可以看作是一个新的（可能也是稀有的）语法范畴——由一个卫星语素加上一个介词组成的一个联合变体，可被称为**卫星语素介词**（**satellite-preposition**）或"卫星介词"（satprep）——如（102a）中的符号表达。还可以把这种形式看作是一个普通卫星语素偶然与一个零介词相结合，如（102b）中的符号表达。

(102) a. F...←past＞G
   b. F...←past ∅＞G

英语中还有一些其他的卫星语素介词，如 through，在句子 The sword ran through him（剑刺穿他的身体）中。还有 up，在句子 I climbed up it（我爬到它上边）中。事实上，尽管 into 这一形式有着明显的双语素根源，它现在是一个卫星语素介词。它在语音上不同于由一个卫星语素 in 后面加一个介词 to 构成的组合，这一点可以从 The bee's sting went into him（蜜蜂的刺扎进了他的肉里）与 Carrying the breakfast tray, the butler went in to him（管家端着早餐盘子走进了房间，然后走到他旁边）的不同中看出来。基于同一语音基础，out of 也像一个独立的卫星语素介词，与 out *from* 这一搭配不同,这一点可以从 *She ran out of it*（她从那里跑出来）与 *She ran out from behind it*（她从这后面跑出来）的不同中看出来。可能是因为英语恰巧常常把卫星语素与介词形式并置,所以它产生了卫星语素介词这一形式。但我们马上发现,汉语普通话作为其他语言的一种,也表现出了卫星语素介词的同源性。英语中的卫星语素和介词之间的各种区别可总结为(103)。

(103) a. 介词＋名词短语　　(Mary invited me to her party.) I went to it.
((玛丽邀请我去她的晚会。)我去了。)

b. 卫星语素　　(I heard music on the second floor.) I went úp.
((我听见二楼有音乐声。)我上楼了。)

c. 卫星语素＋介词＋名词短语　　(There was a door set in the wall.) I went úp to it.
((墙上装了个门。)我向它走去。)

d. 卫星介词＋名词短语　　(There was a stairway to the second floor.) I went úp it.
((有楼梯通向二楼。)我走上去了。)

e. 卫星语素＋名词短语　　(They wanted the phone on the second floor.) I took it úp.
((他们要在二楼打电话。)我把电话拿了上去。)

汉语中有与英语完全对应的路径卫星语素和结构。例(104)中列出了一些这样的卫星语素(它们以各种各样的形式,或可以、或不能、或必须在后面带上表'去'或'来'的卫星语素)。

(104) ←qù　'thither'　　←guò　'across/past'
　　　　（去）　　　　　　　　（过）

　　　←lái　'hither'　　←qǐ　'up off'
　　　　（来）　　　　　　　　（起）

　　　←shàng　'up'　　←diào　'off (He ran *off*)'
　　　　（上）　　　　　　　　（掉（他跑掉了））

　　　←xià　'down'　　←zǒu　'away'

←jìn	'in'	←huí	'back'
(进)		(回)	
←chū	'out'	←lǒng	'together'
(出)		(拢)	
←dào	'all the way (to)'	←kāi	'apart/free'
(到)		(开)	
←dǎo	'atopple (i.e., pivotally over)'	←sàn	'ascatter'
	(倒(即,绕轴向倒))	(散)	

（上面 (下) 一行对应 ←jìn 'in'；(走) 对应 ←huí 'back'）

这些卫星语素以合并或非合并的方式参与路径表达。与英语唯一明显的区别是顺序上的差异：合并形式的宾语跟在动词复合体之后，而非合并形式的介词短语位于动词复合体之前（一般情况下，是任何种类的介词短语）。有些卫星语素可以参与两种类型结构。其中一种是表示'过去'意义的卫星语素，如(105)和(106)两例中不同的两个句子翻译成英语就是一样的。

(105) F...←(过)(-∅＞G -边)（卫星语素和介词的合并形式）
　　　Píng-zi piāo guò shí-tou páng-biān
　　　bottle float past rock('s) side
　　　(瓶子　漂　　过　　石头(的)旁边)
　　　'The bottle floated past the rock.'
　　　(瓶子漂过石头旁边。)

(106) F...←(过)(从＞G -边)（卫星语素和介词的非合并形式）
　　　Píng-zi cóng shí-tou páng-biān piāo guò
　　　bottle from rock('s) side float past
　　　(瓶子　从　石头　　旁边　　漂　过)
　　　'The bottle floated past the rock.'
　　　(瓶子从石头旁边漂过。)

3.2 路径＋背景

在另一种词化并入模式中，一个卫星语素可以同时表达一个特殊的路径和为路径做背景的宾语。这种卫星语素似乎在世界上的语言中都很少见，但却是构成某些美洲印第安语的一种主要类型。英语中确实也有一些可以表达这种类型的例子。一个是 *home*，当其用作卫星语素时，意为'to his/her … home'（去他/她……家）。另外一个是 *shut*，当它意为'to (a position) across its/… associated opening'（穿过它的/……相连空间到（某个位置））时，也是作为卫星语素的用法。这些形式的阐释如例(107)，它们选择性地连接介词短语，这些介词短语能增强这些形式的原有语义。

(107) a. She drove *home* (to her cottage in the suburbs).
（她开车回家（到她郊区的别墅）。）

b. The gate swung *shut* (across the entryway).
（门砰地一下关上了（滑过入口通道）。）

我们可以得出这些卫星语素将背景词化编入路径的原因，即它们关于背景的信息是完整的，而不是回指或指示的。因此，就像在句子 *The president swung the White House gate shut and drove home*（总统关上白宫的门并开车回家了）中一样，一个篇章也可以以这种用法开头。相比之下，一个路径卫星语素具有完整的路径信息，但是它只暗指一种背景类型，并且它只能回指或指示这一背景中的某个具体的东西。因此，虽然英语中的 *in* 暗示以封闭体为背景，但它自身不能指一个具体的封闭体，如句子 *The President drove in*（总统开车进来）所示。因此，它必须跟明确指称背景宾语的所指，如 *The President drove into a courtyard*（总统开车进了一个院子）所示。

阿楚格维语就是把这类"路径＋背景卫星语素"作为主要系统的一种语言。[58]在阿楚格维语中大约有 50 种这类形式。我们可以通过列出大约 14 种单独的卫星语素来阐释这一系统。这些单独的卫星语素放在一起大体上相当于英语中搭配不同具体名词的 *into* 的用法。（在这里，"＋"标记指卫星语素后必须跟-*im*/-*ik·*，即'这'/'那'中的一个。）

(108) **阿楚格维语中的路径＋背景卫星语素**

-ic̓t　　　　　　'into a liquid'
　　　　　　　　（进入液体）

-cis　　　　　　'into a fire'
　　　　　　　　（到火里）

-isp -u· ＋　　　'into an aggregate' (e.g., bushes, a crowd, a rib cage)
　　　　　　　　（进入集合体中）（如灌木丛、人群、胸腔）

-wam		'down into a gravitic container' (e.g., a basket, a cupped hand, a pocket, a lake basin)
		（向下进入一个容体）（如篮子、合成杯型的手、口袋、湖盆）
-wamm		'into an areal enclosure' (e.g., a corral, a field, the area occupied by a pool of water)
		（进入一个封闭体）（如蓄栏、田地、池塘）
-ipsⁿ +		'(horizontally) into a volume enclosure' (e.g., a house, an oven, a crevice, a deer's stomach)
		（（水平地）进一个入封闭体）（如房子、烤箱、裂缝、鹿胃）
-tip -u· +		'down into a (large) volume enclosure in the ground' (e.g., a cellar, a deer-trapping pit)
		（向下进入一个（大的）地下封闭体）（如地窖、捕鹿陷阱）
-ikn +		'over-the-rim into a volume enclosure' (e.g., a gopher hole, a mouth)
		（越过边缘进入一个封闭体）（如鼠洞、嘴巴）
-ikc		'into a passageway so as to cause blockage' (e.g., in choking, shutting, walling off)
		（进入一个通道从而造成堵塞）（如窒息、封闭、围堵）
-iḱsᵘ +		'into a corner' (e.g., a room corner, the wall-floor edge)
		（进入一个角落）（如房间角落、墙角边缘）
-mik·		'into the face/eye (or onto the head) of someone'
		（碰到某人脸上/进入某人眼睛里（或在某人头上））
-mič		'down into (or onto) the ground'
		（向下进入（或在……之上）土地）
-cisᵘ +		'down into (or onto) an object above the ground' (e.g., the top of a tree stump)

（向下进入（或在……之上）地面上的一物体）（如,树桩的顶端）

-iḱs　　'horizontally into（or onto）an object above the ground'（e.g., the side of tree trunk）
（水平地进入（或在……之上）地面上的一物体）（如,树干的一侧）

这种卫星语素体系使用的例子可以在前面出现的阿楚格维语的例句中见到——从（36a）到（36c）、（65a）、（65b）和（74）。例（109）又另外给出了两类例子。

(109) a. **动词词根**　　-st'aq́-　　'for runny icky material to move/be located'
（指松软发黏的物质流动/处于）

　　　方向后缀　　-ipsnᵘ　　'into a volume enclosure'
（进入一个封闭体）

　　　指示后缀　　-ik·　　'hither'
（这）

　　　原因前缀　　ma-　　'from a person's foot/feet acting on (the Figure)'
（因为一个人的脚作用于（焦点））

　　　屈折词缀集　　'-w- -ᵃ　　'3rd person-subject, factual mood'
（第三人称-主语,事实语气）

/'-w-ma-st'aq́-ipsnᵘ-ik·-ᵃ/⇒[ma·st'aq́ipsnuk·a]

字面意义：'He caused it that runny icky material move hither into a volume enclosure by acting on it with his feet.'

（他用脚作用于封闭物,从而使松软发黏的物质进入一个封闭体。）

示例："He tracked up the house (coming in with muddy feet)."

（他在房间里留下了脚印（拖着泥脚进来）。）

  b. 动词词根 -lup- 'for a small shiny spherical object to move/be located'
           （指小的、闪光的、球形物体运动/位于）

  方向后缀 -mik· 'into the face/eye(s) of someone'
           （进入某人的脸/眼）

  工具前缀 phu- 'from the mouth—working egressively—acting on (the Figure)'
           （用嘴向外呼气，作用于（焦点））

  屈折词缀集 m- w- -ᵃ 'thou-subject, 3rd person-object, factual mood'
           （主语为第二人称，宾语-第三人称，事实语气）

/m-w-phu-lup-mik·-ᵃ/→[mphol·úpʰmik·a]

字面意义：'You caused it that a small shiny spherical object move into his face by acting on it with your mouth working egressively.'

（通过嘴向外呼气，你使那个小的闪光球状物体移动到他的脸上。）

示例："You spat your candy-ball into his face."
   （你把糖球吐到他脸上了。）

3.3 受事：(焦点/)背景

  另一种类型的卫星语素是所指事件受事的卫星语素。这样的卫星语素构成一个主要体系，比如"词化编入名词的"美洲印第安语。这些语言的多式综合动词包含一种卫星语素的词缀形式。喀多语就是其中的一个例子。在这种语言中，卫星语素典型地表明受事较为通用的身份。一个句子中也可能还包含一个独立的名词成分，从而典型地、更具体地表明同一个受事的身份，但是，无论是何种情况，卫星语素必须出现。这里首先举一些非运动事件的例子,如(110a)是受事在一个非施事句中做主语的例子,(110b)和(110c)是受事做施事句的直接宾语的例子。

(110) a. ʔíniku ʔ hák-*nisah*-ni-káh-sa ʔ ⇒ [ʔíniku ʔ háhnisánkáhsa ʔ]
church PROG-house-burn-PROG
（教堂 进行体-房屋-燃烧-进行体）

字面意义：'The church is house-burning (i.e., building-burning).'
（教堂正在房子-燃烧（即,楼房-燃烧））

大意："The church is burning."
（教堂正在燃烧。）

b. cú·cu ʔ *kan*-yi-da ʔk-ah ⇒ [cú·cu ʔ kanida ʔkah]
milk liquid-find-PAST
（牛奶 液体-发现-过去时）

字面意义：'He liquid-found the milk.'
（他液体-发现了牛奶。）

大意："He found the milk."
（他发现了牛奶。）

c. widiš *dá ʔn*-yi-da ʔk-ah ⇒ [widiš dânnida ʔkah]
salt powder-find-PAST
（食盐 粉末-发现-过去时）

字面意义：'He powder-found the salt.'
（他粉末-发现了盐。）

大意："He found the salt."
（他发现了盐。）

如果没有独立的名词,最后一个例子就会如例(111)所示。

(111) dá ʔn-yi-da ʔk-ah 'He powder-found it.'/'He found it (something powdery).'
（他粉末-发现了它。/他发现了（粉末状的东西）。）

在喀多语表达运动的普通模式中,动词词根表示运动事实以及路径,如西班牙语那样。词化编入的名词能够在有限条件下——是什么条件还不太确定——表示焦点,如下面方位格的例子。

(112) yak-čah-yih　　nisah-ya-ʔah　⇒ [dahčahih tisáyʔah]
　　　woods-edge-LOC house-be-TNS
　　　(森林-边-方位格 房子-在-时态)
　　　字面意义:'At woods edge it-house-is.'
　　　　　　(在森林边上它-房子-是。)
　　　大意:"The house is at the edge of the woods."
　　　　　(房子在森林边上。)

通常情况下,词化编入的名词指代背景:

(113) a. wá·kas na-*yawat*-yá-ynik-ah⇒[wá·kas táywacáynikah]
　　　　 cattle PL-water-enter-PAST
　　　　 (牛　复数-水-进入-过去时)
　　　　 字面意义:'Cattle water-entered.'
　　　　　　　　(牛水-进入。)
　　　　 大意:"The cattle went into the water."
　　　　　　(牛进入水中。)
　　　b. *nisah*-nt-káy-watak-ah⇒[tisánčáywakkah]
　　　　 house-penetrate/traverse-PAST
　　　　 (房子-穿透/穿过-过去时)
　　　　 字面意义:'He-house-traversed.'
　　　　　　　　(他-房子-穿过。)
　　　　 大意:"He went through the house."
　　　　　　(他穿过房子。)

3.4　方式

卫星语素有一种特殊类型,就是对方式的表达。北美洲的多式综合语言之一的内兹佩尔塞语(Nez Perce)就有这样丰富的卫星语素(见 Aoki 1970)。在运动事件的句子中,这种语言中的动词词根像西班牙语的动词词根一样表达"运动+路径"。但同时,一个连接词根的前缀表明运动的具体方式。例(114)给出了这种组合的一个例子。

(114) /hi　　　quqú·-　　láhsa　-e/⇒[hiqqoláhsaya]
　　　3rd person　galloping　go-up　PAST
　　　(第三人称　飞跑着　去-上　过去时)

字面意义：'He/she ascended galloping.'
（他/她飞跑着上去了。）

大意："He galloped uphill."
（他飞跑上山坡。）

在例(115)中，我们列出了一些内兹佩尔塞语中的方式前缀。需要注意的是，这个前缀体系不仅包括运动方式类型，还扩展到伴随类型，两者都是关于情感('in anger'(愤怒))和活动('on the warpath'(出征路上))的。

(115) **内兹佩尔塞语的方式前缀**

ʔipsqi-　　'walking'
　　　　　（走着）

wilé·-　　'running'
　　　　　（跑着）

wat-　　'wading'
　　　　（跋涉着）

siwi-　　'swimming-on-surface'
　　　　（游着-在-表面）

tukʷe-　　'swimming-within-liquid'
　　　　　（游着-在……里-液体）

we·-　　'flying'
　　　　（飞着）

tu·ke-　　'using a cane'
　　　　　（正用着手杖）

ceptukte-　　'crawling'
　　　　　　（爬行着）

tuk̓weme-　　'(snake) slithering'
　　　　　　 ((蛇)滑动着)

wu·l-　　'(animal) walking/(human) riding (on animal at a walk)'
　　　　 ((动物)走着/(人)骑着(在行走的动物上))

quqú·-　　'(animal) galloping/(human) galloping (on animal)'
　　　　　 ((动物)飞奔着/(人)骑在动物上)飞奔着)

tiqe-	'(heavier object) floating-by-updraft/wafting/gliding'
	((重物)通过上升气流漂浮着/飘荡着/滑行着)
ʔiyé·-	'(lighter object) floating-by-intrinsic-buoyancy'
	((轻物)通过内在的浮力漂浮着)
wis-	'traveling with one's belongings'
	(带着财产旅行)
kipi-	'tracking'
	(跟踪着)
tiwek-	'pursuing (someone: D.O.)'
	(追赶着(某人:直接宾语))
cú·-	'(plurality) in single file'
	((复数)成一列队)
til-	'on the warpath/to fight'
	(在出征路上/去打仗)
qisim-	'in anger'
	(生气)

假设多式综合形式是通过对成串的词的划分和读音的改变而产生的,我们便可以想象一种内兹佩尔塞语类型体系是怎么从一种西班牙语的类型发展而来的。最初单独表示方式的词常与动词搭配,然后变成了词缀(在大多数情况下也失去了它们在句子中其他地方的用法)。事实上,我们可以想象,西班牙语有可能朝着内兹佩尔塞语的方向进化。在西班牙语中,表达方式的动名词的理想位置是直接跟在路径动词之后,如例(116)所示。

(116) Entró   corriendo/volando/nadando/ ... a la cueva
      he-entered running   flying   swimming   to the cave
      (他-进去了 跑着   飞着   游着   到山洞)

这些动名词有可能逐渐发展为固定的后置卫星语素的封闭类体系,甚至可能继续发展为动词后缀。因此,我们可以想象出几种类型的变化,它们可能使西班牙语表达运动的体系变得和内兹佩尔塞语体系相同。

3.5 原因

在一些语言中,至少在美洲语言中,我们发现了一种通常用来表达

"工具"的卫星语素。然而,这些形式看上去更像是表达整个使因事件的。这是因为,至少在熟悉的例子中,这些卫星语素不仅表达了涉及的那一种工具对象,也表达了工具对象对受事实施行为的方式(为引起一个结果)。也就是说,这种类型的卫星语素相当于英语中表达因果关系的整个从句。具体地说,出现在非施事动词复合体中的卫星语素相当于一个 *from*-从句,比如(举一个翻译成英语的实例):'The sack burst *from a long thin object poking endwise into it*'(袋子破了,因为一个又长又细的东西竖着戳进去了)。同样的卫星语素出现在施事动词复合体中,则相当于一个 *by*-从句,如:'I burst the sack *by poking a long thin object endwise into it*'(我用一个又长又细的东西竖着把袋子戳破了)。

或许,北加利福尼亚的霍卡语能够很好地解释这类卫星语素类型,其中的阿楚格维语中有大约30种形式。在这里,绝大多数的动词词根必须带有一种原因卫星语素,以确保动词词根能够表达表示原因的行为(一些动词词根不能带这些卫星语素,但它们只是少数)。所有这些卫星语素把可能的原因语义域穷尽性地细分。也就是说,任何感知到的或想到的因果条件都很可能由这其中的一个或另一个卫星语素表示。阿楚格维语的大部分原因卫星语素——在最普通的用法中的那些——都在(117)中列了出来。它们是根据其具体所指的工具类型分组的。在另一种霍卡语中,它们直接以短小前缀形式出现在动词词根之前。这些卫星语素在动词中使用的例子在例(36a)到(36c)以及(109a)和(109b)中都已经表现出来。此外,II-2章第四节展示了具有具体语义描述的原因卫星语素,这些原因卫星语素用在动词的很多例子中。

(117) 阿楚格维语中表示原因的卫星语素(P=受事,E=经历者)
　　　自然力

　　　←ca-　　　　'from the wind blowing on P'
　　　　　　　　　(因为风吹向受事)

　　　←cu-　　　　'from flowing liquid acting on P'(e.g., a river on a bank)
　　　　　　　　　(因为流动的液体作用于受事)(如,河水在河岸上)

　　　←ka-　　　　'from the rain acting on P'
　　　　　　　　　(因为雨作用于受事)

　　　←ra-　　　　'from a substance exerting steady pressure on P'
　　　　　　　　　(e.g., gas in the stomach)

	（因为一种物质施加稳定的压力于受事）（如，肚子里的气体）
←uh-	'from the weight of a substance bearing down on P'(e.g., snow on a limb)
	（因为一种物质的重量向下施加压力于受事）（如，雪在枝头上）
←miw-	'from heat/fire acting on P'
	（因为热/火作用于受事）

实施行为的物体

←cu-	'from a linear object acting axially on P'(e.g., as in poking, prodding, pool-cueing, piercing, propping)
	（因为一个线性物体沿轴的方向作用于受事）（如，戳、刺、球杆击球、刺穿、支撑）
←uh-	'from a linear object acting circumpivotally (swinging) on P'(as in pounding, chopping, batting)
	（因为一个线性物体围绕轴心（旋转着）作用于受事）（如，猛击、砍、打）
←ra	a. 'from a linear object acting obliquely on P'(as in digging, sewing, poling, leaning)
	（因为一个线性物体倾斜地作用于受事）（如，挖掘、缝纫、撑、斜靠）
	b. 'from a linear/planar object acting laterally along the surface of P'(as in raking, sweeping, scraping, plowing, whittling, smoothing, vising)
	（因为一个线性/平面物体侧向作用于受事的表面）（如，耙、扫除、刮擦、犁地、削、弄平、钳住）
←ta-	'from a linear object acting within a liquid P'(as in stirring, paddling)
	（因为一个线性物体在液体受事内起作用）（如，搅动、划桨）
←ka-	from a linear object moving rotationally into P'

(as in boring)
（因为一个线性物体转动着进入受事）（如，钻孔）

←mi- 'from a knife cutting into P'
（因为刀切入受事）

←ru- 'from a (flexible) linear object pulling on or inward upon P'(as in dragging, suspending, girding, binding)
（因为一个（柔韧的）线性物体穿在受事上或内）（如，拖、悬挂、束缚、捆绑）

实施行为的身体部分

←tu- 'from the hand(s)—moving centripetally—acting on P'(as in choking, pinching)
（因为手向中心移动作用于受事）（如，堵着、捏着）

←ci- 'from the hand(s)—moving manipulatively—acting on P'
（因为手在控制下移动作用于受事）

←ma- 'from the foot/feet acting on P'
（因为脚作用于受事）

←ti- 'from the buttocks acting on P'
（因为臀部作用于受事）

←wi- 'from the teeth acting on P'
（因为牙齿作用于受事）

←pri- 'from the mouth—working ingressively—acting on P'(as in sucking, swallowing)
（因为嘴向内吸气作用于受事）（如，吸、吞咽）

←phu- 'from the mouth—working egressively—acting on P'(as in spitting, blowing)
（因为嘴向外呼气作用于受事）（如，吐、吹）

←pu- 'from the lips acting on P'
（因为嘴唇作用于受事）

←hi- 'from any other body part (e.g., head, shoulder) or the whole body acting on P'
（因为其他身体部位（如，头、肩）或整个身体作用

于受事)

感觉

←sa- 'from the visual aspect of an object acting on E'
     (因为一个物体的视觉方面作用于经历者)

←ka- 'from the auditory aspect of an object acting on E'
     (因为一个物体的听觉方面作用于经历者)

←tu- 'from the feel of an object acting on E'
     (因为一个物体的触觉作用于经历者)

←pri- 'from the taste/smell of an object acting on E'
     (因为一个物体的味觉/嗅觉作用于经历者)

3.6 有关运动的卫星语素：运动事件类型学的扩展

表1.2(2.4节)展示了语言表达运动时的三种主要范畴。这种类型划分的依据是运动事件的哪个成分典型地由动词词根(和一直出现的'运动事实'一起)表达出来。对于每一种这样的语言类型，下一步的问题是运动事件的其他组成成分的位置。卫星语素是动词之后最具有鉴别性的句法成分，因此通过观察哪个运动成分典型地出现在伴随动词的卫星语素中，我们可以发现次范畴化过程(参看表1.12)。[59]

表1.12 运动动词及其卫星语素类型

语言/语系	运动事件的具体成分通常出现在：	
	动词词根	卫星语素
A. 罗曼语	运动+路径	A. ∅
闪族语		
波利尼西亚语		
B. 内兹佩尔塞语		B. 方式
C. 喀多语		C. (焦点/)背景[受事]
印欧语系(非罗曼语)	运动+副事件	路径
汉语		
阿楚格维语(多数北雷卡语)	运动+焦点	路径+背景和原因

3.6.1 动词框架和卫星框架体系

如前所述，这个表中总结出的类型是基于对特定句法成分的观察——首先是动词词根,然后是卫星语素——来看运动事件的哪个组成部分在其中典型地出现。但是,通过观察运动事件的特定成分在句法成分中的特定位置,我们可以得出与上述类型互补的类型。后一种方法是第II-3章所采用的方法。如所观察到的,在类型学上应该沿循的最具有鉴别性的成分是路径。路径在"动词框架"(verb-framed)语言中出现在动词词根中,如西班牙语;在"卫星框架"(satellite-framed)语言中出现在卫星语素中,如英语和阿楚格维语。此外,根据对本章前面章节所提到的类型的主要概括,只要路径出现,其他四种语义成分——体、状态变化、行动关联和实现也会随之出现。

3.6.2 类型的转换和保持

纵观语言在表达运动事件的类型模式上的发展过程——或者实际上,当其他转换进行时其模式保持不变——可以是历时语言学中一个广阔的研究领域。在这里,我们做一些简要介绍。

首先来看一下印欧语系中有关类型变化和类型保持的一些形式。作为运动事件的典型表征方式,拉丁语、古希腊语和原始日尔曼语都表现出印欧语系的模式,即用副事件词化并入动词词根,连同动词词根前缀为表示路径的卫星语素。或许因为音系变化使路径前缀之间及路径前缀和动词词根之间的区别不甚明显,显然这三种语言都不能保持它们所承袭的模式。日耳曼语支和希腊语支都发展了一套新的路径卫星语素,从而在很大程度上代替了原有的路径卫星语素。比如,在德语中,有些原有的路径卫星语素继续作为"不可分前缀"(inseparable prefixes)。然而,新的那套路径卫星语素包括更多的"可分前缀"(separable prefixes)。在这种发展中,新的路径卫星语素体系允许保持原有模式,即使用副事件动词词化并入来表征运动事件。

另一方面,产生于拉丁语的那些语言都各自发展了一套路径词化并入动词的新体系,而不是重建路径卫星语素体系。在这个过程中,每一种子语言都以自己的方式通过各种途径或创造新动词或转变原有动词的语义,形成了一套路径动词,从而用来构成了新的路径动词体系的基本定向网格。同时,这些语言可能经历了一种互补型变化,即用动名词结构来表达方式和原因。然而,哪些原因导致了有的语言新建类型范畴,而有的语言发生类型范畴的转换,还有待进一步研究。[60]

从古代汉语到现代汉语,汉语似乎经历了一种与罗曼语支恰恰相反的类型转换：从路径词化并入模式到副事件词化并入模式（参考 Li 1993）。古代汉语中有一整套用作主要动词的路径动词，表达运动事件。通过连动结构的发展，这些路径动词越来越多地跟在词化并入方式/原因的动词之后、作为第二个位置的元素出现。虽然连动解释仍然成立，这些第二个位置的元素似乎已经越来越多地转变为跟在方式/原因主要动词之后的一个路径卫星语素体系。一些带有清楚的路径语义的第二个位置的语素在做主要动词时变得不再那样口语化或者陈旧、过时，或者在作为主要动词使用时，它们的语义只是部分地或隐喻性地和它们第二个位置路径语义联系在一起，这可以证明此处的重新解读是成立的。

3.6.3 类型转换和保持的认知基础

到目前为止，第 2.4 和第 3 节已经讨论了表征运动情景的意义与形式映射的一系列跨语言模式。我们观察到这一系列组成了一种结构性的类型学：它包括一些可能有相同的发生优先级的替换模式，包括一些有优先性等级顺序的模式，有些模式则不包括在内。尽管该模式中的这种类型结构必须建立在人类的认知系统的基础上，但具体是怎样建立的还不清楚。它或许是我们的认知系统中语言体系的先天部分，或者是作为其他认知特征的结果伴随发生的，或者是来自外界的紧急事件对认知产生的影响。无论其具体基础是什么，这种类型结构很可能是一种语言中某一模式长期的历时保持或者从一种模式转换成另一种模式的原因。

这种长期的影响是说话者在表达时多次即时"选择"所积累的结果。说话者通过认知加工在多种表达中选择，这些加工过程与他们基于认知的结构类型相一致。这样的选择有时产生临时形式、创新表达以及能促使语言当下使用的结构"包络"改变的结构。在这些新形式中，说话者可能倾向于更容易在同等级别的模式中转换，也可能转向一个更高等级的模式，或保持一个已经是高等级的模式，且不包含已排除的模式。当然，基于认知的类型结构和与语言相关的其他认知结构是说话者每次即时选择与累积的历时选择的结果。与语言相关的认知结构可能要求在某些语义范围内有足够数量的不同词汇（比如和背景物体有关的路径范围），或倾向于保持语言的整体语义结构（参看II-4 章）。进一步来讲，说话者的选择不仅以一种直接的方式从这样的类型和其他认知结构中产生，而且间接地从其他说话者的选择（由其他说话人的相应认知结构产生）中产生。也就是说，历时选择实际上是从认知加工过程的两种形式中累积产生的,一种形式是类型结构,另一种形式是人际交往。

总之,语言中概念结构的诸多普遍性和类型的历时保持或变化是在在线认知加工过程中逐渐产生的,该认知加工过程与认知中相对稳定的结构相关。前面所述以及将来对它们的阐释最终会有助于统一我们对语言的认知组织中的概念结构、类型学(广义上包括普遍性)和加工过程(广义上包括结构)的理解。

3.7 体

很多语言都有表达体的卫星语素。通常这些卫星语素不再仅仅指'行动在时间上的分布模式'(此前描述的体的特征)。这种更单纯的表达体的形式,或者与方式、数量、意向以及其他因素的表达相混合,或者渐渐变为用来表达这些概念。下面就是关于体的宽泛的讨论。通过这种方式,我们可以把一种语言中看似属于同一组的许多形式放在一起。实例阐释可以先从英语开始。尽管通常情况下英语不被认为是用卫星语素来表达体的(而俄语是这样的),但事实上它作为例子是很充分的。

(118) **英语中的体卫星语素**($V=$实施动词表达的行动)

  ←re-/←over 'V again/anew'

       (又/重新做)

       When it got to the end, the record automatically restarted/started over from the beginning.

       (到头时,唱片自动重放/从头开始放。)

  ←on   'continue Ving without stopping'

       (不停地继续做)

       We talked/worked on into the night.

       (我们一直谈/工作到晚上。)

       'resume where one had left off in Ving'

       (从停下的地方重新开始做)

       She stopped at the gas station first, and then she drove on from there.

       (她先在加油站停下来,然后从那儿开走了。)

       'go ahead and V against opposition'

       (继续前进并顶着阻力做)

       He was asked to stay on the other side of the

door, but adamant, he barged on in.
(他被要求待在门外,但是他却坚持强硬地闯了进来。)

←away　'continue Ving (with dedication/abandon)'
(继续(全身心地/狂热)地做)
They worked away on their papers.
(他们继续写论文。)
They gossiped away about all their neighbors.
(他们到处散播所有邻居的闲话。)
'feel free to embark on and continue Ving'
(自愿着手做并继续做)
'Would you like me to read you some of my poetry?' 'Read away!'
('我可以给你念一些我的诗吗?' '念吧!')

←along　'proceed in the process of Ving'
(在做……时发生……)
We were talking along about our work when the door suddenly burst open.
(我们正在谈论工作,门突然开了。)

←off　'V all in sequence/progressively'
(按顺序/逐步地做)
I read/checked off the names on the list.
(我读/核对了名单上所有的名字。)
All the koalas in this area have died off.
(这个地区所有的树袋熊都相继死去了。)

←up　'V all the way into a different (a nonintegral/denatured) state'
(一直做,直到变成另外一种(不完整/变性的)状态)
The log burned up in two hours (cf. The log burned for one hour before I put it out).
(原木在两个小时内烧完了。(请参考:我把火扑灭之前,木头燃烧了一个小时)。)

> The dog chewed the mat up in 20 minutes (cf. The dog chewed on the mat for 10 minutes before I took it away).
> (狗在20分钟内把垫子嚼碎了(请比较：我把狗带走前，它咬垫子咬了10分钟)。)

←back　　'V in reciprocation for being Ved'
（因为被实施了某个动作，反过来做同样的动作）
He had teased her, so she teased him back.
（他取笑了她，因此她也取笑了他。）

其他语言有一些形式，尽管有不同或更多的意思，但和英语中的这些形式类似。俄语就是一个例子。除了英语中列出的这几种形式，俄语(至少)有如下一些例子(其中一些例子摘自 Wolkonsky & Poltoratzky 1961)。

(119) **俄语中的体卫星语素**

←po-　　'V for a while'
（做一会儿）
Ja　　poguljal
I　　"po"-strolled
（我"po"-逛了）
"I strolled about for a while."
（我逛了一会儿。）
Xočets'a　　poletat' na samolëte
wants-REFL "po"-fly on airplane
（想-反身代词"po"-飞 在飞机上）
'I'd like to fly for a while on a plane (i.e., take a short flight).'
（我喜欢坐在飞机上飞一会儿(即坐短程飞机)。)

←pere-　　'V every now and then'（时不时地做）
Perepadajut doždi
"pere"-fall　rains（N）
（"pere"-下 雨(名词)）
"Rains fall (It rains) every now and then."
((天)时常下雨。)

←za-　　'start Ving'（开始做）

Kapli doždja　　zapadali odna za　drugoj
drops rain-GEN "za"-fell one　after another
(滴　雨-所有格　"za"-落下一个在另一个之后)
"Drops of rain began to fall one after another."
(雨滴接二连三落了下来。)

←raz- ＋ REFL　'burst out Ving'（突然做）

Ona rasplakalas'
She "raz"-cried-REFL
（她　"raz"-哭了-反身代词）
"She burst out crying."
（她突然大哭起来。）

←pro-/←pere-　'complete the process of Ving'
（完成做的过程）

Pivo perebrodilo
beer "pere"-fermented
（啤酒"pere"-发酵了）
"The beer has finished fermenting."
（啤酒已经完成了发酵。）

←po-　'V as one complete act'
（做完一个完整的动作）

On eë　poceloval
he her "po"-kissed
（他 她　"po"-吻了）
"He kissed her"（vs. was kissing, kept kissing, used to kiss).
（他吻了她(对比：正在吻,一直吻,吻过)。）

←na- ＋ REFL　'V to satiation'
（做到饱食）

On naels'a
he "na"-ate-REFL
（他 "na"-吃了-反身代词）
"He ate his fill."
（他吃饱了。）

←s-　　　　　　　'V and de-V as one complete cycle'〔only with motion verbs〕
（做与逆向-做 以构成一个完整的循环）〔只和运动动词搭配〕
Ja sletal　v odin mig　　na　počtu
I "s"-flew　in one moment to the post office
（我"s"-飞了很快　　　到　邮局）
"I got to the post office and back in no time."
（我去了趟邮局，并且很快就回来了。）

就含词缀的动词复合体而言，阿楚格维语中一组与体相关的卫星语素有特定的位置。它们从语义上来说有两种，表示'主要的'和'次要的'体概念。主要的一类指的是动词词根的行动在时间上是怎样分布的。第二类指的是这一行动相对于另一个正在进行的事件（即一个伴随运动的事件）是怎样分布的（参看 Wilkins(1991)的"关联运动"(associated motion)）。表 1.13 表示了这些形式的对应翻译。我们可以通过(120)阐释第二种卫星语素类型。

表 1.13　阿楚格维语中体卫星语素的语义

动词表示的行动是关于：

一般时间轴	一个正在进行的运动事件
almost V	go and V
（几乎做）	（去做）
still V	go Ving along
（还做）	（一直做）
V repeatedly	come Ving along
（重复做）	（一路做……来）
V again/back, reV	V in passing
（又/再做，重复做）	（顺便做）
start Ving	V going along with someone
（开始做）	（和某人一起来做）
finish Ving	V coming along with someone
（完成做）	（和某人一起做）
V as a norm	V in following along after someone
（按照准则做）	（跟着某人做）

V awhile/stay awhile and V（做片刻/停留片刻接着做） V in a hurry/hurry up and V（匆忙地做/赶快做） V a little bit/spottily/cutely（做一点/零星地做/伶俐地做）	V in going to meet someone（去见某人时做）

(120) 动词词根　　　　acp-　　'for contained solid material to move/be located'
　　　　　　　　　　　　　　（指包含在内的固体运动/位于）

　　　次要体后缀　　　-ikc　　'to a position blocking passage', hence: 'in going to meet (and give to) someone approaching'
　　　　　　　　　　　　　　（到阻塞通道的位置），因此：（去迎接（并给予）接近的某人）

　　　屈折词缀集　　　s-'-w--ᵃ　　I-subject (3rd person-object), factual mood'
　　　　　　　　　　　　　　（我-主语（第三人称-宾语），事实语气）

　　　独立名词　　　　taki·　　'acorn(s)'
　　　　　　　　　　　　　　（橡果）

　　　名词性的标记　　c

/s-'-w-acp-ikc-ᵃ c taki·/ ⇒ [swacpíkʰca c taʔki·]

字面意义：'I caused it that contained solid material—namely, acorns—move, in going to meet (and give it to) someone approaching.'
（在去迎接（并拿给）走近的某人时，我让里面的固体物质——即橡果——移动了。）

大意："I carried out the basket full of acorns to meet him with, as he approached."[61]
（当他走过来时，我把满满一篮子橡果拿给他。）

3.8 配价

在2.9节，我们看到只包含配价的卫星语素（德语中的be-和ver-，阿

楚格维语中的 -ahẃ)：它们表达了动词词根词化编入配价要求的变化。还有一些基本上指其他概念（比如路径）的卫星语素，但它们自身词化编入配价要求。当和没有相应要求的动词一起使用时，它们决定周围名词性成分的语法关系。下面我们来看一下这种情况。

3.8.1 决定动词的焦点与背景优先模式的卫星语素

请看例(121)中表达物体表面的路径卫星语素（或卫星语素＋介词的组合）。

(121) a. Water poured *onto* the table.　　'to a point of the surface of'
　　　　（水洒在了桌上。）　　　　　　　（到……表面上的一点）
　　　b. Water poured *all over* the table.　　'to all points of the surface of'
　　　　（水洒了一桌子。）　　　　　　　（到……表面上的所有点）

这些卫星语素要求背景名词做介词宾语以及（在非施事句中）焦点名词做主语。同样的情况也适用于以下指内部的卫星语素。

(122) a. Water poured *into* the tub.　　'to a point/some points of the inside of'
　　　　（水倒入浴盆。）　　　　　　　（到……内部的一点／一些点）

然而，英语中没有和 *all over* 相对应的表示内部的形式，如(122b)所示。

(122) b * Water poured all into/? the tub.　'to all points of the inside of'
　　　　（* 水全部倒入／? 浴盆里面。）　（到……内部的所有点）

因此，必须用一种新的表达方式来表达。然而，这种表达方式和其他方式不同，它有相反的配价要求：焦点做介词宾语，背景（在非施事句中）做主语。

(123) The tub poured *full of* water.
　　　　（浴盆倒满了水。）

用相反的标记表示表面的卫星语素不允许这种相反的配价组合形式，如例(124)所示。

(124) * The table poured all over with/of water.
　　　　（* 桌子全部倒上了水。）

同样的模式也可用于施事句，只是原来的主语名词变为现在的直接宾语。

(125) **'表面'**

    a. I poured water onto the table.
       （我把水倒在桌面上。）

    b. I poured water all over the table.
       （我把水倒了一桌子。）
       （*I poured the table all over with/of water.）
       （*我用水倒了一桌子。）

'内部'

    c. I poured water into the tub.
       （我把水倒进浴盆。）
       （*I poured water all into the tub.）
       （*我把水全部倒进浴盆里。）

    d. I poured the tub full of water.
       （我把浴盆倒满了水。）

用前面的符号，这些卫星语素的配价要求可以用(126)表示。

(126) a. F...← on (-to＞G)   （焦点…←上(-到＞背景)）
      b. F...← all-over (∅＞G)   （焦点…←全部布满(∅＞背景)）
      c. F...← in (-to＞G)   （焦点…←进(-到＞背景)）
      d. F...← full (-of＞G)   （焦点…←全部(-的＞背景)）

有了语法关系中的优先等级概念，即主语和直接宾语置于介词宾语之上，我们可以说：在英语中，一个卫星语素表达'被充满的表面'概念时，需要用基本的焦点优于背景的优先顺序，即 F-G；同时，'被覆盖的内部'的概念要求相反的优先顺序，即背景优于焦点，表示为 G-F。

在许多语言中，由卫星语素表达的特定概念需要一种或另一种类似的优先模式。如在俄语中，'into'（在……里）的概念只能存在于基本的 F-G 优先模式中，如例(127)所示。

(127) a. Ja   v-lil   vodu   v stakan
       I   in-poured   water(ACC) in glass(ACC)
      （我 在……里-倒了水(宾格)   在玻璃杯里(宾格)）
      "I poured water into the glass."
      （我把水倒入玻璃杯中。）

b. * Ja v-lil   stakan   vodoj
        I in-poured   glass(ACC)   water(INSTR)
   （我 在……里-倒了 玻璃杯（宾格）水（工具格））
   * "I poured the glass in with water."
   （* 我用水倒入玻璃杯中。）

相反，'all around'（周围）的概念（也就是'到……表面周围所有的点'）要求相反的 G-F 优先模式。

(128) a. * Ja ob-lil   vodu   na/?   sabaku
            I circum-poured water(ACC)   on   dog(ACC)
       （我 在……周围-倒了水（宾格）   在……上 狗（宾格））
       * "I poured water all round the dog."
       （* 我向狗周围泼水。）

    b. Ja ob-lil   sabaku   vodoj
        I   circum-poured   dog(ACC)   water(INSTR)
       （我 在……周围-倒了 狗（宾格） 水（工具格））
       "I poured the dog round with water."
       （我用水泼狗。）

因此，这些卫星语素可以用符号表示出来，如(129)所示。

(129) a. F… ← v-（v＋宾格＞G）
      b. G… ← ob-（∅＋工具格＞F）

在印欧语之外，阿楚格维语呈现相似的情况，即路径卫星语素要求基本的 F-G 或相反的 G-F 优先模式。两个这样的卫星语素分别是 -cis 'into a fire'（进入火中）和 -mik· 'into someone's face'（碰到脸上）（在例(130)中表示为 afire 和 aface）。

(130) a. /ach∅-   s-'-iː-a   s-'-w-ra＋pi-cis-a   c   ahw-iʔ/
          water OBJ- TOPICALIZER   INFL-pour-afire   NP   fire-to
         （水 宾语- 话题标记语   屈折形式-泼-火中   名词词组 火-到）
          ⇒ [ʔáchi se. swlaphiíchi·a c ʔahwiʔ]
          'I-poured-afire water (D.O.) (F)   campfire-to (G)'
         （我-倒了-火中 水（直宾）   （焦点）营火-到（背景））
          "I threw water over the campfire."

（我把水倒在营火上。）

b. /acʰ- aʔ   t-   s-'-iː-ᵃ   s-'-w-ra+pí-mik·-ᵃ c awtih/
   water-with NONOBJ- TOPICALIZER INFL-pour-aface   NP man
   （水-用   非宾语-   话题标记语   屈折形式-倒-到脸上   名词男人）
                                                         词组

   ⇒[ʔacʰ·ʔá cʰe·swlapʰíim·ik·a c ʔáwte]
   'I-poured-aface man (D.O.) (G)   water-with (F)'
   （我 倒-到脸上 男人（直宾）（背景）水-用（焦点））
   "I threw water into the man's face"("I threw the man aface with water").
   （我把水倒到那个人脸上（我用水倒了那人一脸）。）

在一些情况下，路径卫星语素可以和两种中的任一配价优先模式一起使用。英语的 *through* 一词在例(131)中就是这种用法。

(131) (*it* = 'my sword')
      （它 = '我的剑'）
      a. I (A) ran it (F) *through* him (G).
         （我（施事）用剑（焦点）刺穿他的身体（背景）。）
      b. I (A) ran him (G) *through* with it (F).
         （我（施事）用剑（焦点）刺穿他的身体（背景）。）

在 *through* 的这两种用法中，前者实际上是一个卫星语素介词。两个用法用我们的公式表达如(132)所示。[62]

(132) a. F…←through＞G
         （焦点……←穿过＞背景）
      b. G…←through(with＞F)
         （背景……←穿过(用＞焦点)）

在其他情况下，两个语义相同，甚至有时连形式都相似的卫星语素，在处理任一配价优先关系时作为一个互补对存在。依地语中可分离的动词前缀 *arayn-* 和 *ayn-* 表示方向性的 'in'（在……里面），例子如(133)所示（参看Ⅱ-5 章）。

(133) a. F…←arayn-(in＞G)'（方向的）in F-G'
         G…←ayn-(mit＞F)'（方向的）in G-F'
      b. Ikh hob   nishtvilndik   arayn-geshtokhn   a dorn (F)

I   have   accidentally   in(F-G)-stuck   a thorn
（我 已经   偶然地   在……里面(F-G)-扎 一根刺

in   ferd（G）
in-the   horse
在……里面 马）

"I stuck a thorn into the horse."
（我把一根刺扎到马身体内。）

c. Ikh hob   nishtvilndik ayn-geshtokhn   dos ferd（G）
   I   have   accidentally in (G-F)-stuck   the horse
（我已经   偶然地   在……里面(G-F)-扎 那匹马

mit   a dorn（F）
with a thorn
用   一根刺）

"I stuck the horse（in）with a thorn."
（我把一根刺扎到马身体里。）

3.8.2 用直接宾语表示'有界路径'的卫星语素

有几种印欧语言，它们具有相同的模式，即使用两种平行的结构来区分有界路径和无界路径，这些结构的不同在于控制配价的卫星语素。当路径是有界的，并且在一段时间内完成时，动词就有一个要求背景做直接宾语的路径卫星语素。对无界的、持续一定时间的路径而言，根本就没有相应的路径卫星语素，而只有一个把背景做介词宾语的路径介词。俄语表现的就是这种模式。这里将提及的卫星语素是 *ob-* 'circum-'（环绕、周围），如（134ai）而非如（134aii）所示；*pro-* 'length-'（长度），如（134bi）而非如（134bii）所示；和 *pere-* 'cross-'（横过），如（134ci）而非如（134cii）所示。

(134) a. i. Satelit   obletel   zemlju   (za 3 časa)
             satellite(NOM) circum-flew earth (ACC) in 3 hours
           （卫星（主格） 环绕-飞了 地球（宾格） 用三小时）
           "The satellite flew around the earth in 3 hours—i.e., made one complete circuit."
           （卫星用三个小时围绕地球飞了一圈——也就是说，飞行一周。）

       ii. Satelit   letel   vokrug zemli (3 d'na)

satellite (NOM) flew-along around   earth (GEN) for 3 days
（卫星（主格） 飞了-沿着绕   地球（所有格）三天）
"The satellite flew around the earth for 3 days. "
（卫星围绕地球飞了三天。）

b. i. On probežal   (vsju) ulicu   (za 30 minut)
he length-ran all   street(ACC) in 30 minutes
（他 长度-跑了整条 街道（宾格）   在 30 分钟内）
"He ran the length of the (whole) street in 30 minutes. "
（他在三十分钟内跑完了（整条）街道。）

ii. On bežal   po   ulice   (20 minut)
he ran-along along street（DAT） for 20 minutes
（他跑了-沿着沿着   街道（与格）   20 分钟）
"He ran along the street for 20 minutes. "
（他沿着街道跑了二十分钟。）

c. i. On perebežal   ulicu   (za 5 sekund)
he cross-ran   street（ACC) in 5 seconds
（他 穿过-奔跑了街道（宾格）   在 5 秒钟内）
"He ran across the street in 5 seconds. "
（他在五秒钟之内跑过了街道。）

ii. On bežal   čerez   ulicu   (2 sekundy) i
he ran-along across street(ACC) for 2 seconds and
（他奔跑-沿着过   街道（宾格） 2 秒
potom ostanovils'a
then   stopped
接着   停下了）
"He ran across the street for 2 seconds and then stopped. "
（他用两秒钟跑着横穿过街道，然后停了下来。）

德语中可能有一个类似的模式，尽管目前其口语化程度不同。在这种模式中，路径卫星语素的不可分离的形式用于及物结构。此处我们用来示例的不可分离的卫星语素有 *über-* 'cross-'（横过）和 *durch-* 'through-'（穿过、经过），如（135a），而非如（135b）所示。

(135) a. Er überschwamm/durchschwamm den Fluss
he over-swam/through-swam   the river(ACC)

(他 过-游了/穿过-游了　　　　那 河(宾格)
in 10 Minuten.
in 10 minutes
在 10 分钟内)
"He swam across/through the river in 10 minutes."
("他在十分钟内游过了那条河。")

b. Er schwamm schon 10 Minuten (über/durch den Fluss),
he swam already 10 minutes over/through the river (ACC),
(他游了　　已经　10分钟　过/穿过　那 河 (宾格),
als das Boot kam.
when the boat came
当　　小船 来了)
"He had been swimming (across/through the river) for 10 minutes when the boat came."
(当小船来的时候,他已经游(横穿小河)了10分钟了。)

人们必然会问,像我们所看到的这些关于卫星语素配价的区分是否具有普遍性。比如,在印欧语言中,表达一个'完整内部'的卫星语素似乎全部要求使用相反的 G-F 优先模式,表达有界路径的卫星语素在很大程度上倾向于要求背景做直接宾语。这些模式以及类似的模式是某种语言特有的还是特定语系范围内存在的? 抑或是普遍存在的呢?

4 动词复合体中的突显

与第 2 节及第 3 节内容都相关的一个理论视角是突显。具体来讲,突显是指一个语义成分根据其语言表征的类型,出现在注意的前景位置,或者相反地,这个语义成分构成语义背景的一部分,且获得很少的直接注意(参看 I-4 章)。对于这种突显,似乎存在一个最初的普遍原则。在其他条件相同的(比如这个成分在句子中的重音度或位置)情况下,这个语义成分会被背景化在以下表达形式中:主要动词词根,包含卫星语素的封闭类成分,即主要动词复合体。如果在其他位置出现,这个语义成分就会被前景化。这一原则可以称作**基于成分类型的背景化**原则(the principle of **backgrounding according to constituent type**)。

比如,例(136)中的前两个句子,它们传递的全部信息实质上是对等的。但它们的区别是,使用飞机作为交通工具的事实在例(136a)中是被前景化的,因为它是由一个副词词组和这个副词词组所包含的名词表达的,而它在例(136b)中是一条附带发生的背景信息,且词化并入主要动词。

(136) a. I went by plane to Hawaii last month.
（我上个月乘飞机去了夏威夷。）
b. I flew to Hawaii last month.
（我上个月飞到了夏威夷。）
c. I went to Hawaii last month.
（我上个月去了夏威夷。）

第二条原则似乎是前一原则的姊妹原则。一个概念或许多概念的一个范畴在背景化时更易于表达。即,当它能以背景化的方式,而不是只能以前景化的方式被提到时,说话者更倾向于表达这一概念,而不是省略它。在它能够被背景化而不是必须被前景化时,它在文体上更倾向于口语化的通顺表达形式。这被称作**背景化下的自然表达**原则(the principle of **ready expression under backgrounding**)。例如,一个方式概念——像前一个例子中航空交通工具的使用,当它表征在像例(136b)的主要动词那样的背景化结构成分中时,而不是像(136a)的副词词组那样的前景化成分结构中时,它表达起来可能更容易——也就是说,表达得更频繁、更口语化。

第二条原则本身有一个伴随原则:当一个概念被背景化并因此表达起来更容易时,它传达的信息内容可被包含在一个具有明显的较低认知成本的句子中——具体地说,说话者不需要用更多的努力或听话者不用施加额外注意。这第三条原则被称作**背景化下附加信息的低认知代价**原则(**low cognitive cost of extra information under backgrounding**)。因此,例(136b)除了表达和(136c)相同的信息内容外,还包括位置改变的具体概念,还表示这种位置改变是通过使用航空交通工具实现的。但是这种附加的信息是"无代价"的,因为显然例(136b)可以和传递更少信息的例(136c)一样,被轻松地表达出来,此时说话者和听话者都不需要付出很大努力。最后,由于有第三条原则,一种语言可以比另外一种语言(这种语言不允许将这种信息背景化)——或同一种语言用法中的另一个部分——更随意地、轻松地把更多的信息放在一个句子中,这被称为**背景化下额外信息的自然包含**原则(the principle of **ready inclusion of extra** information under backgrounding)。

第四条原则可以从当前问题中得到论证,即,从不同语言类型之间和同一种语言的不同部分之间的相异突显现象中得到论证。语言在它们所能表达的信息内容方面很具有可比性。但是,各种语言之间的不同之处在于能以背景化方式表达的信息数量和信息类型。英语和西班牙语在这一点上形成对比。英语有其具体的动词词化并入模式和多重卫星语素承载力,可以以背景化方式表达事件的方式或原因,以及表达含有多至三个组成部分的路径复合体,如例(137)所示。

(137) The man ran back down into the cellar.
（那个人跑回去,进了地下室。）

在这个相当普通的句子中,英语已经背景化了——并且因此通过第四条原则,轻松地集中了——所有的信息:这个人去地下室的行程是通过跑(*ran*)来完成;他最近已经去过地下室一次,因此这是一个返程(*back*);他的行程从高于地下室的某一点开始,所以他必须下去(*down*);这个地下室是一个封闭体,因此他的行程是从外进入的(*in-*)。与之形成对比的是西班牙语,西班牙语有不同的动词词化并入模式和几乎没有能产性的卫星语素,只能背景化四个英语成分中的一个,并通过其主要动词达到这个目的;其他被表达的成分被迫被前景化在一个动名词或介词词组中。同时,借用第四条原则,这样的前景化信息是不易被包括在内的。事实上,试图把所有的信息包含在一个句子中的做法是不可接受的。因此,在目前情况下,西班牙语可以很轻松地只表达方式,如(138a)所示,或者只表达某一个路径概念与表方式的动名词的搭配,如(138b)到(138d)所示。对于可接受的文体来说,深一层的成分必须省略或留着让人来推理,或在语篇中的其他地方确立。

(138) **与信息充实的英语句子(137)最接近的西班牙语句子**

  a. El hombre corrió a -l sótano
   the man ran to-the cellar
   （那人 跑了 到-那 地下室）
   "The man ran to the cellar."
   （那个人跑去了地下室。）

  b. El hombre volvió a -l sótano corriendo
   the man went-back to-the cellar running

(那 人　　　去了-回　到-那　地下室 跑着)
   "The man returned to the cellar at a run."
   (那个人跑着返回了地下室。)

c. El　hombre bajó　　a　-l　sótano corriendo
   the man　　went-down to -the cellar　running
   (那 人　　　去了-下　　到-那　地下室跑着)
   "The man descended to the cellar at a run."
   (那个人跑着下了地下室。)

d. El　hombre entró　　a　-l　sótano corriendo
   the man　　went-in to-the cellar　running
   (那 人　　　进了-里到-那　地下室跑着)
   "The man entered the cellar at a run."
   (那个人跑着进了地下室。)

在对比卫星语素框架语言(如英语)和动词框架语言(如西班牙语)的书面语时,除了表达路径和方式的位置区别,Slobin(1996)证明了两种语言类型的另一种区别。正如 Talmy(1985b)已经观察到的,Slobin 证实了在表达运动的句子中,英语对于方式的表达不受限制,而在西班牙语中这种情况却很少。[63] 方式在英语中典型地在主要动词中表达,在西班牙语中却在一个动名词成分中表达。他探讨了这个区别产生的原因,但却没有说明为什么这种现象能导致观察到的结果。相反,我认为,原则上两种语言在其用法上应该是对等的,因为两种语言类型都是在动词和一个非动词成分中表达方式和路径,只是表达方式相反。

我们认为,在本节开头出现的前两个原则是解释英语和西班牙语之间用法的不同所必须的。在英语中,方式和路径都典型地被表达在背景化的结构成分中,即主要动词词根和封闭类卫星语素中。因此,我们可以预测到一个句子将轻松地包括这两个语义范畴,这正是我们所发现的情况。但是,在西班牙语中有一种典型现象:只有路径在一个背景化结构成分中即主要动词词根中被表达出来,而方式在一个前景化结构成分即一个动名词或一个副词词组中被表达出来。因此我们预测,路径通常在一个句子内表达,而方式的表达却不是。同样,这正是我们所发现的情况。一种动词框架语言的表现可以用于检验上述解释。这种动词框架语言的方式不是在一个动名词或一个副词词组中表达,而是在一个真正的封闭类卫星语素中表达。对于这样一种语言,和 Slobin 调查的动词框架语言不同,我们预测这种语言的句子中包括一个像路径的表达那样轻松的方式表达。在 3.4 节讨论的内兹佩尔塞语就是这种语言的一个例子。但是本文尚未从该语言的篇章或类似的文本出发,分析自然的方式表达是否如本文预测的那样。

虽然到目前为止,本文从普遍模式差异上进行了对比阐释,但是同样类型的对比也可以在个体语素层面上进行,甚至是在像俄语和英语这样有相似模式的语言中进行对比观察。比如,俄语中有一个路径卫星语素＋介词的复合体,<*pri-k*＋DAT>'into arrival at'(到达),它将背景表达为要到达的目的地。英语中缺少这种表达,要想这样表达必须借助西班牙语的表达模式,用一个词化编入路径的动词(*arrive*)来表示。如例(139b)所示,和以往一样,英语只能用这种非本族语词化并入类型蹩脚地进一步表达方式成分。作为对比,(139a)阐释了通常的俄语与英语相似的结构。在此,两种语言表示路径概念'接近邻近的一点但不触及'('to a point adjacent to but not touching')时都用一个卫星语素＋介词的复合体,俄语用<*pod-k* ＋ DAT>,英语用<*up to*>。

(139) a. 俄语　On pod-bežal　k　vorotam
　　　　　　　　he　up. to-ran　to gates(DAT)
　　　　　　　（他 上到-跑了 到大门（与格））

　　　英语　"He ran up to the gate."
　　　　　　（他跑向大门口。）

b. 俄语　On pri-bežal　　　k　vorotam
　　　　　　　he　into. arrival-ran　to gates(DAT)
　　　　　　（他 进入到达-跑了　 到大门（与格））

英语　"He arrived at the gate at a run."
　　　（他跑着到了大门口。）

在这个例子中,英语表现出在同一种语言中——尽管这仅涉及要表达的不同的具体概念——一种用法的不同的分区是如何有区别地使用本部分开头所提出的两条原则进行表达。因此,当和路径概念'up to'搭配时,方式（这里是'running'（跑着））能轻松地在背景化结构成分中（主要动词）被表达出来。但是,当和路径概念'arrival'搭配时,它被迫在一个前景化的结构成分（这里是一个副词词组）中表达,因此只能花更大的认知代价来表达。

再次回到普通层面上,我们可以把语言之间的对比扩展到它们典型背景化的信息的数量和类型上,就像英语对比西班牙语,阿楚格维语对比英语。像英语一样,阿楚格维语可以在其动词复合体内以背景化的方式表达原因和路径。但是,进一步来讲,它还可以在其动词复合体内以背景化的方式表达焦点和背景(如前所示)。以(36b)中的多式综合形式为例,近似表达如例(140)所示,该例对语素做了标注,并用破折号分开。

(140) (it)—from-wind-blowing —icky-matter-moved —into-liquid —Factual
((它)—从-风-吹着 —黏的-物质-移动了 —到……里 ——事实
　　　　　　　　　　　　　　　　　　　　　液体)　　语气
　　　原因……]　　　　　焦点……]　　　　　路径＋背景

我们试图以下面两种方式中的任何一种把英语句子和这种形式相配对:在信息内容中或在背景化中取得对等。为取得信息上的对等,英语句子必须包括完整的独立名词词组以表达不能背景化的、附加的两个成分——焦点和背景。这些名词词组在阿楚格维语中为所指对象的精确标记,如例(141a)中的 *some icky matter*(一些黏稠的物质)和 *some liquid*(一些液体)形式。或者,若想在口语化方面和原形式对等,名词词组能够提供与一个特定所指情景相关的、更具体的表达,如例(141b)中的 *the guts*(内脏)和 *the creek*(小溪)形式。无论何种方式,只用这样的名词词组就足以引起对其内容的前景化注意。两种语言对于原因和路径的表征在此不予讨论,因为两种语言都用各自的方式背景化这些语义成分。阿楚格维语在其原因卫星语素中背景化原因,在其路径＋背景卫星语素中背景化路径,而英语在动词词根(*blow*)中背景化原因,在路径卫星语素(*in(to)*)中背景化路径。

(141) a. Some icky matter blew into some liquid.
　　　　(一些黏稠的物质被吹入液体中。)
　　　b. The guts blew into the creek.
　　　　(内脏被吹到了小河湾里。)

另一方面,如果英语句子要和阿楚格维语形式在信息的背景化中取得对等,那么它就必须如(142)所示,使整个名词短语脱落或把它们变成代词。

(142) It blew in.
　　　(风吹了进来。)

然而,这种背景化的对等是以信息丢失为代价的,因为最初的阿楚格维语形式额外表明'it'是黏稠的,且进入的是液体。因此,由于其卫星语素的数量和语义特征以及其动词词根的语义特征——阿楚格维语对此有着相对精确的区分——在一个背景化了的注意层面,阿楚格维语能够比英语表达更多的运动事件的成分。[64]

5 结 论

本章主要的论证结论是:语义元素和表层元素在类型学的和普遍性的具体模式中相互关联。经研究,我们得出以下几点结论。

首先,本章论证了一些语义范畴的存在和本质,比如'运动事件''焦点''背景''路径''副事件''先发关系''使能关系''原因''方式''角色构成'等,还论证了一些句法范畴,如'动词复合体''卫星语素'和'卫星语素介词'。

其次,以前的大部分关于类型学和普遍性研究都把语言的词汇因素看作是不言而喻的成分,所以从不分析构成它们的语义成分。因此,对于这些语义成分的完整形式所能反映的特征,具体地说,就是词序、语法关系和格角色,此前的研究是有局限性的。另一方面,有关语义分解的大部分研究还不涉及跨语言对比。本研究已经把两个关注点结合在一起。本研究已经确定了构成语素的某些语义成分,并且分析了它们在表层模式中出现时所展现出来的跨语言的差异和普遍性。因此,我们的研究不是为了确定词序和词的角色,而是提出了出现在表层的语义成分;此外,还确定了有哪些语义成分,以及它们的位置(即它们的"主体"成分或语法关系)和它们在某一位置上的搭配形式。

第三,这种与成分有关的跨语言对比方法能够实现其他方法所不能做到的详细观察。第4节对信息的'突显'问题的讨论验证了这一点。以前对突显的研究一直仅仅局限在整个词汇项,因此只是对它们的相对顺序和句法角色的研究——以往的研究也仅仅适用于对这些的分析,为了进行跨语言对比已经形成了如下概念:话题、评论、聚焦点、新旧信息。但除此以外,本文中的方法可以根据其出现在表层位置中的类型,对比词化编入的语义成分的前景化和背景化现象,之后可以对比每种语言选择这些词化编入模式的系统性效果。

第四,我们对出现在表层的模式的深究已经超出了针对单个语义成分的单次研究,而是处理同时出现的多个成分(如组成运动事件及其副事件的那些成分)。因此,我们不仅仅采取如下形式:语义成分'a'在语言'1'中的表层成分'x'中出现,在语言'2'中的成分'y'中出现;也采取这种形式:当语义成分'a'在语言'1'中的成分'x'中出现,在横组合关系上相关的成分'b'和'c'在这种语言中的成分'y'和成分'z'中出现,然而同样的一组成分在语言'2'中却表现出不同的表层组合形式。也就是说,这个研究关注的是语义与表层关系的完整系统的特征。

第五,利用文中的方法,我们发现意义与形式在一种语言的历史中表现出某些历时的转换和保持。我们可以发现这样的变化方式:语言中某些类别的语素的语义成分随句法模式——这种句法模式把句子中的语素放在一起——的改变而改变。

最后,根据本文的研究方法,我们认为,认知结构和过程构成本文提出的以下内容的基础:语义和句法范畴、语素的语义组成和它与句法结构的相互关系、意义与形式相互关系的类型和普遍性以及这些内容的历时转换。

注 释

1. 本章对 Talmy(1985b) 进行了较大的修改和扩展。II-2 章包含了修改后的 Talmy(1985b) 关于意义与形式结合的概要,此外还有对本章中出现的内容的进一步分析。

   本章引用的几种外语实例得到了其母语使用者的帮助,在此向他们表示感谢。其中包括: Selina LaMarr 就阿楚格维语(作者曾对此进行田野调查)提供的帮助; Mauricio Mixco 和 Carmen Silva 就西班牙语提供的帮助; Matt Shibatani, Yoshio 和 Naomi Miyake 就日语提供的帮助; Vicky Shu 和 Teresa Chen 就汉语提供的帮助; Luise Hathaway, Ariel Bloch 和 Wolf Wölck 就德语提供的帮助; Esther Talmy 和 Simon Karlinsky 就俄语提供的帮助; Tedi Kompanetz 就法语提供的帮助; Soteria Svorou 就希腊语提供的帮助; Gabriele Pallotti 就意大利语提供的帮助;还有 Ted Supalla 就美国手势语提供的帮助。

   此外,本章中其他几种语言的数据来自以下人员的研究成果,在此向他们表示感谢。其中包括:Haruo Aoki 对内兹佩尔塞语的研究, Ariel Bloch 对阿拉伯语的研究; Wallace Chafe 对喀多语的研究; Donna Gerdts 对哈尔魁梅林语的研究; Terry Kaufman 对泽尔托尔语的研究; Robert Oswalt 对西南霍次语的研究; Ronald Schaefer 对依麦语的研究; Martin Schwartz 对希腊语的研究; Bradd Shore 对萨摩亚语的研究; Elissa Newport 和 Ursula Bellugi 对美国手势语的研究。另外,在此向以私人交流方式予以帮助的人员表示感谢。依地语的数据来自作者本人,但拉丁语的数据来自词典。Tim Shopen 对本章手稿做了大量的编辑工作,在此表示特别的感谢。另外还要对 Melissa Bowerman, Dan Slobin, Johanna Nichols, Joan Bybee, Ed Hernandez, Eric Pederson 和 Kean Kaufmann 表示感谢,与他们的交流让作者受益匪浅。

2. 实义词汇类型无法表达的语义,可由语言中的零形式来表达。譬如德语中没有动词能表示'走'的普通的语义（引文中的零形式）。Gehen 指走的进行时（walking），因此，我们不能问一个游泳者"Wo wollen Sie denn hingehen（你要去哪里）"。

3. I-1 章指出，语言中的封闭类形式的所指构成了该语言的基本概念构建系统。因此，根据此处的一组语义范畴也是由封闭类卫星语素形式表达的这一事实，我们可知这些范畴也属于语言的基本概念构建系统的一部分。

4. 除了这三种过程以外，我们在分析时有时会引出语义的再分割（semantic resegmentation）的概念。譬如（vi）中所举的 shave（刮脸）的例子：

  （i） I cut John. （我割伤了约翰。）
  （ii） I shaved John. （我给约翰刮了脸。）
  （iii）I cut myself. （我割伤了自己。）
  （iv）I shaved myself. （我给自己刮了脸。）
  （v） *I cut. (*我割了。)
  （vi）I shaved. （我刮了脸。）

我们可以这样认为，由于上述三种过程中任何一种所起的作用，（vi）中包含了反身指代语义成分：因为该语义可由动词的词汇化获得，从句子中删除获得，或由语用推断获得。然而，如若反身指代语义被认为是由（ii）和（iv）派生得出，则我们便可假定反身语义存在于句子之中。换种思考方式，我们也可以认为（vi）中的用法是最基本的，直接意指个人的一个具体行为模式，完全不含反身指代语义。

5. 这些形式表达了普遍性语义元素，且不能将它们等同于表征这些语义元素的英语表层动词。我们用大写形式表示这些语义元素，以强调其不同。

6. 我们的焦点概念基本等同于 Gruber(1965)的术语"主位"（theme）。所不同的是，Gruber 并没有抽象出一个语义形式，如我们的术语背景，Fillmore 也没有。Langacker(1987)的术语"射体"（trajector）和"路标"（landmark）与我们的焦点和背景具有高度相似性，具体来说，他的路标与我们的背景都具有同样的抽象性优势，这一点要优于 Gruber 和 Fillmore 的理论。

7. Talmy(1991)之前所用的术语"支撑事件"（supporting event），现在换成了术语**副事件**（Co-event）。

8. 被词化编入动词的成分与动词外部的其他成分之间的联系可以表现在词汇句法上，也可以表现在语义上。譬如，在其基本用法中，英语中的不及物动词 choke（窒息）要求组成成分中有介词 on，用来表达引起窒息的物体，如（a）句所示。该词不需要表示工具的 with-类介词成分，这点有别于许多别的语言。然而在表达 choke 的第二种用法时，即额外词化编入表示状态改变的'becoming'（变成）含义时，从词汇句法角度来说，on 就要保留，就像在（b）中那样。对此，我们的解释是第二种用法派生于第一种用法，而对于介词的特殊要求正是基于第一种用法，这些关系在（26a）中得到清晰的展示。

  （a）He choked on a bone. （他因一块骨头而窒息。）
  （b）He choked to death on a bone. （他因一块骨头而窒息致死。）

9. 迄今我们所遇到的有关类型 1 和类型 2 用法的动词中——像 float（漂）或者 kick（踢）——类型 1 的词汇用法是基本的，而类型 2 则添加了位移运动成分。基于此，让我们分析一下动词 jump（跳）和 run（跑），二者都指"通过脚部移动促使身体运动"。jump 看似是基于基本词义的。例如在 I jumped（我跳）中，jump 的使用并不包含进一步的空间所指，它体现了类型 1 的用法，所指对象仅仅为"利用脚部将自己移动到空中（也有可能返回到地面）的动作"。接下来，在类型 2 的用法中，它可以增加一种额外的位移运动，如 I jumped along the hallway（我沿着走廊跳过来）所示。比较而言，run 似乎被词汇化为类型 2 用法的基本形式。因为当不包含进一步的空间所指时（譬如 I run（我跑）），该例句的唯一解释是"我利用足部的不断运动，实现自己在空间中的位移"。为了获得类型 1 的语义，我们需要添加额外的短语，譬如 I run in place（我在原地跑）。此时的类型 1 语义就像是从类型 2 的基本语义中通过语义"切割"派生而来——该过程在 II-3 章中被称为"语义削减"（resection）。

10. 和许多其他不同的语言描写方法一样，目前这两种方法的任何一种，对语言不同方面的描述，有利有弊。先说后者，弊端为：本章的词汇分析，把（28）中 reach 的三种用法当成了不同的词汇化，这种分析有点牵强。另外，构式分析不能很好地解释无法出现在运动结构中的动词，如（17）中的 lie（躺）；也不能很好地解释要求使用运动结构的动语，如（18）中的 glide（滑行）。在这里，因为单个实义动词在任何情况下都需要被标记以确定它们能出现在哪种结构中，所以构式分析行不通。此外，构式分析无法解释为什么英语不能像德语一样，使用运动构式（见（27c））来表征逆向使能关系，抑或像汉语一样表征未然完成、超然完成和反向完成语义关系（见 II-3 章（51）-（53）），以及像阿拉巴霍语（Arrerndte）那样用 'He sat/lay to the hospital'（他坐着/躺着去医院）来表示"He drove/rode lying on a stretcher to the hospital"（他躺在担架上开车/乘车去医院）（与 David Wilkins 的个人交流）。

11. 可以肯定的是，在较细的颗粒度下，自足运动就变成了位移运动。因此，当球向上弹跳时，球从地面位移到空中的某一点上。在原木旋转半圈的例子中，原木上的一点从弧的一端运动至另一端。但在粗糙的颗粒度下，这些局部位移运动就彼此抵消了。

12. II-3 章花了大量篇幅讨论了另外三种隐喻的扩展形式：从运动到"体相"（temporal contouring），到"行动关联"（action correlating）和"实现"（realization）。

13. 在 II-3 章中，副事件与主要事件的关系被称为"支撑关系"，二者在那一章中所处的理论背景也较为宽泛。此外，II-3 章中的第 7 节描述了副事件动词和卫星语素之间的一系列语义关系。这些关系包括确认（confirmation）、完成（fulfillment）、未然完成（underfulfillment）、超然完成（overfulfillment）和反向完成（antifulfillment）。与此处不同的是，这些关系都是由卫星语素赋予动词的。

14. 逆向使能关系不是英语中的一种结构类型。前缀型卫星词缀 un- 乍看起来像，实则不然。相反，卫星词缀 un-（譬如 untie（解开）中）直接表示逆向过程本身。它并不指主要运动事件，但德语卫星语素 auf- 却指'[运动至]敞开的构形'。

15. 非运动事件的动词也具有不同类型的副事件关系，这是它具有概括性特征的一个标志。例如，表示目的的语义是可以被词化并入到英语动词 wash（洗）和 rinse（冲洗）中的（详见 II-3 章）。这些动词除了均表示与液体有关的动作之外，还表明这些动作的目的都是清除污渍或肥皂。二者被认定为词化编入的一个证据是，当语用背景和清除目的相矛盾时，这两个动词是不能被使用的。

　　(i) I washed/rinsed the shirt in tap water/ * in dirty ink.
　　　（我在自来水/ * 黑墨水中洗/涤衬衫。）

然而其他类似的动词,如 *soak*(浸)和 *flush*(冲),由于不包含主要行为以外的目的,可以出现在下面的语境中:

(ii) I soaked the shirt in dirty ink/I flushed dirty ink through the shirt.
(我把衬衣浸泡在黑墨水里/我用黑墨水冲洗了衬衣。)

此外,原因和方式同样也可以被词化编入动词,这些动词不在运动系统内。例如,英语动词 *clench*(握紧)可以在某些场合中表示如下意思:因内部(神经)活动而将手指弯曲在一起。而其他原因与这个动词不匹配:

(iii) a. My hand clenched into a fist from a muscle spasm/ * from the wind blowing on it.
(我的手因为肌肉痉挛/ * 因为风吹蜷成了拳头。)

b. I/ * He clenched my hand into a fist.
(我/ * 他把我的手蜷成拳头。)

我们对比一下 *curl up*(卷起),这个词表达的主要动作和 *clench* 表达的主要动作相似,但对行为产生的原因没有限制:

(iv) a. My hand curled up into a fist from a muscle spasm/from the wind blowing on it.
(我的手因为肌肉痉挛/因为风吹蜷成了拳头。)

b. I/He curled my hand up into a fist.
(我/他把我的手攥成了一个拳头。)

16. 在更口语化的使用中,动名词 *flotando*(漂浮)多紧跟在动词后,然而为了表达清晰,这里我们把它放在最后。这样安放虽然不合常理,但也可行。

不管是在一般用法中或是在多义词用法中,西班牙语中的介词 *por* 包括一系列的路径类型,这里用最相近的英语形式予以标注。

17. 除了施事者本体位移外,相同的语义复合体可由中层动词 CARRY 表示。该动词包含 *carry*(运送)、*take*(拿去)和 *bring*(带来)的意思。

18. 和深层语素一样,表达某一深层介词的形式是不能等同于英语表层词汇的。事实上有几个形式是我们创造出来的。因而,ALENGTH 表达的基本概念是在有界范围内展开的完整路径。值得注意的是,我们有必要将矢量 TO 和 FROM 细分为两种类型,一种为离散位移的概念,另一种则表达沿直线前进的概念。

19. 因此,指示词仅是矢量(Vector)、构形(Conformation)和背景(Ground)中特殊的一种,并非另外一种语义要素,但由于它在语言中经常出现,便有了独立的句法地位。

20. 西班牙语这一特征有一个例外,即限制性结构,如 *Venía/Iba entrando a la casa*,'他来到/走进房子里'。

21. II-4 章显示阿楚格维语用一种完全不同的方式来区分语义空间——这种方式是基于另一种语义背景——因而与熟悉的欧洲语言不同。例如,表达'目标控制'(object maneuvering)的动词在阿楚格维语中是完全缺失的,但这些动词在英语中存在,如 *hold*(持),*put* (in)(放(进)),*take* (out)(拿(出));*have* (使),*give* (to)(给(予)),*take* (from)(拿(走));*carry*(携),*bring* (to)(带(来)),*take* (to)(领(来));*throw*(扔),*kick*(踢),*bat* (away)(击(跑));*push*(推),*pull* (along)(沿着拉(着))。这些动词所表示的语义成分在阿楚格维语中或以不同的方式予以省略,或由不同的成分类型分摊,或由构式表达。

22. 在英语中,出现在本系统里的路径似乎只能出现在接触类形式 'into/onto' 中。一个例外是,*quarry*(开采) '$_A$MOVE out of a quarry(施事 运动 出一个采石场)',譬如 We quarried the granite(我们开采出了花岗岩),动词 *mine*(开矿)具有相似的意思,如 We mined the bauxite(我们开采出了铝土矿)。

23. 含有路径词化并入运动的语言通常并不会将词化并入的类型扩展到方位格,而是采用零词化并入的方式,就像西班牙语一样。然而零词化并入模式并非普遍存在。毫可米兰语(Halkomelem)是加拿大的一种撒利希语(Salish)(Gerdts 1988),就有一系列将特定地点和 BE$_{LOC}$ 词化并入的动词词根。

尽管很难形成一种特有的系统,方位+地点的动词表达方法却不受限制。英语就有很多这样词化并入的偶然实例——如 *surround*(环绕)('be around'(处于环绕之中)),*top*(在……之上)('be atop'(在最顶端)),*flank*(侧攻击)('be beside'(在旁边)),*adjoin*(毗连),*span*(跨越),*line*(排列),*fill*(装满),正如 A ditch surrounded the field(沟渠环绕着田野),A cherry topped the dessert(樱桃在甜点的最上面),Clothing filled the hamper(衣服装满了篮子)。只是这些动词很少在口语系统中用于表达方位概念。

24. 英语比西班牙语更统一,也就是说,它的分裂系统更少,它把运动事件中副事件的词化并入模式引申到方位表达上。举例见 The painting lay on/stood on/leaned against the table(画放在/立在/靠在桌子上)。尽管如此,和西班牙语一样,英语也有系动词的零词化并入结构,举例见 The painting was on/against the table(画在/靠在桌子上)。

25. 在依麦语中,路径被认为是以下两种主要类型中的一种:沿一条轨迹直线前进,或从某个参照点、或到某个参照点的离散性位移。在副事件词化并入的主要动词之后,路径轨迹的类型由其中的一个路径动词来表示,该动词现在的身份是卫星词素而不是主要动词。路径的位移类型由一系列非方位动词标识表示。

26. 方位动词也可与表示方向的词搭配出现。譬如,我们可以想象这样一个动词,它可以用来表达'弯曲的焦点'和'向下'的方向性二重意思,即'一个弯曲的物体掉了下来或一个在掉的过程中变弯曲了的物体停在了某个面上'。我们注意到,阿楚格维语在语义和句法上有相似的结构,详见Ⅱ-2 章中的 4.2.4 节。主要的不同点在于,在以上结构中,泽尔托尔语中的位置动词含有'停在了某个面上'的语义成分,而在阿楚格维语中,表示形状(改变)的动词词根缺乏这样的语义成分,因而在构词造句时表示更多种类的位移事件。

27. 在此处以及其他形式中,这两种结构似乎有以下不同:路径动词表明沿一个轨迹的运动,直至到达焦点的终点,而路径卫星语素只表明运动事件到达终点。如果这样的语义区分是正确的,则可断定希腊语不存在并列系统,只有分裂系统。

28. 这并不是说动词词根总有一个明确的基本体,动词词根可以有一系列不同的体,分别在不同的语境中使用。因而,英语 *kneel*(跪)在 She knelt when the bell rang(铃声响起时,她跪下了)中是一个单次体,而在 She knelt there for a minute(她在那里跪了一分钟)中则是一种稳态体。

29. 以下两种语法形式,*keep* -*ing* 和 V$_{dummy}$ a [— + Deriv]$_N$ 被认为是可以引发某些认知过程。二者分别叫**复元化**(multiplexing)和**单元摘选**(unit excerpting)。这两种加工过程在 I-1 章中曾予以讨论。

30. 关于自我施事和诱发类型的表征,详见 2.1.3.2 部分。
31. 并非只有不及物句才是自发的。譬如,An acorn hit the plate(橡子打在了盘子上)就是自发的。这种表达要求句子不能包含原因(如 An acorn broke the plate(橡子打烂了盘子))。
32. 结果事件类型(b)在语义上比使因事件类型(c)更基本。关于这一点的讨论参见 I-6 和 II-6 章。
33. 碰撞物是使因事件的焦点,然而在整体的因果情境语境下,它只不过是工具。也就是说,作者认为"工具"不是一个基本概念,Fillmore(1977)对此也持同样观点。它是一个派生概念,由另一个更为基本的概念——一个序列因果事件下的工具是使因事件的焦点——产生。
34. 有意识的动作是致使链中的第一环。通过内部(神经)活动引发身体的运动。需要注意的是,身体的运动即使未被提及,对于最终的物理事件也是必不可少的。那么,尽管在句子 Sue burnt the leaves(苏焚烧了树叶)里,苏只作为动作发出者出现,树叶被焚烧只是最终事件,但是,我们必须推断出的不仅是火是直接工具,还包括苏(通过自己的意志)用身体控制它。动作发出者和结果子事件之间存在一条链,该链条上所有的致使子事件的明确指称被典型地省略。关于这一现象,详见 I-4 章。
35. 我们对此做进一步的分析:某种事物作用于某个有知觉的实体,使其产生了发出某种动作的意向。该意向又导致某实体按常规的施事方式发出了某种具体动作。那么,这个实体是被导致像一个施事一样发出动作。因此,对于"诱发性",我们可以用另一术语"致使性施事"来替换(也可用"煽动性")。见 I-8 章。
36. 这里可以看出语义和结构的相似性。注意从自发结构转换到同源施事结构的过程(譬如从 The ball rolled away(球滚走了)到 I rolled the ball away(我把球滚走了)),是不及物性向及物性的转换过程以及在语义上添加施事性的过程。同样,从自我施事结构向同源诱发结构的转换(譬如从 The horse walked away(马跑开了)到 I walked the horse away(我牵着马走开了)),也涉及不及物性向及物性的转换过程以及在语义上添加施事性的过程。以下句子用相同的事件参与者阐释了所有的四种结构:

　　(i) 诱发的:They sent the drunk out of the bar.
　　　　(他们把醉汉弄出了酒吧。)
　　(ii) 自我施事的:The drunk went out of the bar.
　　　　(醉汉走出了酒吧。)
　　(iii) 施事的:They threw the drunk out of the bar.
　　　　(他们把醉汉扔出了酒吧。)
　　(iv) 自发的:The drunk sailed out of the bar.
　　　　(醉汉跌跌撞撞出了酒吧。)

上面每一个句子的语义特征似乎被纳入了下一句中。因而,我们倾向于把自我施事事件理解成在事件内部产生,由施事者本人发出;把诱发事件中的诱导者理解成直接引起最终事件,而未在中间插入行动者的意志。在 I-7 章中,这种施加语义特征的行为被称为认知过程中的"具像化",I-4 详细阐释了诱发事件中中介施事的背景化。

37. 无论是否增加语法元素,含有两种词汇化类型的动词都可以表达同一种含义。hide(藏)和 set…upon(让……攻击)为我们提供了这样的例子。hide 含有施事和自我施事两种类型,*set...upon* 则有自我施事和诱发两种类型。

  (i) She hid herself behind the bushes. = She hid behind the bushes.
   (她把自己躲藏在灌木丛后。= 她躲藏在灌木丛后。)
  (ii) He had his dogs set upon (i.e., fall upon) us. = He set his dogs upon us.
   (他让狗攻击(即,进攻)我们。= 他放狗攻击我们。)

38. 对此,我们观察到的状态动词的三种体致使(aspect-causative)类型有如下特别的表现方式:(1)身体或物体非致使性地处于某一姿势,或生命体自我施事性地将其身体置于某一姿势中;(2)身体或物体非致使性地进入某一姿势,或生命体自我施事性地使其身体进入某一姿势;(3)施事者使另一身体或某个外物进入某姿势。

39. 此处最后两个动词的静态用法不是很直观。我们可以从以下两个句子中更详细地看一下。

  (i) She bent over the rare flower for a full minute.
   (她让这种珍贵的花整整弯曲了一分钟。)
  (ii) He bowed before his queen for a long minute.
   (在皇后面前,他鞠了长达一分钟的躬。)

40. 我们此处关注的形式在古英语中更为明显。因此,现代英语中的动词能否派生出施事者尚存争议。但是,对于明显具有这样形式的语言来说,仍有足够多的类型在例证和表征语言。后者中有一些很明显是犹特-阿兹特卡语(Uto-Aztecan)(和 Wick Miller 的私人交流)和毫可米兰语。

41. 反身指示词的该用法是一种特殊的语法手段,并没有语义上的理据。因为在当下语境中,我们无法得出反身指示词的一般意义。通常来说,反身意味着某个人对自己做想对另一个人做的事情。然而当前的动作为将臂膀环住对方身体,抱起再放下,显然这个动作不能对自己做。相反,该动作是通过内部的神经肌肉的活动完成的。

42. 西班牙语中的这种后缀通常词化编入一种被动意义(日语中的 -*te* 与之相似,但 -*te* 没有语态特征)。然而,目前的结构,如在 *estaba acostado* 中——字面意义是'我躺下了'——通常被认为没有被动意义,就像英语用法中的 'I lay (there)'(我躺(在那里))。

43. 之前所讲的姿势范畴大部分是非关系型的。仅仅通过观察一个形体,我们就可以基本确定它的构型。然而'位置'范畴却属于关系型。它包括一个物体与另一个物体之间的相对位置(通常后者为前者提供支持)。在跨语言中,经常被词汇化在动词中的位置概念有 'lie on'(躺在……上),'stand on'(站在……上),'lean against'(倚靠在……上),'hang from'(从……悬挂下),'stick out of'(从……伸出来),'stick/adhere to'(附在……上),'float on (surface)'(漂浮在……(面)上),'float/be suspended in (medium)'(漂浮于/悬在……(媒介)里),'be lodged in'(处于……),'(clothes) be on'((布)覆盖在……上),'hide/be hidden (from view) + Loc'(隐藏于(视野)之外 + 方位,姿势范畴和位置范畴之间的区别不明确,也可能会有重合。但是,在一些情况下,在许多语言中,这些尝试性的分类确实会被区别性地看待。

44. 与 *hide*(躲藏)不同,英语中有一些词可以表达所有三种状态关系,包括状态离开:

  (i) She *stood* there speaking.
   (她站在那里讲话。)

　　　　　(ii) She *stood up* to speak.
　　　　　　　（她站起来讲话。）
　　　　　(iii) She *stood down* when she had finished speaking.
　　　　　　　（讲完后，她走下去了。）
45. 含有 *stop*（停止）的结构，如 *stop being sick*（不生病了）和 *stop someone from being sick*（给某人治好了病），此处不加考虑。因为在这样的表达方式中，*stop* 作用于已经带有 *be* 的动词结构，而非自己直接作用于形容词 *sick*（有病的）。
46. 限定词"原型性"被应用到了一个句子的句法形式上，因为有时人们想用边缘化句法形式。譬如句子 *I took a nap*（我打了个盹）在形式上是及物的（有时甚至可以被动化，像 *Naps are taken by the schoolchildren in the afternoon*（下午，孩子们打盹了）），可是有人仍想把这句话看成不及物句，既基于语义背景，又因为该句和形式上的不及物句 *I napped*（我打盹了）很相似。再譬如，句子 *I pounded on the table*（我砸在桌子上）在形式上是不及物的。然而有些人却仍想把它当及物句看待，理由既有该句在语义上指称除行动者之外的受影响的物体，又有该句与形式上的及物句 *I pounded the table*（我砸桌子）相似。上述不同的语义判断问题可以通过角色构成包络来准确解决。
47. 在本节中，前面对单语素动词所做的界定在此没有那么严格了。这里我们考虑的是词汇的复合形式，如 *rip off*（盗）和像 *frighten*（惊吓）这样的复合语素型动词。这里放宽界定是可行的，因为配价特征既可以存在于语素复合体中，又可以存在于单个词根中。
48. 这里最终的所有格表示法只是文学上的。然而，别的动词可以和含有焦点的、口语中的 *mit* 短语进行搭配：
　　　　(i) a. Ich warf faule Äpfel auf ihn.
　　　　　　"I threw rotten apples at him."
　　　　　　（我朝他扔烂苹果。）
　　　　　　b. Ich bewarf ihn mit faulen Äpfeln.
　　　　　　"I pelted him with rotten apples."
　　　　　　（我用烂苹果扔他。）
　　　　(ii) a. Ich schenkte ihm das Fahrrad.
　　　　　　"I 'presented' the bicycle to him."
　　　　　　（我把自行车"展示"给他看。）
　　　　　　b. Ich beschenkte ihn mit dem Fahrrad.
　　　　　　"I 'presented' him with the bicycle."
　　　　　　（我向他"展示"自行车。）
49. 在本书使用的正式术语中，像在 I-2 章里，体验情景中的两个主要实体为"经历者"和"体验对象"。经历者可以向体验对象发出"探测"，体验对象可以向体验者发出"刺激物"（Stimulus）。但是，在本节里，我们只对两个主要体验实体做简单区分，因此用"刺激物"（Stimulus）替代"体验对象"（Experienced）。
50. 此处两种配价的类型，不仅适用于动词，也适用于表达情感的形容词或更大的结构。因而，(i)中斜体部分只能与其周围的格框架连用：
　　　　(i) a. **刺激物做主语**

That *is odd to* me.

(那对我来说,太奇怪了。)

That *is of importance to* me.

(那对我来说很重要。)

That *got the goat of* me → *got my goat.*

(那让我气炸了肺 → 把我的肺气炸了。)

b. **经历者做主语**

I *am glad about* that.

(我因那件事很高兴。)

I *am in fear of* that.

(我对那件事很恐慌。)

I *flew off the handle over* that.

(我在那件事上失控了。)

51. 过去的英语比现在的英语更多地使用刺激物来做主语,然而很多动词已经转换了它们的配价种类。例如,表情感的动词 *rue*(后悔)和 *like*(喜爱)——还有表感觉的动词 *hunger*(饥饿)以及表认知的动词 *think*(认为)——过去常将经历者做其语法宾语,但是现在经历者变成了主语。

52. 有些动词更多地指称与情感有关的动作,而非情感本身,我们的列表将这些动词排除在外。例如,*quake*(颤抖)和 *rant*(咆哮)被划分到经历者做主语的那部分中去,它们的确直指的是主语发出的明显动作,只是隐含动作发出者当时的情感,如 fear(恐惧)或是 anger(生气)。同理,*harass*(侵扰)和 *placate*(抚慰)是潜在的刺激物做主语的动词,它们更多地指称外部施事者的活动,而不是经历者受到刺激后的结果状态,如 irritation(愤怒)或 calm(平静)。

53. 这种排列同样适用于感觉动词。因此,'be cold'(感到寒冷的)就是从经历者的感觉角度被词汇化的。从刺激物做宾语的角度表示感觉,需加上 -Ahẃ。

 (i) 动词词根　　　　　　　　-yi:skap-　　　　'感到寒冷'

 　　屈折词缀集　　　　　　　s-'-w-ᵃ　　　　　'我-主语,事实语气'

 /s-'-w-yi:skap-ᵃ/ ⇒ [sk̇ye·sk̇áp ʰ]

 "I am cold (i.e., feel cold)."

 (我冷(即,感觉到冷)。)

 (ii) 动词词根　　　　　　　　-yi:skap-　　　　'感到寒冷'

 　　表示配价转换的后缀　　　-ahẃ　　　　　　'从刺激物到经历者'

 　　屈折词缀集　　　　　　　́ w--ᵃ　　　　　　'第三人称单数-主语,事实语气'

 /́-w-yi:skap-ahẃ-ᵃ/ ⇒ [ẃye·sk̇apáhwa]

 "It is cold (i.e., to the touch)."

 (这很冷(即,触觉上)。)

54. 似乎存在一种卫星语素词的普遍趋势:一个句子里具有特定语义类型的成分趋于离开其本应所在的位置,移动到动词复合体中。这种趋势发展到极致,就是多式综合语,且该趋势在小幅度范围里也呈现出有规律的显著性。一个为我们所熟知的例子是数量词的浮动。在英语中我们有否定词的"浮动"以及其他等同于数量词浮动的强调性名词修饰语：

(i) * Not JOAN hit him⇒JOAN did*n't* hit him.
（*不是 JOAN 打了他⇒JOAN 没打他。）

(ii) *Even* JOAN hit him⇒JOAN *even* hit him.
（甚至 JOAN 都打了他⇒JOAN 甚至都打了他。）

(iii) Joan gave him *only* ONE⇒Joan *only* gave him ONE.
（John 给他的只有一个（东西）⇒Joan 只给了他一个（东西）。）

55. 一些路径表达法通常不允许这种省略。譬如表示'碰撞'语义的 *into* 和表示'接近'语义的 *up to*（尽管某些语境中允许只用 *up*）：

(i) It was too dark to see the tree, so he walked into it (* ... walked in).
（天太黑了，看不见树，他一头撞了上去。）

(ii) When I saw Joan on the corner, I walked up to her (* ... walked up).
（我看见琼在墙角那儿，就朝她走去。）
（然而句子 When I saw Joan on the corner, I walked up and said "Hi"是可接受的。）
（我看见琼在墙角那儿，走上去说了声"嗨"。）

56. 如果俄语的运动动词不加路径卫星语素，它们就以成对的不同形式出现，通常被称为"定向"形式和"非定向"形式。这样的例子有'走'：*idti/xodit*；'开车'：*yexat'/yezdit*；'跑'：*bežat'/begat'*。在语义上，对子中的每个形式有与其对应的形式相比一系列不同的用法。但是我们可以说，定向动词的主要语义和英语卫星语素 *along*（向前）的语义基本相同，譬如 I *walked along*（我向前走动），非定向形式的语义与英语卫星语素 *about*（围着）（'周围/周遭'义）的语义基本相同，譬如 I *walked about*（我四处走走）。我们还可以观察到，俄语前缀化路径卫星语素集合缺乏与英语的这两种卫星语素在语义上对应的形式。相应地，对俄语中运动动词对的一种解释是它们代表一个深层 MOVE 或 GO 动词与一个深层卫星语素（ALONG 或 ABOUT）的词化并入（与方式事件也是如此）。因此，事实上，这样的动词对是前缀化路径卫星语素的补充扩展。

57. 不同方言间有差异。比如，在一些方言中，*with* 只是介词，而在另一些中，它成为了卫星语素，例如在"*Can I come with*（我能一起来吗）"中或在"*I'll take it with*（我将带上它）"中。

58. 从其分布上判断，这种类型的卫星语素好像是区域性的现象而不是基因型的现象。因此，阿楚格维语和克拉马斯语(Klamath)是两种相邻但不相关的语言，它们都有这些卫星语素的扩展性后缀系统。可是，和阿楚格维语相关的霍次语(Pomo)，虽然与后者的扩展性工具前缀系统一致（见 3.5 节），但缺乏路径加背景这样的卫星语素。

59. 该类型在其他人的研究中同样适用，比如 Choi 和 Bowerman(1991)，Berman 和 Slobin(1994)。Slobin(1996)在更大的语篇范围中揭示了目前存在于句子层面上的类型的关系。

60. 在与 Gabriele Pallotti 的私人交流中得知，意大利南部方言中有一种路径词化并入模式，北部方言里有副事件词化并入模式，在中部方言连同标准意大利语中上述两种模式并存，并由语篇因素决定使用哪一种模式。于是，那不勒斯语有 *ascire*，*trasere*，*sagliere*，*scinnere*（'出''进''升''降'），然而却没有 * *'nna fuori* '出去'这样的形式。在意大利北部，用法正好相反。例如，在博洛尼亚(Bolognese)方言中，存在如下形式：*ander fora*，*ander*

dainter, *ander so*, *ander zo*('走出''走进''上去''下来'),但没有表示'出,进,升,降'的动词形式。在标准意大利语中,两种形式都存在,因此有 *uscire*, *entrare*, *salire*, *scendere*('出''进''升''降'),也有 *andare fuori/dentro/su/giú*('走出/走进/上去/下来')。此外,两种模式都以其惯用方式表示方式。因此,方式在路径词化并入形式中以单个的动名词形式出现,如 *é uscita/entrata/salita/scesa correndo*('她跑着进去/出去/上去/下来了');而在副事件词化并入形式中以主要动词形式出现,如 *é corsa fuori/dentro/su/giú*('她跑出去/进去/上去/下来了')。

在历时上需要加以确定的是,北部和中部方言中的副事件词化并入模式是否来自拉丁语,并伴随着发展出一套新的路径卫星语素系统,或者副事件词化并入模式是否是后来发展出来的(事实上是回归拉丁语模式),伴随着北部方言失去路径词化并入系统。无论在哪种情形下,日耳曼诸语言中副事件的词化并入过程对意大利北部的语言具有巨大影响。

61. 尽管这样做可能使阿楚格维语失去一部分神秘性,但德语卫星语素 *entgegen-* 也有'将要见面'的意思,譬如 *entgegenlaufen*'跑去见'(run to meet)。拉丁语 *ob-* 和阿楚格维语 *-ikc* 都有'见面'和'阻碍通道'的意思,如 *occurrere*'跑去见'和 *obstruere*'建造⋯⋯以阻挡'。

62. 这些公式通常出现于非施事形式中的卫星语素结构,然而它们也可以很好地用在施事表征中。

    (i) A...F←through＞G

        (施事⋯⋯焦点←穿过＞背景)

    (ii) A...G←through (with＞F)

        (施事⋯⋯背景←穿过(用＞焦点))

这种细致的公式有助于表现语言的细微之处。因此,事实上,英语没有(132b)结构,只有相应的施事形式(ii)。

63. Slobin(1996)进一步观察到,以西班牙语为代表的动词框架语言不仅在表达方式时较以英语为代表的卫星框架语言更困难,而且前者表达不同方式的实义动词也较少。此处提出的四条原则不能解释该现象,我们需要寻找更深层的解释。

64. 阿楚格维语中的多式综合动词可以进一步被背景化为指示词和其他四种名词性角色——施事者(Agent)、诱导者(Inducer)、伴随者(Companion)和受益者(Beneficiary)。但是,指示词只能做类似'到这里'(hither)和'从这儿'(hence)的区分,名词性角色只适用于人称和数,或者仅在一定情况下出现在指称情景中。(见 Talmy 1972)

第 2 章 词汇化模式概览

1 引 言

本章接下来的三节将从不同的视角和范围考察II-1章所展示的语言材料。¹ 前两节采用跨语言的视角,第三节则将这些语料置于单一语言中加以考察。具体说来,第二节用表格形式对II-1章所描绘的意义与形式关系进行了扩充。在认知语义学中,这类分析对于确定语言系统中概念内容的构建模式这一目标是必需的。第三节总结了II-1章关于语言的类型及其普遍性的发现。这一总结(包括67个条目)详尽阐释了第一章的发现对于类型学和普遍性研究的重要贡献。第四节结合实例展示了阿楚格维语中的使因系统及相关卫星语素(阿楚格维语在II-1章的理论框架构建中起了重要作用)。这种全面的论述是非常有用的,因为在当今世界诸语言中,这类形态体系相对来讲十分罕见。

2 意义与形式关系概略

II-1章对于意义与形式关系的研究仅仅是个开端。进一步的研究需要从跨语言的视角全面确定哪些语义范畴、通过哪些表层成分、以什么样的频率来表征。对认知语言学而言,这类研究将帮助我们辨别语言系统构建概念内容的模式。为此,我以适度的形式列出了较为详细的表格2.1,并在之后的2.2节中给出了注释。该表不仅含有II-1章出现过的意义与形式模式,还增加了一些其他语义范畴,以及另外一个不是动词词根或卫星语素的动词复合体成分,即动词屈折形式。

表 2.1 动词复合体成分所表达的语义范畴对应表

语义范畴	通过以下动词复合体成分表达		
	动词词根	卫星语素	屈折形式
A. 主事件			
1. 主要行动/状态	+	[+/−]	−
B. 副事件			
2. 原因	+(M)	+	[+]
3. 方式	+(M)	+	−
4. 先发关系,使能关系……	+(M)	(+)	−
5. 结果	−	[−/+]	−
C. 运动事件成分			
6. 焦点	+(M)	+	[−]
7. 路径	+(M)	+	
8. 背景	(+)	+	[−]
7+8. 路径+背景	+(M)	+	
D. 事件及其参与者的本质特征			
9. *模糊限制语	−	[−]	−
10. ×实现程度	[−]	(+)	−
11. 极性	+	+	+
12. 相位	+	+	[+]
13. 体	+	+	+
14. ×速度	[−]	[+]	−
15. 致使性	+	+	+
16. 角色构成	+	+	[+]
17. 行为者的数	+	[+]	+
18. 行为者的分布	+	+	[−]
19. *行为者的对称/ *颜色……	−	−	−
E. 事件或其参与者的伴随特征			
20. *与类似事件的关系	−	−	−
21. ×场所(定性空间场景)	−	(+)	−
22. ×周期(定性时间场景)	[+]	(+)	−
23. ×行为者的地位	(+)	−	−
24. 行为者的性别/类别	[−]	+	+
F. 指称事件或其参与者与言语事件或其参与者的联系			
25. 路径指示语(指示空间方向)	+(M)	+	−

续表

语义范畴	动词复合体成分通过以下方式表达		
	动词词根	卫星语素	屈折形式
26. *地点指示语（指示空间位置）	[−]	[−]	[−]
27. 时态（指示时间位置）	−	[−]	+
28. 人称	−	[+]	+
——与说话者的认知状态的关系（即，与说话者的-）			
29. 配价/语态（-注意）	+	+	+
30. 事实性/传信性（-知识）	(+)/+	+	+
31. 态度（-态度）	+	+	−
32. 语气（-意图）	−	+	+
——与说话者-听话者交互作用的关系			
33. 言语-行为类型	(+)	+	+
G. 言语事件的性质			
34. 会话者的地位	[+]	+	+
H. 与指称事件和言语事件无关的因素			
35. *会话者的思想状态	−	−	−
*昨天的天气，……			

虽然表格的标示仅仅是基于作者的语言经验，需要更彻底的跨语言研究的充实，但更多语言的调查将不会推翻这里的主要结论。因为如果某种语言开始注意以前从不被认为存在的某一意义与形式关系，那么这种关系可能罕见。如果此表格中离散的加/减标示都被简单地转换成频率标示，它们将呈示与之前大致相同的模式。

这样的列单给出后，下面主要讨论的便是：此列单是否展示了诸多规律性模式？如果是，什么因素可以解释这些模式？目前手头的数据仅能显示部分规律性，事实上这里考虑的每个解释性因素都有例外（参见Bybee（1980，1985）对相关问题的研究）。然而，随着更多数据的搜集，我们有望在将来找到答案。仍需要做的是：

- 对更多语言的考察；
- 对表层形式是否属于所考虑的卫星语素以及如何将其与其他动词复合体成分区分开进行更规则化的裁定；
- 对其余动词复合体成分（如副词小品词和助动词）的涵盖（表2.1的有

些语义范畴,例如'模糊限制语'和'空间位置',没有在词根、卫星语素或屈折形式中出现,实际上出现在其他动词复合体成分中);
- 对其他语义范畴及其余句子成分的研究。

2.1 语义范畴表及其表达的含义

表格 2.1 中所用到的符号

+ 　此语义范畴在这一表层成分中出现,该表层成分要么出现在多种语言中,要么至少在一些语言中得到了很详尽的阐释。

(+) 　此范畴在这一表层成分中出现,这一表层成分仅仅出现在一些语言中,且阐释不详尽。

— 　此范畴在任何本作者所知的语言中都不出现在这一表层成分中,且很可能在所有语言中都不出现。

+/— 　此范畴只在某一特定语义中或取某一特定理解时出现在这一表层成分中(换一种语义或理解便不出现),如其后注释所提及的。

[ ] 　对于在此是给予"+"或"—"还存有疑问,如其后注释所提及的。

× 　此范畴在我们本书所讨论的动词复合体成分中仅有少许的表达。

* 　此范畴或许从不用我们本书所讨论的动词复合体成分表达。

(M) 　此范畴能够与动词词根中的'运动事实'(fact-of-Motion)范畴单独结合,从而形成一个能够表达运动事件的详细的体系。(在其他情况下,此范畴也可能在动词词根中出现)

2.2 对语义范畴的简要说明和阐释

在以下的注释中,a、b、c 分别指范畴出现在动词词根、卫星语素或屈折形式中。

1. **主要行动/状态**(*Main Action/State*)。

a. 这一语义范畴(包括运动和处所)主要由动词词根确立。这一语义范畴有(a)栏中其他带"+"号范畴的参与。因此,对于 *kill*(杀死)来讲,施事致使性(第 15 条)参与'死亡'(dying)这一主要行动;对于 *lie*(躺)来讲,方式概念(第 3 条)'水平支撑姿势'则参与'方位'这一主要状态。

b. 然而,以上的叙述也可能有例外。对于此处经常使用的印欧语和汉语的结果构式来说,卫星语素将结果事件表征为主要行动或状态，而动词词根通常表达原因，并将其表征为从属事件。因此，我们认为英语中的 *melt/rust/rot away* 最好解释为'由于融化、生锈、腐烂而消失[=←away]'。德语 *sich er-kämpfen/-streiken* 最好解释为'通过战争或者罢工获得[=←er-]（如领土、薪水）'。另一种解释将考虑此种情况：卫星语素将结果表征为从属事件，而将动词的原因表征为主事件，于是，对于'锈掉'（*rust away*）的解读便是：锈了，结果是消失了。

c. 此范畴不由屈折形式表达。

2. **原因**（*Cause*）。此范畴指的是不同性质的各种原因事件，比如能由英语 *from*-从句或 *by*-从句表达的事件。它与致使性（第 15 个范畴）不同，后者与"NP CAUSES S"这一类上位从句相对应。

   a. 在大多数印欧语中，原因通常被词化编入表达运动或其他行为的动词词根。由此，在英语中，*The napkin blew off the table*（餐巾纸被吹下桌子）中 *blow*（吹）的意思是'由于（因）气流吹到[它]而移动'。

   b. 阿楚格维语中用来表达原因的前缀卫星语素有大约二十个。如 *ca-*'由于风吹到[它]'。

   c. 原因事件通常不由屈折形式表达。然而，有分析认为，在某些语言（如日语）中不同的施事性和诱使性屈折形式确实表达了不同类型的原因事件，如：'[施事]通过身体行为来[引发 S]'与'通过诱导另一施事（做出身体行为）来……'。

3. **方式**（*Manner*）。方式指的是受事伴随其主要行动或状态而出现的辅助行动或状态。

   a. 在印欧语中，它通常词化编入运动（或其他行为类型的）动词，如英语 *The balloon floated into the church*（气球飘浮到教堂里）中的 *float*（飘浮），其意思是'移动，在此过程中飘浮着'。

   b. 内兹佩尔塞语有二十多个表达方式的前缀卫星语素，如：*ʔiyé-*'在此过程中飘浮着'。

   c. 方式不由屈折形式表达。

4. **先发关系，使能关系**……（*Precursion, Enablement, …*）。除原因及方式关系外，一个关联事件能够与一个主事件形成多种其他关系。本书所讨论的其他关系是：先发关系、使能关系、伴随关系、结果关系以及目的关系。

  a. 在英语中，我们以上所讨论的关系所伴随的副事件可以词化并入运动事件中的动词，如句子 *Glass splintered over the food*（玻璃在食物上裂成碎片）中的先发关系；*I grabbed the bottle down off the shelf*（我从架子上拿走了瓶子）中的使能关系；*She wore a green dress to the party*（她穿着一条绿裙子来参加晚会）中的伴随关系；*They locked the prisoner into his cell*（他们将囚犯锁进了他的监房）中的结果关系；*I'll stop down at your office on the way out of the building*（我将在走出这栋大楼时顺便去你的办公室）中的目的关系。这些关系所伴随的事件同样能词化并入非运动事件的动词。因此，目的关系被词化编入 *wash*（洗），表示'加水，以清洁'；编入 *hunt*（猎取）（*I hunted deer*（我猎取了鹿）），表示'搜寻，以捕获'。

  b. 目的关系通过'施益'（benefactive）卫星语素表达（如阿楚格维语的后缀 *-iray*），此卫星语素有'以使有益于/把［它］给予［直接宾语名词成分指定的行为者］'之意。

  c. 从先发到目的这五种关系似乎都不由屈折形式表达。

5. **结果**(*Result*)。原因事件（第 2 个范畴）通常由结果事件伴随，因为两者包含在单个更大的致使交互作用中。

  a. 当原因事件与结果事件同时由动词词根表达时（这是可以的），问题在于：其中哪个事件是主事件，哪个是从属事件呢？由此，在句子 *I kicked the ball along the path*（我沿着路踢了球）中，*kick*（踢）应该理解为'因为踢移动'（move by booting）（此处结果是主事件，原因为从属事件）还是应该理解为'踢的结果是移动'（boot with the result of moving）（此处原因是主事件，结果是从属事件）？通常情况下，我们更倾向于前种解释（此处与第 2 个范畴相同）。因此，结果关系可能从不作为从属事件词化编入动词词根，所以在表 2.1 的(a)栏标注了"—"，而只作为主事件词化编入动词词根。

  b. 在结果构式中，结果由卫星语素表达（在很多语言中存在众多差异）。然而，根据本书的解释和(1b)中已经进行的讨论，结果不是以从属事件的形式出现，而是以主事件的形式出现。我们的结论是：所有对结果的词化编入，不论是在动词词根中还是在卫星语素中，均以主事件形式出现。

c. 结果不由屈折形式表达。

6. **焦点**（*Figure*）。焦点指运动事件中显著移动或静止的物体，其路径或地点是所关注的问题。

   a. 在阿楚格维语中，焦点系统地词化编入运动动词词根。比如 -*i̯*- 指'较小的平面物体（如鹅卵石、扣子、邮票等）发生运动/处于'。这类例子在英语中较少，包括 *rain*（下雨）（*It rained in through the window*（雨从窗户溯进来）），表示'雨滴落下'。

   b. 有些阿楚格维语前缀，与因果关系词重叠，表示焦点。有些喀多语前缀表示受事，这些受事有时与运动事件焦点一致。

   c. 屈折形式不以焦点的身份表征焦点，但它们能表示主语和宾语（焦点经常充当的语法角色）的特征。

7. **路径**（*Path*）。此范畴指的是焦点物体在运动事件中所沿循的不同的路径或所占据的不同地点。

   a. 此范畴是许多语系中运动动词体系的常规组成成分，如：波利尼西亚语、闪族语及罗曼语——例如西班牙语中的 *entrar* '移入'，*salir* '移出'，*subir* '提升'，*bajar* '降低'，*pasar* '通过'。

   b. 路径是大多数印欧语中（除罗曼语外）用卫星语素表达的主要范畴，如在英语中用 *in*, *out*, *up*, *down*, *past*, *through* 表达。

   c. 路径不由屈折形式表达。

8. **背景**（*Ground*）。背景指运动事件的参照物体，根据它来定义焦点的路径或地点。

   a. 在任何语言最典型的表征运动的动词词根体系中，背景通常不单独与运动（事实）成分出现，而只以特殊形式出现，如英语（*de-*/*em-*）*plane*，或与附加成分搭配（见下面 7+8 中的分析）。

   b. 有些阿楚格维语的前缀（与原因关系中的前缀重叠）表示不同的身体部位背景，比如，当它们与意为'得到一个微小的东西'的动词词根组合时，表示'手指'或'屁股'。有些喀多语前缀表示受事，这些受事通常与运动事件的背景一致。

   c. 屈折形式本身不表征背景物体，除非其被用作语法主语或宾语。

   7+8. 路径+背景（*Path*+*Ground*）。路径与背景的合并更为常见，多于其他运动事件成分的合并（除了那些与'运动事实'本身合并的情况),且其出现频率比背景单独出现的频率高很多。

a. 许多语言拥有一系列路径＋背景与运动'MOVE'结合的动词词根,如英语 berth(The ship berthed(船停泊了))'move into a berth'(移到停泊处),或致使 box(I boxed the apples(我将苹果装入盒中))'cause-to-move into a box'(导致其移入盒子中)。

b. 阿楚格维语有一个主要后缀卫星语素体系,用以表达大约四十种路径与背景合并的例子,如 -ict '进入液体'。英语也有一些例子,如 aloft '进入空气',apart(They moved apart(他们分开了))'分开了',以及 home(I drove home(我开车回家))'回到某人的家'。

c. 屈折形式不表达这种合并。

9. **模糊限制语**(Hedging)。除其他功能外,模糊限制语确定语言成分所指的范畴性。它们通常处于动词周围,由副词或专门表达式表达,如下述句所示:He sort of danced/She danced after a fashion(他有几分会跳舞/她勉强会跳舞)。

a,b,c. 不论模糊限制语在那种形式中多么普遍,它们似乎都不能词化编入动词词根,也不能由卫星语素或屈折形式表达。此处也可能有例外:人们可能希望将指小动词卫星语素(diminutivizing verb satellites)当作模糊限制语,如阿楚格维语中的 -inkiy,其将'下雨'转为'下毛毛细雨',或是依地语的 unter-,它在 unter-ganvenen 中将'偷窃'义转为'时不时地小偷小摸'。

10. **实现程度**(Degree of Realization)。此范畴将指称行动或状态(几乎为语义连续体的任何位置)划分更为核心的基本方面和边缘的常联想到的方面,并且表明只有其中之一被实现。语言通常通过动词附近的副词或小品词来表示此范畴,如英语的 almost(差不多)及(just) barely(刚刚)。因此,句子 I almost ate it 能够表明"将某食物提到嘴边,可能甚至将其塞进嘴里并咀嚼了,但至少排除吞下它"这一基本方面。相反地,句子 I just barely ate it 表示将食物吞入食道,但没有经常伴随咀嚼和品尝的那种趣味。

a. 我们并不能确定词语'almost'或'barely'的真正意义是否曾经真地词化编入动词词根。但是也许较为接近的形式是 falter(蹒跚地走)和 teeter(蹒跚摇晃地走),如句子 He teetered on the cliff edge (他在悬崖边缘颤巍巍地走)表明'几乎要掉下去'(almost falling)。

b. 阿楚格维语有一个这样的后缀卫星语素 -iwt,用以表明所有习惯意义上的'almost'(几乎)。这是作者所知的唯一的此种形式。

c. 很显然,此范畴不由屈折形式来表示。

11. **极性**(*Polarity*)。极性指对事件存在的肯定或否定状态。

   a. 动词词根能词化编入两类极性。一类与词根本身所指称的行动或状态有关,如英语中 *hit*(击中)或 *miss*(= not hit) *the target*(错过(=没有击中)目标);另一类与补语从句的行动或状态有关。在后一类中,词化编入的极性与独立的极性成分(如 *not*)有某些相同的句法效应,比如:需使用 *some*(一些)或者 *any*(任何),如下所示:

   I managed to /ordered him to /suspect I'll -see someone / * anyone.
   (我设法　　/命令他　　　　/怀疑我将- 见某人　　　/ * 任何人。)
   I failed to /forbade him to /doubt I'll -see anyone / * someone.
   (我没有　　/不准他　　　　/怀疑我将- 见任何人　　/ * 某人。)

   b. 夏安语在多词缀动词中用前缀 *saa*-表示否定(来自与 Dan Alford 的私人交流)。

   c. 有些语言将肯定与否定词化编入两组不同的屈折形式(这些屈折形式通常情况下用来表示时态、语气、人称等)。因此,在其动词词形变化表的某部分,泰米尔语用不同的肯定和否定屈折形式来表达将来中性。

12. **相位**(*Phase*)。相位与体(aspect)指称不同的行为。'相位'范畴指的是事件存在状态的变化。对于所有类型的事件,其相位的主要成员概念是:'开始''持续''停止'。有界事件也有'始动'和'完成'的相位概念。我们来举例说明这两个终止概念:"*I stopped reading the book*(我停止阅读这本书)"指的是在读那本书的中途任意时间点从读转换为不读;而"*I finished reading the book*(我读完了这本书)"指的是读完整本书后停止读。

   a. 相位概念能词化编入动词的词根或搭配中,如 *strike up* '开始[曲子]的演奏',(根据一种解释)*reach*(e.g., *reach the border*(如,到达边界))'完成前进',*shut up* '停止说话',*halt* '停止移动'。相位概念还能在没有其他语义指称词化编入的情况下以动词的唯一意义出现,如英语中 *start*(开始),*stop*(停止),*finish*(完成)。令人惊讶的是,'停止'这一特殊相位概念只在动词中出现(不论是单独出现还是与其他语义材料一同出现),而不以助动词、卫星语素或是屈折形式出现。

b. 除'停止'外的相位概念能够通过卫星语素来表达,例如:'完成'通过德语的 *fertig-* 来表达,如 *fertig-bauen/-essen* '结束建造/吃'(或者,更简单地说,'build/eat to completion(建/吃到完成)')。'始动'这一概念通过德语的 *an-* 来表达,如 *an-spielen* '开始玩(如纸牌)'或 *an-schneiden* '下刀切'。'开始'在表示'突然发生'这一特定意义时,在依地语中由 *tse*(＋*zikh*)表达,如 *tse-lakh zikh* '突然大笑'。

c. 根据不同的解释,相位可以用屈折形式表达,也可以不用屈折形式表达。由此,过去式屈折形式似乎可以与一个无界或有界事件搭配来表示停止或完成,如 *She slept/She dressed*(她睡(过)了/她穿好衣服了)。但是它最好被理解成一个时/体标记,'完全发生在此刻之前',仅仅暗示了停止。还有个"起始的"(inchoative)屈折形式,用来表示'进入某种状态',也就是'变成/成为'。然而对于此种形态是否应被归入'开始'一类还存在疑问。

13. **体**(*Aspect*)。体指的是行动或状态在时间上的分布模式。

a. 体通常词化编入动词词根中。如英语中 *hit* 表示一个单一的冲击动作,而 *beat* 则表示动作的反复。

b. 体也在卫星语素中频繁出现,如:俄语中标记完成体/未完成体区分的前缀体系。

c. 体也有规律地在屈折形式中出现,如西班牙语指称过去式及未完成体的结合形式。

14. **速度**(*Rate*)。速度指的是某一行动或运动是比正常情况发生得快还是发生得慢。

a. 虽然有些动词词根很明显地指称不同的速率,比如:英语中从慢速到中速再到快速这一范围可以通过下面这些动词来表示:*trudge*(跋涉),*walk*(散步),*run*(奔跑);*nibble*(细咬),*eat*(吃),*bolt*(囫囵吞下)(某人的食物)。然而,语言似乎只是随意地包含它们,并与其他不同语义相搭配,而不是基于一个有规律的系统仅就速度进行词汇区分。

b. 卫星语素似乎通常不表示速度,但有些潜在的例外,如阿楚格维语的后缀-*iskur*——它与独立动词'to hurry'(赶快)有相同的形式,且与动词词根的组合总被解释为'hurry up and V'(赶快V)——可能实际上或是附加地表示'V quickly'(赶快 V)。迪尔巴尔语(Dixon 1972)有这样的后缀-*nbal/-galiy*,用来表达'很快地',但仅仅作为一系列语义范围的一部分,这一语义范围也包含'重复地''开始''再做一点'。我们听说,雅拿语可能有词缀可以精确地表达'很快地'和'很慢地'的意思。

  c. 速度不由屈折形式表示。

15. **致使性**(*Causativity*)。根据这一范畴的概念,事件被认为要么是自己发生的,要么是由另一事件引发的,后者可以是由施事引发的,也可以不是,此处施事可以是故意引发的,也可以不是。

  a. 致使概念通常有规律地词化编入动词词根。因此,英语中 *die* 仅仅表示死亡这一概念本身,而 *murder* 则表示某一施事有目的地引发这一行动,而且此行动导致死亡事件的发生。

  b. 我们此处引用卫星语素的一个例子:依地语前缀 *far*-可以在一个动词结构中与一个形容词比较级搭配,一起表达'to cause to become (more)[Adj]'(导致……变得(更)[形容词])。如从 *beser* 'better'到 *far-besern* '提高(及物的)'。如果反身代词 *zikh* 被认为是卫星语素,那么它也能在此做一个例子,因为它将一个致使形式转换成了一个非致使形式:*farbesern zikh* '提高(不及物的)'。

  c. 在日语中,不同的屈折形式表示施事因果关系、诱使因果关系及因果关系的消除(decausitivization)。

16. **角色构成**(*Personation*)。角色构成指的是与某行动相关的参与者的构成类型。

  a. 不同语言中的动词词根通常词化编入不同的角色构成类型。因此,法语中典型的便是:表示'梳头'的词 *peign*-本质指某人对另一人实施的行动(二元型)。相对应的阿楚格维语动词 *cu-spál* 指某人自己对自己实施这一行动(一元型)。

  b. 卫星语素能颠倒词根的角色构成类型。阿楚格维语的施益后缀使动词'梳头'具有二元型(dyadic);而法语反身代词(这里我们将其看作卫星语素)将动词转为一元型(monadic)。

  c. 其他涉及致使性的屈折形式也可以用于转换角色类别。

17. **行为者的数目**(Number in an Actor)。行为者的数目是指事件参与者的数目(从一个到多个)来充当事件的任何单一论元。该数目列在范畴"D"下面,它是事件的一个核心方面,因为这种数目影响事件的表达。

a. 很多美洲印第安语用不同的词根来表达由不同数量的受事所实施的行动。因此,西南霍次语动词词根-w/-ℓda/-$p^h il$ 分别表达:'for one/two or three/several together ... to go'(一个/两个或三个/多个一起……走)。很可能这是一个普遍规律:受事是动词词根中唯一由数目来表达的语义角色。

b. 我们还不确定卫星语素是否可以表示数目。作者所知的一个最接近的例子是:阿楚格维语中的双重动词附着语素(dual verb clitic)-hiy。

c. 很多语言中的屈折形式表示主语名词性词的数目,有时也表示直接宾语名词性词的数目。有趣的是,屈折形式表示的数目似乎总是与特殊的句法角色相关,如主语或宾语;而动词词根中表示的数目通常与受事这一语义角色相关。

18. **行为者的分布**(Distribution of an Actor)。行为者的分布指的是多个受事的排列,看它们在空间和/或时间中是呈聚拢状还是线状分布(在时间中的分布与体有关)。

a. 不同的分布在某些特定的西南霍次语词根中系统地词化编入,如:-$p^h il$/-$hayom$ 'for several together/separately to go'(多个一起/分别走),-hsa/-$?koy$ 'act on objects as a group/one after another'(以集体形式作用于物体上/相继作用于物体上)。

b. 阿楚格维语的后缀-ayw 指多个受事,意为'one after another'(相继)。英语的卫星语素 off 虽然在用法上受限,但也能表示同样的行为:$read\ off/check\ off$ (阅读/核对(单子上列举的东西)),$die\ off$ ((动物)相继死去)。

c. 我们还不确定阿楚格维语中的词缀如-ayw 是否最好不被认为是屈折形式。虽然除此之外屈折形式似乎不表示分布。

19. **行为者的对称/颜色**(Symmetry, Color of an Actor)。从先验的视角看,虽然事件参与者的许多特征似乎与那些标记出的特征同样合理,但它们在动词复合体中是无标记的。因此,虽然某论元的数目及分布可以有标记,但它的颜色或它是否有对称排列没有标记(即使这些特征在其他认知系统中非常重要,如视觉感知)。

20. **与类似事件的关系**(Relation to Comparable Events)。很多副词或小品词形式表示某行动或状态是否单独发生,或是附加于某类似事件,或是取代一个类似范畴中的某事件。如英语中的句子:*He only danced/also danced/even danced/danced instead*(他只跳舞/还跳舞/甚至跳舞/反而跳舞)。然而,这些概念似乎永不作为卫星语素或是屈折形式来表达,也不词化编入动词词根。

21. **场所**(Locale)(定性空间场景)。此范畴属于事件发生的区域类别或物理场景。

   a. 此范畴并不明显地与动词词根词化并入。为了说明它,语言需要有不同的动词词根含有以下意义:'在室内吃''在室外吃'或'毁灭于海上''毁灭于陆地上'。

   b. 夸扣特尔语(Kwakiutl)有少数动词后缀含有这样的意义:'在室内'及'在海滩上'。还有一个例子是克拉马斯语的方位后缀(虽然它似乎真正是用来表示背景而非处所的),即表示的更像是 *She hit him in the nose*(Ground)(她打在他鼻子(背景)上)这种类型,而不是 *She hit him in the kitchen* (Locale)(她在厨房(场所)打了他)这一类型。英语中的这几个卫星语素如 *eat in/eat out*(在室内吃/室外吃)(由 Martin Schwartz 提供)也可能是数量有限的真实的例子。

   c. 场所不由屈折形式表达。

22. **周期**(Period)(定性时间场景)。此范畴将事件置于某一特定的时间段,尤其是循环时间段。

   a. 关于时间场景,可能有些小范围的动词词根体系从原则上对此做出区分。因此,英语中 *to breakfast, brunch, lunch, sup/dine* 可译为'早上/上午/中午/晚上吃东西'。

   b. 扬德鲁万达语的动词选择性地搭配后缀卫星语素 *-thalka* '在早上', *-nhina* '在白天'或 *-yukarra* '在夜间'(参见 Bernard Comrie 的讲座)。很可能这里只有天的循环得以表征,而不是月或年的循环。

   c. 屈折形式似乎不能表示此范畴。

23. **行为者的地位**(Status of the Actors)。此范畴指的是某指称事件中有生命的参与者的绝对或相对社会特征(与言语事件的会话者无关,后者我们将在下文中讨论)。

　　a. 日语中的给予动词根据给予者和接受者的相对社会等级不同而不同,因此词化编入了社会地位。

b,c. 行为者的社会地位似乎不在卫星语素或屈折形式中出现。

　　24. **行为者的性别/类别**(Gender/Class of an Actor)。行为者的性别/类别指的是基于性别或其他特征的范畴成员资格,这与事件行为者本身或是指代事件行为者的那些名词相关。

　　a. 似乎没有动词词根专门词汇化,以与特殊语法性别或类别的名词一起使用。因此,比如西班牙语不能有两个表达'to fall'(掉下)的动词:一个与表达阴性的名词主语搭配,另一个与表达阳性的名词主语搭配。然而,与特殊语义性别(或多种其他特质)的名词相关的动词词根的确是存在的,比如表达怀孕的词根,这种关联与其说是一个涉及选择性特征的系统的范畴区别,还不如说是一个个体的语用适用性问题。因此,如果真有个男人要怀孕了,人们可以简单地说'这个男人怀孕了'。

　　b. 在班图语中,主语的语法类别(有时候直接宾语名词的语法类别也是如此)通过词缀卫星语素来标记。

　　c. 在希伯来语的所有的时态以及在俄语的过去时态形式中,主语的语法性别是通过屈折形式来表示的,如:*Pes layal/Sabaka layala* '猎犬吠了/狗吠了'。

　　25. **路径指示语**(Path Deixis)(指示空间方向)。它指运动事件中焦点是否朝说话者移动或朝其他方向移动。

　　a. 路径指示语词化编入动词词根,如英语中的 *come/go*(过来/过去)以及 *bring/take*(带来/拿去)。

　　b. 路径指示语通常用卫星语素标记,如阿楚格维语中的 *-ik·/-im* 和汉语中的……lái/……qù。

　　c. 路径指示语没有屈折标记。

　　26. **地点指示语**(Site Deixis)(指示空间位置)。此范畴可以描述相对于谈话者或听众的事件发生的场所的特征(比如:接近或远离某人,在视野范围之内/外)。它通常通过副词或小品词来表示,如英语中的 *here* 和 *there*。但是它似乎不在动词复合体中出现。但也有可能的例外,我们听说,有些西北岸的美洲印第安语有不同的动词词根来表达'在这里'和

'在那里',而且在温图语及其他语言中,用以表达相对于其他感官的视觉信息的传信卫星语素或屈折形式,也可能被用作推测空间指示语。

27. **时态**(*Tense*)(指示时间位置)。此范畴与上一范畴类似,区别在于这里是刻画时间而非空间,即某事件相对于说话者-听话者的互动时刻的时间位置。

    a. 根据我们的解释,时态不词化编入动词词根。我们不认为英语中的 *went* 是语义的'go'(去)与'past'(过去)的词化并入形式,而是语素 *go* 和-*ed* 的替补形式。原因是 *went* 只能在其他动词词根加-*ed* 的环境下出现。而且如果 *went* 真的词化编入了一个过去意义,我们便可以看到如下表达:用 * *I am wenting* 来表达'*I was going*'(我(当时)将要去了),或用 * *I will went* 来表达'*I will have gone*'(我将去过)。

    b,c. 在许多语言中,时态通常由词缀及小品词(也包括助动词)来标记。我们还不确定这些成分(词缀、小品词及助动词)是否能被看作是卫星语素,其中的词缀通常被认为是屈折形式。

28. **人称**(*Person*)。人称指的是指称事件的行为者与言语事件的参与者(即:说话者或听话者)之间的关系。因此,在英语中如果行为者与说话人是同一个个体,我们就用 *I*;如果行为者与听话人是同一个个体,我们就用 *you*;如果两者都不是,我们就用 *he/she/it* 或完整的名词成分。

    a. 似乎没有动词词根能专门表达某一特定人称。不同的形式(如英语中的 *am/is*)会引发与上面所提到的 *went* 相同的质疑。日语中的给予动词(有时表明词化编入人称)似乎能表示相关地位,而相关地位反过来与人称安排有某种联系。(这里值得注意的是:有些名词词根确实词化编入人称,如,基库尤语用不同的名词来表示'我的父亲''你的父亲'及'他的父亲'。)

    b. 如果附着成分(如西班牙语中的 *me/te*)能作为卫星语素,这种词类就在人称上划个+号。

    c. 人称通常由屈折形式表示。

29. **配价/语态**(*Valence/Voice*)。当这一因素与指称行为者的名词之间的语法关系相关时,它指的是说话者对事件中不同行为者的注意及视角点的具体分配。这一范畴的两个传统术语的区别仅在于:'语态'指的是由屈折形式或助动词标记的分配,而'配价'则不是。

a. 此范畴通常与动词词根词化编入,如英语中的 *sell* 和 *buy*,对于同一事件,主要视角点分别放在给予者和接受者身上。

b. 德语的卫星语素 *ver-* 在交换中将主要视角点重新定位于给予者,如 *ver-kaufen* '卖'（相对于 *kaufen* '买'）。

c. 此范畴通常由屈折形式表示,如拉丁语中的 *emere* '买'（to buy）及 *emi* '被买'（to be bought）。

30. **事实性/传信性**（*Factivity/Evidentiality*）。这一范畴区别说话者已确信或者是尚不知一个事件的真实性。事实性与传信性,这两个传统术语的区别仅在于这个范畴是由词根本身还是由词根外的内容所表示。

a. 动词词根在极个别情况下可以表示说话者对所指事件的了解情况。例如英语句子 *She was/seemed sad*（她很/看起来伤心）中的系动词 *be* 就表示了说话者对系动词属性（copular attribution）的确定性,而 *seem* 则表示了不确定性。但是有些动词却可以表示对补充事件的了解情况。例如句子 *Jan (i) realized/(ii) concluded that she'd won*（简意识到/认为她会赢）中,(i)说话者相信赢这件事是真实的,(ii)说话者没有就此事的真实性表态。

b. 温图语里有一系列的'传信性'后缀,或许可以称之为卫星语素,它们表示说话者是否确信或者推断出某一件事,同时还表示说话者在确信或猜想时所依据的证据（Schlicter 1986）。

c. 阿楚格维语用两组各异的屈折变化形式来表达'事实性'和'推测性'。

31. **态度**（*Attitude*）。这一范畴是指说话者对所指事件的态度。

a. 态度词化编入动词词根中。例如,在句子 *They raided/marauded the village*（他们袭击/洗劫了村庄）中,动词虽然指大致相同的事件,但是 *maraud*（洗劫）额外表达出说话者对此事件的不满。与 *walk*（走）相比,*traipse*（闲荡）所包含的否定的态度,在辩护律师所说的"*Did you confirm that Ms. Burnett was traipsing around the restaurant*（你确信伯内特女士是在饭馆周围闲荡吗）"这句话中是很明显的。

b. 阿楚格维语中的后缀卫星语素 *-inkiy* 表示说话者认为此事是'讨人喜爱的'（cute）。例如,在动词词根 'flap'（轻拍）上添加该词缀,即可表示"小鸭子扑棱着翅膀走来走去"。

c. 态度似乎不由屈折变化形式表达。

32. **语气**(*Mood*)。语气是指说话者对于某事件的实现所持有的感觉或意向。它包括中立的心态、心愿(对于不能实现的事)、希望(对于可以实现的事)、渴望(来实现某事)以及尝试(实现某事)。

   a. 似乎没有动词词根本身就含有语气。也许一开始有人会认为在句子 *She wants to go*(她想要去)中的 *want*(想)是愿望性的动词,可是它仅指行为者的渴望,而非说话者的渴望,因为说话者的语气在这里是中立的。

   b,c. 许多语言中都有词缀——无论是把它们看作卫星语素还是屈折变化形式——都表示出了诸如陈述(indicative)、虚拟(subjunctive)、祈愿(optative)、愿望(desiderative)、意动(conative)的语气。

33. **言语行为类型**(*Speech-Act Type*)。这一范畴表示说话人在所指事件中相对于听话人的意向。

   a. 绝大部分动词词根与言语行为这一类型无关,但有一部分动词确实词化编入某一特殊类型——例如,哈尔魁梅林语里用来表达'to be where'(在哪里)和'to go whither'(去何处)的词根仅是疑问性的。又如英语中,词化并入祈使义的动词形式主要有动词 beware、动词搭配 *be advised* 以及一些类似于 whoa(噢)、giddiyap(喔)、scat(嘘)的形式。其中,*be advised* 仅与具有祈使义的情态动词搭配使用,如:*You should / * can be advised that …* 。

   b,c. 这一范畴通常用卫星语素和屈折变化形式来标记。例如,阿楚格维语用它所特有的屈折词形变化表来表达言语行为类型:陈述(我告诉你……)(declarative(I tell you that …)),疑问(我问你是否……)(interrogative(I ask you whether …)),祈使(我指示你……)(imperative(I direct you to …)),劝告(我警告你以防……)(admonitive (I caution you lest …))。

34. **会话者的地位**(*Status of the Interlocutors*)。这里的地位与第23条中的地位同义,但此处指的是一个言语事件的参与者而不是一个所指事件的行为者。

   a. 日语给予动词在此并不适合,它们基本上表示了行为者的地位,偶然情况是，行为者反过来又是言语事件的参与者。然而，萨摩亚语中有些区分不同地位层的动词（例如用来表达吃的动词）可能正好有些用法仅对说话人和听话人比较敏感。

b. 许多语言使用卫星语素和附着形式（clitics）来表示会话者的绝对或相对性别（男性和女性的言语）以及地位。

c. 许多欧洲语言中第二人称的屈折变化形式区分了部分基于相对地位的正式程度。

35. **说话者的思想状态**（*Speaker's State of Mind*）。似乎不存在与当前所指事件或言语事件不相关的标记或词化编入形式。如果存在这样的形式，人们或许会将 *broke-ka* 的意义解读为"椅子破了，我现在很无聊"或"椅子破了，昨天下雨了"。

3 类型和共性概要

在本节中，我们抽象并总结出在II-1章中所讨论的关于类型和共性的发现。下面，我们在 Greenberg（1963）的研究基础上对不同种类的类型和共性进行分类。

3.1 不同种类的类型学和共性原则以及用以表示它们的符号

A = 分析原则

T = 一种类型，涉及能将语言相区分的任何因素。

+**T** = 跨语言的正向普遍因素，即多数语言（而非所有语言）所共有的因素。

−**T** = 跨语言的普遍缺失因素，即仅为少数语言所共有（而非某种语言独有）的一个因素。

+**U** = 肯定共性，涉及每一种语言中都明显出现或者一律出现的一个因素。

−**U** = 否定共性（排除共性），涉及每一种语言中都不明显出现或者根本不出现的一个因素。

U′ = 普遍语法的一个整体特征——即通常是所有语言的——在各种类型的语言基础上总结而来的，涉及可能出现（不排除会出现）在任何语言中的一个因素。

U′ 类型和 **T** 类型的陈述是可以互相转换的，两者的下列形式是等同的：

U′:"语言表现出特征 P"（即,表明这种特征虽然不会出现在所有语言中,但至少会在部分语言中出现）

⇔T:"有些语言有特征 P,但有些却没有。"

>＝相关原则,涉及仅与一组语言相关的一个因素,该组语言已经拥有一个特定的其他因素。因此:

>U＝内涵共性

>T＝次类型

/＝涉及不同"共性"类型的两个因素的原则

在方括号中,我们标出每个结论所在的章节或位置。在 1 至 58 条中,方括号指在Ⅱ-1 章中的位置,59 至 67 指的是在表 2.1 中的位置。

3.2 类型学和共性原则包括:

3.2.1 语言组织的特征

1. ＋U:语言区分了意义和表层形式这两个层面。既有与每个层面单独相关的特征,又有与它们的相互关系相关的特征（包括词汇化的一些特征）。[1]

2. A:在一种语言中,如果一个特征或一个模式具有口语性、常见性和普遍性,那么它就是"典型的"（characteristic）。[2]

3. A/U,T:多个词素的"用法"或者"用法范围"——它们语义和句法特征的一种特定子集,完全排除它们的核心意义——虽然没有共同的核心意义,但却使它们在同一种语言和跨语言的一些系统模式中相互关联。[1.1]

4. ＋U:对一种语言中被词化编入词项中的"语法"-类意义的任何一个语义范畴（比如"体""致""使性"）而言,一般会出现两类词项:一类只词化编入此范畴的单一值（single value）,另一类可以表达此范畴某一范围的诸多值。[1.1,2.5,注释 25,2.6,2.8,2.9]

3.2.2 语义组织的特征

5. U′/＋U:语言区分了以下语义范畴（正如此研究证明的那样）:运动事件、运动（事实）、焦点、背景、路径;矢量、构形、指示语（以及相和方向）;副事件;先发关系、使能关系、原因、方式、伴随关系、后发关系（结果或目的）;致使性、施事、意向、意志、诱因、受事;角色构成、(关于配价的)主要/次要焦点以及体,还有在表 2.1 中所列的其他范畴(除去第 19 条和第 35 条)。在这些范畴中,许多范畴在每种语言中都有着系统的实现。[文章正文]

6. +U:方位状态像位移运动事件一样可以被感知和进一步分成组成成分(在这里"运动事件"用于两者)。[1.2]

7. +U:运动事件具有四种成分:焦点、运动、路径和背景。[1.2]

8. +U:与一个运动事件规律性地相关的是一个概念上可以相分离的副事件。副事件与运动事件之间有语义关系,不仅有最常见的方式或原因关系,而且还包括先发关系、使能关系、伴随关系和后发关系。[1.2,2.1]

9. +U:语言区分了位移与自足(self-contained)运动,后者包括振动、旋转、膨胀(扩大/收缩)、摆动、原地的徘徊和停止。语言一般把一个复杂的运动分析成这两种类型的结合。[2.1.2.3]

10. +U:大约有十个看似普遍的"运动-体"(motion-aspect)公式构成了所有运动事件的语义核心。[2.2.2]

11. U':致使性的语义范畴比通常公认的致使关系/非致使关系(causative/noncausative)的对立包含更多且更细微的区别。在致使关系中至少包含结果事件、使因事件、工具、行为者、施事者、自我施事者和诱使这些种类。在非致使关系中的是自发和受事者两种类型。[2.6]

12. +U:涉及不同因果关系类型的语义特征包含以下内容:

   a. 一个事件可以被概念化为独立于任何致使关系(自发类型)。[2.6]

   b. 一个施事者的意向可以超越一个因果序列的不同长度(行为者类型 vs. 施事者类型)[2.6]

   c. 施事性涉及一个意向事件、一个意志事件和在物理域的身体(部分)的运动事件。[注释 31]

   d. 身体运动可能是施事性的最终目的[自我施事型]。[2.6]

   e. 施事性本身可能是由外部致使的(诱使型)。[2.6]

   f. 工具是一个派生的概念:一个使因事件的焦点是整个因果序列中的工具。[注释 30]

   g. 自我施事型有被概念化为自发型的趋势,同时,诱使型有被概念化为简单施事型的趋势。[注释 33]

13. −T：普通体包括一次行动的时间分配，它直接与背景时间流相关。另外，有几种语言有次要体类似现象的系统标记：一次行动的时间分配被认为与独立发生的运动事件相关（由同一个行为者执行）。[3.7]

3.2.3　表层形式的特征

14. U′：语言在表层上区分两个有待确认的语法范畴：动词"卫星语素"和"动词复合体"。动词词根加上所有出现的卫星语素构成动词复合体。[3]

15. T：有些语言有完整的卫星语素系统，而有些语言则几乎没有卫星语素。[3，4]

16. U′：语言具有反复呈现"卫星语素构形"（satellite formation）的趋势。通过这一过程，某些语素或语素类别——尤其是那些更多地附带语法类意义的语素——与动词建立了卫星语素关系。也许是为了更合逻辑，它们离开了在这些句子中的原有位置（在这些位置上它们与句子中的其他成分相结合）。量词的移动就是一个例子。多式综合（Polysynthesis）将该趋势进行最大程度的实现。[注释50]

17. ＋U：在运动事件的句子中，如果背景名词是一个复指或指示代词，它通常可以省略掉，任何与这个代词搭配的表示路径的附置词也要省略掉，但任何指示路径的卫星语素必须保留。[3.1]

18. ＞－T：既有卫星语素又有附置词的语言通常对二者保持形式上的区分。英语和汉语看起来都有另外一个罕见的词类——"卫星语素介词"——来联合这两种形式。[3.1]

3.2.4　语义和表层之间关系的特征

19. ＋U/A：语言语义的和表层的成分无须一一对应。词汇化理论描述了以下语义和表层关系的类型（即词汇化类型），它们是根据所涉及的成分数量来划分的。

    语义层面　　　　　　　表层层面
    a. 无语义内容　　　　　1. 无表层成分
    b. 一个语义成分　　　　2. 一个语素
    c. 语义成分组合　　　　3. 语素组合

语义和表层的对应类型	在表层产生
a-1	
a-2/a-3	一个"假位"成分/表达
b-1/c-1	一个"零"形式或一个被删除的深层形式
b-2	一个单一的语素(原型形式)
b-3	成语或搭配(或不连贯的形式)
c-2	词化并入(或混合词)
c-3	通过搭配产生的词化并入

[在最后一种情况中,(c)的成分不允许与(3)的成分一一对应。]
[1—1.1]

20. A:除去以上的词汇化类型,还有另外两种方法可以解释一个语义成分在表层(除句法-结构意义外)的存在。

    a. 它由与语境和常识相一致的语义/语用解释产生。[1.1]

    b. 一旦所指情景以另一视角——也就是"语义重新切分"(semantic resegmentation)过程——来观察的话,它并非真正存在。[注释 4]

21. +U:零形式(zero form)可以与普通语素一样表现出它自己的精确意义(或意义范围)和句法特征。[注释 2]

22. +U:一些语言拥有封闭类成分(closed-class element)的"转换器"类型。当与这样一个词——该词编入了一个特定语义范畴(例如体、因果关系或配价)中的概念 A——一起使用时,它可以在同一范畴中把概念 A 转换成概念 B。[2.5,表 1.4,2.7,2.8]

23. >U/+T:一种语言如果拥有能使概念 A 转向概念 B 的能产性转换器,那么这种语言就相对缺乏词化编入概念 B 的词汇形式。[2.5,2.9.1]

24. A:动词词根作为单一词素,是与跨语言的词汇化模式对比相关的一种表层形式,而完整的动词却不是,因为它可以包含数目不同的词缀。[2]

25. +U:一个运动事件的'运动事实'成分总是出现在动词词根中。[2.1—2.4]

26. T:在一个运动事件的最典型的表达中,一种语言往往把焦点、路径、副事件这三个语义成分中的一个与"运动事实"一并词化并入动词词根中。[2.1—2.4]

27. —U：在一个运动事件的最典型的表达中，没有语言会在动词词根中词化并入背景成分与'运动事实'，但这种词化并入形式可以作为一个次要类型出现。[2.4.2]

28. —U：在一个运动事件的最典型的表达中，没有语言会组合焦点、路径、背景和副事件中的两个成分与'运动事实'一起在动词词根中词化并入。但这种词化并入形式可以作为一个次要类型出现。[2.4.3]

29. —U：在一个运动事件的最典型的表达中，没有语言不将焦点、路径、背景和副事件中的任何一个成分同'运动事实'一并词化并入动词词根中——也就是说，'运动事实'在动词词根中不会单独出现。然而这种非词化并入形式可能作为一个次要系统或者作为一个分裂系统的分支出现（这里主要是指在方位事件的表达中）。[2.4.4]

30. —T：在一个运动事件的最典型的表达中，一种语言可以接近"零词化并入"模式（zero-conflation pattern）——尽管它确实词化编入了'运动事实'以及三个与运动相关的主要成分中的一个——它只是区分了那一个成分的大约两三个义项，而不是典型情况中所发现的几十个义项。[2.4.5]

31. T：在一个运动事件的最典型的表达中，一种语言可以将三个与运动相关的主要成分中的一个与'运动事实'一起词化并入动词词根中，从而成为运动事件的一个范畴。再词化并入此类的另一个成分，从而形成运动事件的另一个范畴。语言甚至会词化并入第三个这样的成分以形成运动事件的另一个范畴。这就是"分裂的"或者"互补的"词化并入系统。[2.4.6]

32. —T：在运动事件的最典型的表达中，一种语言可以把三个和运动相关的主要成分中的一个与'运动事实'词化并入一系列动词词根中，接着把另一个这样的成分同'运动事实'词化并入另一组动词词根中，这两组动词词根同等口语化，而且与运动事件的相同范畴相关。这就是"平行的"（parallel）词化并入系统。[2.4.7]

33. —U?：可能任何一种语言都有一种表达运动事件的最典型的模式，只是在它不同的动词词根中以不同的方式并入了三个关于运动的主要成分及'运动事实'，这就是"混合的"（intermixed）词化并入系统。[2.4.8]

34. ＞＋U/＞T：焦点或者副事件词化并入类型的语言把它们的词化并入模式应用于运动和处所两类表达；有些路径词化并入类型的语言也明显如此。但是多数路径词化并入类型的语言将它们的词化并入模式仅用于运动情景。[2.1—2.3]

35. ＞＋U：副事件词化并入类型的语言中有一个多义动词系统——词汇双式词(lexical doublets)——其中一种用法只表达副事件，而另一种用法所表达的副事件中词化并入了运动。通常也会出现下述情形，有些动词只有其中一种或另一种用法以及一些用法互补的互补对。这种类型中再词化并入另外一个运动从句可以产生词汇三式结构(lexical triplets)（等等）。[2.1]

36. ＞T：路径词化并入型的语言可以把路径的指示成分和构形成分划分在一起，或者可以把两个成分在结构上作出区分，并对其中一个有所偏重。[2.2.2]

37. ＞T：当一种特定的运动成分典型地词化并入动词词根中时，语言基于余下那些可以出现在卫星语素中的成分这一事实形成子类型。[2.6]

38. －U：没有哪一种语言的动词词根可以系统地明显区分因果关系中的"自发型因果关系"和"结果事件因果关系"，尽管偶尔是可以加以区分的。[2.6]

39. －U：没有哪种语言的动词词根可以区分"使因事件因果关系"和"工具型因果关系"。[2.6]

40. ＞＋U：若语言中存在这些类型的话，表达"使因事件因果关系"或者"工具型因果关系"的动词词根通常就可以表达"行为者因果关系"和"施事者因果关系"这两种类型。[2.6]

41. T：既与某一特定的语义范畴相关又与跨语义的范畴相关，语言所倾向的词汇化类型在扩展性上表现出差异(例如，涉及因果关系、体-因果关系或者配价的词汇化)。[2.6(结尾部分),2.7.1,2.9.1]

42. T：在表达某些语义域的动词词根中典型地词化并入了各种体，语言并入的体的种类不同。[2.5]

43. T：大体上讲，一种语言会在一个动词词根中典型地将一种'状态'概念与三种体致使类型中的一种——静态(stative)、起始(inchoative)或者施事(agentive)——词化并入。但是在有些语言中，同一个动词词根典型地涉及了这些类型中的具体表达的一对。在有些语言中,同一个动词词根能涉及所有的这三种类型的表达。但是这是否曾经是典型的模式还是一直只是次要的形式还有待考察。最后,根据一种解释,在一些语言中词根仅表达'状态',并不词化编入这三种体致使类型中的任何一种,而是由伴随的语素提供这些类型的意义。然而,根据另一种解释,这种动词词根——事实上是所有的动词词根——词化并入了一个体致使成分(或者是一系列的),并且不会使它们的核心所指从时间分布的或因果性的特征中被抽象出来。[2.5,2.7]

44. ＋U/＞T:在前述各种情形下,没有被词根表达出的(那些)体致使类型由伴随的语素表达。在'仅表状态'(state-alone)的一些词根中,这些额外的语素或者自己独立地表示三种体致使类型的每一个,或者它们使用一种形式来表示其中一对类型,用另一种形式来表示其余的那一种类型。[2.7]

45. ＞T:一些语言在它们的'状态'动词词根中,作为一种典型情形,词化编入了三种体致使类型中的某一种特定类型,这些语言在类型学上有相似性,通过区别它们派生剩余的体致使类型的模式,可以形成一个子类型。[表 1.5 和例(60)]

46. －U:如果是同一个动词词根——或者非词根的语素——表达三个主要的体致使类型中的一对,那么这一对可以是静态＋起始型或者起始＋施事型,但不会是静态＋施事型。[2.7]

47. －U:对于可以同时指称处于某一状态(state location)和进入某一状态(state entry)的动词词根而言,它不可以同指处于某一状态和离开某一状态(state departure),或同指进入某一状态和离开某一状态,或同指处于、进入及离开某一状态。可能的情况是,没有动词词根曾词汇化"离开某一状态"这一概念。(因此,动词"die"(死亡)的正确解读是"进入死亡状态",而不是"离开存活状态"。在所有语言中,该动词可以与前者的名词形式同源,但不与后者的名词形式同源。)[2.7.2]

48. －U:在任一语言的一些形式和用法的数量上,表示'进入某一状态'的语法成分和派生模式总体上超过表示'离开某一状态'的语法成分和派生模式,或者可能与后者相当,但是绝不会少于它们。也就是说,'进入某一状态'跟'离开某一状态'相比,是非标记性的。[2.7.2]

49. T:在每一种语言中,涉及人的一些行动在动词词根中被典型地词汇化成单元型角色构成类型,或者二元型角色构成类型,或者一种包含这两种类型的形式。[2.8]

50. ＋U:与心理事件一起在动词词根中被词汇化的配价可能普遍地与一种特有的认知-语言原则相关:当它是主语时,体验者(Experiencer)被概念化成心理事件的发起成分,当它不是主语时,体验者就被概念化为此事件的反应成分。[2.9.2]

51. T:下面两种情况可以将各种语言相区别:在心理事件的配价的词汇化中,主导地位是给予做主语的还是非主语的体验者,相应地,占主导地位的体验者概念是作为发起的成分还是作为反应的成分。[2.9.2]

52. ＋T:大部分情况下,表达心理事件的某些子类型的动词——其中包括'想要'(wanting)和'珍视'(valuing)——把配价进行了词汇化,因此体验者就成为句法的主语,充当了发起者的角色。[2.9.2]

53. ＋U:从普遍性上讲,在语义角色等级中,焦点比背景要高。它的一个影响是,在每种语言中,基本的"优先"(precedence)模式就是在语法关系的等级——主语、宾语、间接格——中表达焦点的名词要高于表达背景的名词。[2.9,3.8]

54. U′:基本的或者是倒装的焦点-背景优先模式可以由特定的词汇项或者特定的语义概念的要求决定。对语义类型的要求可以贯穿整个语言、整个语系或者在某些情况下也可能是共性的。[2.9,3.8]

55. U′:通常,在同一种语言内或者是跨语言之间,同样的语义成分可以在表层由不同程度的突显度来表征——即,语义成分被更加前景化或背景化。[4]

56. ＋U:在其他情况一样的条件下,一个语义成分的显著性在该语义成分由主要动词词根或者任何封闭类成分(包含卫星语素——因此,在动词复合体的任何地方)表达时被背景化,当该语义成分由其他成分表达时则被前景化。[4]

57. T:根据在一个背景化了的显著层面上可以表达的语义成分的数量和种类,不同语言得以区分。[4]

58. ＋U/T:一个句子中的一个概念的前景化表达方式,与其背景化相比需要付出更大的"代价",因为它在空间、注意和文体的规范上有更多的要求。因此,一种语言经常倾向于省略一个要求前景化的表达方式的概念,如果可以的话,让它从上下文中被推测出来。因而,一种有着更多的背景化供应的语言所提供的信息通常比背景化供应少的语言所提供的信息更清晰。[4]

59. +U:根据一种解释,结果的所有词化编入,不管是在动词词根还是在卫星语素中,都是做主事件而不是做从属事件。[2.2节,第1条和第5条]

60. −U:与其他相位(Phase)概念相比,'停止'(stopping)的概念并不出现在封闭类成分中(如助动词、卫星语素或者屈折变化形式)。(参照47—48条关于'离开某一状态'(state-departure)的那些限制。)[2.2节,第12条]

61. >+U/−U:当'数'表征在动词屈折变化形式上时,指语法上的主语或者宾语;然而当它编入动词词根,指的是语义受事者(semantic Patient)——很明显并不指其他的语义角色(semantic roles)。[2.2节,第17条]

62. −U:只有一个有限的以及相当小的语义范畴集合可以出现在动词复合体中来限定所指事件的参与者——主要是指'人称''数''分布''地位''性别/类别'。其他的语义范畴,诸如'颜色'被排除在外。[表2.1]

63. U′:对于我们提出的三个动词复合体成分——动词词根、卫星语素和一些屈折变化形式——在这所有三个范畴中一般可以清晰表征的语义范畴是:'极性''相位''体''致使性''角色构成''数''配价/语态''事实/传信''言语行为类型'和'会话者的地位'。[表2.1]

64. −U:从动词词根而不从屈折变化形式中排除的语义范畴是'行为者的性别/类别''时态''人称'和'语气'。[表2.1]

65. −U:从动词屈折变化形式而不从词根中排除的语义范畴是主要的行动或者状态(包含'结果')、运动事件成分和副事件(表2.1,1—8条),以及'(多元)行为者的分布''行为者的地位''(指示的)方向''说话者的态度'。[表2.1]

66. U′:尽管许多语义范畴可以在动词词根或者动词屈折变化中出现,但是不会在两者中同时出现,这些范畴中的绝大部分能够出

现在卫星语素中。[表 2.1]

67. －U：虽然经常可以出现在动词复合体中的其他位置——如小品词——但是'模糊限制语''速度''与类似事件的关系''空间场景'以及'(指示)空间位置'这些语义范畴充其量也只是边缘性地在动词词根、卫星语素或动词屈折变化形式中得以表达。另外，表示'实现程度''行为者的地位'和'时间场景'的范畴只在极少数情况下在这些地方表达。[表 2.1]

4 阿楚格维语中的原因卫星语素和多式综合动词

在本节中，我们结合例子详细阐释阿楚格维语中的原因系统及其相关卫星语素。具体说来，4.1 节包含相当全面的阿楚格维语中原因系统和相关卫星语素的形式和意义。带一个星号的表示还未完全证明的形式。4.2 节介绍了阿楚格维语中的许多完全多式综合动词，并按照动词词根的语义类型进行了排列。在 4.1 节中伴随形式的数字将在 4.2 节的例子中作为索引使用。我们之所以这么详细地描写那些原因卫星语素，首先是因为它们有着内在的语义关注点——相对而言，这种形态范畴在世界各种语言中很少出现。其次，它之所以被描写，还在于它们对Ⅱ-1 章所介绍的运动和其他事件的表征的跨语言类型的重要性。此外，介绍那些多词缀动词的诸多例子可以为那些模式提供更宽泛的意义，在这些模式中，一个多式综合形式的那些成分与它们各自的意义结合形成一个统一的语义结构。

4.1 原因和相关的卫星语素

阿楚格维语中有一组可以直接用在动词词根前的前缀原因卫星语素。这些卫星语素指的是一个包含工具的因果事件，这些卫星语素在 4.1.1 中被列举出来。作为附加用法，这一同样的卫星语素集合还可以指包含一个焦点的运动事件。这种用法在 4.1.2 中有所描述。最后，阿楚格维语还有一个焦点/背景卫星语素的集合。这个集合与原因卫星语素集合大量交叉，享有形式相同并且意义相关的一些形式。但是每个集合各自又有一些非共享的形式。这些焦点/背景卫星语素将在 4.1.3 中介绍。

4.1.1 原因卫星语素

在Ⅱ-1 章的 2.5 节中我们介绍过，阿楚格维语的原因卫星语素通常表达某种工具属性,这些工具以特定的方式作用于焦点或受事,由此成为动词词根所表达的事件的致因。按照II-1章和II-3章所叙述的,这种类型的卫星语素代表与框架事件具有原因关系的副事件。按照I-4章所言,它代表了因果链上倒数第二的子事件——也就是这个链中导致最终结果的直接原因。

只有用来指'热/火'的第25个卫星语素有不同形式的非施事性和施事性用法。其余的原因卫星语素大部分都有两种用法。因此,当出现在一个非施事性动词中时,它们在英语中最好由 as a result of 或 from 引导的从句来表达。但是,当出现在一个施事性动词中时,它们最好由 by 引导的从句来表达。尽管如此,为了一致,所有的注释都使用由 as a result of 引导的从句形式。下面的这些卫星语素将按照工具属性的类型和它们所指定的事件类型来划分。

4.1.1.1　类型:类属的或非因果的

0. i-/a-

'由某物/没有东西作用于焦点上所导致'(用于如下场景——尽管只是不经常地——动词词根的事件被概念化成无前因的,或者更具体的原因是不需要表达出来的)。

4.1.1.2　类型:'由身体部位作用于焦点上产生的结果'

这些卫星语素通常典型地指人的身体部位。通过类比,它们也可以指动物的身体部位。这种类比有一定的灵活性,因此,例如,英语中用来指鸡的'腿'的成分可以用来指意思为'腿'的 ma-(3)或者意思为'手'的 ci-(2)。这些卫星语素仅仅指人体中被神经肌肉所激活的必不可少的部位,不能指被割断的身体部位。

如上例所示,两个卫星语素可以指从事不同行动的同一身体部位。因此,tu-(1)和 ci-(2)都指手,但一个是向心作用,一个是向外作用,虽然 pri-(6)和 phu-(7)都指嘴,但一个是吸入的,一个是呼出的。尽管如此,从别的方面看,一个卫星语素可以指称身体部位所指向的大范围的活动。具体来讲,当该身体部位与一个焦点开始接触时(例如一只脚把一块石头踢过场地),此卫星语素可以指称初始因果关系。当该身体部位与一个焦点保持接触时(例如,一只脚把一块石头滑过场地),它也可以指称持续因果关系。当下面的某个卫星语素出现在一个施事性动词形式中时,这个卫星语素可能最好相应地由 by-从句中的一系列动词里的任何一个动词来表征，例如在'*by*（通过），*hitting*（打），*throwing*（扔），*holding*（拿），*carrying*（搬），*putting*（放），*taking the Figure*（取焦点）（用一个人的手、脚、牙等）'这些例子中。

1. tu-
    '因为一个实体的手——向心地作用——即挡住自己/互相挡住——作用于焦点而产生的结果'［如，通过握、抓、挤、扼的动作］
2. ci-
    '因为一个实体的手——向外作用（非 *tu-* 那样）——作用于焦点而产生的结果'
3. ma-
    '因为一个实体的脚/腿作用于焦点而产生的结果'
4. ti-
    '因为一个实体的臀/骨盆部位作用于焦点而产生的结果'
5. wi-
    '因为一个实体的牙齿作用于焦点而产生的结果'
6. pri-
    '因为一个实体的嘴的内部——吸入式地作用——作用于焦点而产生的结果'（比如吸入）
7. phu-
    '因为一个实体的嘴的内部——呼出式地作用——作用于焦点而产生的结果'（比如吐出）
8. * pu-
    '因为一个实体的嘴的外部/嘴唇作用于焦点而产生的结果'
9. hi-
    '因为一个实体的身体没有被另一个卫星语素表示的——整体/非具体部分/具体部分作用于焦点上'
10. —15.
    "因为一个人的胳膊作用于焦点而产生的结果"
    ［一个实体的胳膊被当成一个线性的物体。根据它作用于焦点上的特定方式，它由下一节的(10)到(15)中的某个卫星语素描述，并详细说明以多种方式作用于焦点的线性物体。］

4.1.1.3 类型：'一个几何状物体作用于焦点而产生的结果'

下面所列的每个卫星语素都有多达三种的具体的使用方法。这些使用方法被逐一定义并附有单独的图表。三种用法在(1)中列出。正如在 I-5 章中讨论的那样，一个"自指"(self-referencing)事件中的"元焦点"(meta-Figure)是一个自我移动或自我呈现某形状的物体。

(1) **当包含一个"几何体"原因卫星语素时，这个动词可以表达**

　　a. **一个位移运动事件**

　　　'一个焦点由于工具作用于其上而导致运动＋路径＋背景的结果'

　　b. **一个自指的运动事件**

　　　'一个元焦点由于工具作用于其上而运动进/运动出一种形状的结果[或者"运动"进/"运动"出一种状态]'

　　c. **一个位移或者自指的方位事件**

　　　'由于工具作用于其上，一个焦点位于/保持方位＋路径(地点)＋背景的结果'

　　　'由于工具作用于其上，一个元焦点位于/保持方位在一种形状中的结果[或者"在"/"保持在"一种状态中]'

下面一些(a)类型的定义包含"在……上/接触时"这两种可以替换的形式。这些形式分别指称初始因果关系和持续因果关系(参照 I-7 章)。这两种形式用两种图表表示。有些(b)类型的定义包含"在……上/在……里"这两种可替换的形式，表明工具也许仅与元焦点接触或者另外穿越元焦点。同样，这也有两种图表。请注意，在所有的定义中，几何工具物体与焦点或者元焦点接触的特定部分都在方括号中表示。在图表中，"I"代表工具(Instrument)，"F"代表焦点(Figure)，"f"代表元焦点(meta-Figure)。

　　10. uh-

　　　注释：在这里，"启动式地"表示一个物体沿着它的轨道自由飞行，没有持续致使的控制。"绕轴地"表示线性的物体沿着一个弧围绕轴心摆动。

　　　a. '因为一个线性的物体[用一端]启动式地在焦点上/与焦点接触时绕轴移动的结果'[如，通过击/通过扔]

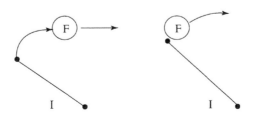

b. '因为一个线性的物体[用一端]启动式地在元焦点上/元焦点里绕轴移动的结果'[如,通过猛击/通过砍]

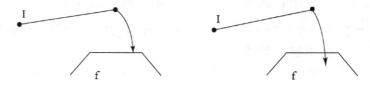

11. cu-

a. '因为一个线性的物体[用一端]在焦点上/在与焦点接触时沿轴线垂直移动的结果'[如,通过戳、用台球杆打/通过用一个棍子稳稳地推]

b. '因为一个线性的物体[用一端]在元焦点上/元焦点里沿轴线垂直移动的结果'[如,通过捅/通过捅/刺、插的方式]

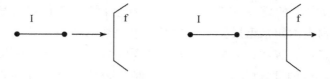

c. '因为一个线性的物体[用一端]沿轴线垂直压在焦点上的结果'[如,通过按在墙上、通过一根手杖支撑]

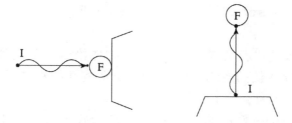

12A. ra-

a. '因为一个线性的物体[用一端]沿轴线斜向运动、同时接触焦点的结果'[如,向一个角度刺去]

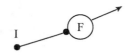

b.'因为一个线性物体[用一端]沿轴线斜向运动到元焦点上/里的结果'[如,通过挖、锥、缝]

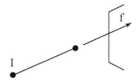

c.'因为一个线性物体[用一端]沿轴线斜向压在焦点上的结果'[如,通过支撑、斜靠、撑竿]

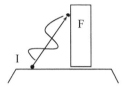

12B. ra-

a.'因为一个线性/平面物体[用一端/边缘]在接触焦点时侧面沿着表面运动的结果'[如,通过耙平、扫过、刮去]

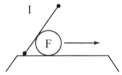

b.'因为一个线性/平面物体[用一端/边缘]侧面地运动在元焦点上/过元焦点(一个表面)的结果'[如,通过滑过/通过削、犁]

c.'因为一个线性/平面物体[用它的面]侧面地压在焦点、元焦点上的结果'[如,通过用钳子紧握、拥抱、被一根原木顶住]

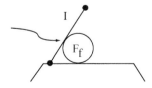

12C. ra-

a. '因为一个平面物体[用一边缘]将其平面移入元焦点的结果'[通过画线、切片、锯]

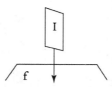

12D. ra-

a. '因为一个圆形的物体[用其周边]与焦点接触时旋转地(即,滚动)沿表面移动的结果'[如,通过运送、推动]

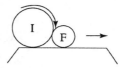

b. '因为一个圆形的或者圆柱形的物体[用其周边]旋转地(即,滚动)沿表面移动过元焦点的结果'[如,通过用滚动的针或压路机压平,通过使碾过]

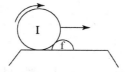

13. ta-

a. '因为一个线性物体[用一端]与焦点接触时侧面地移过液体的结果'[如,通过搅(汤里热腾腾的菜来煮熟它)]

b. '因为一个线性物体[用一端]侧面地移过元焦点(一种液体)的结果'[如,通过搅拌]

注释：通常用 *ra-*（12Ba,b）来代替 *ta-*。

14. * ka-

'因为一个线性物体[用一端]沿轴自转移入元焦点的结果'
[如,通过钻孔]

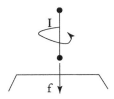

注释：表示"通过螺丝旋转"时,可以用 *ra-*（12Ab）代替 *ka-*。

15A. ru-

a. '因为一个(灵活的)线性物体[用一端]与焦点接触时通过轴向张力(即,拉)沿轴移动的结果"[如,通过用绳拉、通过收缩某人的肌肉]

b. '因为一个(灵活的)线性物体[用一端]沿轴在焦点上拉的结果'
[如,通过用绳索悬挂]

15B. ru-

a. '因为一个(灵活的)线性物体[用它的面](在轴向张力下)从周围侧面施压在焦点、元焦点上的结果'[如,通过捆绑、束腰]

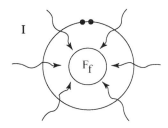

16. mi-

a. '因为一个刀子(用其边缘)切进元焦点的结果'

注释：可以用 *ra-*（12Cb）代替 *mi-*。

4.1.1.4 类型:'一个自由飞行的物体作用于焦点而产生的结果'

17. uh-

'因为一个自由飞行的物体(除去(18)中所列的 phu-)启动式地滑向/降落在焦点上的结果'[如,被一个冰雹或者是一个被扔、踢、击打的物体击中导致的结果]

18. phu-

'因为被嘴向外呼气的作用[= phu(7)]启动式地滑到焦点上的结果'[如,由被呼出的气、唾沫、吐出的物体击中的结果]

4.1.1.5 类型:'一个物质/一种能量作用于焦点而产生的结果'

19. ca-

'因为风吹在焦点上的结果'

20. cu-

'因为流动的液体作用于焦点上的结果'

21. ka-

'因为降落的雨作用于焦点上的结果'

22. ra-

'因为一种物质施加一个稳定的推力/压力于焦点上的结果'[如,一个人胃里的气、地底下冰雾压力作用的结果]

23. ru-

'因为一种物质施加一个稳定的拉力在焦点上的结果'[如,因为溪流的拉力作用于一块固定好的布的结果]

24. uh-

   a. '因为一种物质的重量压在焦点上的结果'[如,雪的重量压在树枝上的结果]

   b. '因为重力/焦点自己的重量作用于焦点的结果'[如,通过降落]

25. miw-

'因为热量/火作用于焦点的结果'

mu:-

'因为施事施加给焦点热量/火的结果'

26. * wu:-

'因为光照在焦点上的结果'

4.1.1.6 类型:'一个物体/事件的可感知部分作用于体验者产生的结果'

这一集合中的卫星语素通常与描写情感或者认知状态的动词词根一起出现。一个包含这样的卫星语素和词根的动词所表征的语义模式通常如(2)所示。

(2) **当包含一个"感觉的"原因卫星语素和一个"认知的"词根时,该动词能够表达:**
'因为一个物体/一个事件的可感知的部分作用于体验者,结果是该体验者由此进入/处于特定的情感/认知心理状态'

27. sa-/su-/si-/siw-
    '因为物体或事件的可视部分作用于/影响体验者'
28. ka-/ku-/ki-/kiw-
    '因为事件的可闻部分作用于/影响体验者'
29. tu-
    '因为一个物体的感觉作用于体验者的结果'
30. pri-
    '因为一个物体的气味/味道作用于体验者的结果'
31. tu-
    '因为一个物体的味道作用于体验者的结果'

4.1.2 用作运动事件卫星语素的原因卫星语素

在阿楚格维语的典型动词中,词根指主要运动事件,在这个事件里某一特定的焦点或运动或被定位。原因卫星语素指的是一种特定的作为工具的实体以某一种特定的方式作用于焦点,以此引发运动或者方位事件。

另外,尽管如此,前一节的原因卫星语素中的任何一个也可以用来指代一个运动事件。在这种情况下,以前作为工具的实体现在充当了焦点。而且这一实体和以前一样,以同样的方式起作用,但现在它是对背景物体起作用。

当动词词根已经指的是一种在移动的特殊的焦点物体时,转换的卫星语素仅仅提供同样一个焦点物体的额外的特征以及这一物体运动时候的额外特征。当动词词根不典型而且不指代焦点时,这个卫星语素仅描述了动词内的焦点及其移动特征。

为解释用法的转换,前面所讲的原因卫星语素 *ra-* (12Ab)在(3a)中重复,不同的是它的物体现在充当工具。(3b)给出了同一卫星语素在转换使用时的意义。

(3) ra-
a. '因为作为工具的一个线性物体[用它的一端]沿轴斜向地运动进入元焦点的结果'
b. '因为作为焦点的一个线性物体[用它的一端]沿轴斜向地运动进入背景'

4.1.3 焦点/背景卫星语素

阿楚格维语里有一组焦点/背景卫星语素，它们具有与原因卫星语素同样的动词位置，而且与原因卫星语素的集合部分重合。这些共同形式拥有同样的形式和相关的意义。当出现在一个运动动词中时，一个这种类型的卫星语素表示它所涉及的焦点或背景实体的种类。因此这个卫星语素单独界定了焦点或背景的语义，以及可能由动词词根或一个外部名词成分提供的任何语义。

4.1.3.1 类型:'一个身体部位'

32. tu-
    手、胳膊
33. ma-
    脚、腿
34. ti-
    臀部
35. wi-
    牙齿
36. pu-
    嘴、嘴状的物体[如,一朵花]
37. ce-
    眼睛、眼状的物体[如,一粒纽扣、一个冰雹]
38. hi-
    身体的——没有被另一个前缀表示的整体/具体的部位或不具体的部位

4.1.3.2 类型:'一种几何状物体'

39. uh-
一种摇摆运动下的线性/平面物体[如,一个钟摆]

40. cu-
一种垂直地移入/戳进一个物体表面的线性/平面物体[如,碰撞中的一辆汽车、摇篮板上的遮阳伞]

41. pa-
一种垂直地从一个表面突出的线状物体[如,一个直立的阴茎、马蹄铁游戏中的目标棍]

42. ra-
一种倾斜地伸进/靠在/突出一个物体的表面的线性/平面的物体[如,倾斜的摇篮板、墙面板]

43. ih-/uh-
一种在一个表面上铺开的平面物体[如,一块平铺的地毯、一块钉在墙上的板子]

44. ru-
一种一端或者两端被牵附着的、而且与吊力/张力相关的(灵活的)线性物体[如,肌腱、带子、软的阴茎、冰柱]

45. cri-
一组平行的线性物体[如,扎成辫子的头发、一捆秸秆、一捆棍子]

46. cu-
空间中紧紧捆绑成一团的材料[如,用于堵塞的材料]

4.1.3.3 类型:'一个自由飞行的物体'

47. uh-
一个启动式地自由飞行的物体

4.1.3.4 类型:'物质/能量'

48. ca-
风

49. cu-
流动的液体

50. ka-
    雨
51. uh-
    有重量的物质/物体、一个负荷
52. miw-
    热量/火
53. wu:-/ma:-
    光

4.2 阿楚格维语中的多式综合动词的例子

这一节将论述一些阿楚格维语中的多式综合动词。我们按照它们包含的动词词根的语义类型来给它们分组。这一节中标注了数字的每个例子都以一个动词词根的表征开始，然后词根后面接几组不同的词缀，这些词缀用(a)(b)等标记。有了这些词缀，它可以构成一个多式综合动词。与 I-1 章中的那些例子相比较，此处所有的例子都在一个更正式的格式中表述，具有以下几个特点：

• 词根的意义总是以非施事性的形式表征出来，尽管词根会以一种施事性解释出现在后面的某个例子中。

• 同样，一个原因卫星语素的意义以非施事性的'作为……的结果'形式表征，尽管该卫星语素会以一种施事性解释出现在后面某个例子中。

• 每个前缀卫星语素后面跟一个加括号的数字，这个数字代表了它在 4.1 节中的位置。在一些例子中，前缀卫星语素也许有两种不同多义解读中的一种或者二者兼具。在这种情况下，这两种解读和它们在 4.1 节中的位置都给出了。

• 在 4.1 节中前缀卫星语素的定义包括了可替换的措辞。在本节里，该定义通常只包含与特定例子相关的可选措辞，而卫星语素出现在这个例子中。在一个例子中给出的其他词缀的定义通常是它的多义范围中的一个意义，与那个例子相关。

• 出现在阿楚格维语动词前面和后面的屈折词缀在大部分情况下并不独立代表主语和直接宾语或人称、数和语气。相反，它们必须被整体地看成一个集合，这个集合表征这些范畴的一种特定复合体的值。每个屈折词缀组的定义按顺序出现：人物的表层主语、人物的表层宾语及语气。阿楚格维语中的第三人称并不区分数或其他范畴，所以此处仅仅用

"3"来表征。一个可以表征带有第三人称直接宾语的及物动词的词缀组也可以表征不含宾语的不及物动词。因此,它的直接宾语用"(3)"来表示。

- 在屈折词缀组的右边,例子所表达的某种特定的语义致使类型用下列术语中的一种来表示:非施事性、自我施事、施事性和受事者。这一词缀组的定义中没有这个信息,因为在大部分情况下,它和动词中的其余语素并不区分这些致使类型,而且事实上可以用于所有这些类型。
- 在词根可以和每一组词缀一起形成多式综合动词的情况下,此动词既表示为形态音位形式,也表示为宽泛语音形式。
- 一些例子是按照字面意义翻译的,也就是说,动词的那些语素及其结构关系被一对一地翻译成英语。
- 在所有的例子中,给出一个"示例"的翻译,即一个说本族语的人会讲一个英语句子。这个句子通常包含一些具体的所指事物,这些事物在阿楚格维语动词中是不被具体隐含的。但这个英语句子描述了阿楚格维语动词可以被用来指称的一种情况。

列举例子时用到了以下符号:

R:词根
CI:原因前缀卫星语素——即表示带有工具的原因事件这一类
CI→MF:语义上已经转移至表达一个有焦点的运动事件的原因前缀卫星语素
F:焦点前缀卫星语素
G:背景前缀卫星语素
PG:路径+背景后缀卫星语素
Px:其他前缀
Sx:其他后缀
Ax:屈折词缀集

使用了如下的语音符号:

- 冒号(:)元音后的冒号加长元音的发音,同时如果元音是高元音(i/u),降低使其成为中元音(e/o)。
- 一个单独的撇号(')使紧随其后的辅音声门化。(这种形式本身是一个具体屈折语素的语音形式。)
- 一个上标"a"或者"u"($^{a/u}$)使紧随其后的/i/变为[a]或[u];或位于词尾时,如果它紧随动词开头的音节或者任何辅音群,那么它变为[a]或[u],否则就没有变化。

4.2.1 词根类型:'焦点+运动'

1. R:-swal- '用于表示灵活的(非僵硬的/有弹性的)线性物体,特别是从一端悬挂起来的物体,运动或处于某处'

    a. CI: ca-(19)   '由于风刮到了焦点上产生的结果'
        PG: -mič   '掉到了地上'
        Ax: '-w- -ᵃ   '3,(3),事实的'—非施事的
    /'-w-ca-swal-mič-ᵃ/⇒[čwaswálmič]
    字面意义:'由于风吹,结果一端悬挂起来的灵活线状物体掉到了地上'
    示例:"The clothes blew down from the clothesline."
        (衣服从晾衣绳上刮下来了。)

    b. CI: ra-(12Ba)   '由于一个线性物体[用一端]在接触焦点时侧向地沿着表面运动而产生的结果'
        PG: -im   '到那边'
        Ax: '- -a: '2s,(3),命令的'—施事的
    /'-ra-swal-im-a:/⇒[ḷaswalᵃwá·]
    字面意义:'你(施事)使一个线性物体[用一端]侧面接触一个灵活的线性物体,并使其沿着表面移动'
    示例:"Slide that dead snake away with this stick."
        (用棒把那条死蛇滑走。)

    c. CI: tu-(1)   '人的手自己活动,作用于焦点上的结果'
        PG: -ič   '向上'
        Ax: s-'-w- -ᵃ   '1s,(3),事实的'—施事的
    /s-'-w-tu-swal-ič-ᵃ/⇒[stuswalič]
    字面意义:'通过我的手作用于一个柔软的线性物体,把它向上移动,作用于其本身,我施事性地作用于该物体'
    示例:"I picked up the rag."
        (我拣起了那块碎布。)

    d. CI: uh-(10a)   '由于一个线性的物体[用一端]启动式地与焦点接触时绕轴移动产生的结果'
        PG: -ičt   '进入液体'

　　　　Ax： '-w- -ᵃ　　　　'3,(3),事实的'——施事的
　　　　/'-w-uh-swal-ič-ᵃ/⇒[woswalíčta]
　　字面意义：'她（施事）于一个灵活的线性物体材料,使其移动进入
　　　　　　　液体,通过与它接触的同时环绕枢轴,[用一端]移动一
　　　　　　　个线性物体'
　　示例："She threw the clothes into the laundry tub."
　　　　　（她把衣服扔进洗衣盆。）

e. CI： ti-(4)　　　　　'由于人的臀部/骨盆区域作用于焦点'
　　PG： -ič　　　　　'向上'
　　Ax： n- w- -ᵃ　　　'3,(3),传信的'——施事的
　　　/n-w-ti-swal-ič-ᵃ/⇒[ntwiswalíč]
　　字面意义：'他明显地是用骨盆部位（施事）作用于灵活的线性物
　　　　　　　体,使其从一端悬起'
　　示例："I see where he's carrying the rabbits he killed hung from his
　　　　　belt."
　　　　　（我看见他把杀死的兔子挂在腰间了。）

f. Px： p-　　　　　　'错-,坏-'
　　F： ru-(44)　　　'一种一端被牵附着的而且和吊力、张
　　　　　　　　　　　力相关的灵活的线性物体'
　　PG： -iks　　　　　'在固体的侧面'
　　Ax： '-w- -ᵃ　　　　'3,(3),事实的'——受事者
　　　/'-w-p-ru-swal-iks-ᵃ/⇒[pluswalíksa]
　　字面意义：'他经历过此事：一个柔软的线性物体的一端悬在某固
　　　　　　　体的侧面,这个柔软的线性物体的一端依附在该固体
　　　　　　　上且有张力'
　　示例："His penis stayed limp (on him), he couldn't get an erection."
　　　　　（他的阴茎一直是软的,不能勃起。）

2. R：-staq-　'由于易流动的、"黏稠的"物质运动或处于某处'

　a. CI： ca-(19)　　　'由于风刮到了焦点上而产生的结果'
　　PG： -ič　　　　　'进入液体'

Ax： '-w--ᵃ　　　　　'3,(3),事实的'——非施事的

/'-w-ca-s̓taq́-ict-ᵃ/⇒[c̓was̓taq́icta]

字面意义：'风把易流动的黏稠的物质刮到了液体里'

示例："The guts that were lying on the bank blew into the river."
（岸上的那块内脏被风刮到了河里。）

b. CI：　　ci-(2)　　　　'由于人手操纵,将力作用于焦点产生的结果'

　PG：　　-iḱs　　　　'水平地运动到一个固体的侧面'

　Ax：　　s-'-w--ᵃ　　　'1s,(3),事实的'——施事的

/s-'-w-ci-s̓taq́-iḱs-ᵃ/⇒[sc̓wis̓taq́iḱsa]

示例："I patted some mud against the wall."
（我朝墙上拍了些泥。）

c. CI：　　uh-(10a)　　　'一个线性的物体[用一端]启动式地与焦点接触时绕轴移动而产生的结果'
　　　　　　　　　　　　　'二重地'

　PG：　　-i·w

　Ax：　　与(b)一样

/s-'-w-uh-s̓taq́-i·w-ᵃ/⇒[sw̓os̓taq́i·wa]

示例："I slammed together the hunks of clay I held in either hand."
（我把握在两只手里的黏土摔成一块。）

d. CI：　　ra-(12Aa)　　'一个线性的物体（用一端）沿轴线与焦点接触,斜向运动产生的结果'

　PG：　　-im　　　　　'那边'

　Ax：　　与(b)一样

/s-'-w-ra-s̓taq́-im-ᵃ/⇒[sw̓ras̓taq́iw]

示例："I slung away the rotten tomatoes, sluicing them off the pan they were in."
（我扔掉了烂的西红柿,把它们从盘子里冲掉了。）

e. Px：　　:-　　　　　'增强词义的[此处为惯用法]'

　CI：　　pri-(6)　　　'由于一个人的嘴——内部——向内吸气——作用于焦点而产生的结果'

　　　　PG：　　　-ic̓　　　　　　'向上'
　　　　Ax：　　　与(b)一样
　　/s-'-w-ː-pri-staq̓-ic̓-ᵃ/⇒[s̓pre·s̓taqíc̓]
　　　　示例："I picked up in my mouth the already-chewed gum from
　　　　　　　where it was stuck."
　　　　　　　（我从嘴里拿到了已经嚼过的、卡在嘴里的口香糖。）

　f. CI：　　　ma-(3)　　　'由于人的脚作用于焦点而产生的结果'
　　　PG：　　　-ipsnᵘ　　　'（进）入有一定体积的封闭体'
　　　　　　　　-im　　　　'那边'
　　　Ax：　　　与(b) 一样
　　/s-'-w-ma-s̓taq̓-ipsnᵘ-im-ᵃ/⇒[s̓ma·s̓taqípsnu]
　　字面意义：'我用我的脚施事性地把易于流动的黏稠物质踢入封
　　　　　　　闭体内'
　　示例："I tracked the house up (with the manure I'd stepped in)."
　　　　　（房间里留下了我的足迹（用我踩到的粪便）。）

　g. 词根的音位变换形式：-q̓st̓-ᵃ-
　　　CI：　　　phu-(7)　　'由于一个人的嘴-内部——向外呼
　　　　　　　　　　　　　　气——作用于焦点而产生的结果'
　　　PG：　　　-mik·　　　'到头上、脸上或进入眼睛'
　　　Ax：　　　与(b)一样
　　/s-'-w-phu-q̓st̓-ᵃ-mik·-ᵃ/⇒[s̓p̓hoqstím·k·a]
　　字面意义：'我施事性地通过嘴的内部往外呼气，作用在易于流动
　　　　　　　的黏稠物质上，把它吐到某人脸上'
　　示例："I spat in his face."
　　　　　（我朝他脸上吐口水。）

3. R：-lup-　　'由于小的发亮的球形物体在某处移动或处于某处'

　a. CI：　　　cu-(11a)　　'一个线性的物体[用一端]沿轴线垂直
　　　　　　　　　　　　　　运动到焦点上产生的结果'
　　　PG：　　　-hiy-ik·　　'从紧凑的封闭体/窝里（出来）；从停泊
　　　　　　　　　　　　　　处（分离）'
　　　Ax：　　　s-'-w--ᵃ　　'1s,(3),事实的'—施事的

/s-'-w-cu-lup-hiy-ik·-ᵃ/⇒[scúl·upʰyik·a]

字面意义：'我施事性地作用于他,通过沿轴线垂直作用于小的闪光的球体,把它从原来的位置挖出来。'

示例："I poked his eye out with a stick."
（我用小棍把他的眼睛戳出来。）

b. CI： pri-(6) '由于某人的嘴向内呼吸作用于焦点'
 PG： -nikiy '遍及,到处,随处'
 Ax： 与(a)一样

/s-'-w-pri-lup-nikiy-ᵃ/⇒[splíl·upʰnika·]

示例："I rolled the round candy around in my mouth."
（我把圆糖含在嘴里,翻来覆去地含着。）

c. CI： phu-(7) '某个人嘴的内部向外呼气作用于焦点'
 PG： -im '那边'
 Ax： 与(a)一样

/s-'-w-phu-lup-im-ᵃ/⇒[sphól·upíw]

示例："I spat out the round candy."
（我把圆糖吐了出来。）

4. R：-hmup- '由于水平表面的覆盖物垂直于表面运动或垂直处于表面'[**注释**：另一词根涉及一覆盖物相对表面水平地运动,如 slipping/sliding over it(在它上面滑动/滑行)。]

a. CI： uh-(10a) '由于线性物体在与焦点接触的同时,启动式地[用一端]环绕枢轴运动产生的结果'
 PG： -cam '到横跨火灾地点的位置'
 Ax： s-'-w--ᵃ '1s,(3),事实的'—施事的

/s-'-w-uh-hmup-caw-ᵃ/⇒[swohmúpcaw]

示例："I threw a blanket over the fire."
（我用毯子盖住火。）

b. CI： ra-(12Aa) '一个线性物体[用一端]与焦点接触的同时,做轴向倾斜运动而产生的结果'
 PG： -mik· '到头上、脸上或进入眼睛'

Ax： 与(a)一样

/s-'-w-ra-hmup̓-mik·-ᵃ/⇒[sẃrahmúp̓mik·a]

示例："I slung the blanket up over his head."
（我把毯子扔到他头上。）

c. CI： ci-(2) '由于一个人的手巧妙地作用于焦点而产生的结果'

PG： -pik-ayw '四周、附近'

Ax： 与(a)一样

/s-'-w-ci-hmup̓-pik-ayw-ᵃ/⇒[sćwehmúp̓pʰkaywa]

示例："I tucked the kids in."
（我把孩子裹进被子里。）

d. F： uh-(51) '重的/静止的物质/物体'

PG： -cisᵘ '下到固体的上表面'
       -ak· '方位格'

Ax： s-'-w--ᵃ '1s,(3),事实的'—受事者

/s-'-w-uh-hmup̓-cisᵘ-ak·-ᵃ/⇒[sẃohmúp̓cʰak·a]

字面意义：'我（经历）了静止在某物上的水平面的覆盖物［现在］被定位［已经移动］到固体的上表面（的过程）'

示例："I have a cap on."
（我戴上帽子。）

5. R：-t̓- '掀开具有平面的小的物体，使其继续/不再贴在原处'

a. CI→MF： cu-(11a) '作为焦点的线性物体，其一端垂直进入背景'

PG： -mik· '到头上、脸上或进入眼睛'

Ax： s-'-w--ᵃ '1s,(3),事实的'—施事的

/s-'-w-cut̓-mik·-ᵃ/⇒[scut̓mík·a]

字面意义：'我施事性地把小的具有平面的物体作为焦点贴到某物前端上，该物体前端是一个线性物体，也作为焦点，其一端沿轴向垂直方向做背景运动。'

示例："I stuck the sunshade onto the cradleboard."
（我把遮阳伞卡在摇篮板上。）

b. CI→MF： ra-(12Ab) '一个作为焦点的线性物体［用一端］
朝背景做倾斜轴向运动'
　　　PG： -wi·sᵘ '朝整个表面'
　　　　　 -ik· '这里'
　　　Ax： 与(a)一样
　　　/s-'-w-ra-ṫ-wi·sᵘ-ik·-ᵃ/⇒[sẃraṫwí·suk·a]
　　　示例："I shingled the roof."
　　　　　（我用盖板覆盖了屋顶。）

c. F： uh-(43) '一个平面物体紧挨着一个表面'
　　　PG： -a·sẏ '叠加在一起'
　　　Ax： 与(a)一样
　　　/s-'-w-uh-ṫ-a·sẏ-ᵃ/⇒[swohṫá·sya]
　　　示例："I patched a hole in the wall with boards."
　　　　　（我用木板修补了墙上的窟窿。）

d. Px： p- '背面的,反身的'
　　　F： ce-(37) '眼睛、眼睛形状的物体'
　　　PG： -i·w '成双'
　　　PG： -ihiy '在某人的身体上'
　　　Ax： 与(a)一样
　　　/s-'-w-p-ce-ṫ-i·w-ihiy-ᵃ/⇒[sṕceṫ·í·wehè·]
　　　字面意义：'我施事性地把小的具有平面的像眼睛形状的物体双
　　　　　　　向扣在一起,使其贴在我身上'
　　　示例："I buttoned up."
　　　　　（我扣上了钮扣。）

4.2.2　词根类型：运动＋路径＋背景

6. R：-spaq́- '进入,通过泥土'

　　a. CI→MF： ra-(12Bb) '作为焦点的线性物体［用一端］侧面
地运动穿过背景'
　　　Ax： s-'-w--ᵃ '1s,(3),事实的'——施事的

/s-'-w-ra-spaq̓-ᵃ/⇒[sʷraspáq̓]

字面意义：'我施事性地把作为焦点的线性物体的一端在作为背景的泥土中横向运动'

示例："I worked the stick around in the mud."
（我用棍子在泥里划来划去。）

b. CI： uh-(10a) '由于一个线性物体[用一端]启动式地绕轴移动，同时与焦点接触而产生的结果'

或者

CI→MF： uh-(17) '作为焦点的一个自由飞行的物体撞到/掉到背景上'

PG： -im '那边'

Ax： 与(a)一样

/s-'-w-uh-spaq̓-im-ᵃ/⇒[sʷospaq̓íw]

示例："I threw the apple into the mud puddle."
（我把苹果扔进了泥水坑。）

c. CI→MF： tu-(1) '人手作为焦点（向心地）作用于背景'

PG： -im '那边'

Ax： 与(a)一样

/s-'-w-tu-spaq̓-im-ᵃ/⇒[stuspaq̓íw]

示例："I stuck my hand into the mud."
（我把手插入了泥里。）

d. CI→MF： ma-(3) '人脚作为焦点作用于背景'

PG： -tip-u· '进入坑里'
　　 -im '那边'

Ax： s-'-w--ᵃ '1s,(3),事实的'—非施事的

/s-'-w-ma-spaq̓-tip-u·-im-a/⇒[sma·spáq̓tʰpu·ma]

示例："I stepped into a deep mudhole."
（我踏入了一个深泥坑。）

7. R：-kʰok- '撞到大肚子上'

a. CI→MF： hi-(9) '人的身体作为焦点作用于背景'

Ax： s-'-w--ᵃ '1s,(3),事实的'——非受事者

/s-'-w-hi-kʰok-ᵃ/⇒[sẘhekʰ.ókʰ]

字面意义：'我(经历)了这件事,我的身体作为[焦点]运动到了作为背景的大肚子上,并作用于背景'

示例："I bumped into his protruding belly."
 (我撞在了他那突起的腹部上。)

b. CI→MF： uh-(10a) '一个作为焦点的线性物体,[用一端]启动式地绕轴运动到背景上'

PG： -wam-im '到某人的身体里'

Ax： s-'-w--ᵃ '1s,(3),事实的'——施事的

/s-'-w-uh-kʰok-wam-im-ᵃ/⇒[sẘohkʰokúʔṃaw]

示例："I hit him in his big stomach with my fist."
 (我用拳头打在他的大肚子上。)

c. CI→MF： tu-(1) '人的双手作为焦点朝着对方用力,作用于背景上'

Ax： 与(b)一样

/s-'-w-tu-kʰok-ᵃ/⇒[st̊ukʰ.ókʰ]

示例："I grasped his protruding belly between my hands."/"I played with the deer's stomach (that was lying on the ground)."
 "我用双手抓住他那突出的腹部,并进行揉捏/我抓弄着鹿的(挨着地面的)腹部。"

4.2.3 词根类型：焦点＋运动＋路径＋背景

8. R：-luc- '自然的表面生长物从曾经生长的物体(部位)上脱落下来'

a. CI： ra-(12Ba) '由于一个平面物体[用一边缘]在接触焦点时侧面地沿着表面运动而产生的结果'

Ax： s-'-w--ᵃ '1s,(3),事实的'——施事的

/s-'-w-ra-luc-ᵃ/⇒[sẘlal·úcʰ]

示例："I scraped the fur off the hide."
 (我把软毛从兽皮上刮了下来。)

b. CI： ru-(15Aa) '一个线性物体[用一端]在与焦点接触
时，通过轴向张力移动而产生的结果'

   Ax： 与(a)一样

   /s-'-w-ru-luc-ᵃ/⇒[sẃlul·úcʰ]

   示例："I pulled a handful of hair out of his head."
   （我从他的头上拽下来一把头发。）

c. CI： mu:-(25) '通过施事者用热/火作用于焦点'

   Ax： 与(a)一样

   /s-'-w-mu:-luc-ᵃ/⇒[sḿo·lúcʰ]

   示例："I burned the quills off the porcupine."/"I scalded the feathers off the chicken."
   （我烧掉了豪猪的毛/我用沸水把鸡毛烫掉了。）

d. CI： wi-(5) '由于人的牙齿作用于焦点产生的结果'

   Ax： 与(a)一样

   /s-'-w-wi-luc-ᵃ/⇒[sẃe·lúcʰ]

   示例："I slid the bark off a willow twig, holding one end in my teeth."
   （我用牙齿咬住一端，把柳枝的皮撕下来了。）

e. CI： ma-(3) '由于人脚作用于焦点产生的结果'

   Ax： 与(a)一样

   /s-'-w-ma-luc-ᵃ/⇒[sḿa·lúcʰ]

   示例："I skinned the rabbit by accidentally stepping on it."
   （我不小心把那只兔子踩脱皮了。）

f. G： ti-(34) '臀部'

   Ax： s-'-w--ᵃ '1s,(3),事实的'—受事者

   /s-'-w-ti-luc-ᵃ/⇒[sẃil·úcʰ]

   字面意义：'我(经历)过这事，自然生长的表皮从生物体即我的臀部脱落下来'

   示例："I skinned my behind when I fell."
   （我跌倒时蹭掉了屁股上的皮。）

g. G： hi-(38) '其他卫星语素没有表达的人体特定部位'
   Ax： 与(f)一样
   /s-'-w-hi-luc-ᵃ/ ⇒ [s̓whel·úcʰ]
   示例："I scraped some hair off my head when I fell."
   （我摔倒时一些头发被刮掉了。）

9. R：-skit- '（软）的材料挂在一个物体上/或固定在一个物体里'

   a. CI： cu-(20) '由于流动的液体作用于焦点产生的结果'
      Ax： '-w--ᵃ '3,(3),事实的'——非施事的
      /'-w-cu-skit-ᵃ/ ⇒ [c̓uskítʰ]
      示例："Some brush that was borne along by the stream got snagged on a limb that was jutting up."
      （小溪冲下的一些树枝挂在了突出的大树枝上。）

   b. CI→MF： uh-(17) '一个启动式地自由飞行的物体,作为焦点飞/掉落到地上'
      Ax： '-w--ᵃ '3,(3),事实的'——非施事的
      /'-w-uh-skit-ᵃ/ ⇒ [w̓oskítʰ]
      示例："A ball sailing through the air got caught in the tree."
      （有个从空中飞过来的球卡在了树上。）

   c. Px： p- '错-,坏-'
      CI： ra-(12Bb) '由于线性物体[用一端]从侧面移动,经过元焦点（一个表面）产生的结果'
      & G： ra-(42) '线性物体（的一端）斜着伸出表面'
      Ax： s-'-w--ᵃ '1s,(3),事实的'——受事者
      /s-'-w-p-ra-skit-ᵃ/ ⇒ [sp̓raskítʰ]
      字面意义：'我（经历）了这件事,作为焦点的一个软质材料挂在了作为背景的一个物体上,这是一个从表面突出的斜着的线性物体（的一端）——由于作为工具的那个线性物体[用一端]横向运动到背景（一个平面）上方'
      示例："I caught my shirt on a nail."
      （我的衬衫被钉子钩住了。）

d. CI： wi-(5) '由于人的牙齿作用于焦点产生的结果'
& G： wi-(35) '牙齿'
PG： -im '进入某人的身体'
Ax： 与 c 一样

/s-'-w-wi-skit-im-ᵃ/⇒[s̆we·skitíw]

示例："I got a piece of food caught in my teeth."
（我把一小块食物卡在牙齿间了。）

e. CI： uh-(10a) '由于一个线性的物体[用一端]启动式地绕轴移动到焦点上'
& G： uh-(39) '摇摆运动中的一个线性物体（的一端）'
Ax： '-w--ᵃ '3,(3),事实的'—受事者

/'-w-uh-skit-ᵃ/⇒[w̆oskitʰ]

示例："The chicken pecking at the bone got a piece of meat caught in its bill."
（正在啄骨头的小鸡叼到一块肉。）

10. R：-m̆ur- '液体从生物膜囊中流出来'

a. CI： hi-(9) '一个实体整体作用于焦点而产生的结果'
PG： -ik· '这边'
Ax： '-w--ᵃ '3,(3),事实的'—非施事的

/'-w-hi-m̆ur-ik·-ᵃ/⇒[w̆heʔm̥urik·a]

示例："The cow's birth sac (amnion) burst from the baby calf inside."
（牛的羊膜从里面的小牛处破裂了。）

b. CI： tu-(1) '由于人手自身用力作用于焦点产生的结果'
Ax： s-'-w--ᵃ '1s,(3),事实的'—施事的

/s-'-w-tu-m̆ur-ᵃ/⇒[s̆tuʔm̥úrᵘ]

示例："I made the milk squirt out of the cow's teat by squeezing it in my hand."
（我用手挤牛的乳头,把牛奶挤了出来。）

c. CI： ci-(2) '由于人手有控制地作用于焦点产生的结果'

Sx： -cic　　　　　'并且'
　　　Ax： s-'-　　　　　'1s,(3),有意的'——施事的
　　　/s-'-ci-m̓ur-cic/⇒[sći?mύr^ucic^h]
　　　示例："I'll go milk the cow."
　　　　　　（我要去挤牛奶。）

d.　CI： ra-(12Bc)　　　'由于线性物体[用其一面]侧向挤压焦
　　　　　　　　　　　　　点而产生的结果'
　　PG： -im　　　　　'那边'
　　Ax： 与(b)一样
　　/s-'-w-ra-m̓ur-im-ª/⇒[sẃra?m̩urίw]
　　示例："I made the milk squirt out by pressing against the cow's
　　　　　udder with a stick."
　　　　（我用棒挤压牛的乳房，把牛扔挤出来了。）

e.　CI： pri-(6)　　　　'人嘴向内吸气作用于焦点而产生的结果'
　　PG： -ik·　　　　　'这边'
　　Ax： '-w--ª　　　　'3,(3),事实的'——施事的
　　/'-w-pri-m̓ur-ik·-ª/⇒[p̓ri?murίk·a]
　　示例："He sucked on the woman's breasts to start the milk flow."
　　　　（他吮吸那个女人的乳房，使奶水开始往外流。）

f.　CI： phu-(7)　　　　'人嘴向外作用于焦点产生的结果'
　　PG： -im　　　　　'那边'
　　Ax： 与(e)一样
　　/'-w-phu-m̓ur-im-ª/⇒[p̓ho?m̩urίw]
　　示例："The doctor sucked the matter out the boil and spat it out."
　　　　（医生把疖子中的东西吸出来并吐了出来。）

11. R：-sćak-　　'线状物体的尖状前端沿轴线进入柔软的物质中'

　　a. CI→MF： cu-(11b)　　'作为焦点的线性物体[用一端]轴向地
　　　　　　　　　　　　　　垂直进入元背景'
　　　Ax： s-'-w--ª　　　　'1s,(3),事实的'——施事的
　　　/s-'-w-cu-sćak-ª/⇒[sćusćák]

示例："I skewered the piece of meat with a fork."
（我用叉子扦起了一块猪肉。）

b. CI： uh-(10a) '线性物体[用一端]在与焦点接触的同时启动式地绕枢轴运动而产生的结果'
　 PG： -cis^u '进入静止在地面上的固体物质中'
　　　 -im '那边'
　 Ax： 与(a)一样
　 /s-'-w-uh-scak-cis^u-im-ᵃ/ ⇒ [swoscákcʰu]
　 示例："I swung the pickax down into the tree stamp."
　　　（我把镐抡进了树桩里。）

c. CI： 与(b)一样
　 PG： -mik· '到头上、脸上、眼睛里'
　 Ax： 与(a)一样
　 /s-'-w-uh-scak-mik·-ᵃ/ ⇒ [swoscákmik·a]
　 示例："I threw a nail into his eye."
　　　（我把一个钉子扔进了他的眼睛。）

d. Px： p- '错-，坏-'
　 G： tu-(32) '手，胳膊'
　 PG： -im '到某人的身上'
　 Ax： s-'-w--ᵃ '1s,(3),事实的'—受事者
　 /s-'-w-p-tu-scak-im-ᵃ/ ⇒ [sptuscakíw]
　 字面意义：'我（经历）过一个尖头的线性物体的尾部错误地做轴向运动，进入一个柔软的物体——人手——进入我的身体'
　 示例："I got a thorn stuck in my finger."
　　　（刺扎进了我的手指里。）

e. Px： :- '增强词义[此处为惯用法]'
　 G： ti-(34) '臀部'
　 PG： 与(d)一样
　 Ax： 与(d)一样
　 /s-'-w-:-ti-scak-im-ᵃ/ ⇒ [stwe·scakíw]

示例："I got a splinter stuck in my behind."
（一块碎片扎进我的屁股里。）

12. R：-puq-　'灰尘从物体表面移走（变成一团尘土）'

  a. CI：　　　ma-(3)　　　'人脚作用于焦点'
   Ax：　　　s-'-w--ᵃ　　'1s,(3),事实的'—施事的
   /s-'-w-ma-puq-ᵃ/⇒[sma·póqʰ]
   示例："I kicked up the dirt as I walked along."
   （我边走边带起一团尘土。）

  b. CI：　　　ra-(12Ba)　　'平面物体[用一边]与焦点接触的同时，沿表面侧向运动产生的结果'
   Ax：　　　与(a)一样
   /s-'-w-ra-puq-ᵃ/⇒[swrap·óqʰ]
   示例："I swept the dust up into a cloud."
   （我扫地扫出一团尘土。）

  c. CI：　　　uh-(10a)　　'线性物体[用一端]在与焦点接触的同时，启动式地绕轴运动'
   Ax：　　　与(a)一样
   /s-'-w-uh-puq-ᵃ/⇒[swohpóqʰ]
   示例："I shook out the blanket."
   （我把毯子抖开。）

  d. CI：　　　phu-(18)　　'由于嘴巴向外呼气，推动物体飘进焦点而产生的结果'
   PG：　　　-uww　　　'离开表面'
   　　　　　-ihiy　　　'到某人身上'
   Ax：　　　与(a)一样
   /s-'-w-phu-puq-uww-ihiy-ᵃ/⇒[sphop·oqúw·ehè·]
   示例："I blew the dust off my clothes."
   （我吹掉了衣服上的灰尘。）

  e. CI：　　　i-(0)　　　'由于任何事物或没有事物作用于焦点产生的结果'

PG： -asẘ '它本身的每个地方（如，散乱的头发、飘动的衣服）'

Ax： '-w--ᵃ '3,(3),事实的'—非施事的

/'-w-i-puq-asẘ-ᵃ/⇒[wip·oqás̊wa]

示例："There's dust swirling about over the road (where the horses had ridden past)."

（（马刚跑过）大街上满是尘土。）

13. R：-hapuk- '双手共同作用于物体，但因为双手和物体相错，作为焦点的身体部位未能抓住作为背景的物体'

这个词根的习惯用法是与以下的词缀一起出现：

Px： :-Sx： -mič̊

a. CI→MF： tu-(1) '人手作为焦点，相对用力地作用于背景'

Ax： s-'-w--ᵃ '1s,(3),事实的'—受事者

/s-'-w-:-tu-hapuk-mič̊-ᵃ/⇒[s̊to·hapúkʰmič̊]

字面意义：'我的（经历）如下：作为焦点的身体的某一部位没能确定作为背景的某一物体，因为我的手作为焦点相对用力，并与背景相互作用，手和物体相错了'

示例："I missed catching the ball."

（我没接住球。）

b. CI→MF： ma-(3) '人脚作为焦点作用于背景'

Ax： 与(a)一样

/s-'-w-:-ma-hapuk-mič̊-ᵃ/⇒[s̊ma·hapúkʰmič̊]

示例："I missed a step as I was walking down the stairs."

（当我下楼梯时我踩空了一个台阶。）

c. CI→MF： ti-(4) '人的臀部作为焦点作用于背景'

Ax： 与(a)一样

/s-'-w-:-ti-hapuk-mič̊-ᵃ/⇒[s̊twe·hapúkʰmič̊]

示例："As I bent to sit down, I got the chair pulled out from under me."

（当我弯腰坐下时，我从身下把椅子拉了出来。）

d. CI→MF： si-(27)　　　　'体验者的视觉作为焦点作用于背景'
　　Ax： 与(a)一样
　　/s-'-w-:-si-hapuk-miċ-ᵃ/⇒[sẃse·hapúkʰmiċ]
　　示例："I looked over too late to catch sight of that deer."
　　（我因看得太晚而没看到那只鹿。）

4.2.4　词根类型：元焦点＋运动＋路径＋元背景

在这种动词词根的基本用法中，该动词词根指称一个特定的物体，相对于自身以特殊的方式运动，也就是说，它既作为元焦点又作为元背景，相对于自身运动。因此它涉及特定的物体从一种构型转变到另一种构型。在这个用法中，一个原因卫星语素指这种构型变化的原因，而任一路径＋背景卫星语素指这一变化的空间特征。

另外，这种动词词根还有其他两种用法。在一种用法中，词根所指的特定物体作为焦点发生位移运动，同时它又作为元焦点经历构型变化。在第三个用法中，此物体又发生位移运动，但是已经转变成最后的构型。在后面的两个用法中，原因卫星语素和路径＋背景卫星语素都与位移运动有关。这三个用法可以总结如下。

用法 1：物体（作为元焦点）从最开始的构型转变到最后的构型。

用法 2：作为焦点（Figure）的物体在某一背景（Ground）中沿着某一路径（Path）移动，与此同时，作为元焦点（meta－Figure）的物体从最初的构型转变为最后的构型。

用法 3：作为元焦点（meta－Figure）的物体从最初的构型转变为最后的构型，之后，作为焦点（Figure）的物体在某一背景（Ground）中沿着某一路径（Path）移动。

14. R：-miq̇-

用法 1：'建筑结构从完整无缺变化到缺乏结构完整性'
　　a. CI： uh-(24b)　　　　'重力/焦点本身的重量作用于焦点产生的结果'
　　　 PG： -tip-asẃ　　　　'分开'
　　　 Ax： n-w--ᵃ　　　　'3,(3),传信的'—非施事的
　　　 /n-w-uh-miq̇-tip-asẃ-ᵃ/⇒[nohméq̇ᵗʰpaswa]

示例："The house fell apart."
（房子倒塌了。）

b. CI： ci-(2) '人手有控制地作用于焦点上产生的结果'
   PG： -ikc-ik-ayw '成碎片'
   Ax： s-'-w--ᵃ '1s,(3),事实的'—施事的
   /s-'-w-ci-miq́-ikc-ik-ayw-ᵃ/ ⇒ [sc̓wim·eq́ikʰcikaywa]
   示例："I tore the house to pieces, demolished the house."
   （我把房子拆了并将它夷为平地。）

用法 2：'(部分)建筑结构运动,因此从完整变为不完整'

a. CI： miw-(25) '热/火作用于焦点产生的结果'
   PG： -mič̓ '向下到地面上'
   Ax： n-w--ᵃ '3,(3),传信的'—非施事的
   /n-w-miw-miq́-mič̓-ᵃ/ ⇒ [nᵃmwewméq́mič̓]
   示例："The house burnt down to the ground."
   （房子全部烧毁了。）

b. CI： cu-(20) '由于流动的液体作用于焦点而产生的结果'
   PG： 与(a)一样
   Ax： 与(a)一样
   /n-w-cu-miq́-mič̓-ᵃ/ ⇒ [n̩cum·eq́mič̓]
   示例："The house collapsed from the flood."
   （因为洪水,房子塌了。）

c. CI： uh-(24h) '由于重力/焦点本身的重量作用于焦点而产生的结果'
   PG： -tip-u·
        -im '掉到了地上的坑里'
             '那边'
   Ax： 与(a)一样
   /n-w-uh-miq́-tip-u·-im-ᵃ/ ⇒ [nohméq́tʰpu·ma]
   示例："The house fell all the way down into the cellar."
   （房子一直坍塌到地下室。）

d. CI： ca-(19) '由于风刮到了焦点上而产生的结果'
   PG： -uww-ay '离开表面'
   Ax： n-w--ᵃ '3,(3),传信的'—非施事的
   /n-w-ca-miq̓-uww-ay-ᵃ/⇒[ncwam·eq̓úw·e·]
   示例："The roof blew off the house."
   （屋顶从屋子上被吹走了。）

e. CI： ma-(3) '人的脚作用于焦点产生的结果'
   PG： -taw '从封闭体里出来'
   Ax： s-'-w--ᵃ '1s,(3),事实的'—施事的
   /s-'-w-ma-miq̓-taw-ᵃ/⇒[sẃa·méq̓ta·]
   示例："I kicked the door out off its hinges."
   （我把门从铰链上踢开。）

用法 3：'一个建筑结构运动，已经发展为从结构完整到不完整的状态'

a. CI： hi-(9) '由于人的全身作用于焦点产生的结果'
   PG： -ic̓w '向上'
   Ax： '-w--ᵃ '3,(3),事实的—施事的'
   /'-w-hi-miq̓-ic̓w-ᵃ/⇒[ẃhem·eq̓íc̓wa]
   示例："The kid crawling under the pile of boards from the collapsed house lifted them up as he stood."
   （压在坍塌的房子底下的小孩在一堆木板下爬行，当他站起来的时候，他把木板抬起来了。）

---

15. R：-n̓uq̓-

用法 1：'通过关节弯曲，使有关节的物体从伸展的形状转变为折叠的形状'

a. F： tu-(32) '手,胳膊'
   PG： -a·sẏ '叠在一块/成为积聚物'
   Ax： s-'-w--ᵃ '1s,(3),事实的—施事的'
   /s-'-w-tu-n̓uq̓-a·sẏ-ᵃ/⇒[st̓uʔn̓oq̓á·sẏa]
   示例："I made a fist."
   （我攥起了拳头。）

b. CI： ci-(2) '由于人手有控制地作用于焦点产生的结果'

选择性的 PG：-a·sẏ '叠在一块/成为积聚物'

Ax： 与(a)一样

/s-'-w-ci-ṅuq́(-a·sẏ)-ᵃ/⇒[sc̓wiʔṅóq́][sc̓wiʔṅoq́á·sẏa]

示例："I doubled the cat up (by drawing its limbs together)."
（我把小猫对折了起来（通过把它的四肢拉在一起）。）

用法 2：'活的有关节的物体运动,在此过程中,从伸展的形状变为折叠的形状'

a. Px： p- '背后的,反身的'
   F： tu-(32) '手,胳膊'
   PG： -a·sẏ '叠在一块/成为积聚物'
   PG： -ihiy '到身体上'
   Ax： s-'-w--ᵃ '1s,(3),事实的'—施事的

/s-'-w-p-tu-ṅuq́-a·sẏ-ihiy-ᵃ/⇒[sp̓tuʔṅoq́á·sẏehe·]

字面意义：'我（施事）了这件事,即我的胳膊（也就是有关节的物体）作为焦点,移动叠加回我的身体上并拢在一起,在此过程中,从伸展的形状变为折叠的形状'

示例："I folded my arms across my chest."
（我把胳膊交叉在胸前。）

b. CI： ma-(3) '由于人脚作用于焦点产生的结果'
   PG： -mič̓ '下到地面上'
   Ax： 与(a)一样

/s-'-w-ma-ṅuq́-mič̓-ᵃ/⇒[sm̓aʔṅóq́mič̓]

示例："As he was sitting there, I bent his head down to the ground with my foot."
（当他坐在那儿的时候,我用脚别他的头,使他的头弯曲到地面上。）

c. CI： ma-(3) '人的脚作用于焦点而产生的结果'
   PG： -ič̓t '进入液体'
   Ax： 与(a)一样

/s-'-w-ma-n̓uq́-ict-ᵃ/⇒[sma?noq́íc̓ta]

示例:"I shoved the reluctant cat into the water with my foot, getting him doubled up as I did so."
(我用脚把那只讨厌的猫推进水里,这样做使它像我一样弯起身子。)

用法3:'活的有关节的物体运动,已经完成了从伸展的形状变为折叠在一起的形状的转变'

a. CI: ci-(2) '人手有控制地作用于焦点产生的结果'
   PG: -wam '进入一个有重力的容器'
   Ax: s-'-w--ᵃ '1s,(3)事实的'—施事的
   /s-'-w-ci-n̓uq́-wam-ᵃ/⇒[sc̓wi?noq́ú?ma]

   示例:"I stuck the doubled-up cat into the basket."
   (我把弯起身子的猫放在那只篮子里。)

16. R: -caqih-

用法1:用于描述生物体的腿从并拢的形状转变为打开的形状。

a. CI: ci-(2) '由于人手有控制地作用于焦点产生的结果'
   PG: -tip-asw̓ '分开'
   Ax: s-'-w--ᵃ '1s,(3),事实的'—施事的
   /s-'-w-ci-caqih-tip-asw̓-ᵃ/⇒[sc̓wic·aqéhtʰpasw̓a]

   示例:"I spread his legs apart with my hands."
   (我用手把他的腿分开。)

b. F: ma-(33) '脚,腿'
      or ti-(34) '臀部'
   PG: 与(a)相同
   Ax: s-'-w--ᵃ '1s,(3),事实的'—自我施事的
   /s-'-w-ma-caqih-tip-asw̓-ᵃ/⇒[sma·caqéhtʰpasw̓a]
   或/s-'-w-ti-caqih-tip-asw̓-ᵃ/⇒[st̓wic·aqéhtʰpasw̓a]

   示例:"I spread my legs apart."
   (我把双腿分开。)

用法2:用于描述生物体腿的运动,在此过程中腿由并拢的形状转变

为打开的形状。
- a. F： uh-(51) '一个重的物质/物体,负荷'
  PG： -ikn '到边缘的上面或跨边缘的位置'
  -ik· '这边'
  -ihiy '在某人身体上'
  Ax： s-'-w--ᵃ '1s,(3),事实的'—施事的

/s-'-w-uh-caqih-ikn-ik·-ihiy-ᵃ/⇒[sʷohcaqékʰnikèh·e]

字面意义：'我(施事)了这样一件事,即一个生物体的腿——重的物体或负荷——运动并跨到边缘上,到我的身体这边,在此过程中由闭合的形状转变为打开的形状'

示例："I set him on my back with his legs over my shoulders so I could carry him someplace."
(我把他放在我的背上,使他的腿搭在我的肩上,以便背他去某些地方。)

迂回用法：与动词 *i* '走'搭配,作为带所有词缀的第二元素
- a. PG： -im '那边'
  Sx： -ak '继续的'
  Ax： '-w--ᵃ '3,(3),事实的'—自我施事的

/-caqih'-w-i-im-ak-ᵃ/⇒[caqéh wi̧ʔmakʰ]

示例："The frog went jumping along."
(青蛙跳走了。)

4.2.5 词根类型：带感知前缀

17. R：-lay- '一个人进入/处于喜悦的心情中'

这个词根一惯与以下后缀连用：
  Sx： -im
并且在此与相同的词缀组一起出现：
  Ax： s-'-w--ᵃ '1s,(3),事实的'
- a. CI： sa-(27) '一个物体的视觉作用于体验者产生的结果'

/s-'-w-sa-lay-im-ᵃ/⇒[sᵊsal·ayíw]

示例："I find it good-looking, pretty/I like it(e.g., a picture)."

(我发现它很漂亮/我喜欢它（例如：一幅画）。)

b. CI： ka-(28) '一个物体的听觉作用于体验者而产生的结果'

/s-'-w-ka-lay-im-ᵃ/⇒[sk̓wal·ayíw]

示例:"I find it good-sounding/I like it（e.g.，the singing）."
(我发现它很好听/我喜欢它（例如：唱歌）。)

c. CI： pri-(30) '一个物体的气味/味道作用于体验者产生的结果'

/s-'-w-pri-lay-im-ᵃ/⇒[sp̓lil·ayíw]

示例:"I find it good-smelling, good-tasting/I like it（e.g.，the flower）."
(我发现它很好闻、很好吃/我喜欢它（例如：花）。)

d. CI： tu-(31) '身体的味觉作用于体验者产生的结果'

/s-'-w-tu-lay-im-ᵃ/⇒[st̓ul·ayíw]

示例:"I find it good-tasting, tasty/I like it（e.g.，the food）."
(我发现它很好吃/我喜欢它（例如：食物）。)

注　释

本章将第Ⅱ-1章讨论的三个单独完成的语料分析整合在一起。第二节把首次出现在 Talmy (1985b)中关于意义与形式映射关系的材料进行汇编,稍作修订而成。第三节是把一篇尚未发表的论文,即 Talmy(1987)中的类型学和普遍性的材料进行汇编,稍作修订而成。第四节讨论了阿楚格维语中的原因卫星语素和多式综合动词的许多例子,是把 Talmy 之前未发表的博士论文中的一节(Tamly 1972:407—467)稍作修订而成。本章致谢部分同第Ⅱ-1章。

第3章 事件融合的类型

1 引 言

本研究汇集了三个基本发现。[1] 第一个发现是,在语言深层概念组织中普遍存在某种基本的事件复合体,我们称之为"宏事件"(macro-event)。一方面,宏事件可以概念化为由两个较为简单的事件以及它们之间的相互关系组成,但宏事件也能概念化为一个单一的融合事件,从而用一个单句来表达,这一点可能具有普遍性。实质上,一个宏事件由一对交叉关联的焦点-背景事件组成,这在 I-6 章中已经描述过。Talmy(1972,1985b)又进一步描述了这种事件复合体以及它表示运动时如何"词化并入"(conflation)一个单句。但是,现在有可能证明存在这种事件复合体的类属范畴,该范畴并不只局限于运动事件,并且有可能用相当精确的术语描述这种事件复合体的总体结构。

第二个发现,刚才已经间接提到,就是宏事件不仅仅包括运动,而且包括多达五种不同类型的事件。Talmy(1985b)已经发现,"状态变化"(change of state)作为一种事件类型,在语言学上与运动事件具有相似性。但现在很明显,还有三种事件类型,具有相似的语义和句法特征,它们是"体相"(temporal contouring)事件、"行动关联"(action correlating)事件和"实现"(realization)事件。其中,"行动关联"是此处新引入的概念,"体相"和"实现"已经在前面讨论过,但不是作为事件类型,甚至本身就不作为事件。

第三个发现是,根据事件复合体的图式核心是由动词还是动词的卫星语素表征,语言可分为两种类型学范畴。这种类型学构成了 Talmy

(1985b)提出的表示运动的类型学的部分。但很显然,现在已经扩展到宏事件所包括的全部五种类型的事件,事实上,这也是把这五种类型的事件组合在一起的重要依据。

为了直观地理解这种现象,(1)中的英语句子依次用五种事件类型说明宏事件。它们还表明了类型学的范畴,其中,每一种事件类型的图式核心由卫星语素表达。

(1) **卫星语素(用斜体)表达**

 a. **运动事件中的路径**
  The ball rolled *in*.
  (球滚进来了。)

 b. **体相事件中的体**
  They talked *on*.
  (他们一直在谈。)

 c. **状态变化事件中变化了的特征**
  The candle blew *out*.
  (蜡烛吹灭了。)

 d. **行动关联事件中的相互关系**
  She sang *along*.
  (她随着唱。)

 e. **实现事件中的完成或确认**
  The police hunted the fugitive *down*.
  (警察追捕到逃犯了。)

因此,在(1a)中,卫星语素 *in* 表明球滚动的同时进入某物。(1b)中的 *on* 表示"他们"一直谈话。(1c)中的 *out* 表示由于某物吹到蜡烛上,蜡烛灭了。(1d)中的 *along* 表示"她"加入或伴随别人,即她的歌唱重复或补充了那个人的音乐活动。(1e)中的 *down* 表示警察实现了抓捕逃犯的目的,这也是他们实施抓捕活动的目标。

类似的具体例子将在第二节中进一步展示,因为第一节的任务是阐述本研究其余部分的分析所依赖的理论框架和参数。

2　宏事件

我们从描述宏事件开始,对宏事件进行正式分析。

2.1 事件概览

作为描述宏事件的基础,我们首先从总体上讨论事件的性质。

2.1.1 事件的概念化

通过运用普遍的认知过程,即**概念分割**(conceptual partitioning)和**实体性归属**(ascription of entityhood),人脑在感知或概念方面可以就一个连续体——不管是关于空间、时间或其他性质的域——的某一部分划定一个界限,并且把单个单位实体的特征归因于此界限内的节选内容。在各种选择中,这种实体的一个范畴被感知或概念化为一个**事件**(event)。这是一种实体类型,其界限内包含一种连续相关,这种相关至少是确认性质域的某些部分和感知到的时间连续体——即时间进程——的某些部分之间的连续相关。这种相互关系可能是基于一种原始现象学经历,它可以被描述为**动态性**(dynamism)——能动性的一个基本特征或原则。这种经历在人类认知中也许既是基本的又是普遍的。

2.1.2 事件复合体

一个可以被认知为事件的实体也可以被概念化为具有特定类型的内部结构及结构复杂度。这些结构特征可以由表征事件的句法形式反映。这些特征范围的一端是**单元事件**(unitary event),可以由一个单一的句法小句表征,在当前的概念化中,由自身不能单独构成事件的成分组成。对于这种现象,我们只需要考虑更高层次的一种事件。在许多语言中,这种事件可以在句法上用传统术语表征为——一个包含主句和从句的复合句,该复合句有一个从属连词。我们可以改变这一句法术语,使其能够描述由这种形式结构表征的事件的概念化。由此,这样的事件可以被称作**复元事件**(complex event)。反过来,它被划分为一个**主事件**(main event)和一个**从属事件**(subordinate event)——它们自身概念化为最简单的单元事件——以及两个事件之间的关系(参见 I-6 章)。

2.1.3 事件的概念融合

语言中有一个普遍的认知过程在起作用,通过它,事件在更具有分析性的概念化情况下被视为一个复合体,在句法结构上由多个小句表征,这一事件也可以概念化为由一个单句表征的单元事件。这个再次概念化的过程包含了概念融合或者事件的词化并入,这里称为**事件融合**(**event integration**)。本章主要阐述宏事件的事件融合。但事件融合——或者至少是事件融合的句法部分——在诸如"小句合并"(clause union)的概念中,尤其是有关施事性因果关系的文献中已详细阐述。我们在这里简要概述施事性事件融合的语义是基于两个原因:(一)它可以为后面讨论宏事件融合提供一个比较熟悉的模型;(二)施事者引起的致使事件导致宏事件,其本身经常包括在宏事件融合中,因此在宏事件的完整描述中起作用(如后文所讨论的)。

事件融合的一个普遍示例看似与施事性因果关系相关。进一步的分析表明,这种因果关系包含一个致使链,在这个致使链中,施事者的行为引发一系列事件,导向我们所研究的最终事件。施事者自愿执行起始事件,且其意向范围涵盖整个事件序列。这种不同事件的复合体在句法上可以由不同小句的复合体表达。但是,相同内容也可以在概念上融合为所经历的一个单元事件,相应地,在句法上由一个单句表达。因此,一个特定的施事性指称对象既可以被概念化为不同的事件的一个致使链,句法表达如(2a),也可以被看成一个新的单元事件,由类似(2b)的单句表达。

(2) a. The aerial toppled because I did something to it [e.g., because I threw a rock at it].
 (天线倒了,因为我对它实施了某些行为[比如,我朝它扔了一块石头]。)
 b. I toppled the aerial.
 (我把天线弄倒了。)

2.2 宏事件的构成

上文论及并举例说明了宏事件,下面我们开始正式描述宏事件。

2.2.1 作为复杂事件概念融合的宏事件

跨语言的对比显著表明,存在一个基本的、重复出现的复杂事件范畴,这个范畴倾向于概念上的融合,并由一个单句表征。这种复杂事件被称为**宏事件**(**macro-event**)。从而,一方面,宏事件由一个单句表征,并且常常被概念化为单元事件;另一方面,对这种单句更详细的句法和语义分析表明,它们的概念结构和内容与一种特定类别的复杂事件的概念结构和内容很相似,事实上,它们经常用复合句替换表征。

这种概念化上的区别可以用一个非施事性因果关系(nonagentive causation)的句子来阐释。(3a)中复杂句的每一部分分别表征一个复杂事件的主事件、从属关系和从属事件。这个句子可以和(3b)中的单句相比较,两句表达的内容几乎相同,各成分之间的结构和关系也相同。不同的是,(3b)将复杂事件表征成单元事件——即宏事件。

(3) a. The candle went out because something blew on it.
(蜡烛灭了,因为什么东西吹到了它。)
b. The candle blew out.
(蜡烛吹灭了。)

可以被概念融合成一个宏事件的复杂事件有严格的范畴限制。对于可以被融合的复杂事件,主事件和从属事件必须是特定的不同类别,并且这些事件和整个事件复合体以及事件和事件之间必须有特定的关系。本章将详细阐述这些特征。更概括地说,这里一个主要的关注点是事件衔接或融合的认知问题。就概念内容来说,这一问题涉及概念内容的数量、种类以及不同部分之间的关系,这些关系可以或必须在意识里同时呈现,从而允许概念内容被体验成一个单一连续的事件单位。如下文所示,不同语言在某一特定概念内容的最大数量及组织方式上有所不同,这些组织方式以口语化形式被"打包"在单句中,由此被体验为单一宏事件。这一更宽泛的问题有待进一步研究。

2.2.2 框架事件

在宏事件中,我们首先研究主事件作为单元事件时的特征。由于主事件相对于宏事件剩余成分所具有的特征,后文将其称为"框架事件",但在这里,我们也使用这一术语。框架事件组成一个特殊的事件图式,该图式可以被应用在几种不同的概念域中。目前,基于不同语言间语义和句法的相似分析,我们可以认为框架事件图式化了五种不同的概念域。这五种概念域包括空间里的运动或方位事件、时间(体)中的体相事件、状态变化或持续事件、行为间的关联事件、实现概念域里的完成或确认事件。

现在我们探讨框架事件的内部结构。框架事件包括四个成分。第一个成分是**焦点实体**(figural entity)。焦点实体常常是注意或关注最集中的成分。它的状态被概念化为一个变量,这个变量的特定值是相关联的问题。第二个成分是**背景实体**(ground entity)。这一成分被概念化为参照实体,焦点实体的状态由它来描述。第三个成分是焦点实体相对于背景实体转变或保持不变的过程。该成分被称为**激活过程**(activating process),因为它被认为是贡献了事件中的动态因素。激活过程通常有两个值:**转变**(transition)和**不变**(fixity)。因此,比如在"运动"域里,这两个值由'运动'和'静止'来体现;在"状态变化"域里,由'变化'和'静态'来体现。最后,第四个成分是**关联功能**(association function),它设定焦点实体相对于背景实体的特定关系。

构成框架事件的这四个成分通常在所指语境中有独特差异。我们可以看到,焦点实体通常由语境设定,激活过程通常仅是两个可选值之一。相应地,框架事件的特殊性质基本上由事件的另外一部分来决定,并且该部分将这一框架事件和其他框架事件区分开。这一部分是与特定背景实体的特定关联,焦点实体包含在该背景实体中。因此,单独的关联功能或关联功能加上背景实体一起被认为是框架事件的图式化核心。这里被称为**核心图式**(core schema)。它在下文对句法映射的描述尤其重要。

为更好地阐述这四个成分,我们以空间运动事件为例来进行概述。在这里,焦点实体和背景实体都是物体。这里的激活过程是转变类,构成运动。此外,将焦点实体和背景实体联系在一起的关联功能构成路径。因此这里的核心图式是单独的路径,或者是路径加上背景物体。

除了它本身的特性外,相对于宏事件的剩余部分,主事件有一些特性。相对于整体来说,主事件提供或决定某些整体模式。所以,就宏事件而言,主事件行使了框架功能。因此,我们将其称为**框架事件**(framing event)。

这样,框架事件为整个宏事件提供了整体概念框架或参考框架,其他活动在这个框架内发生。因此,框架事件至少决定了总体的时间框架,进而决定了表达宏事件的句子的体。另外,它也决定了包含物理场景的总体空间框架,或者是其他相似的、包含另一个概念域的参照框架。此外,框架事件决定了宏事件中所有的或大部分的论元结构和总体论元的语义特点,以及所有或大部分表达宏事件的句子中的补语结构。并且,相对于宏事件整体,框架事件组成了中心含义或主要论点,这里称为**要点**(upshot)。也就是说,框架事件在肯定陈述句中被断言,在否定句中被否定,在祈使句中被要求,在疑问句中被提问。

在宏事件中,相对于从属事件,主事件也具有某些框架功能。首先,框架事件可以把从属事件固定在它所决定的整体概念框架中,或是将二者联系起来。其次,在概念构建的认知过程中,框架事件可以作为从属事件的

"构建者"。具体而言,作为一个抽象结构的框架事件在概念上作用于类似"基底"的从属事件。

通常,在这种关系中,框架事件的语义特征更像是一个抽象图式的语义特征,从属事件的语义特征则更实体化或可以更明显地被感知。由于这个原因,从属事件的内容比框架事件更形象,因此能吸引更多注意。这样看来,在语义上,它或许比框架事件更基本一些。但是,框架事件框定、塑造、提供要点,并对上述其他因素起决定性作用。

2.2.3 副事件

就其固有特征来说,构成宏事件从属事件的事件,从体的角度来看,其原型很可能常常是无界的活动。但其他事件类型一定存在。因此,不能赋予自发的从属事件任何单一的语义特征。但就相关角色而言,从属事件可以构成与作为整体的宏事件有关的**场景**(circumstance)事件,并实施与框架事件有关的**支撑**(support)功能。在这些支撑功能中,从属事件可以补充、阐释、增容或激发框架事件。它与框架事件的对等程度是可变的。它可以是一个辅助角色,比如,它决定整个宏事件概念结构的能力较小;考虑到它对信息内容的贡献,它也可能上升到和框架事件相同的地位。为了突显它的功能,我们称其为**副事件**(co-event),因为"副/伴随"(co-)既有从属的含义(比如在"co-pilot"(飞机副驾驶)中),也有同等的含义(比如在"co-author"(合著者)中)。术语"副事件"(Co-event)在Ⅱ-1章中已介绍过,但因为在那里比较特殊——仅在和运动事件的关系中考虑——它用大写表示。在这里,小写的"副事件"(co-event)通常可以关联任何一种框架事件。

一般地,副事件对框架事件起支撑作用。然而,在所有给定的用法中,这种支撑关系是具体关系集合中的一种。这些关系包括先发、使能、原因、方式、伴随、目的和构成。其中最常见的是原因和方式。

当然,框架事件对副事件的特定功能和副事件对框架事件的特定支撑关系之间存在一种对应。所以,当框架事件对副事件起基底塑造者作用时,后者与前者一般为构成关系;当框架事件在框架中定位副事件时,副事件通常作为框架事件的方式或伴随。

2.2.4 宏事件的组成成分小结

总之,宏事件是可以概念融合成单元事件的复杂事件,在某些语言中由一个单句表达。它由副事件、框架事件以及副事件对框架事件的支撑关系组成。框架事件把一个概念域图式化。框架事件有四个组成成分：焦点实体、激活过程、关联功能和背景实体。激活过程可以是转变或不变。关联功能本身或关联功能加上背景实体一起构成核心图式。此外，宏事件可能包含一个由施事者引发的事件致使链，该致使链反过来引发框架事件或副事件，或是引发二者。这里的两个附图把这些成分及它们之间的关系图式化，同时也展示了框架事件能图式化的已知概念域及支撑关系的一些特定形式。

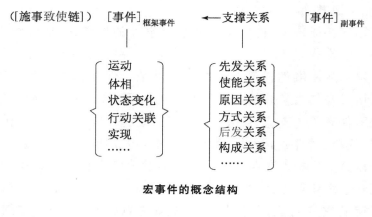

宏事件的概念结构

框架事件的概念结构

2.3 宏事件在句法结构上的映射

阐述了宏事件的语义后，我们现在考察它的句法实现。

2.3.1 动词框架语言和卫星框架语言的类型学

宏事件是一种有特定概念结构的认知单位，普遍存在于各种语言之中，但是，根据宏事件的概念结构映射到句法结构上的典型模式，世界上的语言大体可分为两种。概括而言，类型划分的依据是核心图式由主要动词还是由卫星语素来表达。

如在Ⅱ-1章中讨论的那样，**动词卫星语素**（satellite to the verb）——或简称为**卫星语素**（satellite），缩写为 Sat——是在动词词根附近除了名词或介词短语补语以外的任何语法范畴。卫星语素可以是一个黏着词缀或一个自由词,因此包含以下语法形式:英语动词小品词、德语可分和不可分动词前缀、拉丁语或俄语动词前缀、汉语动词补语、拉祜语非主位"多功能动词"、喀多语词化编入的名词以及阿楚格维语动词词根附近的多式综合词缀。确定卫星语素是一个语法范畴的基本依据是:不管它以何种形式出现,在句法上和语义上都可以观察到它的共同点。比如,在语言的一种类型学范畴中,卫星语素的位置就是表达核心图式的位置。

通常把核心图式映射到动词上的语言有一个**框架动词**(framing verb),此为**动词框架**(verb-framed)语言。动词框架语言包括罗曼语、闪族语、日语、泰米尔语、波利尼西亚语、班图语、玛雅语的一些分支、内兹佩尔塞语以及喀多语。另一方面,通常把核心图式映射到卫星语素上的语言有一个**框架卫星语素**(framing satellite),这是**卫星框架**(satellite-framed)语言。卫星框架语言包括除罗曼语以外的印欧语、芬兰-乌戈尔语、汉语、奥吉布瓦语和沃匹利语。尽管卫星框架语言的核心图式常常由卫星语素单独表达,但它也经常由卫星语素加一个介词或有时由单独的一个介词来表达。这样的"介词"本身不仅包含一个自由附置词,也包含一个名词性屈折变化形式,或者有时包含一个含"方位名词"的结构。请注意,核心图式在卫星框架语言中通常单独出现在卫星语素(或相关成分)上,但在动词框架语言中,它和激活过程一起词化并入动词。

框架事件的图式核心可以位于动词上或位于卫星语素上,但我们必须注意每种情况中副事件出现的位置。卫星框架语言常常用主要动词来表达副事件,所以此动词叫**副事件动词**(co-event verb)。另一方面,动词框架语言的副事件或由卫星语素,或由附加语———一般是一个附置词短语或一个动名词类的成分———来表达。相应地,这种形式叫**副事件卫星语素**(co-event satellite)或**副事件动名词**(co-event gerundive)等等。上述这些关系如下图所示。

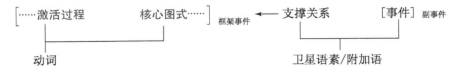

动词框架语言中宏事件的句法映射

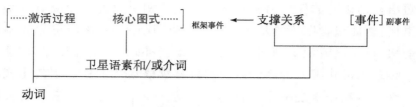

卫星框架语言中宏事件的句法映射

2.3.2 例证介绍

为初步解释这些关系,我们对比了英语和西班牙语。英语本质上是卫星框架语言,尽管它并非这类语言中最典型的例子。西班牙语是动词框架语言。我们先来看一个非施事的运动类框架事件的句子。在英语 *The bottle floated out*(瓶子漂上来了)中,卫星语素 *out* 表达核心图式——路径,动词 *float* 表达副事件,与框架事件是方式支撑关系。相比之下,在西班牙语最相近的翻译 *La botella salió flotando*'The bottle exited floating'(瓶子上来了,它漂着)中,动词 *salir*'to exit'(出来)表达核心图式——路径,动名词形式 *flotando*'floating'(漂着)表达方式副事件。

对于一个有施事的状态变化类框架事件的句子,如英语 *I blew out the candle*(我吹灭了蜡烛),卫星语素 *out* 表达框架事件的核心图式——转变到新的状态,即熄灭——动词 *blow* 表达原因副事件,而与之最对应的西班牙语是 *Apagué la vela de un soplido/soplándola*'I extinguished the candle with a blow/blowing-it'(我用吹/吹它的方式把蜡烛弄灭了),主要动词表达向新状态的转变,而附加语(介词短语或动名词)表达原因副事件。

2.3.3 动词框架语言中的副事件成分

在动词框架语言中,表达副事件的成分呈现出一定的特征。副事件在主句中的句法融合程度是连续渐变的。融合程度最低的那一端中有西班牙语和日语。比如,某些西班牙语句尾的动名词和日语的 *-te* 结构——两种都表示副事件——可能在句法上被解释为状语从句。他们不是卫星语素。根据这种解释,上述整个结构是由两个小句组成的复合句,因此不能表达宏事件。西班牙语的例子见(4a)。

但是在两种语言中,表达副事件的动词(有时带有附加成分)和主要动词——即框架动词(参见 Aske 1989,Matsumoto 1991)——在结构上有直接联系。由于这种句法模式,整个句子可以理解为一个单句,因此可以解释为表达了一个宏事件。西班牙语的例子如(4b)。但是这里动名词形式的动词被认为只有一半融合进了框架从句,因为动名词的语法形式仍源于一个独立从句。

(4) a. La botella salió de la cueva flotando.
　　　'The bottle exited from the cave, floating.'
　　　(瓶子从山洞出来了,它一直漂着。)
　　b. La botella salió flotando de la cueva.
　　　'The bottle exited floating from the cave.'
　　　(瓶子从山洞漂出来了。)

内兹佩尔塞语(Nez Perce)(参见Ⅱ-1 章)在融合程度最高的那一端。在这种语言中,表达副事件的成分是副事件动词的单语素前缀。即,它明显是一个卫星语素,而且整个句子也的确是一个单句。这种卫星语素可以称为**副事件卫星语素**(**co-event satellite**)。

2.4　两种类型学视角的互补性

本章提供的类型学基础是对Ⅱ-1 章中类型学基础的补充。如本章引言所述,我们可以使用两种方法中的任意一种来追溯意义成分和表达成分之间的关系。我们可以把注意放在一种特定的表层成分上,观察这种成分在不同语言中表达哪些语义成分;或者我们也可以固定一种语义成分,观察这种语义成分在不同语言中可以由哪些表层成分来表达。因此,Ⅱ-1 章把一个特定表达成分即动词词根固定,观察它在不同语言中表达了哪些不同的语义成分。简而言之,基本发现是:根据动词词根是否表达副事件、路径或焦点,语言被分为三类。

本章采用互补的方法。在这里,我们将一个语义成分固定——路径,或概括来说,核心图式——观察不同语言中表达核心图式的不同形式成分。基本发现是:路径或核心图式出现在动词词根上,或者出现在卫星语素上。

为了将这两种意义到形式的映射方法更好地联系起来,我们可以观察Ⅱ-1 章和本章都讨论过的语言。诸如西班牙语等语言适用于这两种视角。一方面,从本章的视角来看,西班牙语的路径成分(或核心图式)用动词来表达,而不是用卫星语素表达。另一方面,从Ⅱ-1 章的视角看,动词表达路径成分，而不是副事件或焦点。

对于其他的语言类型，从本章的视角来看，英语和阿楚格维语相似——它们都和西班牙语不同——因为它们的路径成分或核心图式由卫星语素而不是动词来表达。但现在从II-1章的视角来看，有一个问题：既然路径成分由卫星语素表达，那么其他哪些语义成分由动词表达？关于这个问题，这两种语言有类型上的区别。在英语中，动词表达副事件，而在阿楚格维语中，动词表达焦点。当然，这两种语言都和西班牙语的类型不同，在西班牙语中，动词表达路径。

2.5 本章的目的

本章第一个目的是扩展II-1章讨论过的类型学，因为II-1章只讨论了运动事件和部分状态变化事件。本章进一步阐述的是，在任何一种语言中，表达路径的句法位置，不管是动词还是卫星语素，在很大程度上也是表达体、状态变化、行动关联和实现的句法位置。这个类型学的发现初步证明语言把这五个认知域图式化成一个单一概念实体，尽管五个概念域看似关联不大。这一实体是框架事件。本研究进一步的目标是将框架事件确立为认知语言组织认可的成分。进一步的研究发现，框架事件在单句中表达，这一单句系统地包括特定的附加内容：副事件及其与框架事件之间的关系。在不同的语言中，这样的单句能表达同一类事件复合体，即，经过概念融合的过程，一个事件复合体被概念化为一个单一事件，我们称为宏事件。本研究的另一个目标是将宏事件也确立为认知语言组织认可的成分。

本研究为初步研究，许多重要话题没有得到进一步讨论。这些话题包括：语言作为单一的融合事件和感知的或普遍认知的单一事件之间的关系；允许事件复合体的概念融合用语言表达的确切的必要因素；不同语言之间在哪种类型的复杂事件易于被概念融合上存在的具体差异；不同语言之间在副事件与框架事件的不同关系上存在的差异；任何一种语言中的概念结构是否具有一致性，五种类型的框架事件是否具有可比基础等。

3 运动事件为框架事件

我们考虑的第一种框架事件——它的概念原型很可能——是物理运动事件或静止事件。我们用大写的术语 **Motion**（运动）表示这个范围内的运动状态。

之前描述的总体框架事件结构可以用运动事件进行详细说明。焦点实体是一个物体,在整个事件中是**焦点**(Figure),它的路径或位置需要描述。背景实体是作为参照点的第二个物体,焦点的路径或位置由背景实体来描述,后者在整个事件中是**背景**(Ground)。当激活过程包含焦点相对于背景的转变时,就是通常所说的位移运动;当激活过程包含焦点相对于背景的不变状态时,就是静止。此处的关联功能是**路径**(Path)(首字母大写),也就是焦点沿背景的路径或相对于背景所占据的位置。

运动事件的核心图式在某些语言中通常是单独的路径,比如英语。但在有些语言中是路径加上背景,比如阿楚格维语(参见 Talmy 1972 和 II-1 章)。按照普遍映射类型,核心图式在动词框架语言中由主要动词表达,在卫星框架语言中由卫星语素表达。

作为说明,例(5)表述了四种运动类宏事件的概念结构。它们之间的不同点在于:施事性因果链的有无;支撑关系是方式还是原因。运动概念用移动(MOVE)表示,或者——当运动归因于施事链时——用"_{施事}移动"($_A$MOVE)表示。与两种类型学上对立的模式一致,每一个宏事件映射在西班牙语句子上,代表动词框架语言;映射在英语句子上,代表卫星框架语言。

(5) a. **非施事的**
  i. **支撑关系:方式**
  [the bottle MOVED in to the cave] WITH-THE-MANNER-OF [it floated]
  [瓶子移动到洞里]以[漂]的方式
  英语:The bottle floated into the cave.
  　　　(瓶子漂进山洞。)
  西班牙语:La botella entró　　　　　flotando a la 　cueva.
  　　　　　　the bottle entered (MOVED-in) floating to the cave
  　　　　　　(瓶子　　移进了　　　　　漂着　到　山洞。)

  ii. **支撑关系:原因**
  [the bone MOVED out from its socket] WITH-THE-CAUSE-OF [(something) pulled on it]
  [骨头从骨白里移出]因为[(某物)拉它]
  英语:The bone pulled out of its socket.

（骨头脱白了。）

西班牙语：El hueso se salió   de su
　　　　　the bone exited（MOVED-out）from its
　　　　　（骨头　　移动出　　　　　自　它的

　　　　　sitio   de   un   tirón.
　　　　　location from a   pull
　　　　　位置　　自　一个　拉力）

b. 施事的

i. 支撑关系：方式

[I $_A$MOVED the keg out of the storeroom] WITH-THE-MANNER-OF [I rolled it]

[我把桶$_{施事}$移出仓库]以[我滚着它]的方式

英语：I rolled the keg out of the storeroom.
　　　（我把桶滚出仓库。）

西班牙语：Saqué   el barril
　　　　　I extruded ($_A$MOVED-out) the keg
　　　　　（我逐出（$_{施事}$移出）　　这只桶

　　　　　de la bodega   rodándolo.
　　　　　from the storeroom, rolling it
　　　　　从　那　仓库，　　滚着它。）

ii. 支撑关系：原因

[I $_A$MOVED the ball in to the box] WITH-THE-CAUSE-OF [I kicked it]

[我把球$_{施事}$移进盒子]由于[我踢它]

英语：I kicked the ball into the box.
　　　（我把球踢进盒子。）

西班牙语：Metí   la pelota
　　　　　I inserted ($_A$MOVED-in) the ball
　　　　　（我放入　（$_{施事}$移进）　　球

　　　　　a la caja de   una patada.
　　　　　to the box from (by)   a kick
　　　　　到那　盒子 通过　　　一　踢）

如前面翻译所示，英语通常有路径动词，直接对应西班牙语的路径动词,但是这些动词的使用不太口语化,而且大部分都借自罗曼语,而罗曼语大部分是动词框架语言。比如,下列不及物路径动词就属于这种情况:*enter*(进入),*exit*(出去),*ascend*(上升),*descend*(下降),*pass*(通过),*cross*(横过),*traverse*(穿过),*circle*(围绕),*return*(返回),*arrive*(到达),*advance*(前进),*join*(加入),*separate*(分开)等。

上述例子说明了把宏事件的主事件看作"框架"事件的一个原因。这里的主事件表达位移运动——即焦点物体改变它的空间位置的运动。这一位移运动辅助定义了空间中的一个(尤其是直线)框架,在这个框架中,方式副事件可以被定位。为说明这一点,首先请注意一类体相无界活动,我之前称之为"自足运动"事件,它们正好可以作为方式类副事件。在确定的更大的颗粒度范围内,自足运动是空间中不改变自身平均位置成分的运动。这类运动包括旋转、振动、局部运动、膨胀(扩大/缩小)、摆动和静止。这样的自足运动事件可以单独表达,比如在"*The ball rolled over and over in the magnetic field*(rotation)(球在磁场里一直翻滚)(旋转)"中,或者在"*The ball bounced up and down on one spot*(oscillation)(球在一点上下弹跳)(振动)"中。另一方面,在宏事件句子中,如 *The ball rolled/bounced down the hall*(球滚下/弹下门厅),我们看到自足运动与位移运动事件同时发生,并充当位移运动事件的修饰方式(本句中是球沿大厅向下运动)。因此,自足运动这一活动被放置在位移运动的框架内,由主事件表达。所以,这也是把主事件叫作"框架"事件的一个原因。

如前所述,英语运动事件的核心图式常常只有路径,但是我们应该给出一些核心图式是路径+背景的例子。这样既能展示像阿楚格维语等语言中表达运动的主要模式,也能展现包括英语在内的大部分语言中其他框架事件类型的主要模式。

因此,英语中路径+背景的整体概念'to the home of $entity_1$/$entity_2$'映射到卫星语素 *home* 上。如下句:*He drove her home*(他开车送她回家),既可以表示'to his home'(回他家),也可以表示'to her home'(回她家)。

带有更抽象背景的类似的例子——路径+背景组合'to a position across an opening'(经过一个入口到某个位置)——遵循我们的类型学。在卫星框架语英语中,这个概念可以映射到卫星语素 *shut* 上。但在动词框架语西班牙语中,这一概念必须和'运动'含义一起映射到动词上,比如 *cerrar* 'to close'(关上)。如(6)所示。由于这句话既可以理解为运动事件,又可以理解为状态变化事件,还可以理解为两者之间的事件,这表明了两种不同类型的框架事件之间的相关性和梯度。

（6）[I $_A$MOVED the door TO POSITION-ACROSS-OPENING] WITH-THE-CAUSE-OF [I kicked it]

[我$_{施事}$移动门经过入口位置]由于[我踢它]

英语：I kicked the door shut.

（我踢了一脚门,把门关上了。）

西班牙语：Cerré la puerta de una patada.
　　　　　　I closed the door from (by) a kick.

（我通过(用)踢关上门。）

引言部分曾提出这样一个问题:宏事件之前的施事因果链(agentive causal chain)如何和宏事件内容发生联系？由于宏事件可以包括一个与框架事件有"原因"关系的副事件,该问题显得尤为重要。此处,我们给出了在运动域中处理此问题的方法,但这种方法适用于所有概念域,尤其是状态变化域,如下文所述。

我们首先考虑一个宏事件中(即无施事的一类)对框架事件作出原因说明的副事件。这个副事件包括一个作用于框架事件焦点实体的实体,该实体引发焦点实体的行动。从原型上考虑,这一副事件直接在框架事件之前(初始因果关系),但也可以和框架事件一起保持致使作用(持续因果关系)。这一语义模式可以由复杂句表征的复杂事件来示例,如 *The pen moved across the table from the wind blowing on it*(由于风吹,笔移过桌子),但这一事件也可以被概念化为一个融合的宏事件,并由简单句如 *The pen blew across the table from the wind*(笔被风吹过桌子)来表达。

相比之下,和框架事件具有方式关系的副事件的原型是一个附加活动,该活动由焦点实体实施,和框架事件活动一同发生。以下为一个复杂形式和一个融合形式,均可表明这一模式:*The pen moved across the table, rolling as it went*(笔以滚动的方式移过桌面)和 *The pen rolled across the table*(笔滚过桌面)。

现在,我们加一个引发致使链(不需要长于一个链接)的施事,该施事影响宏事件本身。当副事件是框架事件的原因时,施事致使链必须确实导致并引起副事件,后者接着引发框架事件。这样,从施事到框架事件之间的致使链没有断开。*I blew on the pen and made it move across the* table（我吹了一下笔，使它移过了桌子）例证了复杂形式。I blew the pen across the table（我把笔吹过了桌子）例证了融合形式。后面的简单句形式是施事增强宏事件的例子。

但当副事件是框架事件的方式时，施事致使链必须被解读为由其自身导致及引发框架事件。副事件只是焦点实体在被引发执行框架事件的同时发生的活动。这种模式的复杂形式（英语表达很生硬）是 I acted on the pen and made it move across the table, rolling as it went（我给笔施加了作用，使它以滚动的方式从桌子上移动过去），融合形式是 I rolled the pen across the table（我把笔滚过了桌子）。

在表征最后这种语义模式时，一些动词框架语言使用形态学上的施事形式表征框架动词及任何表达方式副事件动名词，如西班牙语。这一点很明显，如（5bi）所示。此例解释为"I extruded the keg from the storeroom, rolling(trans.) it（我从那个仓库中把桶移出，滚动着（及物）它）"。但这种表达方式副事件动词的语法形式不能准确地反映语义，因为焦点实体自身仍在做辅助活动。

4 体相（体）为框架事件

框架事件的第二种类型是**体相**（temporal contouring）事件。体相是语言的体，这种体自身概念化为一种事件，有两种方法能将框架事件的一般结构应用到体相中。在第一种方法中，焦点实体是事件的**展示度**（degree of manifestation），该特征指事件是否充分展示、未展示或在某种程度上部分展示以及这个条件变化时所处的情景。这种展示度与某些特定的时间点或时间段有固定的联系，这些时间点或时间段起着背景实体的作用。因此，如果画一个向右表示时间进度、向上表示展示度增加的图表，如此反复地画图，将会产生一系列扁平倒立的 U 形曲线时间结构。这类体相展示度的一般例子是'开始''停止''持续''依旧未展示''反复''强化'和'逐渐减弱'。

框架事件结构应用到体相还有第二种方法。在这种方法中，有一个过程逐渐影响某个特定的有限量，此过程伴随着时间中的特定体相。在此，焦点实体是被影响的物体自身。激活过程是该物体在时间中的进展，以下称为"运动"（MOVE），引号表明时间进程可以被概念化为运动（motion）在空间中的类比或隐喻扩展。关联功能表明被影响的物体与体相之间关系的方向(如'接受它'或'让它去')。背景实体是体相本身。因此核心图式包括最后两种成分。这种体相最普通的例子是'完成'(finishing)。

该分析基于如下证据，即语言表达的概念化结构使体相与运动类似。语言表达的概念化隶属于一种更广泛的认知类比，这种类比把体相结构概念化为与空间结构类似。这种概念上的类比激发了句法和词汇上的类比：在很大程度上，语言中的体经常通过同音形式由相同的组成成分类型表达：路径(＋背景)。因此，与一般类型学一致，体相事件的核心图式在动词框架语言中则出现在主要动词上，而在卫星框架语言中出现在卫星语素上。下面分别以西班牙语和德语为例进行说明。

顾名思义，体相事件作为与整个宏事件相关的框架事件，决定整个宏事件发生的全部时间框架。如前所述，体相事件还在副事件中起框架作用，作为塑形结构强加在基底上。并且，与前文的概述一致，相对于较为具体的副事件特征，体相事件的特征更抽象。相应地，副事件与体相事件之间的支撑关系是一种**构成**(constitutive)关系，实际"填充"以时间结构为框架的概念区域。

为什么一项活动的体相——它展示的包络——在概念和语言表达中被作为独立的事件或过程？这样处理的原因是，与英语中的 *begin*(开始)，*end*(结束)，*continue*(持续)，*repeat*(重复)，*finish*(完成)相似的主要动词在跨语言中频繁出现。主要的认知基础可能包括力动态(参见 I-7 章)，即普遍的和基于语言的概念体系，这些体系与施力、反作用力、阻力和力的克服有关。在此，力动态的特殊应用可能是：作为抗力体的体相事件克服作为主力体的基底活动内在时间特征。据此，在概念化中基底活动具有保持稳定状态的倾向，但由于一个时间强加过程，该倾向被克服，从而使基底活动终止或完成。抑或基底活动具有终止的倾向，被克服后基底活动仍继续。再或者，具有断续倾向的基底活动被克服，从而活动反复。这种为了克服一项活动的自然时间倾向的强加可以因此被概念化为不同的过程，独立于该活动自身的理想化状态，因而可以由一个主要动词表征。

上述强加过程施事形式的另一个认知基础可能是个体自身的施事活动的发展经历，具体而言，这可能包含某人在一项活动中集中力量以促成目标模式的经历，比如通过加速、减速、引发、维持或者放弃。

但是，无论体是基于何种事件有效性以及这种有效性是基于哪一个认知基础，事实上，语言通常用主要的实义动词来表达体，在动词框架语言中尤其如此。

4.1 西班牙语/德语体映射对比

（7）呈现的是体相的一些不同概念以及每个概念的映射实例，它们显示，体相概念在西班牙语[2]中映射在主要动词上；在德语中则映射在卫星语素上（更广义或更狭义地说，卫星语素包括与动词搭配的小品词和状语）。这两种语言都用实义动词和动词的附属成分来表达体的概念，可能所有语言都是这样。与此同时，这类动词或动词附属成分的使用频率和口语化程度都非常高。

尽管英语可能倾向于卫星语素这一类，但它确实拥有一些口语体动词，例如 *finish*（完成），*continue*（继续），*use (d to)*（过去时常），*wind up*（完成），*be (-ing)*（正在进行）。但需要注意的是，上述前三个词借自罗曼语，它们是罗曼语中的本族语，和前文所讨论的借自罗曼语的路径动词相似。因此，英语呈现混合类型，并在运动概念域和体相概念域中表现类似。

（7a）中表征体相类型的是宏事件的概念结构。在此，核心图式包括由形式 TO 表征的正向关联，以及由形式 COMPLETION 表征的'终点'体相。在 *I wrote the letter to completion*（我写完了这封信）中的英语结构 *to completion*（完成）直接反映了构成核心图式的两个成分，即关联功能和背景实体，由此表现了体相和"路径＋背景"在句法层次上的一致性。此外，与预期的类型模式一致，德语在框架卫星语素中表达整个核心图式，在动词中表达副事件；西班牙语则在框架动词中表达整个核心图式，在动词补语中表达副事件。[3]

（7j）中的进行体形式的意思是在西班牙语和德语中，进行时在句法层次上不被看作特殊形式，而是被当作和体相的其他形式相一致的模式。这种解释的事实依据是：与英语不同，在这两种语言中，这类进行体形式在现在时中是可选的（optional），并搭配一般现在时形式：*Escribe una carta* 和 *Sie schreibt einen Brief*。

(7) a. 'to finish Ving'/'to V to a finish/to completion'
   （'完成 Ving/V 到完成/完成'）
   西班牙语：terminar de V-INF
   德语：fertig-V
   [I "$_A$MOVED" the letter TO COMPLETION]
   CONSTITUTED-BY [I was writing it]

([我"_施事_移动"信到完成状态]由[我在写信]构成)

Terminé de escribir la carta.

Ich habe den Brief fertiggeschrieben.

"I finished writing the letter."/"I wrote the letter to completion."

(我写完了这封信。/我写这封信到完成。)

b. 'to V again/re-V'

('再 V/重新 V')

西班牙语：volver a V-INF

德语：wieder-V/noch mal V

Volví a comer. /Lo volví a ver.

Ich habe noch mal gegessen. /Ich habe ihn wiedergesehen.

"I ate again."/"I saw him again."

(我又吃了。/我又看到了他。)

c. 'to have just Ved'

('刚刚 Ved')

西班牙语：acabar de V-INF

（acabar：非完成形式）

德语：gerade V（完成形式）

Acabo de comer. /Acababa de comer cuando llegó.

Ich habe gerade gegessen. /Ich hatte gerade gegessen, als er kam.

"I just ate."/"I had just eaten when he arrived."

(我刚吃过。/他来的时候,我已经吃完了。)

d. 'to continue to V'/'to still V'

('继续 V/仍然 V')

西班牙语：seguir V-GER

德语：(immer) noch V

Sigue durmiendo. /Seguía durmiendo cuando miré.

Er schläft noch. /Er hat noch geschlafen, als ich nachschaute.

"He's still sleeping."/"He was still sleeping when I

looked in."

(他还在睡觉。/当我向里望的时候,他仍在睡觉。)

e. 'to customarily V'

('习惯 V')

西班牙语: soler V-INF

德语: normalerweise V(现在)/[früher/…] immer V(过去)

Suele comer carne. /Solía comer carne.

Normalerweise isst er Fleisch. /Früher hat er immer Fleisch gegessen.

"He eats meat."/"He used to eat meat."

(他吃肉。/他以前吃肉。)

f. 'to V (NP) one after another cumulatively'

('累积地做完一件再做一件')

西班牙语: ir V-GER (NP)

德语: (NP) nacheinander/eins nach dem anderen V

i. Las vacas se fueron muriendo aquel año.

Die Kühe sind in dem Jahr (kurz) nacheinander gestorben.

'One after another of the cows died that year [spanish: not necessarily all].'

('那年牛相继死亡。[西班牙语:不必是全部]。')

对比:Las vacas se estaban muriendo aquel año.

"The cows were (all sick and concurrently) dying that year."

("那一年,牛儿(同时都)要(病)死了。")

ii. Juan fue aprendiendo las lecciones.

Johann hat die Lektionen eine nach der anderen gelernt.

"John learned one after another of the lessons."

("约翰学了一课又一课。")

g. 'to finally V'(positive)/'to not quite V'(negative)

('最终 V'(肯定)/'没太 V'(否定))

西班牙语: llegar a V-INF

('最后终究 V')

no llegar a V-INF

('没怎么到 V 的程度')

德语：schliesslich/dann doch V

nicht ganz/dann doch nicht V

i. El tiempo llegó a mejorar.

Das Wetter ist schliesslich/dann doch besser geworden.

"The weather finally did improve after all."

("终究最后天气转好了。")

ii. La botella no llegó a caer.

"The bottle never did quite go so far as to actually fall [though teetering]."

([尽管晃来晃去]瓶子从未晃到真的倒下去的地步。)

Die Flasche wackelte，aber fiel dann doch nicht um.

"The bottle teetered，but didn't quite fall."

(瓶子晃了，但没有倒。)

h. 'to end up Ving'

('以 Ving 而告终')

西班牙语：acabar V-GER [perf]

(终究以 Ving 结束)

德语：am Schluss … dann doch V

Acabamos yendo a la fiesta.

Am Schluss sind wir dann doch zur Party gegangen.

"We wound up going to the party after all（after wavering/deciding not to go）."

((犹豫/决定不去之后)终究，我们最后去了晚会。)

i. 'to have been Ving（since/for…）'

('（自从……）一直 Ving')

西班牙语：llevar V-GER 'to have been Ving'（已一直做）

德语：schon V

Lleva estudiando 8 horas. /Llevaba estudiando 8 horas cuando llegué.

Er studiert schon 8 Stunden lang. /Als ich kam，hatte er schon 8 Stunden studiert.

"He's been studying for 8 hours."/"He had been

studying for 8 hours when I arrived."

（他已经学了八个小时。"/"我来的时候，他已经学了八个小时了。）

j. 'to be Ving'

（'正在 Ving'）

西班牙语：estar V-GER

德语：gerade V（非完成时形式）

Está escribiendo una carta. /Estaba escribiendo una carta.

Sie schreibt gerade einen Brief. /Sie schrieb gerade einen Brief.

"She is writing a letter."/"She was writing a letter."

（"她现在正在写信。"/"她刚才在写信。"）

4.2 与其他动词范畴不同的体表征

尽管(7)中的德语例子清晰地证明该语言使用卫星语素表达体，然而要使其成为一个区别性模式，必须确定卫星语素不仅仅是用来表达几乎每一个语义范畴的。经考察，在六种动词范畴中，体是接收大量卫星语素表达的唯一范畴，而其他范畴大多由主要限定屈折动词来表达。这一模式甚至更常出现在现代德语口语中，先前的屈折变化（被看作动词词干的卫星语素类型）逐渐让步于主要动词形式。

因此，时态通过 *haben*'过去'和 *werden*'将来'有规律地表达出来（现在时和余下的过去时用法是屈折的）。非主动语态(nonactive voice)类型由 *werden* 和 *kriegen* 表示。条件性主要通过 *würden* 来表达（尽管其他条件通过虚拟屈折形式来表达）。情态主要通过情态动词如 *können*'能够'、*sollen*'应该'和 *müssen*'必须'来表达（尽管虚拟屈折形式可以表达某些情态）。传信性，或至少是道义和知识意义的区分，主要通过助动词形式来体现，这些形式包括主要限定屈折形式，如 *Er hat es machen müssen* '他必须做'和 *Er muss es gemacht haben* '他一定已经做完了'（此处再次表明虚拟屈折形态可以表达某些传信性）。但是，尽管体也可以由一些主要动词形式表达，它却是唯一接收大量卫星语素表达的动词范畴，因此它和路径表达一起在句法上置于一个单一类别中。

西班牙语中有一些反例。尽管在西班牙语中，较少提及体和其他动词范畴的区别，人们还是注意到，体多由主要动词词干表达，并且和路径为同一类别,而其他一些动词范畴主要由非动词词干成分表达,即通过主要动词词干的屈折形式和附着语素表达。适合此项描述的是时态(两种将来形式之一的"*ir a* V-INF"除外)、条件性及由反身代词表达的被动语态。

对体进行不同解释的原因可以归于概念类比(前文所述),即,体是事件相对于前进时间线的时间建构,因此和作为运动行进线上的空间建构的路径一致。另一方面,与其他动词范畴的类似概念类比并未充分确立。

5 状态变化为框架事件

第三类框架事件是**状态变化**(state change)事件。当人们认为某种特性与某一特定的物体或情景相联系时,这样的框架事件包括该特性的一种变化或持续不变。

状态变化域的基本结构和几种不同的概念化相一致,这些概念化发生在框架事件选择其中一种概念化进行表征之前。例如,包括一种特性与一个物体或情景相关联的事件可以被构想和直接表达为该特性自身的转变或不变。这种概念化可能反映在不同语言偶然出现的结构中,而且在任何情况下都可以由以下公式表征,如 *Her (state of) health changed from well to ill*(她的健康(状态)由好变坏)(表征变化),或 *Her (state of) health is illness*(她的健康(状态)是正在生病)(表征不变)。

或者,就如同该特征来到或发生在物体或者情景中,该特征可以被概念化为焦点实体,物体或情景为背景实体。这种概念化如以下公式所示,*Illness came to him*(疾病来到他身上)或 *Illness is in him*(他病了)。我们可以对比真实存在的表达,如 *Death came to him*(死亡降临在他身上)和 *Madness is upon him*(他疯了)。

或者反之,如同物体或情景来到或发生在特征中,该物体或情景可以被概念化为焦点实体,特征作为背景实体。这种概念化可以由以下公式体现,*She entered (a state of) ill health*(她进入有病的(状态))/*She became ill*(她病倒了)/*she sickened*(她得病了)(cf. *She went to sleep*(比较:她睡着了)),或 *She is in ill health/She is ill/She is ailing*(她身体不好/她生病了/她不舒服)。

上述三种概念化类型以及其他可能的类型,或许会出现在某种语言或非语言的认知中。尽管没有任何证据直接表明某种类型优于其他类型,但第三种类型似乎具有普遍性,它在任何语言中都处于最基本和最突出的地位。状态变化框架事件的表征应反映这种概念化偏好。

因此,在首选的框架事件表征中,焦点实体是与特征相关的物体或情景,而背景实体是该特征。激活过程是物体或情景相对于特征的转变(即通常理解的**变化**(change)),或是物体或情景相对于特征维持原状(即**不变**(stasis))。关联功能是物体或情景相对于特征的方向关系,这被称为**转变类型**(transition type)。这种转变类型通常涉及关联的获得,由如下的 TO 表征,但也有其他可能性。像这里被概念化为背景实体的特征可称作**状态**(state)。事实上,我们的术语"状态"只用来指作为背景实体的特征的概念化,而非以上所列特征的其他概念化。状态变化事件的核心图式通常是转变类型与状态的结合,这一点与运动事件的路径+背景类似。

因此,我们发现,语言表达的概念化结构把状态变化与运动相类比,尤其是状态变化或不变与物体的运动或静止类似。此外,状态转变类型与路径类型相似。这种概念类比激发了句法和词汇的类比:在一种语言中,很大程度上,状态变化由和路径(+背景)相同的成分类型表达,并且经常由同音异义形式表达。因此,和普通类型学一致,动词框架语言中状态变化事件的核心图式出现在主要动词上,而在卫星框架语言中出现在卫星语素上,详情分别参考下述西班牙语、英语或德语的例子。

依据与副事件有关的框架事件的惯常属性,作为一种框架事件,状态变化事件的特征更抽象,而且常常包括纯个人认知状态中的变化。例如,以下例子中的状态变化包括'to become awake/aware/familiar/in possession/existent/nonexistent/dead'('醒了/意识到/熟悉/占有/存在/不存在/死去')。另一方面,副事件大多是具体的和物质的,如下例所示:'to battle/play/run/shake/jerk/rot/boil'('作战/玩耍/跑步/抖动/猛拉/腐烂/煮沸')。

在相反方向上,副事件对状态变化框架事件的支撑关系明显显示出与运动事件相同的类型。和运动事件的情况一样,方式和原因也是这里最普遍的类型,这可以首先通过英语中的非施事例子来解释。在 *The door swung/creaked/slammed shut*(门摇晃着/嘎吱/砰地关上了)和 *He jerked/started awake*(他突然/开始醒了)中,副事件动词与框架卫星语素是方式关系。在 *The door blew shut*(门被吹闭了)中则是原因关系。

同样地,在施事结构中,动词与卫星词的支撑关系可以是方式,例如 *I swung/slammed the door shut*(我摇晃着/砰地关上了门)和 *I eased him awake gently*(我轻轻地叫醒他);或者是原因,例如 *I kicked the door shut*

(我踢门,使门关上了)和 *I shook him awake*(我摇醒了他)。

正如已在运动域中论述过的,在前面施事性方式的例子中,施事者引发了事件致使链,这一致使链在状态变化事件中到达顶点,因此,该事件被标记为受因事件。然而,动词本身命名了一种行为,该行为不是致使链上的一个致使事件,而是伴随状态变化的一个过程,这个过程被称为方式。因此,在 *I eased him awake gently*(我轻轻地叫醒他)中,动词 *ease* 所指过程并不是致使他醒来的致使链中的一节,而是致使链中的这一节或状态变化本身实现的方式。

由于状态变化的支撑关系不仅包括原因,还包括方式以及其他一些类型,对整个状态变化范畴而言,传统术语"结果"(result)和"结果体"(resultative)并不恰当。在一个句子的指称范围内,状态变化只有在概念上和原因相配对时才是结果。但正如我们所看到的,这仅是多种选择中的一种。尽管这种原因-结果配对在应用中占支配地位,或在一些句法环境中是必须的用法,它对于整个状态变化范畴并不是必须的。因此,我们避免用术语"结果"和"结果体"来指称整个范畴,只在相应语境中保留它们的字面意义。

5.1 路径+背景的并列形式

与之前的体相相同,说明状态变化时最好先用一个英语表征核心图式的例子——在这里是转变类型与状态——相应部分为介词+名词。这将清楚地呈现出与运动事件中表达路径+背景的惯常结构之间的类比。因此,当宏事件的概念结构被图式化于(8)中时,核心图式序列 TO DEATH 在英语中可由短语 *to death* 表征。该短语作为一个整体,或许可以认为它与一个框架卫星语素对等。西班牙语的对应表达词化并入了核心图式与激活过程,表征为"MOVE"或施事的"$_A$MOVE",并将这一组合映射在框架动词上。

(8) a. **非施事的**
[he "MOVED" TO DEATH] WITH-THE-CAUSE-OF
[he choked on a bone]
([他"移动"到死亡]原因是[他因为一根骨头窒息])
英语:He choked to death on a bone.
(他因为一根骨头窒息死亡。)
西班牙语:Murió atragantado por un hueso/porque se atragantó con un hueso.

'He died choked by a bone/because he choked himself with a bone.'
('他因为一根骨头窒息死亡/他因为一根骨头使自己窒息。')

b. 施事的

[I "ₐMOVED" him TO DEATH] WITH-THE-CAUSE-OF [I burned him]

[我"施事移动"他到死亡状态]因为[我烧了他]

英语：I burned him to death.
（我把他烧死了。）

西班牙语：Lo mataron con fuego/quemándolo.
'They killed him with fire/[by] burning him.'
('他们用火杀死了他/[通过]烧他。')

就运动域而言，英语是较早被发现以卫星框架模式作为典型类型的语言，但是在状态变化域中，它更多地呈现词化并入的并列体系（参见第II-1章）。具体而言，它通常有并列形式，即卫星框架和动词框架，两种都是口语化的。例如在（8）中，英语例句 He died from choking on a bone （他因为一根骨头窒息死亡）和 I killed him by burning him（我通过烧他而杀死了他）使用了状态变化动词 die 和 kill。与此类似，在例句 I kicked the door shut（我踢门，使门关上了）和 I shook him awake（我摇醒了他）中，此前所见的带状态变化卫星语素 shut 和 awake 的结构在口语中也可以转化为状态变化动词，如 I shut the door with a kick（我通过踢关上了门）和 I awoke him with a shake（我通过摇使他醒来）。事实上，对某些状态变化概念而言，英语口语只允许使用动词框架结构，因此，只能说 I broke the window with a kick（我通过踢打碎了玻璃），但不能说 * I kicked the window broken（* 我踢碎了玻璃）。

相比之下，如下文所述，汉语是更彻底的卫星框架类型的范例，和英语一样，它不仅在运动上强烈地展现卫星框架，还在状态变化上展现卫星框架。例如，汉语的确表述了刚才所举的'破损'例子，如"I kicked the window broken"（我踢碎了窗户）。

前面例子中的核心图式 TO DEATH 有三种功能，我们进一步发现它在德语中作为一个组合映射到单语素框架卫星语素上，即例（9）中的不可分动词前缀 er_1-。这种语义类的卫星语素与表达卫星语素的路径＋背景相似,如英语中的 *home*。尽管在英语中,这类卫星语素不常用于运动,它们在英语类的语言中是表达状态变化的标准形式。

(9) 德语:er_1-V NP-ACC 'V NP to death'/'kill NP by Ving NP'
('er_1-V NP-ACC 'V NP 死亡'/'通过 Ving NP 杀 NP')
(er-) drücken/schlagen/würgen/stechen/schiessen
'to squeeze/beat/choke/stab/shoot (to death)'
('挤压/击打/使窒息/刺/射击(死亡)')

对此,我们可以进行更加深入的探讨。在表达另一个德语卫星语素 er_2-'为某人所属'意义时,英语既无某个卫星语素,也无"P＋NP"结构。相反,它必须用 *get*/*obtain*/*win* 等动词表达这一意义,这是动词框架语言的典型方式。但是,为对比研究,我们创造了 *into[subject's] possession* 这一"P＋NP"短语,尽管英语中没有这一用法,但它与现有模式充分一致,可以用来实现这一德语结构的表达,如(10)所示。并非下列所有的状态变化概念都可以在英语中加这种提示性的释义,因此这些概念(在这里它们都有英语释义)的宏事件表征似乎有些拗口,但它们仍然能作为图式体现成分意义之间的相互关联。

(10) 德语:er_2-V NP-ACC (REFL-DAT) "V NP into one's possession"/
'obtain NP by Ving'
(er_2-V NP-ACC (REFL-DAT) "某人占有 V NP"/'通过 Ving 获得 NP')

a. [the army "$_A$MOVED" the peninsula INTO ITS POSSESSION] WITH-THE-CAUSE-OF [it battled]
([军队"施事移动"半岛进入它的所属]因为[它打仗了])
Die Armee hat (sich) die Halbinsel erkämpft.
"The army gained the peninsula by battling."
("那支军队通过战争获得了半岛。")
As if:"The army battled the peninsula into its possession."
(如同:"那支军队靠战争占有了半岛。")

b. Die Arbeiter haben sich eine Lohnerhöhung erstreikt.
"The workers won a pay raise by striking."
("工人通过罢工获得了加薪。")
As if:"The workers struck a pay raise into their possession."

（如同："工人靠罢工拥有加薪。"）

  c. Wir haben uns Öl erbohrt.
   "We obtained oil by drilling."
   ("我们通过钻探获得了石油。")
   As if："We drilled oil into our possession."
   （如同："我们通过钻探拥有石油。"）

  需要注意的是,在上述不同用法中,德语前缀卫星语素 *er* 被赋予不同的下标符号以表明：在这里它被当作具有不同含义的一个多义词素,而不是通常理解的带有单一抽象注解（如'完成'）的词素。这种区别基于如下事实：*erdrücken* 意为'挤压致死'而非'挤压完成',即德语'挤压'概念不含有固有的或标准上关联的结束点,而类属的 *er-* 可以产生此类结束点。

5.2 存在状态的变化

  用死亡和占有的例子介绍完状态变化类型后,我们在一个语义域中继续探讨状态变化的语义范围：存在状态的变化。首先,我们考虑从存在到不存在状态的变化,即从存在到缺席。这类概念在英语中主要通过短语 *go/put out of existence* 表达,直接表征框架事件的最后三个成分。然而,某些更具体的语义通过词化并入表达。我们的第一个例子呈现离散的转变类型。在英语中,火焰或灯光熄灭的概念可以由单语素的卫星语素 *out* 表达。相对应地,在西班牙语中,由动词表达,如例(11)所示。

  (11) V out (NP)'V (NP) to extinguishment'/'extinguish (NP) by Ving'
   （V 出（NP）'V(NP)熄灭'/'通过 Ving 熄灭 NP'）

   a. **含方式的非施事性变化**
    [the candle "MOVED" TO EXTINGUISHMENT] WITH-THE-MANNER-OF [it flickered/ ...]
    （[蜡烛"移动"到熄灭状态]的方式[它闪烁/……]）
    The candle flickered/sputtered out.
    （烛光闪烁/噼噼啪啪地灭了。）

   b. **含原因的非施事性变化**
    [the candle "MOVED" TO EXTINGUISHMENT] WITH-THE-CAUSE-OF [SOMETHING blew on it]
    （[蜡烛"移动"到熄灭状态]因为[某物吹向它]）

The candle blew out.
（蜡烛吹灭了。）

c. 含原因的施事性变化

[I "$_A$MOVED" the candle TO EXTINGUISHMENT] WITH-THE-CAUSE-OF [I blew on/… it]

（[我"$_{施事}$移动"蜡烛到熄灭]因为[我吹向/……它]）

I blew/waved/pinched the candle out.
（我吹/扇/掐灭了蜡烛。）

西班牙语：Apagué la vela soplándola/de un soplido.
'I extinguished the candle [by] blowing-on it/with a blow'
（'我把蜡烛熄灭了[通过]吹它/用吹'）

下一个例子具有一个"有界连续"转变类型，即，该变化以一种连续状态渐进转变，结束于一个终点状态。一个物体从逐渐减少到最终消失的概念，通过一般的组织过程，在英语中由卫星语素 *away* 表达，在西班牙语中则由主要动词表达，如(12)所示。[4] 提出这些转变类型的一个检验方法是看一种形式搭配不同类型时间表达时的表现。因此，一个离散转变类型和一个正时表达相一致，如 *The candle blew out at exactly midnight*（蜡烛正好在半夜熄灭了）和 **The meat rotted away at exactly midnight*（*肉正好在半夜腐烂了）的对立。另一方面，一个有界连续转变类型和一个有界时间段表达相一致，比如 *The meat rotted away in five days*（肉在五天内腐烂了）。

(12) V away 'V to gradual disappearance'/'gradually disappear as a result of Ving'

（V 远离'V 到逐渐消失'/'因为 Ving 而逐渐消失'）

[the meat "MOVED" GRADUALLY TO DISAPPEARANCE] WITH-THE-CAUSE-OF [it rotted]

（[肉渐渐地"移动"到消失状态]因为[它腐烂了]）

The meat rotted away.
（肉腐烂了。）

还有：The ice melted away. / The hinge rusted away.
（冰化掉了。/铰链锈掉了。）

The image faded away. / The jacket's elbows have worn

away.

（图像褪色了。/夹克衫的肘部磨没了。）

英语：The leaves withered away.

（树叶枯掉了。）

西班牙语：Las hojas se desintegraron al secarse.

"The leaves disintegrated by withering."

（树叶枯萎成碎片。）

有界连续转变类型的另一个例子由英语卫星语素 *up* 表达,如(13)所示。虽然还需要进一步详解,但 *away* 和 *up* 的语义区别至少涉及速度和时间量度的概念范畴化。*away* 表示又慢又长,*up* 则表示迅速且短暂。此外,带 *up* 的这些形式似乎有一个特别的体特征,指明体和状态变化之间可能存在概念连续体,而非明显的范畴划分。因此,正如前面体相一节指出的,传统上一直被视为体的东西也包括状态变化,因此那一节出现的许多例子同样适用于本节。此外,我们还能注意到所有具体的状态变化都有一个专门的体相(或一组可能的体相)。

(13) V up 'V to consumedness'/'become consumed in Ving'

（V 至'V 到耗尽状态'/'做 Ving 而耗尽'）

V up NP 'V NP to consumedness'/'consume NP by Ving it'

（V 尽 NP'V NP 至 NP 耗尽'/'通过 Ving 而耗尽 NP'）

a. [the log "MOVED" TO CONSUMEDNESS in 1 hour] WITH-THE-CAUSE-OF [it was burning]

（[原木在一个小时内"移动"到耗尽状态]因为[它当时正在燃烧]）

The log burned up in 1 hour.

（原木在一个小时内烧完了。）

Contrast *burn* alone：The log burned (for 30 minutes before going out by itself).

（对比单独使用 *burn* 的情况：原木燃烧了(30 分钟才自己灭了)。）

b. [I "$_A$MOVED" the popcorn TO CONSUMEDNESS in 10 minutes] WITH-THE-CAUSE-OF [I was eating it]

（[我在十分钟内"$_{施事}$移动"爆米花到耗尽状态]因为[我当时正在吃它]）

I ate up the popcorn in 10 minutes.
（我在10分钟内吃完了爆米花。）
Contrast *eat* alone：I ate the popcorn (for 5 minutes before I stopped myself).
（对比单独使用 *eat* 的情况：我吃了（5分钟的）爆米花（才停下来）。）

德语前缀卫星语素 *ver-* 也表达一个到达最终状态的连续进程，表明施事者已经通过作用于某一物体，耗尽了这个物体的全部，正如（14）所示。然而在此，物体本身并不需要消失，也许只是被改变，在原有条件下，施事者通过使用物体而作用于它，物体的供应因而真正地消失。因此，这里从有到无的状态变化并不涉及第一序列物体（first-order object），因为它可能继续存在，而涉及抽象的第二序列元物体（second-order meta-object），即这种供应。

(14) 德语：ver-V NP-ACC 'use up/exhaust the supply of NP by Ving (with) the NP'/"V NP to exhaustion"

（'通过（用）NP Ving 而用光/用尽 NP'/"V NP 至耗尽状态"）

  a. [I "_AMOVED" all the ink TO EXHAUSTION] WITH-THE-CAUSE-OF [I wrote with it]
  [我"_{施事}移动"所有的墨水到用尽状态]因为[我用它写字]
  Ich habe die ganze Tinte verschrieben.
  'I've written all the ink to exhaustion.'
  （我写字用尽了所有的墨水。）
  "I've used up all the ink in writing."
  （我写东西用完了所有的墨水。）

  b. Ich habe alle Wolle versponnen.
  "I've used up all the wool in spinning."
  （我纺线用完了所有的羊毛。）

  c. Ich habe meine ganze Munition verschossen.
  "I've exhausted my ammunition in shooting."
  （我射击用完了所有的弹药。）

我们继续讨论存在状态变化，现在转向与上文状态变化相反的情况，从不存在到存在的状态变化——也就是从无到有。英语中仍有 come/bring into existence（出现/使产生）的表达，直接把类属框架事件的最后三个成分逐一映射到句法和词汇结构上。此外，英语卫星语素 *up* 还有一种不同于上文中的用法，即表达相同的类属概念，如（13）所示。在此，核心图式 INTO EXISTENCE（进入存在状态）整体映射在构成这个卫星语素的单一语素上。根据语境，*up* 既可以解释离散转变类型，也可以解释有界连续转变类型，这一点可以由它与 *at* 类和 *in* 类时间短语的同等搭配地位表明。在 *up* 的施事性用法中，当前的框架事件类型（从无到有的状态变化）相当于传统的"结果宾语"（effected object）概念，与"受影响的宾语"（affected object）相对。因此，此处的英语卫星语素 *up* 和它在其他语言中的对应词可以被看作一个结果宾语结构的标记。[5]

(15) V up NP 'V NP into existence'/'make/create NP by Ving'
   （V 至 NP'V NP'进入存在状态'/通过 Ving 做/创造 NP'）

   a. [I "$_A$MOVED" INTO EXISTENCE three copies of his original letter] WITH-THE-CAUSE-OF [I xeroxed it]
   （[我"$_{施事}$移动"三份信函副本到存在状态]因为[我复印了他的信函原件]）

   I xeroxed up (*xeroxed) three copies of his original letter.
   （我把他的信函原件复印好了(*复印了)三份。）

   Contrast *xerox* alone：I xeroxed (*up) his original letter.
   （对比单独使用 *xerox* 的情况：我复印(*好)了他的原信。）

   b. I boiled up (*boiled) some fresh coffee for breakfast at our campsite.
   （我在宿营地煮好(*煮)了一些鲜咖啡做早餐。）

   Contrast *boil* alone (any acceptable use *of* up has a different sense)：I boiled (*up) last night's coffee for breakfast/some water at our campsite.
   （对比单独使用 *boil* 的情况（任何可接受的 *up* 用例都有不同含义）：我在营地煮(*好)了昨晚的咖啡，用来做早餐/烧了一些水。）

   c. [I "$_A$MOVED" INTO EXISTENCE a plan] WITH-THE-CAUSE-OF [I thought (about the issues)]
   （[我"$_{施事}$移动"一个计划进入存在状态]因为[我思考了（这

些问题)])

I thought up (*thought) a plan.
(我想出(*想)了一个计划。)

Contrast *think* alone: I thought * up/about the issues.
(对比单独使用 *think* 的情况：我想*起这些问题/我就这些问题想了想。)

以上例子表明，德语卫星语素 *ver-* 表达抽象的第二序列元物体(即一种供应)逐渐消失。英语中有与这种变化方向相反的对应词，仍由卫星语素 *up* 表征，但现在是第三种意义。如(16)所示，这个卫星语素表示一个抽象的第二序列元物体逐渐出现，即一种"积聚"。在此，动词所指代的行为可以影响第一序列的物体，但无法将其创造出来(如下文中的金钱、财产)。相反，动作的重复能创建一种积累，其本身是一种更高层次的格式塔实体。

(16) V up NP 'progressively accumulate/amass NP by Ving'
(V 至 NP'逐渐累积/通过 Ving 积累 NP')

   a. [I "$_A$MOVED" INTO AN ACCUMULATION $5,000 in five years] WITH-THE-CAUSE-OF [I saved it]
   ([我在五年时间里"$_{施事}$移动"五千美元进入积累状态]因为[我攒了它])

   I saved up $5,000 in five years.
   (五年里我攒到了五千美元。)

   Contrast *save* alone: I saved (*up) (the/my) $1,000 for two years.
   (对比单独使用 *save* 的情况：我用两年攒(*到)了(这/我的)一千美元。)

   b. Jane has bought up beachfront property in the county.—that is, has progressively amassed a good deal of property over time.
   (简已经买下了这个郡的海滩地产——即，经过较长时间，她一点一点地积攒了大量的地产。)

   Contrast: Jane has bought beachfront property in the county. —possibly just a little on one occasion.
   (对比：简已经买了这个郡的海滩地产——可能只是偶然买

的一点。)

俄语中有两个卫星语素恰好对比了所指物体的概念层次。路径前缀"s-[V][NP-pl]-ACC"仅仅描述运动路径,这些运动路径产生了多个物体的空间并置(juxtaposition),因此正好对应英语的 *together*(一起)。但状态变化前缀"na-[V][NP-pl]-GEN"表明这种并置构成一种更高层次的格式塔,即一种积累状态,如(17)所示。

(17) 俄语:na-V NP-GEN 'create an accumulation of NP by Ving NP'
('通过 Ving NP 产生 NP 的一种积累')
Ona nagrebla orexov v fartuk.
'She accumulation-scraped nuts (GEN) into apron.'
('她 积累 -刮 坚果(属格)入 围裙')
"By scraping them together in her apron, she accumulated (a heap/pile of) nuts."
(通过把坚果一点点地收起来放到围裙里,她攒了(一大堆)坚果。)

对比:Ona sgrebla orexi v fartuk.
'She together-scraped nuts (ACC) into apron.'
(她 一起 -收 坚果(宾格)入 围裙。)
"She scraped together the nuts into her apron."
(她把坚果收在一起放入围裙。)

5.3 条件变化

如以上例子所示,状态变化类型不仅仅包含存在状态。我们现在尝试性地通过既是物理变化也是认知变化的例子表征一系列"条件变化";这种变化既发生在受事者身上,又发生在施事者身上。举一个物理个案,一个物体从一种完好无损(intact)状态变为一种概念范畴上的非完好无损(nonintact)状态,在英语中也可以用 *up* 卫星语素表示,但使用的是它的第四种意义。在德语中,相同的概念用卫星语素 *kaputt*-表达,而且表达地更具体、更具能产性;和此前情况一致,西班牙语用一个主要动词表达,如(18)所示:

(18) a. 英语:V up NP(V 至 NP)/德语:kaputt-V NP-ACC 'make NP nonintact by Ving it'(通过 Ving NP,使它不完整)

[the dog "ₐMOVED" TO NON-INTACTNESS the shoe in 30 minutes] WITH-THE-CAUSE-OF [he chewed on it]

([这只狗在 30 分钟内"施事移动"鞋到非完好无损状态]因为[它啃它])

The dog chewed the shoe up in 30 minutes.

(这只狗在 30 分钟内把鞋啃碎了。)

Contrast *chew* without *up*：The dog chewed on the shoe (for 15 minutes).

(对比不加 *up* 的 *chew*：这只狗啃鞋啃了 15 分钟。)

b. 德语：Der Hund hat den Schuh in 30 Minuten kaputtgebissen.

'The dog bit the shoe up in 30 minutes.'

(这只狗在 30 分钟内把鞋咬碎了。)

对比：Der Hund hat 15 Minuten an dem Schuh gekaut.

'The dog chewed on the shoe [for] 15 minutes.'

(这只狗啃鞋啃了 15 分钟。)

c. 西班牙语：EI perro destrozó el zapato a mordiscos/mordiéndolo en 30 minutos.

'The dog destroyed the shoe with bites/[by] biting it in 30 minutes.'

(这只狗在 30 分钟内用咬/[通过]咬把鞋毁了。)

对比：EI perro mordisqueó el zapato (durante 15 minutos).

'The dog chewed-on the shoe (for 15 minutes).'

(这只狗反复地咬鞋(15 分钟)。)

其他语言中的许多状态变化卫星语素在英语中没有对应词,必须用框架动词结构表达,这些卫星语素能表达的概念非常宽泛,远超英语会话者的预期。一个从物理域应用到认知域的例子是德语的卫星语素结构"ein-V NP/REFL-ACC"。这个卫星语素的意义被粗略地描述为'准备就绪'。整个结构的意义可以被更精细地描述为'to warm (NP)up for Ving by (practicing at) Ving'(通过(练习)Ving 使(NP)热身以 Ving)。该用法的例子包括 *die Maschine einfahren* '预热机器以操作它'和 *sich ein-laufen/-spielen/-singen* '通过练习相应的活动,为跑步/玩耍/唱歌做准备'。

另一个德语的例子可能与前一例子处于一个多义链中,但语义全然不同。该例是卫星语素 *ein-*,它唯一的认知意义通常被概括性地描述为'熟悉度'。(19)是更详细的描述。

(19) 德　语：ein-V REFL-ACC in NP-ACC 'to have gradually managed to become easefully familiar with all the ins and outs of NP in Ving (in/with) NP'

('在 NP(中)Ving/Ving NP 过程中,逐渐设法熟悉 NP 的所有技巧')

a. Ich habe mich in das Buch eingelesen.
'I have read myself into the book.'
(这本书我使自己读进去了。)
"I've gotten familiarized enough with the book that I can keep all the characters and plot involvements straight."
(我已经对这本书非常熟悉,以至于能够直接把握书里的所有人物和情节。)

b. Der Schauspieler hat sich in seine Rolle eingespielt.
'The actor has played himself into his role.'
(演员使自己进入了这个角色。)
"The actor has come to know his part with ease in the course of acting in it."
(在表演过程中,演员已经能轻松把握住自己的角色了。)

c. Ich habe mich in meinen Beruf eingearbeitet.
'I have worked myself into my job.'
(我通过工作使自己适应了这个职业。)
"I know the ropes in my work now."
(我现在已经完全了解了我的工作。)

在前面这些及物的例子中(包含反身形式的例子),显示条件变化的是在直接宾语 NP 中表达的受事者。但在另一个不符合这种映射的及物性例子中,主语 NP 表达的施事者或体验者是反映条件变化的实体,这点需要进一步调查。具体而言,如(20)中的德语卫星语素所示,主语体验者经历了认知变化,从广义上讲,这种变化可以被描述为'到意识的状态',更细致的描述如下。

(20) 德语：heraus-V NP-ACC［V：sensory verb］'detect and sensorily single our NP among other comparable NPs via the sensory modality of Ving'

（'通过 Ving 感知情态，从其他可比的 NP 中探测并从感知上挑选出 NP'）

Sie hat ihr Kind herausgehört.
'She has heard out her child.'
（她听出了自己孩子的声音。）
"She could distinguish her child's voice from among the other children talking."
（"她能从孩子们的谈话声中听出自己孩子的声音。"）

通过对具体的卫星框架语言的考察，我们发现，从其他语言的角度看，一些状态变化卫星语素具有前所未有的意义。从英语的角度看，下面这些例子似乎很古怪。

(21) a. 俄语：za-V -s'a（＝reflexive）'become attentionally engrossed/absorbed in the activity of Ving and hence be inattentive to other events of relevance in the context'

（za-V -s'a（＝反身代词）'在 Ving 时全神贯注/被吸引，因此没注意语境中相关的其他事件'）

where V＝čitat' 'read'：za-čitat'-s'a 'to get absorbed in what one is reading'（so that, e.g., one misses a remark directed at one）

（这里 V＝čitat' '读'：za-čcitat'-s'a '被所读的东西吸引'（以至于没听到他人对自己说的话等））

where V＝smotret' 'look'：za-smotret'-s'a 'to get absorbed in watching something'（e.g., a person ahead of one as one walks along, so that, e.g., one bypasses one's destination）

（这里 V＝smotret' '看'：za-smotret'-s'a '被所看的东西吸引'（比如，某人走路时被走在自己前面的人吸引，以至于走过了目的地等））

b. 荷兰语：bij- V NP 'put the finishing touches on NP in Ving it/execute the few remaining bits of Ving action that will bring

NP up to optimal/complete/up-to-date condition' [example from Melissa Bowerman, personal communication]

(bij- V NP '在 Ving NP 时完成对 NP 的几次修改/执行 Ving 活动的余下部分,以使 NP 达到最优/完成/当前条件'[例句来自作者与 Melissa Bowerman 的个人交流])

where V = knippen 'cut with scissors': bij-knippen e.g., 'trim those hairs that have grown out beyond the hairdo'

(这里 V = knippen '用剪刀剪':例如 bij-knippen,'为保持原有发型,把新长出的头发剪掉')

where V = betalen 'pay': bij-betalen 'pay the additionally necessary increment' (e. g., to correct an error and bring a sum up to the right amount or to upgrade a ticket to the next-higher class)

(这里 V = betalen '支付': bij-betalen '支付额外必需的增额'(比如,为更正一个错误,增加正确的数额至某款项,或提供对较高收入阶层的罚款额度))

c. **依地语:** tsu-V (NP$_1$) tsu NP$_2$ 'add NP$_1$ by Ving it—or add the (intangible) product of Ving—to the same or comparable material already present in NP$_2$'

(tsu-V (NP$_1$) tsu NP$_2$ '通过 Ving NP$_1$ 增加 NP$_1$(或增加 Ving(无形的)结果)至 NP$_2$ 业已存在的相同的或相类似的内容中')

Ikh hob tsugegosn milkh tsum teyg.
'I have ADD-poured milk to-the dough.'
(我已经加—倒牛奶到—那个面团里。)
"I added milk to the dough by pouring it."
(我往面团里倒了牛奶。)

Ikh hob zikh tsugezetst tsu der khevre.
'I have REFL ADD-sat to the group.'
(我已经 反身代词加—坐下 到那个小组中。)
"I pulled up a chair and joined the group."

（我拉了一把椅子过来，并加入这个小组。）

状态变化卫星语素的当前视角指出了两个有价值的课题。一个课题是，在一种单一的卫星框架语言中尽可能穷尽性地确定由卫星语素所表征的状态集合，以便评估这些形式在一种语言中所能覆盖的语义范围。另一个课题是，比较两种或两种以上卫星框架语言中由卫星语素表征的状态集合。在这一方面，我们随意看一下德语和汉语中的状态变化卫星语素，就会发现它们所表征的状态有某种相似性。尽管刚才展示的表达状态意义的例子看似零散，但更系统的调查可能会揭示一个普遍趋势，这个趋势指向有一定存量的状态概念的表征。这个发现如果正确，将为我们理解语言中的认知结构做出极大贡献。

5.4　其他结构类型

到目前为止，我们已经看到了由两种不同结构表征的同一状态变化。一种结构是介词和名词的搭配，像英语中的 *to death*，其中，介词代表转变类型，名词命名状态。这种组合很大程度上是固定不变的搭配，有专门的词汇形式，不能自由变化。另一种结构就仅仅是单语素的卫星语素，像德语的 *er-* '死去'，通过词化并入表征转变类型和状态。现在我们关注其他结构。

在另一种状态变化结构中，状态由一种可以自由变化的名词形式表征。事实上，这一结构中的名词短语 NP 通过转喻表征 '作为 NP 的状态'。转变类型由介词表征。这种结构能够搭配一个卫星语素，其指称可识解为转变或状态。(22)和(23)中的英语形式示例了这种结构类型。

(22) **英语**：V into/to NP 'become NP by Ving'
　　　　（V into/to NP '通过 Ving 成为 NP '）
　　　　[the water "MOVED" TO a STATE [BEING a solid block of ice] WITH-THE-CAUSE-OF [it froze]
　　　　（[水"移动"到[一块固体冰的]状态因为[它冻上了]）
　　　　The water froze into a solid block of ice.
　　　　（水冻成了一块固体冰。）

(23) **英语**：V down to/into NP 'by Ving, reduce qualitatively (and quantitatively) until becoming NP'
　　　　（V down to/into NP '通过 Ving，在性质（和数量）上一直缩减，直到成为 NP '）

［the wood chips "MOVED" REDUCTIVELY TO a STATE ［BEING a pulp］］ WITH-THE-CAUSE-OF ［they boiled］

（［木头碎屑缩减地"移动"到［作为纸浆］状态］因为它们被煮沸了］）

The wood chips boiled down to a pulp.

（木头碎屑熬成了纸浆。）

在另一种状态变化结构中，形容词命名状态。目前没有其他形式表征这种转变类型，但其结构意义是典型的'进入'被命名状态（尽管下面描述了另一种可能性），(24)示例了英语中的这种结构。

(24) a. V Adj 'become Adj by Ving'

（'通过 Ving 变得 Adj'）

［the shirt "MOVED" TO a STATE ［BEING dry］］ WITH-THE-CAUSE-OF ［it flapped in the wind］

（［衬衫"移动"到［成为干的］状态因为［它在风中摆动］］）

The shirt flapped dry in the wind.

（衬衫在风中被吹干了。）

对比：The tinman rusted stiff. / The coat has worn thin in spots.

（铁皮人锈得僵硬了。/外套有些地方已经磨损了。）

b. V NP Adj 'make NP Adj by Ving'

（V NP Adj '通过 Ving 使 NP 变得 Adj'）

［I "$_A$MOVED" the fence TO a STATE ［BEING blue］］ WITH-THE-CAUSE-OF ［I painted it］

（［我"$_{施事}$移动"篱笆到［成为蓝色］状态因为［我漆了它］］）

I painted the fence blue.

（我把篱笆漆成了蓝色。）

把这种类型的光杆形容词结构作为表征"TO"转变类型的结构，一个原因是，从语义上讲，它与形容词槽中带显性 *to* 的短语结构相似。因此，与 *The shirt flapped dry*（衬衫吹干了）相似的结构是 *The man choked to death*（这个人噎死了）。

5.5 其他转变类型

到目前为止，在所有这些状态变化的例子中，'进入'某种状态的转变类型由深层介词 TO 和深层动词"MOVE"一起表示。但我们也能观察到或解释其他转变类型。

另一种转变类型是从某种状态'离开',它由一个深层介词 FROM 与"MOVE"一起表示,这种结构似乎是介词加名词的组合的基础,该组合明确表达了从某种状态离开,例如句子 The apparition blinked out of existence(幻影一闪不见了)中的组合 out of existence。另外,状态变化卫星语素,如 out 在句子 The candle blew out(蜡烛灭了)中——之前被识解为表征一种状态进入概念,如'到熄灭状态'——也可以被识解为表征一种从'点着'的状态离开的概念。

事实上,其他转变类型包括转变的缺失,即包括不变或者静态。这种类型之一是'处于'某种状态中,可由深层介词 AT 和深层动词 BE 联合表征。另外一种类型是一种状态继续"维持",由 AT 和中层动词 REMAIN 或 KEEP(表施事性)联合表征,如(25)所示。在此,卫星语素是一个形容词,但其结构意义不是类似之前的'状态进入',而是'状态-处于'。'状态-处于'可以用下例来解释,即"门已经关上了,但我通过把钉子钉进去使门保持关闭的状态"。请注意,汉语同源结构不允许这种'状态维持'的解释,只有通常的'状态变化'的解释,因此,对应 I nailed the door shut(我把门钉死)的句子只能表示"通过用锤子在开着的门上砸钉子,我把门移动到其关闭的位置"。

(25) [I KEPT the door AT a STATE [BEING shut]] WITH-THE-CAUSE-OF [I nailed it]
([我保持门在[处于关闭]状态因为[我钉了它])
I nailed the door shut.
(我把门钉死了。)

现在,我们还能给出其他几种英语形式,把这种框架的包络进一步拓宽。一方面,这些形式体现了卫星框架结构类型,它们的核心图式由卫星语素和/或介词表征,副事件则由动词表征。另一方面,由卫星语素和/或介词表征的概念是不断进行的过程,而不是固定状态。或许,这些形式应被看作体现了概念域的第六种类型,即'过程进行'类型的一种。然而,我们不把这些形式看作涉及状态变化域的形式,而是把这种转变类型看作从一种状态中'穿越'。这一转变类型或许可以由深层介词 ALONG 和"MOVE"联合表征。

在另一种新形式中,介词 for 和一个动词连用,for 表示'寻找',动词表达用于执行寻找的动作。(26a)示例的卫星框架结构是这里讨论的主题,(26b)是对应的动词框架结构,这种情况同样存在于英语中。在这里,我们假设深层语素 ALONG 和中层语素 IN-SEARCH OF 词化并入介词 *for*。

(26) **英语**：V for NP 'V in search of NP/seek NP by Ving'
　　　　　（V for NP '为寻找 NP 而 V/通过 Ving 寻找 NP'）

　　a. [I "MOVED" ALONG IN-SEARCH-OF nails on the board] WITH-THE-MANNER-OF [I felt the board]
　　　（[我顺着板子"移动"以寻找板子上的钉子]方式是[我摸木板]）
　　　I felt for nails on the board. /I felt the board for nails.
　　　（我在板上摸钉子。/我摸木板寻找钉子。）
　　　对比：I listened to the record for scratches. /I looked all over for the missing button.
　　　　　（我听唱片寻找那些刮擦声。/我四处寻找那个丢失的扣子。）

　　b. I searched for/sought nails on the board by feeling it.
　　　（我通过摸板子的方式寻找钉子。）
　　　对比：I searched for scratches on the record in listening to it. / I sought the missing button by looking all over.
　　　　　（我用听的方式寻找唱片的刮擦声。/我通过四处查看的方式寻找那个丢失的扣子。）

另一种英语形式 *off with*,涉及卫星语素和介词的组合,意义为'拿走某人偷的东西',和方式动词连用表示"某人以这种方式从盗窃现场离开,越跑越远"。与先前的例子一样,在此我们也假设深层语素 ALONG 和中层语素 IN-THEFTFUL-POSSESSION-OF 结合产生表层表达 *off with*,如(27)所示。

(27) **英语**：V off with NP 'upon stealing NP, continue in theftful possession of NP while distancing oneself/making one's escape by Ving'
　　　　　（V off with NP '偷到 NP 后,继续偷窃式地占有 NP 并越跑越远/以 Ving 的方式逃跑'）

[I "MOVED" ALONG IN-THEFTFUL-POSSESSION-OF the money] WITH-THE-MANNER-OF [I walked/…]
（[我偷钱并据为己有后"移动"]的方式为[我走/……]）
I walked/ran/drove/sailed/flew off with the money.
（一偷到钱,我就走开/跑开/开走/驶走/飞速跑掉。）

需要注意的是,我们不能简单地把 off with 结构看作是路径卫星语素和介词的相加,并刚好运用到运动事件中去,在该事件中,人们可以进一步推测偷窃行为。原因是卫星语素和介词形成同样的组合后,可以和两个非运动性动词一起使用,即 make off with（偷走）和 take off with（拿走）仍然表达偷窃这一意义（事实上, make 的这种形式只有'偷窃'这一种解读）。

6 行动关联为框架事件

据我所知,第四种类型的框架事件此前并未得到确认。它是一种更广泛的语言现象的一部分——我称之为**共同活动**（coactivity）——作为一个完整话题几乎未受到关注。在这种共同活动中,执行具体活动的第一个行动者（agency）和第二个行动者相关,后者的活动和前者的活动相关。通常,第二个活动和第一个活动类似或者互补。典型情况是,第一个行动者由一个主语 NP 表示,第二个行动者由（直接或间接）宾语 NP 表示。跨语言的原型情况是,对称动词、伴随格、与格及另外一些句法范畴需要这样一个**共同活动**的宾语 NP。所以,I met John/ * the mannequin（我遇到了约翰/ * 人体模型）这一句要求"约翰也遇到我"。句子 I ate with Jane/ * the mannequin（我与简/ * 人体模型吃饭）要求"简也有吃饭这一动作"。句子 I threw the ball to John/ * the mannequin（我扔个球给约翰/ * 人体模型）或 I threw John/ * the mannequin the ball（我扔给约翰/ * 人体模型一个球）要求"约翰有试着接球这一动作",作为"我扔球"的一个补充动作。I ran after Jane/ * the building（我追简/ * 楼）要求"简也进行快速地向前运动"。

在框架事件的第四种类型即我们称为**行动关联**（action correlating）的事件中,一个有意图的施事者影响或维持他自己的行动和另一个行动者行动之间的一种特定关联,另一个行动者可以是有生的或无生的。请注意,我们用"施事者"（Agent）表示第一个实体,用"行动者"（Agency）表示第二个实体。框架事件由这种关联自身的建立构成。下面将介绍的关联类型有'共同行动''伴随行动''模仿行动''超越行动'和'示范行动'。副事件由施事者发出的具体行为构成。除了'示范行动'类型,这种行为或与行动者所发出的行为相同,或归属同一范畴,这要根据那些尚需探究的语用规则来理解。

从组织概念结构用于语言表达的方式看,这样的行动关联似乎是运动的类比。具体而言,一种行动与另一种行动的关联类似于一个物体与另一物体在路径上的关联。特别是,在框架事件的概念构建中,如(28)中的图式所示,施事者把他自己的行动作为一个焦点实体(一般用术语 Action 表示),与作为背景实体的行动者的相同类型行动(一般用 Action' 表示)相关联。因此,这种结构和施事性运动类型结构类似:[施事者 _{施事}移动 焦点 路径 背景]。这里的核心图式——关联成分——直接类比路径。

宏事件的剩余部分也由图式(28)表征,包括副事件及其与框架事件的支撑关系,副事件是施事者所行使的具体行为,在这里用[Agent PERFORM]表示。这种支撑关系被描述为"构成",因为副事件的具体活动构成了施事者发出的行为,这一行为与行动者的行为相关。在与施事者的行为相同而不仅仅是属于同一类别的情况下,这种支撑关系也构成行动者的行为。

(28) [Agent PUT Agent's Action In-Correlation-With Agency's Action'] CONSTITUTED-BY [Agent PERFORM]
([施事者使(PUT)自己的行动关联行动者的行动]由[施事者执行(PERFORM)行动]构成)

(28)中的宏事件结构似乎更贴切地表征了概念成分间的相互关系。但这一结构的改编形式,如(29)所示,至少在这里提到的几种语言中,似乎更接近映射到当前句法结构上的语义类型模式。所以,基于(29)及以往的类型学,在卫星框架语言中,核心图式映射到卫星语素(加附置词)上,副事件映射到主要动词上。在动词框架语言中,动作(ACT)成分和核心图式合起来映射到主要动词(加附置词)上,副事件映射到一个附加语上。

(29) [Agent ACT In-Correlation-With Agency] CONSTITUTED-BY [Agent PERFORM]

([施事者动作(ACT)关联行动者]由[施事者执行(PERFORM)]构成)

就当前类型中框架事件的角色而言,它清楚地提供了总体框架,两种动作在其中互相关联。此外,因为框架事件的特征相对抽象,而副事件往往较为具体,普遍模式得以维持。因此,如果一个观察者处于一个行动关联宏事件情景中,观察者将直接感知到由施事者发出的具体副事件活动,也将感知到由行动者发出的相同或类似的活动。例如,如下文所述,这些活动可以是玩耍、唱歌、喝酒等等。但是观察者通常不能感知到一种活动与另一活动之间的意图关系,而需要推断或以其他方式了解。例如,观察者可能需要推断或了解施事者实施了他的行动,以便此行动与行动者的行动相一致,或与之伴随,或模仿后者等等。

接下来,我们考虑本节开篇提到的行动关联的五种不同情况。在前四种行动'共同行动''伴随行动''模仿行动'和'超越行动'中,施事者和行动者实施同样的或同类的行动。第五种情况('示范行动')中的施事者和行动者实施不同类别的行动。

6.1　行动者行动与施事者行动相同(或属同一类别)

从语义特征看,行动关联的前三种情况('共同行动''伴随行动''模仿行动')在施事者行动与行动者行动的关联中,通过不断增加的概念距离可以形成一个系列。我们以英语和德语为例进行阐释,二者都需要由卫星语素表达这个系列,因为第一种情况只在英语中有合适的卫星语素,而第三种情况只在德语中有合适的卫星语素。

'共同行动'和'伴随行动'的概念区别具有启发性。对于第一种情况,英语用 *together(with)*((和)一起)[6] 表达,如(30)所示,施事者行动与行动者的行动一致。也就是说,施事者和行动者的行动在概念上被设定为一个联结整体的对等成分,或许每一个成分对于整体的存在都是必不可少的。

对于第二种情况,英语用 *along(with)*(跟着)表达,德语用 *mit-(mit-DAT)* 表达,如(31)所示,施事者行动伴随着或附加于或附属于行动者。即,行动者的行动,作为一个背景实体,是一个概念参照点,被看作是这一情景独立的或基础的以及本质的或定义性的活动。另一方面,作为焦点实体的施事者行动被看作是整体情景附属的或偶然的一面。(第二种情况是语言中区分'主要'和'附属'的扩展语义系统的一种表现形式。)

为了把这个概念上的差异放入上下文中研究,以说明这个情景,我们假设"I"和"he"在同一个音乐会舞台上各弹一架钢琴。因此,在第一种情况中,他和我可能是二重奏钢琴家;而在第二种情况中,他可能是一位钢琴独奏家,我加入是为了帮助他。相比之下,*I jog together with him*(我和他一起慢跑)表明我们按照安排一起活动,而不是单个加入活动。然而,*I jog along with him*(我跟着他慢跑)表明,不管我在不在,他都有自己惯常的慢跑路线,但我有时会陪他跑。

需要注意的是,这两种情况中的指称情景在物理上难以区分——例如,如果录制下来,它们会出现在荧屏上。因为这个原因,前两种行动关联,即'共同行动'和'伴随行动',其功能可理解为作为概念结构覆盖或强加在一个基底上。因此,它们是构成认知语言学中概念归因的极好的例子,适应的方向是从思维到世界,这与真值语义学中语言只反映"存在某物之外"的特征的观点相反,或者说,与从世界到思维的适应方向相左。

在最初的界定中,行动关联中的第二个参与者(我们已用术语"行动者"区分)可以是有生的,也可以是无生的,这是为了包含所观察到的语言模式。例如,在以下行动关联的前四种情况的例子中,三种示例语言都允许用"唱片"或其对应物来代替"him"或其对应物,如英语中的 *I played along with the phonograph record*(我跟着唱片演奏)。相较而言,界定行动者的活动只需要与施事者的活动在相同类别中是为了涵盖英语和德语的卫星语素用法。例如,在 *Mary sang along with John*(玛丽跟着约翰唱)中,Mary 唱歌时,John 可以弹奏乐器,因此产生了一个与之不同的和声部分。无独有偶,德语 *Ich trinke mit* "我(会)陪你喝酒"可以指"某人在吃饭,但没有喝酒,我加入他,但我只喝酒,不吃饭"。

根据普通类型学,下例中的西班牙语形式在主要动词中表达与行动关联相同的概念,而英语和德语主要用卫星语素表达。同样,尽管如此,英语中有从罗曼语借入的动词(如:*accompany*(伴随),*join*(加入),*imitate*(模仿)和 *copy*(仿效)),它们有与源语相同的映射模式。我们可以发现这两种类型的语言另有区别,尽管仍不清楚这一区别是否是严格地出自它们在类型上的区分。具体而言,德语和英语存在相同的类别,西班牙语却没有。原因是,由一个附加语表达副事件时,西班牙语通常必须采用不同的结构区别相同行动和相同类别下施事者和行动者不同的行动。

(30) **英语**:V together with NP 'act in conert with NP at Ving'

（V together with NP '通过 Ving 的方式与 NP 一同行动'）

[I ACTed IN-CONCERT-WITH him] CONSTITUTED-BY [I played the melody]

（[我实施与他的共同行动]由[我弹奏曲子]构成）

I played the melody together with him.

（我和他一起弹奏曲子。）

(31) 英语：V along (with NP)

（(和 NP 一起)V）

德语：mit-V (mit NP-DAT)

（与 NP(与格)一起 V）

'act in accompaniment of/as an adjunct to//accompany/join (in with) NP at Ving'

（'陪伴中行动/作为附加//伴随/加入 NP Ving'）

[I ACTed IN-ACCOMPANIMENT-OF him] CONSTITUTED -BY [I played the melody]

（[我实施陪伴他的行动]由[我弹奏曲子]构成）

英语：I played the melody along with him.

（我跟着他弹曲子。）

德语：Ich habe mit ihm die Melodie mitgespielt.

西班牙语：Yo lo acompañé cuando tocamos la melodía.

（我陪他一起演奏(他和我都演奏)。）

Yo lo acompañé tocando la melodía.

（我[通过]演奏陪伴他(只有我演奏)。）

可以看到，另外一些框架卫星语素只表示'伴随行动'概念的一些具体部分，因此我们可以考虑把它们加入必须认定的行动关联类型的数目中。因此，实际上，依地语有两个卫星语素，它们把'伴随行动'一分为二。两个卫星语素都表征施事者的行动从属于行动者的行动，但它们在这一类别中围绕不同的中心位置。这些中心位置因施事者在行动者行动中的参与程度不同而不同。因此，前缀卫星语素 *mit-*，围绕'促进性伴随行动'这一概念，在此，施事者行动被认为是添加在行动者行动上，以此构成一个更大的整体。另一个前缀卫星语素 *tsu-* 围绕'边缘性伴随行动'这一概念，其中施事者的行动在与整体的关系中被理解为是次要的或边缘的，而且是独立的,通常也是个人的。尽管在(32)中,*tsu*-的例子可以指参与性更强的伴随行动,在这里,我们给予它们的语境突出了它们趋向边缘化的语义中心。

(32) **依地语**:tsu-V 'V as a peripheral accompaniment to another action'
(tsu-V '作为另一行为无关紧要的陪伴性活动)
V' where V = krekhtsn 'to groan, gripe'
(此处 V = krekhtsn '呻吟,发牢骚')
Er hot tsugekrekhtst.
'he has TSU-griped'; for example:
('他已经 TSU-呻吟了';例如:)
"He punctuated his exertions with an undertone of periodic groans" or "He chimed in/piped up in our gripe session with some of his own gripes".
("他低声、周期性的呻吟不时打断他用力"或"他在我们的批评会上插话,提出他的不满"。)
where V = tantsn 'to dance'
(此处 V= tantsn '跳舞')
Zi hot tsugetantst.
'she has TSU-danced'; for example:
('她已经 TSU-跳舞了';例如:)
"She did a little dance on the sidelines in time to the music."
(她在舞池边儿和着音乐跳了一小段舞。)

英语还有一种形式,可以认为是标记'伴随行动'的一个次类型。与先前依地语的形式有些相似,它有一个非贡献性的、通常是个人的感觉,但是它在指称方面明显较窄。这种形式就是介词 *to*,如(33)所示。其中,行动者是时间上的节律模式(的展示者),原型上是听觉的。施事者也产生了一种节律模式,并使之与行动者的模式一致。

(33) **英语**:V to NP 'in Ving, set the rhythm of Ving in correlation with the rhythm of NP'
(V to NP '在 Ving 中,使 Ving 的节奏与 NP 的节奏相关联')
I swayed/tapped my foot/danced/hummed to the rhythm/beat/music/sound of the waves lapping against the shore.

(我跟着节奏/鼓点/音乐/海浪拍打海岸的声音摇摆/轻扣脚尖/跳舞/哼歌。)

行动关联系列的第三种情况是'模仿行动',即施事者引导自己的活动模仿或重复行动者活动,如(34)所示。在此,同样地,行动者的活动是背景元素,以之为参照点,施事者努力塑造自身活动以成为焦点实体。具体而言,从观察行动者的活动出发,施事者努力使他自己的活动与行动者的活动整体或节选的结构方面相似或一致。

但是,在前两种情况中,施事者的活动与行动者的活动共同发生,此处却是在行动者的活动后。关于这一点,德语 nach-卫星语素的原型意义表明这种延迟只是一种简短的部分对部分的延迟,亦可解释为施事者行动完全发生在行动者行动结束之后。同样,行动者可以是无生的设备,如留声机,且它的活动可以与施事者的活动相同或仅属于同类,因此,(34)中的德语例句还可以表示"我在乐器上模仿一个已录制下来的歌手的表演"。此外,与前文相同,西班牙语用主要动词表达行动关联本身,用附加语详细说明这些活动,并区分它们是相同的活动或是相同类别中的不同活动。

(34) 德语: nach-V (NP-DAT) 'V in imitation of NP'/'imitate/copy NP at Ving'

('模仿 NP V'/'模仿/效仿 NP Ving')

[I ACTed IN-IMITATION-OF him] CONSTITUTED-BY

[I played the melody]

([我实施对他的模仿]由[我弹奏曲子]构成)

德语: Ich habe ihm die Melodie nachgespielt.

英语: I played the melody in imitation of him.

(我模仿他弹奏曲子。)

西班牙语: Yo lo seguía cuando tocamos la melodía.

'I followed him when we played the melody'(both he and I played).

('我们弹曲子时我跟着他弹'(他和我都演奏了)。)

Yo lo seguía tocando la melodía.

'I followed him [by] playing the melody'(only I played).

('我跟着他弹曲子'(只有我弹)。)

行动关联第四种情况是'超越行动',由(35)中的英语前缀卫星语素 *out-* 示例。在此,施事者或是编排他的活动以超越行动者的活动,或者他的活动只是碰巧超过行动者的活动。此处,行动者的活动仍被当作参照点。当特定语境为竞争时,施事者因此'打败'了行动者。与前文相同,行动者可以是无生命的,如句子 *I outplayed the player piano*(我比自动演奏的钢琴弹得好)所示,但现在行动者的活动局限至和施事者的活动相同,而不只是在同一类别中,因此不用 * *I outplayed the singer*(*我比歌手弹得好)表达"我弹奏得要比歌手唱得好"。同样地,西班牙语可以用它的主要动词表达关联,但此时动名词附加语可以用于解释相同活动,但显然,用于解释不同活动也是可能的。[7]

(35) 英语:out-V NP 'surpass/best/beat NP at Ving'
  ('在 Ving 方面超越/打败/击败 NP')
  [I ACTed IN-SURPASSMENT-OF him]
  CONSTITUTED-BY [I played (the melody)]
  ([我实施了超越他的行为]由[我弹奏曲子]构成)

 英语:I outplayed him.
  (我比他弹得好。)
  比较:I outran/ outcooked him.
  (我比他跑得快/做饭做得好。)

 西班牙语:Yo le gané tocando la melodía.
  'I surpassed him playing the melody.'
  (我弹这支曲子超过了他。)

6.2 行动者行动固定且不同于施事者行动

行动关联第五种情况是'示范行动'。它由德语卫星语素 *vor* 表达,如(36)所示。在此,施事者实施了一种活动,作用是对行动者示范,行动者反过来又将观察施事者的活动。在此处的'示范'概念中,施事者有知识和能力展现行动者没有的活动。施事者执行了这一活动,行动者由此把它作为施事者的相关信息或者作为执行同一活动的一个学习模范,因而整个情景具有从施事者迁移到行动者的隐喻意义。这种'示范'情况不同于之前的情况,因为此处行动者自己的活动是固定的,尤其是作为一种观察活动,据此它规则地偏离施事者的活动。这种区别需要对原始的宏事件图式((28)和(29))进行修订,修订后如(36)所示。

此外,这种情况对前文的行动关联概念进行了扩展,前文的概念基于类似活动的相互关联,此处被扩展为互补活动的协调概念。具体而言,这些活动是展示和观察活动。这种情况(与别的情况相同)也将一个实体的活动与另一实体的活动相联系,其类型学映射模式也是类似的。因此,德语用卫星语素表达这种关系,西班牙语则用主要动词表达。然而,在这种情况下,英语缺少类似德语的卫星语素,因此转向动词框架映射模式。

(36) 德语: vor-V NP-DAT 'demonstrate to NP one's Ving'

('向 NP 展示某人的 Ving')

[Agent PUT Agent's Action IN-DEMONSTRATION-TO Agency's OBSERVATION] CONSTITUTED-BY [Agent PERFORM]

([施事者实施施事者的行动以作为行动者观察的示范] 由[施事者执行]构成)

[I ACTed IN-DEMONSTRATION-TO him] CONSTITUTED-BY [I played the melody]

([我实施对他的示范活动]由[我弹奏曲子]构成)

德语: Ich habe ihm die Melodie vorgespielt.

'I played the melody in demonstration to him.'

(我弹这支曲子给他听。)

英语: I showed him how I/how to play the melody.

(我给他展示我如何/如何弹这支曲子。)

西班牙语: Yo le mostré como toco/tocar la melodía.(同英语)

7 实现为框架事件

框架事件的第五种类型是**实现**(**realization**)事件。这种事件本身是一个包含性范畴,包括**完成**(**fulfillment**)义和**确认**(**confirmation**)义这两个相关的类型。

7.1 包含实现类型的递增语义序列

由于我们对这些类型的语义特征不是很熟悉,最好先用例子说明。该例是一个递增序列,包括两种实现类型对应的四种动词模式。(37)展示了卫星框架语言英语中的施事性语义递增序列。

对于序列中四种动词模式的每一种而言,动词被词汇化以表达更多种类的指称对象。所有四种类型中的动词的共性是:它们代表施事者实施的一种具体行动。施事者的意图范围至少覆盖该行为的实施。在第一种动词模式中,意图范围与该行动有共同的外延,因此这个有意图的行动构成动词所指的整体。在第二种动词模式中,意图范围超出行动本身。现在这个动词另外包含一个目标和该行动导致该目标的意图。该动词被词汇化为仅表征这个指称范围,所以获得目标的意向是否实现有待商榷。在第三种动词模式中,动词被词汇化为表征先前所有的内容和意图目标实现的隐含义。在第四种动词模式中,事实上,除了它把隐含意义强化为意图目标实现的断言外,动词指称先前所有的内容。每一个不同类型的动词都能与一个不同类型的、语义互补的卫星语素结合形成构式。

(37) a. *Intrinsic-fulfillment verb*:action
   (**固有完成义动词**:行动)
   Further-event satellite:the state change resulting from that action
   (**其他事件卫星语素**:由此行动引起的状态变化)
   For example:
   (例如:)
   V:*kick* 'propel foot into impact with'
   (动词:*kick*'驱动脚接触')
   Sat:*flat*:'thereby causing to become flat'
   (卫星语素:*flat*:'因此致使变平')
   I kicked the hubcap. /I kicked the hubcap flat.
   (我踢了轮毂盖。/我踢平了轮毂盖。)

b. *Moot-fulfillment verb*:action ＋ goal
   (**未然完成义动词**:行动＋目标)
   Fulfillment satellite:fulfillment of that goal
   (**完成义卫星语素**:目标的完成)
   For example:
   (例如:)
   V:*hunt* 'go about looking with the goal of thereby finding and capturing'
   (动词:*hunt*'四处寻找的目的是发现和捕获')

Sat：*down*：'with fulfillment of the goal'
（卫星语素：*down*：'目标完成'）

The police hunted the fugitive for / * in three days (but they didn't catch him).

（警察追捕逃犯追了三天 / * 在三天内（但是没有抓住他）。）

The police hunted the fugitive down in/ * for five days (* but they didn't catch him).

（警察在五天内 / * 五天抓捕到了逃犯（ * 但是没有抓住他）。）

c. *Implied-fulfillment verb*：action ＋ goal ＋ implicature of fulfillment of the goal

（隐含完成义动词：行动＋目标＋目标完成义的隐含义）

Confirmation satellite：confirmation of that implicature

（确认义卫星语素：确认隐含义）

For example：

（例如：）

V：*wash* 'immerse and agitate with the goal of cleansing thereby ＋ the implicature of attaining that goal'

（动词：*wash* '为了清洁目的而浸入和搅动＋蕴含达到目标'）

Sat：*clean*：'with confirmation of the implicature of attaining the goal of cleansing'

（卫星语素：*clean*：'确认达到清洁目的的蕴含义'）

I washed the shirt (but it came out dirty)./I washed the shirt clean (* but it came out dirty).

（我洗了这件衬衫（但是还是脏的）。/我把这件衬衫洗干净了（ * 但还是脏的）。）

d. *Attained-fulfillment verb*：action ＋ goal ＋ fulfillment of that goal

（完全完成义动词：行动＋目标＋目标完成）

Pleonastic satellite：fulfillment of the goal (generally avoided in English)

（赘述卫星语素：目标完成（英语中一般避免使用））

For example:
(例如:)
V: *drown* 'submerge with the goal of killing thereby + attainment of that goal'
(动词: *drown* '淹没的目标为杀死+目标实现')
Sat: *dead/to death*: 'with the attainment of the goal of killing'
(卫星语素: *dead/to death*: '杀死的目标实现')
I drowned him(* but he wasn't dead)./ * I drowned him dead/to death.
(我把他淹死了(* 但是他没有死)/ * 我淹死了/致死他。)

7.1.1 固有完成义动词+其他事件卫星语素

在这个序列中,语义较简单的一端如(37a)所示,动词指一种情景,其中的施事者有意图并实施了一种简单行动。这种模式的一个标准特点是,施事者的意图范围仅仅覆盖其行动本身,无进一步延伸(就动词自身的意义而言)。从更粗的颗粒度等级看,第二个特点是,实施的行动可以被概念化为一个单一性质的单元行动。因此,在这种概念化下,动词 *kick* 指称一个单一动作,施事者有意把他的脚从一个接近身体的位置伸出去影响另一个物体,而且施事者已经打算实现整个序列,但不一定打算产生序列之外的结果。具有这种词汇化语义特征的动词被称为**固有完成义动词**(**intrinsic-fulfillment verb**)。这个名称表示,施事者想达到某一结果的意图正好由动词自身所指的行动完成。

对于这一动词模式,增加一个卫星语素就给这个动词的指称内容增加了一个完全外在的语义增值。例如,给 *kick* 增加 *flat*,如(37a)所示,这个动词的意义即加上了卫星语素的意义和卫星语素结构的意义。所以,相同的踢的动作现在被理解为引起了这种状态变化。和动词有这种语义关系的卫星语素被称为**其他事件卫星语素**(**further-event satellite**)。

由此可见,关于当前的递增序列,其入口端由一个固有完成义动词和一个其他事件卫星语素结对构成。但是,就本章谈到的范畴而言,这些成对的成分只是一个副事件动词,它与状态变化类的框架卫星语素是原因关系。

7.1.2 未然完成义动词+完成义卫星语素

下一种动词模式涉及实现的完成类。同之前一样,这里的动词指施事者有意执行的一个具体行动,且整个行动都发生了。但是,除此之外,施事者的意图范围却超出了执行动作本身。具体而言,施事者有意使他的行动进一步产生具体结果,但这个结果在动词指称范围内未产生,其最终的成功或失败尚未确定。具有这种词汇化模式的动词被称为**未然完成义动词**(**moot-fulfillment verb**)。

就这种动词模式而言,加上卫星语素意味着产生一个具体目标的这个意图已实际执行,且目标已经实现。在此,卫星语素增加的意义并非独立于动词意义,而是容易受到这个语义复合体内部结构的影响,并对其进行补充。这种类型的卫星语素被称为**完成义卫星语素**(**fulfillment satellite**)。

因此,如(37b)中所示,及物动词 *hunt* 的所指由施事者四处张望、寻找、跟踪等一系列活动构成,且施事者有意实施了这些活动。施事者的其他意图也包括在内:这些活动将导致发现和捕获某一具体的有生命的实体。如果没有附上卫星语素,那么这个动词的结果是未然的或未完成的。它具有无界(未完成)体——因此,它采用由 *for* 引导的时间表达类型。若加上卫星语素 *down*,附加意图就实现了——即发现和捕捉动作确实发生了。这种合并的事件复合体现在具有有界(完成)体,因此可以用 *in* 引导的时间短语表达。[8]

这种卫星语素结构的完成义可以看作是一种特殊的状态变化,这种类型与本体论相关。由动词所表达的意图结果的本体论状态原本是**潜在的**(**potential**),但卫星语素暗示这种状态变为**现实的**(**actual**)。所以,当完成被看作一种状态变化(一种本体的变化)时,它可以等同于**现实化**(**actualization**)。事实上,动词本身可以被看作是表达期望结果的**图式**(**schema**),卫星语素则表明这个图式已被"填充"或现实化。

7.1.3 隐含完成义动词+确认义卫星语素

第三种动词模式是实现的确认类。在这一类型中,像未然完成义动词类型一样,动词包含两个相同的成分。这两部分是施事者有意图并执行了的行动和该行动通向一个特定期望结果的更深意图。但是,动词也表达一种特别的隐含义:即产生某种结果的意图已经被完成了。这种隐含意义存在的证据是,正常地阅读一句含有这类动词的句子,即使没有卫星语素,也可以解读为所期望的目标实现了。然而,因为这样的解读可以被一个否定性短语废止,动词意义的这个组成部分仅仅是一种隐含义,这种词汇化模式的动词可以被更准确地称为**隐含完成义动词**(**implicated-**

fulfillment verb),或简称为**隐含完成义动词**(implied-fulfillment verb)。[9]

然而,加上一个卫星语素,所期望结果的实现现在是肯定的,而不只是一个可以消除的隐含意义。因此,任何否定短语此时都是不可接受的。即,增加了卫星语素就**确认**(confirm)了原本仅是隐含的内容。这类卫星语素是**确认义卫星语素**(confirmation satellite)。

因此,在(37c)中,*I washed the shirt*(我洗了衬衫)不仅暗示我有意把衬衫放在液体中搅动,而且另外的意图是要实现使它干净这一结果,但是,即使不多说,也隐含衬衫已经干净的事实。但这种隐含意义可以通过增加一个小句"… *but it came out dirty*(……但衬衫是脏的)"消除。然而,在句子 *I washed the shirt clean*(我洗干净了衬衫)中,添加的卫星语素 *clean* 证明动词本来的隐含义现在已经延伸,变成了既定事实。

英语中的隐含完成义动词并不多,另一个例子可能是动词 *call*(打电话)。这个动词暗示"拨了号码有意通过电话和一方联系,且隐含电话已经接通"。因此,句子 *I called her*(我给她打了电话)本身隐含我联系上了她。但是,在句子 *I called her three times but there was no answer*(我给她打了三次电话但没人接)中,这种隐含意义被消除了。此时,至少对某些说话者而言,添加卫星语素 *up* 确认电话接通的意义并排除否定成分,如 *I called her up* (*but there was no answer*)(我给她打通了电话(* 但是没有人接))。英语中这类动词很少,而在别的语言中,如汉语,这类动词是一种主要类型,如下文所示。

在英语和汉语中,表达实现(完成义或确认义)的卫星语素有两种:一种卫星语素能明确指明动词的意图结果,如和 *wash* 相关的 *clean*;另一种卫星语素的意义(除非是隐喻性地)与动词的意图结果无关,如和 *hunt* 相关的 *down* 以及和 *call* 相关的 *up*。前者是状态变化卫星语素,通过独立描述结果的达成而附带表明动词的意图结果完成或确认。但后者只充当实现因素自身的抽象标记,表明"不管结果碰巧是什么,该动词的意图结果实现了"。通过这种方法,第二种卫星语素清楚地表明:实现自身就是一个概念范畴。

正如已看到的完成义卫星语素,确认义卫星语素的意义(尤其是作为第二类卫星语素)不独立于动词的意义,而是容易受语义复合体内部结构的影响,并对其进行补充。在这种情况下,它这样做的方式是强调动词词化编入的隐含义并确认它,或事实上,把这种隐含义升级到与断言同等的词汇层次上。

如前所述,这种确认义卫星语素结构的确认义可以被看作一种特殊的状态变化,但此时,这种状态变化不属于本体论,而属于认识论。在此,起基础作用的是说话者对动词意义中'意图的结果'成分的认识状态,以及说话者企图在受话人身上引发的相应的认识状态。如果没有卫星语素,说话者对意图结果的出现只能进行推断。有了卫星语素,说话者即确定该意图结果的出现。

然而,通过一种被称为**客观化**(objectivization)的过程,说话者最初的认识状态可以被转变为'意图的结果'自身的客观特征。因此,如果没有卫星语素,对应的"客观"状态是显然的。但如果有卫星语素,对应的"客观"状态是肯定的。

将客观化的概念扩展开来,它也是语言概念化组织中的一个普通认知过程。通过这个过程,某个外在实体的个体主观认知状态投射到那个实体上,从而产生特定的对应形式。之后这个对应形式被看作该实体自身的客观特征。这一过程现成的语言例子是 *The cliff is beautiful*(悬崖很美),这句话似乎断定悬崖有'美'的客观特征,正如 *The cliff is white*(悬崖是白色的)预示白色是悬崖的客观特征。另一个结构 *The cliff is beautiful to me*(对我而言,悬崖很美)或 *I find the cliff beautiful*(我发现悬崖很美)则直接表征非客观性的主观评价或一位正在观察的体验者的主观情感。

7.1.4 完全完成义动词(+赘述卫星语素)

在意义递增的第四种动词模式中,动词与第二和第三种类型中的动词模式(即未然完成义动词和隐含完成义动词)相同,也包含两个组成部分。此外,这两个组成部分所包含的意义是:施事者有意实施某一行动、执行这一行动以及有引导该行动向特定结果发展的意图。但是,这类动词暗示的既不是未然结果,也不仅仅是更深层意图完成的隐含义,而是该意图确实实现了。这类动词不能添加受动词内部语义结构影响并对其进行补充的卫星语素——具体而言,暗示未实现方面的实现——因为这个动词所指的所有概念元素事实上都实现了。实际上,英语不赞成把这类语义赘述卫星语素和这样的动词连用。

因此,如(37d)所示,英语 *drown* 暗示施事者有意把一个有生实体浸入液体中,并试图造成有生实体死亡的结果,此外还暗示死亡实际上已经发生。再如在 *I drowned him * dead / * to death*(我淹*死了他/我淹他

使他 * 死亡)中,该动词不允许添加多余的卫星语素,如 dead 或 to death。

有了这种特点,第四种模式动词的所指因而被认为在语义上具有复杂性,包括两个性质不同的子事件,一个比另一个早,并有意使后者发生。这样的动词可以称为**完全完成义动词**(attained-fulfillment verb)。

然而,尚不清楚这类假定的完全完成义动词能否通过形式句法标准或指称系统地与假定的固有完成义动词(见本章 7.1.1)区别开。可能情况是,假定的固有完成义动词和完全完成义动词实际上只包含一种指称类型,在该指称类型上可以附加具有不同颗粒度的两种概念结构。

例如,kick 的所指,之前被描述为固有完成义类型的单一简单行动,可以在一种更精细颗粒度的概念化下,被识解为一种完全完成义复合体:施事者有意执行了把脚伸出去这一行动;他深层的意图是这一行动能使他的脚对某一特定的物体产生影响;并且,这个影响发生了(请看下面的汉语对比分析)。另一方面,drown 的所指在一个更粗糙颗粒度的概念化下,可以被识解为一个单一的格式塔行为,因此被当作固有完成义动词。

固有完成义动词和完全完成义动词似乎仅在颗粒度的识解上不同。但它们有一个共同因素:它们的意图范围与完成程度相匹配。因此,我们提出**完成义动词**(fulfilled verb)这一术语指代两种类型。与此相关,未然完成义动词和隐含完成义动词在它们对完成的隐含意义上不同。但它们的共同点是意图范围超过了完成程度。相应地,我们提出**意动动词**(conative verb)这一术语指代两种类型。如前所述,能够分别与这两种动词类型搭配的完成义类型和确认义类型卫星语素都是"实现"这一概念的例子。

7.2 隐含义强度连续体

很显然,与隐含完成义动词相联系的隐含义不是可有可无且离散的因素,而是有不同强度的连续体。这可能与施事者对进一步的结果的意图强弱相关。因此,在(38)中,对某些说话者而言,前三个动词表明杀死这一意图实现的隐含程度依次加深。而第四个动词,作为一个参照点,不再是暗示,而是确定杀死这一行为的实现。

(38) The stranger choked/stabbed/strangled/drowned him.
(这个陌生人掐死/刺死/勒死/淹死了他。)

对一些说话者而言,动词 choke 没有杀死的隐含意义(仅指掐住脖子这一动作),而对另一些说话者而言,choke 有细微的杀死的隐含意义。因此,该动词的隐含义在这两极之间。对于第二组说话者,(38)中 *choke* 的例子后面完全可以跟一个否定成分,如:*…but he was still alive when the police arrived*(……但警察来时他还活着)。

对于更多的说话者,动词 *stab* 似乎隐含着更强的杀死的含义,而且可以和上文引用的否定小句很好地结合。

对某些说话者而言,*strangle* 和 *drown* 一样,都含有完全杀死的意思,如果这些说话者同时认为 *choke* 和 *stab* 都没有杀死的隐含义,那么(38)中的整个系列就不能被当作一个隐含义连续体。但是,其他说话者确实从 *strangle* 中发现未实现杀死的可能性,并且该词可以跟一个否定小句,如 *The stranger strangled him, but he was still alive when the police arrived*(那个陌生人勒了他,但警察来时他还活着)。如果要求这些人把这句话和包含 *drown* 的句子进行比较,结果更加一目了然,因为 *drown* 后面不能跟一个否定句,于是这些人就认为 *strangle* 是一个极好的具有很强隐含意义的例子。也就是说,它只是隐含义,不是确定义。

如(39)所示,这四个例子中隐含完成义的程度依次加深,对应的动词携带卫星语素来确认完成义的能力相应地下降,可能的原因是这样的确认义愈加冗余。

(39) The stranger choked/stabbed/? strangled/ * drowned him to death.
   (陌生人掐死/刺死/?勒死/ * 淹死了他。)

7.3 词汇化隐含义

隐含完成义动词的隐含义表征了一种语义-句法现象,为充分了解这一现象,我们必须通过一系列相关却不同的现象的对照来聚焦这一话题。在此,我们以 *wash* 为例进行对比。首先,我们发现 *wash* 的部分意义是施事者有意使受事者干净,这和 *soak* 的意义形成对比,因为 *soak* 缺少类似的深层意图。这一发现的证据是 *soak* 可以恰当地出现在非清洁衣物的情景中,而 *wash* 不可以,如(40)所示。

(40) I soaked/??washed the shirt in dirty ink.
   (我在脏墨水里泡/??洗衬衫。)

第二,除了施事者有意使衣物干净外,*wash* 在(41a)中的用法还暗示受事者已变得干净,即使未明确提到干净。这种表现可以与(41b)中 *soak*

的用法相比较,因为 *soak* 没有这样的暗示。

(41) a. I washed the shirt.(我洗了衬衫。)
(暗示作为该过程的结果,受事者变干净了)
b. I soaked the shirt.(我浸湿了衬衫。)
(无此暗示)

第三,受事者变干净这一概念只是隐含意义,而非 *wash* 的本质意义,因为这个概念可以被否定,如(42a)所示。相反,在动词 *clean* 的语义中,'变干净'的概念是基本的,因此不能被否定,如(42b)所示(这里 clean 的意义不能用作"送到清洗者那里去"之义)。

(42) a. I washed the shirt, but it came out dirty.
(我洗了这件衣服,但结果还是脏的。)
b. *I cleaned the shirt, but it came out dirty.
(*我把这件衣服洗干净了,但结果还是脏的。)

第四,我们发现,与 *wash* 相关的'变干净'这一概念不能简单地借助作为某个更大转喻框架的一部分而出现。例如,*wash* 可以直接仅指"把东西浸在水中并搅动"这一动作,这可以作为一个延伸框架的转喻,进一步包括"变干净、变干、收起来"。但鉴于有证据反对这种解释,所以(43a)是最恰当的,其推测框架中'变干'这一组成部分因此被消除。但(43b)的说法不恰当,因为它删去了"变干净"这一组成部分——即使通过转喻表明,这两部分都是框架中对等的组成部分。

(43) a. I washed the shirt and left it wet.
(我洗了衬衫,但让它保持湿的状态。)
b. ??I washed the shirt and left it dirty.
(??我洗了衬衫,让它保持脏的状态。)

第五,语用学理论中有与词项相联系的"会话含义"(如与语素 *but* 相联系的'对比'含义),这种含义是不可消除的(参见 Levinson 1983)。相比之下,与 *wash* 相关联的'变干净'这一隐含意义却可以消除,如 *I washed the shirt, but it came out dirty*(我洗了衬衫,但结果还是脏的),因此这一例子不能用会话含义来解释。

如果我们仔细观察如单词 *wash* 所体现的隐含意义,我们一定会认为它与之前描述的语言现象不同。它是与词项相联系的可消除的含义,因此被假定为词汇内容的一部分。这类语言现象被称作**词汇化隐含义**(**lexicalized implicature**)。

7.4　表达实现的类型学差异

根据实现由主要动词还是卫星语素表达,系统地表达实现的语言同样被分为两个类型范畴,这种分配似乎与其他框架范畴的分配一致。也就是说,卫星框架语言不仅用卫星语素表达路径、体相、状态变化及行动关联,而且可以延伸至表示实现,而动词框架语言趋于用主要动词表达所有这五种范畴。很显然,在语言表达的概念组织中,实现与其他框架事件类型有如下相似之处:因为空间域有物体从某处到一个具体位置的移动,且状态域存在一个具体特征从无到有的转变,所以实现域有实现从潜在阶段到现实阶段的转变,或从假定程度到确定程度的转变。更进一步的类比表明,正如我们所见,实现可以看作一种特殊的状态变化,与本体状态和认识状态有关。这种类比可以通过假定的实现类宏事件的概念结构来解释。(44a)是完成义的图式化,(44b)是确认义的图式化。

(44) a. [Agent "$_A$MOVE" TO FULFILLMENT the INTENTION (to CAUSE X)] WITH-THE-SUBSTRATE-OF [Agent ACT ＋ INTEND to CAUSE X THEREBY]

[施事者"$_{施事}$移动"完成(致使 X)的意图]的底层结构是[施事者行动＋意欲以此引起 X]

b. [Agent "$_A$MOVE" TO CONFIRMATION the IMPLICATURE of the FULFILLMENT of the INTENTION (to CAUSE X)] WITH-THE-SUBSTRATE-OF [Agent ACT ＋ INTEND to CAUSE X THEREBY ＋ IMPLICATURE of the FULFILLMENT of the INTENTION to CAUSE X]

([施事者"$_{施事}$移动"确认(致使 X)意图完成的隐含意义]的底层结构是[施事者行动＋意欲以此引起 X＋(致使 X)的意图完成的隐含意义])

尽管隐含完成义动词在英语及许多常见语言中数量最少,但一些语言中却存在广泛且发达的该类动词词化隐含义及确认义体系。这样的语言典型的有两种,分别为汉语和泰米尔语,它们分别代表卫星框架语言和动词框架语言这两种类型范畴。

7.5 汉语:表达实现的一种卫星框架语言

汉语是很强的卫星框架语言,通常用卫星语素表示路径、体、状态变化、某些行动关联及大部分实现。或许,汉语大多数施事动词或是未然完成义类型,或是隐含完成义类型——需要卫星语素表达实现——其中,隐含完成义类型表现地更为突出。如(45)到(47)中的一些例子所示。

(45) a. wǒ kāi   le   mén (dàn-shì mén méi   kāi)
        I open PERF door(but   door not-PAST open)
       (我打开 完成体门 (但   门   没-过去时 开))
       (我开了门(但是门没开))

  b. wǒ kāi   kāi   le   mén
        I open (V) open (Sat)   PERF door
       (我开(动词)开(卫星语素)完成体门)
       (我开开了门)

(46) a. wǒ shā   le   tā (dàn-shì méi   shā sǐ)
        I kill PERF him(but   not-PAST kill dead)
       (我杀死 完成体 他 (但是 没-过去时 杀 死))
       (我杀了他(但是没杀死))

  b. wǒ shā   sǐ   le   tā
        I kill dead PERF him
       (我杀 死   完成体 他)
       (我杀死了他)

(47) a. (wǒ tī   le   tā (dàn-shì méi   tī   zháo)
        I kick PERF him(but not-PAST kick into-contact)
       (我踢 完成体他 (但是没-过去时踢   接触到))
       (我踢了他(但是没踢着))

  b. (wǒ tī   zháo   le   tā)
        I kick into-contact PERF him
       (我踢 接触到   完成体 他)
       (我踢着了他)

以上这些例子的语义解释如下。(45a)不添加括号说明的意义是"我作用于门以便打开它",隐含门离开了门框。然而,理解为"我没能使门离开门框"仍是一种可能性,需要根据语境判断听话者的注意突显于哪一方。例如,成年人常常对小孩的话产生猜疑。孩子说:"我开了门";父母说:"好,可是你把它打开了吗?"(45a)表明我努力使门打开(比如,努力使钥匙转动、拧门把手、使劲推等),而门却始终未离开门框。相比之下,(45b)中有现成的确认义卫星语素,这个句子是无法否定的断言,即"我成功地使门离开了门框"。

同样,在(46a)的第一个小句中,含有"我攻击他,有杀死他的意图"和"我成功了"的隐含义,但该隐含义可以被否定。(47a)的第一个小句的意义是"我伸出脚踢某人,有踢到的意图和确实生效"的隐含义,但该隐含义也是可以被否定的。

7.5.1 英汉动词词汇化对比

当然,此处用来注释汉语动词的英语动词,如 *open*(打开),*kill*(杀死),*kick*(踢),与汉语语义并不对应,因此容易引起误解。比如,句子"I killed him but he didn't die(我杀了他,可是他没死)",在英语中是绝对矛盾的,但在汉语中却说得通。这里更确切的对应句子应该是"我攻击他,想要把他杀死(可能假设了杀死),可是他没死"。两者的区别在于,英语动词通常指固有完成义类型中的简单行为。具体而言,它通常特指某一最终状态的达成,而对达到最终状态所采取的行动并不关心。因此,之所以上文所引用的英语动词导致矛盾产生,是因为其后小句与动词所表达的最终状态的达成相悖。

相反,在汉语中,一个典型的英语动词所包含的指称域在概念上被分为两部分,类似在隐含完成义模式中的情况。这两部分是:由一个卫星语素确认的最终结果和由动词表示的意图达到此结果的一个行为。

因此,一个英语动词的单一指称在汉语中常常对应一种由动词加卫星语素两部分表述的概念化形式。我们已举例说明了这种对应。因此,与'kick'(踢)相对应的是'抬脚去碰撞'+'发生碰撞';与'kill'(杀死)对应的是'攻击某人想致其于死地'+'导致死亡';与'open'(打开)相对应的是'将力作用其上使其打开'+'开启'。同样,我们可以观察到与'cure'(治愈)相对应的是'治疗'+'康复';与'break'(打破)(例如折断棍棒)相对应的是'使劲挤压使其破碎'+'断掉';与'select'(选择)相对应的是'深思熟虑后进行选择'+'选定'。

英语和汉语的以上差异进一步揭示出两种语言之间的互补关系。我们已经发现,汉语动词词汇化一般表达未然完成义或是隐含完成义,需要其他形式(主要是卫星语素)使指称提升至完全完成义。但我们注意到,英语中动词的用法与此截然相反。它们用词汇化表示完全完成义(回想一下,一个固有完成义动词亦可以理解为具有完全完成义)。此外,它们可以利用附加形式降级原指称,从而表达未然完成义或隐含完成义。在填补汉语意动动词图式的典型过程中,我们使用"完成义""确认义"或更概括的"实现"这些术语。有一个术语可以指代降级英语动词基本总指称的过程,即**语义切除**(**resection**),"语义切除"这个术语取自其通常的意义,即"手术摘除某个器官的一部分"。

英语中有切除功能的一种语言形式是进行体。考虑一下完成义动词 *open* 在打开门的语境中的用法,如(48a)所示。如果把它理解为完全完成义动词,*open* 指施事者施力于门,比如把锁打开、转动门把、用力推它,这些行为的意图是,通过实施这些动作,可以使门离开门框,从而使门开启,即表明目的达到了。但如果这个动词用在 *be -ing* 进行时态中,如(48b)所示,整体指称只表达施事者的行为+目标,即动词意义的前一部分。在(48b)中,我们不知道门最终是否被打开。因此,进行体将整体含义的后一部分(即目标的完成)切除了,使动词指称回到未然完成义这一类型。(请注意,在(48b)中,如果用葡萄酒瓶来替换门,对有些人来说更容易理解。)

(48) a. I opened the door.
(我打开了门。)
b. I was opening the door when I heard a scream.
(我正在开门的时候听到了一声尖叫。)

英语中另一个表示切除的例子是介词 *at*(在),有时与卫星语素连用。*kick*(踢)和 *grasp*(抓住)通常是完成义动词,具体而言,可以被看作是完全完成义动词,如(49a)所示。因此,如前所述,*kick* 的指称可以被概念化为施事者用力把脚伸出,想要撞击某物,而且成功了。但加上 *at* 这个介词,如(49b)所示,就把完成的概念切除了,使指称回到未然完成义的阶段。

(49) a. I kicked him. /I grasped the rope.
(我踢了他一脚。/我抓住了绳子。)
b. I kicked (out) at him. /I grasped at the rope.
(我朝他踢了一脚。/我向绳子抓去。)

实际上,英语中的'踢'与汉语中的'踢'可以形成几近完美的互补对。汉语意动动词'踢'可以贴切地表示英语中的 *kick at*,即由一个被切除部分概念的完成义动词体现。而完成了的动作 *kick* 可以贴切地由汉语中的'踢着'表示,即由一个已经实现的意动动词体现。

7.5.2 汉语中动词-卫星语素的其他语义关系

动词-卫星语素体系在汉语中的语义范围远远大于它在英语中的语义范围。它包含的关系超出 7.1 节中的语义递增系列。特别是,汉语中的意动动词不仅可以同卫星语素一起表达完成或确认,而且可以表达未然完成事件、超然完成事件、反向完成事件和其他事件。我们在本节中对这些关系进行探讨。

我们首先介绍汉语中的两个隐含完成义动词。这两个动词分别指"弄断"(具体指把某物一分为二)和"弄弯"一个坚硬的直线形物体,如棍棒。第一个词"折"可以理解为'用力挤压(一个直线形物体),意在破坏(它),隐含义为(它)被弄断了'。第二个词"弯"同样可以这样理解,只是'弯曲'取代了'折断'。这两个动词均可与确认义卫星语素连用,以确认其隐含义的实现,如(50a)所示。

(50) a. wǒ bǎ   gùn-zi zhé   shé/duàn   le
      I OBJ stick break broken/snapped PERF
      我 宾语 棍子 折断 断   完成体
      'I broke the stick broken/snapped.'
      (我把棍子折/断了。)
      "I broke the stick."
      (我弄断了棍子。)

   b. wǒ bǎ   gùn-zi wān   wān   le
      I OBJ stick bend bent PERF
      我 宾语 棍子 弄弯 弯   完成体
      'I bent the stick bent.'
      (我把棍子折弯了。)
      "I bent the stick."
      (我弄弯了棍子。)

但是'折断'这个动词也可以带一个表示'弯曲'的状态变化卫星语素,如(50b)所示。这个句子可以理解为,我用力挤压一条棍棒,想要把它弄断,但只使它弯曲了(也许因为棍棒太坚硬)。[10]我们发现,'折'通常表达意图执行时,受事者的弯曲状态趋向折断状态。因此,这里的卫星语素表明离完全实现意图还有一段距离。这类卫星语素可以称作**未然完成义卫星语素**(underfulfillment satellite)。

(51) wǒ bǎ gùn-zi zhé wān le
     I OBJ stick break bent PERF
     (我宾语棍子 折 弯 完成体)
     'I broke the stick bent.'
     (我把棍子折弯了。)
     "I squeezed in on the stick to break it, but only managed to bend it."
     (我用力挤压棍子以弄断它,但只是弯了。)

作为补充,'弯'这个动词可以带一个状态变化卫星语素,表示'折断'的状态,如(52)所示。这个句子的意思是,我用力掰一片竹皮,想把它弄弯,结果用力过猛,把它给折断了(也许是因为竹皮太脆弱)。这里的'折断'概念与'弯曲'概念在一个连续体上,前者被认为超出了后者的范围,这类表达过度含义的卫星语素称为**超然完成义卫星语素**(overfulfillment satellite)。

(52) wǒ wān shé le zhúzi pí
     I bent broken PERF bamboo skin
     (我弄弯 折 完成体竹子 皮)
     'I bent the bamboo bark broken.'
     (我弯折了竹皮。)
     "I pressed in on the bamboo bark to bend it but wound up breaking it."
     (我用力按压竹皮想弄弯它,但是最后弄断了。)

在汉语中,一个意动动词(这类动词表达意在导致某一特定结果的行动)还可以带这样一个卫星语素,该卫星语素表示与预期目标相反的结果。因此,汉语的隐含完成义动词'洗'与英语的 *wash* '洗'意义大体相同,即'将某物浸湿并搅拌使其清洁'。然而,如(53)所示,'洗'这个动词与状态变化卫星语素'脏'一起使用则产生如下意义:'浸湿并搅拌[某物]想要把[它]弄干净,反而把[它]弄得比之前还脏'。这种对动词语义产生影响的卫星语素称作**反向完成义卫星语素**(antifulfillment satellite)。

(53) wǒ   bǎ   chèn-yī xǐ   zāng le
     I   OBJ   shirt   wash   dirty PERF
     (我 宾语 衬衣   洗   脏   完成体)
     'I washed the shirt dirty.'
     (我把衬衣洗脏了。)
     "I washed the shirt (e.g., in the river), but it came out dirtier than before."
     (我洗了衬衫(如,在河水中),但是洗出来更脏了。)

我们注意到,汉语没有表示未达到预期结果的'未完成'卫星语素结构。如果有,上述例子就有第二种含义:"我洗了衬衣,但它和开始洗的时候一样脏"。这个含义可以由"我没把衬衣洗干净"中的结构表达,它明确表明目标未完成。

我们发现,在前面提到的新的动词-卫星语素关系中,卫星语素表达的状态落在通向动词表征目标的概念轴的某个位置上。因此,卫星语素表达的状态或在起点之前,或在起点上,或将及目标,或超过目标。而汉语的卫星语素还可表达一种由意动动词行为引发,却不在通向预期目标的轴线上的状态。比如,动词'洗'可以带一个表示'撕破'意义的卫星语素,如(54)所示。这句话的意义是:我把衬衣浸湿并搅拌、揉搓,以便把它弄干净,但没想到把衬衣撕破了。也许,这样的卫星语素只能用作其他事件卫星语素,如 7.1.1 节所述。但 7.1.1 节中的动词是固有完成义动词,这里是隐含完成义动词。这种动词-卫星语素关系中的卫星语素称作**其他事件卫星语素(other-event satellite)**。

(54) wǒ xǐ   può   le   chèn-yī
     I   wash torn PERF   shirt
     (我洗   破   完成体 衬衣)
     'I washed the shirt torn.'
     (我洗破了衬衣。)
     "I washed the shirt, and it got torn in the process."
     (我洗了衬衣,洗的过程中衬衣破了。)

7.6 泰米尔语:表达实现的一种动词框架语言

泰米尔语是系统地表达实现的语言,在类型上与汉语互补。泰米尔语是动词框架语言,使用限定-屈折动词表达的至少是路径、体及实现。在汉语中,确认义由无数卫星语素中的某一个来表达,这些卫星语素由出现的特定词汇动词决定。与汉语不同,泰米尔语使用单个具体动词表达确认义自身(很显然,其他动词尽管有其他主要功能,也表达确认义)。例(55)对其进行了说明。

(55) a. Nāṉavaṉai koṉṟēṉ.
　　　I　he-ACC kill(FINITE)-PAST-IS
　　　(我 他-宾格 杀死(限定性)-过去时-是)
　　　'I "killed" him.'
　　　(我杀了他。)
　　　Āṉāl avaṉ cāka-villai.
　　　but　he　die-NEG
　　　(但　他　死-否定)
　　　'But he didn't die.'
　　　(可他没死。)

b. Nāṉ avaṉai koṉṟu-(vi)ṭṭēṉ.
　　　I　he-ACC kill (NON-FINITE)-leave(FINITE)-PAST-IS
　　　(我　他-宾格 杀死(非限定性)-离开(限定性)-过去时-是)
　　　'I killed him.'
　　　(我杀了他。)
　　　* Āṉāl avaṉ cāka-villai.
　　　　but　he　die-NEG
　　　(* 但　他　死-否定)
　　　*'But he didn't die.'
　　　(* 但他没死。)

8　框架卫星语素表达主事件的证据

在概念层面上,宏事件中的框架事件在多个方面起决定性作用,比如,可通过提供完整框架,或通过锚定,或通过强加结构。然而,在表达层面上,我们还需证明所谓的框架成分(无论是动词还是卫星语素)实际表征框架事件。证据如下:它对所在分句中的一组相应的语义和句法因素起决定作用。本节对此进行论证。考虑到卫星语素本应具有决定性角色的观点更易引发争议,该论证重点关注卫星语素的组成成分。但是,几乎所有相同的论点均可适用于框架动词。

8.1 确定论元的补语结构及语义特征

框架卫星语素决定分句中大部分或所有的补语结构和这些补语中论元的语义特征。这一现象可以通过一系列成对的例子来展示,其中的卫星语素在第一句中缺失,在第二句中出现。

在第一个例子中,增加框架卫星语素没有改变论元的语义特征,但把分句从不及物补语结构转变为及物补语结构,同时改变了动词的体特征。没有卫星语素时,*blow*(吹)原本为不及物活动动词,可以与带 *on* 的间接成分连用,如 *I blow on the flame*(我冲着火焰吹了一口气)。但如果加上状态变化卫星语素 *out*,表示'到熄灭状态',则要求分句里有一个直接宾语补足语,如 *I blew the flame out*(我吹灭了火焰)(是 *I extinguished the flame by blowing on it*(我通过吹气把火灭掉了)对应的词化并入形式)。在此,两种结构都可以带一个语义特征相同的宾语,如火焰。但不同之处在于,不带卫星语素的结构是不及物的,在动词的体上是无界的,指代一种状态稳定的活动;带卫星语素的结构则是及物的,在动词体上有严格界定,并指代向特殊状态的转变。

第二个例子的不同之处仅在于语义不同的宾语。动词 *run*(跑)指无界的状态稳定活动,且为不及物形式,通常跟一个间接宾语,如 *I ran along the street*(我沿着街道跑)。但如果加上一个行动关联前缀卫星语素 *out-*,表示'超越',它就变为一个有界的完成,此时需要一个直接宾语,如 *I outran him*(我比他跑得快)。另外,从语义上看,仅带间接宾语的'跑'指代路径,并指定一个背景物体,从而说明之后的行进路线。而加上 *out-* 的直接宾语指代一个超过共同活动实体的有生命的受事。

第三个例子表明,卫星语素不仅可以决定一个物体的固有语义特征,而且还决定它的偶然特性,如此处的'限定性'。因此,德语动词 *schreiben* '写'可以带一个间接短语,指代一种工具或是媒介,不管是限定性的还是非限定性的,如 *mit (der) Tinte schreiben* '用墨水写字'。但如果加上一个表示状态变化的卫星语素 *ver-* '穷尽',它不仅需要一个直接宾语,而且要求这个直接宾语是确定性的。因此,我们可以说 *die (ganze) Tinte verschreiben* '写字用光了(所有的)这些墨水',但不能说 **Tinte verschreiben*

'*写字用光了墨水'。

最后，框架卫星语素不仅可以决定一个论元的句法实现，如前面例子所示，而且可以决定两个论元的句法实现，同时，它还可以决定它们在补语等级上的相对位置(II-1章作了详尽探讨)。比如，和方式动词 *pour*'倾倒'连用时，每个需要焦点论元和背景论元的路径卫星语素对表达这些论元的特定补语起决定作用。因此，路径卫星语素 *in* 和介词 *to* 搭配时，需要焦点充当直接宾语，背景充当间接宾语，如 *I poured the water* [焦点] *into the glass* [背景]'我把水倒入玻璃杯中'。然而，路径卫星语素 *full* 与介词 *of* 连用时，背景充当直接宾语，焦点充当间接宾语，如 *I poured the glass* [背景] *full of water* [焦点]'我把杯子倒满水'。

刚才我们已经看到，框架卫星语素把框架事件的某些特征转移至表征完整宏事件的整个分句的论元及补语结构中。但我们必须注意，框架卫星语素并非一直对所有这些特征起决定性作用。具体而言，在某些情况下，副事件动词可以把其特定的特征转移至分句中。这种转移由一些限制条件的复合体决定，与特定的语言、结构、卫星语素和动词以及它们之间的相互作用有关。比如，英语中的行动关联卫星语素 *along*'跟着'，允许副事件中的受事在完整分句中充当直接宾语，如 *I played the melody along with him*(我跟着他一起演奏乐曲)。行动关联卫星语素 *out-*'超越'则不允许这样的表达：*I outplayed him * the melody*(我演奏*乐曲比他技术高)。

当然，相比之下，框架卫星语素对完全出现在宏事件之外的补语结构特征一般不起决定性作用。比如，一个外部施事致使链(非框架事件)是施事者做分句主语和焦点做直接宾语的根本原因。

8.2 确定总的体态

当实义动词作基本用法使用、不加框架卫星语素时，它典型地呈现出一种特定类型的固有体态(*Aktionsart*)。不考虑这些的话，与此动词同现的框架卫星语素是决定总体分句指称体态的成分。虽然确实存在其他体态类型，副事件动词的固有体态一般是无界的状态稳定类型(静态或活动)。此外，框架卫星语素的体态类型通常是有界范围内的，但也出现了时间点和无界类型。通过不同的框架事件域(从运动到实现)，我们将对框架卫星语素的体态决定性进行说明。体态类型的术语及如何用 *in* 和 *for* 短语进行检验已在 I-1 章中进行了说明(诸如"有界""无界""恒态"等体态术语在上述章节有涉及,而非借用 Vendler(1968)的术语)。

我们首先看运动域。从一个表示简单事件的分句中可以观察到,动词 *float*(漂浮)的固有体态是无界类型,如 *The bottle floated on the water for an hour / * in an hour (before finally sinking)*((最终沉没前)瓶子在水面上漂了一小时/*瓶子一小时漂在水面上)。但当 *float* 作为副事件动词时,则是与路径卫星语素相关的时间结构决定一个分句的完整宏事件指称的体态,所以在句子 *The bottle floated across (the entire canal) in 10 minutes / * for 10 minutes*(瓶子在十分钟内漂过(整个运河)/*持续了十分钟)中,可以与路径卫星语素 *across* 相联系的有界范围体态是决定性的。*in* 或 *past* 的瞬时体态决定了句子 *The bottle floated in (-to the cleft) / past (the rock) at exactly 3:00 / * for an hour*(瓶子漂进了裂缝/正好在三点时漂过了岩石/*持续了一小时)的总体态。在句子 *The bottle floated along (the canal) for one hour / * in an hour*(瓶子沿运河漂了一小时/*一小时)中,*along* 的无界体态体现出来,此句中体态的无界性由卫星语素决定,不由动词的固有体态特征决定。

在体相域中,按照定义,框架卫星语素决定体态,正如第三节的相关例子所示。在此,当把卫星语素加入动词时,我们可以解释体态的变化。因此,英语动词 *sigh*(叹气)的固有体态为瞬时体,如与之共现的正时短语所示,即,*She sighed at exactly 3:00*(三点整她叹了口气)。但当增加了具有无界体态的复合卫星语素 *on and on* 后,就排除了分句的瞬时体,仅仅允许无界体,如 *She sighed on and on * at exactly 3:00 / for hours*(她一次又一次地叹气,*正好在三点整/持续了数小时)。

如前文所述,在体相域与状态变化域之间看似过渡性的框架卫星语素同样表现出体态决定性。因此,增加表示'消耗'或'完整性的缺失'的 *up* 使动词变成了有界体,而动词本身仅包含无界体,从 *The log burned for hours /? in one hour*(原木烧了数小时/?一小时)和 *The log burned up in one hour / * for hours*(一小时内/*持续了数小时,原木就烧完了)的对比中可以观察到。另外,从 *The dog chewed on the shoe for hours / * in one hour*(狗咬了那只鞋好几个小时/*一小时)和 *The dog chewed the shoe up in one hour / * for hours*(一小时内/*持续了数小时,狗就把那只鞋咬烂了)的对比中也可以观察到。

完全属于状态变化域的例子也呈现出对比。所以,*flicker* 自身具有无界或瞬时体,缺少有界范围体态,如句子 *The candle flickered for* minutes/at exactly midnight/*in 5 minutes（蜡烛闪烁了几分钟/正当午夜时/*在五分钟内）所示。但是，状态变化卫星语素 out'消失'要求有后两个体态类型中的任意一种，如句子 The candle flickered out * for minutes/at exactly midnight/in 5 minutes（蜡烛熄灭了 * 好几分钟/正当午夜时/在五分钟内）所示。

与之类似，及物动词 boil（煮沸）自身具有无界体，而 up 的添加就代表结果宾语需要有界体，如句子 I boiled some coffee for 10 minutes/ * in 10 minutes（我煮了些咖啡，持续了十分钟/ * 在十分钟内）和句子 I boiled up some coffee in 20 minutes/ * for 10 minutes（我煮好了一些咖啡，在二十分钟内/ * 持续了十分钟）的对比所示。

在行动关联域中，表'超越'的卫星语素 out- 可以在一个无界体动词上加一个有界体。相关的例子是 I sawed wood for hours/ * in 15 minutes（我锯木头锯了好几个小时/ * 在 15 分钟内）。与之相对的例句是 He had a head start in the wood-sawing contest, but I outsawed him in just 15 minutes（锯木比赛时，他领先一步，但我十五分钟就超过了他）。

最后，在实现域中，及物动词 hunt 自身指无界活动，但加上完成卫星语素 down 即变为有界体。比如在 The police hunted the fugitive for days/ * in one week（警察追捕那个逃犯好几天了/ * 在一周内）中。可以对比：The police hunted the fugitive down in one week/ * for days（警察在一周内/ * 好几天就追捕到了那个逃犯）。

如前所述，我们必须注意，框架卫星语素并不决定超出其范围的体态特征。所以，在句子 The candle blew out（蜡烛吹灭了）中，状态变化卫星语素 out 在蜡烛熄灭的单一事件范围内将体态定位为瞬时体或有界体。但是，如遇到通常的高级体态影响现象，如依据复数主语或外部重复的现象，这一结论则不成立，如句子 Candles blew out for hours（许多蜡烛吹灭了好几个小时）所示。

8.3　确定德语的助动词

在德语中，框架卫星语素除了确定论元结构和体之外，还确定表示过去式的助动词 haben'有'或 sein'是'。例如，在没有框架卫星语素的情况下，动词 laufen'跑'可能只是不及物动词，具有无界体态和方向补语，而且需要 sein 做补语的助动词，如（56a）所示。但添加状态变化卫星语素 wund'疼痛'后，句子转变为一个具有有界范围体态的及物结构，要求

haben 做助动词,如(56b)所示。

  (56) a. Ich bin/ *habe um die ganze Stadt gelaufen.
     'I ran around the whole city.'
     (我跑遍了整个城市。)
   b. Ich habe/ *bin die Füsse (*um die ganze Stadt) wundgelaufen.
     'I ran my feet sore (* around the whole city).'
     (我把我的脚跑疼了(*绕着整个城市)。)
     "I made my feet sore in running."
     (跑的过程中我把脚弄疼了。)

8.4 确定"要点"

  表征主事件的框架卫星语素表达了整个宏事件的"要点"。这在引言中已有涉及,也就是说,它表达了陈述结构的陈述核心、否定结构的否定核心、疑问结构的提问核心以及祈使句的祈使核心。当实义动词单独出现、不带框架卫星语素时,实义动词表达中心意义;而当框架卫星语素出现时,表达中心意义的便是卫星语素。

  我们将解释'否定'要点现象。请注意,一个包含动词 *eat*、不包含框架卫星语素的否定句,如(57a),表示没有吃。但在句子(57b)中,加上小品词 *up*(一个状态变化框架卫星语素,具有'耗尽'的体态特征)后,句子表示吃的动作确实发生了,但是受事者并未在此过程中被消耗完。也就是说,否定小品词否定了卫星语素的指称,而没有否定动词的指称,这与之前我们所说的卫星语素的指称是整个情景的主框架事件相一致,动词的指称仅表征副事件。

  (57) a. I didn't eat the popcorn.
     (我没吃爆米花。)
   b. I didn't eat up the popcorn.
     (我没吃完爆米花。)

与之类似,一个带有未然完成义及物动词 *hunt* 的否定句,如(58a),表示没有进行搜查。但加上完成卫星语素 *down* 后,即(58b),搜查确实发生了,但没有任何发现和抓捕。也就是说,此处被否定的是框架卫星语素的完成意义,而不是做副事件动词的活动指称。

  (58) a. The police didn't hunt the fugitive.

（警察没有追捕那个逃犯。）
b. The police didn't hunt down the fugitive.
（警察没有追捕到那个逃犯。）

的确存在一种与此模式不同的、有关哪个成分被否定影响的模式。例如，否定句中只包含 run 时，I didn't run when the alarm sounded（警报响时我没有跑）表示"跑的动作未发生，我可能是走或站立不动"。加入路径卫星语素 out 后，句子变为 I didn't run out when the alarm sounded（警报响时我没有跑出来），如前文所述，该句子包含对卫星语素指称的否定。因此，"我并没有跑出来"。但前一模式已经预设了动词指称的发生。尽管在此模式中，这样的预设是未然的。此处指"我可能跑了，也可能没有跑"。

对此行为的一种解释是，根据前文所述模式，解读跑这一事件的发生导致对 run out（跑出去）的预测性解释。在这种模式中，两种事件发生合并，框架事件作为要点，由卫星语素表征，而预设的副事件由动词表征。但对跑这一事件未发生的解读可能是源于英语认为 run out（跑出）这样的短语代表单一概念。这个单一概念将会构成一个融合的行动复合体。在这种前提下，否定会对活动复合体整个否定。这种解释可以从类似 turn in（睡觉）的搭配中得到支持。所以，像 He didn't turn in（他没睡觉）这样的句子并没有表明 in 的指称被否定，而 turn 的指称被保留。相反，否定是针对整个词汇复合体的单一指称的否定。

8.5 允准类属（形式）动词

如前文中所见到的，在卫星框架语言的一般模式中，框架卫星语素表达句子要点，而副事件动词表示某个特定的辅助事件。因此，说话人必须在完整指称情景中确定某个合适的辅助事件，由特定的实义动词表达这个辅助事件，不管此事件与交际语境是否十分相关。出于这种考虑，人们也许期待卫星框架语言会发展出一种系统，它在句法上保持一般模式，同时在语义上回避某种不需要的特定辅助事件的表达。实际上，为了实现这一功能，许多这样的语言形成了一个**类属**（generic）或"形式"动词系统。事实上，这种动词在表达相对一般或中性的语义内容时可以做句法"占位符"（placeholders），因而允许句子在语义内容为相关因素的卫星语素前出现。

英语具有这种系统，它使用形式功能动词，如 go（去），put（放），do

(做)和 *make*(做)。例如,在非施事句 *The candle blew out*(蜡烛吹灭了)和施事句 *I blew the candle out*(我吹灭了蜡烛)中,熄灭的原因是'吹'。但熄灭可以通过状态变化卫星语素与类属动词连用而单独表达,不表明某一确定原因。例如非施事句 *The candle went out*(蜡烛灭了)和施事句 *I put the candle out*(我扑灭了蜡烛)。

与此相比,'持续性'的时间结构可以用框架卫星语素 *on* 表示。这个卫星语素可以与一个具体的副事件动词连用,例如 *They talked on* 意为'他们一直在谈'。但用类属动词 *go* 代替特定的动词后形成句子 *They went on*,意思仅仅是'他们继续'。与之类似,行动关联'超过'可以用框架卫星语素 *out-* 表示。这个卫星语素可以与一个特定的副事件动词连用,如 *I outcooked him*(我做饭比他做得好),但它也可以与类属动词 *do* 连用,形成仅表达'超过'的词汇复合体,如 *I outdid him*(我超过了他)。相比较而言,卫星语素与介词的组合 *off with* 表征与偷窃和逃跑有关的穿越类状态变化的核心图式。这一形式可以与具体动词连用,如 *I ran out off with the money*(我带着钱跑了)表明了逃跑的移动方式。但这种形式也可以与类属的 *make* 连用,如 *I made off with the money*(我带走了偷的钱),该形式表征了偷窃和逃跑,但并未表明方式。

德语大多把 *machen* 和 *gehen* 作为类属动词,将它们和丰富的框架卫星语素系统搭配使用。例如, *fertigmachen*(完成), *weitermachen*(继续), *kaputtmachen*(破坏), *mitmachen*(伴随,加入), *nachmachen*(模仿), *vormachen*(显示)。这些例子都使用了本章前面所讲的框架卫星语素,但在那里,它们与具体副事件动词搭配使用。

在一种卫星框架语言中,包含一个类属动词和一个框架卫星语素的结构在语义上实际相当于动词框架语言中的单个框架动词。在一些情况中,这一类比可以更深入。在这些情况中,如果某个特定副事件需要详细解释,它不仅可以由卫星框架语言中的动词表示,而且可以由动词框架语言中的附加语表示。如前所述,英语的行动关联卫星语素 *out-* 可以与类属动词 *do* 连用,产生一个与"超过"一样具有单一结果意义的形式,如 *I outdid him*(我比他做得好)。因此,一个特定副事件的详细解释可以由普通模式完成,即用一个特定动词替代类属动词,如 *I outcooked him*(我比他做饭做得好),或者,可以通过添加一个附加语完成,如 *I outdid him at cooking*(我做饭比他做得好)。

与此相比,体相卫星语素 *on* '进入持续状态'可以与一个具体副事件实义动词连用，如 *They talked on*（他们一直在谈）。但也可以与一个类属动词 *go* 连用，形成一个结构，意为'继续'，而且这个结构可以反过来添加一个具体的副事件补语，如 *They went on talking*（他们继续谈）。

8.6 允准赘述动词与扩展的原型动词

我们已经看到，在卫星框架语言中，类属动词允许卫星语素表达框架事件，同时不需要用动词表达特定副事件。但是这样的语言也可以使用其他动词类型来达到这一目的。一种情况是与框架卫星语素赘述用法意义相接近的框架动词的赘述用法。此处两次提到框架事件，分别由卫星语素和动词表示，动词因此不再表达副事件。动词与卫星语素的组合，类似类属动词中的例子，也可以看作框架动词的短语形式。

在英语中，**赘述动词**（**pleonastic verb**）的一个例子是 *search*（搜寻）。当它与框架介词 *for* 连用时，构成短语 *search for*（寻找）。这一组合形式可被认为等同于 *seek*（寻找）这一短语框架动词。这样的短语形式在表达副事件时需要一个附加语，例如，*I searched for nails on the board by feeling it*（我通过触摸在木板上寻找钉子）。可以与原来的例子形成对比：*I felt for nails on the board*（我在木板上摸钉子）。与之相比，具有'作为增加'意义的依地语卫星语素 *tsu-* 在某种程度上可以与动词 *gebn* '给'搭配，因此组合形式 *tsugebn* 可以直接解释为'增加'。意为'到用尽状态'的德语卫星语素 *ver* 可以与语义相似的动词 *brauchen* '使用'搭配，因此构成意为'穷尽（用光）'的组合 *verbrauchen*。

卫星框架语言的另一个策略是概括原有的具体副事件动词的使用。这个动词所表达的副事件通常是为了实现由卫星语素表达的框架事件而采取的原型行动。英语中常见这样的结构。seeking（搜寻）的框架事件行动可以用框架介词 *for*（in search of）表征。Seeking 的原型是视觉行为，所以 *for* 常与具体副事件动词 *look* 搭配，形成 *look for*（寻找）组合。但这种搭配可以用来指代各种寻找，不管是否是视觉上的。所以，句子 *I looked for nails on the board by feeling it*（我通过触摸在木板上找钉子）与句子 *I felt for nails on the board*（我在木板上摸着寻找钉子）语义相同。因此，*look* 在这里可以被称为**扩展的原型动词**（**extended prototype verb**）。

9 结 论

本章省略了诸多语料,这些语料可以扩展理论框架和认知框架,并为进一步的分析提供语言例证。但是,根据实际情况,我相信本章已经表明:具有可能的普遍语言表征的某一特定的、基本的概念实体存在心理现实性。这种实体可以被概念化为一个复杂事件,包括一个次要事件和与之相关的主要事件,或者被概念化为一个单一的融合事件。第二种概念化在任意一种语言中宜用一些核心结构来表达,这一事实证明我们有强大的认知能力,能够把大量且多样的概念材料融合为一个一元体。本章主体主要阐述了一些具体模式以及一元体形成的具体过程中概念材料的构建。但就整体而言,本章的贡献在于表明了人类思想基础的概念融合及统一。

注 释

1. 本章是 Talmy(1991) 的修改扩展版。在此感谢非英语例子的提供者,具体如下。德语:Elisabeth Kuhn, Luise Hathaway 和 Wolfgang Wölck; 汉语: Jian-Sheng Guo; 西班牙语: Jon Aske, Guillermina Nuñez 和 Jaime Ramos; 泰米尔语: Eric Pederson 和 Susan Herring。另外,我要感谢 Dan Slobin, Melissa Bowerman, Eric Pederson, Jon Aske, David Wilkins, Patricia Fox, Ruth B. Shields 和 Kean Kaufmann 与我就本章内容进行的有价值的讨论。
2. 乔恩·艾斯克(Jon Aske)独自注意到了西班牙语的这种类型。
3. 西班牙语中表达体相的句型模式与表达运动的句型模式在表达副事件受事成分上有所不同,其原因仍需进一步阐明。例如,西班牙语不用(7a)来表达:

    (i) * Terminé la carta, escribiéndola.
    (*我完成了那封信,通过写。)

4. 对某些说英语的人来说,卫星语素 *away* 表示完全消失,因此,他们认为 *The meat rotted away*(肉腐烂了)表示桌上仅留下了一块棕色污渍。然而,对其他人而言,该卫星语素的意义允许有残留物。
5. 在英语中,卫星语素 *out*,如同 *up*,也表征"进入存在状态"这一核心图式,因此也标志了结果宾语的出现:

    (i) [I "$_{施事}$MOVED" INTO EXISTENCE a message] WITH-THE-CAUSE-OF [I tapped on the radiator pipes]
    ([我"$_{施事}$移动"一则消息进入存在状态]因为[我在散热管上敲])
    I tapped out a message on the radiator pipes.
    (我在散热管上发/敲出一则消息。)
    对比单独使用 *tap* 的情况: ?I tapped a message on the radiator pipes.

(?我在散热管上敲一则消息。)

注意:无论对于非施事的还是施事的,'进入存在状态'状态变化,在英语中并不是必须由卫星语素来明确地表征,如(ii)和(iii)所示。在这几例中,我们可以假定宏事件的结构和文中表述的类似。尽管如此,一种解释为:核心图式并未出现在卫星语素上。另一种解释为:核心图式词化并入基本"移动"动词,构成"中间层次动词"(mid-level verb)("从"(FROM)用于非施事,"做"(MAKE)用于施事),之后副事件将之词化并入。II-1 章采用了这一解释。

   (ii) [a hole "MOVED" INTO EXISTENCE in the table] WITH-THE-CAUSE-OF [a cigarette burned the table]

([一个洞在桌上"移动"进入存在状态]因为[一支香烟烧了桌子])

A hole burned in the table.

(桌上烧出了一个洞。)

   (iii) [I "$_A$MOVED" a sweater INTO EXISTENCE] WITH-THE-CAUSE-OF [I knitted (yarn)]

([我"$_{施事}$移动"毛衣进入存在状态]因为[我编织了(纱线)])

I knitted a sweater.

(我织了一件毛衣。)

6. 在此,*together* 的意思是'合奏',而不是'伴随',也不是'同处一地'(相对于'分开')。

7. 对于此例,西班牙语也有一个类似卫星框架结构的结构:

   (i) Toqué mejor/más que él.

(我比他演奏得好/多。)

8. 英语中其他未完成义动词是 *try*(尝试、尽力干)和 *urge*(催促),句子如 *I tried to open the window*(我尽力去开门)和 *I urged them to leave*(我催他们离开),以及 *beckon*(招手)和 *wave*(挥手),如 *I beckoned to them*(我向他们招手)/*I beckoned them toward me*(我向他们招手示意他们过来)/*I waved them away from the building*(我挥手示意他们远离建筑物)。然而,这些动词并未和完成义卫星语素连用。

9. 该动词模式首次由 Ikegami(1985)在研究日语时提出,而 Jian-Sheng Guo 的研究引起了我对汉语此类模式的注意。

10. 除了其隐含完成义,动词 zhé 显然还具有固有完成义,仅表示挤压的动作。基于这一意义,对例子(51)的另一种解读是"我掰弯了棍子"。

第4章 语义空间的借用：历时混合

1 引 言

  本章所关注的问题是，一种语言的语义系统在没有借入实际语素形式的情况下，由于受另一种语言的语义系统的影响所产生的语义结构的变化。[1] 具体而言，本章所关注的是中介或混合语义模式的发展。这些语义模式既不同于借出语的模式，也不同于借入语的原始模式。

  这项研究的一些方面并不都是全新的。本章将要关注的具体例子是斯拉夫语对依地语动词前缀的影响，该影响长期以来已被认识到，并且在某些方面已有描述（如，U. Weinreich1952，M. Weinreich 1980：527-530）。这里的总括性框架（即语言的总体语义组织）与 Whorf（1956）的主要观点类似。但是，本研究具有以下几方面的独特贡献。

  首先，它的目标不是对语义借用的例子进行单纯的罗列归类，而是对其形成过程做出解释。为此，文中出现的例子都将放在**语义空间**（**semantic space**）的整体框架下进行考虑。也就是说，对于任何一种语言而言，语义空间指一些语义模式，在这些模式中，语义域被进一步划分，并且最终的概念由表层语素表征。语义空间的特征将在第 2 节讨论。同样地，为实现这一目的，通过对依地语例子的详细考察，本文在结语中提出了九条原则，这些原则可能从总体上制约语义借用的过程。

  第二，由于这个更大框架的应用，之前被忽视的语义借用形式也变得明朗起来，这些形式出现在依地语对斯拉夫语产生适应和冲突的类型中，如第 5 节和第 6 节所述。

  第三，本研究总体上最具贡献性的发现在于：作为研究对象的某种语言,并不是简单地将另一种语言的语义系统全盘吸收,而是创造性地对其进行修改、使之适应已经存在的系统,比如生成混合形式,或者产生语义交叉,或者是多义的重置,或者是扩展以及其他新的语义模式,由此该语言经历了一个**历时混合**(**diachronic hybridization**)的过程。在结语中提到这种过程可能普遍适用于各种互相接触的语言。

最后,鉴于未采用实际语素形式的语义借入文献相对较少,本章的贡献还在于增加了这方面文献的数量。除了对借译的讨论以及对特殊例子的列举,这个主题主要借鉴了 U. Weinreich(1953)专著的第二章。

2 语义空间的划分

在详细讲解语义空间的一般特征之前,我首先通过对比两种不同语系的例子来进行说明。印欧语言和它们的邻近语言似乎都展现出一种特殊的语义模式。它们有一系列表示"物体操控"(object maneuvering)的动词词根,这些词根表示施事者用身体的某部分去移动或放置一个物体。一些英语例子如(1)所示:

(1) **英语物体操控动词——包含以下动词:**
    a. positioning:hold/put(in)/take(out)
       (放置:举/放(入)/拿(出))
    b. possession:have/give(to)/take(from)
       (拥有:有/给(予……)/(从……)拿)
    c. transport:carry/bring/take(to)
       (运输:搬/带/拿(到))
    d. propulsion:throw/kick/bat(away)
       (推进:扔/踢/击(走))
    e. steady force:push/pull(along)
       (恒力:(沿着……)推/拉)

在包含这些动词的句子中,施事者和物体本身均由名词性成分表达。动词词根表达活动的剩余部分。该活动可以包含很多不同的语义参数,例(2)中的语义参数即包含在内。

(2) **由动词表达的物体操控中的参数**
    a. 因果性类型

例如:*kick* 中的初始(投射体)因果关系,*put* 中的持续(控制性)因果关系

b. 次要施事者的缺失或存在

例如:*put* 中的缺失,*give* 中的存在

c. 运动的方向矢量

例如:*put* 中的'to',*take* 中的'from'

d. 指示词

例如:*bring* 中的'hither'(这儿),*take* (to)中的'hence'(从这里)

e. 施加力的类型

例如:*push* 中的挤压力,*pull* 中的牵引力

f. 用作工具的身体部分或其他物体

例如:*throw* 中的胳膊,*kick* 中的腿,*bat* 中的钢性线状物体

此外,这些语言中的大多数具有另外一系列形式,即人们熟知的各种不同的小品词、前置动词、可分或不可分的前缀等等。尽管我把这些所有的不同类型称为"卫星语素"(参照II-1 章)——这些语素在很大程度上表达了空间中的路径构型,如英语中的 *up*,*out*,*back* 和 *apart*。此外,含有上述两个系列语素集合(即物体操控动词词根和路径卫星语素)的语言,不仅可以在组合结构中对它们进行搭配,以表达被操控的物体沿着某一路径的具体复合语义,而且可以在一个更抽象、通常具有心理意义的结构中对它们进行搭配。

在这种情形下,我们观察到的显著结果是:在各种不同的语言中,这种类型的特定结构通常非常相似,在语义构造和结果语义方面都具有可比性,甚至在它们对应的语素不同源的地方也是如此。因此,当英语、俄语和拉丁语表示'拿'(hold)意义的非同源动词词根与大多数非同源路径卫星语素搭配时,产生的形式具有非常相似的抽象语义,而且通常表示"心理"语义。[2]

(3)   英语   俄语   拉丁语   共同语义

　a. hold   deržat'   tenere   '拿着'
　b. hold up   pod-deržat'   sus-tinere   '支撑'
　c. hold back(及物) u-deržat'   re-tinere   '限制'
　d. hold back(不及物) s-deržat'-s'a abs-tinere   '抑制'
　e. hold out   vy-deržat'   sus-tinere   '坚持,忍受'

对我们讲欧洲语言的人来说，无论上述语义结构多么自然，事实上这远远不具有普遍性。美洲的北霍卡语言和它们的邻近语言（如阿楚格维语）具有完全不同的语义表现形式（参照Ⅱ-1章和Ⅱ-2章）。首先，这种语言缺少表达'握着''放下''给予''投掷'等意义的动词词根。更确切地说，它的词根指移动或定位的各类物体或材料。如-qput-表示'松散的灰尘移动或位于……'，-caq-表示'黏糊糊的块状物体（如蟾蜍、奶牛粪）移动或位于……'，-pʰup-表示'一捆东西移动或位于……'。在第二组形式中，大约有50个方向后缀，用以表达路径或地点与参照物（背景）的合成语义。例如-ak·'在地上'，-wam'进入重力容器中（如篮子、口袋、蜷成杯状的手、湖泊盆地）'，-ta·'从有界体内出来'，-wi·sᵘ'翻过墙去邻居家'。请注意，属于这一类后缀且具有相同语义模式的还包括指称"拿着"的形式：-ahn'在某人的掌握中'，-ay'进入某人的掌握之中'，-tip -ay'脱离某人的掌握'。在第三组形式中，大约有二十多个工具性前缀，表明导致动词词根行为的事件。如ca-'因风吹在（它）上面'，ru-'通过拉（它）'，ci-'用某人的手作用于（它）'，uh-'通过摇摆的线性物体作用于（它）'（在这里，通过敲打、拍打或投掷［用胳膊作线性物］）。最后，第四组形式包括两个指示性的后缀：-ik·'hither'（这儿）和-im'hence'（从这里）。这四组语素形式合在一起与印欧语系中表示放、给等的语素最为相似。例如：

（4）a. uh-caq-ta·

　　　字面意义：'通过摆动的线性物作用于它，（导致）黏糊糊的块状物体移出有界体内'

　　　示例："把蟾蜍从房子里扔出去"

　　b. ci-pʰup-ay

　　　字面意义：'通过某人的手作用于它，（导致）一捆物体移进人的掌握之中'

　　　示例："给某人一捆物体"

　　c. ru-qput-wi·sᵘ-ik·

　　　字面意义：'通过拉住它，（导致）污垢移动到邻近位置'

　　　示例："把污垢从这儿拽到邻近位置"

因此，词化编入印欧语表物体操控的动词中的各种语义参数以及这些动词所带的名词性成分的各种语义参数，在阿楚格维语中分属不同的语法范畴，并按照阿楚格维语划分语义空间的方式被概念化。被操控的物体在英语中由名词性成分表达，充当直接宾语，但在阿楚格维语中，却由动词词根表达，并很少被概念化为静态物体，而是更多地被概念化为包含一个物体的运动或定位的过程。施加的力的类型，或身体部位的行为，或其他影响操纵的工具，被分离出来，由工具的前缀集合单独表达，在这个集合中，它被识解为一个明显的致使事件，这个事件引发物体运动或位于某方位的主事件。掌握或拥有的概念或其中的转换，与更典型的"路径＋背景"概念一起由方向性后缀表达，并可能被概念化为多种方向性类型。指示词由特定的一个语素对单独表达。

尽管词缀自由度较低，但在阿楚格维语中，这种语义构建模式延伸至物体操纵的某些其他范畴。因此，就衣物着装范畴而言，特定的动词词根或动词词干指称特定衣物的运动或方位，而词缀表明某人是否着衣，是否穿上或脱下衣服，或是否为其他人穿上或脱下衣服。例如，动词词干 hi-pun '相对穿而言，围裙移动/处于……的位置'，带位置后缀 -$asẃ$ 指穿着围裙，如 $sẃhe\cdot punásẃa$ '我穿着围裙'；它带前缀 p- '后面'（back）和后缀 -ik '这'（hither）指穿上围裙，如 $sṕhe\cdot puník\cdot a$ '我穿上围裙'；它带后缀 -tip '从液体或非液体中出来'指脱下围裙，如 $sẃhe\cdot púnt^hpa$ '我脱下了围裙'。同样，对通过内部肌肉运动来控制自己身体部位的方位的范畴，特定的动词词根或动词词干指称特定身体部位的运动或方位，而方向性和指示性词缀表明它们所3走的路径或所在的方位。例如，动词词根 $ismak$ '某人的耳朵移动/位于'可以带后缀 -iks（横在垂直面上/横向进入垂直面）表示"某人将耳朵贴在门上（比如，听另一侧的声音）"。动词词根 ipl '某人的舌头移动/位于'可以接后缀序列 -hiy -ik · '起锚'表示"某人伸出舌头（比如，朝向另一人）"。动词词干 $pu\cdot q̇^a$ '某人的嘴移动/位于'可以接后缀序列 -ikn -iw '在嘴上/进嘴里'，表示"亲吻某人"，其字面意义是"某人将嘴放在另一人的嘴上"。动词词根 $rahẏ$ '一个人的头移动/处于……的位置'可以带后缀 -ay '进入某人（或某物）的掌控中'（与给某人一个物体是同一个后缀），指"将某人的头向下放在枕头上"。甚至在某种程度上，'无'的概念也与阿楚格维语的语义空间组织相符合：动词词根 $raps$ '没有东西移动/处于……的位置'，可以带后缀 -ak '在地面上（存在）'，指无的存在，如 $ẃrapsak\cdot a$ '那里空空如也'所示；或带后缀 -ahn '在某人的掌控中（为某人所拥有）'，指一无所有，如 $sẃrapsáhna$ '我一无所有'所示。

对上述两种语系中'物体操控'的不同形式进行更宽泛的对比后发现，它们的语义结构在诸多方面有所不同，具体如下所示：

英语与阿楚格维语在'物体操控'表达中的语义结构差异

1．所表达的概念不同——比如，阿楚格维语的'重力容体'概念在英语中无直接对应的表达。

2．原本对应的概念由不同的语法范畴表达——如，'dirt'（污垢）由英语中的名词表达，而在阿楚格维语中由动词词根表达。

3．原本对应的概念组合在不同语法范畴中以不同的方式被分类——比如，在英语中，'giving'（给予）和'throwing'（投掷）因都指对一个物体施加动作而被分到一起，二者都用动词表达。而在阿楚格维语中，'giving'（给予）被归为方向性概念，用方向性后缀表达；'throwing'（投掷）被归为先发致使动作，用工具性前缀表达。

4．原本对应的概念与一个语素内的不同邻属概念相搭配——因此，一个路径的参照物（背景）在一个英语名词中单独表达（如 into a container（进入一个容体）），但它却在阿楚格维语方向后缀中与表示路径的语义成分(-wam 'into a container'（进入一个容体））相搭配。

5．原本对应的概念有不同程度的包容性——比如，英语 throw 仅指由胳膊驱动物体的摇摆运动，而阿楚格维语的工具前缀 uh- 可以指由任何线性物体（如胳膊或斧子）发出的摇摆运动，并带有结果行为（如 propelling（推动）或 chopping（劈开））。

6．原本对应的概念在表达上有不同的强制性——比如，在阿楚格维语中，一个参照情景中的致使工具在大多数情况下必须标明，但在英语中基本上是可有可无的。

7．所出现的不同语素组具有不同的组合意义——因此，英语有一组动词词根，表达操纵方式；阿楚格维语缺乏此类动词词根，但有一组表达处于运动状态中的物体类型的词根。

8．语素组在不同的结构中搭配使用，比如，在英语结构中，结合了动词、卫星语素和/或介词以及名词的组合，相当于阿楚格维语中的动词词根加上工具性前缀和方向性后缀的组合。

9．原本对应的结构有一些不同的结构性语义——比如，在上述表示物体操纵的、相对照的英语和阿楚格维语结构中，英语结构经常引申表达抽象的和心理方面的概念，而阿楚格维语的结构基本上不表达这些语义（相反，使用直接带有这些语义的其他语素组）。

Pinker(1994)认为，不同语言的语素实际上表达了非常相似的概念，这种相似性被不自然的语素注释所掩盖。但此处的证据表明，语言的语义结构存在真实的差异。不当的注释无法解释如下事实：阿楚格维语确实缺少和英语动词 *have*，*give*，*take*，*hold*，*put*，*carry*，*bring*，*throw*，*kick*，*push* 和 *pull* 语义相同的动词词根。它也不能解释本文已辨明的其他类型的语言差异。

基于这些以及其他观察（包括下面将要谈到的对依地语和斯拉夫语的观察），我们或许可以列出许多能够描述语义结构特征的因素。这些因素之间的差异大体上构成了一种语言与另一种语言在整体语义结构上的不同。在下文列举的因素中，术语"元"（meta）表示与某个范畴整体或某组语素或多义词有关的整体概念或语义。

（5）描述不同语义空间的语义结构的因素

    a. 由语素表达的特定概念（包括它们的组成成分和包容性程度）以及由语素集合表达的元概念

    b. 在一词多义的情况下，划分在单一语素下的特定概念集合以及这些概念共有的元语义

    c. 单个语素的语法范畴和语素集合的语法范畴[3]

    d. 不同语素集合搭配构成的结构以及这些结构的元语义

    e. 每一个概念和每一个元概念的强制性和使用频率

    f. 每一个元概念的分支，即差异的数量、组织的复杂性、应用的范围……

从历史的角度看，每个语系的同源语言之间或许有一些历时过程在起作用，比如印欧语系或阿楚格维语及其近亲语言，以此保持语义空间的某个单一组织。若是如此，这样的过程必须运行在比特定语素更抽象的语言层面上，因为之前观察到的跨印欧语系语言的相似性主要包含非同源形式。一个过程也许需要被假定为保留了（在模式的其他方面中）语义"槽"，不考虑填充这些槽位的语素的词源。这个过程很容易想象出来，这是一种语言的整体结构互联程度高的结果。例如，阿楚格维语中'taking'的表达一直是后缀式的，部分原因是'having'和'giving'也是后缀式的。此外，如果一个动词词根将要带那个语义，它必须将它通常表达的'被拿走的东西'让给某个与之不太适应的句子成分。其中所蕴含的结构重调整理也许会完全阻止许多变化的发生。

另一方面，语义空间的结构也可以被视为一种区域性现象，其中不相关的邻近语言经常共享很多整体性的语义结构。我们假设这些语言在接触外来结构之前，典型地表现为并非都具有相同的结构，那么，它们必须在某

些方面足够强大,才能在面对外来结构时克服发生一系列巨变的阻力。本章的以下部分将阐述相关的理论以及在外部影响下的这些变化形式。

在本文中,由历时语言学的结构和过程描述的内容必须最终根据持续不断的认知结构和过程进行解释。我们现在可以概述的是,在每个个体内,认知组织的某些方面支持他/她所学语言的整体语义结构,这些方面通常比负责具体语素与其所指之间关联的那些方面更稳定(或者说,对引起变化的因素不那么敏感)。但是,认知组织的另一些方面一遇到新形式的语义结构即对其进行加工,这些方面将对前文中维持原始语义结构的认知组织产生影响。

3 依地语动词前缀

现在来看印欧语系中的日耳曼语和斯拉夫语——它们各自的语义系统确实存在差异,尽管不像前文中的那么显著——现在我从对比两个静止的、不相关的系统转向观察一个系统如何在另一个系统的影响下发生变化。依地语特别适合进行这种观察,因为它是在迁移中受新区域的影响产生的。这种语言最初发源于公元 800 年左右讲中高地德语的莱茵兰地区,公元 1200 年左右开始逐渐扩展至讲斯拉夫语的地区。在斯拉夫语的影响下,依地语语义系统发生诸多改变,其中的许多改变可以从动词前缀系统及与它相关的结构中观察到。

下面列出这个系统中主要的前缀,每个前缀在其多义范围内仅标注了一个语义选项。值得注意的是,最初前置的 *hin-*/*her-* 形式已经被缩减为一个不作区分的 *ar-* 形式,两者间'从这里'/'这儿'的语义差别已经消失(正如现代德语口语中,*runter-* 形式现在指"在做的过程中")。依地语现在已经有一群语义相反的前缀对:带和不带 *ar*,主要的语义区分是'具体'对'抽象'。带 *ar-* 的前缀表示运动中主要的具体路径(如,*arayn-* '进入'),不带 *ar* 的前缀表示一些次要的具体路径(如,*oyf-* '到一个开口位置',*ayn-* '放射状地向内'),尤其是更抽象的和隐喻性的由路径派生的概念。[4]

(6) 主要的依地语动词前缀
    a. **可分离[重读]前缀**
        i. 成对词

长音		短音	
arayn-	'in'	ayn-	'in', 'radially inward'

aroys-	'out'	oys-	'out', 'to exhaustion'
aroyf-	'up'	oyf-	'open', '⟨perfective⟩'
arop-	'down (from)'	op-	'off', 'in return', 'to a finish'
ariber-	'across/over'	iber-	'in transfer', 'back and forth between'
		unter-	're-', 'overly'
arunter-	'down(through)', 'to underneath'		'up to', 'a bit from time to time'
arum-	'around'	um-	'pivotally over'

ii. 单一词

on-	'into an accumulation' 'full', 'to capacity'	tsunoyf-	'(severally) together'
durkh-	'through'	tsuzamen-	'(dually) together'
avek-	'away', 'down (upon)'	funander-	'apart'
tsu-	'up to', 'fast', 'additionally'	antkegn-	'opposite', 'counter', 'into encounter'
farbay-	'past'	faroys-	'ahead', 'pre-'
anider-	'down (to)'	mit-	'along (with)'
nokh-	'along after', 'in emulation'	afer-	'forth'
tsurik-	'back'	fir-	'out (from under)'
kapoyer-	'upside down'		

b. 不可分离[非重读]前缀

tse-	'radially outward'	ba-	'⟨causative⟩'
ant-	'away', 'un-'	far-	'mis-', '⟨causative⟩'
der-	'reaching as far as'	ge-	'—'

4 借入模式

为了确定受语义影响产生的更高层次的适应模式（accommodation pattern），我们必须从确定已经转换的目标语语义空间的第一层特征开始，对于那些还没有转换的也是如此。这里的"特征"不仅仅指类似范畴差异的特征（比如借用名词还是动词），还指结构性现象的主要类型。

4.1 斯拉夫语语义空间中被依地语借用的几个方面

单就动词前缀而言，斯拉夫语有五类语义空间被借入了依地语的语义空间中。

4.1.1 语素的单独语义

一类语义借用涉及影响性的源语中某个语素的一种语义转移到借入语的一个语素中，优先转移到有相似的语音形式、语法范畴和先前语义内容的语素中。通过这种方式，依地语从斯拉夫语的前缀中借用了许多单个语义，并用自身前缀来表达。例如：俄语中动词 V 的前缀 *na-* 带名词 N 的所有格，意为'通过 Ving 创造 N 的积累'，[5] 因此，如果动词意为'扯/拔'，名词意为'花'，那么 *na-rvat' cvetov* 的字面意义是'通过拔的方式，采集一些花'，广义是"采[一束]花"。

依地语使用与俄语前缀 *na-* 语音相似、语义相容的前缀 *on-* 来准确表达该语义，*on-* 与德语 *an-* 也相关。事实上，它与此前的俄语表达类似（确切地说，除了物体名词的宾格用法）：*on-raysn blumen* "采[一束]花"。这种语义中的前缀 *on-* 现在在依地语中可以自由地使用，不再依附原始的斯拉夫语模式。比如，*Di kats hot ongehat ketslekh* 的字面意义是'通过生小猫而拥有了一群猫仔'，广义是"猫在它的一生中生了一大群猫仔"。

我们可以把这类前缀的用法列举如下，并添加了一些例子。[6]

(7) 俄语　　　　　　依地语　　　　　常见意义
    a. na-＋GEN　　　on-＋ACC　　　'通过 Ving 积累'
    b. raz- REFL　　　 tse- REFL　　　 '突然爆发出 Ving'
    c. pro-＋ACC　　　op-＋ACC　　　'通过 Ving 覆盖 X 的距离/花 X 的时间'

a′. na-rvat'	cvetov on-raysn blumen	"采[一束]花"
b′. ras-plakat'-s'a	tse-veynen zikh	"突然哭起来"
c′. pro-žit' god v Moskve	op-voynen a yor tsayt in moskve	"居住在莫斯科一年"

4.1.2 单一语素下的语义组聚

一种语言不仅可以从影响性的源语中借用某个语素的单一语义，在一词多义的情况下，它还可以从同一语素中借用多个语义。换言之，语义聚类自身是一种可以被借用的语义特征。依地语从斯拉夫语中借用了几个类似的前缀形式。因此，俄语的 na- 不仅表示'通过 Ving 积累'，还表示'通过 Ving 填充'，并与反身代词一起表示'V 到某人的最大限度'。而且，依地语的 on- 有相同的三种语义。但是，就此认为这三种语义会形成一个自然集合或连续体，从而任何一种语言中表达一种语义的语素就一定会表达另外两种语义，这是不恰当的。事实上，在与其相似的德语中，三种语义是被区分对待的：'积累'语义没有对应的前缀形式，'填充'语义用前缀 voll- 表示，'限度'语义用前缀 satt- 表示。

(8) 俄语	依地语	德语	常见意义
a. na-＋GEN	on-＋ACC		'积累 Ving'
b. na-＋ACC ＋INSTR	on-＋ACC mit	voll-＋ACC mit＋DAT	'填充, Ving'
c. na-REFL ＋GEN	on- REFL mit	satt- REFL an＋DAT	'V 到某人的最大限度'
b′. na-lit' stakan vodoj	on-gisn a gloz mit vaser	ein Glas mit Wasser voll-giessen	"给水杯倒满水"
c′. na-smotret' -s'a kartin	on-zen zikh mit bilder	sich an Bildern satt-sehen	"看见到处都是画"

4.1.3 同一组聚中的用法分布

另一类借用涉及组聚于一个单一语素下的不同语义的相对出现频率。据我观察，依地语前缀没有明显地表现出这种借用，但是我用一个相似的例子来解释这种潜在的情况。俄语的前缀 *raz-* 与各种动词词根结合,组合后的意义按出现频率由高到低可以大致排列如下:'放射状向外';'分散开来';'一个变为多个';'变零碎/毁坏'。每种意义的例子分别为:*raz-dut* '鼓起(如人的脸颊)';*raz-bežat'-s'a* '向各个方向分散开';*raz-rubit'* '砍成碎片(如木头等)',*raz-gryzt'* '咬成碎片'。依地语前缀 *tse* 以几乎相同的频率分布展示出和俄语例子相同的意义,并出现在非常相似的动词组合中。另一方面,同源的现代德语前缀 *zer* 展示出几乎相反的分布,只有一两个表示放射状运动(*zer-streuen* '分散')的例子,大多数例子表示'破坏'(例如,*zer-rühren* '搅成浆状')。碰巧,中高地德语 *zer* 的分布与俄语中的分布情况更接近,有许多'放射状向外'和'分散'的用法(如 *zer-blasen* '鼓起','通过吹使分散'),因此,源于这一背景的依地语,在斯拉夫语的影响下改变很小。相反,由于它朝着现代德语的方向发展,大多数'放射'用法丢失,分布的平衡性因此改变。但是,如果我们设想依地语来自一个非斯拉夫语类型的分布,并随后发生转变,那么我们可能会在其他语言接触情景中观察到一类语义借用的模型。

4.1.4　一类语素的元意义

另一种语义借用形式涉及一类语素的元语义。在当前例子中,依地语借用了源语中使用一套路径前缀来表达体的整个系统,也就是说,在源语的影响下,它用空间路径来喻指时间体。事实上,和其他有路径卫星语素的多种语言一样,因为依地语已经有用它们来标记体的一些例子,所以可以更确切地说,它借用的是这类体标记的分支和强制性。现在我们简述其特征:当所指情境是完成体时,借入体系包括一个必须附加的前缀,即,每个动词都有一个特定的前缀。以俄语和依地语为例,两者的对比如下:

(9) | 俄语 | 依地语 | 常见意义 |
|---|---|---|
| a. pro-čitat' | iber-leyenen | '通读〈完成体〉' |
| b. na-pisat' | on-shraybn | '写下来〈完成体〉' |
| c. s-jest' | oyf-esn | '吃完〈完成体〉' |
| d. vy-pit' | oys-trinken | '喝完〈完成体〉' |
| e. za-platit' | ba-tsoln | '付款〈完成体〉' |
| f. raz-rezat' | tse-shnaydn | '切开〈完成体〉' |

4.1.5 一类语素的强制出现

另一种语义借用形式是强制使用一组特定语素表征一些元概念。在既包括卫星语素类也包含介词语素类的印欧语中,'路径'元概念由卫星语素和介词表达。并且,表达路径的句子通常可以包括一个卫星语素和一个介词的特定组合。在某些语言中,比如从中高地德语到现代德语中,一个卫星语素通常在包含介词的句子中只是选择性地出现。事实上,在文体中,它有时很容易被省略掉。因此对于新高地德语 *Er ging ins Haus* '他走进房子'来说,当该句只有一个介词时,它是完整的,但它也可以在末尾加上相关卫星语素 *hinein*,尽管口语用法更倾向于不加。然而,在相同情况下,依地语和俄语都必须将卫星语素和介词连用,因此,这两种语言都只有一种表达方式:*Er iz arayn-gegangen in hoyz* 和 *On vo-šël v dom* '他走进房子',都包括了路径前缀。在斯拉夫语中,这种在介词上添加前缀的强制性用法是一种已经完全确立的模式。此外,受斯拉夫语的影响,依地语似乎已经获得了这种模式。

4.2 斯拉夫语语义空间中未被依地语借用的几个方面

一种影响性的源语言会包含许多由单个语素表达的概念和由一类语素表达的元概念,而这些(元)概念未被借入语吸纳。这种未借用的情形似乎是一种更宽泛的规避模式的一部分——或许不如一个完整借入"类型"的拒绝模式宽泛,但尽管如此,它也是具有原则的。相对于斯拉夫语,依地语表现出几种语义未借用现象。在这里我只是将它们指出来,之后我会详解成因。

首先,一些由斯拉夫语前缀结构表达的概念,依地语未将其借入使用。比如,俄语 *za- za* + ACC 结构所表达的"在更远处/在后面"的概念(例如,*za-plyt' za mol* 意为"在防浪堤外游泳"),*s- na* + ACC 结构所表达的"往返"概念(例如,*s-letat' na po čtu* 意为"匆忙地去邮局并返回")以及 *pro* +ACC 结构所表达的"长度"概念(例如,*pro-be žat' vs'u ulicu* 意为"从这条街的一头跑到另一头")。

其次,依地语未借入斯拉夫语的几种体特征。一种是由多数运动动词标记的所谓"限定/非限定"特征。除其他性质以外,这些动词涉及区分单一直线路径运动和其他更复杂的路径运动。俄语用替补的动词形式 (*idti/xodit'* '步行')或紧随词根的后缀成分(*let-e-t'/let-a-t'* '飞')来作此区分——但依地语未借鉴任何一种形式。

斯拉夫语的另一种体是"次要未完成体",也由后缀构词法标记。它以如下方式发挥作用:通常,在动词词根上添加一个前缀,不仅赋予动词词根完成义,而且添加了一些细微语义差别,甚至大幅度地改变了它的基本义。这个新的语义实体(已经是完成体)现在需要姊妹形式来表示未完成体,这将由添加某些形成词干(stem-forming)的后缀来完成。比如,下列俄语系列的第三个例子中的 -yv:*pis-at* '写(未完成体)' 以及 *za-pisat* '草草记下(完成体)' 和 *za-pis-yv-at* '草草记下(未完成体)'。依地语未呈现这样的形式。

最后,斯拉夫语有指示单次体(semelfactive aspect)的后缀构词法,即,一个时间点事件(punctual event)的单次发生,比如俄语 *čix-nu-t* '打一下喷嚏' 中的 -nu(对比 *čix-at* '多次打喷嚏')。然而,尽管依地语确实可以指称单次体——并且其大规模的使用很可能源于对斯拉夫语的借用——但它没有用后缀构词法来表示单次体,而是使用特殊的迂回结构(详述见下文)。

5 借入语语义系统对源语语义系统的适应类型

在前文中,我介绍了借用或未借用的情况,仿佛它们是处在更大系统内的、多少有些独立的、不相互依存的事件。然而,事实上,每一个经历转移的语义特征原本都是处于一个完整框架内,并且必须被另一个框架采纳。借入语必须找出创造性的方法以解决这些问题。我将依地语在吸收斯拉夫语非对称的语义空间时的适应类型总结为以下四种:混合形式、语义交叠、去一词多义化、精细化。

5.1 混合形式

一种适应源语语义系统的方法是部分借用,并使其成为借入语语义系统的一部分。这种部分借用产生一种**混合系统**(hybrid system),该系统既不完全像借出语,也不像原始的借入语,而是一种有自己的组织特征的新形式。我可以在依地语借用斯拉夫语的情况中指出三种这样的形式。

5.1.1 前缀加介词系统中的重叠

许多斯拉夫语前缀与语义上相对应的介词有相同的语音形式,所以它们对路径标记（见 4.1.5 部分）的强制使用通常会产生一种**精确重叠**（exact reduplication）。比如，俄语中的精确重叠形式有 $v\text{-}v$ + ACC（表示"进入"），$na\text{-}na$ + ACC（表示"上到"），$s\text{-}s$ + GEN（表示"离开"），$ot\text{-}ot$ + GEN（表示"远离"），以及 $iz\text{-}iz$ + GEN（表示"发射于"）。依地语借用了必用前缀的这一种模式，但对于成对前缀的情况，它之前的体系要求使用长前缀形式来指示一条具体的路径，然而，只有短前缀才与介词有相同的语音形式，因此，在一个新的混合体系内，产生了与语音形式部分重合的**非精确重叠**（inexact reduplication）：$aroyf\text{-}oyf$ + DAT '上到'，$ariber\text{-}iber$ + DAT '穿过'，$arunter\text{-}unter$ + DAT '到下面' 以及 $farbay\text{-}far$ + DAT '过去'（下面还会谈到最后这种形式）。

5.1.2 前缀的多义范围及其总体语义

在前文中我已经讨论过，一个多义语素的一组语义可以作为一个小组被另一种语言的一个单一语素借用，但这种借用不是一定要产生像斯拉夫语的语义复制形式（即一个语素复制源语语素的所有语义细节）。可能的情况是，源语语素的部分（非全部）语义被借走，但借入语仍保留一些自身的原有语义。这种情况产生的结果是混合多义现象（hybrid polysemy），即经过改造的语素所包含的语义范围既不是借出语的，也不是借入语自身的。就整体的语义特征附加了一个多义范围的情况而言，我们可以说因为借入语语素增加了和减少了一些语义，它的语义包络（semantic envelope）已经改变，也变成了一个混合体。

在受斯拉夫语影响的依地语前缀中，混合多义现象似乎是常态，而不是特例。比如，还是依地语前缀 on，此前它被认为是已经从俄语 $na\text{-}$ 中借入了一组语义。首先，该依地语前缀并未借用俄语前缀的全部语义（其他语义被其他前缀借用）。第二，依地语前缀保留了部分原始的日耳曼语语义，这使它与其他俄语前缀发生关联，而非仅仅是与 $na\text{-}$ 相关。第三，事实上，依地语前缀丢掉了至少一个原始义（德语 $an\text{-}$ 表示的'开始'义，例如 $anschneiden$ '（在面包上）切下第一刀'），也许是由于新获得的意义出现了语义"过度拥挤"的情况。最终，依地语前缀和俄语前缀（作为一种斯拉夫语）在语义上不能整齐地对应，而是表现出了一系列的语义重合，如（10）所示（表中还列出依地语前缀的每一个语义的起源——"Gmc"或"Slc"）。

（10）俄语	依地语	依地语形式的意义来源	常见语义
a. ⎧ ob-V NP+ACC	{ arum-V arum NP	日尔曼语	'环绕 NP, Ving'
b. ⎩ ob-V ob NP+ACC	on-V on/in NP	日尔曼语	'V 靠在'
c. { pri-V k NP+DAT	on-V in/oyf NP	日尔曼语	'到达 NP, Ving'
d. ⎧ na-V NP+GEN	on-V NP+ACC	斯拉夫语	'积累 Ving'
e. ⎨ na-V NP+ACC NP +INSTR	on-V NP+ACC mit NP	斯拉夫语	'填充, Ving'
f. ⎩ na-V REFL NP +INSTR	on-V REFL mit NP	斯拉夫语	'V 到某人的最大限度'
g. na-V na NP+ACC	⎧ aroyf-V oyf NP	斯拉夫语	'V 在……上'
h. { voz-V	⎩ aroyf-V	日尔曼语	'向上 V'

对于以上新引入的形式，举例如下：

（11） a′. o-bežat' dom　　arum-loyfn　　　　"绕着房子跑"
　　　　　　　　　　　 arum a hoyz
　　　 b′. ob-lokotit's'a　on-shparn zikh　　"靠着门"
　　　　　 o dver'　　　 on a tir
　　　 c′. pri-exat'　　　 on-forn　　　　　 "乘交通工具到达"
　　　 g′. na-stupit' na　 aroyf-tretn oyf　　"踩到蛇"
　　　　　 zmeju　　　　 a shlang
　　　 h′. vz-letet'　　　 aroyf-flien　　　　"飞上"

语义包络的转变可以更好地体现在另一个依地语前缀 *op*- 上。*op*- 与中高地德语 *abe/ab/ap* 和新高地德语 *ab*- 同源。该前缀借入了两个不同的斯拉夫语前缀的部分（非全部）含义，同时保留了一些它自身独有的含义（其他原始义在斯拉夫语中有对应），如（12）所示。

对一个语素一素多义范围的精确分析必须包括所有实际出现的语义（英语中的深入讨论见 Lindner（1981）和 Brugman（1988））。然而，（12）中的各个前缀均有一些未列出的语义。但是以下分析或许仍然成立：*op*-在（g）到（j）中的原始义围绕一个基本概念，即一个物体逐步地远离某一个参照位置，如（13a）中的图式化所示（此前缀的空间特征见 I-3 章）。但 *op*- 从 *pro*- 和 *ot*- 中获得的语义，即（d）到（f），均隐含地包括某一个有界范围的整体，它的两个边界或明确，或隐含，如（13b）所示。因此，*op*- 的核心语义已经从最初仅指远离初始点的运动扩展至选择性地包括这一初始运动的运动轨迹和终点。在某种程度上，op-原有的'离开'语义（g）在这个转换中占据了关键位置。之前，它因为具有从起点开始运动的特征而符合成员语义，现在它符合是因为它还隐含了终点义。

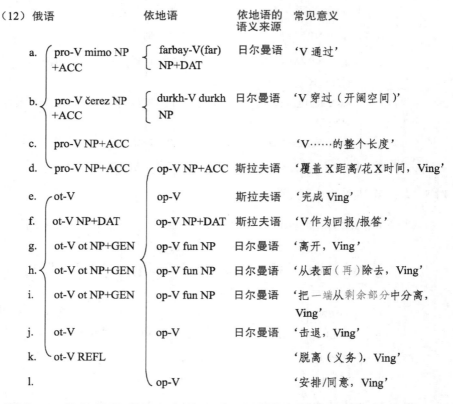

俄语 *pro* 的整体语义特征与依地语 *op-* 的整体语义特征差别极大，前者涉及沿线性路径的运动，无论运动范围是刚好超过了参照点，还是贯穿了两端点间的距离，如（12c）所示。因此，*pro* 和 *op-* 都含有'距离/时间跨度'的意义，如（12d）所示。因为这两个语素的语义特征截然不同，这个语义应该归入这两个语素所具有的那个更大的图式中。这个语义的'线性范围'特征适用于 *pro* 的'线性路径'义，这个语义的'两端有界'特征适用于 *op-* 的'包含有界范围'义。对于俄语 *ot-*，它的多义范围与依地语 *op-* 的多义范围大致相符合。但因为 *op-* 还包括'距离/时间跨度'语义，它在'有界范围'图式中比 *ot-* 处于更中心的位置，这使我们可以谈及一种混合特征，这种特征使它既不同于借出语语素，也区别于自身的原始状态。

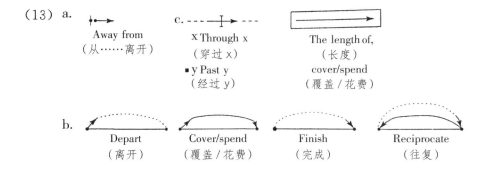

5.1.3 前缀体系统

就前缀显示的体系统的特点而言，依地语展示了另外一种混合形式。为说明这个问题，我们需要考虑四个体概念，如（14）所列，我们用英语例句进行说明。

(14) a. 一次完成　　I drank up my milk.
　　　　　　　　　（我喝光了牛奶。）
　　 b. 习惯性完成　I drink up my milk every time
　　　　　　　　　I'm given some.
　　　　　　　　　（每次给我的牛奶我都喝光。）
　　 c. 在完成的过程中　I'm drinking up my milk. /
　　　　　　　　　I'm getting my milk drunk.
　　　　　　　　　（我正要喝光牛奶。/我正要把牛奶喝完。）
　　 d. 进行中　　　I'm drinking my milk.
　　　　　　　　　（我正在喝牛奶。）

斯拉夫语和依地语动词形式不区分全部四种体，而是以不同的方式将它们再分。带前缀表示完成体的俄语动词词干，不允许带任何后缀以表示次要未完成体，比如在一些说话者的方言中，točit' 和 na-točit' '磨快'。这个俄语动词词干的四种体分类如（15A）所示。加前缀的形式仅表示一次就完成的动作，比如磨刀就属于体类型（a）。然而，体类型（b）和（c）——例如，每天磨刀或者正要让刀变快——没有特别的标识，而且事实上，它们与体类型（d）（正在把一把刀或多把刀磨快）的表达方式相同。

俄语展现出一种不同的分组形式，即动词词干也可以带后缀表示次要未完成体——比如俄语 uč-it'-s'a '学习'，带前缀 vy- 和后缀 -iv，如（15B）所示。在这里，和前文中讨论过的一样，只带前缀的形式仅表示体类型(a)。但现在,既带前缀也带后缀的形式可以表示体类型(b)或(c),但是仅指这两个体类型,因此体类型(b)和(c)与体类型(d)区分开。至于体类型(d),与前文所谈一致,它由不带词缀的形式表示。[7]

(15)　A.'磨快'　　　　B.'学习'　　　　　C.'磨快'
　　　a.　na-točit'　　　vy-uč-it'-s'a　　　on-sharfn
　　　b.　točit'　　　　vy-uč-iv-at'-s'a　　on-sharfn
　　　c.　točit'　　　　?vy-uč-iv-at'-s'a　　on-sharfn
　　　d.　točit'　　　　uč-it'-s'a　　　　　sharfn

　　现在转向依地语的前缀体系统。依地语的动词词干和前缀连用,可以表示完成体(比如,*sharfn/on-sharfn* 意为"使变锋利"),但这些动词词干不能在和后缀连用后表示次要未完成体。然而,这些依地语动词不像(15A)中不带后缀的俄语动词,而是在某种程度上更像(15B)中带后缀的类型。(15C)归纳了依地语中体类型的分组模式,带前缀的形式涵盖前三种体类型,事实上这与带前缀的俄语动词一致,无论该动词是否带后缀。基于这种相似性,人们可能会选择有差异的俄语(15B)作为基础形式,并得出结论:依地语带前缀的动词形式既表示完成体,也表示次要未完成体(也许后者有"零"派生)。然而,这似乎是其他外在系统(比如,来自俄语的系统)强加给依地语的。在依地语中,带前缀形式的所有三种体用法可以归在一个单一的语义概念内。相较之下,斯拉夫语的前缀则明确表示完成体,换言之,动词所表示的某一过程的最终节点确实已达到(添加次要后缀后,该语义可消除)。与此不同的是,在依地语中,前缀形式仅表示某一过程存在最终节点,至于是否达到,则不得而知。依地语的这一体系统是一个混合体系,由从斯拉夫语系统中借入不同的元素形成。

5.2　语义交叉

　　在两种语言体系的另一种适应形式中,借入语保存它原本在某一特定语义域内所做的所有区分,同时添加由源语所做的"无关的"区分,两个过程互不干涉,因而形成了两个不同集合的**语义交叉**(intersection)。依地语表现出与斯拉夫语的一些语义交叉——例如,以下是涉及前缀或动词的五种语义交叉。

5.2.1　可分/不可分区别＋完成体前缀标记

　　依地语保留了日尔曼语对可分和不可分前缀的区别,同时从斯拉夫语中借用了前缀表示完成体的用法。因此,在 *Ikh hob ongesharft dem meser*'我把刀磨锋利了'和 *Ikh hob tserisn mayn hemd*'我把衬衫撕坏了'这两句话中,在过去分词中,需要 *ge-* 的可分离前缀 *on-* 以及不需要 *ge-* 的不可分离前缀 *tse-* 都表示完成体。

5.2.2　长/短前缀+前缀语义借用的优先级标记

在依地语中,成对的长/短前缀保留着源自日尔曼语的表示一个句子中特定的名词性成分"优先级"的互补标记。一个运动事件的"焦点"表示移动的物体,"背景"表示固定的参照物(见 I-5 章),我们可以注意到以下相似的概括:在格层级(case hierarchy)中,长前缀表示焦点位于背景前——例如直接宾语和间接宾语的对比,而短前缀表示相反的优先级。因此:

(16) a. arayn-shtekhn a nodl(F)　　'stick a needle into one's arm'
　　　　in orem(G)　　　　　　　　(把针扎进某人胳膊里)
　　 b. ayn-shtekhn dem orem(G)　　'stick (puncture) one's arm
　　　　mit a nodl(F)　　　　　　　 with a needle'
　　　　　　　　　　　　　　　　　　(往某人胳膊上扎针)

与依地语不同,一些俄语动词前缀允许这两种焦点/背景优先级,一些则要求是两者之一,但无论是哪种情形,它们在标记相关的优先级时不存在区别形式。因此,依地语所具有的这个特点来源于它自身,并且没有被俄语模式所影响。虽然如此,依地语的长/短前缀对里的每一个成员都可以自由地获得其他相类似的斯拉夫语前缀的某些意义。

5.2.3　助动词区别+结构借用

和斯拉夫语不同,依地语保留了日尔曼语中两个不同的助动词构成过去时的用法,它们是 *zayn* 和 *hobn*。*zayn*('be')与表示运动、位置、存在和成为(此处为粗略归类)的动词搭配,*hobn*('have')与其他动词搭配。这个区分与其他完全从斯拉夫语借入的结构相交叉。例如:

(17) a. Oni raz-bežali-s'.　　　　　Zey zaynen zikh tse-lofn.
　　　　(他们向各个方向跑。)
　　 b. Oni raz-legli-s'.　　　　　　Zey hobn zikh tse-leygt.

(他们伸展四肢,躺在那儿。)

5.2.4 运动动词省略＋重复的卫星语素模式

在包含表示路径的卫星语素或路径介词短语的句子中,日尔曼语选择省略句子中的非限定的运动动词,依地语保留了这一特点。斯拉夫语则没有这种省略动词的模式,但依地语将这一模式和从斯拉夫语借用的模式(一个重复的卫星语素结合一个介词)(见 5.1.1 节)交叉使用,因此,当德语可以在仅有一个路径介词短语的句子中省略一个运动动词时,依地语必须包含一个路径卫星语素,如(18)所示:

(18) Bald vi er iz aroyf [getrotn] oyf dem tretar, iz er arayn[gegangen/gekumen] in der kretshme.
(他一踏上人行道,就进了/来到了酒馆。)

5.2.5 指示语＋方式

依地语已形成了一种表示指示语的独特结构,这类指示语与运动方式(步行或乘交通工具)连用,特指朝向说话者视角的运动,如例(19)所示。这个结构可能源于日尔曼语和斯拉夫语的语义交叉。日尔曼语通常用动词的 *come/bring-*类(来/带来)形式表达指示语,这在斯拉夫语中非常少见。另一方面,斯拉夫语普遍地在动词中表示转移的方式,这是日尔曼语在表达动词的'这儿'类型指示时弃用的一个特征。依地语作为这两种语言的继承者,因此发展出一种可以同时指示两者的结构,如(19)所示。

(19) a. kumen tsu geyn/forn   'come walking/riding'
    ('走着/骑车来')
 b. brengen tsu trogn/firn   'bring by carrying/conveying'
    ('通过搬/运带来')

5.3 一个更丰富的借入系统可将一个借出系统去多义化

俄语有 22 个前缀,而依地语有多达 36 个前缀,并且依地语已充分使这些前缀带上了斯拉夫语前缀的意义。当一个斯拉夫语前缀有多个意义组聚其下时,依地语通常将它们分散开,从而使不同的意义归属于不同的前缀。此外,这个过程在很大程度上是合乎语义规则的。因此,只要涉及依地语的前缀对,长词缀形式表达更常见的具体意义,短词缀形式表达更少见的具体意义和更抽象的意义,包括所有的体标记。

例如,俄语用同一前缀 *pod-* 表示'在……之下'和'一直到'这两个概念,如 *pod-katat'-s'a pod*＋*ACC*'在……下面滚'和 *pod-exat'k*＋*DAT* '驶到'所示。依地语借用了这两个意义,但将它们分配给同一双式词的不同形式,如 *arunter-kayklen zikh unter* '在……下面滚'和(在某些方言中)*unter-forn tsu* '驶到'所示。

同样地,长前缀 *ariber* 从俄语 *pere-* 中获得了少许'越过'的用法,短前缀 *iber-* 则从 *pere-* 中获得了少量运动义或隐喻义。包含在其中的一类意义是'intransfer'(意为"在途中"),如 *iber-shraybn NP* '在书写中复制 NP(写下的东西)'(*pere-pisat'*)所示,或如 *iber-ton zikh* '换衣服'(*pere-odet'-s'a*)所示。包含在其中的另一类意义是'back and forth between'(意为"在两者间来回运动"),如 *iber-varfn zikh mit NP* '把 NP 在两者间扔来扔去'(*pere-brosit'-s'a*＋*NP-INSTR*)所示,或如 *iber-vinken zikh* '相互挤眉弄眼'(*pere-mignut'-s'a*)所示。

至于体标记,比如俄语 *vy-* 有双重职责,既指空间上的'向外',也指体的'完成',如 *vy-bežat'* '跑出去'和 *vy-pit'* '喝完'所示。依地语用前缀对来区分这两种意思,比如用 *aroys-loyfn* 表示'跑出去',用 *oys-trinken* 表示'喝完'。无独有偶,在其他用双式词形式标记体的例子中,短前缀一直被使用,如下述完成体动词所示:*iber-leyenen* '读完',*op-vegn* '称完(tr.)',*ayn-zinken* '沉了',*oyf-esn* '吃完'。

这些依地语例子展示了一种到目前为止明显没有被观察到的现象。一般来说,人们认为借入语最多会忠实于源语(即借出语)所做的区分,但实际上,借入语更有可能摒弃源语的部分区分。在此我们进行修正,通常的情况是:一种语言的子系统若比另一种语言的相应子系统成分多,那么第一种语言的子系统可以依据某种合乎语义的原则梳理后者的一词多义形式,也就是在借用中**去多义化**(**depolysemize**)。

5.4 借入语比借出语更进一步扩展借用特征

在一些借用例子中,一个源语的特征非常成功地植入借入语,以至于它的扩展超出了先前的范围。类似的例子如单次体(semelfactive aspect)的语义概念——即动作仅出现一次——是从斯拉夫语进入依地语的。在俄语中,单次体前缀 *-nu* 主要与一系列表示"单次"行为的动词(如,跳或呼吸)连用,表示未完成体含义。加上 -nu 后,其结果所指是一个这样的单位,如 *pryg-at* '一起跳'和 *pryg-nu-t* '跳一下'所示。依地语可能是受到斯拉夫语体标记的总体影响和单次体标记的特别影响,选定了临时继承的单次体结构作为一个模型(比如 *gebn a kush* '给一个吻')并通过精细化处理,将之扩展为一个广泛的以及有时在指称所有类型的单次或瞬间发生时必须使用的系统。这个系统的迂回结构主要包括一个"假位"动词(dummy verb)(比如 *gebn* 或 *ton*('给''做'))加上一个实义动词的名词性形式。但是现在它可以额外包含一个卫星语素和一个反身代词,如(20)所示。

(20) a. shmekn NP   闻/嗅 NP   gebn NP a shmek   '嗅一下/吸一下 NP'
     b. zogn   '说'   gebn a zog   '评论'
     c. trakhtn   '思考'   gebn a trakht   '(停下来并)思考一会儿'
     d. op-esn NP   '吃完 NP'   gebn NP an es op   '(吃)完最后一口 NP'
     e. oyf-efenen zikh '打开(intr.)'   gebn zikh an efn oyf '突然打开了'

我们还不清楚为什么依地语借入了这么多的单次体的用法。但在某种程度上,我们已经更加了解了为什么迂回结构变成了依地语的表达手段。首先,依地语可能抗拒从斯拉夫语借入动词后缀——从它未采用斯拉夫语的次要未完成体后缀可知。因此,它也可能不使用单次体后缀,而是用已有的含单次体语义的结构。其次,这个结构已经以另一种形式被广泛使用:它是希伯来语动词词化编入的主要工具,例如,*khasene hobn* '结婚'和 *moyde zayn zikh* '承认'。[8]

另一个体现依地语通过对斯拉夫语的借用而丰富自身的例子是一个重复的动词前缀加一个介词的用法(见 5.1.1)。依地语广泛使用了一个语音相似的前缀的强制性用法并对其进行扩展,斯拉夫语中的例子无法表示这种情况。因此,与俄语中的非重复性形式相对应的是:*durkh-V durkh* NP'穿过',*arum-V arum* NP'围绕',*nokh-V nokh* NP'跟随',*mit-V mit* NP'伴随',*ariber-V iber* NP'越过/穿过'以及 *farbay-V far* NP '经过'。最后一个例子值得注意,这是因为在某些方言中,由于需要通过添加语义上不可论证的介词 *far* 进行某种音位复制,导致最初的也是现存的形式 *farbay-V* NP-DAT 被替代,这可能是由它的音系特征导致的。

6 借入语对源语的非适应类型

上一节论述了从一种语言中实际借用某些特征到另一种语言中的情况,并按照借入语系统的适应类型进行了分类。但是,接受了一些特点的语言也能拒绝接受其他特点。依地语就展示出了对斯拉夫语的两种非适应形式。

6.1 对源语特征的排斥

正如 4.1 节中首次提到的语义借用的例子,现在看来它们是更大系统的组成部分,同样地,4.2 节中首次提到的语义未借用的例子现在看来是反映了更多的驱动因素。一般而言,其中一种动机因素是另一种语言的某个结构与潜在的借入语完全不匹配,从而导致该结构甚至其语义都是不可接受的。正是如此,依地语似乎排斥借用屈折后缀加在动词上以表示除句法关系外的任何意义。只有这个表示句法关系的功能已经由既有的后缀体现,这些后缀表示不定式、小品词及人称和数的一致性。因此,依地语没有用动词屈折形式添加意义(如体的概念)的先例,[9] 而斯拉夫语的屈折后缀形式可以添加意义,最终依地语未借入斯拉夫语这一用法。从形式上讲,依地语对它们全盘拒绝,即它们未出现在后缀的实际形式中。从语义上讲,依地语也拒绝了由一组斯拉夫语后缀表示的意义,即运动动词确定性/不确定性区别的意义(参见 4.2 节)。依地语已经借用了后缀表示次要未完成体的功能,但从某种意义上说,其实是依地语的前缀扩大了体的所指范围,这一范围涵盖了次要未完成体的功能。从斯拉夫语后缀语义借入的唯一明显例子是单次体的表达,但正如前文所述,该借义由完全不同的结构表示。

对于一些源语缺乏区分的情况,借入语似乎会有意忽视。换言之,对于一种受其他语言(源语)影响的语言(借入语)而言,它可能并不会因为源语缺乏区分,就摒弃自己的内在区分。这将导致借入语对"正面"借入(而非"负面"借入)的偏好,即,借入语倾向于借用某种语言的新特征和新区分,而不是借用某种语言的限制因素。本文中的一个例子是,对于"向下"(down)这一路径概念,俄语仅有非能产型前缀 niz-可以表达,且多数情况下需要与外部的副词性表达连用。缺少这个前缀的依地语则保留了自身的四种基本区分:*arop*-V *fun* NP '从……下来',*arunter*-V (*fun*/

durkh/*oyf* NP)'朝下通过空间',*anider*-V(*oyf* NP)'朝……下来/下到/下到……上',*avek*-V *oyf* NP'下到……上'。

6.2 反影响的变化(及继承)

在其他语言的影响下,一种语言不仅能保持某种原始结构不被同化,而且能使之发生反向变化。下文列举依地语的三个这样的例子,其中,被避免的斯拉夫语模式与被继承的日尔曼语模式大体相同,此时依地语公然违抗斯拉夫语的影响和对日尔曼语的传承。为解释这一种发展现象,我们可能会被激发出一种强烈的"偏离"(就像这个系统内部的各种压力)概念。

6.2.1 标记运动和位置的格的丢失

其中一个例子涉及日尔曼语和斯拉夫语中两个不同名词格的相似用法,即与格和宾格分别在同一介词后表示位置和运动。与上述两种语言输入相反,尽管依地语在名词短语和代词中大量保持与格和宾格的区别,它在所有介词(除了意义为'像'和'就像'的使用主格)后都只用与格。尽管依地语丢掉了用格区别运动和位置的标记,它可以用新的结构来标记——也许是在斯拉夫语持续要求进行区别的压力下产生的结果。在这个结构中,就运动而言(而非就位置而言),路径动词前缀在名词性宾语后被重复使用,如 *arayn-krikhn in kastn arayn* '爬入盒子',同 *zitsn in kastn* (*arayn)'坐在盒子里'对比。

6.2.2 用介词标记不同的'从'类型的功能丧失

关于第二个例子,日尔曼语和斯拉夫语的另一个共同特征是用不同的介词来区分不同类型的'运动的来源'(motion from)。因此,德语用 *aus*+DAT 表示"从……出来"(out of),用 *von*+DAT 表示"离开"(away from),俄语用 *iz*+GEN 表示"从……出来"(out of),用 *s*+GEN 表示"离开"(off of),用 *ot*+GEN 表示"远离"(away from)。依地语未在其介词用法中保留这些区分,而是用一个介词 *fun* 'from'(从)表示整个语义范围。

6.2.3 用卫星语素标记有界路径与无界路径的功能丧失

日尔曼语和斯拉夫语共有的第三个特征是体差异的一种特定形式和这个差异的标记方式。在德语和俄语中,一段时间内经过一个有界线性路径的整个长度,由一个宾格和一个动词前缀(德语中是不可分离的)表示,如(21a)所示。然而,持续一段时间沿着无界路径的开放运动由一个介词表示,而且没有前缀(虽然德语会包含一个可分离的前缀),如(21b)所示。(在德语中,后一个结构也已经越来越多地用于有界的情况,虽然前一个结构仍不用于无界的情况。)

(21) a. Der Satellit hat die Erde in 3 Stunden *um*flogen.
   Satelit *ob*letel zeml'u v 3 časa.
   "The satellite 'circumflew' the earth in 3 hours." (i.e., made one complete circuit)
   (卫星在三小时内'环绕'地球'飞'了一周"(即,做了一次完整的环行))

b. Der Satellit ist 3 Tage (lang) *um* die Erde geflogen.
   Satelit letel *vokrug* zemli 3 dn'a.
   "The satellite flew around the earth for 3 days."
   (卫星环绕地球飞了三天。)

这些常见的语义句法特征或出现在前面,或前后都有,但是依地语持续丢失了这些特征。它用一种方式表达两种情况:*Der satelit iz arumgefloygn arum der erd in 3 sho/3 teg*。这种丢失可能是由于依地语中(a)型结构的衰退。这种自身的衰退也许是源于依地语丢掉了不可分离的用法,只保留了那些最初具有双重作用的前缀(如 *um-*,*durkh-* 和 *iber-*)的可分离的用法。

7 支配语义借用的总原则

在总结部分,我想把依地语前缀受斯拉夫语影响的语义变化特征归结为几条准则。这些特征可能适应于更广的范围,其中的一种语言可以把它语义空间的某一部分借用到另一种语言的语义空间中。相应地,下列准则以一种类似短语的公式表示,"D"代表"源语",指影响其他语言的语言,"B"代表"借入语",指任何被影响的语言。下面的这些短语并不是说所有的语言实际上都根据这些准则来表现,而是说某些语言可能是这样的,并把它们作为一个框架来研究其他语言接触现象,由此归纳出一套完整的语义影响的原则。

(22) 从 **D**(*onor* 源语) 到 **B**(*orrower* 借入语) 语义空间借用的因素

a. 一个元语义通常从 D 的一个语素类转移到 B 的一个**相似**语素类。即，转换到在句法范畴上可比的一个语素类，并且一些语义实例已与 D 中语素类的元语义相一致。

因此，斯拉夫语用动词前缀范畴标记体的用法被依地语的动词前缀范畴（其中已有几个前缀用法标记体的实例）借用。

b. 在这些对应的语素类中，通常一个语义从 D 的一个语素转移到 B 的**相似**的语素中，即，转移到语音形式类似的语素中，并且某些语义已与源语语素的语义范围相一致。

因此，依地语 *op-* 听起来像俄语的 *ot-*，在借用它的其他语义之前，已包含相同的'从……离开'义。

c. 对这些相对应的 D 和 B 语素，有**几个**语义是相通的，因此，两个语素间产生部分语义识别。

因此，依地语 *op-* 从斯拉夫语（俄语）*ot-* 中借用了'结束'和'报答'义。依地语 *on-* 从斯拉夫语（俄语）*na-* 中借用了'积累''填充'和'满足'义。

d. 作为 (a) 的一个必然结果，B 一般不从 D 语素组中借用自身无对应的句法范畴或语义，相反，似乎将其视为不对称的或不相容的。

因此，在斯拉夫语动词中，一些屈折后缀增加了语义内容。而在依地语中它们仅表达句法关系。依地语未发展这类新的后缀表达，而且尽量回避它们所表达的语义。

e. 如果 B 的确从不对应的 D 语素类借用了语义，它通常不接纳这一语素类的句法范畴，而只借用元语义或成员语义。并且 B 用预先存在的母语结构表示这些语义，这个结构在语义上与那些语义相一致。

因此，依地语确实从斯拉夫语借用了后缀标记单次体，但是用本族语的迂回结构来表达单次体，单次体的语义在借用前已有一些实例。

f. B 倾向于保留其原始语义空间，即，它所有继承的语义、句法特征及差别。因此，虽然 B 借入 D，但大体上不替换自己的原始特征，而是在原始特征基础上添加新特征，形成两种模式间的多种适应形式。这些适应形式包括混合形式、语义交叉、去多义化和扩展。

参照第五节的例子。

g. 同样,由于这种保留,B 通常不会仅由于 D 缺少对应的特征就丢掉其原始特征。

因此,尽管斯拉夫语没有这些特征,依地语保留了自身的四种'向下'义前缀的区分,以及类似前缀 on- 的多数原始语义。

h. B 并未借入 D 语义系统的**全部**内容,而是借用部分内容。因此,B 的一些原始特征继续保留,或朝向 D 模式发展。

因此,依地语未借用某些斯拉夫语前缀的语义,比如俄语 *pro-* 的'整个长度'义,并且中和了它原有的宾格/与格'运动/位置'的区分,与自身的语义和斯拉夫语的语义模式都相反。

i. 由于 B 持续受 D 的影响,前文提及的所有控制性因素可能继续再循环作用。即,从一开始 B 就没有全盘接受 D 的语义空间,而是进行了一系列持续的"创造性"调整和适应,大部分调整和适应使 B 与 D 系统进一步接近。这一过程可能一直持续到 B 和 D 的语义空间完全同源的时候,这时它们仅在语素形式上不同。

最后几个原则可以有进一步的论述,(f)原则提出,如果 B 继承 D 时倾向于保留自己的原始特征,而且同时增加新的特征,语言如何摆脱特征过载的问题。我认为,一种语言不会在借出语的影响下用新特征直接代替旧特征,而是根据自己所处的时期、以自己的方式通过对所有新材料的构型进行一些内部加工(如削减、重新配置等),将原始的、借入的及混合的特征进行缩减。

(h)原则说不是**所有**源语特征都被借用,我们至今尚不清楚除(d)原则外还有什么因素会决定借用和不借用的模式,但至少我们可以确定:这涉及本国人对自己语言的词汇项和语法特征的所有组织的整体感觉,即与另一种语言的哪一种特征更适合或不适合。

就(i)原则中两种接触语言的最终同化概念而言,Gumperz 和 Wilson (1971)恰好描述了一个印第安人社区内,一种德拉威语如何受雅利安语的影响并最终呈现同化状态。然而,一种语言很可能会无限期地朝完全同化的方向发展,却不能达到该状态。如果依地语继续留在斯拉夫语地区,可能会成为这样的例子,因为它有两种外在的联系:一方面继续与说德语的世界保持联系;另一方面与希伯来语的宗教书面语有特殊联系,而希伯来语的词汇和结构一直影响着依地语。

总之,第二节整体展示的语义空间的划分因素和第七节阐释的一种语义空间影响另一种语义空间的原则——依地语在斯拉夫语影响下的语义空间变化例示了这些因素和原则——为理解语义系统间的结构性互动提供一个框架。

注　释

1. 本章根据 Talmy(1982)稍作修改而成。在此特别感谢在我准备原论文时向我提供帮助的朋友及同事——感谢 Anna Schwartz,Malka Tussman 和 Rose Cohen 向我提供他们本族语言——依地语的语言学专业知识,Simon Karlinsky 和 Esther Talmy 向我提供俄语知识,Karin Vanderspek 提供德语知识以及 Henryka Yakushev 提供波兰语知识;感谢 Dan Brink 和 Tom Shannon 对中高地德语的娴熟掌握以及 Martin Schwartz 对依地语中希伯来语成分的掌握;感谢 Yakov Malkiel 和 Elizabeth Traugott 提供的相关文献知识;感谢 Jennifer Lowood 在编辑中展现出的智慧。此外,以下参考文献非常重要:U. Weinreich(1968)对依地语的研究,Ozhegov(1968)对俄语的研究以及 Lexers(1966)对中高地德语的研究。当然,展示、分析及结论中的任何瑕疵均与这些善良的人及这些宝贵的资料无关。根据我对许多依地语使用者及文本资料的观察,文中所提到的现象对方言间的差异相当敏感。事实上,由于下文对依地语受斯拉夫语影响的特征观察是从不同方言代表中收集而来的,可能某些方言不全部具有这些特征。

2. Johanna Nichols 向我指出俄语中的一些形式——很可能是 *pod-deržat'*,也许还有 *u-deržat'*——很可能是基于语义转借的,确切地说,是基于拉丁语形式的语义转借,尽管这一实例将从现有表格中删除,但整个平行结构的普遍现象仍成立。

3. 把"语法范畴"归入语义因素中,乍一看可能显得奇怪,但事实上每个语法范畴都将自身的语义特征"强加"在它所表达的每一个概念中。因此,"打电话"(telephoning)这个动作被表达为名词而非动词时(He called me(他打电话找我)/He gave me a call(他给我打了个电话)),它能得到某些具体化意义,成为一个被限定了的'事物'。同时,当一种物质(如血)由动词表达时(I'm *bleeding*(我在流血)),这种物质看起来像是失去了某些物质性意义,而被"行为化"了(参照 I-1 章)。

4. 这里及全文中所用的表示依地语(通常用希伯来语字母拼写)的拼字法得到了研究犹太语的 YIVO 研究所的认可,并被制定标准的《依地语-英语辞典》(尤里埃尔·瓦恩里希 1968)所接受。它用"kh,""sh,""ts,"和"ch"代替更常用的语言学符号"x,""š,""c,"和"č"。

5. 正如 M. Weinreich(1980:539)所指出的,各种斯拉夫语言如此相似,以至于在此探讨的大多数现象可被认为是对依地语产生了一致的影响。在本章中,俄语被用作斯拉夫语的参照(尽管对波兰语的抽查也表明这种语言与观察到的借用模式一致)。术语"日耳曼的"

(Germanic)在以下内容中用法不同。它不是指整个语系,而是仅指依地语中已传播开的日尔曼语成分(莱茵兰地区的中高地德语)所共有的特征以及现代标准德语的众多例子所共有的特征。

6. 在之后引用的例子中,REFL,GEN,ACC 等缩写形式代表"反身代词""属格""宾格"等。依地语介词后面没有格标记,因为它们都带与格(有些意义为'像'之类的带主格,但是在这里没有出现)。俄语动词词尾的 -it',-et' 和 -at' 是不定式后缀,-s'a 是反身形式,在依地语中对等的形式是 -n 和 zikh。

7. 依据动词及说话者,体类型(c)可能无法在一个词中进行表达。例如,pročit-yv-at' 可以用于体类型(b),'每天读报纸直至读完',而不能用于体类型(c)'现在正在读报纸,一直读到最后'。需要表示最后这种体概念时,体类型(d)可以作近似替代,即用这种不加词缀的动词形式表示。

8. Martin Schwartz 曾给过我建议,即希伯来语动词词形变化的复杂性有利于它词化编入迂回结构中某个选定的固化形式。

9. 虽然依地语拒绝使用这样的屈折后缀,但它**已经**借用了**派生**后缀来增加语义。例如,-eve(参考俄语 -ov-a)表示贬义,如 shraybeven '以差的方式书写'(M. Weinreich 1980:531)所示。

第二部分

语义互动

第 5 章 语义冲突与解决

1 引 言

本章关注一种常见的语言情景。在该情景中,受话人接收到的部分语篇为同一所指提供两种或更多的语义解读。这些解读可以是一致的或相互冲突的。一旦发生冲突,受话人可采取一系列的认知操作加以解决。

具体而言,如果语篇的一个句子或其他部分为同一所指的特征提供两种或更多的语义解读,即形成**多重语义解读**(multiple specification)。本章我们主要讨论一个句子中的封闭类形式和开放类形式形成的两种语义解读。但是我们也讨论由两个开放类形式或者两个封闭类形式各自形成的两种语义解读,或是由其中之一与整个句子的所指形成的两种语义解读。在所有情形中,两种形式都为一个单一参数或所指的属性赋值。因此,不同的语义解读可能彼此相容,也可能相互冲突。一旦发生**语义冲突**(semantic conflict),对受话人来说,**语义解决方案**(semantic resolution)(一种普遍的认知过程)中的各种概念调节方式都能发挥作用。

尽管概念调节方式数量众多,在此我们只考察其中的五种。第一种调节方式是"转换"(shift),即,为与另一个形式的语义解读相一致,某个形式的语义解读发生转换(第 2 节)。第二种调节方式是两种形式的语义解读的"整合"(blend)(第 3 节)。第三种调节方式是两种语义解读的"并置"(第 4 节)。在第四种方式中,两种语义解读不具有明显的可协调性,但经过"曲解"后可以找到最佳结合点。第五种方式涉及两种处于绝对不兼容状态中的语义解读,任何解决方案均"受阻"(第 5 节)。转换的调节方式包含至关重要的语言基本属性概念,我们将在第 6 节对此进行讨论。

据推测,任何一种特定的语义解读冲突不仅仅是只有一种语义解决方案,相反,一个受话者通常能从多个可供选择的方案中择取一个加以应用。

本章与下一章为姊妹篇。第 6 章关注叙事者的在线认知加工过程。这个过程指叙事者为了表征某一个概念,在相互矛盾的交际目的和可选择的表达手段相冲突时所采取的在线认知加工过程。作为补充,本章关注语篇接受者的在线认知加工过程。这个过程指一个语篇的接受者为解决概念表征间的冲突所采取的在线认知加工过程。

2 转 换

当一个句子中的两种语义解读存在冲突时,一种调节方式为,其中的一种解读发生改变,从而和另一种解读相协调,这种适应类型中的改变被称为**转换**(shift)。下文列出了几种转换类型。在前两种类型中,封闭类形式显示转换。在此,封闭类语言形式表征的基本图式的成分要么延伸,要么被取消。这种转换使封闭类形式的语义解读与伴随的开放类形式的语义解读相一致,或者与指称语境相一致。第三类转换是迄今为止最为常见的转换类型,其中的开放类语言形式的基本语义解读被置换,因而与伴随的封闭类形式的语义解读相一致。

2.1 封闭类图式成分的延伸

英语封闭类介词 *across*(横穿)代表的一个图式特征与两个线性成分的相对长度有关。具体而言,该介词要求焦点路径的长度等于或小于背景物的轴(垂直于焦点路径的轴)的长度。因此,如果我横穿一个有不同宽度和长度的码头,我必须穿过码头的宽轴,因为这样我的运动路径小于与我的路径相垂直的码头的轴,即,码头的长轴。如果我穿越长轴,我的路径将远远大于(与我的路径垂直的)宽轴,那么事实上我将不能使用 *across*(横穿)。更确切地说,路径比垂直轴长的情况通常被归入介词 *along*(沿着)的图式范围内,因此我会说 "I was walking *along* the pier"(我正沿着码头走)。

现在我们来讨论 *across*(横穿)在一系列背景物中的用法。在这些用法中,焦点物所穿越的背景物的轴,相对于与之垂直的背景轴,逐渐地从较短变得较长,如(1)所示。

(1) I swam/walked across the （我游泳/走过

a. river.	a. 河流。
b. square field.	b. 方形的田野。
c. ?rectangular swimming pool.	c. ?矩形的游泳池。
d. * pier.	d. *码头。)

Where my path is from one narrow end to the other of the pool / pier.

(我的运动路径是从游泳池/码头较窄的一端到另一端。)

(1c)具有部分可接受性,因为其中的路径只比它的垂直轴稍长一点,表明 across 图式的'相对长度'特性允许其基本语义解读的某些"延伸"。但(1d)是不可接受的,表明该延伸不能太远。

2.2 封闭类图式成分的取消

我们再次以 across(横穿)图式为例,该图式包含焦点路径和背景的平面几何图形之间的关系,这种关系是这个图式的基本特征:焦点路径始于背景的有界平面的一端,位于表面上,终止于背景的有界平面的较远一端。通常在我们理解如下句子时,该特征出现:*The shopping cart rolled across the street*(购物车横穿街道)和 *The tumbleweed rolled across the field in one hour*(滚草在一小时之内穿过田野)。然而在句子中,一旦该图式特征的一个或几个成分与其他语义解读相冲突,这一个或几个成分可以被悬置或取消,这些语义解读可以由句中特定的词汇形式或整个句子的所指提供。

因此,在(2)中,整句话的所指清楚地表明,购物车未从街道的一边到达另一边。相应地,句中 across(横穿)包含的一个成分被悬置或取消,这个成分就是它的终端成分:'[焦点的路径]终止于较远端'。在这种操作中,一个值得注意的语言规则是,仅仅是因为某个词(此处为横穿)的基本所指与语境不完全吻合,一个词并不是一定要被丢弃掉。相反,利用认知加工过程将该词的一个或几个语义解读进行转换,那么它的大多数语义解读仍然是完整的、可以再次发挥作用的,从而该词可以继续使用。

(2) The shopping cart rolled across the street and was hit by an oncoming car.

(购物车在穿过街道时被一辆迎面而来的车撞上了。)

相较而言,在(3)中,across(横穿)图示的两端有界(doubleboundedness)性与句中的其他成分代表的开放性相冲突。具体说来,这种开放性体现在 *for one hour*(持续了一小时)中的 *for*(与 *in* 相对)以及"滚草一小时的运动范围小于大草原的边界范围"这一事实中,所以,句中 *across* 的第一个成分和最后一个成分被取消,即,'开始于一端'(begins at one edge)和'终止于较远一端'(ends at the farther edge)的语义成分被取消。

(3) The tumbleweed rolled across the prairie for an hour.
(滚草在草原上翻滚了一个小时。)

2.3 开放类语义解读成分的置换

连同自身非常丰富的语义解读一起,一个开放类形式通常还包含主要由封闭类语言形式表征的特定的结构性语义解读。在一个句子中,这些结构性语义解读可能与相伴随的封闭类形式的语义解读相冲突。在这种情况下,开放类形式通常用封闭类形式的语义解读把自己原有的结构性语义解读置换掉。通过这种方式,两种形式实现了语义一致。以下两种不同范畴的语义解读例示了这个过程。

2.3.1 延展与分布

开放类形式和封闭类形式都可以对一个量的"延展度"(degree of extension)或"分布模式"(pattern of distribution)进行解读——这两个概念范畴曾在 I-1 章的 4.5 节和 4.6 节中讨论过。提及时间域里的延展度,一个事件可以被看作是"时间点延续(point durational)"(理想化成仅发生在某个时间点上)或"时间段延续"(发生在一段时间里)。至于它的分布模式,比如,一个事件可以是"单向"(one-way)的,即从一种情况到另一种的情况单向转变,也可以是"循环"(full-cycle)的,即从一种情况转变为另一种情况后又一次反转。

当前,开放类动词 *hit*(撞击)的指称可以被看作最基本的时间点延续循环(point-durational full-circle)行为,该行为包括一个(被驱动的)物体朝另一个物体运动,撞击另一个物体并弹回。在(4a)中,这些基本的时间语义解读与封闭类形式一致。因此,*hit* 的点持续与 *at* 时间短语(在……时)及 *and…again* 结构(再次)相一致。事实上,类似 *removed the mallet from the gong*(将槌从锣上拿走)的小句不能用于(4a)句中,表明 *hit* 在这里已经是一个循环动作,该动作因此已经包含了"运动物体从被撞击的物体那里离开"的意思。相比之下,(4b)中的句子有封闭类形式。对此的一种解读是,人们在观看这个事件的电影慢镜头时可能会说出(4b)。其中,进行体结构 be-ing 包含的'时间段延续'和'单向'语义与 hit 的原始时间结构相冲突。因此,为与封闭类语义解读相一致,后者在此发生了转换。具体而言,该动词用时间段延续置换了时间点延续,并用单向模式置换了循环模式。该动词现在指一个单向时间段延续(extent-durational one-way)行为,包括一个(被驱动的)物体沿某一轨迹朝另一个物体运动,并可能与之发生撞击。

(4) a. She hit the gong with the mallet at exactly 3:00, (* removed the mallet from the gong,) and hit it again five seconds later.
（她在三点整时用槌敲响了锣,(* 将槌从锣上移开,)五秒钟后又敲了一下。）

b. And now she's hitting the gong with the mallet.
（现在,她正用槌敲锣。）

2.3.2 关联特征

对包含不及物动词 break(断裂)和不同名词性主语的句子的恰当解读表明,名词性成分的所指大体上是坚硬的线性物体或面状物体,如例(5)所示。概而言之,动词 break(断裂)自身对所涉及的物件的属性进行了这种语义解读,同时,该动词也对物体所经历的行为作出了解读。因此,该物体的特征由两种开放类形式指定:名词性主语和动词。所以,这是一个多重语义解读的例子。

(5) a. The plate broke in two.
（盘子断成了两半。）

b. The handkerchief broke in two.
（手帕断成了两半。）

但是,让我们想象一下受话者会对(5b)作何反应。这句话包含了一个语义解读冲突:'手帕'通常是柔软的,而'断裂'经常由硬物实施,这对一个单一物体来说是互不兼容的两个特征。受话者最初的反应可能是惊讶或困惑,通常伴随产生认知不协调,但这可以通过一个概念解决方案成功地解读。这个方案可以包括两种语义解读的整合或并置(见下文)。或者,我们可以想象为手帕已浸入液态氮,所以变硬。后一种解决方案包含一种转换，受话者产生了一种消除此前认知不协调的语境。通常与手帕相关的'柔软'特征被转换成'坚硬'特征，以与句子中动词的语义解读相一致。这里涉及的认知参数是**关联特征**（associated attributes）的参数，关联特征是与人类对某实体的概念典型性地相关的偶然性特征。尽管这里未做深入讨论，我们需要对一个实体的本质特征和偶然性特征做进一步的研究——类似此前 Fillmore(1975)对 *real/fake gun*（真/假枪）和 *real/imitation coffee*（真/假咖啡）所做的分析。

在这里，我们再给出与关联特征有关的另外两个转换例子。在(6)中，*home*（家）是一个封闭类形式，具体而言是卫星语素（见Ⅱ-1章），它表示路径和背景物的结合，尤其是'to one's/... home（去某人的/家）'。背景物也由(a)和(b)中的开放类介词宾语表达。在第一个例子中，根据通常的预期，两种语义解读是和谐的。但在第二个例子中，两种语义解读相冲突。因为'宾馆里的房间'通常指'临时客房'，而'家'通常指'长期住所'。在这里，受话者的一种解决方案是转换开放类形式 *hotel room*（宾馆里的房间）的关联特征，使其与封闭类形式 *home*（家）的关联特征相一致。因此，最终约翰所去的地方，既可以理解成家，也可以理解成宾馆里的房间（后者明显是用来长期居住的）。

(6) John went home
　（约翰回了家）
　　a. to his cottage in the suburbs.
　　　（回到了他在郊区的小屋。）
　　b. to his hotel room.
　　　（回到了他在宾馆里的房间。）

相对而言，(7)中的两项分别展示了一个封闭类语义解读和一个开放类语义解读与关联特征的一致和冲突。这里的封闭类形式是一个可以被称为"对应匹配"（counterpart matching）的结构，表明句子末尾表达的时间是'准时的'。实际时间的表达是一种开放类形式。(7a)中 9:00 的关联特征为社会在正常工作日的'准时'上班时间。但(7b)中的 *noon*（中午）一般会被认为是迟到了。因此后者的关联特征与结构性指示相冲突。一个受话者在最初听到 *noon*（中午）时可能会吃惊或困惑，但如果受话者能想象到某些在中午开始的、非寻常性的工作，那么就可以将'晚点'的关联特征转换为'准时'的关联特征。因此，开放类形式再一次通过关联特征的置换过程实现与封闭类形式的适应。

(7) Jane got to work late, and Bill didn't get there at
（简上班迟到了，比尔也没在……的时候到达单位）
 a. 9:00,
  （九点）
 b. noon,
  （中午）
  either.
  （也）

3 整 合

  当两种语义解读不一致时，我们可以通过转换的语义解决方案改变其中一种语义解读，使之与另一种语义解读相一致。但是，另一个可选择的认知加工方式是**整合**（**blend**）。在此，受话者通过虚构一种扩大化的认知表征来调和两种语义解读。通常，该表征是一个虚构的混合形式，受话者自身可能认为该混合形式与他更具客观性的表征不一致。因而，在整合中，两种最初的语义解读都保留了一些形式。在这里我们讨论两类整合："叠加"（superimposition）和"内投射"（introjection）。

3.1 叠加

  请看（8）中的句子：

(8) My sister wafted through the party.
  （我妹妹悠然地穿过聚会。）

这个例子中的两组语义解读存在冲突。一方面，动词 *waft*（漂浮）表示物体像树叶一样，在空中没有规律地、前后轻柔地运动；另一方面，句子的其余成分表明一个人在一群人中间（运动）穿行。这两组语义解读显然是毫不相干的，不能像前文中"手帕断裂"的例子那样用转换的方式调和两种语义解读。因此，无论是在何种语境中，一个女人都不会是一片树叶，或者一片树叶不会是一个女人；一个聚会不会是一阵风，一阵风也不会是一个聚会。但是，这种不相干并没有阻止更深层的概念加工过程，相反，受话者将两组具体的语义特征加以复合（compound），形成了一种概念整合或混合形式。在作者看来，此句引发了如下的概念化过程：聚会上弥漫着柔和的音乐,我的妹妹悠然穿过,对周围的事件毫无觉察。在此,一些结构进行了整合。在两组语义解读中,"我妹妹穿过聚会"是句子的基本所指,而像叶子一般漂浮在空中的某物只起烘托作用,这种作用已经被整合到基本所指中。这两种语义解读各部分的对应如(9)所示,在此,句子中实际出现的要素用小写字母表示,起烘托作用的用大写字母表示。尽管如此,(9b)中或隐或现的成分充当了句子的基本所指。但(9a)里的烘托成分与基本成分的一致对应表明这种整合类型是叠加(**superimposition**)。

(9) a. THE LEAF wafted through THE AIR.
（树叶从空中飘过。）
b. My sister WALKED through the party.
（我妹妹从聚会现场穿过。）

事实上,我们用传统的"隐喻"概念描述的原型情况就是一种叠加整合。但需要记住的是——基于本章的分析框架,隐喻只是解决语义解读冲突的一个普遍方式的子类型。

3.2 内投射

假定(10)中的两句话是对电影场景的描述,如果演员们都是普通着装,在一段连续拍摄的镜头中,两个场景看起来是一样的,都包括用手拍打膝盖。至少,(10b)中的反身代词没有改变所描述的行为的基本特征,仅仅表明两个场景中都有相互作用的两个物体:手和膝盖。并且两者属于同一个人,而非两个人。

(10) a. As the soldier and the sailor sat talking, the soldier patted the sailor on the knee.
（士兵和水手坐在一起说话,士兵轻拍水手的膝盖。）
b. As the soldier and the sailor sat talking, the soldier patted himself on the knee.
（士兵和水手坐在一起说话,士兵轻拍自己的膝盖。）

但是我们没有找到根据(11)中的两个句子拍摄的电影场景镜头。(11a)涉及两个人,其中一个把另一个举起、扔出,自己却一直原地不动;但(11b)只涉及一个往前跳的人,这个人的运动状态和(11a)中的任何一个人都不一样。(11b)中反身代词的出现极大地改变了这一动作的本质。事实上,(11b)似乎是朝着动词 *jump*(跳)所指的动作发生改变。因此,如果我们按照(11b)和(11c)取景,我们会发现它们难以区分。

(11) As a military training exercise,
（在军事训练中,
   a. the soldier threw the sailor off the cliff into the ocean below.
      士兵把水手扔到了悬崖下的大海中。）
   b. the soldier threw himself off the cliff into the ocean below.
      士兵把自己扔到了悬崖下的大海中。）
   c. the soldier jumped off the cliff into the ocean below.
      士兵从悬崖上纵身跳到下面的大海中。）

这里牵涉的概念范畴可以被称为**场景分割**(scene partitioning)范畴。在它的基本所指中,开放类动词 *throw*(扔)表达一种二元型场景分割——即该场景有两个不同的角色实体,一个'扔出者'和一个'被扔物'。在(11a)中,*throw*(扔)的这种二元型语义解读分别与主语和名词性宾语的指称相一致。然而,在(11b)中,这个二元型动词与一个一元型封闭类形式共同出现,一元型封闭类形式为主语加反身代词,这个结构仅表达一个指称。因此,开放类动词 *throw*(扔)的二元型语义解读与封闭类反身结构的一元型语义解读存在语义冲突。

在此,我们至少有一种语义解决方案即转换,若 *throw*(扔)的二元型语义解读让位于反身代词的一元型语义解读,那么整个句子就毫无疑问地指向一个指称实体,但这种认知方式在此似乎并不合适。因为若采用这种认知转换,(11b)的新一元型语句与(11c)的基本一元型语句在场景分割上就没有任何语义区别了。尽管两个句子有对等的电影效果,我们仍然认为它们会引发不同的认知表征。与(11c)相比,(11b)似乎仍指定两个角色形式——事实上,两个角色整合进了一个基本的单一角色事件,这种二合一的整合因此被称为**内投射**(introjection)。对作者而言,(11b)引发的意思是,士兵这个单一个体被细分为两部分:一部分作为扔出者,涉及他的意愿、由肌肉运动引发的跳跃和力的施加;另一部分作为被扔物,包括意愿之外的人格和身体。

相同的结论似乎也适用于(12)中的句子。在(12a)的 *serve*(招待)所表示的基本二元型社会场景中,'主人'和'客人'这两个角色被压缩和叠加(即被内投射)到(12b)的单个行为者身上,正是这类隐喻性的整合特征将此类场景与(12c)中类似电影的场景完全区分开。[2]

(12) a. The host served me some dessert from the kitchen.
（主人从厨房里端来一些甜点招待我。）
b. I served myself some dessert from the kitchen.
（我从厨房里给自己拿来一些甜点。）
c. I went and got some dessert from the kitchen.
（我去厨房并拿来一些甜点。）

4 并 置

当两个句子的语义解读相冲突时，**并置**（**juxtaposition**）这一认知方式在一个更大的认知语境内将二者同时加以考虑。在刚刚讨论的整合认知方式中，被整合的语义解读似乎普遍地在新的概念混合形式中丢失了原有的特性。同时，在这个新的、虚构的整合体中，不同语义解读表现出的语义冲突不复存在。但在并置中，原有的语义解读除了保持自身的语义特点外，还保存了两者间的语义冲突。事实上，并置的核心是精确地前景化或利用这种冲突。具体而言，并置过程为不同的语义解读圈定界限，并建立一个更高层次的注意视角点，这一视角点可以使注意同时投向所有语义。这种对不兼容的语义解读的聚焦产生了不协调的效果体验，包括惊讶、怪诞、讽刺和幽默，我们称之为**不一致效果**（**incongruity effects**）。在此我们列举几个因语义不兼容而引发幽默的例子来说明并置过程。

在(13)中，两个词之间存在语义解读冲突：*slightly*（有点）表示一个梯度上的一点，而 *pregnant*（怀孕）作为一个基本结构成分，包含'有或无'（all or none）的意思。受话者对该冲突可能采取转换的语义解读方案。他可以将 *pregnant*（怀孕）的'有或无'成分改变为梯度上的一点，从而得到处于妊娠阶段的结果所指。另一种解决方式是并置，受话者可以借此实现幽默的效果。具体而言，怀孕的范畴性事实与说话者试图表达的意义之间有一种否定关联，暗示女人怀孕的样子不是特别明显。

(13) She's slightly pregnant.
（她有点像怀孕的样子。）

两句话之间也能产生并置，如(14)中的会话所示。A 的话语通常被理解成一种内投射（具体过程在上节已讨论过），换言之，该句仅指一个单一个体，但一个二元体所指隐喻性地整合进了这个单一个体中。然而此时 B 的回答可能如(14b)所示,所使用的表达指代不同个体的复数形式,第二句话的作用是将第一句话隐含的二元体提升到真实层面,与已被认知的一元真实性共同位于注意范围内,产生荒诞的戏剧效果。

(14) A: John likes himself.
（A：约翰很自恋。）
B: Yes, well, birds of a feather flock together.
（B：当然。物以类聚、人以群分嘛。）

不协调的并置不仅适用于词和表达,也适用于文体学及说话方式。譬如(15)中引用的一个无家可归的人的措辞,依据所反映的语义和语法的复杂性,它显示了一个受过教育的人在语言表达上的流畅性。但是,他的说话方式展示了一个流浪汉的漠然。以上两种特征共同考虑时能产生说话者的人物特征互相矛盾的喜剧效果。

(15) You couldn't help us out with any part of 22 cents…?
（你不能从 22 美分中拿出一部分帮我们脱贫……?）
（以一种单调快速的声音含糊说出。）

5　曲解与阻碍

一听到有语义冲突的话语,受话者可能会运用前文提到的某种语义解决方案,整个过程迅速且自动发生,以至于人们通常很难意识到。但有些冲突情况比较异常,或者问题非常突出,因此受话者必须有意识地不断尝试,以找到解决方案。

在一系列的尝试中,有一种形式可以被称为**图式曲解**（schema juggling）。参考(16)中的句子,这里的问题是,*across*（横穿）图式原本指两个平行边界间的一条直线路径,很显然,这一图式与汽车的复杂几何图式在任何语境中都不相关。我向受试者说出这句话后,他们快速地通过多种方式在车的表面上设置一个'横穿'路径,从而获得一个勉强合理的解释。并且,一旦被问及,受试者几乎都能意识到这一系列的过程。

(16) The snail crawled across the car.
（蜗牛爬过汽车。）

我们可以注意到,不同的受试者最终的解决方式会不同。有一些人认为蜗牛经过汽车顶部,从一端爬到另一端。这种解决方案的难点在于,路径是弯曲的,并且在汽车顶部——这些属性更适合介词 *over*(越过),而不是 *across*(横穿)。另一些人则认为,蜗牛经过引擎盖,从汽车一端爬到另一端。这种解决方案较前者有改进,因为路径是中高的,可能就不那么弯曲了。但它的缺点是,路径位于汽车的边缘部分,而不是正中部位。有一个受试者这样理解:蜗牛从敞开的后窗爬入,经过后座,再从另一端的窗户爬出。这种解决方案的优点是:路径在中间,并且是平的;但缺点是:它位于内部,因此可能更适合用介词 *through*(穿过)来表达。

最后,两种语义解读间的冲突可能存在受话者想不出任何解决方案的例子。在这种情况下,我们认为识解**受阻**(**blockage**)。以(17)中的句子为例,该句的语义冲突位于介词 *through*(穿过)的图式和名词 *plateau*(高原)表示的事实之间。前者展示的路径出现在一个三维的环绕状介质中,而后者表示一个顶部平坦的二维平面,尤其是在与 *walk* 连用的时候。如果受话者无法转换、整合或并置两种图式化的语义解读,他可能简单地认为这句话在语义上说不通。实际上,认为语义上说不通根本就不是语义冲突解决的例子,而是一种非解决形式。

(17) *Jane walked through the plateau.
　　　(*简步行穿过高原。)

6　语义冲突解决中的基本属性概念

作为语义冲突解决方式之一的转换非常依赖"基本属性"这一概念。如果这个概念缺失,我们就会激活另一种认知方式,即"选择"(selection)。

基本属性概念的核心是,在组成某事物的多种形式中,有一种形式拥有优先权,其余形式表示与该优先形式的一种偏离。优先概念有多个变体,譬如,拥有优先权的形式是最初的形式、最平常的形式、结构最简单的形式或者最独立的形式。与基本形式偏离的概念涉及一种实际的、在时间上的变化,这种变化把基本形式看作出发点,或者是抽象偏离的某些静态意义。一个域的这种组织概念被称为**基本偏离**模型(**basic-divergent** model)。语言学中的许多理论构想都基于该模型,包括词的派生、标记理论、转换生成语法、原型理论以及隐喻映射。

一个域的另一个主要组织概念是**平衡排列**模型(**even-array** model)(分别参见 Hockett(1954)"选项和过程"(item and process)模型及"选项

和排列"(item and arrangement)模型）。平衡排列模型是一种静态的组织形式，一方面，该模型中域的组织形式被认为是由具有同等优先权的特征组合而成，并且/或另一方面，该模型中的表达成分被认为是同时共存于静态模式的相互关系中。基于这个模型的语言学理论构想包括词形变化、单层语法和非辐射型一词多义。

在这两个模型中，基本偏离模型与本文的讨论相关，因为只有意识到一个语言形式有一个基本意义，转换的认知方式才能作用于其上，从而把基本意义转换成非基本意义。因此，本章最初出现的 *across*（横穿）例子立足于一个命题，即这个介词有一个基本意义。具体而言，这个基本意义包括以下条件：焦点的路径完全穿越背景物体的一个轴，且该路径不长于背景物体的穿越轴。所以，*across*（横穿）的其他意义被认为是在偏离基本意义的过程中产生的，特别是在语义延伸和语义取消这两个偏离过程中。但在平衡排列模型中，*across*（横穿）的各种意义被认为享有平等地位，这些意义仅仅是一个多义范围内可供选择的选项，没有发生语义转换或改变，仅仅是一种语义选择。

注　释

1. 本章大部分是 Talmy(1977)的重写版。原文最初的很多部分经修改后出现在 I-1 章中。为避免重复，原文的那些部分在本章中省略了。原文的剩余部分讨论语义冲突及解决方式。这一部分经适度修改和扩展后出现在本章中。原文中（连同此处）语义冲突的解决方案之一，即"转换"，与 Pustejovsky(1993)的"压制"(coercion)概念非常相似。与此同时，另一种解决方案，"整合"(blends)与 Fauconnier 和 Turner(1998)的同名概念"整合"(blends)也极其相似。
2. (i) 中异常的句子显示，并非所有合乎情理的内投射都已经变得标准化。

    (i) ?I'll drop myself off and then let *you* have the car.
        （?我中途下车，然后让你开车。）

第6章 交际目的和手段:二者的认知互动

1 引 言

本研究考察交际的视角是交际中的发出者在每一瞬间的心理状态。[1]某一特定时刻产生的具体交际被看作是发出者内心一系列条件同时发生作用的"矢量合力结果"(vector resultant),换言之,发出者的交际目的与是否具有恰当有效的表达手段相关。

人类大脑的交际产生系统似乎并不要求与功能的精确一致,因为交际目的之间总存在冲突,而且每一种表达手段都有缺口和局限。但是,该系统所具有的一些结构性特征使它能解决这样的内部"矛盾":设置优先权及平衡相互冲突的交际目的。同时,所有的表达手段都会按需、按量被采纳,以充分实现即刻交际目的。实际上,关于最后一点,从当代心理学和功能主义的视角看,不同表达手段间的差异并没有人们通常所设想的那么重要。

以上描述的视角与所有的交际模式都相关,包括口语、手语、手势语和书面语,因此下文分析中使用的概念和术语并未区分这些模式。所以,本文没有使用"说话者""话语""听话者""语言"这样的术语,而是使用了"交际者""交际""受话人"或"目标受体""交际系统"。此外,在言语交际中,用"受话人"比用"听话者"好,因为它采用了交际者的内部视角,不暗含谈话者的视角(比如,在特定时刻谈话者的注意在哪儿)。

如前文所述,本章和第5章是姊妹篇。本章主要关注为解决表征一个概念的不同交际目的与可选择的表达手段之间的冲突,话语发出者产生的在线认知加工过程。前一章主要关注这一话语的接受者在解决一个概念表征的冲突时所产生的在线认知加工过程。与其他章节一样,这两章的目的是落实语言的持续认知加工过程,这是产出和理解语言的基础,也是对常规研究中把语言看作内容和结构的两分模式的补充。

1.1 交际本质

任何起初被看作人类心智活动的一个独立部分的事物,比如"交际",最终都不是严格意义上的独立,因为它不可避免地包括一些心理过程,这些心理过程并不是非此即彼的关联,而是内嵌于心理功能的一个连续体中。因此,在这里,我们将在三个具有包容性的层面上讨论交际:狭义上的核心,该核心所处的较大语境以及较普遍的修正过程,包括成分切分、转变、包含、取消、内嵌等主要过程。

1.1.1 交际核心

我们假设存在一个特定的心理过程,作为我们通常所理解的"交际"的核心,人们将其体验为一个需要或一个愿望,这个需要和愿望从小就有。这是一种交际冲动,不管是通过理解、构思、感受或其他方式,只要是经历过的,某人自身的特定现象学内容就会在另一个人或其他人身上被复制下来。对给定的内容而言,这种复制蕴含对它的编码、传播、接收和理解,这些问题主要在第 6 节(a)—(k)的交际目的中举例说明。

1.1.2 较大语境

上文中的交际核心通常不是一个独立的封闭回路,而是经常取决于个人对自我环境、受话人及剩余总体环境的意识。另外,个人的交际意图通常不仅限于成功地理解交际,而是涉及产生更深层的交际作用或避免产生某些交际作用。也就是说,交际功能的基本核心既是对较大语境的回应,也是一种创造,简而言之,它融入了这个较大语境。这些问题主要在第 6 节(l)到(p)交际目的中以及 II-8 章 3.1.3 节和 4.4.3 节中进一步讨论。

1.1.3 修正过程

在交际过程中,这个假定的"核心"的组成成分并不是一个不受干扰的联合体,因为通过观察可知,人类的日常行为对这些成分既有省略又有保留,或进行转变,或把它们全部列入一个更大的系统中,甚或为实现其他功能而取消或占用特定成分,这些都是**修正过程**(**modificational processes**)。我们将简要探讨这些过程。

成分省略。交际核心的一个标准成分是意图,即人们有意交流某些内容。但通常,与意图表达的内容相伴的是以下信息:个人通过大多是无意识的肢体、有声行为及信息本身无意识的一面传递的有关自身及其思想和感觉的信息。在这种交际形式中,除了意图成分,交际核心系统的其他成分都起作用。

成分转换。核心交际的一个成分是附带条件,即交际者要实际体验交际内容。但这样的一个附带条件通常要经历一个转换,比如,当一个成年人对一个小孩说话的时候。根据个人经历的等值性,为把自己某次经历的情感要素传达给这个小孩,这个成年人会将他的成分细节转换成小孩理解能力范围内的成分细节。

归入一个更大的系统。普通的人际协调、回应和交流被认为是人类活动中更广泛(也许是更基本)的形式,严格意义上的交际只是其中的一个组成成分。很明显,例如,两个人一起在公园散步,偶尔的话语交际只是其中的一个组成成分。

某功能把某成分取消或占用。各种基本的交际功能可能被共同选用以服务某一个交际目的,它的组成成分看似完整,其实已有部分被取消了。比如,某人希望受话人形成对某人自身和想法的特定印象时,可能会试图投射一个修正过的意象,使其看起来像是真实交际中的自我,即使事实上并不是这样的。

举个一般性的例子,事实上,为实现自身的功能,所有的心理官能都会或多或少地适当占用其他具有不同功能的心理官能。这个过程似乎可以在人类具有无限反射能力的心智中重复发生,从而产生意图和原功能转移复杂的嵌入。举例而言,在它们的基本功能里,"修补"是说话人在补救表达故障时所使用的一系列语言技巧。但在(1)(摘自 Sacks, Schegloff & Jefferson(1974)中的例子)中,说话者大量使用这些语言技巧,以表示对受话人感受的不自然的关注,然后反过来,这个功能里内嵌了另一个功能,即说话者向受话人暗示她已了解他的感受。

(1)(停顿)I don't know of anybody—that—'cause anybody that I really didn't *di:g* I wouldn't have the *time*, uh:a:n:to waste I would say, unh if I didn'( )

(我不认识任何人——嗯——因为我确实不,我没有时间,嗯,来

浪费,若,嗯,如果我没有( ))

相反,如果一个说话者想伤害受话人的感情,他可能会用一种确定的、完整的表达手段,比如"I wouldn't want to waste any time on anybody I didn't really dig."(我不想在我不喜欢的人身上浪费任何时间)。

1.2 相关因素

认知交际系统必然包括其他因素,如进化、损伤、文化差异、发展、个体差异及语言类型和历时性。现在,我们简要讨论后三个因素。

1.2.1 儿童发展

对于儿童交际发展的过程,我们需要更多的观察,但可能的情况是,这个过程大体上遵循之前的描述,具有不断增加的包容性和复杂度。毫无疑问,不同的交际目的、表达手段、语境感知度及操控能力在以下两个方面中既有共性又有个性:一是发挥作用的时间序列;二是被融合到儿童身上的时间序列,但它们不是一次性地全被掌握,即使是在某一特定阶段发挥单一功能的也不能全部同时被儿童所掌握。

一位母亲和她女儿(四岁三个月)的谈话表明儿童交际意识的层级不够高(摘自 *Tea Party*;Ervin-Tripp1975)。

(2) Mother:Do you think that was a good idea?[spilling out the milk]
　　 Daughter:Yeah.
　　 (妈妈:你觉得这样做好吗?[把牛奶洒掉])
　　 (女儿:好呀。)

在此,女儿显然只抓住了妈妈话语中的问句形式和表层内容所透露的委婉语气,不知道妈妈把这种形式和内容作为一种教育者的高层次表达手段,用来表示不同意。

另一个例子是,一个小孩开始把最近发生的事情讲给陌生人听,但没有考虑到陌生人对故事中的人物、场景和背景都不熟悉。在这种情形中,这个孩子可以操控故事的内容,但不能操控较大的话语语境。

1.2.2 个体差异

前文描述的交际系统的整体平衡模式会随不同个体的目的、表达手段和能力的不同而发生改变。

因此，每个人因交际目的强弱和优先权的不同而不同。比如，一个人迫切地想要表达他此刻的想法（下文目的(a)），那么与照顾他人的交际需要的欲望相比（目的(m)），前者（目的(a)）具有优先权，但在具有不同的平衡模式的人看来，这个人在交际时爱出风头。

此外，交际个体间的不同不仅在于不同交际目的的强弱和优先权，还在于个体实现不同目的的能力大小。比如，这些能力涉及说话者能在多大程度上将全部语篇内容记在脑海中，在多大程度上顾及交际参与者的感受，或者在多大程度上压制自己的交际愿望（这三点分别与下文中的目的(l)、(m)和(o)相关）。例如，在以传达一个冗长概念为交际目的的情况下，若一个人认为他在自己众多可靠的能力中有记住之前谈话要点的能力，而且有自己讲话时又能听到他人话语的能力，那么，相对于一个没有这些能力、需要一个无干扰阶段的人来说，第一个人更愿意接受信息的平等交换（give-and-take interchange），并将它作为谈话背景，在这个背景中实现他的交际目的。[2]

同样地，个体使用不同表达手段的能力也存在差别。比如，当以表达某人的观点为交际目的时，有的人也许无法快速地找到最恰当的词语（下文中的表达手段(c)），而是具有用普通词语构造复杂结构的能力（下文中的表达手段(f)）。这类人常常用后者来弥补前者，形成他典型说话风格的主要组成成分。这种风格可能让人感觉唠叨，没有扣人心弦的妙语，但总体上仍能传达他的观点。与之对比，具有相反能力的那一类人能够选择恰当的、正确的话语，将他的观点简洁地表达出来。

1.2.3 语言对比、语言变化及观察的充分性

不同表达手段的使用不仅是一个交际者的心理问题（这一点最好由交际心理学家研究），同时也是描写语言学家跨语言研究时普遍对比的一个问题。此外，把语言作为一个系统在一个更广的交际、心理或社会文化系统中进行整合后具有的完整性特征影响了特定语言模式的历时变化，这是历时语言学家的研究问题。以上这些问题将在第七节中充分讨论。

尽管本章对交际的讨论已经是基于一定数量的观察（包括此前提到的例子），但我们还需要更多的数据、验证和实验，以最终保证所有分析的效度。本文的研究主要有助于组织思维，以此引导一个更全面的观察计划。

2 交际目的

依照前文对交际功能的分析,下文将列出单个的交际目的。我们并未假定所列的每一个目的都是具有心理真实性的离散单位,也没有假定所有的目的加起来组成了一个没有交叉的、没有间隙的、穷尽性覆盖的交际目的。相反,这个列表基本上是启发性的,目的在于大致勾勒出交际目的这一认知域的范围和轮廓。该认知域的心理组织真实性可能是非常独特的,包括仅在本研究中考察的分支细化、层级化及各种关系。

但是,我们可以在此关注与这个认知域相关的一些特点。交际功能的不同部分在以下方面表现不同:就个体而言,这些部分在多大程度上是有意识的,或者能变成有意识的;相关联地,这些部分能在多大程度上使个体可以根据意志控制交际手段的使用。考虑到所有功能都是无意识的,术语"过程"(process)比"目的"(goal)更恰当。

第二,在交际中,以下列出的交际目的在可变性或稳定性上差异极大。当然,一个交际者不会每时每刻重置他的所有交际目的。更确切地说,有些目的迅速变动(比如,提出一个具体观点),有些目的长期保持相对地恒定,后者因此与每一时刻目的的组合有同样的针对性(比如,有关表达某人情绪或态度的目的)。

以下描述的目的将在第六节讨论和例示。

(3) **关于交际本身**

旨在将某人自身具有的现象学内容(思想、感情、感知等)在特定受话人身上复制下来

与交际内容有关的目的

a. 表达特定的命题内容或成分概念

b. 设定一个完整命题或成分概念的详略度和突显度

c. 组织内容的序列性(以引导概念整体在受话人身上随时间变化发展的方式)

d. 表明(或投射一个意象)个体的性格、情绪或态度(对话题、受话人、情景等等)

e. 暗示当下交际的性质或类型

与交际结构有关的目的

f. 合乎"语法性":一个交际系统的结构性"区别"特征

g. 合乎"适切性"：一个交际系统对表达手段的偏爱（相对于某一特定风格）
h. 合乎"美学"：一个交际形式里令某人感兴趣的感觉或标准

与交际传递、接收和理解有关的目的

i. 使一个交际的时间或物理表现形式和外部的时间或物理要求相适应，反之亦然
j. 使某人的交际和受话人的接受性特征相适应
k. 减轻（或更概括地说是控制）受话人的加工任务

(3′) **在较大语境中的交际**

在交际发生前和交际发生时，基于对自我、自我的受话人和剩余的整体语境的评价，旨在决定交际的本质，并通过个体交际实现进一步的人际效果或无效果

l. 使交际的内容与当下或长期的语境（及与"元交际"）相适合
m. 使个体的交际满足受话人的更普遍的人际意图或计划
n. 调整个体的交际，关注直接交际者-受话者关联之外的其他潜在效果
o. 引发、维持、终结、避免交际或交际的某些方面（如话题）
p. 通过交际引发受话人（或他人）的特定行为或状态

(3″) **主要控制**

与生成性有关的目的

q. 符合个体在每个时刻通过无意识方式产生的实现交际目的的图式

评价和补救目的

r. 通过实时监控个体实现交际目标的充分性维持/修正个体的交际

尽管后文将进一步讨论这些交际目的，但因为(q)是对交际功能概念的重要补充，所以值得我们即时关注。

通过作者内省式的观察，交际的产生通常包括两个阶段。在第一个阶段中，个体对交际的总体形式和结构产生一个粗略的图式。这个图式产生于无意识的过程，这些过程负责将即时交际目的和情景进行整合的大部分工作。寻找恰当图式的工作也许可以通过对一系列小型的"目的结构"的最初确认而变得容易，这些结构作为特定交际系统中正在被使用

的首选或最常见的部分被习得。[3] 一旦我们意识到这种图式的出现,仅凭印象就能立刻知道一个人大概说什么以及如何说。

在第二个阶段中,通过参照图式框架并选用相关词汇或"局部句法"等来详细说明它的概括或模糊的那些方面,实际交际由此产生。毫无疑问,有时由于个体和情景的不同,很多"第二阶段"的类型细节作为图式自身的一部分出现,或这些类型细节在真实交际产生前已经被填充。但大多数细节加工过程产生于第二个阶段。

在个体短暂经历了第一个阶段的图式后,或者甚至是在图式被实现之前,因为存在对这一图式能否充分实现交际目的的快速再评估过程(通过(r)操作过程),这个图式似乎常常被废弃或被一个新的图式替代。比如,这个过程似乎在说话者开错头时起作用,这能反映出不同图式的接连产生和废弃,或是话题方向的突变,或是话语半独立部分的突变。当产生了基于话语的结构时,图式结构似乎对口头语和书面语的加工过程起同等作用。图式或其他类似的结构在肢体语言、手语和先天聋哑人的书写中是否发挥同样的作用还有待进一步探索。

3 交际手段

下文列出了一些形式上的表达手段。给出这些例证是因为它们与后文的例子相关。在任何情况下,我们都没有假定这些表达手段具有自然实体性或穷尽性,也就是说,本列表和前文中的目的列表具有相同的设想。标题展示了多种交际系统维度,标题下是与其最相关的表达手段,尽管存在分界线,很多表达手段具有多个维度。

因此,通过选用(4)中的表达手段,个体的交际目的得以实现。

(4) **系统的**
  a. 特定语言/交际系统
  概念的
  b. 措辞
  c. 词汇/其他语素/词汇化
  d. 词汇派生过程
  e. 省略/删除
  结构的和关系的
  f. 一个成分或一个句子的句法结构

g.（词/短语/命题）顺序

h. 重复

i. 动词的格框架组织

j. 名词性成分的语法关系

声音或其他物理媒介

k. 音段"音系"学

l. 超音段"音系"学

m. 其他非音段特征

时间的

n. 语流控制

o. 其他时间特征

运动的

p.（非系统）手势

q. 身体动作

在此，某些表达手段需要进行详述。

(b)指提出或投射一个概念的方式。既包括一个整体概念内容的划分方式，也包括选用组成概念的特定子集显著表达的方式。

(h)指文本中的跨指称关系，包括作为语法或语义表达手段的词的重复，诗歌中声音的重复以及特定文体中的非重复性用词。

(k)和(l)是指所有交际系统中物理媒介的系统性组织方面。与"语音学"相对，"音系学"是指口语中的这种成分；"音位学"可能是唯一一个也适用于手语的概括性术语。关于言语，(l)在传统上指语调、重音和音调，但就手语而言，(k)与(l)的区别是否恰好就是手势与非手势的区别还值得商榷（如 Baker(1976)所述）。

(m)包括言语中音质、音调域、语调范围、音量、音量范围和口齿清晰度（模糊↔精确）的指称以及手语中类似特征的指称，如尺寸、力度和手势的清晰度。(m)与(o)和(p)一起可能被归为交际的一个普通运动成分，具有极强的表达能力，与更严格意义上因系统成分的作用类似。

(n)包括停止、回溯、犹豫、重新开始、重复和展开。

(o)包括对速度和节奏模式的指称。

(p)指脸部、手部和整体上的身体位置和运动。

对于手语来说，(m)和(p)之间可能没有区别。

4 目的的一致和冲突

也许存在一种情况,某个时刻的所有交际目的与满足它们的交际结果协调一致。但通常情况是,两个或更多同时存在的交际目的产生冲突,需要用不一致或不相容的交际手段来实现它们。

下例展示了一个年轻的街头乞丐在交际活动中表现出的不一致。

(5) You couldn't help us out with any part of 22 cents…
(你不能从22美分中拿出一部分帮我们脱贫……)
(用一种快速模糊的单一语调说出)

在此,一方面,信息传递的方式(表达手段(m)和(o))似乎显示说话者想传递一种历经街头生活的漠然态度(目的(d)),另一方面,话语的意义和语法复杂度(表达手段(b)和(f))似乎表明说话者有极强的表达概念能力的欲望(目的(b)),或许是为获得表现这种语言天赋的快感。为实现这些目的的表达手段同时出现,它们互不协调,却以一种诙谐的表达手段使说话者的性格给人留下截然不同的印象。

在不相容的情况下,交际者必须决定更倾向于实现哪一个目的(大概通常根据目的对自己的重要性来判断),或者尝试取得某种平衡。作为一个既是口语又是书面语的例子,如果在他所有的信息里,交际者只对其中一处特别感兴趣,那么他必须在以下两者间选择,要么通过将其后置实现效果的最大化(目的(c)),要么将其放置在首位以获得受话人的最大注意(目的(j)),这是因为要满足两个目的会使对表层顺序(表达手段(g))的要求不可能被满足,即一个事物既要单独出现在开头,又要单独出现在末尾。有时交际者可以创造一个平衡,将部分放置在开头("引子"),将最好的部分放置在末尾。

与多数书面语相比,当我们有时间去寻找恰当的表达手段满足像概念准确表述(a)、逻辑顺序明晰(c)、风格表现得体(h)这样的目的时,在大多数即时交际中,即时目的(i)通常要求其他目的作出让步,这是一种持续的速度和质量间的冲突。比如,如果一个人为寻找合适的词语停顿太久,他可能必须抓住与这个词最接近的现成表达,此时大致表达自己的观点以保持自己的话轮或吸引受话人的注意。同样,如果一个人因为忽略图式而好几次开错头,他可能继续忽略下一个出现的图式并注意对它所具有的不充分性进行修正。在此,随着时间的流逝,正是监控和矫正过程(r)重新评估了因素平衡转移时的优先次序。

5 表达手段的局限性

交际系统的每一个表达方式都有其空缺和局限性,因此交际者必须把这些表达方式的各个部分都协调起来以实现交际目的。

在下例中,对一个讲英语的人来说,若他以不同的突显度对一个行窃场景中元素的所有特定组合方式进行表达,他必须从例(6)这一组形式中进行选择(T=thief(小偷),G=goods(商品),V=victim(受害者))。这些形式使用了三到四种表达手段,多少有些不规则:不同实义动词(表达手段(c))、不同省略或删除模式或格框架(表达手段(1)和(i))及不同句法结构(主动/被动:表达手段(f))。

(6) T steal   T rob V   G be stolen   V be robbed
    (偷窃)   (抢劫)   (被偷)   (被抢)
    T steal G   T rob V of G   G be stolen by T   V be robbed by T
    T steal   G be stolen   V be robbed of G
    from V   from V
    T steal G   G be stolen   V be robbed of G
    from V   from V by T   by T

在以上"steal"(偷)一栏的中间两个形式里,省略或删除是被明确提及用于削减成分数量的表达手段。但是,除了此栏顶端的形式,人们不可能使用这一相同的表达手段得到所有只含有一个成分的形式。

(7) Sam stole (again tonight). / * Stole a necklace. / * Stole from a dowager.
    (山姆(今晚又)偷窃了。/ * 偷了一条项链。/ * 从一位贵妇那儿偷的。)

相反,人们必须借助不同动词和语态的使用(*A necklace was stolen. The dowager was robbed.*(项链被偷了/贵妇被抢劫了。))。

厘清表达手段空缺的过程对交际体系的生成不可或缺,以至于从这个角度看,表达手段的不彻底性(如前例所示)并不是特别地重要。从传递信息的角度看,表达手段间的区别也不是那么地重要。如例(8)所示,人们甚至可以用手势(表达手段(p))代替同义的口语表达,以此使全部信息补充完整。

(8) She got robbed $\begin{cases} \text{of her necklace} \\ \text{她的项链} \\ ((+\text{a gesture to one's neck as if grasping a necklace})) \\ ((+\text{朝她的脖子做了一个仿佛抓项链的手势})) \end{cases}$

on the street.
(她被抢了 …… 在街上。)

在与图式形成过程(q)相结合的操作过程中,涉及表达手段局限性的问题经常出现。比如,一个说话者想表达她喜欢一位男士,因为他英俊潇洒且善于观察(目的(a))。说话者想在言语开始时强调这些特征(目的(b)),同时想在言语结束时明确列出这些特征(目的(c))。那么她大脑里可能产生第一个阶段的图式,即末尾名词性词空缺的准分裂等分句。然而,当她继续根据图式讲话时,如(9a)所示,她最终会遇到词汇空缺——表达手段(c)的空缺,因为在英语中,没有意为"善于观察"的具体名词。如果一开始就预料到,她可能会使用不同图式,但现在无法重新开始,她不得不借助其他表达手段对形式进行局部调整。其中一个解决手段,如(9b)所示,即创造性地运用词汇派生过程(表达手段(d))(以牺牲语法规则为代价——目的(f))。另一个解决手段,如(9c)所示,是利用其他词汇项的可用性(表达手段(c))(尽管牺牲了对原始概念的忠实度——目的(a))。第三种解决手段,如(9d)所示,是形成一个名词短语(表达手段(f)),尽管这样可能使说话者投射自我形象(目的(d))的谓语太口语化或与她的审美不对称(目的(h))。

(9) a. What I like about him is his charm and
(我喜欢他的魅力和

b. ... his *observance/observantness.
……他的*洞察力/洞察性。)

c. ... his perceptiveness.
……他的感知力。)

d. ... how he's observant.
……他是如何善于观察的。)

6 特定目的和手段的讨论与举例

第二节所列的多数目标((h)和(o)因其不言而喻而排除)将在下文不同标题下进行论述和/或举例说明。因为标题仅仅是一种提示,我们将重新审阅最初的表述。一些标题下的"子目的"是标题中较概括性目的的具体形式。这些例子不属于任何单一的一类,而是涉及第一节讨论的交际的不同范围。通常,一个具体例子涉及几个不同的目的,因此以下各项的排序具有部分任意性。

6.1 命题内容(目的 a)

命题内容或一个特定成分概念的表达也许是交际中与语言研究最相近的方面。但是,下例将探究一些鲜被注意的现象。

例子:演讲中一名语言学家在试图发出十个不同的嘶音(见斜体)短语时发生了口吃。在多次尝试纠正后,他冷静地停下来,然后以例(10)所示的方式,重新说出这个短语。

(10) *c*ertain *s*pecific *a*spect*s* of the *s*pee*ch s*ituation
(演讲情景的某些具体方面)
((spoken in stressed rhythm with large sharp downward bends of the torso at each stress while the eyes are screwed shut))
((以重读的节奏说出,并在每个重音处极力弯曲身体、紧闭双眼))

在最终的成功发音中,所做的重复(表达手段(h))、发音质量和节奏(表达手段(m)和(o))及身体运动(表达手段(p))似乎共同表达了(11)中的组合信息。此处的重点是,命题内容的传达是通过多个交际手段来实现的,而不是那些涉及其中的标准语素。

(11) This phrase is a tough one, but I'm going to get it right this time. I'm having to work my way effortfully through an impedimentary medium.
Let me turn my slight embarrassment over muffing it into the humor of an exaggerated conquest over a worthy opponent.
(这个短语很难,但这次我要把它讲清楚。
我得努力用一个蹩脚的方法讲一下。

让我把小小的尴尬变成夸张的幽默来征服一个可敬的对手。)

子目的:表明某人的视角点:在这一视角点上,人们用头脑中的视线去俯瞰整个场景的其余部分。

例子:一个吸烟者和潜在的烟草商人在谈及周围居民时视角不同,分别如(12)和(13)所示,这种不同由英语的两个泛指代词 *you* 和 *they*(表达手段(c))体现。

(12) Where can you buy cigarettes around here?
  or: Where do they sell cigarettes around here?
  (在这附近哪儿可以买到香烟?)
  或者:这附近他们在哪儿卖香烟?)

(13) Where do they buy cigarettes around here?
  or: Where can you sell cigarettes around here?
  (这附近他们在哪儿可以买到香烟?)
  或者:这附近你在哪儿可以卖香烟?)

例子:(14a)和(14b)中格框架组织(表达手段(i))的不同反映了说话者意象视角的不同,比如一个人或从较高处看到不断升起的烟雾涌入房间,或从房间后面看到烟雾从某个位置开始靠近房间。

(14) a. Smoke slowly filled the room.
   (烟雾慢慢地充满了房间。)
  b. The room slowly filled with smoke.
   (房间慢慢被烟雾充满。)

子目的:指示特定成分作为话题(存在有关这个话题的评论)。

例子:英语选定所指对象作为话题的首选表达手段是:让其位于句首并做语法主语(表达手段(g)和(j))。在表示方位事件的句子中,首选的标记手段用于(15a)中'the pen'(钢笔)这一形式。但这种标记对某些句子类型是行不通的,例如,对于一个表示占有事件的句子,它使用另一种表达手段,即一种特殊的语调模式(表达手段(l),如(15b)所示)。

(15) 对下面问句的回答:
  Where's the pen?
  (笔在哪儿?)
  a. (It's) on the table.

((它)在桌子上。)

b. JOHN has it.

（约翰拿着它。）

⟨with a heavy stress and high pitch on *John* and with an extra low pitch on *has it*⟩

(⟨用高音调重读 *John*,用特别低的音调读 *has it*⟩)

6.2 详略度和突显度(目的 b)

子目的:因为所含成分的感情过于充沛、过于直接或太大胆外露等,因此避免明确提及该成分。

例子:有一个依地语故事,一个男孩邀请一个女孩到树林中,因为尴尬,女孩的回答没有像(16a)那样直接使用"我/你",而是使用特殊的非确定性代词(表达手段(c)),如(16b)所示。

(16) a. I can't go with you. You'll want to kiss me.

（我不能和你去。你要吻我。）

b. Me tor nisht geyn ahin. Me vet zikh veln kushn.

(One mustn't go there. One will want to kiss another [=reflexive].)

(不允许某人去那儿,有人要吻另一个人[=反身形式]。)

例子:在丹麦语中,称呼一个人为"你"有两个词,但这两个词有不同的人际关系内涵。如果一个毕业生称呼她的老师,用这两个词都不合适,一个太正式,一个太随便。因此,她自发地重新(表达手段(b))把口语中含有"你"的句子(17a)改成了不含有"你"的句子(17b)。

(17) a. Where are you going now?

（现在你要去哪儿啊?）

b. Is there a class to go to now?

（现在有课要上吗?）

例子:一个学生的妈妈来看他时问起新床垫的来由,这个床垫是学生从"垃圾堆"(那里的东西是原主人不要而留给他人的)里发现的,此时他的回答为(18a)。(18a)不像(18b)那样将托辞说得那么明显,而是删除了

(手段(e))完整事实中让人尴尬的部分,如(18c)所示,因此受话人产生了错误的印象。

(18) a. Somebody didn't want it, so I took it.
    (有人不要了,我就把它拿回来了。)
   b. Somebody I know didn't need it any more, so I took it from him.
    (我认识的一个人不再需要它了,所以我就从他那儿拿回来了。)
   c. Somebody or other threw it away in the free box, and I found it and took it.
    (有人或别人把它扔进垃圾堆里,我发现后就把它拿回来了。)

子目的:因为一个相关成分不太重要、不相关或已知,所以避免或隐蔽提及该成分。

例子:在英语中,为构建正确的格框架组织,我们必须使用省略或删除这一表达手段(e)以避免多余的元素。这是因为主语很少使用这样的省略(如(18)所示),只是有时省略直接宾语,但在语法上,省略间接宾语也是十分可行的,[4] 如(19)所示。

(19) a. **焦点＝直接宾语/背景＝间接宾语:仅在背景可省略时**
    i. I sprinkled flour over the pan.
      (我把面粉撒了一整锅。)
    ii. Then I sprinkled sugar.
      (然后我又撒了糖。)
      (可理解为:Then I sprinkled sugar over the pan.)
      (然后我又把糖撒了一整锅。)
    iii. *Then I sprinkled over the board.
      (*然后我撒遍了整个木板。)
      (要表达的语义:Then I sprinkled flour over the board.)
      (然后我又把面粉撒了整个木板。)
   b. **背景＝直接宾语/焦点＝间接宾语:仅在焦点可省略时**
    i. I sprinkled the pan with flour.
      (我把面粉撒在锅里了。)
    ii. Then I sprinkled the board.

（然后我撒遍了木板。）

（可理解为：Then I sprinkled the board with flour.）

（然后我把面粉撒了整个木板。）

iii. * Then I sprinkled with sugar.

（*然后我撒了糖。）

（要表达的语义：Then I sprinkled the pan with sugar.）

（然后我把糖撒满了整个锅。）

例子：(20a)中突显的飞机过境事件在(20b)中通过与动词词化并入（表达手段(c)）被背景化；相当于 Talmy(1975b)提及的词汇化，即，GO+by-plane=fly（去+乘飞机=飞）。

(20) a. I went to Hawaii last month by plane.
   （我上个月乘飞机去了夏威夷。）
   b. I flew to Hawaii last month.
   （我上个月飞去了夏威夷。）

6.3 序列性（目的 c）

例子：交际者要表达(21)中的命题内容，(21a)可能最流畅，因此满足目的(g)和目的(h)。但交际者可能认为，让最具冲击力的观点出现在句尾以表达最强的反差效果更重要（目的(c)），因此，交际者重新组织语句（表达手段(b)）让这一想法实现，如(21b)所示。

(21) a. You're really a thief disguised as a philanthropist.
   （你真是一个伪装成慈善家的贼。）
   b. You act like a philanthropist, but you're really a thief.
   （你表现得像个慈善家，但实际上是个贼。）

例子：若事件1发生在事件2之前，交际者希望他提及这些事件时受话人按照事件发生的同样顺序认识它们，因此他希望避免使用如(22a)那样的表述。在英语中，要实现这一目标，需要借助(22b)中从属连词的不同词汇形式(表达手段(c))；或前置从句(表达手段(g))，如(22c)所示；或使用"复写分裂"构式(在I-6中讨论过)(表达手段(f))，如(22d)所示。

(22) a. 事件2继事件1之后：
   She went home after she stopped at the store.

（她去了商店后就回家了。）

  b. 事件 1 在事件 2 之前：
   She stopped at the store before she went home.
   （她回家前去了趟商店。）

  c. 事件 1 之后，是事件 2：
   After she stopped at the store, she went home.
   （她去了商店后就回家了。）

  d. 事件 1，然后是事件 2：
   She stopped at the store, and then she went home.
   （她去了趟商店，然后就回家了。）

6.4 一个人的性格、情绪和态度（目的 d）

  目的（d）主要通过一个人的（瞬时）"文体"（style）实现，包括对方言或语言的选择（表达手段（a））以及对词汇、句法、表达和举止神态的选择（表达手段（c）、（d）、（m）或（o）、（p））。文体可以表现出一个人的多个方面，如性格是男子气概的还是高贵的，情绪/状态是兴奋的还是脆弱的，对话题的态度是支持的还是否定的，对受话人的态度是友好的、恭敬的还是不屑的，对情景的态度是正式的还是非正式的。一个相关的例子（即例（5））我们已经讨论过了。以下例子说明，对所表达的命题内容的选择和对特殊语素的使用可以分别展现一个人的性格和情绪。

  例子：一个教授对前一个问题进行阐释时，这个学生作了如下反应（如（23）所示）。

  (23) That's what I misunderst- had in mind as a question.
    （这正是我所不理解的——之前考虑的问题。）

该同学在话语中进行的更正可能只是为了实现命题准确性这一目的，但这种行为也可能源自一种愿望，即用一种表达手段对抗另一种表达手段，比如用易理解的表达手段而不是用易混淆的表达手段。

  例子：一个妈妈骑车穿过乡间时，她可能用依地语对孩子说类似（24a）或（24b）使用"指小"（diminutive）名词词尾的话：

  (24) a. Gib a kuk oyf di ki.
     'Give a look at the cows.'
     （'看那些牛。'）

b. Gib a kuk oyf di kielekh.
   'Give a look at the cows-diminutive.'
   ('看那些小牛–指小。')

在(24a)中,妈妈只引导孩子注意这个风景,与之类似的(24b)则不同,妈妈表现出对动物或对孩子的喜爱,或对孩子可能喜爱动物的一种感同身受。这种指小语素不会影响命题内容,因为没有任何暗示表明这些牛"个头小、年龄小或者很可爱",只是说话者认为它们或其他方面很"可爱"。[5]

6.5 交际类型(目的 e)

大量(比通常认为的要多但并没有记录在册)语调效果和语言表达风格(表达手段(l)、(m)、(o))可以表明人们理解片断式话语内容的方式,比如言外之力、持续交际中的角色等。

例子:Cook-Gumperz 和 Gumperz(1976)引用了一位老师对全班同学讲话的情景,部分呈现在例(25)中。

(25) a. At ten o'clock we'll have assembly. We'll all go out together and go to the auditorium... When he [the principal] comes in, sit quietly and listen carefully.
(十点我们有一个会。我们要先集合然后一起去礼堂……当他[校长]到时,一定要安静坐着并认真地听讲。)

b. Don't wiggle your legs. Pay attention to what I'm saying.
(别摆动腿,注意听我讲。)

以上两句话的语言表达风格大不相同,(25a)是一种群体式教育风格,(25b)则是对个体的即时命令风格。

例子:除了话语本身表达的事实外,(26b)中一个 4 岁 7 个月的小男孩的说话方式及话语(选自录像带 *Making Cookies*,Ervin-Tripp 1975)明显表明,这是一个戏弄别人的顽皮行为,而不是对事实的肯定。

(26) a. Woman investigator: No, you know what his name is [speaking of cameraman]
(女记者:不,你知道他的名字[谈到摄像师]。)
Boy: What?
(男孩:什么?)
Woman: Don't you remember?

(女记者：你难道忘记了么？)

b. Boy：His name is poopoo kaka. (spoken with exaggerated enunciation, special melody, more chantlike rhythm, and laughing-sarcastic voice quality)

(男孩：他的名字叫波波卡卡。(语气夸张，带特殊的节奏、韵律，同时伴有讽刺的笑声))

总之，在人们不清楚话语意图时，话语内容及表达方式(例如说"你真笨"时，不带明显的调侃或说笑的口吻)经常促使受话人密切关注说话者的面部表情，以获得更多的线索，并引发这类文化中常见的表达，如"我真搞不懂你是认真的还是在说笑"以及"你说这句话时要微笑哦！"[6]

6.6 语法性（目的 f）

在此，"语法性"取自广义的定义，指一个交际系统所有的标准结构规则。比如，对一种语言而言，它的词汇、音系及句法特征。然而，从认知角度看，对语法的遵循可能是其自身一个独特的功能，该功能使自身持续朝某种规则模式发展，同时抵制其他可能的认知功能。这是语言保持不变的原因：一代代人填补语言空缺，并把不规则模式规则化。*say to* 的这种词汇句法空缺就是一个例子。在(27a)中它可以用于被动语态，但不能用于主动语态，如(27b)所示。另一个例子是大约四十个俄语动词的词汇范式空缺，即除了与其他无空缺动词的类似用法外，它们没有第一人称单数现在时形式，如(28a)所示，但要求有像(28b)的婉转表达(如 Hetzron (1975)所探讨的)。最后的例子是词汇派生空缺，如例(9)已讨论过的 *observant*(善于观察的)，该词无名词形式。

(27) a. He is said to have once been a sailor.
      (据说他曾经是名海员。)
   b. * They say him to have once been a sailor.
      (* 他们说他曾是名海员。)

(28) a. * Pobežu. / * Poběždu.
      'I (will) win.'
      ('我(将会)赢。')
   b. Oderžu pobedu.
      'I (will) sustain victory.'
      ('我(将会)保持胜利。')

这种遵循语法性的驱动原则还体现在其他方面。比如，当一个说俄语的人说出一连串阳性形容词，并计划使用一个即将出现的阳性名词做中心词时，他突然决定换成另一个阴性名词。通常，这个说话者将重新措辞，说那些带阴性后缀的形容词，即使这样做会牺牲其他交际目的，比如不打乱交际语流。或者，让我们再回顾 Jefferson 在 1972 年所引用的一个说话者在另一个交谈者把 Mona Lisa（蒙娜丽莎）说成"Mama Lisa"时，他以讽刺式的模仿发出惊叹"The *Mama* Lisa？（那个妈妈丽莎？）"。我们可以想象，尽管说话者意指的目的形式在语境中非常清晰，该说话者的标准语法结构规则被另一个交谈者的错误发音所扰乱。正是这种强烈体验才促使他发出惊叹，即使再一次以破坏交际语流为代价。

当然，实现其他交际目的有时比遵循语法规则更重要。比如，在此前的俄语例子中，事实上，一些说话者可能会顺着新的阴性中心词继续说下去，即使这样会破坏语言的协调性。对此我们可以考虑下面这个例子。

例子： 在(29a)中，一个银行客户要求出纳员帮她查询存款余额。在回复出纳员时，她所形成的第一阶段图式使她走入语法盲区（在片刻犹豫后她马上意识到这一点）。但她在这一节点的决定是继续将这个不合语法的语句说完，而不是再组织语言，用(29b)中的句子重新说。

(29) a. Teller：Oh, if you have an automatic deposit … !
（出纳员：哦，你是否有自动存款……！）
Customer：Yeah, that's what I wanted to see … if it happened.
（顾客：是的，如果有的话，我正要看看呢。）

b. What I wanted was to see if that happened.
（我就是想来看看是否有存款。）

正如功能主义视角强调的，在不同程度上，语言的许多方面位于一个仅仅在交际中"起作用"的灵活连续体上，而语言似乎大都建构在一个"正确"固定的双层结构上，并且具有延展该结构或从该结构偏离的可能。语言学习者和使用者似乎有一种强烈的驱动力，以确定和遵守这个"正确"的结构，它似乎是一种独立于交际本身需要的、与生俱来的心理存在。这种先天的内在驱动力具有的直观独立性，可能是引导语言学家通过对词形变化历史及规则抽象化研究得出"语言能力"（competence）这个概念的因素之一，这一概念与"语言运用"（performance）相对。

6.7 适切性（目的 g）

词汇和结构并不像字典或语法书中列出的项目一样，仅凭其"绝对"价值就被语言学习者记在大脑中（课本学习者、机器翻译程序员发现他们自己就是这样做的），而是因其所具有的各种附加属性和相对权重被语言学习者记住。后者存在一些区别对待，如目的（g）的加工使口语表达中的词和结构不用于书面散文中，书面语中的词和结构不用于话语交谈，两者均不使用过时的形式。在结构可行的范围内，比如多重中心嵌入，它们区分了拗口的和流畅的表达。总之，在一个交际系统的众多交际手段中，它们组成了一个内在的优先维度。

例子：在意大利口语中，一个带介词的非谓语动词，如（30a）主句中颇具口语色彩的"have need of"（需要），引起关系从句中伴随移位成分"of which"的拗口意义，如（30b）所示。因此，为了避免这种情况的发现，一个说话者通常倾向于使用一个带有不同的格框架结构的动词（手段（c）），如（30c）中的"be of use"（有用的）。

(30) a. Ho bisogno del denaro.
'I have need of the money.'
（我需要钱。）

b. Il denaro, di cui ho bisogno…
'The money, of which I have need…'
（钱，是我所需要的……）

c. Il denaro, che mi serve…
'The money that is of use to me…'
（钱对我很有用……）

例子：在例（15）的讨论中我们知道，要突显主题成分，英语口语中优先的表达手段是将其置于句首的主语位置，但当这种表达手段受阻时，我们借助一种特殊的语调手段来实现。例（31）展示了这种偏好，表明若前一个表达手段不受阻时，两个表达手段均可选用。

(31) 对如下问句的回答：
Where's the pen?
（钢笔在哪儿？）
a. It's beside the ashtray.　　　　　首选

（它在烟灰缸旁边。）
b. The ASHTRAY is beside it.　　非首选
（烟灰缸在它旁边。）

6.8　时间和物理属性(目的 i)

这一交际目的关注的是，说话者通过调整交际的时间和物理执行性，使交际可以穿过时间-物理传送媒介中打开的"窗口"，或是调整这一媒介，使之适应交际，进而说话者的话语最终被受话人接收。

调整事项包括：在他人话语停顿时开始自己的交谈；为保持谈话，停顿时间不能过长；若对方态度不友善，马上终止已开始的对话（均包含表达手段(n)）。

在言语中，调整方式包括：当消防车经过时，等到消防车离开后再开始对话（表达手段(n)），背景噪音大就适当提高自己的音量（表达手段(m)），或者把音量较大的收音机关小（表达手段(q)）。

在手语中，调整方式包括：等到某人从自己和受话人之间经过后再开始交谈（表达手段(n)）；光线暗得不容易看清对方时，转到更亮的地方去（表达手段(q)）。

6.9　受话人的接受度(目的 j)

为确保受话人在理解的基础上接受说话者的说话内容，说话者在组织交际内容时需要将以下特征考虑在内，这些特征都是与受话人相关的特征。它们包括：

受话人对话语内容和手势的接受能力。 由此，当受话人是儿童或初入某交际系统的新人时，人们会降低语义表达的复杂性层级（表达手段(b)）。此外，在面对聋哑人时配合手势语，在面对非本族语者和听力有障碍的人时吐字更清晰（表达手段(a)、(m)）。

受话人接受交际的开放性。 人们必须估计受话人的注意焦点、注意范围和注意兴趣。因此，要在一个焦躁的谈话者能容忍的短时范围内表达一个思想，人们可能必须加快语速、简短表达或牺牲话语的特异性（如以 could 替代 might be able to），并概括性地合并信息（表达手段(o)、(c)、(b)）。

受话人的背景知识。 为按预期解读交际信息，受话人必须具备足够的背景知识，因此，人们必须评估信息量，如果信息量太少，要么修正信息,要么补充遗漏的信息。下面的例子解释了这一观点。

例子:主人对来访的朋友先说了(32a),停顿一会儿补充了(32b)。

(32) a. Would you like some music on?
(需要来点儿音乐吗?)
b. ... because I'm going to the bathroom.
(……因为我要去下洗手间。)

主人说完(32a)才意识到受话人可能不理解他的潜台词,因此也就不了解他的用意——即他要去洗手间,客人可能需要独坐一会儿,在主人不在时可以听会儿音乐——所以,他补充了(32b)来补足遗漏的信息(表达手段(b))。

6.10 加工任务(目的 k)

简化受话人加工信息量的方法包括规避隐现的歧义,将相关成分放置在一起以及拆分复杂结构。

避免可能产生歧义的例子:(33a)的 *Denying* 可以指'否认事实'或'舍不得给自己的占有物'。具有不同含义的动词有不同的格框架,这些都可以由"占位"的泛指名词引发(表达手段(i)),从而消解歧义,如(33b)和(33c)所示。

(33) a. Then the child went through an imperious period of denying.
(然后这个小孩对此横加否认。)
b. ... denying things.
(……否认一切。)
c. ... denying people things.
(……拒绝给别人东西。)

需要对结构进行拆分的例子:这种操作适用于需要大量语言加工的复杂结构成分内嵌在另一个同样需要大量语言加工的复杂结构成分中。若不进行结构拆分,前者的信息加工就必须发生在后者的信息加工中,这样处理可能会遇到很大的麻烦。结构拆分的一种形式是保留结构错位,概括地说是"复写分裂式",这在 I-6 章中已有介绍(下面的例子也取自这一章)。这种操作把原先内嵌的各成分分别提前加工,留下一个占位形式,该形式代表主句结构中即将发生的后加工的格式塔整体结果,也因此进行了简化。

因此,运用拆分表达手段可以把下列可能更基本的(a)形式转为(b)形式。该操作也适用于(34)中的英语名词结构,(35)中作了标记的名词(斜体字表示标记已完成)以及(36)中英语复杂句的一整个从句。

(34) a. Now we'll investigate the more general process of population stabilization.
(现在我们将研究人口零增长的大致过程。)
b. Now we'll investigate *a more general process, that of population stabilization*.
(现在,我们将研究一个有关人口零增长的大致过程。)

(35) a. Hank went-to Fresno.
(汉克去了弗雷斯诺。)
b. You know *Hank*? You know *Fresno*? Well, *he-went-there*.
(你认识汉克吧?你听过弗雷斯诺吗?他就去了那儿。)

(36) a. We stayed home because it was raining.
(因为下雨了,我们待在家里没出去。)
b. It was raining, so (and because of that) we stayed home.
(外面下雨了,所以(由于这个原因)我们待在家里没出去。)

6.11 语义语境(目的1)

子目的:使交际的内容更适合"元交际"(metacommunication)。

在大多数情况下,从严密的逻辑连续体这一视角看,无论是在单一信息源中或是在信息交换中,交际者实际使用的单词、短语和句子所明确表达的内容组成了点状的、不连贯的信息岛。而存在于交际者头脑中的概念化更完整、更连贯,这种概念化串联了交际者所具有的知识、熟悉度、预设能力、期望值、推测及演绎能力。明示性交际和这种元层次交际的相互作用体现在,前者仅在后者的语境内具有解释义,而后者由于前者的输入得以显现、转换及修正。[7]

元层次被视为对"言语行为"(例如,Searle(1969)列出的断言、命令、请求)或"邻近对"(例如,在 Sacks, Schegloff & Jefferson(1974)列举的问/答、请求/顺从及警告/留心)的一种概括。这些概念分离出单一的或二项的上位交际意义,这一意义将持续一小段时间。交际中的元层次则是上述概念与更多因素的一系列交织。

例子:前文(32b)中的 *because*(因为)在(32)的明示交际中无固定意义,

但在语用上,它表现为一个隐性(当然是未说出口的)元交际中的连词,如(37)中的解释所示。

（37）"I ask you that not because, as you might at first have thought, I felt you might like some background music as we talk, but because I'm going to the bathroom and you'll be left alone, possibly in need of entertainment."
（我问你这个,正如你最初想到的,并不是因为我觉得你喜欢在音乐背景下聊天,而是因为我要去一下洗手间,暂时会留下你一个人,所以为避免无聊,给你增加点儿娱乐。）

例子：闷热的一天,一个顾客在药店与出纳员谈话,如(38)所示。

（38）a. Customer: Are you aware that these are melting? ((putting some candy bars on the counter))
（顾客:你知道这些融化了么？((把糖果放在柜台上)))

b. Checker: There's nothing we can do about it.
（出纳员:我们也无能为力。）

c. Customer: No, I mean…hh ((breaking into a smile))
（顾客:不是的,我是说……((突然笑了起来)))

d. Checker: Oh, they really are! ((feeling a candy bar))
（出纳员:哦,它们的确是这样哦！((摸着一个糖果)))

(38b)中出纳员的回答说明她把顾客在(38a)中的元交际话语理解为:

"I want to complain about the poor quality you personnel keep your merchandise in."
（"我要投诉员工未妥善处理劣质商品的这一渎职现象。"）

顾客意识到这一误解后,用(38c)进行明确地补救:

"*No*, I didn't mean that the way you took it, *I mean* that the melting is funny and I wanted to share the humor of it with you."
（"不是的,我并不是指你没有保管好,只是我觉得这很有趣,所以想和你们一起分享幽默而已。"）

随即出纳员在(38d)中作出新的解读:

"*Oh*, now I see what you meant. I'm sorry I reacted as if

you were being surly, and let me make amends with a heightened response now to your original intent."

("哦,我知道您的意思了。很抱歉对您无礼了,请允许我对您的本意的误解进行修正。")

6.12 人际语境(目的 m)

人与人之间交际系统(如言语)的使用肯定不是人际关系的起点(无论是从动植物演化学、进化论或当今心理学功能的角度看,都不是起点),相反,作为一个组成成分,它适用于下文所列举的现象的语境。

因此,言语行为中的礼貌用语基本上等同于体谅他人的一般性偏好,即,话语中的礼貌具体表现了一种普遍规则——做让人感觉舒服的事,避免做让人感到厌恶的事。同样地,与人交际时,言语草率很可能显示出对他人的一种整体感觉,如厌恶。

例子:例(26)中的那个男孩在另外一个时间与父亲进行如下对话。

(39) Boy: Daddy, how come you're here? ((father has just come in))
(男孩:爸爸,你怎么会在这儿呢?((爸爸刚进来)))
Father: Well, this is where I live.
(爸爸:我就住在这儿啊。)
Boy: Uh-uh. You live someplace else. ((pulls on father's shirt))
(男孩:噢,你是住在别的地方的。((拉住爸爸的衬衫)))
Father: Where?
(爸爸:我住在哪儿啊?)
Boy: You live in Colorado. ((said in teaseful singsong))
(男孩:你住在科罗拉多州啊。((顽皮地说)))

最后那句顽皮的话体现了父子间的亲密关系。从男孩的角度看,他同时使用了非言语方式即温和主动的肢体语言(拉衬衫)以及开玩笑的言语方式来表现亲密关系,由此肯定了已知的受话人特征的对立面的存在。

6.13 关注外在效果(目的 n)

除了在说话者和受话人之间传递信息的目的外,交际本身是存在于自然界的一个物理实体,因此,它可能对自然界施加影响。一个交谈者可以认识到这些潜在的影响,从而产生与之相关的特定愿望,并作出相应调整以适应交际。

这些调整包括：调节语气的柔和度（表达手段（m）），以不打扰周围的人；间接表达（表达手段（b））或暗示交际信息（表达手段（a）），使周围的人听不懂；轻柔地说话或做肢体动作（表达手段（m）），以免影响到患者。

6.14　达到其他效果的意图（目的 p）

对一个交际过程而言，除了实现受话人的理解，人们也经常会预期实现其他效果和影响。一种预期的效果是引导受话人实施某种行为，比如回答一个问题或执行一个请求或命令。事实上，这种期望产生进一步行动的意图使一个平常的交际表达变成了一个问题、请求或命令。另一种预期效果是引导接受者进入某种状态或情绪，比如，叙述一些令人愉快或有趣的事以振奋人心。

除了实现直接受话人的理解外，人们还期望对其他人产生效果和影响。因此，在明示地说给受话人听时，人们可以引入期望影响到他人的元素。例如，引入那些期望别人获取的信息或理解的提示等（比如，让某个人与他的受话人单独在一起）。[8]

6.15　监控和补救（目的 r）

从理论上讲，人们评价所听到的话语的能力在一定程度上不同于人们生成话语的能力，且前者在一个反馈回路中作用于后者的输出，由此形成个体身上最初的自我监测式语言系统。仍就这一理论而言，个体之后的发展涉及监测过程向逐渐形成话语的早期阶段的内化。事实上，当这种监测是个体的意识性活动时，个体可以在"大脑的耳朵"中"听到"所形成的话语是如何发声的。无论是预先形成的还是延后形成的，正是基于这种监测，话语（或是任何形式的交际）实现即时交际目的的充分性被给予评价。

未经修正的交际通常被视为已满足了即时监控系统的充分性要求（除非系统停止了运作，毫无疑问，这发生在很多即时交际中，比如游戏语言和语言病变），否则，系统的运作包括以下几个方面：

1. 指明取消早期出现的不合语法的成分，并用正确的成分替代，以满足语法性、适切性和审美目的（f，g，h）；

2. 对早期的命题成分进行取消、替换、限制、修改或详述，以满足目的（a）（准确表达某些概念内容）；

3. 停在当前主题上,在其位置上加辅助信息,其目的是实现受话人对话语的理解(目的(j))。

关于第 2 点的例子如:一个四岁三个月的小孩对自己的伙伴说(取自 *Playing Doctor* 的录音;Ervin-Tripp1975):

(40) When I lie down—When I bend over my back hurts.
(当我躺下时——当我弯下腰时,我的背就好痛。)

这个小女孩话语的最初图式表明她似乎对概念内容掌握得一般,所以她选择更常见的用语"躺下",该词在语义上大体是合适的,但没有词语"弯腰"准确。不过女孩很快作出了更正。

关于第 3 点的例子如:一个女孩给她的朋友讲述如下故事(摘自 Keenan & Schieffelin (1975)):

(41) My sister, when we were up in camp, when she was 12, and all the guys were 16, ((pause)) and 15, they don' wanna go out with 12-year-olds. So I told everyone that she was 13 1/2, almost 14.
(在我妹妹 12 岁那年,我们出去露营,当时几乎所有的孩子都是 16 岁(停顿)或是 15 岁,他们不愿意跟 12 岁的小孩玩,所以,我告诉所有人我的妹妹 13 岁半,快要 14 岁了。)

这个经历很可能以两个层面储存在那个女孩的记忆中:一个是较难理解的背景语境和特定情景,一个是较易理解的要点。这里的要点可能指这样的表达,比如"我妹妹想和这些孩子一起出去玩,所以我告诉他们她已经 14 岁了"。在她自己的记忆中,女孩本可能完全只意识到要点,并将其余部分视作隐性的背景语境。并且,她可以借助要点进行操作,在必要时把背景语境在意识中清晰地展现。在开始讲这个故事时,她最初的冲动似乎是直接说出要点,但她立即意识到她首先必须回溯式地向受话人介绍一些背景语境。事实上,在当前例子中,她每一次退回到下一个背景信息点时,都在进行一系列的修正。

7 语言对比和变化

到目前为止,就我们概括过的交际目的和交际手段而言,它们的组合及强度在跨语言的或同一种语言的历时变化中存在差异,同时,作为一个完整体系,它们也保持着自身的特点。

7.1 语言对比

　　文化和次文化有(一系列)不同的交际目的,并由不同的表达手段(或表达手段的组合)实现,这一点与 Gumperz & Hymes(1972)著作中的调查相一致。在此我们提出一个更具体的语言学观点:语言有不同的表达手段可以实现同一个交际目的,有时带有类型学或普遍性含义。

　　例子:回到对"钢笔在哪儿"这一问题的回答上(首次讨论见例(15))。我们注意到,在简单的方位事件中,西班牙语、俄语及英语标记话题元素的方法是将话题置于句首,作为句子的主语。如(42a)到(42c)所示。

(42) **英语**：　　a. (It's) on the table.　　d. JOHN has it.
　　　　　　　　　((它)在桌子上。)　　　(约翰拿着它。)
　　西班牙语：b. (Está) en la mesa.　　 e. Lo tiene Juan.
　　俄语：　　c. (Ono) na stole.　　　　f. (Ono) u Ivana.

　　但在英语中,若表示占有,话题必须在一个严格的 SVO 结构中做直接宾语被表达出来,因此无法使用这种表达手段。因此,我们必须借助特殊的表达手段,如(42d)中的重音和语调。其他语言则不同。(42e)中的西班牙语,由于具有灵活的词序(表达手段(g)),即使做直接宾语,话题仍占据句首位置。(42f)中的俄语继续沿用最初首选的表达手段(将话题成分做主语并置于句首),这是因为俄语词汇的可及性(表达手段(c)),也就是说,俄语介词 u '为……所拥有'允许这种表达。因此,(42f)可以被理解为"(它)[是]约翰所拥有的"。

　　例子:在上文已讨论过的(25)和(26)中,如果按照人们的理解方式标识句子,说英语的人会借助英语中特别的语调和表达风格(表达手段(l)、(m))来标记信息,如(43a)所示,以实现诙谐的提醒效果。但阿楚格维语(一种霍卡印第安语言)有自己独特的动词屈折变化模式(表达手段 c),我称之为"告诫",通常可译为'我/你/他……最好要小心,免得……',表达一种警示,但有时也是一种俏皮,如(43b)所示。

(43) **英语**：　a. I'm going to tickle you!
　　　　　　　(我可要胳肢你了哦!)
　　阿楚格维语：b. Tamlawilcahki.

（你最好小心，不然我就胳肢你。）

例子：对于适切性的表达方式，不同的语言呈现不同的偏好。因此，(44a)用被动(表达手段(f))将一个主语是人的成分背景化，这在英语中很自然，但在依地语中很不自然，如(44b)所示。依地语倾向于使用泛指人称代词(表达手段(c))，并且，当它与前置的直接宾语(表达手段(g))结合使用时，如(44c)，最终的表达效果几乎与英语被动式的表达效果完全相同。

(44) 英语： a. That claim wasn't believed.
（那个主张不可信。）

依地语： b. Di tayne iz nisht gegleybt gevorn.
'That claim was not believed.'   Forced
（那个主张不可信。）   不自然的

c. Di tayne hot men nisht gegleybt.
'That claim one did not believe.'   Natural
（关于那个主张，没人相信。）   自然的

例子：语言对不同表达手段的偏好可能是普遍的。但是，这些偏好只适用于那些具有偏好表达手段的语言，不具备该条件的则不适用。

因此，有可能也存在一个普遍不偏好的伴随移位法则。如(30)所示，意大利语的关系从句只有通过换到一个不同的实义动词才能避免这个表达手段。与此相反，英语使用者没有这个问题：他们可以避免使用类似(45a)的结构，因为他们可以像(45b)一样将介词悬置。

(45) a. Any book on which I can get my hands…
（任何我可以找到的书……）
b. Any book I can get my hands on…
（我可以找到的任何书……）

与其他表达手段相比，普遍地，一种表达手段或许更容易满足其操作上的需求，但它只在可选择这一表达手段的语言中适用。这似乎适用于现存的派生表达手段。通过这种表达手段，在一种词性里被词汇化的概念能用另一个对等的词性表达，例如，英语词缀-*ness* 可以把形容词转为名词。但英语没有任何表达手段可以把其他词性转化成形容词，依地语可以通过-(d)ik 词尾词缀进行转变。而且，通常情况下，英语必须借助一

个完整的形容词短语结构或一个完全不同的词项。

(46) 英语　　　　　　　　　　　　依地语
　　　其他　　　形容词　　　　　其他　　　形容词
　　　uncle　　　av-uncular　　　feter　　　feterdik
　　　now　　　current　　　　　itst　　　　itstik
　　　enough　sufficient　　　　genug　　　genugik
　　　soon　　that will come soon　bald　　　baldik
　　　this year　for this year　　　di yor　　di-yorik
　　（e.g., a calendar for this year/ * a this year('s) calendar: a di-yoriker kalendar）
　　（例如，今年的日历）

例子：在(42)和(43)中，对于把一个成分标记成话题及把一个话语标记成警示语所采用的表达手段，我们已经对比了二到三种语言的例子。同样，我们也可以通过整套交际系统来检查每一个单一因素（结构的、语义的或交际的）的范围和它可能显示的范围的构型（Greenberg 1961 提出的一种完善口语的方法）。

因此，情态的表达手段（可能性、必要性等）包括：特指动词的屈折变化模式，比如传统希腊语中表达虚拟语气和祈愿语气的动词；助动词，如英语中的 *can*（能）和 *might*（可能）；独立的（状语的）小品词和短语，如英语中的 *perhaps*（也许）和 *in all likelihood*（多半）；Susan Steele 在卢伊塞诺语（Luiseño）和阿兹特克语（Aztec）中发现的新型语法范畴———一个特定的情态句子成分。其他表达情态的手段包括：内嵌主句，如法语的 *il faut que*，意为'这很必要……'；特殊的句法结构，如拉丁语中必不可少的"迂回说法"（如，"我必须要走了"要表达成"[it]-is to-be-gone to-me"（[它]-是 将要-成为-已经离开 对-我））；此外，在手势语中，头部和面部的某些表情（如，"我本应该去参加聚会"可以通过手势表达成"我去参加了聚会"，若在说话时摇头表现出不满意的样子，可以表示"不幸的是（我）没去"）。

7.2　语言变化

回顾语言使用的每一个历史时期，对于语言这样一个综合系统，它所使用的表达手段必须共同解决所有需要表述的问题。因此，人们认为语言在时间中的改变或许可以表现以下两者间的相互关联：一些表达手段遭淘汰，另一些表达手段发展完善，并作为有效的表达手段维持其转换平衡层面的充分性。Li 和 Thompson(1976)从这个系统视角对汉语因果关系的表达进行了历时研究(I-8 章也有涉及)。

这一视角引发了其他思考,可能将有这样一个例子,三个普遍不同的句法表达手段共存于现在的塔加拉族语中(Schachter & Otanes 1972)。第一个是动词语态的精细化系统,即,一个实义动词可以在形态上被标记,以适应多种格框架组织。第二个是借助名词性成分的表层格表示它的确定性或不确定性,相应地,这受第一个表达手段的影响。第三个是借助动词的参与实现从句关系化;由此可见,通过允许一个具有内在格(几乎是所有种类的格)的名词变成主语,第一个系统再次确保这些手段的普遍适用性。人们可能认为这三种表达手段彼此联系、共同发展。但比如说,如果出于某些原因,塔加拉族语的祖先丢失了或被阻断了这种用独立的语素来标记确定性和关联的表达手段(比如在英语中我们有 *a/the* 和 *which/that*),那么可能会推动一些更不寻常的表达手段的发展,并通过动词语态系统的精细化对这些表达手段进行强化。

注 释

1. 本章根据 Talmy (1976a)稍作修改而成。
2. 个体的平衡模式当然是不局限于他的交际系统的,而是延伸至他个性的剩余部分。例如,一个极其想要表达自己想法但口语表达能力较低的人可能需要改变他心理系统的剩余部分以适应发生的停顿。(这可能包括一个解决手段——如,尽可能多地外出跳舞并在舞步移动中多说话。)
3. 我们再次重申,这些结构不仅包括句法框架,也包括语义内容分布于句法框架中的模式。对它们的熟悉程度使会话中的交谈者能预测一个合适的话题切入点的出现(如 Sacks, Schegloff & Jefferson (1974)所谈到的)。
4. 在此,我们可以说整个间接成分经历了"伴随移位删除(pied-piping deletion)"过程,因为跟在名词后的介词消失了。
5. 最后这一点——尽管附在最近的名词上,指小语素通常表达更普遍的情感——在说话者怜爱地教促他的猫吃食的例子中呈现得更清楚(*Es fun dayn shisele*"Eat from your bowl-diminutive!"(从你的小碗里吃!)),尽管他对猫每天吃饭的碗无任何感觉。
6. 话语语段的命题内容和语篇传达的话语目的间的区别(元语言意识)可以从曾在学龄儿童中流行的文字游戏中观察到。在该游戏中,说话者为自己或别人的话语加引号,像书面散文中用来表明该话语的文体和意图的句子。例如,"'我们去看电影',他试探性地提议道"。
7. Garfinkel(1972:78)发现了同样的两个层次——称其为"记录证据"和"潜在模式"——以及两者间相同的关系;"潜在模式不仅源自个体记录证据的过程,而且记录证据反过来是在'所知道的'和对潜在模式的预先所知的基础上被阐释的。"

Fillmore(1975:136-137)使用的术语"文本"(text)和"意象"(image)也是类似的概念:"文本促使其解释者构建一个意象……解释者在文本初期构建的意象引导他对文本后续部分的解释。"

Cook-Gumperz & Gumperz(1976)也有类似的看法,认为"会话交际"产生"语境","语境"有助于解释"会话交际"。

8. 或许我们还可以解释为,被间接传达的部分信息本身就是向隐性受话人传递的信息,这里称作"预期接受者"可能更好。

9. 在这一方面,Zakharova(1958:283-284)从她对俄语学龄前儿童语言习得的调查中发现:"在构建不熟悉词汇的格形式的过程中,孩子们通常大声读出这些单词以及它们不同的结尾,仿佛以这种表达手段来决定哪一个形式是所给格的正确形式,并仅在此之后自我修正及确定结尾。"

她进一步推测:"通过对其中一些形式进行口头重复从而选出正确的结尾,这或许可以由以下事实解释,发音器官的附加发音和动觉信息在重复的过程中进入了大脑皮层,从而促进孩子对言语活动的控制……"

第三部分

其他认知系统

第7章 文化认知系统

1 引 言

本章从认知角度对文化的传承进行分析。[1] **认知论**（**cognitivism**）认为文化模式存在的主要原因在于构成社会群体的每个个体具有特定的认知组织（cognitive organization）。本章主要讨论跨文化的共性和差异性、先天固有和后天习得以及个体与群体的相互关联。这种文化认知论与其他理论观点不同，比如，某些观点认为文化主要或仅作为一个自治系统存在，与个体的认知无关。因此，本章的首要目的是找出论据和事实以巩固基于个体的文化认知论，其次是为该观点的进一步扩充或修正提出一个研究框架。

1.1 文化认知论概述

本章的总体观点是人类已经进化出一个先天预设好的人脑系统，其主要功能是习得、运用及传承文化。这一文化认知系统包含大量的认知能力和功能，其中的大多数在其他物种中微乎其微或完全缺失。该系统不仅仅是通过几个广泛、反复应用的简单运算加工形式发挥作用，而是把文化加工成涵盖某些特定而非其他现象范畴的高度差异化、系统化和结构化的集合体。这个结构性的文化集合体涉及概念-情感模式和行为模式。人类意识可感知文化认知系统的运作，但意识有可能并不是该系统操作过程中的必需或必然伴随物。

对于人类已经进化出文化认知系统的观点，一个普遍持有的假设（此假设一直没有被明确表述出来）与之形成对照，这个假设认为人类的文化只是其他认知官能(如基本智力或语言能力)的附属品。另一些假设甚至认为,文化并不是一个特别连贯的结构,而是一系列的条目,像是各种基本认知操作的副产品。但本章的观点是,文化是一个组织严密的认知结构,而且,如果没有特定的神经系统做基础,人类的认知不会"恰好产生"(just happens)这一具有复杂性和系统性的认知结构。

在每一个个体中,文化认知系统依照内在结构程序运作。如上所述,该系统有习得、运用和传承文化的功能。下文将简要概述这三个功能。

在习得功能中,个体的文化认知系统对他人表现出的概念-情感模式和行为模式进行评估,同时关注这些模式的指令,并内化从评估和指令中抽取的规则。它以高度结构化的方式进行评估。评估过程包括:确定与个体最相关的外部群体;抽象化每一个此类群体的成员;关注这些群体成员展现的特定类别的现象;解决不同群体模式间的冲突。尽管习得功能在个体童年时代应用最广泛而且内化模式最深刻,它可以在人的一生中持续发挥作用,比如处理文化变化或向新文化转移。

在文化的第二个功能,即运用功能中,文化认知系统运用其习得的文化模式,产出文化行为或理解他人的文化行为。在产出过程中,该系统在个体中生成概念-情感模式,并根据已习得的文化结构指导个体的行为表现。在理解他人的文化行为时,该系统同样根据已习得的文化结构,引导个体感知和解读他人持续不断的文化表征形式。

第三,在文化的传承中,文化认知系统可以指导个体完成有助于他人习得文化的实践活动,如教学。

我们认为,文化的共性和差异性问题一定要在文化认知的理论视角下进行研究。一个有特定限制的普遍性要素是文化认知系统中先天预设好的加工程序(下文将详述)。该系统确实呈现了个体间的差异,比如,个体在加工程序细节上的差异,在系统对意识的可及性上的差异,或在系统适应度上的差异。但大体上,文化认知系统的功能是统一的。因此,尽管各个文化在诸多方面不同,它们似乎在建构方式及参与建构的现象类型上存在共性,我们认为该共性源自大脑中内在的、统一的文化认知系统。诚然,文化模式的某些普遍性可能是源自影响人类群体的共同条件或是源自除文化认知系统外的其他先天认知系统的运作。但是,在此我们仍然认为,文化认知系统可以解释大量的跨文化共性问题。同时,作为补充,文化间存在的许多差异涉及文化认知系统不受限的现象。

为给文化普遍性提供一个研究方向,我们首先介绍 Murdock(1965)

列出的72个文化普遍性特征,这些都是从他所熟悉的文化现象中总结出来的。尽管现在有许多人类学家认为他所做的多数工作已过时,但在此期间人类学并未对文化普遍性做深入研究。因此,以重温过去的研究作为新的开端是非常合适的。我们注意到,文化普遍性的形成有多方面的原因,并且文化普遍性并未在事实上证明某一现象在文化中起构建作用。因此,在没有进一步证据时,我们不能认定认知结构在列表所列的所有特定项目中起重要作用。然而,列表中的许多项目似乎都朝着具有结构性地位的方向发展,以充当文化结构共性的标记。此外,该列表是随后与语言结构共性进行对比的基础(参见3.5.1节)。以下是Murdock(1965:89)的列表,按原始的字母顺序排序。

> 年龄分级,体育运动,身体装饰,日历,清洁训练,社区组织,烹饪,合作劳动,宇宙学,求爱,跳舞,装饰艺术,占卜,劳动分工,解梦,教育,来世论,伦理观,人类植物学,礼节,信仰疗法,家庭,宴会,造火,民间传说,食物禁忌,葬礼,游戏,手势,赠礼,政府,问候,发型,好客,住宅,卫生,乱伦禁忌,继承规则,开玩笑,亲属群体,亲属命名法,语言,法律,运气迷信,魔术,婚姻,用餐时间,医学,关乎自然功能的谦逊,哀悼,音乐,神话,数字,产科学,刑事制裁,人名,人口政策,产后护理,怀孕惯例,财产权,献给超自然体的赎罪祭,青春期习惯,宗教仪式,居住规则,性别限制,灵魂概念,地位差异,外科,工具制造,商业参观,断奶,天气控制

1.2 文化认知和语言认知的对应

此处提出的文化认知系统的许多特点,明显和语言认知系统的许多特点相对应,语言认知系统的特点沿袭乔姆斯基式传统,即所谓的"语言习得机制"(language acquisition device)或"LAD"(Chomsky 1965)。两种系统的对应包括以下几点。在乔姆斯基的理论中,语言系统也被认为是先天预设好的大脑系统,在人类物种中进化到当前状态。该系统指导语言的习得、产生和理解,也可能协助他人习得语言。它还包括了"普遍语法"(即要求、限制和参数的综合体),构成了跨语言存在的多数结构共性的基础。

然而,谈到两者的对应,我们并不是说乔姆斯基理论中关于LAD的所有假设都同样适用于文化系统,甚至也没有说这些假设适用于语言系统。乔姆斯基和福多把语言系统当作自治模块的学说本就存在诸多疑

问。所以如果把这一属性扩展到假定的文化系统,我们会面临更大的挑战。事实上,在此我们假定,语言系统和文化系统与其他认知系统的融合和相互渗透比 LAD 理论中严格的模块概念所设想的要强(Fodor 1983)。因此,为表达这个独特概念,文化认知在此被称为文化认知系统(the cognitive culture system),而非"文化习得机制"(the culture acquisition device)或"CAD"。

语言和文化认知系统间的某些对应可能源于它们的进化史。我们的假设是,构成语言和文化的认知系统是人类形成过程中最后进化出的两个认知系统。两者所具有的特点也许是由其他已存在的认知系统决定的,如不同模态的感知系统、运动控制系统、记忆系统、注意系统和推理系统。另外,这两个认知系统也许是在同一时间段内进化的,因此可以称为共同进化,而且它们在这个过程中交互式地发展它们的特点。在此我们注意到,除了上文提到的以及本章中语言和文化系统间的诸多对应,在所有认知系统中,只有语言和文化广泛地展现出了一个普遍的、抽象的结构模式,该模式构成由社会群体(如,各种特定的语言和文化)决定的具体形式多样性的基础。虽然存在这些对应,但语言和文化已经发展成不同的认知系统,如 3.5 节所述。

1.3 认知组织的"系统交叉"模型

与模块论模型不同,在本文作者的研究中,大量证据表明人类认知组织结构的图画如下文所述。人类认知包含一定数量的、相互区别的认知系统,这些认知系统的范围相当宽泛。本研究考虑语言和其他这些认知系统在结构(尤其是概念结构)上的异同。这些认知系统包括(视觉和动觉)感知、推理、情感、注意、记忆、策划和文化结构。总的发现是,每一个认知系统都有一些独有的结构特征,也有与其他一个或几个认知系统共有的结构特征以及所有认知系统共有的一些基本结构特征。我们称之为认知结构的**系统交叉**(overlapping systems)模型(更多详细内容,参见本卷引言)。

为说明文化认知系统的独特性,在本章,我们关注那些把文化认知与其他心理功能区分开的因素。但是,我们也识别文化认知系统和其他认知系统的一些相同点,尤其侧重文化系统和语言系统间的对应。

2 文化认知系统的特征

在这一节中,我们将更加详细地考察个体的文化认知系统在文化习得、运用和传承过程中发挥的作用。之后,我们将探讨这些作用间的共性和差异性。最后,我们将考察在个体身上实现这些作用的操作是如何阐释群体层面的模式的。

2.1 文化的习得和运用

在它所具有的习得和运用文化的功能中,个体的文化认知系统可以包含或帮助协调多个不同的认知加工群组。本章多次强调的群组大体上可以概括为认知加工的一系列**评定**(assessment)形式。在本节中,我们先讨论评定过程,然后简要讨论其他评定形式。

我们先概述一下其评定过程。总体而言,在操作范围内,这一群组以系统上可区分的方式将个体的注意引到周围其他个体身上。确切地说,它评定组成周围社会的不同群体,判定个体是哪个群体的成员。根据特定的结构标准,它从每个群体所有成员的不同行为中抽象出一种图式模式。它调解这些图式间的冲突。它将这些操作结果内化为个体对社会所形成的理解的主要组成部分。并且,与从自我认同的社会群体中抽象出的图式非常一致,它还帮助塑造个体的习惯及概念/情感表现形式。

2.1.1 确定与自我相关的群体及评定它们的模式

概而言之,当前分析假定,人类先天就拥有一套涉及文化习得与保持的特定认知系统,这个系统以如下方式起作用:它引导个体(尤其是成长中的儿童)有选择地去注意和观察与该个体进行最直接交流的他人的某些行为。它还引导个体去评定所观察到的规则、模式和标准。用这种方式观察到的行为不仅包括他人的外在身体动作,更重要的是,也包括由语言表达或其他方式体现的指示性和心理上的内容——思想、情感等等。贯穿本章的术语"行为"(behavior)的广义概念,包括外在表现和言语表达以及这两方面体现的或代表的所有思想和情感。我们使用"行为"这一术语并非特意要与行为主义传统或它的衍生流派产生任何关联。

正如前文所述,这个评定群体行为的认知系统也附带评定个体周围的哪个群体与个体相关,以便从中提取其普遍性特征。因此,面对一个非常复杂的社会团体，文化认知系统将周围环境分成不同的、与之相关的群体，如家庭群体、性别群体、同龄人群体、种族群体、宗教群体、基于阶级或其他社会地位的群体及国家群体（还有下文将提到的、位于最宽泛层面上的"实体"(entity)群体，也就是与动物或物体相对的人类群体）。

例如，一个中国家庭的男孩最近移居美国，他的文化认知系统把以下群体评定为与他相关的群体：把直系亲属看作他的家庭群体；男性为他的性别群体；与他年纪相仿的年轻人为他的同龄人群体；中国人为他的种族群体；佛教为他的宗教群体；工人为他的阶级群体；美国人为他的国籍群体。

在合适的环境中，文化认知系统将位于相同组织层级的多个群体都视为和自己相关，比如两个种族群体或两个同龄人群体。例如，一个女孩的父亲是犹太人，母亲是非洲裔美国人，她认为自己属于两个种族群体，一个是犹太人群体，另一个是非洲裔美国人群体。同样，既参加足球队又参加科学俱乐部的高中男生认为自己同时属于这两个不同的同龄人群体。

基于对某个特定群体中个体成员（这些成员是 Xs，与自我相关）的评定，文化认知系统可以生成一些与身份相关的经验范畴。因此，文化认知系统产生的经验是：自我是 Xs 的一个"成员"(member)。另外产生的经验是：作为自我身份的一部分，自我"是"(is)一个 X。或许还能再产生一个经验，即自我将抽象的 X 本质"吸收"(incorporates)为自身的一个特征。

个体的文化认知系统似乎也关注周围的其他群体（系统评定个体不属于的那些群体），并从中抽象出一些模式。但是，做出这些评定并不是为了自我最终践行这些模式。相反，这些评定的作用是增加个体对周围社会结构的了解，并且，根据自我群体与其他群体现有的或将有的接触，个体改善自我群体中成员的行为模式。这些评定还有助于将其他群体行为判定为"负面模型"(negative model)，个体自身尽量避免这些行为，从而更明确地强化和表示自我所属的群体。一旦确认了自我所属的群体，文化认知系统很可能使个体更加认真并密切地关注自我所属群体的成员（假如自我需要认真仿效其他成员）的行为模式，而不是自身不归属的群体成员的行为模式。甚至，人们的注意会主动偏离不相关群体成员的行为模式，或许在意识中产生这样的伴随经验，"我不属于那个群体，因此我不需要或不应当了解那个群体。"[2]

到目前为止，我们已经讨论了文化认知系统的两个评定过程：确定与自我相关的特定群体；确定每一个这类群体展示的特定行为模式。但这些评定形式并非彼此独立操作或严格遵循一定顺序。相反，与认知组织中的其他部分一样，它们相互影响、相互限定。

2.1.2 不兼容模式的调节类型

总结文化认知系统可知，与自身相关的两个或多个不同群体的行为模式间会存在不相容或相冲突的情况，无论这些群体的组织层次是否相同。比如，之前提到的移民家庭中的那个男孩能体验到原生家庭的中国文化与周围的美国文化间的冲突；那个女孩可能感受到混合种族血统间的冲突；那个高中男生或许感受到源自双重社会归属的冲突。在这种情况下，文化认知系统可从一系列调节模式或解决方案中选择其一对出现的冲突进行处理。这些调节方式包括在多个模式中只聚焦一个模式的调节类型，两个或多个模式混合的调节类型，对每个模式进行心理区分的调节类型。下文将对这些调节模式进行详细阐释。在此我们还注意到，这些调节类型可以用不同的比例进行合成，文化认知系统也可以运用这些合成模式解决出现的冲突。

2.1.2.1 多选一调节类型

一种调节类型——我们称之为**多选一**（selection）的解决方案——指从多种竞争模式中选出一个加以重视、采纳，同时放弃其他模式。文化认知系统选用这种解决方案是因为这个模式与个体的其他认知特点更相符，对个体而言，它更受关注、关联性更紧密、意义更丰富。

比如，前文中的那个移民男孩可能最终接纳原生家庭的中国模式——或许是因为，对他而言，这个家庭意味着温暖和亲密，这在他特定的认知构型中扮演了重要角色——并根据这个家庭的世界观、价值观、行为方式，甚至是语言来看待宏观文化。或者，他可能选择周围的美国文化模式——对他而言，也许是同龄人的接纳和在更大的世界中自由发展的渴望在他的认知构型中占有更重要的地位——因此他把新的世界观、价值观、行为方式及语言带入他的家庭中。

2.1.2.2 混合型调节类型

另一种冲突调节类型——我们称为**混合型**（blending）解决方案——

将两个或多个冲突的文化模式的成分相混合,在个体身上发展或建构一个独特的混合模式,或者实际创造一些新的融合。比如,那个移民男孩可能展现出一种单一的、几乎同质的个体模式,该模式在家庭内和家庭外的表现形式相同,但实际上混合了中美两种世界观、价值观、行为方式等。

2.1.2.3 分类处理调节类型

第三种调节类型——我们称为**分类处理**(compartmentalization)调节类型——指个体习得两种或多种冲突模式,但分别保持了每个模式的相对稳定形式(与原有的特征相接近),并主要在各自对应的语境中将它们表现出来。随着语境的变化,个体不断地在不同文化类型中转换。这种调节方式依赖我们较普遍的心理能力去分类处理,并同时保持不同的文化模式。

在那个移民男孩的例子中,这种适应类型意味着在家庭或其他中国环境中,他经历的和表现的是中国的世界观、价值观和行为方式,但在宏观文化环境中则转换为美国模式。

2.1.2.4 与文化调节类型对应的语言调节类型

当一个人接触两种或多种不同的语言或方言时,他可以展现出与不同文化冲突的调节类型相对应的语言冲突的调节类型。比如:根据多选一调节类型,一位年轻女士从德克萨斯搬到纽约,她可能会保留自己的方言,或者完全学会新的纽约方言,甚至在回到德克萨斯时依然说纽约方言。再或者,根据混合型调节类型,她将两种方言混合,形成自己独特的方言,当她看望德州亲戚时,人们以为她丢掉了德州口音;而当她与自己的纽约朋友交谈时,人们认为她仍保留家乡口音。还有可能,通过分类处理调节类型,她可能掌控了两种方言,并随着语境的变化不断转换方言。

2.1.3 文化认知的结构特点

通过比较,我们更容易了解文化认知系统的真正特性,我们注意到,文化认知系统评价群体及其行为的认知加工操作并不是像在一个群体内部安装一台声像收录设备那样简单。同样,儿童在成长过程中表现出的及认知的文化模式不能仅被理解为是一些简单的、求均值运算的结果,或者是从一些无差别的感知对象中提炼规则时产生的结果。相反,这些模式是由组织结构决定,该组织结构控制人们的观察和认知构造。文化系统的先天配置方式决定它仅对行为表现的某些方面进行分析和加工,加工不只是为了得出数据标准,也是为了生成以先天特定方式产出并合成的概念结构。

也许是先天设计的功能,文化认知系统从外部可观察的现象中输入或识别一种特定的结构,并选定该结构的某些方面加以内化和复制。这个结构包括为选择性建模而按不同颗粒度对周围实体进行的分类;对任一分类中不同的行为模式进行的区分;从不同个体的若干行为模式例子中选取一个行为模式进行的图式性提取;以及对一种行为模式和任何个体表现这个模式的特殊举止的区分。接下来我们将依次对这些结构形式进行探讨。这一包罗万象的复杂结构的存在可以证明存在一个专门的认知系统,这个系统与这个结构相契合。

2.1.3.1 为选择性建模而对周围实体进行分类

首先,以个体对外部实体的范畴化为起点并在较粗糙的颗粒水平上观察,我们发现,儿童将形成以下认知范畴:人、动物、无生命物体(诸如此类)。儿童将对人类表现出来的行为进行选择性习得,由此儿童就忽视了另外两类范畴所表现的行为活动。

比如,儿童将学习周围其他人的运动模式,如怎样将食物送入口中、怎样如厕、怎样保持清洁以及怎样从一个房间进入另一个房间。但是,文化习得过程中的儿童不会内化或复制其他类型的运动模式,比如,家里的狗或牛完成这些活动时的运动模式(除非是为了幽默等目的而进行模仿)。因此,小孩子不会舔着喝水,也不会将嘴移到要吃的食物旁边,而是用手将食物送入口中;他不会抬高一条腿靠着大树撒尿;不会用舌头舔身体以保持清洁;不会在洗完澡后左右晃动以晾干身体;也不会四肢一起快跑着进入另一个房间。

同样,儿童不会对无生命物体表现类似功能时的运动模式进行内化和复制(除非是为了幽默等目的而进行模仿)。因此,他不会学习研磨机的送料斗接肉时的运动模式,不会学习海绵一被挤压液体就流出来的运动模式,不会学习洗衣机里衬衫被洗时的运动模式或洗衣机本身的运动模式,也不会学习球从一个位置滚到另一个位置的运动模式。虽然这些都是显而易见的,但若要描绘出文化认知的基本结构特性,我们就不能认为这些观察结果是理所当然的。

对于从更精细的颗粒度层级上所观察的范畴化过程,前文已作探讨。综上可知,除了从以上三个宽泛范畴中选取一个范畴进行习得,儿童还会在多个精细的、有界限的范畴选项中进行区别性选择,以实现文化习得。这些范畴选项涉及性别、同龄群体、族群以及社会地位。前文强调的重点是文化认知系统评定个体所属的群体(概括的或具体的),此处强调的是基于该结构性的评定,文化认知系统在很大程度上将这些群体设定为它提取行为模式的范围。

2.1.3.2 区分不同的行为模式

儿童文化认知系统建立的个体的每个范畴都呈现出一系列的行为模式。如果文化系统对这一系列行为不加区分就进行评价,那么结果将是相互叠加的、模糊不清的运动。为避免出现这种情况,文化系统在不同的颗粒度层级上区别特定的行为模式,并决定这些模式相互嵌套或相互关联的方式。

例如,在耶路撒冷的总部,犹太教哈西德派(Hassidim)的 Gerer 派别会在安息日宗教庆典中举行许多特别的仪式。在一种仪式中,Rebe(该派别的精神首领)靠墙而坐,男人和男孩在他面前围成圈按顺时针方向转动。远离 Rebe 的那部分人紧凑缓慢地移动,但快移到 Rebe 面前时,人们突然拉开距离,快速移动。在另一个仪式中,Rebe 坐在一个粗大柱子后的桌子那里,男人和男孩用自己身穿的新外袍换取旧的、已经穿破的袍子,然后快速聚成一大群,用力朝柱子那儿拥挤。人群外,有些人递水瓶,供参与者饮用,还有一些人会从远处用力跑过来,冲入人群外层,跑进一小段距离后淹没于人群中。两个仪式共有的概念是:竭力靠近 Rebe,意味着努力靠近上帝。第三种仪式是一小组男人组成合唱团唱部分祷告文。

在此,我们的观点是,在这个场景中,儿童的文化认知系统必须对活动的连续体进行切分,由此对不同的仪式及每个仪式的不同环节产生不同的图式。换言之,文化认知系统必须对一连串活动的结构非常敏感,这样才能进行分析。否则,儿童习得文化时辨别不出这些仪式的不同,而是把它们看作混杂在一起的人和事,就以上例子而言,就是一堆拥挤的人唱歌、穿新袍子和旧袍子、顺时针转动以及相对稀疏的一群人穿过拥挤的人群。

2.1.3.3 对一个行为模式若干例子的图式抽取

上一小节讲到,文化认知系统的结构特征将一系列活动切分成不同的行为单元。但在同一文化内的每一个行为模式是由不同成员以不同方式表现出来的,甚至是由同一个成员在不同情况下通过不同方式表现出来的。因此,针对这些不同的表现方式,文化认知系统必须进一步评定蕴含在这些表现方式中的相关文化结构,即,确定其中的深层图式、对它进行抽象并将它作为模型。

例如,以东欧讲依地语的德系犹太人在东正教犹太教会堂举行安息日活动(Zborowski, Herzog 1952)为例。在他们进行祈祷活动时,每个人都表现各异。在读祷告册时,所有人都有节奏地晃动(shoklen zikh)。但有的人前后晃;有的人左右晃;有的人时而前后晃,时而左右晃。有的人前后晃的幅度很小,像在轻轻点头;而有的人幅度较大,一直用力弯到腰部。与此同时,所有人都出声祷告,但有的人含糊叽咕,嘴唇几乎不动,有的人则大声朗诵出来。有人站着,有人坐着,还有人时站时坐。虽然多数人基本上都身朝前方,但不同的人面向不同的方向。有人待在会堂的某一个固定位置,有人则边走边祈祷。

在观察祈祷(davenen)这个行为单元的多种表现形式时,儿童必须抽象出不同的结构轮廓,以此作为在文化上认可祈祷活动的标准。儿童不可能在计算所有形式的"均值"时不产生一点困惑。比如,走着、坐着和站着的"均值"是什么呢?但我们确定的是,由于其所具有的合理性,某些均衡化加工过程是必须的。比如,每个会堂可能已规定好成员们晃动身体的幅度范围,因此,儿童会在这个范围内模仿大人的动作。即使是在这种情况下,儿童会观察到身体晃动的幅度与年龄范畴和性格类型范畴间的结构关联。所以,儿童的文化认知系统的主要功能是确定结构图式,并从一系列不同表现形式中将该图式抽象出来。

2.1.3.4 从个体特殊行为表现中区分一种行为模式

任何一个成人表现出的文化行为模式都不可避免地受个体特殊习惯的影响。这些特殊习惯包括个体的身体及神经控制特点、个体的性格特点、癖好和情绪变化。在习得文化的个体评定另一个个体行为时,前者的文化认知系统的部分结构功能是在其他个体的特殊行为中区分行为模式的抽象图式,从而选择其一(而非其他)进行内化和复制。

比如,墨西哥儿童必须学会撕下一片玉米粉圆饼,将它折成一个特定形状,之后用它舀盘子里的食物,最后送入口中。但她不会学习她患有关节炎的奶奶吃玉米粉圆饼时慢腾腾、笨拙且不平稳的行为模式;也不会学习她母亲生气时快速粗暴地撕下一片圆饼的动作；同样，她也不会学习父亲弓着背、蹒跚地走到餐桌前吃饭的行为模式。

2.1.3.5 结构选择性

尽管以上的一系列发现是显而易见的，但我们不能将其视作是顺理成章的事。我们将它们一起呈现出来会促使大家去思考为什么它们是这样的。很显然，文化认知系统对周围环境进行评定，获得其结构特征，并对其结构的特定方面做出选择，同时摒弃该结构的其他方面。系统的这一特点被称为**结构选择性**（structural selectivity）。

因此，具体说来，文化认知系统被用来评定与自身相关的实体范畴——人类，而非动物或无生命物体——以作为行为模式抽象化后的模型。在人类范畴内，文化认知系统区分不同的群体，并选择与之相关的群体进行建模。在这一群体表现的所有行为中，文化认知系统切分出与文化相关的模式，将这些模式分类并单独进行内化，同时放弃吸收剩余的行为。文化认知系统从所有特定的行为模式的例子中识别抽象图式结构并有选择地进行吸收。此外，文化认知系统识别由个体的性格或癖好导致的多个行为方面，并拒绝将它们作为合适的模仿材料。除此以外，文化认知系统仅寻求嵌套在该个体整个行为复杂体中的、可代表元个体文化模式的抽象概念。

2.1.4 其他文化认知加工群组

到目前为止，以上关于个体对文化的习得和运用的探讨仅限于名为评定类型的认知加工群组，但文化认知系统可以包含或帮助协调一些其他的认知加工群组。

2.1.4.1 从教学中学习

另一种可能的文化认知加工群组包含对他人教学的积极回应。这不是简单地"学习"，因为这一术语过于宽泛，涉及由于接触环境而形成的个体认知的所有变化形式。相反，此处特指**通过他人的教学学习**（learning from teaching by others）。这种教学可以是显性的，如正式教学；也可以是隐性的，如讲述包含道德或隐含信息的故事。

此外，当听到这些叙述内容时，处于发展中的儿童并不是简单地将概念收入智力记忆库——对于成人，当听到来自另一文化的成员讲类似的故事时,他可能会这样做。值得注意的是,在处于发展阶段的儿童的认知加工过程中,这些认知加工过程会进一步将这些经过处理的故事概念内容导入儿童深层内化的概念-情感模式和行为库中,在那里它们将作为儿童文化认知结构的一部分被吸收。

这些加工过程与语言加工过程不同。尽管在多种文化中,成人努力就孩子们对母语的使用进行指导和纠正,但除了少数用法外,这些努力对孩子们的影响似乎是微乎其微的。

2.1.4.2 赞同/反对回应

另一种文化认知加工群组被称为**赞同/反对回应**(approval/disapproval response)。儿童大多会因为成人特别是与他们亲近的成人的赞许感到高兴,会因为他们的反对感到难过。这两种认知加工实质上相当于一个反馈系统。在儿童的发展阶段中,他们表现出与他们所积累的文化认知结构相一致的某些行为。通常,他人的赞同会固化儿童文化认知结构中的特定行为模式,他人的反对则会清除某种模式,并促使文化认知系统继续寻找更合适的模式。

2.1.5 文化习得与运用的交互作用

文化认知系统对群体行为模式的评定并不只是为了使自我在他人身上识别出这些模式。更确切地说,它这样做也是为了让自我反过来表现这些行为模式,或者是形成解决模式冲突的调节方式。

此外,这两种认知加工——文化模式的评定和产出——既不相互独立发生,也不按照严格的顺序发生,而是交互作用。因此,在儿童的成长过程中,文化系统的这两种功能都逐渐变得更加详尽且精确,而且每一种功能都促成或部分决定另一个功能的变化。因此,模式评定功能必须逐步向行为产出功能传递它的最新信息。同时,个体在其发展过程中表现出的一系列行为模式提高了个体的相关文化认知技能,还促使确认功能做出更深入、更细致的判定。个体表现出的行为还激起了其他群体成员的反应,这有助于评定功能对图式进行改进。

2.2 文化的传承

在上文中,我们一直讨论的是文化认知系统的文化习得和文化运用功能。这些功能必须一直在每一个健全的个体中稳健地运作。但文化认知系统有第三个功能:将文化传承他人。这种传承功能有助于他人通过一些加工过程习得文化。这些加工过程包括:阐明、接触以及隐性或显性传授。虽然传承功能可能是生来就具备的,但它可能在某些个体身上处于休眠状态,或者它能发挥的作用变化较大,从微弱到强烈。

占据最主要地位的文化传承方式或许就是成人对他们的文化模式进行运用,儿童使用评定程序从观察中抽象出这些模式。但成人也会利用他的文化传承能力促进儿童文化认知系统中的习得功能。在以上几种形式中,人类文化认知系统的传承功能和习得功能可能是共同进化的,因此两种功能的操作恰好相适应。接下来我们将讨论以上提到的传承功能的几种形式及特点,以及它们是如何与不同形式的习得功能相吻合的。虽然这一问题需要进一步的关注和研究,但可能的情况是,以下描述的大多数形式并未出现在非人类的灵长类动物身上,或只是以微弱的、萌芽的形式出现。

首先,传授者进行文化交流时能以一种较缓慢、较清晰的简单形式反复与儿童互动。"清晰性"的具体体现是:传授者分割出每一个行为的组成成分,划定明确的界限,并较为夸张地展示这些行为。简化过程包括省去细微的、不那么基础的组成部分。文化传承功能的这一**阐明**(**clarification**)形式在两个方面进行运作:身体行为和交际内容。这一特定形式可能在儿童的习得功能中找不到具体的对应项。儿童仍使用通常的评定加工方式,只是现在他们的评定时间更加充裕了。

文化传承功能的这种阐明形式似乎在语言上有对应形式。我们的语言系统似乎先天具有去执行某些不同"语域"(registers)交际的程序,这会减轻非完美语言使用者的负担。"父母-幼儿用语"(Parentese)是成人对孩子说话时语言转换的集合(Gallaway & Richards 1994)。它包含上述所有的文化传承特征。因此,成人说话时语速较缓慢,吐字较清晰,语调较夸张,句法、词汇及整体内容较简单,并伴有重复(加额外提升音高)。与非本族成人谈话时,同样的转换经常发生。上述内容再次说明,当我们意识到自己是在跟儿童或语言能力稍弱的成人交谈时,我们就会使用这种固有的说话模式。[3]

传承功能的另一种形式是采取措施以保证儿童接触到他需要习得的行为。例如,成人在打猎或打渔时带上小孩,或在纺织时让小孩坐在身旁。在这些活动中,小孩可以被安排为小帮手。这种形式通常不涉及显性传授。这种**接触**(**exposure**)的传承形式可能同样在儿童的习得功能中没有特定对应项，但它的确直接为标准评定加工群组提供输入。

此外，无论是借助隐性的叙事还是显性的说明，传授者都能进行传授，传承功能的这种**传授**（**instruction**）形式似乎直接对应前文描述的儿童习得功能的"从教学中学习"的形式，并且两者可能是共同推进的。

最后，成人可以通过赞同或反对来规范儿童的行为。很显然，传承功能的这种**赞同/反对**（**approval/disapproval**）形式对应儿童习得功能的"赞同/反对回应"形式，如上文所述，这两者也可能是共同进化的。

2.3 文化认知系统的普遍性和差异性

文化普遍性主要有两大来源：文化认知系统先天预设好的个体间的共性以及所有文化都必须适应的物理环境的共性。大多数实质性的文化普遍性——即那些在感官上更可触知的或概念内容更丰富的——比如Murdock（1965）所列举的那些（见前文）可能源自物理环境。还有一些实质性的文化普遍性来自文化认知系统。但在大多数情况下，我们把该系统中的共性看作是功能性的，包括对特定形式和观察对象的操作步骤的抽象化以及对评定和加工观察结果的操作步骤的抽象化。但是，这种文化认知系统的功能共性并不指向实际文化行为的显性共性。它更多地指向抽象文化结构的隐性共性，即一个内置于所有文化中的"脚手架"（scaffolding）。

文化认知系统的这一特点大体上与语言共性的本质类似。语言共性很少是实质性的细节——它们通常是抽象的模式和关系、步骤和过程以及原则和限制。实际上，对语言共性的研究历来包括特定的理论顺序。在这一顺序中，研究者首先假定存在某一真实共性，然后警惕违反这一共性构想的语言，最后通过假定一个更抽象的原则或关系来更正理论。此后对文化普遍性的研究仍遵从同样的理论顺序。尽管如此，当前的情况是，我们坚持认为许多跨文化的结构特征共性起源于本章所讲的文化认知系统的特点。

除了这些共性，文化的其他各方面都存在差异，我们可以把这些差异分为两类：一类是文化认知系统的标准运作允许或促进的类型；另一类是文化认知系统本身的个体间差异——即相对稳定的核心特征之外的变化形式，这些变化形式源于基因及由环境引起的个体间差异。

2.3.1 文化认知系统标准运作下的多样性

文化认知系统的标准运作以两种方式作用于文化差异性：一种是确

认差异性,一种是促进差异性。在确认功能中,文化认知系统首先观察儿童所在的文化间的差异,通过系统加工继续有区别地评定这些差异。文化间的差异可以非常大,几乎能影响每一个行为领域,而且涉及概念-情感结构和行为方式的最细微的方面。评定加工及文化认知系统的其他加工群组使儿童习得他周围文化在一系列可能的变体中所采用的特定形式。

文化认知系统的确认功能与跨文化差异的交合可以产生巨大影响,比如:对某一种文化中个体的神经机能及躯体机能的区别性作用。产生这种影响的原因是,与另一种文化相比,一种文化中某种行为的大量存在及细化会调动大脑及身体的可塑性,使它们能适应更多的需求。毫无疑问的是,行为对躯体机能所产生的影响更易于研究。比如,通过仪器测量我们可能会发现:从整体上说来,习惯席地而坐的人的腿与习惯坐在椅子上的人的腿是不同的,即两种文化的差异反映在人的躯体差异上。

同理,如果一种文化在其语篇及日常行为中强调某一种认知形式,那么大脑中处理那一部分形式的系统会获得更大的发展(即,会形成一种更密集、更复杂的神经网络),而且,与不强调这种认知形式的文化相比,这种文化的这部分系统的决定性作用更大。这种被强调后将促进大脑系统发展的认知形式可以是以感知为依据的,这种情况可能发生在习惯狩猎不易捕获的猎物的文化群体中,或是发生在需要依靠罗经点数(compass points)才能保持方位感的文化群体中。或者,这些认知形式涉及情感或价值,这使强化这些形式的大脑系统更加精细化。比如,在不同文化中,强调程度不同的情感和价值观包括:个人荣誉感及复仇感对比放任自流的态度,睦邻友好对比怀疑和敌意,恣意发火对比彬彬有礼,珍视智慧对比忽视、怀疑智慧,集体主义对比个人主义。因此,对于这些文化差异,本章的观点是:个体的文化认知系统确认它的文化重点,并指引个体按这些文化重点来实施行为,结果是提高了负责这些行为的大脑和躯体系统的能力、精细度及其在整个大脑和身体生态中的决定性力量。

正如上文所述,文化认知系统的标准运作不仅确认文化差异,而且还促进这种文化差异。文化认知系统运作和循环现象(详见下文所述)的本质促进了文化差异在习得过程中的某些变化,并且可能通过这种进化过程提升了对不同环境的文化适应力。我们对此的解释是:个体文化系统产生的行为表现与所观察到的他人表现的行为模式并不是完全一致的。产生这种差异的一个原因是个体的行为评定系统并不是控制个体所有行为的唯一系统，而是与个体的其他认知系统（包括有关个体性格的系统）相互作用。另一个原因是评定系统的抽象图式及概括是从不同人身上获得的，正是由于这些人自身内部认知的相互作用，他们已在多个方面互不相同。

2.3.2 文化认知系统自身的差异性

文化习得过程中的另一个差异在于文化认知系统自身。和其他由基因决定的结构一样，文化认知系统展现出一些个体差异。但是，不同的大脑系统所允许的个体差异的程度似乎是不同的。有一些系统有高度的一致性，即个体间呈现非常相似的特点，比如人类的视觉处理系统或鸟类的飞行控制系统。虽然我们的推测是不同人之间的视觉感知差异比普遍认为的要大，但诸如感知和飞行的系统很可能必须在相对小的差异范围内运作，以体现进化优势。而其他认知系统可能不必限制在这样小的差异范围内，因此更容易遭受族群内差异性的选择压力。在人类身上，这种例子或许是人类的情感、记忆及整体运动控制认知系统。不同个体评定及执行文化模式的认知系统似乎同样呈现出巨大的差异性。

文化认知系统的遗传差异参数涉及评定的准确性和执行的保真度。该参数还涉及这一系统相对于同一个体的其他具有评定功能的认知系统的强度和支配度。此外，下文将讨论的差异参数是系统对意识的可及性、系统生成融合体的倾向性以及系统对新文化条件的适应性。

2.3.2.1 对意识的可及性

我们观察到，人与人之间在元语言和元文化能力上存在不同，这些不同源于他们的文化认知系统或语言系统的加工产物对意识的可及性程度的不同，以及一生中他们在多大程度上积极地触及意识。因此，田野语言学家和人类学家发现，在他们所接触的个体中，有的人可以很出色地指出自己使用的语言的结构，或是说出自己所在的文化的结构，但有的人却不能。在我自己研究阿楚格维语（一种加利福尼亚多式综合语，具有极强的词缀化倾向）的田野经历中，我的第一个受访对象无法辨别多词缀动词的任何语素成分或意义。但当第二个受访对象被问到如何说她语言中的一个特定词组时，她自发地说出了一系列表达，这些表达仅在动词的一个语素位上不同。这表明她将动词的语义和语法结构分割成了一系列的成分。对此，一个可能的解释是，对第二个或其他同样擅长文化描述的受访者来说,相对于普通人,在他们的一生中,他们分析语言或文化的认知系统更积极地发挥了作用,对意识的可及性也更强。

同样有可能的是,对于那些在各自的领域内具有天赋的语言学家和文化人类学家而言,他们的认知系统天生更积极、对意识的可及性更强——此外,他们的文化允许或促进他们发展和运用这些系统,并将其作为职业(因此,如有机会,第二个阿楚格维语受访者可能成为一个优秀的语言学家)。甚至有可能,语言学和文化人类学学科之所以发展成社会制度,是个体大脑中的语言分析系统和文化分析系统大规模地表达活动时积累而成的结果(尤其指这两个内部系统占据了绝对主导地位的那些个体)。

2.3.2.2 融合

在其他几个方面,文化认知系统呈现出个体间的基因差异。其中一个方面是系统将它对周围文化评定的不同方面融合成一个连贯的概念结构的程度。我们发现,不同个体的文化认知系统似乎在较大范围内有所不同。在这个范围的一端,系统很容易就允许不同的分类处理组块共存,这些组块由对周围文化不同方面的独立分析组成。在另一端,系统尽可能多地调节不同方面的分析,并调解相冲突的分析以形成一个总体的概念框架。对具有后一种文化认知系统的个体而言,在进行这种加工时,他在意识中所经历的情感可能是一种竭力完成融合的感觉,如果没有完成,就会是一种痛苦的感觉。

所有的文化似乎在它们的模式被融合的程度上有所不同,因而形成了一个关于象征、价值、惯例等的连贯系统。很多历史因素可以解释之前已融合的文化中出现的不一致模式。但之后,该文化仍趋向于新的融合,可能的原因是该文化中绝大多数成员的文化认知系统具有融合的驱动力,并进行了大规模的融合。

2.3.2.3 适应性和情感依附

文化认知系统还可能在适应性上存在基因差异。适应性关乎系统在个体生命中能加工并适应周围文化持续变化的时间段以及能回应的变化量级。很显然,在个体的青年时期,这个系统更容易形成新的构型,之后似乎会逐渐衰退。但这种衰退因人而异,有的人是早而急剧,有的人是晚而平缓。此外,有些衰退只妨碍个体向新文化的彻底转换,有些衰退则还妨碍个体在本族文化中的持续转换(见3.2节)。

一个相关的可变因素是附着在文化认知系统加工产物上的情感强度。因此,一些个体在这种情感驱动下至死保卫自己的生活方式,并对抗威胁其持续性的外在力量。另一些人则对他们熟悉的生活方式没有太多的情感依附,愿意接受一种新的文化环境。

2.4 个人与群体的关系

根据我们的观点,文化在根本上是由个体的认知表征的,因此我们有必要描述单个个体之上的群体所表现出的文化模式。这是一个非常重要的任务,因为许多文化理论是完全基于群体层次的,并且把群体当作是超个体的突发现象。在这一节中,我们简要介绍基于个人的文化认知系统解释群体层次模式存在的四个过程。这些过程是:每一个个体习得几乎一样的第一序列模式,该模式随即出现在集合中;每一个个体习得复杂群体事件的结构图式;每一个个体习得一个元图式,该元图式对发展中个体的第一序列文化材料进行不规则的表征;以及正在进行文化习得的每一个个体归属于正在进行同样活动的群体。

虽然真正的突发特征可能存在于社会层面,但我们有必要将它们和那些能直接追溯到基于个体认知结构的大规模或群体层次特征区分开。

2.4.1 个体共有的群体集合图式

对那些所有个体都展现大致相同的行为的群体模式而言——比如,社会中的所有成员以几乎相同的方式使用餐具——我们很容易找出个体和群体间的关系。简言之,每个个体习得这一行为,然后将该行为体现在群体中。这种个体与群体的关系形式被称为**概括性集合**(summary aggregate)形式或**个体共有的群体集合图式**(individually shared schema summated over the group)形式。

2.4.2 个体共有的群体合作图式

要解释类似婚礼或战争的群体模式,我们需要更多的阐释。在这些模式中,不同个体表现互异却又互补,联合形成一个整体型群体模式。

但是,本章的认知论仍然可以解释这种群体模式。处于发展过程中的个体的文化认知系统具有两个特性(第一个仅是评定功能的另一种形式)。个体从周围的群体中学习或观察到一种模式,这种模式由每个个体不同却互补的行为组成,然后个体将这种模式内化为一个抽象的概念结构或图式;并且,个体知道自己依照图式执行了其中的一个行为,并与依照图式执行剩余行为的其他个体进行了互动。社会中的每个个体将会习得几乎相同的图式,并能从中选用一个或几个角色。因为所有个体共享一个总体图式,并彼此互补地合作执行图式的不同部分,所以这些个体能够共同展现这个模式的完整复合体。对于图式内的某个特定角色,不同个体的熟悉度不同,有的个体非常了解这个角色的表现,有的只知道别人是如何表现这一角色的,还有的只知道有这个特定角色范畴的存在。甚至,在文化模式中可能还存在由社会其他成员表现但个体不知道的角色。但总的来说,个体的这种理解描绘出了一个相对完整的总体图式框架。这种个体与群体关系形式被称为**个体共有的群体合作图式**(individually shared schema for group cooperation)形式。

以婚礼仪式为例,每位参与者对婚礼都有一个事先存在的概念图式——关于所有不同类型参与者的角色和行为。因此,在东欧说依地语的德系犹太人的传统婚礼上(Zborowski & Herzog 1952),新郎了解自己作为新郎的角色(*khosn*),了解新娘的角色(*kale*),了解那些陪伴新郎和新娘走向婚礼华盖的人的角色(通常是他们的父母(*unterfirer*)),了解婚礼仪式主持者的角色(通常是拉比(*mesader kedushin*));了解四个举华盖四角的人的角色(没有特别的名称)以及签订婚礼契约的见证人(*eydes*)的角色。新郎还会了解那个同时行使婚礼主持功能、掌管婚礼气氛、担当犀利小丑(*batkhn*)的特殊人员的角色,了解在新娘新郎单独所在的房间照看他们打破斋戒仪式的看管人的角色(*shoymer*),了解演奏人员的角色(*klezmoyrim*)。在这些角色中,因为曾经担当过这些角色,新郎自己或许深知其中的几个角色,如华盖扶持者、演奏人员;或因为以前目睹过而了解其中的某些角色,如拉比和小丑的角色;或因为听别人描述过或提过而大概知道某些角色的范畴和特征,如契约见证人;或根本不了解仪式中的看管人的角色。

在此,我们反对"实践说"的主要观点(Lave 1988)。一个在文化上基于多人活动进展的结构和模式并不是一个仅出现在交互作用过程中的突发现象,在它实际呈现前,它的本质既不可见,也不可控制。相反,它的结构、它的进展模式、其中参与者的角色类型以及这些角色的内容大体上已经提前为人们所了解,并作为概念图式,存在于每一个参与者或观礼者的认知中。参与者或观礼者可能会对互动中出现的一些不可避免的新颖效果感到吃惊,但不会对整个复杂事件出现的一些新情况感到震惊;而依据实践说,这才是应当发生的情况。甚至,社会成员完全没有预料到的某些角色或因素都可能不会使人们的理解或表现陷入混乱中,因为这个新的因素会进入已经丰富完善的概念结构中。我们认为,若非如此,一个合作的、协调的活动不会产生。

同样,分布式认知研究(如 Hutchins 1993)侧重集合活动中个体的特殊性和对知识的偏好(以及在我们看来对这些方面的正确分析)。但在这里,我们所强调的是互补的观点,即如果不是参与者已经对整个活动都享有一个概念框架的话,这种协调合作行为就不会发生。虽然这个概念框架较为粗略,但它描绘了活动的总体结构、组成部分、过程及这三者相互关联的方式。

这种个体对合作性活动的文化图式进行内化的观点在语言学的语篇领域有对应。对话中的任何一方都了解说话人和听话人的角色以及两个角色如何配合。正如话语分析家描述的(如 Sacks,Schegloff & Jefferson 1974),语篇的话轮转换结构不是一个突发现象,两个会话者交流前不会对话轮转换一无所知,也不会对话轮转换的出现感到吃惊。相反,他们可以完全有意识地理解并操控这两个角色。

2.4.3 个体共有的群体差异元图式

此前我们探讨了文化认知系统在个人成长过程中的运作,仿佛该系统能获取周围社会的所有行为模式。但实际上,成人无论是作为个体还是群体,可以在不同程度上掌控个体在成长中接触到的特定文化模式。比如,男人们可能向男孩呈现一些不会向女孩呈现的文化模式;某特定图腾群体的成年人或许会向群体内部的年轻成员而非外族成员呈现他们的仪式;在一个学徒制文化系统中,特殊的手艺被传给特定的个体,如跟随一个造船师傅的学徒将习得造船的详细知识,非学徒者则无法习得;在一个等级制社会中,上层社会会给孩子提供详尽全面的教育和技能以及继续掌控权力的知识,这些通常都是下层社会的孩子无法接触到的。

在所有这些例子中,个体成长过程中的文化认知系统仍像我们前文中描述的那样,对所观察到的行为模式进行交叉评定和抽象。唯一的不同是,他们能观察到的行为部分地由文化**元模式**(**metapattern**)决定,这种元模式确立文化接触的分配。此外,这样一个元模式的整体结构被大部分儿童当作一个**元图式**(**metaschema**)的类似形式习得,习得方式与前文描述的合作型图式的习得方式类似。即，一个儿童除了习得成人区别性地呈现给他的特定部分的文化，还以图式形式习得文化元模式，该元模式确定哪些群体的成年人将哪些第一序列的模式范畴传给哪些儿童。例如，存在性别区分的社会中的男孩和女孩都能习得文化元图式，但其中特定的行为只呈现给男孩而非女孩。在等级制社会中的上层和下层的儿童都将习得文化元知识，但其中一些第一序列知识将传授给富人的孩子而非穷人的孩子。当然，随着儿童逐渐长大成人，他们转而成为构成元图式的群体成员，如同此前他们所习得的元图式。这种形式的个体与群体关系被称为**个体共有的群体差异元图式**（individually shared metaschema of group differentiation）。

2.4.4　来自群体的个体共有图式习得

前文谈及的几种文化传承形式（如阐明、个体接触、隐性或显性传授）可以一对一地实现，即从单个传授者传给单个习得者。但本章讨论的文化传承的主要形式是认知上的多对一关系：很多成人的不同行为被每一个成长中儿童的认知体系交叉评定。因此，一个结构性的问题是：如果最后形成的是个人认知，这样一个群体认知加工过程是如何持续的？这种多对一关系在一代代人中以一个明显的方式自我更新——虽然文化习得被成长中的个体单独完成，但很显然，在同一时刻，很多成长中的个体正执行同样的习得过程。此外，因为他们的习得方式存在差异，他们内化的文化行为模式也存在差异。随后，这些个体转而成为成人群体中的一员，表现出不同的行为模式，这些行为模式被下一代儿童的文化认知系统交叉评定。这种形式的个体与群体关系被称为**来自群体的个体共有图式习得**（individually shared schema acquisition from a group）。以这种形式出现的加工过程可能是文化传承的主要形式，还可以被称为**文化再循环**（recycling of culture）。由于此前描述的所有变化形式和违背或偏离一致性的形式会出现在这一过程中，所以这一过程允许内部文化的变化。

3　文化系统在认知上独立存在的证据

如果我们本章假定的有别于其他认知系统的文化认知系统的确建立在特定的神经系统上，那么它可能呈现出这些实体所展示的某些特定特征。因此，它可能会显示出发展期、敏感期、由脑损伤或其他故障造成的特定系统的损伤,在其他物种中只具有弱式形式、早期形式或完全缺失,并与其他紧密相关的认知系统的少量重叠。在本节中,对以上每一个范畴,我们引用现存的证据,或对进一步研究需要寻找的各种证据提出建议。此类证据越统一,文化认知系统建立在神经系统之上的论点越令人信服。

3.1 文化习得的发展期

确定儿童习得文化的模式有助于从不同的理论中选择一种解释认知对文化的支持。一种可能是,儿童习得文化的方式与此前人们认为儿童习得语言的方式相同。也就是说,儿童会表现出一个相对持久的学习梯级,直至完全习得成人的语言形式。这种学习形式主要通过一般性的模仿来持续推进,可能也会得到一些显性传授的支持。最初,由于能力不完善,儿童在模仿和掌握成人语言形式的过程中往往会出现种种错误,但随着更细致的模仿,他们会逐渐调整自己的语言输出,直到达到成人标准。

但是,几十年来对儿童语言习得领域的研究(如 Slobin 1985)表明,儿童习得语言的方式并非如此。它的进程呈现一系列的增值期,每一个时期都有自己特定的"语法"。在每个时期中,即使有外力的纠正,儿童仍坚持使用特定的语法。随着普遍性结构规则的不断引入,这些阶段显现出来。为保证系统的总体连贯,每一次规则引入都使临时语法进行重组,此外,不同儿童在发展过程中经历的这些时期在某些方面具有普遍性,究其原因,也许是这些方面所依赖的认知系统的其他方面本身具有普遍性,或者这些方面是语言系统固有特性的作用结果。

同样,我们需要注意,文化习得是否是一个校正模仿的连续过程还是一个连贯的、有组织结构的有序演替过程?如果是后者,我们必须研究该演替过程的某些方面是否遵循结构变化的普遍性。Minoura(1992)的研究数据表明,9 到 15 岁这一阶段大致是个体内化自身的文化模式以建立同伴关系的阶段。但此类研究太少,如果进一步的研究能够确认这种文化习得期,那将为人类具有独特的文化认知系统的假说提供更多的证据。

3.2 文化习得的敏感期

文化习得可能存在一个敏感期或关键期。提出这一可能不表示在没有文化的环境中成长的儿童随后无法习得任何文化(这种不幸情形只在最异常的情况下发生)。相反,我们探讨的是,在儿童时期已习得第一种文化形式的个体,在之后接触另一种文化时,很难或无法习得这种新文化的某些特性。在此,敏感期指人们应当尽早地接触某些文化现象,并对这些现象进行练习,以习得这些现象并终生保存。

个体对某个特定文化现象的习得在此被认为至少包括以下方面:当同一个文化中的他人表现这种现象时,个体能辨认并作出相应的反应,对这种现象进行思考和感受,并且个体自身能表现出这种现象。这种习得有两种深入程度:一是究竟是否习得某种特定文化特征;二是是否习得该特征的所有细微之处以及与其他特征的整合。相应地,如果一个人在人生后期第一次遇到这种现象,他或许可以运用自己的心智能力进行识别、理解,并作出合适的反应。但在敏感期理论中,他必须在人生早期经历这些现象,才能在更基础的认知层次上对此进行内化和互相连接。

这里假定的敏感期因人而异,对于不同的文化特征或领域,其起点、持续期、轮廓及剧烈度都有所不同。在此,"轮廓"(contour)指动态性,即这一时期的开始或终止是渐变的还是急剧的;"剧烈度"(severity)则指一个文化特征或领域在敏感期外在多大程度上是可以被内化的,从完全无法内化到广泛地被内化。其他的认知系统,比如视觉感知系统,似乎对某些特殊视觉现象(比如对地平线的感知)有一个更明确、更强烈的敏感期。但对文化认知系统而言,对许多现象的习得可能并不是一个全或无的问题,而是促进或加强的问题。

以跨文化为例,我们可以回忆一下与本国长期移民接触的经历。虽然他们对新语言的掌握已达到自由交流的程度,但对我们而言,他们的表现方式、交际方式以及表明概念和情感的方式还是与本地人不同。诚然,有些移民意识到这些文化差异,并且有意地选择保留原有的习俗和价值观。但更能体现存在文化敏感期的例子是,有些移民非常愿意吸收新文化,但最终无法彻底同化——无论他们自己是否意识到这种文化不足。

与此密切相关的是 Minoura(1992)的研究。她研究了一群年龄不等的日本儿童来美国后又回到日本的情况。研究结果发现,9岁到15岁是"涉及个人关系的文化意义系统内化"的敏感期。Minoura(1992:333)认为,小于这个年龄段的儿童回到日本后完全可以调整回他们的原文化;而大于这个年龄段的儿童已内化了美国式同伴关系概念和情感系统,回到日本后,他们很难调整回日本模式。

还有一类例子涉及某种文化的快速变化。这种社会中年长的成员会很好地保留他们年轻时(即在他们的敏感期)风行但当下很少表现的惯例、价值观以及很多方面的世界观。年轻人和年长者都会注意到这种变化。他们对这种变化导致的不同进行评价,有的年轻人认为年长者的做法是高尚的,有的认为是老套的;同样,对于年轻人的做法,有的年长者认为是社会的进步,有的则认为是社会的倒退。当然,年长者可以用他文化认知系统之外的认知来确立个人习惯、价值观和信仰(见 3.6 节),并以此为基础拒绝对他早期模式的某些潜在修正,如同某些年轻人拒绝当代文化模式、依旧使用旧模式一样。不过,除此之外,在一些有争议的方面,年长者并未把他的早期文化模式改变成新模式。敏感期理论对这一现象的解释是:对这些模式的某些方面而言,因为文化认知系统已经在敏感期阶段将相适应的模式固化,所以年长者不能再进行转换。

因为敏感期被发现存在于其他可辨认的认知系统中(如视觉感知和语言),所以敏感期的存在可以支持存在文化认知系统的假说。我们可以对照与文化敏感期概念相对应的语言敏感期概念。一个个体能够习得他在语言敏感期内学习的母语的某些特征和特征范畴,但在二语中,他可能无法习得或无法完全习得二语的特征和特征范畴。

以上阐述的习得障碍包括语音、语法或语义。在语音方面,比如,法国本土人不能发英语的"th"或"r"音,并且很难掌握英语重读音节的关联;英语使用者似乎无法理解汉语的声调。即,在关键期或敏感期未接触过重音或声调,因此个体在二语习得时对此似乎就没有反应。一个与语法相关的例子是英语母语者难以深入内化俄语语法的性和格。与其说他们可以流利地使用合适的名词和形容词后缀,不如说这些英语母语者最多只能通过记忆课本上的后缀表而正确使用这些后缀。在语义上,德语使用者可能永远无法区别英语的一般现在时和现在进行时("*I teach here*(我在这儿教书)"vs."*I'm teaching here*(我正在这儿教书)")。

3.3 文化系统损伤

为验证文化认知系统根植于某些特定神经生理系统的假说,我们需要研究是否存在可归因于神经系统机能障碍的文化系统损伤。在此我们再次考虑语言领域的类似情况,事实上,基于神经元的语言损伤有多种形式——失语症和言语障碍症——促使我们研究是否也存在基于神经元的文化损伤,这种文化损伤使个人的文化习得或保持能力丧失,或许我们可以称之为"文化缺失症"(anethnias)和"文化障碍症"(dysethnias)。

Goffman(1956)的研究与这一可能性相关。该研究分析了文化的多项准则,尤其是这些准则在精神病科病人身上不同方面及不同程度的执行和废止情况。观察对象中较严重的病人会无视甚至违反文化中的顺从规避原则(Goffman 的术语)。他们会当面表达对别人容貌或衣着的负面评价;与探视他们的医生搭讪,以引起医生的注意;无视他人伸手够食物的动作、径直抓取食物,或是直接从他人餐盘中拿走食物;或咒骂别人,甚至碰触、拉扯、殴打别人,或朝别人扔粪便。这些病人无视或违反个人行为准则,他们有的衣着邋遢、不讲卫生;有的当众大声打嗝、放屁;有的在餐桌前大幅度地前后晃动。

虽然 Goffman 没有明确阐述这一问题,但从他的描述中可以看出,其中的很多病人并没有完全丧失知识和注意这两项普遍的认知能力。这两项认知能力会全面影响文化维持及其他表现形式。相反,病人的一些功能被损坏,而另一些功能得以幸免。受损的那部分功能不可能仅凭一己之力影响病人的文化表现,至少还需要包括病人的情感和概念系统。实际情况是病人的文化功能被选择性地破坏。这一事实可以佐证文化这一独特认知系统确实存在的论点。

虽然上述不同程度的精神病人似乎有不同形式的神经生理损伤(而不是简单的神经质行为中相关神经网络的标准变化),我们仍需要确定的是,文献记录中的脑损害是否会对个体的文化结构产生选择性影响。

3.4 灵长类动物的文化习得

如果把儿童对周围文化的习得简单地等同于学习、模仿周围在视觉上明显的行为模式,那么对于具备这种模仿能力或被驱动产生这种模仿行为的动物而言,如果在同样的文化环境中成长,它们会具备与人类儿童相似的行为模式,即使粗糙或缓慢一些。另一方面,人类的文化习得可能是一个由固有认知能力所决定的特定物种才有的加工过程,这些内在认知能力包括注意及吸收某些物种相关的、结构独特的行为范畴。在这种情况下,我们会发现,具备某些模仿能力的动物可以不均等地利用这种能力处理周围行为的某些方面,但无法达到与人类同等的能力水平。

Tomasello,Kruger 和 Ratner(1993)论证了人类与动物的这一不同之处。他们的研究对象是被人类抚养并学习符号使用的黑猩猩 Kanzi。Kanzi 成功习得了它周围的很多行为,比如:用杯子喝水,用勺子在罐子里搅拌,用刀切蔬菜,用打火机点火以及背好背包外出。但是 Kanzi 多以一种"祈使方式"(imperative mode)使用所学的符号,它命令别人按它的意愿做事。它几乎从不用"陈述方式"（declarative mode）使用这些符号，以向别人展示一件新物品或像同别人分享自己的经历一样，将别人的注意吸引到它注意的物体上。就这一点而言，Kanzi 至多也就是在看到电视上有一个球时，按下"球"的按钮。因此，即使是非常年幼的人类小孩都能表现的宣告式行为，Kanzi 也不会做，比如，人类小孩可以举起一个物体，在这个物体和旁观者之间来回看，并展示自己的积极情绪。然而，这些行为大量存在于它周围的人所表现的那些行为中，并且可能在视觉上同人们的祈使行为一样明显。然而，Kanzi 并没有习得这种象征性用法。

也许有人认为，Kanzi 无法识别那种表达形式，或许是它能做，但是它没有兴趣那样做。然而，不管出于何种原因，引导 Kanzi 与其他人互动沟通的那部分认知能力在结构上与人类的沟通系统显然不同，因为 Kanzi 的表现表明，与人类的沟通系统相比，它的沟通能力并不仅仅是在所有方面都有削减，而是两者间存在质性差异。假定人类的沟通认知子系统是文化认知系统的一部分或至少部分地由文化认知系统引导和塑造而成，那么黑猩猩表现出的某些沟通不足表明，人类儿童的文化认知系统是用来实施特定功能的，这些是黑猩猩不能或没有动机实现的。

Tomasello，Kruger 和 Ratner 进一步认为，Kanzi 之所以模仿人类，是因为它在与人类的接触过程中，将自己自然状态下较低的模仿意愿增强了。因此，他们认为，在自然的社会环境中，几乎没有什么动机会促使黑猩猩模仿它周围的黑猩猩的行为。在大多数时候，当另一只黑猩猩所做的事引发了某种合乎它心意的情况时，它（Kanzi）的注意力会被吸引；或者是它实施已存在于它的指令系统中的熟悉行为，引起这种情况的发生；抑或是它实施了一些毫无组织性的行为，而这些行为恰巧导致这种情况的发生。观察其他个体获取这一结果的行为并对这些行为进行模仿，这似乎是最省力的。因此，本章提出的人类习得文化的认知系统包含随着人类进化而增强的模仿能力和模仿动机。

同样，这种文化认知上的物种差异也表现在语言认知上。人类似乎天生就能充分掌握语言的复杂结构。而黑猩猩似乎只能较容易地掌握这一复杂结构的某些方面或一点也不能掌握。对动物使用人类语言的研究表明，黑猩猩也许掌握了一些概念，这些概念也是人类具有的。此外，黑猩猩可以把每一个概念与一个特定的象征物相关联，尤其是视觉上的象征物，因此一看到象征物，黑猩猩就会唤起特定概念。而具有某一概念又会促使黑猩猩在脑海中形成特定的象征物。一只黑猩猩甚至有可能通过和人类很相像的理解和推理形式来操纵它脑海中的概念。然而,黑猩猩似乎只能用初级方式操纵结构复杂体中的符号,而这种方式无法与人类的语言结构对概念复杂体的构成与操纵相媲美。

3.5 文化认知系统相对于其他认知系统(语言)的独立性

文化认知系统与其他认知系统间的差异可以进一步证明文化认知系统的独特性,若非如此,其他的认知系统加上文化知识和文化行为会构成一个连续体。我们可以通过语言认知系统为此提供一个证明。

I-1章对传统的语言学区分进行了进一步的拓展,该章列出证据证明语言的概念表征任务由两种语言形式承担:开放类形式(主要有名词、动词和形容词词根)和封闭类形式(包括屈折词缀和派生词缀;一些自由形式,如介词、连词和限定词;单词顺序;语法范畴和语法关系;语法结构)。这两种语言形式在功能上互补,一种表达概念内容,另外一种分配概念结构。因此,在一种语言的任何单个句子引发的整个概念中,概念的大部分内容由开放类形式承担,概念的大部分结构由封闭类形式决定。

此外,任何语言中的封闭类形式所能表达的意义都极其有限:一方面是它们能表达的概念范畴有限;另一方面,它们能表达的某一范畴的成员概念也有限。例如,尽管许多语言都有能表明名词所指数目的名词词尾形式,然而没有哪一种语言有能表明名词所指颜色的名词词尾形式。因此,'数'这一概念范畴属于由封闭类形式表达的一个概念范畴,但'颜色'概念范畴普遍不能由封闭类形式表达。再者,对于'数'范畴的成员概念,许多语言确实有表明'单数''双数'和'复数'的名词词尾,但没有哪一种语言有表明'偶数的''奇数的''一打'或'可数的'等词尾。

当我们把封闭类形式在其严格的语义限制下能表达的概念范畴和成员概念一起考虑时,封闭类形式表达的意义整体被理解为构成了一种语言的最基本的概念结构体系。如果把语言中的这种系统与文化的概念结构系统进行对比,会发现它们之间相互对应的情况很少,差异很大。这种现象可以证明语言和文化是两个独立的认知系统。

下文中两种类型的比较——横向比较和纵向比较——将证明文化认知系统的独特性。

3.5.1 概念结构的跨文化和跨语言对比

我们使用在1.1节列出的Murdock(1965)关于文化普遍性的列表作为

第一个实证。在这一列表中,值得注意的是,在 72 个明显具有普遍性的文化范畴中,只有 8 个概念范畴在语言的封闭类概念结构系统中有表达形式,在这 8 个概念范畴中仅有 3 到 4 个概念范畴有广泛的表达形式。举个例子来说,"地位差异"(status differentiation)是其中最为广泛表达的概念范畴之一,在欧洲许多语言中,"地位差异"表现为第二人称的常见形式和正式形式,在日语中表现为复杂的代词形式和屈折形式。Murdock 列出的另一个相关的概念范畴是"礼节"(etiquette),在语法上表现为各种标记形式和语言结构,如请求与命令("*Could you please speak up*(您说话声音能不能大一点)" vs. "*Speak up*(大声一点)"),建议与指示("*Why not go abroad*(您为什么不出国呢)" vs. "*You should go abroad*(你应该出国)"),以及其他一些礼貌用法(Brown & Levinson 1987)。"财产权"(property rights)在语言上可能通过表达财产所有权和财产转移的一些封闭类形式来表达。"人名"(personal names)作为专有名词的一种,在一些语言中有一些与众不同的句法特点。相比较而言,有几种语言有一些适用于"亲属命名法"(kinship nomenclature)的特殊的句法结构。此外,或许大多数语言(并非所有语言)都为"问候语"(greetings)、"数字"(numerals)及"日历"(calendar)概念配备了专门的句法形式。然而,除了这几种语言和文化概念结构系统之间的适度交叉形式外,这两种概念结构系统之间的对应情况少之又少。这一发现表明语言和文化是两个不同的认知系统。

3.5.2 概念结构在单一文化和单一语言中的对比

我们也可以通过对比单一民族的语言和文化来论证上面的观点。这里的比较属于萨丕尔-沃尔夫(Sapir-Whorf)假说的范围。该假说认为,一种语言的语法系统体现出的概念结构与说这种语言的民族的文化系统概念结构之间存在着大量的对应。Wilkins(1988,1989,1993)通过对 Mparntwe Arrernte(一个澳大利亚的土著群体)的语言和文化的研究,收集了所有他认为可以反映文化结构的某些方面的语法形式。Wilkins 收集的这些形式多是和亲属关系以及民族与地点的图腾归属有关的形式,根据 Heath, Merlan and Rumsey(1982)的记载,这两项在澳大利亚土著语中都具有浓厚的文化色彩。然而,当这些形式的数目和范围与语言的整个语法体系相比时,它们就显得微乎其微了。甚至在这些形式里面,有几种情况并不是全新的语法范畴,而只是常见范畴的某些特殊应用。让我们来描述一下 Wilkins 在 Mparntwe Arrernte 中发现的大约 6 个案例的大体情况。由于这一案例是对著名的萨丕尔-沃尔夫假说的一个挑战，因此我们腾出篇幅展示这一案例具有重要意义。

Mparntwe Arrernte 有一个"指称转移"(switch-reference)机制，这个机制在所有语言中都很常见。通过这个机制，从属分句中的动词会带上表明该动词的主语与主句动词的主语是否一致的屈折变化形式。例如，以下句子涉及两个地理位置不同的地点：*Location A became defiled, when location B broke apart*（地点 A 被污染了，而地点 B 分裂了）。通常情况下，*broke apart* 中的动词会进行屈折变化以表明'主语不一样'。但是如果两个地点有相同的图腾信仰，这一事实与句子的意义相关，而且说话者想突显这一事实，那么可以给动词加上表明'同一主语'的屈折变化。

为了进一步说明这种现象，我们以"*The little boy cried, as they walked along*（当他们走的时候，那个小男孩哭了）"为例。一般说来，说话者可以根据"那个小男孩是否被看作他们中的一员"来给 *walk along* 中的动词加上表明'同一主语'或'不同主语'的屈折变化。但是，在后一种情况中，如果是根据两者间的社会关系把小男孩与其他人区分开，那么唯一行得通的解释就是小男孩和这一群体中的其他人分属不同的"世代"（一个人、一个人的祖父母及这个人的孙辈属于同一世代；这个人的父母和这个人的孩子属于不同世代）。因此，说这个小男孩来自不同的家庭或不同的朋友圈是一种不可行的解释。尽管指称转移语法机制本身并不反映文化模式，但是它在这种语言中的应用的确反映了文化对图腾和血缘关系细节的强调。

另外一个例子是，在 Mparntwe Arrernte 的语言中，所有表示"两个"或"复数"的代词都有三种不同的形式，用于所有三类人称。第一种形式指两个人或更多人，这些人分属不同的父系家族。第二种形式所指的人属于相同的父系家族，但这些人不是同一代人。第三种形式指代的人既属于同一父系家族，也属于同一代人。因此，英语中只用 *we*（我们），*you*（你们）和 *they*（他们）来表示三种人称的复数形式，而不考虑群体的特点。而 Mparntwe Arrernte 这种土著语却使用代词来区别与文化相关的血缘关系群体。

第三个例子是，在 Mparntwe Arrernte 的语言中，有两组不同的单数代词所有格后缀表达'我的'（my）、'你的'（your）等意义。大多数名词普遍使用常见的那组形式，而所有表述血缘关系的词汇都使用第二组形式。因此，第二组词缀表达形式不仅表明了一个个体与另一个个体之间的'所有关系',而且表明这种关系是一种血缘关系。这种语法现象本身就反映出这一文化对血缘关系的突显。另外,后一组后缀表达形式还可以与两个名词搭配,以表达对血缘关系、土地和图腾的文化认同。其中一个名词是 *pmere*,它包含的意义有'地点''营''家''国家''土地''隐蔽处'和'理想地点'。但是当它加上第二组中的后缀表达形式以后,就只能指"黄金时代"(Dreamtime)的法律归于某人责任范围内的土地(注:"黄金时代"是澳大利亚原住民神话的泛神论框架和符号系统中的术语)。同样,另一个名词 *altyerre* 包含'梦''梦想时刻''梦想国家''图腾祖先'以及'法律'这些意义。但是,当它加上第二组中的后缀表达形式以后,它只能指某人的"梦幻国度"或是某人的图腾。因此,这种特殊的语法屈折变化形式的应用,反映了这一文化对血缘关系的重视以及这一文化对血缘关系、土地和图腾的认同。

最后,在 Mparntwe Arrernte 的语言中,有三组在语法上明显不同的名词分类标识。其中有一组包含意为'男性/公的''女性/母的''小孩/小的'和'地点'的四种标识。举例说来,它们中的每一个都可以搭配"袋鼠"这一名词,形成四个结构,分别指公袋鼠、母袋鼠、小袋鼠或把袋鼠选为图腾的地方。这种地点和人在形式表达上统一的现象,再一次反映了血缘关系、土地和图腾之间的文化关联。

以上的几个例子(也许还有一些例子),的确反映了 Mparntwe Arrernte 语法中的文化渗透现象,这种渗透现象在例子中得到了全面的展现。不考虑文化背景的话,Mparntwe Arrernte 语法系统中剩余的大部分表达概念范畴的形式与世界上的其他语言相一致。也许我们可以这样想:对单个民族而言,当某些持续的语言表达形式与文化共存的时间越长,进入语言的概念结构系统中的文化概念结构会越来越多。显然,澳大利亚的土著居民就是这种民族的一个例子。然而,他们语言和文化相互反映的情况很少。很显然,或许是由于各自内在的限定性,语言和文化这两个认知系统有不同的组织原则,这些原则大多保持相互独立。因此,至少在这一点上,萨丕尔-沃尔夫假说是站不住脚的。

3.6 文化系统相对于其他认知系统(个性)的独立性

通常,在同一文化或次文化群体内,人与人之间不同的个体心理特征集合被理解为个体的"特性"(temperament)或"个性"(personality)。越来越多的研究(包括对分开的双胞胎的研究)表明,个体的个性特征很大程度上是基于其与生俱来的神经生理的。尽管不知道能否认为人的个性构成了一个独特的认知系统,但似乎有必要把个体的个性特征与个体的文化认知系统功能区分开。我们观察到个体的个性倾向与该个体赖以生存的社会的文化模式存在明显差异。这种差异的存在进一步为文化认知系统在个体的整体认知结构中的独特性提供了证据。

这种差异性似乎有以下三种不同类型。首先,每个社会都明显具有的法律系统至少会在某种程度上对个体违反文化模式的行为加以惩戒。但是,如果个体的行为完全由居于统治地位的文化模式决定,那么就不会出现这些偏离文化模式的情况。然而事实是,这种偏离情况的确发生了——当地文化视其为偏离,而该文化中又包含了一种制裁这种偏离的法律系统——这证明个体的行为可以由文化认知系统之外的其他认知组织形式支配。

第二种差异性是:我们注意到在个体的生命中总会有一些时期,在这些时期个体与周围的文化或家庭的期望产生矛盾。我们的文化中现在流行的"中年危机"(midlife crisis)概念就可以理解为是这样的矛盾冲突。在这一概念中,一个人的中年危机出现在这个人的个体特征不同于文化所推崇的个体特征的顶峰时期。但是,在这个人的早年生活中,他曾试图依照自己的外部感知来塑造自己。这就形成了矛盾,即,个体自身的个性特征一点点地增加,直到最后一起向外部世界的期望发出挑战。尽管我们怀疑个体的个性特征与已经内化的文化期望间的矛盾可能会在个体的一生中多次出现(不仅仅是出现在中年阶段),且矛盾的强度各不相同(不仅仅是危机形式),但这个来自民间的概念很好地反映了与认知结构和认知过程相关的真实现象。

个性与文化的第三种差异性是:通过与来自同一次文化群体的不同人的访谈,我们发现他们对这一种次文化的各种模式持有不同态度。例如,在一些穆斯林文化中,妇女们被隔离,一些妇女很享受这种惯例,她们感觉受到了特别的照顾;而其他一些妇女觉得这种惯例是她们追求社会变化的一个障碍。

上面所讲的最后一种差异现象涉及不同的个性类型在单一文化里不同的拟合度。由此我们可以推断:同样的个性类型在不同的文化中会有不同的拟合度。例如,一个有内省癖好的人如果生在一个尊重内省生活方式的文化里,一般情况下他会生活得很幸福;但如果他生活在一种崇尚积极外向、贬低内向的文化环境中,他的生活可能会麻烦不断。再比如,在崇尚勇武善战的文化中，一个生性好斗的人会受到人们的尊敬，而在爱好和平的文化中，这个人会被视为暴民。

以上所引用的这些模式将文化认知看作是一个独立系统，与其他基于个体的认知活动区分开来。

然而，这两部分认知系统也可能相互影响。首先，正如上文所讨论的，一种文化可能把某一特殊的个性类型当作一个理想模型。或者，一种文化可能为该文化里的不同范畴设置不同的理想模型，比如，为男性和女性设置不同的理想模型。但一种文化也能认可一组不同的个性类型，以供个体选择采纳。这样的一组模型可以取代理想模型，或者被列在理想模型下，其等级仅次于理想模型（或者是整个文化的理想模型，或者是文化中某一范畴的理想模型）。这样的一组个性模型可能会包含刚烈型个性和随和型个性、外向型个性和内向型个性。不同的文化会认可不同的个性模型。对于所有文化共享的个性模型，不同的文化也会有不同的实现形式。因此，一个个性安静温和的人可能会在一种文化中被视为一个标准模式，而在另一种文化中根本不被认可。内向类型的个性可能会在两种文化中得到同等认可。但在一种文化中，它可能与内省的智慧相联系，而在另外一种文化中，它可能被视为一种不善社交的个性类型。一个在有一系列个性模型的文化中长大的孩子可能倾向于选择最适合他自己经历的模型。这种选择安排说明两种认知组成——文化认知系统和个体个性特点——的相互影响，本章也论述了两者的差异性。这种相互影响有两个相反的方向：一方面，一种文化认可的个性模型最终来源于每个个体展示的实际个性倾向；另一方面，一个在某一特定文化中长大的孩子可能倾向于按其特定文化中与其个性最接近的某一具体个性模型塑造他自己的个性特点。

4 文化认知论与其他文化观之对比

本章所概述的文化认知论与人们对文化知识的理解以及一些学术理论观点不尽相同。这些观点经常把文化的本质视为是超越个体的、普遍存在于群体之中的（文化知识可能进一步把这种实质视为是普遍存在于群体领域空间之内，甚至是整合了关于神和宇宙的包罗万象的信念）。例如，在很大程度上，普通的社会学和民族方法学（如 Garfinkel 1967）以及话语分析（如 Sacks, Schegloff & Jefferson 1974）都认为，构成文化和交际的结构和原则不是同时存在于单个个体之中,而是作为整体普遍存在于群体之中的,或者说,存在于群体成员之间的空隙地带。因此,传统的话语分析领域的著作给人的印象是,他们坚持认为,话语结构存在于不同会话者间的空间地带,在这种情况下,会话者似乎是这种空隙媒介(interstitial medium)中更次要的成分,被接入感受者所在的位点。欧洲国家的"文化学"(culturology)或者"文化批评学"(cultural criticism)观点与上述观点相关,他们主张本体论(ontology),也就是说,他们认为文化以一种抽象结构形式自主地存在,也许就像柏拉图的理想模式那样。

文化认知论基于以下理由反对上述观点:超越个体的文化观、间质文化论和柏拉图式的文化观都没有可以证实它们的实体真实性,而神经生理学和神经活动有实体真实性,而且在它们和意识内容之间存在假定的因果联系。神经系统之间和神经系统与外界环境之间的交互作用可能会产生突发效应,对此文化认知论并不否认。事实上,如果进行扩充,本章将描述这些突发效应的特点,以区别突发效应和基于个体文化认知系统活动的大规模的文化模式。然而,事实上,本章考察的重点是,这些文化模式在很大程度上源于存在于个体中的文化认知系统。

注 释

1. 本章在 Talmy(1995a)的基础上经大量修改扩充而成。

   本章的一个早期版本是为 1991 年 5 月召开的一次会议准备的,这次会议由 John Gumperz 和 Stephen Levinson 组织,由 Wenner-Gren Foundation 赞助的,会议的主题是"反思语言的相对性"(Rethinking Linguistic Relativity)。

   这一章目前的版本是与以下人员讨论后形成的,因此非常感谢他们。他们分别是:Patricia Fox,Janet Keller,Donald Pollack,Naomi Quinn,Barry Smith,Claudia Strauss,Michael Tomasello 以及 David Wilkins。本章的许多观点受到心理学家 Theodore Kompanetz (*olev hasholem*)的启发。

   本章所描绘的理论框架似乎在很大程度上与人类学、心理学和语言学中正在发展的一系列观点不谋而合,比如,Boyer(1994),Hamill(1990),Jackendoff(1992),Keller & Lehman(1991),Minoura(1992),Quinn & Strauss(1993)以及 Tomasello,Kruger & Ratner(1993)提出的一系列观点。

2. 在一些情形中,个体对非自我所属群体会做出比较粗糙的、时好时坏的、歪曲的评定。但正是由于这些评定,个体随后可以探寻自身所展示的多少有些笨拙的行为表现。例如,一个寡居的父亲带着一个年幼的女儿,可能会想起当他还是孩子时,自己的母亲如何照料他的妹妹,由此将同样的做法用于自己的女儿身上。

3. 父母-幼儿用语(成人与婴幼儿交谈时使用的一种非标准语言形式)似乎在某些文化中很少用到或甚至不用(参见 Schieffelin 1979,Heath 1983)。但因为在使用父母-幼儿用语的文化中,父母-幼儿用语的特征都非常相似,所以我们得出结论:父母-幼儿用语至少部分地由先天决定,并在特殊文化中被阻碍,而不是在每个拥有它的文化中重新形成父母-幼儿用语。

4. 这里展示的不是 Wilkins 论文的研究目的,而是我们对其发现的应用。

第 8 章 叙事结构的认知框架

1 引 言

本章提出一个表征叙事结构及其语境的认知框架,这一框架包括叙事中的各种因素及因素间的各种关系。[1] 在此,无论叙事是以会话形式、书面形式、剧本形式、电影台词形式出现,还是以图画形式出现,它都可以被理解为一种特定形式的产出。在广义上,叙事结构可以包括某种非产出的实体,如历史或个人生活。本研究的最终目标是构建一个综合性的认知框架,确定和刻画所有存在的或潜在的叙事形式以及叙事所在的较大语境。在表述观点时,这个综合性的框架为各种可变的叙事和语境做准备。

本章初步尝试建立这个框架,仅供探索——它的内容还需要丰富,同时,我确信还有很多地方需要修正。这一章的目标不是划定一些小领域进行详尽分析,也不是要把所有与最终分析相关的范畴都包括在内。相反,本章在一个更大的、在某些方面也许是无限的领域辨别一些主要关联结构的分布情况。通过呈现这些结构的分布情况,我们开始描绘这个综合性的认知框架。[2]

1.1 分析叙事结构的认知方法

我们对叙事的分析基于认知科学、认知心理学和认知语言学的预设:存在一个心智,产生叙事并认知叙事。不同于其他的研究方法将注意仅局限在叙事内或否认个体心智的存在,本研究方法描述许多结构间的相互关系,这种关系只能在一个较宽泛的范围内被观察到,这个范围既包括生成性的心理活动,又包括解读性的心理活动。因此,在我们的理论框架中,只有当心智对其进行组合、感知及认识时,特定部分的时空关系才能算作是一个叙事"作品"(work),否则,它们只是一些物理模式。

更准确地说,最后这条陈述只适用于狭义上识解的叙事——即,我们通常所说的叙事。但是,它需要在两方面加以改进,以涵盖范围更广的叙事。一方面,叙事感知者与叙事发出者并不需要一定是两个不同的个体。因此,叙事发出者可以在无任何独立知觉实体感知的情况下创造一个叙事。即使只是在产出过程中,该发出者也会同样发挥感知者的作用。

另一方面,一个有意图、有知觉的叙事发出者并不是必须把某些事物识解为叙事。一个有感知力的个体自己就可以感受到一些自然出现的形式,或是一个有知觉实体无意创造的一些形式,个体将这些形式识解为叙事。更系统性的解读是,一个感知者通常将他在一段时间内所目睹的外部事件识解为叙事,这种叙事类型被称为"历史"(history)。更系统地说,一个感知通常自己把在一段时间内目睹的外部事件识解为叙事——一种被称作"历史"的类型。一个感知者通常也会把他自己在一段时间里的一系列经历——包括内在的和外在的经历——也就是他的"生活"(life)识解为一个叙事。因此,要想产生叙事,必须至少有一个具有意识的感知者,而从狭义上识解的叙事同时还需要一个具有意识的叙事产出者。

从更广阔的视角看,我们可以通过引入**认知系统**的概念(这些认知系统本身可以看作是整个心理功能的一部分)把叙事结构放到一个更大的认知语境中。一个认知系统包含一组能相互作用以实施一种完整连贯功能的心智能力。无论是小的认知系统还是大的认知系统,我们的假定都是:这些系统不是完全自治的,即并非如 Fodor(1983)的模块论所述。与此相关的认知系统是一个假定的认知系统,该系统把一系列心理经历互相连接起来以形成一个单一的整体模式,我们把它称为**模式形成认知系统**(pattern-forming cognitive system)。因此,这个综合系统特别适用于在一个时间段内认知的一系列经历。它把这些经历融合成一个单个模式,由此理解为一个故事、一段历史或一段生活。这种把一段时间内的一系列经历融合到一起的模式形成认知系统被称为**叙事认知系统**(narrative cognitive system)。

因此,我们推断,广义上识解为叙事所具有的生成或体验的心理官能本身就构成了一个独特的认知系统。这种叙事结构认知系统通常可以实施这样的功能:连接并融合一段时间内意识内容的某些部分,以形成一个连贯的概念结构。更确切地说,这个认知系统将实体身份赋予经验现象的一些连续部分;将身份的连续性赋予该实体;整合与身份的连续性相关的内容,并形成一个概念整体;固化对该复合体的依附性。更详细的阐述参见本章的 4.4.1 节。此外,正如已提到的,这个认知系统发挥功能的方式几乎和意识生成经验的方式是完全一样的,意识生成经验是以时间为基础的,这种经验构成某人所听到的故事,或是见证的历史,抑或是某人所经历的生活。

叙事认知系统似乎是一个典型的、非常活跃的系统,因此,它能够占据一个人的大部分注意。因此,对于一个人通常被一个故事所吸引并在故事结束前不愿意打断它的现象,叙事认知系统可以进行解释。因为故事所吸引的典型对象是小孩,因此我们可以说系统的这个机制在人的少年时期就开始起作用了。

在叙事认知系统中,我们假定这种模式形成认知系统及其在时间序列中的应用受选择性压力的影响,后者影响这一系统的现存形式,该系统的范围进而扩大并吸引更多的注意。范围扩大的优势在于它使更大的认知模式和更长远的计划成为可能。当这种模式和计划与现实条件精确匹配时,这种扩展具有很好的适应性。

我们认为,人类的叙事心智能力构成了一个特殊的认知系统,这一观点指向了本文分析中的一个主要特征:在本章,我们试图将叙事系统同其他认知系统相联系。在分析之前,我们注意到,作者作品的一个主要方向就是为了确定适用于许多或所有主要的、构成人类心智职能的认知系统概念结构的性质,只要有意识上的可及性,这些认知系统便构成了人的心智职能。正如本卷的引言部分和其他章节描述的那样,这一研究到目前为止,考察了语言与一些主要的认知系统,如感知、推理、情感、记忆、预期投射和文化结构所共有的结构特性。除了这些认知系统外,我们还增加了假定的、用于模式形成和时间分工的认知系统以及用于形成广义上的叙事结构的叙事认知系统。

通过将这些认知系统进行比较,我们发现:每个系统都有一些自身独有的、与其他一个或几个系统共有的以及与其他大部分或所有系统共有的结构特征,这些都属于认知结构的"系统交叉模型"。最后,这种大多数或所有认知系统共有的特征构成了人类认知概念结构的最基本特征。I-1 章对这些基本特征的某些方面已有描述。但本章第 4 节会对它们进行大量的(目前为止内容最丰富的)扩展和阐释。到目前为止,在现有的研究中，第4节描述的参数似乎就是贯穿所有认知系统的最普遍和最常见的因素。由于当前对叙事的分析都包含了这些参数，所以用来说明这些参数的例子都与叙事结构相关。但实际上，我们关注的是这些参数的认知普遍性。

总结一下我们的认知方法。我们把叙事看作是必须通过人的认知产生或体验的事物，而不是可以自主存在的事物。我们认为它表征了认知系统的运作，而且它具有大多数认知系统所共有的一些特征。因此，反过来说，我们可以通过叙事更好地理解那些特征。这个特殊的认知视角把我们的分析与其他许多对叙事的分析区别开来。[3]

1.2　分析叙事结构语境的认知方法

如上文所述，对叙事本身的理解必须基于一个较大的语境。尝试性的区分如下：语境包括——除叙事本身外——叙事发出者、经历者、所在的社会及周围的世界。因为我们的分析框架以认知为基础，我们必须提出一些方法，这些方法的要素和构造适用于该语境的各个层次。

首先，正如已讨论过的，无论是总体应用还是在产出叙事的过程中的应用，这种基于认知的理论框架将直接适用于叙事发出者的认知；无论是总体应用还是在体验叙事的过程中的应用，这种理论框架也将适用于叙事经历者的认知分析。

此外，叙事发出者和叙事经历者所处的文化和次文化构成了一个大体上连贯的认知系统，该认知系统提供这些个体的大部分概念结构、情感结构、预设、价值观以及总体的"世界观"信息。这种基于文化、处于这些个体心理组织中的认知系统可以影响或决定一系列的叙事特征，因而它是本章提出的分析框架的另一个目标。

最后，人类周围的自然世界不太可能仅仅是——也许它本质上就不是——一个自主存在的物理世界。然而，我们可以这样认为：在结构的每一个层面上，物理世界被赋予的特征完全是由个体对加于其上的外界刺激物进行的认知加工及个体加在物理世界上的认知生成图式所决定的。可以肯定地说，人类的认知实施这种加工和分配的方式反映了生物进化的过程，在此过程中，出现在人类之前的生物体与它们的生存环境进行相互作用。但是，不管起源如何，人类的认知现在具有一系列可以把任何东西塑造成与人的心智和行为相适宜的特点。为了描述叙事（及人类关注的许多其他东西）如何表征周围世界，除了基于自主现实对周围世界所做的独立考察外,我们还必须留心观察人类认知构建这些表征的方式。因此,"周围世界"现在在广义上被理解为不仅包括自然世界,还包括来源于整个叙事语境的文化、叙事发出者和经历者的概念化。因此,建立一个基于认知的分析框架又一次显现了它的必要性。

1.3 叙事框架结构

当前的探索性框架把叙事语境分为三个维度。它们依次是**叙事域**(**domains**)、**层级**(**strata**)和**参数**(**parameters**),我们分别在第 2 节、第 3 节和第 4 节中进行论述。简而言之,参数是一些非常具有概括性的组织原则,层级是一些涉及叙事的结构性质,叙事域是整个叙事语境内参数和层级这两组分析范畴能适用的不同区域。

具体说来,正如前面讨论过的,一些相同的分析范畴涉及在整个叙事语境内被尝试性地区分的五个区域。在这里我们称为"叙事域",包括叙事本身、叙事发出者、叙事经历者、叙事结构、叙事发出者和经历者所处的文化背景以及周围的时空世界。更精确地说,这些范畴不仅适用于叙事的认知表征,也适用于叙事发出者和经历者的心理以及我们对文化和周围世界的概念表征。

"层级"是叙事的基本结构子系统。这些子系统在叙事过程中以一种协调一致的方式发挥作用。我们可以做这样一个比喻,这些子系统之间的协作正如一台工作着的复写器,这台复写器的各个分离的探针描绘出了单个生理有机体的多个不同子系统协调一致、共同作用的轨迹。第 3 节所述的"层级"包括时间结构、空间结构、致使结构和心理结构。之所以选择"层级"这个术语,是为了表示这些结构子系统之间是平行的并列关系,而不是任何的"垂直"等级排列。

一些概括性的组织原则普遍适用于层级的各个结构特点,这里称之为"参数"。如下几个参数将在第 4 节中进行描述:一个结构与另一个结构之间的关系、相对量、区分度、组合结构和评定。此外,这些参数与其他没有列举出来的参数一起构成了适用于所有主要认知系统的一系列组织原则。正如已提到的,这些参数是作者到目前为止对那些基本组织原则最详细的阐述。尽管这些原则主要是用叙事例子来说明,但这些说明完全是具有普遍性的。相比于叙事,对普遍性的认知特点更感兴趣的读者可以直接跳至第 4 节。

为帮助确定某一个分析范畴应被理解为层级还是参数,我们有必要制定一些标准。归为层级的两个标准是：(1)这种现象围绕叙事时间进程中微局部或局部的间隔层次变化，该变化方式被视为叙事本质的固有特征，并且叙事发出者有意识地控制这种变化；(2)在整个叙事过程中，这种现象与其他类似的变化现象一起以一种融合的方式发生变化。

因此，在下面的论述中，"心理结构"被视为一种层级，在下文的论述中，考虑到叙事发出者通常会在叙事过程中产生心理变化，使自己的情绪或音调类似某一角色的情绪或音调，因此我们将"心理结构"视为一种层级。另一方面，一般说来，"审美观"这个范畴不能算作一种层级，尽管叙事发展的迅速起伏能让叙事的经历者感觉到一种叙事美，这是因为叙事发出者很少有意让叙事中的连续部分（如美感）发生变化——通常，他希望整个叙事具有始终如一的美感。因而，审美观范畴被当作一种参数，而非一种层级。然而，在一个旨在调节叙事行为的变化及范围的框架中，这种参数与层级的区分并不是那么地严格。因此，如果叙事发出者有意改变叙事美感以使经历者产生同样的感受，在那种程度上，审美观范畴将作为一种附加层级发挥作用。

当然，一个范畴的归类可能会不清晰或有重叠。例如，"显著性"范畴包含某一个叙事成分的职能，作为一种组织原则，它被视为参数。但是，由于这个职能在叙事的进程中不断变化，这个范畴也可以选择性地或附带性地被视作一种层级。

2 叙事域

一个叙事所处的整个情境不仅包括叙事本身，还包括可以创造叙事、体验叙事的感知力以及可以展示文化、审视叙事所处环境的感知力。正如前文所述，整个背景可以被尝试性地分为五个部分，在此称为"叙事域"。它们是：时空物质世界及其所有的（构想的）特征和特性；文化或社会及其预设、概念及情感结构、价值观、社会规范，等等；叙事发出者；叙事经历者；叙事本身。

在这一章的剩余部分，我们会使用一些非常宽泛但并不只是指书面叙事的术语。因此，我们不说'一本书'，而是说**叙事**（narrative）或**作品**（work）；我们说叙事的**经历者**（experiencer）或**受话人**（addressee），而不说"读者"（reader）。我们把创造叙事的人称为**叙事发出者**（producer）或者**创作者**（author），因为"创作者"这一称呼已经泛化，不再仅指书面作品的作者（writer）了。这些术语中的某些术语，如"作品"和"创作者"，确实表示狭义识解的叙事，但它们意指广义识解的叙事。

五个叙事域中的每一个都值得深入研究。然而，在此我们只描述作品本身的一些特征，然后选择性地考虑两个或更多叙事域之间的一些相互关系。

2.1 作品的叙事域

首先，在它的构成上，一个作品既包括它的物理特征，也包括它的内容。作品的物理特征主要指它的媒介特征——例如，空气中传播的声音、印刷在书上的文字、投射到屏幕上的影像或一部戏剧舞台上的话剧表演者及情景。一部作品的内容是与认知相关的一些特征，包括情感特征和理智特征，还包括隐含的或可推断的以及明确的或外显的特征。在叙事中，这些内容构成了我们通常所说的**故事世界**（story world）。

其次，通过对不同文体的评估，我们会思考那些使一部作品成为典型叙事的因素。叙事可以被看作是拥有一个核心并向不同方向逐渐减弱的原型现象。下面讲述了与刻画叙事相关的三个因素。这些因素中的每一个必须具有某种特殊值才能使一个叙事具有原型性。

2.1.1 涉及的主要认知系统

第一个因素是作品中主要涉及的一类认知系统，即大多数典型的叙事涉及经历者认知中的**概念**（ideational）系统。这是建立"概念"的系统——包括概念成分、带有指称内容的外延成分——并把这些内容组织在一个"概念结构"中。一些不太典型的作品主要提及或涉及其他一些认知系统，比如，一部音乐作品在听者身上引发了一系列的情绪和情感状态，一幅画在观看者身上引发了一系列与视觉感知形式有关的反应。

把概念系统作为叙事结构的首要系统，并不是意图否认作品附带激发的、甚至是系统激发的情感，因为这些是关注概念时的基本关注点。在另一个方面，我们也不应该低估非原型作品的叙事力。例如，一支由一系列积极而平静的小节组成的交响乐会在听者心里唤起这样一种感觉：一个意义连贯、令人兴奋且很平和的事件连续体正在展开。因此，概念似乎是原型的核心。

2.1.2 进展程度

第二个与叙事结构描述有关的因素是进展程度。这种体验外部世界的能力是与生俱来的，这种体验包含一系列按"时间"顺序"接连""发生"的"事件"。所有这些，在这里统称为**进程**（progression）。尽管这不是我们拥有的关于外部世界的唯一经验，但它是一种最基本的经验，一部作品可以唤起这种特殊的经验范畴。当一部作品所唤起的这种有关进程的经验越多，它就越趋向于叙事的原型。

进程的唤起并不要求传达一系列真实发生的不同事件。对单一事件的描述——甚至或是对一个静止情景的描述——就可以做到。只要（能使）这个描述被体验为是从进程中摘取出来的一段，那么在这一段中，前面和/或后面的事件顺序是隐含的或能推断出来的。

了解作品中的非进程形式可以帮我们确定进程的本质。一种显著的非进程类型，包括考虑和唤起某种情景中出现的恒定不变的特征。举例来说，这种类型实际上存在于描述磁力原则的一本物理教材中、描绘静止生活的一幅画中或者描绘静止场景的一段叙事里。

一部作品的非进程方面可以与它的进程方面结合到一起。例如，可以想想一部刻画某些社会场景的带修辞色彩的政治作品。在这里，非进程指的是作品所刻画的共时情景。但是，进程指的是情感的编排以及"由此"唤起行动的特性，这一特性源自对令人讨厌的事态的描写。

如果不是起决定性作用的话，那么每部作品都具有某种特性，这种特性唤起进程体验。一部具有这种特性的作品的组织结构会使经历者在不同时间点分辨出一部作品的不同部分。通过两种主要的方式，可以实现这种一个时间点一个部分的效果，以下任何一种方式都可以起作用：作品自身在不同时刻展示不同的部分，或经历者在不同的时刻把注意集中在不同部分。

一部能揭示自身不同时段里的不同部分的作品被认为本质上是**动态**（**dynamic**）的。我们可以举出很多这种类型的例子，比如，一段对话、一个故事、一部戏剧、一部电影、一部喜剧、一个即兴的戏剧表演、一个哑剧、一个宗教仪式、一段舞蹈、一段音乐、一段视频以及一尊动态雕塑。[4]

其他一些作品本质上是**静态**（static）的，但是经历者可以通过连续地把自己的注意集中在整体的不同部分以与这个作品互动。根据文化习俗对特定注意顺序的规定与否（尽管根据自然法则把人的注意引到其他地方是有可能的），我们可以把静态的作品分为两类。包含这种文化传统的作品有书本、连环画、连续的壁画以及描绘澳大利亚土著神秘迁徙的沙画。

其他一些静态作品可以随机地被经历者的注意焦点观察到。这种作品的例子包括一幅画或一件有着不同装饰的织锦；一尊为了能从不同角度观看而设计的雕塑；一座可以从内部和外部不同部位进行观看的建筑结构；一幅关于地理的艺术作品，例如 Cristo 的作品。

这种分析产生了一个有趣的现象。一个旧的织锦或一幅旧的绘画事实上是通过许多图形和活动来描述一个故事的，这些图形和活动共同表示了一系列的事件，但是，观看者必须通过他自己决定的视觉聚焦顺序把这些图形和活动拼凑到一起，并组成一个故事。这种织锦或绘画很像现代的那些基于电脑的交互式小说。

叙事结构进展的原型要求是一种类型展示出上文描述过的某个特征。这个特征就是，一种类型各部分间的连续性已经被确定——不管是由外界的自然变化决定的，还是由注意导向的习惯决定的——不是注意可以随机进入的。

2.1.3 连贯性和显著性程度

第三个（也是最后一个）因素在这里被称作连贯性和显著性。一个叙事结构要成为原型，必须有较高程度的连贯性和显著性。连贯性特征指一部作品的各个部分相配合并形成一个合理的整体。即，与人类通常的概念系统相对应，一部作品的不同部分可以一起被感知。这些部分共同组成一个更高层级的实体，因而被评定为一个统一的整体。一部作品缺乏连贯性就会让人觉得这部作品的某些部分与其他部分之间相互矛盾、不相关或胡乱联系。显著性（它的非中性意思）特征指一部作品的部分和整体能让人感受到创作者实现了某种目的或履行了某种使命。

从以上分析中我们可以看出，为什么一个典型的叙事结构除了要求前两个因素外，还要求连贯性和显著性这个因素以及为什么这三个因素都有正值。一部"作品"可能在概念上和进展上都很典型，但如果缺乏连贯性和显著性，该作品几乎不能被称作一个叙事结构。这种类型（组合值）的例子如日记和编年史，它们记载了一系列的概念事件，但是它们缺少故事特征，以至于它们的各个条目之间不连贯。对一系列不相关事件的记载集合——这种一系列事件的并置不仅缺乏连贯性，还缺乏显著性——更不能算作是一种叙事结构。从另一方面看，在某种程度上，日记可以被看作是某个人的历史或"故事"，而编年史也可以被看作是一段历史或"故事"，比如说一个王朝的历史或"故事"。在这种情况下，对一系列事件的重新描述被赋予了连贯性和意义,所以让人感觉很像是一种叙事结构。

2.2 作品叙事域与文化及世界叙事域的关系

正如我们所理解的那样,社会周围的物质世界与一部作品中的故事世界之间的关系在研究中具有多种可能性。其中的一个主要问题是由故事世界表征的,或加在故事世界之上的社会物理世界的特定部分,这些部分与那些被否定或被改变的部分相对。叙事结构认知系统似乎把我们熟悉的大部分世界都投射到了故事世界中。也许一个最基本的投射就是把故事世界看作是一个真实详尽的世界,正如我们对周围熟悉的世界的概念化。此外,我们似乎会把要传递给周围世界的大部分结构和细节系统地投射到故事世界中。因此,夏洛克·福尔摩斯的大部分读者会想像福尔摩斯世界里的时间和我们所在世界的时间以相同的速度单向推进,比如他在我们当下的时间使用厕所,即使这些想法并未直接地在故事中表述出来。

事实上,创作者可以在受话人身上使用这种投射过程,以达到某种效果。例如,科幻小说中探索太空的叙事者描述了他在一个行星上拜访的一种奇怪居民,并描述了这些居民是如何自我毁灭的。直到故事的最后,这个叙事者才告诉读者他所说的奇怪居民其实就是人类,而他自己才是一个外星人。在这个例子中,依据受话人的偏好,叙事者将其熟悉的事物(这里指"太空探索")投射进故事中。然后,这位叙事者颠倒这些投射顺序,使受话人惊讶于视角的转换,震惊于故事的真相,并体验到概念是如何被重新定位的(参见 2.5 小节所述的创作者与受话人的关系)。

2.3 作品叙事域与受话人叙事域的关系

另一种类型指作品叙事域与受话人叙事域之间的关系。该类型中的一种关系包括这两种叙事域之间的分离或混合程度。在西方作品中,一种标准是让故事世界中的个体与受话人个体缺乏互动和交流。通常情况下,故事世界和受话人世界间的界限是不可跨越的,但一些创作者不断进行尝试。比如,创作者让戏剧中的人物与观众对话,或是将观众带到舞台上。一些文体类型可以自然地连接这两个认知域。比如,在互动式街头哑剧表演中,通过与围观者或路人的互动,表演者将简短的叙事片段呈现出来。

作品叙事域与受话人叙事域间的另一种关系涉及基于理解的权衡。这种权衡出现在作品和受话人之间的连续体上。在这个连续体的一端，一些叙事结构被假定为是自足的和自我阐释型的。即如果我们假定受话人对叙事结构类型的形式和媒介已事先熟悉，体验者所要做的就是跟进叙事的进展，相关的内容自然会显现出来。但是，其他的叙事结构类型是无法自足的，需要依赖受话人对故事或故事世界的某些部分事先有了解。例如，一般情况下，一个关于经典芭蕾舞剧的故事不会被一个毫无芭蕾知识背景的观看者所理解。毫无疑问，这样的观众能理解故事的某些方面，但他通常不能理解故事的全部情节。因此，观众必须具备作品本身所展示内容之外的、关于故事的一些相关知识，才能理解故事的全部情节。

2.4 创作者叙事域与作品叙事域的关系

另一种类型是创作者叙事域与作品叙事域的相互关系。如果一部作品的表演者被视为作品叙事域的一部分，那么作为该作品主要创作者的合作者，这些表演者被认为在作品的某些方面为创作者叙事域和作品叙事域搭建了桥梁。作品的这些方面指由表演者的语调重音、时间选择及表演过程中的一些伴随效果等决定的各个方面——简而言之，就是**诠释**（interpretation）。因为这些方面影响该作品的意义和输入，所以我们认为它们是属于创作者的。

2.5 创作者叙事域与受话人叙事域的关系

创作者主要基于他对受话人解读所阅读的内容的方式假设构建叙事结构及设置它的结构特征。比如，依据事件的不同推进速度对多数受话人可能产生的影响，创作者可以设定不同事件在故事中的推进速度。一个创作者可以减慢事件发生的速度，以在受话人心中引起一种安定的感觉，或加快事件发生的速度，以在受话人心中引起一种兴奋的感觉。

为了达到想要的效果，创作者的这些选择必须基于受话人心中有关速度的假定基线。正是根据这条基线，"低"速度和"高"速度这两种偏离形式被定义。当然，这种基线在不同的文化和次文化里是不一样的。如果我们想要从另一种文化角度或另一个时段角度正确地判断创作者的意图，为达到想要的效果，创作者必须考虑受话人的理解速度，并为之设定一个基准线。由于存在这条基准线，所以会有"慢"速和"快"速之分。当然，在不同的文化和次文化中，基准线各不相同。如果我们想要根据另一种文化或另一个时期正确评判某一个创作者的意图,我们需要首先测定创作者的目标受话人大致的基准线。

一般来讲,叙事中的这种创作者-受话人关系常常类比为交际的"管道"模型。通过这种模型,创作者把他的概念内容传输给受话人。通过另一种不传送这种概念的相关模型,创作者自身表现出一种概念上的或现象学上的内容,在受话人身上唤起同样的表现,或者受话人直接重复创作者的表现内容。后面这种模型就是II-6章1.1.1小节中讲述的交际的核心形式。但是,正如该章1.1.2小节继续讲述的那样,尽管它非常有可能抓住我们原始的或核心的交际意义,但两种模型都不能充分刻画叙事进展的特点。这是因为一个创作者常常想要在受话人心中引起某些他自己都还没有经历过的概念或情感反应。这样的例子包括悬念、惊讶、兴趣或伤害。为达到目的,假设创作者能理解受话人的心理,他必须以特定的方式选择和安排素材,并给素材中故事的发生设定速度,以在受话人身上引发这些效果。

2.6 创作者叙事域、作品叙事域以及受话人叙事域的关系

最后,我们考虑创作者叙事域、作品叙事域以及受话人叙事域三者间的关系。其中的一种关系与这三种叙事域发挥作用的时间安排有关。在西方传统中,多数情况都是创作者首先编好作品,然后受话人体验这部作品。所有预先创作好的著述、绘画、舞蹈、音乐及电影等都属于这种情况。但是,其他一些作品是"在线"编写的——即受话人正在体验这些作品。这种作品通常被称作**即兴作品**(improvisational)。例子包括音乐(比如,西方最近流行的爵士乐或经典的印度音乐)、即兴舞蹈及即兴戏剧表演。

三种叙事域关系的另一种类型指受话人与作品的主要创作者是合作创作的关系。例如:当受话人被表演者问及怎样准备即兴喜剧表演的某些方面时,如果这个表演者是该作品的主要创作者,那么这些受话人即观众变成了合作创作者。无独有偶,在给儿童讲故事的传统形式或为儿童表演的木偶剧中,孩子们可以选择故事的结束方式或可以要求回到故事的某一点以改变某些事件。观众-受话人能够成为合作型创作者的一种更间接巧妙的方式是:不论这些表演者是作品的主要创作者(如即兴喜剧中的表演者),还是他们自身只是通过对剧本的解读而成为剧作家的合作者,观众-受话人对一个进行中的表演的在线反馈可以影响表演者并改变他们的表演方式。

最近的一些共同创作以及共同编写形式包括一些互动形式。在这些互动形式中,受话人做出一些关于作品进展的选择。互动视频就是一个例子,在互动视频中,一部作品包含若干叙述关系,导向不同的故事情节。在这里,使用者可以选择特定的情节来实现互动。同样地,一些现代书籍允许受话人以不同的方式翻阅文本,向前或向后都可以。

3 层　级

现在,我们讨论叙事语境的另一个层面:在多个叙事域内或几个叙事域之间起作用的**层级**(strata)。层级被看作是一个叙事域基本的或"底层"(ground-level)的结构系统,这在叙事作品中尤为典型,但在整个叙事语境的其他叙事域内,它或许只是容易成为基本的结构系统。我们认为多个层级是同时起作用的。因此,在作品叙事域中,当一个人跟随叙事进展时,他可以追踪该叙事的不同层级,并注意到这几个系统的共现和相互关联。正如前面已经谈到的,在这里我们可以打一个恰当的比方,层级就好比一个复写器,复写器的每支探针的活动轨迹代表每一个随叙事进展发生变化的活动。

3.1 时间结构

时间结构(temporal structure)层级即时间维度,独具"进程"特性。它有以"事件"和"脉络"为形式的内部结构。它的内容包括"过程"和"活动"或"情景"和"环境"等。此外,如后文所述,时间结构与其他叙事结构有系统对应性。

3.1.1 事件

概念分割(conceptual partitioning)是一种能应用于时间层级的结构形式。通过这种认知操作和**实体性归属**(ascription of entityhood)操作,感知或概念中的人类思维可以围绕一部分时间连续体扩展边界,并将作为一个单元实体所具有的特性赋予边界内的节选部分。该实体的一个范畴被感知或概念化为一个**事件**(event)。作为一类实体,事件的界限内含有一种连续的相互关系,该相互关系至少是确定性质的叙事域的某部分和所设想的时间连续体(即时间进程)的某部分之间的关系。这种相互关系依赖于一种原始的现象经验,这种经验被刻画为**动态性**(dynamism)——即,世界的一个基本特征或能动性原则。该经验在人类认知中既是基础的也是普遍的。

事件可随参数的改变而改变,第 4 节中的许多参数即包含在内。因此,一个事件可能是离散的,有很清楚的开始和结尾;一个事件也可能是连续的,在被事件形成的认知过程分隔的注意范围内是无界的。一个事件的内容可能随事件的跨度改变,在这种情况下,该事件是主动的,构成一个过程或活动。或者,一个事件的内容在事件跨度中保持不变,在这种情况下,该事件是静态的,构成一个情景或环境。事件可以是整体性的、跨越性的,例如,一个叙事的整体时长;事件也可以是局部性的,甚至是微局部的,在这种情况下,它只是一个时间点(例如,一个故事会把一瞬间的亮光加上突然爆发的声音描述为一个时间点持续事件)。而且,一个事件可以顺着第 4 节讲述的所有关系参数与另一个事件发生关系。例如,一个事件被嵌入另一个事件,一个事件与另一个事件轮换处于同等地位,一个事件覆盖另一个事件或展示与另一个事件间的部分对应关系。

3.1.2　时间脉络

时间结构的第二个方面被称作**时间脉络**(texture)。它包括各种事件表现的、与整个时间进程及与各个事件相关的所有模式。我们对周围世界的经验反映了不同的时间脉络。因此,一种时间脉络可由瀑布展示:瀑布中有无数快速的微事件,包括喷涌、倾泻、喷出、流淌和滴落等,它们时而相互融合,时而各自涌现。第二种时间脉络可由一个花蕾从含苞待放到怒放的缓慢推进过程展现,这一过程包含了不同阶段(如同我们在脑海中将在不同的时间点看到的景象拼接成一个事件的过程一样)。第三种时间脉络类似我们出现悸动性头痛时脉搏时而缓慢、时而稳定的跳动节奏。相对应地,一个人在其一生中可以经历一个或多个不同的时间脉络,比如,多个分散阶段展示出一种从容的节奏,而同时遭遇多件事展示出一种杂乱无章的节奏。相类似地,一个人可以在他的一生中经历一个又一个时间脉络类型,比如,连续的离散阶段展示出一种从容节奏,一些同时发生在他身上的事件展示出他慌张的混杂节奏。同样地,一个叙事可以表现或描述一个故事世界内任意结构的一系列相似时间脉络,或者该叙事可以按它自己的速度展示这些时间脉络,或者在受话人心中唤起这些时间脉络。[5]

3.1.3 叙事时间与受话人时间的关系

不同的时间结构也可以跨域相关联，例如在一部作品和一个受话人之间跨域相关联。一部叙事作品有以下两种形式的时间结构。一方面，**故事世界时间**（story-world time）是叙事描述的、归于世界的时间进程，在该进程中，叙事设定了它的故事。一般来说，时间进程被当作或应该被当作是与我们日常时间相一致的，尽管有些作品不考虑这个设想。另一方面，**故事时间**（story time）指那些被选来作明确描述或隐含提及以组成叙事故事的内容的时间特征。**受话人时间**（addressee time）是受话人在日常世界中的生活进程。

为比较和观察有关的偏离现象，我们必须建立一个贯穿故事时间和受话人时间的基线。在此，这条基线将以相同的进展速度与时间和空间持续共存并向前扩展，即，对于这个基线而言，故事中的时间和事件不断进展，进展的持续性、方向或顺序以及速度和它们在受话人的世界中所表现的完全相同（当受话人致力于叙事的进展时）。这种对应被称为**共同进展**（co-progression）。作为一条基线，共同进展很有用。尽管如此，这种共同进展并不是一条准则。倘若某部作品致力于实现这种共同进展，该作品通常被认为是试验性的。类似例子包括准纪录片形式的电影，这类电影仅仅是把摄像机开着，录下镜头前自然发生的事件。比如，1969年Andy Warhol拍摄的一部电影中含有一对夫妻发生性行为的镜头；但更挑战观众注意力的当属他在1964年拍摄的电影，这部时长24小时的电影展示的是一栋静止的建筑物。

偏离该基线（共同进展）的类型主要有两种。在第一种类型中，受话人将平稳的注意力以惯有的速率投入作品中，而故事时间偏离与受话人的共同进展。在第二种类型中，受话人偏离这种平稳的注意加工进程。

在第一种类型中（受话人保持惯有速率），故事时间可以通过多种方式发生偏离。首先，故事可以仅仅展示从故事世界假定的事件连续进程中选取的非连续片段。在这里，受话人仍然在故事时间中向前推进，但仅展示特定的时刻和场景，伴随的干预期则有空缺。

当故事时间位于受话人时间序列之外时，即出现第二种类型的偏离基线的情况。这种情况包括故事的向后跳转，比如，（电影、戏剧中的）闪回镜头或是从叙述未来事件返回到现在的镜头。这种时间跳跃可以形成一个更高层级的模式，这一点我们将在第4节中谈到。故事"一个自由的夜晚"(A Free Night，Costello et al. 1995)中便含有这种类型的闪回(倒叙)情节。在特定的时间点、在发生于其间的可怕事件中，该闪回情节逐渐归零。具体说来，闪回情节时而超过零点，时而够不到零点。

另外一系列的叙事时间特点可以归于从基线处对故事时间速率的偏离，首先，偏离的速率是固定的，因此，在某种程度上说，叙事进展的速率大小与受话人在日常生活中所经历的事件的速率有关。其次，故事时间的速率是可以变化的，或加快或减慢。Hill(1991)通过观察得出，故事时间会随着故事关键环节或情节紧张环节的到来而减慢，但对细节部分的展示增多。第三，故事时间可随速率的变化呈现不同的速率，即，它可以逐渐加速或减速，也可以骤然加速或减速，或是以位于逐渐和骤然之间的状态加速或减速。创作者可以利用故事从缓慢到快速的突然转变增强受话人的某些情感回应，比如恐惧或兴奋。这种速率的突然转变可以在某些特定的情感中反复出现，比如惊讶。

接下来，我们探讨受话人偏离人物基线的情况，尤其是受话人偏离基线、将他在向前进程中的持续注意以标准速率投到作品上的情况。第一种偏离情况是注意的非持续性。例如，受话人将书放下，稍后再拿起来读。在这种情况下，非持续性形式被引进经历者的意识中，这些非持续性形式与故事时间进程中的间断没有任何联系。一些作品有意地让受话人感受到非持续性。例如，冒险电影**连载**(**serial**)。依赖受话人具有的非持续性概念，一部连载剧通常会在某一集的片尾留下一个**悬宕未决的情节**(**cliff-hanger**)。

另一种受话人偏离的情况与进展顺序有关。比如，有的受话人选择跳读一本书，而不是按目录的常规顺序看完。近期的一些作品通过直接推荐跳读的方法满足了有重新排序能力的读者的需求。

第三种受话人偏离基线的情况与处理速度相关。因此，受话人可以选择处理文本的方式，如快速阅读或精读一部文字作品。一个观众可以在看电影时随意地加快或降低播放速度。

受话人选择偏离基线的一个动机是控制作品对自我认知的影响。例如，受话人可以放下书，静静地消化理解小说中的片段，然后再阅读后续情节。通过跳读，受话人内心对故事的设计和人物有一个整体感；或通过播放慢镜头，仔细观察场景中的细节。

需要注意的是，刚刚谈及的许多故事时间和受话人时间之间的关系同样可以出现在故事内部。比如，在故事某部分的时间特征和人物意识的时间特征之间,或是在故事某部分的时间特征和指示中心这一视角的时间特征之间,此前谈及的许多关系可以存在。一个有趣的例子是Zelazny于1971年创作的科幻故事;在时光倒退时,故事中的主角在生命的最后阶段穿越时光回到过去,并重新开始生活。在时光倒退的过程中,该主角的部分心智意识到并注意到了这种倒退的发生。故事的视角就是该主角的这部分心智,读者们通过这一视角观看故事的发展。从这一视角来看,尽管出现在读者意识中的内容在时间上是往回倒的,且这些倒退的内容曾一度是向前发展的,但读者确实是在自己的时间意识中不断向前推进。此外,视角的时间意识所具有的这种时间进展也会出现我们此前描述的这些偏离基线的情况,如时间跳跃、来回思考等,但这些偏离发生的可能性不具有优先性。

3.1.4 时间层级与其他叙事结构的关系

只有时间层级才具有内在的"进程"特征。但是,在整个叙事语境中,其他所有结构都可以通过与结构相关的特例与时间层级上的点一一对应。这些实例互不相同,因此结构发生**变化**(change),且一旦相同,就表现为**静态**(stasis)结构。

时间的变化包含空间结构的变化,尤其是时间进程中物体位置的变化构成**运动**(motion)的概念。时间的变化也涉及心理结构的变化,包括随时间推移人物认知或叙事环境的变化。根据定义,一些结构单元必须随时间的推移而产生变化。故事情节结构就是一个例子。

随时间的推移而产生的变化尤其同受话人叙事域相关,叙事的内容随叙事进程不断更新,一系列心理状态也随之不断更新。

3.2 空间结构

空间结构(spatial structure)层级包含两个主要子系统。一个子系统包括对空间领域里存在的所有图式的描绘。该子系统可被视为一个矩阵或一个框架,具有容纳及定位作用。与此相关的静态概念包括**区域**(region)和**位置**(location),动态概念包括**路径**(path)和**放置**(placement)。

第二个子系统包含第一个子系统中占空间体积的实物的构型和相互关系。因此,第二个子系统更多地被视为空间内容。这些内容组成一个**物体**(object)——被概念化为其身份和构成具有内在边界的部分物质;或一个**物量**(mass),其身份和构成被概念化为一个没有边界的物质。作为空间结构内容的物质与作为时间结构内容的事件在概念上可以类比。这两部分内容都表现出一种相似的结构特征,如有界或无界。

空间的物质子系统会与空间的矩阵子系统有某种静态关系。物质子系统可以直接地展示出来,比如,**占据**(occupy)一个区域或**处于**(situated)某个位置。

物质实体自身表现的空间特征或彼此关联表现的空间特征可以与所在框架的图式性描绘相联系。我们能观察到三种形式。第一种是单一物体或物量自身展现的空间特点。以决定了物体形状的外部边界轮廓为例,当它的内部是实心的或是格子状时,类似圆圈状或地平线的形状及其内部结构。第二种指一个物质实体相对于其他物质实体所具有的空间特征,包括几何关系,如由英语介词表示的 X is $near/in/on$ Y(X 邻近 Y/在 Y 里/在 Y 上),也包括其他表达地更精确的关系。第三种指一系列物质实体作为一个整体时表现的空间特征,包括它们的"排列",很可能被看作几何模式的完形形式,如一群或一捆(对于一个整体来说,当它的多元成分被背景化时,它在空间上同样可以被概念化为单个物体或物量)。

空间的物质子系统同样可以与空间的矩阵子系统有动态联系。这种联系有时是直接表现的,例如,物质**移动**(move)穿过一个区域或沿着一条小径**移动**(move),或者是从一个位置**移位**(transposition)到另一个位置。物质实体自身表现的或彼此相关表现的空间特征都可以和以上三种形式一样,与所在框架的图式性描绘相联系。因此,首先,一个单一物质实体自身可以表现动态特征,如改变形状(比如扭转或膨胀)。其次,一个实体可相对于其他实体执行不同的路径。例如,由英语介词表示的路径,X $moved$ $toward/past/through$ Y (X 朝向/经过/穿过 Y)。第三,一组实体或实体整体可以改变它们的排列方式,如分散和聚合。[6]

我们将空间结构的第二个子系统概念化为空间结构的内容,这个系统不需要局限于物质形式,而是可以扩展到更多的抽象形式。例如:在叙事中,我们可以运用日常的空间关系概念理解某一视角的位置和运动,我们从这一视角出发,将我们的着眼点和方向投身所关注的实体以及这一注意映射区域的大小和形状。

空间结构也可以随第 4 节提到的大部分参数的变化而改变。例如:当我们把一个饭店看作或叙事将饭店描述为一个封闭的结构时,桌子、椅子和顾客以特定排列模式容纳在内,它们都展现出各自的形状和内在的排列,表现出分层嵌入。此外,空间结构的性质与从微局部到整体的量级范围相关——比如，在一个故事中，人物手上的一只瓢虫隶属微局部范围，而人物在地理位置上的行进隶属全局范围。

为更详细地阐释空间结构，我们最后再举一个例子。欧·亨利在1903年创作了一个关于保险箱窃贼的故事（故事名为《重新做人》）。在故事中，主人公（窃贼）曾一度在他居住过的旧公寓周围不断张望并来回走动，这一情节归属于微局部范围。但这个故事也刻画了一些属于全局范围的情节，比如，主人公被关在监狱里、离开监狱、走向监狱附近的饭馆、为回到旧公寓而去了另一个城镇、去一些相对偏远的城镇并选择其中一个定居以及主人公在定居的城镇上度过余生等情节。对于读者对故事的理解而言，这种来回跋涉型几何模式具有重要意义，因为从隐喻角度来说，这种模式与主人公不同的心理发展阶段相对应。比如，监狱对应他的旧时生活；去餐馆对应他的独立自主，原因是他的此次行动是自己决定的，而非听从他人的命令；离开旧公寓对应他告别自己的旧时生活（除了他返回公寓取撬柜所用的工具）；新城镇对应他的新生活，这个新城镇与他的旧居住地相距甚远，预示着他要开始新生活，并远离他以前的生活。

空间结构也涉及跨域关系，其中一种关系是熟悉的物理世界与故事世界的不一致。在这种不一致中，叙事物体和叙事人物以小说中物体和人物的尺寸出现，或是像后者一样出现尺寸变化，抑或是出现后者具有的嵌入关系。例如在《爱丽丝奇遇记》或《神奇旅程》（Fleischer 1966）中，描述了小人在正常人的血液里航行的故事。

我们可能希望将空间结构层级扩展到受话人叙事域。因此，为在受话人心中引发一种特殊效果，一位剧作家或导演可能相对于表演区域对受话人进行排列和布局；或者，他可能部分地合并表演域和观众域，如让演员在观众中穿行。

3.3　致使结构

致使结构（causal structure）层级首先被理解为包括时空中所有被感知的物质与能量的物理性。因此，该层级涵盖所有制约实体行为的概念系统原则及所有描绘实体行为特征的概念系统模式。因而，这种层级不仅适用于现代物理学，而且适用于经典物理学、中世纪物理学、传统文化中的物理知识、"卡通"物理学、科幻故事物理学，还适用于设立在幻想和传奇故事中的致使条件。

除了这些非感知的致使特征，目前的层级被认为可以扩展到能引发致使效应的心理层级的某些方面，这些方面包括：动机、欲望、意志和意向。

因此，致使结构系统能处理纯粹的物质问题，如物质是否具有时空的连续性或是否可以出现、消失和移位，或一个物体是否可以穿越另一个物体或同时取代它的位置。或者，这些系统能处理心理物质问题，例如：一个有感知的实体的意志是否可以直接影响到事件的过程，或某种超自然力是否可以运用这种意志。又或者，这种系统可以处理纯粹的心理问题，例如，一个人的特殊心理状态是否能引发另一个人的特殊心理状态（比如，自我怜悯引起厌恶）。根据所接受的因果施事的不同，叙事传统可以不同，例如，一个鬼或一个神能否影响事件的过程。

对物理和心理因果性的感知起重大作用的一个系统是力动态系统（见 I-7 章）。这一概念系统涉及某一实体内在的静止或运动趋势，其他实体对该趋势的反对，某一实体对该反对的抵制以及其他实体对这种抵制的克服。这个系统进一步包含促使、阻止、允许以及助使、阻碍和行为失效等概念。

通过力动态，我们发现致使结构的层级可以扩展到概念结构，例如：叙事情节的概念结构。力动态系统可以刻画出两个对立实体间的关系，实体间平衡力量的转换，另一个实体对一个实体最终的克服。力动态系统也可以应用于任意两个因素间的冲突模式以及最终的冲突化解模式。

3.4 心理结构

心理结构与空间、时间及致使层级中的成分有特殊关联，或以特定的形式分布于以上各层级中。但是，心理自身组成了一个独特的层级，具有自身所需的特质和管辖原则。我们从两个方面考察这个**心理结构**（**psychological structure**）层级：心理结构组织的范畴和心理结构组织的层次。

3.4.1 心理结构的范畴

心理层级包括认知中所有可能的内容。尽管目前对认知没有明确的划分，但许多探索式的范畴都属于认知范畴。为强调其多样性，下面我们将介绍六个范畴，包含对每一范畴内的认知现象的大量取样。所列出的每一个认知现象致力于涵盖从好到差的不同职能。例如，"意识的可及性"同样包括较差的可及；同时，也包括其他的一些现象，例如，前意识、压抑感等。同样，"记忆"也包括遗忘。这些范畴和它们的成员与所有被感知到的认知实体的心理结构相关,这些类型将在3.4.2小节中详细论述。在引言中提到的所有这些范畴或其成员与"认知系统"之间的关系都是一个有待继续研究和探索的话题。

第一个探索性的心理范畴,包括构成或调解其他心理功能的"基本"认知系统,其中包括意识及其他认知系统对意识、注意、视角、感知、记忆和运动控制的可及性。

那些被看作"可执行的"功能范畴包括施事、意向、意志、目标追求、计划和决定。

第三种范畴包含"概念"或"智力"功能和系统,系统包括思想、概念和概念化;信仰、知识和解释性的理解;预设和被忽视的假设;观点和态度;世界观;对熟悉度、规范性、可能性和真实性的评定以及推理、推论和逻辑性。

另一个"情感"范畴包含情感和情绪状态、动机和驱动力、欲望和愿望以及审美反应。

另一个有关"价值观"的范畴包括伦理、道德和优先权。概括而言,基于优点和重要性维度的归属感。

最后,"复合的"或"整体的"心理范畴包括个性、脾气和性格。

以上提及的范畴并不相互排斥,而是在很大程度上相互结合,并具有可比性特征。如,后悔和担心是纯情感的,但它们大都是基于对环境作出的详细、理智的判断。

视点 我们从心理范畴中挑出一个成员,即**视点**(**perspective point**)范畴,因为它在叙事中起重要作用,我们应予以特别关注。在此我们讨论它的实质、作为个体的功能以及在时间中制约其表现的特点。

我们认为视点概念涉及位置和评定,一个视点既指物理的时空位置,也指一些概念模型中的时空位置。在这种情况下,概念模型并不仅局限于对物理世界中空间和时间的意象表征,还可以指"抽象空间和时间"的所有形式。第二种情况的例子可以是"知识空间"或"审美空间"——即个体能认知的各类经验和概念空间以及这些空间体现的那些类时进程。

另外,在某个空间位置上有感知能力的实体的评定能力也是视点。这种评定能力是一个典型的感知系统,具体而言是视觉感知系统,但也包括一个感知实体的信仰和观点等其他系统。位于视点位置的评定系统评定位于同一空间内其他位置的现象的特征。视点概念的关键因素是,评定系统基于外部现象的特定特征和特征的特定模式,由于这些外部现象在空间内的相对位置,它们可以到达评定系统的所在位置,或者,评定系统可以进入这些外部现象。

构成最小"点"的视角位置并没有内在的心理要求。原则上说，它是一个区域或者是一系列的点或区域。尽管某个单独的点无疑是原型情况，但其他的可能性还有待探索。

值得注意的是，关于空间中视点位置的所有特征都无一例外地可以在我们的视觉体验中找到。在这种体验中，我们的眼睛占据了一个空间位置，从当前位置观察周围的物理空间，或者反过来，从周围的物理空间中获得那些汇聚在我们眼睛中的刺激。这种感知体验证明，存在一个强有力的模型，该模型和非感知的认知系统一起构建我们的体验，比如，这种基于非感知的认知形式可以被视为具有某个观点，或持有特定意识形态的某种信仰。详细的分析表明，由这些形式表示的认知结构和过程与和感知相关的那些结构和过程并不相似。具体而言，它们不涉及聚集到视点位置的外部现象特征，相反，它们探测从此视点位置发出的投射。观点和意识形态可能涉及结构和过程，而不涉及这种聚焦或投射。例如，一个相互作用、相互关联的网络结构，或一个只允许一些概念通过而拒绝其他概念的"过滤器"等。无论如何，我们描述的大部分现象，包括那些涉及观点或意识形态的现象，都可以被体验为空间中的某一个位置，个人在这个位置上评定外部现象。因此，这种体验可能构成了 *from my point of view*（在我看来）和 *in my view*（以我的观点看）这些指称观点的表达的基础。

3.4.2 心理结构的层次

我们的客观判断可能认为，所有的心理现象只需与个体有感知的生物机体有关，但我们关于心理现象中的自发概念较少受到限制。事实上，心理现象通常被分成三个主要层次，包括个体、社会群体和氛围（环境）。我们将依次对其进行分析。

3.4.2.1 个体

个体（individual）的结构层次或许在心理结构中最为典型。个体被概念化为有感知和认知能力的实体，上文提及的全部或集合中的某些心理现象都共同存在于此实体中。对"个体"概念最重要的一点是，实体的感知及心理现象在实体中的共存。另外，单个个体的心理特点有时也经常相互关联，构成一个格式塔（整体）形式。但是，当个体表现出态度上的冲突或性格中有多个"分裂的"或"多重的""自我"时,这种综合心理实体的特点是可以变化的。

任何个人都是典型的个体,其次,任何有感知的动物也是典型的个体。在当前的叙事语境中,个体的原型是故事世界之外的创作者和受话人。当然,一个个体,不必是人或动物,甚至不必是一个生物有机体。任何一个有心理特征的实体都可以实现这个功能,包括无生命的物体、鬼、天外来客等等,以及指示中心视点的抽象化。

个体的心理结构可以体现第 4 节中的大部分参数。因此,一个人物的概念或情绪可以是直接或隐含、清晰或模糊的。它可以内嵌在其他概念或情绪中,或替换、覆盖其他概念或情绪,或与其他概念或情绪相关联。它可以整体或局部地扩展,也可以随着时间不断变化(如,小说中的人物可以不断成长)。一个随着时间不断变化局部心理状态的例子包含交替、覆盖等,比如,通过她晚上在家时想法和感觉的变化(恐惧、后悔、欣慰、幻想和即刻意识),我们可以追踪故事"A Free Night"中主人公的心理轨迹(Costello 等 1995)。

个体型叙事视点　如上所述,叙事视点可以看作是有心理结构的个体——即,在其他心理特征中,具有性格/个性、心理情感和世界观的感知和认知实体。相对于视点中的心理特征,视点可能是有缺陷的,至少在某些作品中有缺陷,或许是主要表现了感知的特征。但是,在其他作品中,或通过其他分析,视点也包括态度和情感。

例如,下面这句话可能取自一个描写大海的故事,故事中没有出现人物:"海豚的身体闪闪发光,它优雅地跃出水面,壮丽地升入空中,在弧线顶部翻了一个美丽的筋斗,在水面几乎没有激起浪花就潜回水中。"描写这种场景的最佳视点极有可能是在海面上靠近海豚的位置。在对所发生的事件进行描写时、在使用"闪闪发光"(glistening)这个词时,这个视点确实包含了感知因素。但它在使用"优雅地"(gracefully)这个词时也包含了评价。它使用"壮丽地"(majestically)和"美丽的"(beautiful)这两个词时包含了态度和情感。它使用"几乎没有"(barely)一词时表现出了期待,暗指相对于常态的偏离。这些附加信息是感知之外的所有心理结构元素,在这里都由视点体现。

3.4.2.2　群体/社会

另外一个组成心理结构的层次是群体层次或由第一层次个体构成的

社会层次。群体心理概念有一个主要的划分。在其中一类概念中,群体是一个单独的超个体,在基础阶段只作为元实体存在于自身,其心理结构的展示只存在于更高一层。第二类概念把群体视作一个集体,该集体的心理特征基于个体成员的认知及它们之间的相互关联,这些相互关联概念又可以分成多种类型。在一种类型中,群体中不同个体的心理特征是**一致的**(in concert),即它们在某些方面是相同的。因此,在某种意义上,我们可以说整个群体的心理特点相当于不同个体心理表现的简单集合。在另一种类型中,个体的心理特点在某些方面是**互补的**(complementary),个体可以利用彼此的不同点相互**合作**(cooperate),形成一个群体效应,这是单个个体无法做到的。在第三种类型中,不同个体的心理特征在某些方面**相互冲突**(in conflict),因此,群体层次的心理模式可以囊括个体间的冲突或反映个体间冲突的克服、战胜和解决。

这些在群体层次上与心理相关的各种概念也存在于外行和专业人士的概念中。因此,在公众场合中,许多人常常把元实体的性格特点或群体中不同个体相一致的心理特点归因于不同的社会范畴,如:性别、民族、种族、阶层或国家。相比之下,一些对元实体理论颇有研究的社会学家和人类学家把这些特点作为一个整体,归因于世界观和文化的情感风格,或是归因于个体间互动时的抽象概念媒介,如"实践理论"和"话语分析"。另一方面,关于"认知分布"(如 Hutchins1991)的研究吸收了互补和合作的概念,认为一个团队或社会中各成员的专长具有某些互补形式,都需要为实现整体目标而相互作用。

叙事展示了许多集体层次的心理概念,包括某些特定的形式。其中之一是古希腊合唱团,通常代表社会整体的道德标准及社会大部分成员常见的问题等。另外一个例子是,个体展示的一系列观点构成一个群体,并被用来展示这一部分社会群体的观点的多样性或一致性(如 Thornton Wilder 的戏剧《我们的城镇》)。[7]

通过观察我们发现,多个个体并不需要被当作一个群体看待,它们也可以在个体层次上被看待。因此,在一段叙事的任何一部分或整个故事中,个体的心理表现都可以看作是处于群体层次的个体间的整体互动,或是处于个体层次的不同个体的分布和接替。

3.4.2.3 氛围

最后,我们来看一下心理结构的第三个层次,**氛围**(atmosphere)层次。

氛围是我们拥有的经历,这种经历指某些心理特征遍及周围的某些空间、物理上界定的区域或事件。因此,这种经历与个体层次上一个特定物体的心理特征经历或群体层次上一组物体相关的心理特征经历不同。

客观上讲,我们认为与某区域或事件相关的氛围就是我们在感知或思考它们时产生的心理投射。尽管如此,我们的某些认知似乎总是自然而然地认为这种氛围是这个区域或事件的固有特征。

一个氛围的心理特点通常包含心理结构的概念范畴,包括思想、观点、选择之类的特性。在此,它所包含的情感范畴要少,在情感范畴中,氛围的心理特点主要包括情绪状态。这种情绪状态可以是与区域或事件相关联的恐吓、轻喜、恐惧、安逸、安全保障、令人厌恶的卑劣、富裕和超精神性。

我们对周围氛围特点的感知能力很可能是天生的,在很大程度上是下意识的。因此,这种功能在体内的出现和产生几乎不受内在意识的控制。因此,氛围通常被认为是我们穿过一个环境或观察一个环境时的伴随物。在某种意义上,一切事物参与产生我们当下的氛围感知。因此,不可避免地,我们对周围环境的特定感知组合将由认知中与氛围相关的部分处理,从而产生出与这些周围环境相关的某些情感复合体。[8]

依据上述分析,我们发现那些负责特定场所的人,不管是在直觉上还是在理论上,会对物理排列影响人们氛围感知的方式作出自己的理解,并经常运用这些理解。他们通常精心编排和认真配置他们的认知域,以在他人心中引发特定的、期望的氛围。因此,许多城市官员修建公园、街道和建筑以构建一种城市居民的氛围,店主对店面进行装修以使顾客感受到一种购物的氛围,房主为自身或家庭成员布置房间以营造氛围。所以,一个茶店的经营者和一个体育酒吧的经营者在家具、空间安排、颜色、音乐、服务员及服务时要表现的礼仪、周围环境等方面会有许多不同的选择。

创作者大多用尽心思地编排我们内在的这种认知操作,以使我们能从他的作品中感受到某种特别的氛围。比如,电影不仅仅是通过这种方式来处理它们的视觉材料,而且为了在场景中营造一种特定的氛围经常使用背景音乐。因此,同一个场景会因为搭配不同的背景音乐产生截然不同的理解,比如阴森恐怖或轻喜幽默。一部书面作品可以通过语言的选择和思想的编排实现类似的氛围效果。例如,Kahane(1996)展示了 Woolf(1948)是如何通过循环使用潜意识中的威胁影射(如,"蓝胡子"所指代的"残酷的丈夫")和惊吓营造出一种使人心神不宁的氛围,从表面上看,他使用了话题和场景的不断变换。

4 参　数

下文介绍的五种**常规参数**（general parameters）及其涵盖的**特殊参数**（particular parameters）是适用于各个层级的普通认知组织原则。如同上文提到的，这些组织原则不仅适用于叙事结构，而且也适用于其他一系列认知系统的结构。此处所列的参数是对 I-1 章和其他章节中参数的补充。总的来说，所有这些参数共同构成了人类认知中概念结构的雏形。

4.1　结构间的关系

层级及叙事域的整体和部分间都存在某种联系。类似这种结构和结构间的关系可以参照一定的参数。在此我们将讨论一系列相关的参数。

其中一种参数是**分体**（mereology），包含结构间的分体关系。利用数学理论处理整体与部分之间的关系，该参数因而被命名，但下面分别提到的概念和术语被认为与语言结构有关。为简单起见，我们首先区分四种分体关系。第一种是**包含**（inclusion）关系，即一个结构完全包含于另一个结构中。另一种是**共同延展**（coextension）关系，即一个结构和另一个结构在某一区域共存。第三种关系是**部分重叠**（partial overlap），即一个结构的一部分同另一个结构的一部分相交，但各自的剩余部分仍占据不同区域。最后一种关系是**独立**（separation），即一个结构完全独立于另一个结构之外。下面我们将详细论述包含和共同延展关系。

一个结构可以通过其他参数同另外一个结构相关联。其中一个参数是**对等性**（parity）。根据这个参数，两个结构被概念化为代表不同的实体或同一实体。这种参数可以用来形容上文提到的一个结构完全包含在另外一个结构中的情况，即分体包含关系。在双重实体的概念化下，第一个结构可以单独地插入或嵌入第二个结构中。在单个实体的概念化中，第一种结构是作为一个整体的第二个结构的一部分。同时，这个参数又可以应用到共同延展的分体关系中，在这种关系中，就两个结构所具有的某些特征而言，两个结构在同一区域共同存在。在双重实体的概念化下，两个结构相互渗透或共同出现，而在单个实体概念化下，这两个结构是相等的或一样的。同样，对等性参数可以运用到所提及的第四种独立分体关系中。在该关系中，两个结构完全彼此独立。在这里，在双重实体的概念化下,两个结构是两个独立的实体,而在单一实体的概念化下,两个结构共同构成了一个不连续的实体。下文将对对等性参数进行详细的分析。

另一个参数是**均衡性**(**equipotence**)。根据这个参数,一个结构与另一个结构等势,或者一个结构做主结构,另一个做辅助结构。均衡性和共同延展将在下文中一起讨论。

4.1.1 包含

包含关系指,存在两个独立结构 A 和 B,结构 A 完全处于结构 B 的范围内。根据对结构 A 和结构 B 的理解是基于对等性的双重实体概念化或是单一实体概念化,我们将包含关系的形式分为两类,一类是**嵌入**(**embedding**),另一类是**部分与整体**(**part-whole**)关系。因此,如果结构 A 和 B 组成了两个不同的实体,那么 A 内嵌在 B 中;如果结构 A 和 B 组成了同一个实体,那么 A 是 B 的一部分。但是,我们尚不清楚这两个形式中的哪一个在起作用。

在叙事中,两个结构的包含关系在某一特定层级上非常明显。因此,在空间结构层级中,一个明显的例子是故事中的多重包含关系。比如,故事中主人公的位置可以设定在一个特定国家的特定城市中,在这个城市的特定街道上,在这个街道上的某所特定房子内以及在这个房子的某个特定房间里。时间结构层级也有类似的包含形式。其实,传统的戏剧结构就建立在这种同心包含之上,每个剧情都发生在某一"幕"特定的"场景"中,并依次出现在整个戏剧的时间范围内。

虽然不甚明确,但包含关系不仅能出现在一个层级中,而且可以跨层级存在。例如,受话人的注意一开始可能在故事世界的物理空间结构中,接着便会通过进入这个空间中人物的内心世界,从而进入心理结构中。这个内心世界有其自身的结构,该结构包含空间,但这个内心世界仍被认为是作为整体包含在故事世界的空间结构中。这种进入人物内心世界的方式,同转换进入一个故事世界空间结构的新地点或新场景的方式不同。受话人所进入的人物内心世界更像是在故事空间主要结构的某个位置打开的下级区域。

包含关系同样可以出现在一个叙事中。例如,在一个作品的叙事域中,一个故事可以包含在另一个故事域中。例如,莎士比亚的《哈姆雷特》自身包含另一个戏剧,两者都有自己的故事世界。这种多重包含关系在电影《萨拉戈萨的手稿》中有所体现(Has 1965)。这部电影的主要组织原则是故事包含的重复嵌套。在这部电影的第一部分（也是篇幅最大的部分）中，每个故事都包含一个神秘的事件或因素，该事件或因素隐含在另一个故事中，这样一来，后者为前者提供了背景。在体验者正在思考这一过程是否会无限发展以及它是否可以展开所有神秘事件时，这部电影已接近了尾声。在结尾处，作者使用倒叙手法，快速地回顾了所有嵌套的故事，对神秘事件全都做了通俗易懂的解释。

抽象关系 "部分与整体"包含关系是**抽象关系**（abstraction）的中心部分。如果一个结构是另一个结构被选部分的复制，那么这个结构同另一个结构构成抽象关系。

也许这种关系主要表现在作品叙事域的故事内容被视作是对更丰富的社会文化域和物质域细节（包括人类的心智和行为）的抽象。因此，一个故事并不是像摄像机一样，仅放置在某个地方，记录镜头范围内和操作过程中发生的所有细节。此外，抽象过程并不是随意的，而是选择相关方面进行抽象，这些方面是我们通常理解的结构性的或受关注的那些方面。

在我们的认知活动中，相关部分的选择过程经常发生，与在某个作品的创作过程中复制这种选择以进行展示的过程完全不同。这一点体现在以下事实中：我们负责体验和范畴划分的认知结构与我们经历的日常生活结构不大一致。例如，这些概念上的/情感的/行为上的结构构成了生活中的嫉妒、勇敢和对婴儿的抚养。在日常生活中，这些构成因素分散于时空中，这期间有许多没有直接关系的介入因素，典型的构成因素也许并不出现，取而代之的是非典型的构成因素，等等。但是，我们的认知加工可以通过对原始经验材料相关因素的选择来成功地构建这些结构，将它们聚集在一起，最后组建成目标模式。一个创作者可能会将这些结构用作叙事中的结构，也就是说，编入故事中的抽象关系与我们认知中已经存在的或经常产生的概念抽象化是基本一致的。

相关部分的这种选取过程也可以通过视觉媒介观察到。例如，卡通和漫画都是从它们所代表的物质实体的所有细节中抽象而成的。而且，在某些方面，抽象特征和原型之间的一些关系与我们刚才讨论过的相一致。因此，那些特征构成了我们所关注的原型的视觉结构。

值得注意的是，抽象化并非是我们作用于观察到的现象而后复制为文学作品或图象作品的唯一认知操作。一个补充性的认知过程是强加（imposition）。我们对观察到的现象进行改变以适应预先构想的图式，进而把这个图式强加到我们对世界的理解上。这些认知结构也被用于作品的表征中。

4.1.2 共同延展

如果两个结构同时出现在某一层级的同一个区域,那么这两个结构是共同延展关系。

双重实体型:共现(时间方面)　我们首先在对等性参数的双重实体概念化下考虑这种共同延展——即,两个结构是相互区别的。在两个结构相关联的层级归属于时间结构时,共同延展的特定名称是**共现**(**concurrence**)。

两个共现的结构可以被看作是等势的,或者,一个为主,一个为辅。当共现同非均衡性相联系时,这种结构被称为**覆盖**(**overlay**)。例如,一部作品的整个气氛可能会被恐怖或厄运笼罩,但其中的某些部分可能比较轻松。这种轻松的部分被认为是对暗暗逼近的恐怖气氛的覆盖,但在轻松部分中,恐怖气氛并未完全消失。再比如,一个叙事结构将在不同层次上讲述两个或多个故事。例如,一个寓言故事在其字面意义之外还有一个隐喻含义;或者,创作者有两个目的——寓教于乐。一般而言,覆盖结构都是更抽象的,底层结构都是更具体的。

单个实体型:等同　接下来我们将在对等性参数的单个实体概念化下讨论共现。换言之,两个结构看作是相同的。这种共现形式被称为**等同**(**equality**)。因此,当两个结构看作是同一个实体的不同两种表现形式时,它们之间是等同关系。

在作品叙事域、创作者叙事域和/或受话人叙事域,我们可以找到不同的等同形式,这时单个实体就是个体。为阐明这一点,我们需要进行一些区分。我们认为,一个叙事作品的创作者首先会创造一个**外部故事世界**(**outer story world**)。这个外部故事世界包括一个**叙述者**(**narrator**)、一个**听述者**(**narratee**)和一个**内部故事世界**(**inner story world**)。叙述者就是讲述故事的个体。听述者就是听叙述者讲述故事的个体。内部故事世界就是叙述者讲述的内容。

此外,等同形式包括以下内容:创作者等同于故事叙述者,内部故事世界看作是对创作者所见或所想事件的表征。当叙述者明显等同于内部故事世界中的某一角色时,叙述者就是内部故事的**参与者**(**participant**)。在这种情况下,未加引号的话可能包括代词 I(我)。如果没有这样的界定,代词 I(我)通常不会出现在引语之外,并且叙述者会被看作是一个随意的、不相关的观察者。当创作者、叙述者和内部世界的角色合为一体时，如果创作者没有隐藏，那么作品在某种程度上是**自传性质的**（**autobiographical**）。当外部故事世界的听述者明显等同于作品外的受话人时，未加引号的话可能包括人称代词 *you*（你）（或者 *The reader may now be thinking that ...*（读者可能正在想……）这样的形式）。我们并不经常使用这个代词或类似形式，而且外部受话人可以借助叙述者给虚拟听述者讲述故事的方式，获得听故事的体验（尽管受话人可能会觉得叙述者正直接把故事讲给他听，即使没有使用呼语形式）。

等同关系同样适用于跨作品叙事域和世界叙事域的结构。我们首先考虑由这些结构构成个体和事件的情况。当内部故事中的人物同外部世界叙事域中的个体（而非创作者）等同时，这一作品是**传记性质的**（**biographical**）。当作品中描述的个体和事件与外部世界中描述的个体和事件相同时，这个作品是**历史的**（**historical**）或**纪实的**（**documentary**）。相反地，当作品中描述的个体和事件在外部世界中找不到对应物时，这个作品就是**小说**（**fiction**）。不同作品可以呈现事件和个体在故事世界、外部世界间的诸多对等和不对等形式，从而产生了如此多的历史小说和文献记录作品。

接下来，我们将考虑创作者在某部作品中表现出的态度或世界观与周围世界在历史上所具有的态度或世界观之间的对等。一部作品的世界观若同当代文化相符合，那么它是这一时期的近代（**modern**）作品；如果这部作品出现在当前的时间，那它就是"现代的"。一部作品若不反映当代文化，而是与后一个时期的文化相符合，那么这部作品就是**超前**（**ahead of its time**）的；如果一个作品的世界观与早期作品的世界观相一致，那么它就是保守的或**回顾**（**backward-looking**）式的。当早期作品的世界观只符合它那个时期的世界观时，该作品则是**陈旧**（**dated**）的；而当作品的世界观符合其他时期或当前的世界观时，该作品则是**永恒的**（**timeless**）或**普遍的**（**universal**）。

再接下来，我们将考虑某部作品故事世界所代表的时代与周围世界在历史上所代表的不同时代间的对等。如果作品表达的时代和创作作品的时代一致，那么该作品与创作时代是**同一时期的**（**contemporary**），或者，该作品就是当下创作的，则简称为"当代的"。如果故事表达的时代与早期的时代一致，那么该作品是具有**时代**（**period**）特征的作品或是**历史**（**historical**）作品（取"历史"的第二个含义，即之前发生的事情）。此外，如果是与之后的时代相一致,那么该作品是**未来派的**(**futurist**)。

在语言学领域,实体间的概念等同已得到广泛的研究。因此,"共指"(co-reference)即指在一个语篇的两个不同位置指称的同一个实体。此外,"指示语"(deixis)是把被指称的一个实体与话语事件中的一个实体等同起来。具体说来,我们可以这样理解指示语:句子 *I ate snails for breakfast*(我早餐吃了蜗牛)使用了指示代词 *I*(我),因此这句话可以看作是代表了发生时间不同的两个事件。在一个事件中,某个人正在执行"说话"这一言语行为,即 *A speaker is uttering this sentence*(某人正在说这句话)。而另一个事件发生得早一些,事件中的人吃完了早餐,即 *A person ate snails for breakfast*(某人早餐吃了蜗牛)。不同的幻灯片可以同时记录这两个事件,每一个事件都包含一个人物,两个人物各完成一项活动。通过使用 *I* 这一指示代词,执行"说话"行为的人物即等同于吃早饭事件中的人物。也就是说,他们是同一个个体的不同表现形式。因此,指示语体现了两个叙事结构间的等同关系。

4.1.3 多重关系

到目前为止,我们在本节展示了作为整体的一个结构与作为整体的另一个结构相互关联的不同方式。但除此之外,两个结构的部分与部分之间也可能相互关联。其中一种关系为**关联性关系**(**correlation**),即两个结构的部分与部分间相互对应。另一种关系为**连接性关系**(**interlocking**),即两个结构的部分与部分间交错排列。

关联性关系 我们举一个关联性关系的例子。在叙事中,存在一些跨层级的对应点。事实上,目前的分析系统——测谎仪——的基本原理就是这种关联性关系。即不同层次的叙事在它们的时间进展中相关联。关联性关系的另一个例子是不同媒体或体裁的相互关联,比如电影和多媒体演示中同步出现的对话、图像和音乐。另一个例子是故事世界内容的进展与作品的物理媒介的一系列成分彼此相关,比如一个故事由一组诗构成,而书上的每一页都是一首独立完整的诗。

连接性关系 在叙事中,连接性关系的主要形式由时间进程展示。该形式可称为**交替形式**(**alternation**)。在该形式中,相关结构的每个"部分"都是这个结构的不同表现形式。每个结构的不同表现形式并不同时出现,而是一次出现一个,即交替出现。

交替形式可以在任何范围或层次中出现。因此,一个叙事中不同人物的视角交替可以每隔一句话出现一次,就如同对话;或者是每隔一章出现一次。此时叙事通过不同人物的视角交替展示故事的进展。另外,叙事中常用的交替结构还包括不同的空间位置、不同的时间点(譬如循环性闪回)以及不同的支线情节或花絮。

下例摘自 Gurganus(1991)的故事"It Had Wings",就是在句子层面上的交替。发生交替的是一个人物视角点的位置和从这个位置注视的方向。该人物是一个天使,他坠入一位老妇人的花园,并与其交谈。首先出现的是天使的话语,根据天使的不同观点或看法以不同的缩进量排列。下例便是对台词中不同观点和看法的总结。

(a) We're just another army. We all look alike.
(我们只不过是另一种军队。我们彼此看起来挺像的。)

(b) We didn't before.
(以前我们不像。)

(c) It's not what you expect.
(这不是你期望的。)

(d) We miss this other.
(我们怀念不像的时候。)

(e) Don't count on the next.
(别指望将来。)

(f) Notice things here.
(注意这里的事儿。)

(g) We are just another army.
(我们只不过是另一种军队。)

(a) & (g): His viewpoint is in his current celestial existence; he looks around within that.
(他此刻身处天堂并向四周张望;他的视角取自他此刻的位置。)

(b) & (d): His viewpoint is in his current celestial existence; he looks from there back to his former earthly existence.
(他此刻身处天堂并回望他此前在地球上的位置;他的视角取自他此刻的位置。)

(c) & (e): His viewpoint is in the woman's current earthly existence; he looks forward from there to her upcoming celestial existence.

（他的视角取自老妇人当下的尘世；他于此展望她将要到达的天堂。）

(f): His viewpoint is in the woman's current earthly existence; he looks around within that.

（他的视角取自老妇人当下的尘世；他于此向周围弥望。）

4.1.4 高层结构

事实上，所有叙事中的结构因素都可以重新进行组织，以展示二级结构模式，而二级结构模式又可以重新进行组织以展示三级结构模式，依此类推。我们可以举 Costello 等人（1995）的例子，他们分析了一个故事中的时间结构。故事中的一级结构包含某些发生在故事之外的事件与读者自身的时间进程之间的关系。该结构在故事中得到进一步的编排，展示了一种倒叙模式。具体说来，在一个中心时间点上（即儿子的死亡），这种模式逐渐调整归零，倒叙情节时而超过中心时间点，时而够不到中心时间点。

4.2 相对量

作为一种常用参数，**相对量**（relative quantity）主要有三个层次的表现形式，每个上级层次内嵌下级层次。该参数从上到下包括**范围**（scope），即当前叙事背景下某个结构的相对量；**颗粒度**（granularity），即在某人的注意中，相对量被内部切分后形成的分部的相对大小；**密度**（density），即进入考虑范围的每个分支中元素的相对数量。我们将对这三个层次依次展开讨论。

4.2.1 范围

范围指当前叙事背景下某个结构的相对量。举例来说，叙事结构可以是一个完整的叙事域，如具有故事世界的作品，或是一个或更多的层级，例如时间、空间或心理层级。因此，我们可以以故事中的全部时间和空间结构为范围，追踪主人公在整本书的时间框架下所做的远距离位移，或者可以选取主人公相对较小的时空范围，如主人公半小时内在房屋内的移动。

我们有几种方式可以计算某范围的大小。一种计算方式只涉及研究范围在整个实体中所占的比例，这一范围被节选出来，作为我们的研究对象。这种计算方式主要有两个层面：**整体**（**global**）（当前关注的总量）和**局部**（**local**）（总量范围下的标准小份）。然而一个叙事可以形成位于整体和局部之间的多种不同范围，或者是在"均值局部"下细分出更精细的层面——**微局部**（**microlocal**）。

另一种计算方式以认知能力为基础，形成以下两种大小的范围：(1) 仅在单一感知和注意范围内经历的事物；范围(2)比范围(1)大，因而(2)是需要在记忆中进行组合的事物。比如，在非叙事的日常经历中，我们可以在单一感知和注意范围内想象出蚂蚁爬过手掌的情景，可是要想象出某人以前乘公交车所做的某次旅行，我们只能在记忆中将整个经历的各个部分加以整合，因为该经历归属于第(2)种范围。

相比较而言，如果一个故事足够长，那么这个故事的某些结构特征将位于读者的注意范围内，而另一些结构特征将位于读者的注意范围外。感知范围不大应用于书面散文（但是它可以应用于诗作，因为对诗作的感知部分取决于页面上文字的视觉排列）。但是，感知范围与来自动态作品中的感官输入有关。

4.2.2 颗粒度

颗粒度参数适用于范围的某个具体层面。颗粒度是格子（grid）的粗糙或精细程度，在该格子中，我们对选择范围内的内容加以关注。也就是说，颗粒度是选中范围内的内容进一步细分后所形成的分部的相对大小。

举例说来，我们可以从叙事中选取一个局部范围的空间结构，如我们视角点所在的某个房间。在该范围中，叙事能够在以下两种不同的颗粒度层级上展开：一种颗粒度层级以英码计量，在这一层级上，可能存在物体（如家具）、人类或具有房屋建筑特征的结构。另一种更细的颗粒度层级以英寸计量，包括壁纸设计细节、烟灰缸位置、面部表情等。同样地，站在整体范围的视角看，如果一个叙事故事跨越了地理距离，那么较粗糙的颗粒度可以展示国家区域，而较精细的颗粒度可以展示小镇。

4.2.3 密度

密度参数与特定的颗粒度相关，指在特定颗粒度下被选取并用于关注和提及的现存因素的相对数量。在这里我们继续以局部范围的空间结构为例，按照英码公制的颗粒度层级，较简略的描述可能只包括诸如沙发和电视这样的家具，而较具体的描述可以包括扶手椅、地板灯、咖啡桌等家具。同样,按照英寸制颗粒度层级,较稀疏的描述可能只包含几个项目,如壁纸设计特征和烟灰缸摆放位置,而较密集的描述还涉及天花板上的裂缝,照在家族画像上的一束阳光以及家庭总管领带上的一个污点。

作为一个整体,文本类型在密度的总体层面上差异较大。因而,以电影形式展现的故事,对占据和体现空间结构的实物及物理特性的细节描述要远远多于一篇散文对同一个故事的描述。在视觉种类中,以印刷品或影像形式出现的卡通故事对物理细节的描述比标准电影版本对物理细节的描述稀疏。此外,在单一类型中,创作者常因其所选择的密度层级不同而各显风格。有的会在某一颗粒度层级上予以详尽的细节描写,有的则不会。最后,在单个叙事中,细节层面也可以有目地进行转换并与其他因素相关联。比如,Hill(1991)注意到,当一个叙事到达戏剧的关键点时,相对于读者时间,故事节奏通常将放慢,而细节描写通常会增加。

4.3 区分度

区分度(degree of differentiation)包括一系列较简单的参数,在此我们将讨论其中的七个参数。这些参数各自有不同的方式,可以使总体叙事背景中的所有实体和结构或简或繁地形成,它们相互连贯并有所区分,被定义或被确定。在此我们指出,这些参数并不是完全独立的。它们之间可以重叠甚至是相互关联。除此之外,一些参数涉及某些特定的叙事结构类型,而非其他类型。所以,从本质上说,这些参数大多是彼此独立并相互区别的。在以下的各个小节中,各个参数将首先以其低区分度极被命名,然后以其高区分度极被命名。尽管命名和讨论主要是针对不同的极,但这些参数在很大程度上展现出了渐进性特征。

4.3.1 连续-离散参数

该参数是一个轴线,从连续性延展到离散性,其中,离散性是区分度更高的属性。该参数适用于叙事背景中的所有结构。在该参数的连续性顶端的结构包含单个统一实体或梯级,反映了一些渐进转变。在另一个端点的结构含有两个或多个实体,这些实体彼此分离,实体间有清晰的界限,每个实体与其余实体都有不同的关系。

当该参数运用到叙事作品域,这个参数与空间结构的层级有关。比如在场景转换中,人物可以表现为从一个地方跳到另一个地方,或逐渐进行转换。该参数还可以应用于心理结构层级。因而,创作者可以让受话人在不同的人物视角间进行转换,或者让受话人在不知不觉间穿梭于不同的人物思想中。比如,Virginia Woolf(1944)的短篇小说《鬼屋》(*The Haunted House*)强调了在连续极上发生的转换。该小说的一个显著特征是叙事在众多结构范畴中逐渐转换。作者通过对房间中叙事的即时位置、出场人物的身份以及事件发生时间的描写实现转换。

该参数不仅适用于动态转换,也适用于静态描绘。因此,一个人物的心智可以按一个统一整体来进行描述,其中彼此相异的成分紧密融合。或者可以按一个复合形式予以描述——一种极端的情况为多重人格下的不同"自我"。

该参数也可以跨域应用。例如,当观众和创作者合作共同完成一部作品时(我们已在第 2 节详细讨论过这种类型的多种形式),含有创作者叙事域和受话人叙事域的结构可以表现位于两域之间的轴线上的不同区分度(从完全分离到融合)。

4.3.2 单元体-复元体参数

对于叙事背景中的所有结构类型而言,**量级**(**plexity**)(见 I-1 章)是展示该结构的实体的数量。如果由单个实体来展示,则该结构为**单元体**(**uniplex**),如果由两个或多个实体来展示,则该结构为**复元体**(**multiplex**)。第二种情况代表该参数区分度较高的那一极。另外,多元体涉及多个元素相互关联的本质。因此,它们可能共同起作用、单独起作用、交互作用或是相互冲突。

当某现象的主体被概念化发生了变化,该变化体现在构成这一主体的实体数量上时,譬如分离与合并(见 4.4.1 节)后的数量,与之相关的参数即为量级。因此,细胞的有丝分裂可以看成如下过程,某个实体的终止意味着两个新实体的开始。与之相反的是精子与卵子的融合过程,两个单独实体的终止意味着某个新实体的开始。

类似的形式在叙事中有很多。以 Gurganus(1991)的故事《安慰》(*Reassurance*)为例,该故事包含现存实体数量的转换和故事视点的转换。故事开始时出现了两个人物:一个士兵和他的母亲。受伤的士兵躺在医院病床上,他的母亲在家中。读者的视角点首先落在士兵身上,他正在就自己的状况给母亲写信。随着情节的更迭,读者逐渐发现"写信"这场景其实是母亲梦里的内容。实际情况是,士兵已不在人世,徒留母亲在人间,读者的视角点进而转向母亲。这样一来,原本存在于读者脑海中的两个人物逐渐合二为一。此时,发挥作用的是与量级相关的"压缩"和"再吸收"这两个过程(而非"分离"或"合并")。一旦读者意识到故事所展现的内容必须根据母亲的所思所想来解读,读者就会发现母亲已对她的身份特质进行了压缩。压缩的这部分身份特质逐渐塑形、完善,形成一个独立的个体,即母亲的儿子(士兵)。这个"人造模型"随后成为一个与人类似的实体,用自己的声音与故事中的母亲对话。此时,读者对这一实体的概念化仍需要参考母亲的思想,因此读者的解读被母亲的思想"再次吸收"。

4.3.3 分散-集中参数

该参数涉及单一实体是分散在更大的区域内还是集中在较小的区域内。更确切地说,该参数涉及实体在多大程度上位于叙事背景内,一方面,它可能**分散在**(distributed)与之相关的或可以表达该实体的另一个更大的结构中,另一方面它可能**集中**于(concentrated)该结构中或**聚焦**(focused)该结构。

4.3.1 节中的参数与本节介绍的参数相互交叉,即本节参数下的一个单一实体可能是内在连续的或离散的。离散性使本节参数的两极有了附加项。因为单一实体被认为是由成分组成的,所以,该参数涉及这些成分在多大程度上是**分散**(dispersed)在较大的区域内或是**聚集**(gathered together)在较小的区域内。[9]

该参数更具有区分度的一极是集中性那一极。原因在于,量越分散就越无定型,但当量越集中时,则更易"具体化"(crystallized)——即离明确界定的实体性的理想概念更近。

虽然这个参数适用于物理性的物质,比如用来描述宇宙尘埃如何随着时间的推移混合形成星体,但我们发现它更多地适用于叙事中的概念和主题。为了说明这点,我们以电影《辛德勒的名单》(*Schindler's List*)(Spielberg 1993)为例,该电影反映了辛德勒与犹太人的关系越来越密切的轨迹。起初,辛德勒认为犹太人对他的生意有利;接着,为了维持生意,他设法保护犹太人不被纳粹赶走;后来,他出于同情,保护犹太人不被纳粹屠杀;最后他把保护犹太人作为自己义不容辞的职责。故事的进展比较缓慢,在观看电影的后半部分时,观众依然认为辛德勒的动机是出于商业目的,只不过是后来同情心有所增加而已。直到电影接近尾声,观众看到辛德勒为自己没能挽救更多的犹太人而深深自责、不禁痛哭的那一幕时,才体会到辛德勒对犹太人的那种强烈的同情和保护意识。在这一幕中,辛德勒的情感状态以浓缩、清晰、强烈的形式呈现出来。观众此时才意识到他的情感状态其实在电影的后半部分已经开始流露了,只是以零散的形式分布在剧情中。

4.3.4 近似-精确参数

近似性(approximateness)和**精确性**(precision)的区分好比是对一个实体进行宽泛(粗略)描述与精确描述的区别。我们以与手势相关的动觉-视觉行为为例,说明这种区分,比如,要表示一个物体的形状是椭圆形,我们可以用两只手快速粗略地画一个卵形,也可以慢慢地移动食指并同时收缩肌肉来描绘一个椭圆形。或许这两种手势的差异具有跨文化的普遍性,并且是先天性的。在叙事中,这个参数可以粗略地或细致地刻画人物的性格。

人们或许会首先认为作品叙事域中的这个参数与创作者叙事域的某些心理特点有关,所以作品中的近似性显示了创作者的冷漠和疏忽,而精确性则表现出创作者的关注和仔细。这种联系可能具有普遍性,但不是必然如此的,因为创作者可以将关注度、仔细度与模糊处理相结合。比如,在一些来自不同流派的日本艺术作品中,创作者经常将以上三者相结合。

4.3.5 模糊-清晰参数

这个参数与创作者或受话人对某个概念实体的理解有关,换言之,就是表现或传达这种理解的叙事表征是**模糊**(vague)的还是**清晰**(clear)的。如果是模糊的,那么对概念实体的理解或表征是不明确的,即它有哪些组成部分及各部分之间的关系都没有明确的表述;相反,清晰的理解或表征会明确每一个组成部分以及它们之间的相互关系。毫无疑问,清晰极是该参数更具有区分度的一极。我们或许会认为清晰极的概念内容是理性思维的结果,但模糊极的内容却是我们的内心所感觉到的或领会的;清晰极的内容是已确认的,而模糊极的内容是具有发现潜能的或有待确定的。

4.3.6 粗略-详细参数

这个参数与处理和解决概念结构的程度密切相关。我们可以对一个概念实体进行全面解释,也就是只做**概略性**(sketchy)的或**图式性**(schematic)的描述。我们也可以对其进行全面解释,即做**精细**(elaborated)的或**具体**

(specified)的描述。显然,详细描述是更具有区分度的一极。我们有必要区分这个参数和上一个参数。因为粗略性和详细性与模糊性和清晰性是交叉的。因此,大家非常清楚的和已解决的实体就不必出现或不需要再对此详细解释,粗略描述即可;相反,仅模糊理解的概念不必出现或粗略地展现,而是需要高度详细的描述。所以,创作者对含糊不清的事物一般进行详细阐述,而对于人们清楚了解的事物则进行简要陈述。

4.3.7 隐性-显性参数

这个参数与一个因素或系统是**隐性**(**implicit**)的还是**显性**(**explicit**)的程度有关。如果是隐性的,那么一个因素或系统是实际存在的,但本身不能被直接体现,而是需要受话人对作品进行认知反馈,或许还需要对创作者的意图进行评定。如果是显性的,那么人们可以感知到这个因素或系统,或者,它们自身被明确地、直观地表现出来。隐性内容可以通过多种方式进入受话人的认知:作为文化或物理世界背景的一部分,它可以被预先假定;依照背景知识,通过推理过程,它可以从显性内容中被推理出来;与一些预期基线相比较,它可以基于显性内容未包括的部分被推断出来;或者,它存在于显性内容的二级模式中,而且还需要被区分出来。该参数的显性极通常更具有区分度,因为显性的概念内容意义更加明确,而隐性的概念内容通常比较模糊。

需要注意的是,尽管这个参数的两极和上文提到的两个参数的两级(模糊-清晰参数与粗略-详细参数)趋于一致,但原则上讲,它们是不同的。因此,就模糊-清晰参数而言,一个叙事可以对模糊内容进行显性解释,而隐性暗示或影射可以非常清楚且不被误解。类似地,就粗略-详细参数而言,显性的材料可以是非常粗略的概括,也可以是创作者用心良苦所激发的受话人对某一详细模式所做的假定和推理。

为了在受话人那里唤起特定的概念内容,创作者可能会有意使内容显得含蓄,这样受话人不易观察,不易将内容放在一个类比框架内,不易提出质疑,因而作者就把内容置于受话人的意识或控制之外。这样做的目的可能是为了增强说服力,或是实现难以察觉的戏剧效果,或是让受话人自己把没有明述的细节连在一起,对于新的发现感到震惊以及受到一定的影响。

我们注意到,作者想在受话人心中激起的东西似乎是属于情感范畴的,而且如果情感全部是隐含的,激发的效果则更强烈。获得这种情感的关键是引发物是隐藏的或难以捉摸的。若用表现刺激物特征的术语来讲，这些情感范畴包括威胁、恐吓和神秘；若用表现经验特征的词语来讲，这些情感范畴包括对危险的预感、忧虑和惊异。这些现象在人类体验中的存在似乎依赖于它们的模糊性和暗指性。如果是完全明确或清晰的，那么它们的内在特点和伴随的情感效应就会消失。这种现象在其他认知或情感形式中已被证实，比如好奇心、细心、发怒或公然恐吓。由此可以推断，我们的情感能力是在应对自然现象中那些隐含因素的过程中逐渐发展起来的，举例来说，这也包括捕食者偷偷接近猎物。因此，认知系统的进化过程存在选择性优势，由此我们可以发现零碎的线索，并对它们进行融合（比如"折断树枝"这个细微的动作），并猜测隐藏在背后的因果施事。那种生理上毛骨悚然的反应，现在人们认为是暗示了威胁、恐怖和神秘的感觉，很明显起源于人类面对其他生物袭击时形成的一种保护性反应。

4.4 组合结构

组合结构（**combinatory structure**）参数在模式形成认知系统中已得到体现（如1.1节所述），该参数涉及把各个因素结合起来所形成的一个更大的模式。这种组合结构既包括不受时间限制或同时把所有因素联系起来的形式，也包括按时间顺序对所有因素进行排列的形式。所有因素同时相连的一个例子是氛围（atmosphere），这在第3.4.2.3节已讨论过。按时间顺序进行排列的一个例子是故事的情节。

组合结构中有各种各样的系统，这使得整个结构完整而良好。举例说来，系统的形成有其文化的、创作者的或内在的基础。这一系统可以是一系列的统领原则，或是描绘特征的模式，或是制约组合的完整性和良好性的因素。在叙事语境中，不同的系统适用于不同的结构。在不受时间限制对所有因素进行组合时，完整和良好的结构概念指"一致性"和"连贯性"。在按时间顺序对所有因素进行排列时，完整和良好的结构概念指"衔接"。

在接下来的小节中，虽然出现了同时把所有因素联接起来的例子，但我们关注的是时间的先后顺序。我们用**顺序结构**（**sequential structure**）指某范畴的一些因素在时间进展中组合成一个系列的模式，不管这些模式是遵循还是违背了特定的组织原则（即完整性和良好性）。

4.4.1 身份的顺序结构

身份的顺序结构（sequential structure of identity）是一个基本的概念结构。我们的认知能力之一就是给部分意识内容（包括我们感知到的和构想出的）划定一个概念边界，并且给界内的物质赋予统一的实体身份。这些**实体**（entity）可以是客观世界的有生命物体或无生命物体，包括事件、机制、性格、趋势等等。我们的认知操作进一步赋予每一个实体一个明确的**身份**（identity），这样它们就有了自己的独特之处，从而与其他实体区分开来。

身份的顺序结构有一些特点，其中之一就是随着时间的推移，每一个实体的其他方面可能有改变，但其身份保持不变。例如，在 Kafka（1936）的作品中，Gregor Samsa 变成了昆虫，但观众却认为他的身份没变，只是身体发生了变化。在这个例子中，原实体的个性被视作它身份的主要构成部分，而表现形式被视作是偶然的。同样，几十年过去了，通用电气公司发生了巨大的变化，或者说人事、场地和产品已经完全改变，但在我们看来，它的身份保持不变。

这种顺序结构表明，尽管发生了变化，但身份具有延续性（continuity），即身份虽然在改变，但它有一个共时的类似物，类似物之间是不同的，但身份是一样的。因此，一个特性，对于某一个实体的身份来说是定义性的，也可以存在于其他特性一系列同时出现的、互不相同的实例中。这些不同的实例就是这个实体的不同**版本**（versions）或**变体**（variants）。"同一个故事"可以写成书，也可以拍成电影（即媒介不同）；可以写成短篇小说，也可以写成长篇小说（即在长度和细节方面不同）；根据不同的文化，也可以被改编成不同的民间故事（即在某些内容方面不同）。

身份连续性的另一种体现形式是在时间间隔中对身份的保持。拿个人关系来讲，时间的间隔不会改变一个人对另一个人身份连续性的感觉，即使是这个间隔时间较长，比如一个人和他的一个同事只能每四年在会议上见一次面，但他们的友谊却没有因此中断。在这种情况下，人们执行的操作可能是**认知接合**（cognitive splicing），即人们把和另一个人在一起的不同阶段所发生的事情拼接在一起，形成一个看似没有缝隙的连续体，而那些干扰阶段则被删除了。从一个角度讲，这种认知现象仅和皮亚杰的客体永久性相关，但从它产生的效果来看，这种认知现象意义重大。正是由于身份具有跨越间隔的连续性,我们才能同时认知许多身份不同的个体,进而我们在一生中才能同时与许多人保持联系。

这种跨越间隔保持身份的时间接合形式同样存在于时空中。比如句子 The park lies in the middle of Fifth St.（公园位于第五大街的中央）或 Fifth St. extends on either side of the park（第五大街在公园两边延伸）。这两个句子表达的概念是跨越间隔存在的同一个实体（第五大街），而不是两个不同的实体。

以上我们讨论的都是其他因素发生了改变而身份保持不变的情况,但也有身份改变的情况,这种情况产生的原因比我们预想的要复杂得多。因此,为了弄清这种复杂情况,我们先考虑一种身份未变的情况,即一个人先感知或构想到一个实体的存在,然后把注意转移到别的实体上了,结果是实体身份未改变。比如,一个人先看了看自己手中的笔,然后把注意转向天上的云,虽然在这个过程中,她大脑中感知或构想到的那个实体已经被另一个实体替代了,但笔的实体身份并未改变。更确切地说,我们通常所理解的身份改变指某一物体的身份发生了变化。因此,如前文所述,尽管某物的身份变了,它在时间上的连续性保持不变。这个情况和我们刚刚提到的情况不同,因为在这里一直出现的某物对身份的归属没有定义性的作用,而在此前的情况中,它具有定义性的作用。然而,由于它具有概念基础,身份变化的概念化可能总是可以在身份的连续性（即"某物"一直出现）上再次进行概念化的。

Postal(1976:211-212)的例子能很好地解释这一点。假如一条蜥蜴丢掉了尾巴,我们可以说 The lizard grew another tail（这条蜥蜴长出了新尾巴）,也可以说 The lizard grew back its tail（这条蜥蜴又长出了尾巴）。第一句话表示对身份变化的概念化。此处的实体身份与形成原尾巴的特定量的物质相关。因为形成新尾巴的物质的量是不同的,这个新尾巴有自己独特的身份。但第二句话表达了另一种概念化,即某物一直保持原有的身份。在这里,尾巴与特定的时空形式相关,两者与蜥蜴身体的剩余部分也有特定关联。不管表现这个形式的实例是什么样的,这个形式能一直或反复出现。正如前面所讨论的,这些形式是偶然特性,它们的改变不会引起实体身份的改变。

同样,句子 Five windows have broken in this frame（这个窗户的五块玻璃碎了）指的是各有其身份的五块玻璃,而 The window in this frame has broken five times（这个窗户的玻璃碎五次了）指的却是窗框里抽象形式的实体,这个实体在五种不同的表现形式中保持了自己的身份。

在前面两组例子中,身份改变的概念化与具体的物质相关,而形式保持不变。反之亦然,比如,有一个故事讲的是一位工匠把树制作成了一艘独木舟,随着时间的流逝,即使木头还在,但人们通常认为木头的形式(即独木舟)代表木头的身份,也就是说,曾经这是一棵树,现在却是一艘独木舟。在此,身份的改变是通过形式体现的,而实体物质并没有改变。

即便是这种身份的改变,但从身份的连续性角度讲,也是可以重新概念化的。因此,如果一个故事讲述的是一棵具有灵魂的树,那么人们就会将身份与永恒不变的物质及其内在精神联系在一起,这样一来,当一棵树被砍伐并制作成一只独木舟时,人们会认为这一形式的转变是偶发性变化,而非身份的变化。

这种身份顺序的改变也有一个共时的类比。如小汽车驶过一段路,这段路在两个方向上有两个名字,我们可以认为这段路是两条不同的路交汇在一起(或许是历史原因,原来的两条街道后来合并成了一条)。此概念化包含两个不同的个体。同样,正如上文中顺序改变的例子所示,单一身份的概念化也是可取的。因此,我们可以认为这是一条路,只不过是给不同的路段取了不同的名字。

顺序结构的另一个特征是,一个身份不仅可以持续不变或发生变化,也可以有自己的起始点和终结点,这两个过程可以被概念化为一对。因此,我们有以下这些认知能力:监控现象的顺序,在部分现象周围划分封闭边界,赋予这部分现象实体身份,由此从这个实体中排除了出现在边界前和边界后的现象。这个实体就被认为是开始于前一个边界,结束于后一个边界。所有被感知有界的事件都具有这个特点,这也是为什么有限的物体可以被不断地作用,直至耗尽。英语通常用 *in* 引导的时间短语来描述这种有界事件,比如 *The log burned up in 10 minutes*(木头在十分钟内烧尽了)或 *I swept the floor in 10 minutes*(我在十分钟内扫完地)。概念的不同就是界限划分点的不同。所以,就人类的初始边界而言,不同的人对个体身份的起点有不同的看法。比如,有人认为个体身份的起点始于胚胎期,有人认为始于胎儿的大脑功能开始运作的时候,也有人认为始于出生的时刻。同样,提到人类的终点边界,不同的人观点各异,比如,有人认为的人类的终点边界终结于大脑停止运作的时刻,有人认为终结于整个身体机能停止运行的时刻,也有人认为终结于人再也无法醒来的时刻。

对身份有确定的范围或终点的概念化促使认知结构进一步发展。如果人们对一个特定实体怀有情感，人们通常会渴望延长那个实体的生命，并排除威胁其存在的因素。所以当这个实体确实不再存在的时候，人们会产生失落感和伴随而来的痛苦感。这种感觉通常与我们最爱的人的生命相关，但也可以与我们付诸感情的各种实体相关，不管它的实质是什么或抽象化程度有多高。读者们在读到小说人物的死亡时会体验到这一感觉。比如，阿瑟·柯南·道尔在小说中安排了夏洛克·福尔摩斯的死亡，这引发了公众的悲伤情绪，迫于这一压力，作者不得不让福尔摩斯复活。此外，一个电视节目的停播或一个时代的结束也会引发人们的悲伤情绪。

把现象的某一部分归为一个实体，不管其他因素发生了什么变化，我们都认为该实体具有身份的延续性，并对这种延续性附加了情感，这个认知过程由此产生进一步的认知效果。这样的认知结果可能是，即使是当该实体不存在了，但它的身份却跨越了边界而保留着。具体说来，我们在传统概念中发现了许多个体身份在死亡后依然保留的例子，比如来世、灵魂永生以及灵魂转世。

目前讨论的身份顺序特征使得某一特定时刻的身份数量保持不变，并且实际上使这个恒量维持在"一"。但有些特征也引起了现存的身份数量的变化，这些特征包括分裂和融合。例如，一个细菌可以分裂成两个细菌，原来的细菌和分裂后产生的"子"细菌都有各自的身份。相反，两条各有名字和身份的小溪融为一体后又有了新的名字和身份。和前文所说的一样，这种顺序模式有共时的类似形式。一个关于空间的例子是一条街道有两个岔路。或反之，两条路合成了一条路，那么三条路中的每一条都有自己的名字和身份。

这些模式常常给我们的实体身份归属带来麻烦。就拿细菌一例来讲，我们可以认为分裂后"母"细菌就不再存在，而两个新的个体产生了，也可以认为"母"细菌分散地进入了两个子细菌的个体中。而当我们反过来讲，我们通常不知道该把这个例子看作是两个生物体的共生还是看作由不同部分组成的第三个生物体。

身份结构可以展示第 4 节讨论的大部分参数。例如，部分与整体包含参数就好比一部文选作品，整部文选有自己的名字和身份，同时它包含了不同的作品，每一个作品又各有自己的名字和身份。此外，两个不同身份的实体可以部分重合，这种关系通常体现在地理分布上，比如非洲的国家和部落的分布，美国的县（州以下最大的行政区）和选举区的分布。

事实上,上述例子还可以解释两个结构间的**一致**(accord)和**不一致**(discord)参数。首先需要注意的是,在部分现象周围划定边界以进行实体身份归属的认知过程是建立在不同的基础之上的。因此,在相邻区域划分选举区,可以依据人口的密度,也可以依据党派关系。如果这两个基础是相矛盾的,那么依据后一个基础划分出的选区就被认为是"不公正的选区"。所以,不公正选区的划分概念是基于制约实体性归属和身份的认知原则的。

身份延续性这一概念结构通常还有一个次要的特征:与这个身份在概念上相关的其他现象本身也相互关联。经过进一步的认知处理,这些现象选定自身所包含的一些因素并对其进行融合,使之被看作是一个概念整体。即使这些元素从其他方面来看或被其他认知官能评判时是互不相同的集合体,在此我们仍认为它们可以形成一个复合体,并具有概念顺序结构所要求的完整性和良好性。

自我概念结构的形成就是一个最好的例证。在单一身份的支撑下,各种各样的经历在概念上组合在一起就形成了概念实体,即"人生"。实现这种融合的认知过程可以基于对这些经历的选择,可以把选择后的部分以不同的方式组合在一起,由此形成不同的人生。同一个人,在不同的时间或不同的心境中,对人生的理解不同。或者,不同的人由于认知方式和个性的不同,对人生的看法也互不相同(参见 Linde 1993)。当然,人都是基于自己对他人的感知来完成这些相同的认知过程的,这样就对另一个人的"人生"有了自己的看法(即概念化)。[10]

当所要支撑的实体不是人而是没有感知能力的结构时,比如小说作品,人实施同样的认知过程(选择和概念融合)就会形成"故事",而不是"人生"。而当实体是类似机构或国家这样的结构时,产生的就是"历史"。上帝的意愿被认为有目的地在人类历史中发挥作用,这实际上就是这个认知系统的投射,也就是把选择的事件编织在一起后组成了完整、良好的概念顺序体验。

强烈的认知倾向可以管辖以这种方式运作的那些实体,作为整合与之相关的次要现象的保护者或发生地。通常,这样的实体被认为是时空的一个连续部分。所以,人们总是局限于用自己的体验来理解人生,而不是把自己的体验和别人的体验结合在一起来理解人生。同样,在大多数情况下,人们不是把手头各种各样书的零碎内容拼凑在一起,以形成一个新故事,而是仅局限于一本书,并把这本书的内容融入故事中。

本节所讲的把概念组成成分融入已有身份的实体的认知过程是 1.1 节中模式形成认知系统的具体应用。那一节所讲的系统在不断进化的说法在这里又得到了印证。对于一个生物体而言，随着时间的推移其整合经验的能力会逐步增强，这或许就是一种进化选择的优势。这个发展过程使生活中的更多经验得到积累、比较和矛盾化解，从而使有机体成为一个有经验的参照个体。但是，这种经验融合的水平依赖于模式形成认知系统能力的不断提高，只有当该系统形成一个"自我"结构并且该结构作为基底时，所有的经验才能融入其中。

4.4.2 概念顺序结构

另一个顺序结构参数和概念内容相关，所以被称作**概念顺序结构**（ideational sequential structure）。一方面，一个特定的概念可以在一个特定的时间点被表征或被体验；另一方面，一系列这样的概念可以合并在一个单一的概念结构中，并在时间进程中表现出来。这样的概念结构在范围、嵌入性或复杂性上可以随意变化。就语言而言，这一概念结构小至一个短语，大至一整部小说（如普鲁斯特的《追忆似水年华》）。

各种各样完整、良好的结构系统都适用于这样的概念顺序。应用到语言中的两个相关系统是句法和语篇，它们大多适用于局部范围。另一个这样的结构系统是广义上的"逻辑"，它可以应用在任何范围内，尽管可能典型地适用于中等范围。该系统包括：判断目前的观点与前面的观点是否在逻辑上相符且是合理的；判断目前的观点是否有充足的前提条件，因此这个观点不是毫无根据的推理。还有一个系统能够在整体范围上实现完全的融合，这个系统是情节发展或故事连贯的全部标准或规范。因此，这样的系统也包括在广义上涉及顺序概念的一些原则和标准期望。由此看来，**情节**这个概念可以放在概念顺序结构的范畴内探讨。所以，对叙事作品而言，情节的一个概念是从作品的整个概念顺序结构中抽象出来的基本形式。这种抽象基于与结构相关的某些评价系统，但它主要侧重于个体、中等大小的事件和心理输入。当然，情节发展和故事连贯所涉及的不同标准或规范对完整、良好结构原则的要求可以不相同。例如，有的标准可以接受一个未预见到的施事的出现，以此解决故事情节的停滞问题。而有的标准会将这个施事视作故事中的"解围人物"。

前面描写的作品概念结构及概念内容的特点可能存在于受话人相对于概念本身的注意背景中。但是，一个作品也可以使概念内容的结构和特点成为受话人的注意目标。"罗生门"效应（Rashomon effect）就是一个例子。在该效应中，那些我们认为其内容中含有一个客观人物的事件反而都是由不同个体的不同视角点呈现出来的，这些个体从概念复合体中抽象出不同的方面，并用不同方式对其进行加工，或者将他们自己的情感或认知投射到复合体上，使受话人好奇这个客观事实是否真的存在，或者这一切只是主观性的解读。同样，一个作品也可以有意隐瞒已发生的事情，或对发生的事情进行不同的甚至是相反的描述。通过这些方法，概念内容的特点和顺序结构就解决了自身的问题，并由此突显出来。

本节最后要讲的是受话人和创作者对概念顺序结构中的完整性和良好性原则的看法。一个受话人可以用自己的认知系统评定所读的书或所看的电影的概念结构是否完整、良好，与之相关地，创作者通常从一堆材料中找出它们的逻辑关系，由此塑造出可以在受话人的认知系统中引发理想效果的作品，即满足了受话人评定顺序完整性和良好性的需求。

如今，创作者在塑造作品的时候，经常有意让作品的结构不符合受话人认知系统评定概念顺序时要求的完整性和良好性原则，甚至是把作品的顺序结构打乱。创作者这样做的一个原因是让受话人不要一味地关注结构的表面形式是否完整、良好，而是要注意深层次的形式，这些正是创作者所构想的，Ionesco 或 Genet 的荒诞派戏剧就是典型的例子。此外，当语言完整、良好的顺序结构被应用于舞蹈中，这样既包含了思想的顺畅流动，也包含了一系列优美的动作，那么有意地打乱传统结构的完整性和良好性就会产生像 Martha Graham 的作品（相对于之前古典芭蕾）那样的现代舞蹈。John Cage 的音乐作品加入了一些随意的内容，或许也是为了取得类似的效果。

事实上，为了说服受话人，创作者可能会故意干预或破坏受话人评定逻辑完整性和良好性的认知系统。比如一些宣传或法庭陈述。为引导受话人的模式形成认知系统并朝一定方向发展，创作者可能突显或选用一个完整事件的某些方面；可能隐藏或省去某些方面；可能歪曲某些方面；可能用不正确的、创作者有意而为之的方式去陈述事件的某些方面，从而引导受话人的推理；也可能通过使用唤起受话人强烈情感的因素扰乱受话人形成逻辑推理的能力，等等。

另一个与结构的完整性和良好性不一致的原因可能仅仅是由于创作者的疏忽。在此，创作者没有产出作品的概念内容，也没有把组成成分完好地搭配、融合在一起，所以结果不太令人满意。依赖特效的电影就是这样的例子。

作为互补，还存在这样的情况：当创作者能力不足或存在纰漏时，其作品仍有可能大受欢迎。因为在某些认知环境下，很大一部分受话人并不要求概念结构具有完整性和良好性，所以，就个体的完整、良好的系统而言，比如受话人的这一系统，由于其他认知系统的某些强烈的活动，该系统似乎很容易在功能上被削减或被破坏，这些活动包括对强烈感官刺激的感知或对强烈情感的体验。因此，对能引起强烈视觉效果或者能激起兴奋感等强烈情感的电影来说，即便它的情节较其他电影的情节连贯性较差，它仍会非常成功。

根据以上所列的创作者和受话人与顺序结构的完整性和良好性要求之间的相互作用，我们可以进一步观察到，在某种程度上，叙事融合的典型程度与一个普通体验者融合的典型程度相关。体验者有能力或迫切想要整合一个观念序列，并对其完整性和良好性进行评估的范围会因个体和文化的不同存在差异。事实上，它们会随着文化的改变而发生变化。在这一点上，有人声称美国文化有一种趋向，那就是将体验者的整体注意范围逐渐缩小到广告之间的故事片段或声音片段上。

4.4.3 认识顺序结构

另一种顺序结构和认识论有关，所以被称为**认识顺序结构**（epistemic sequential structure）。这种结构就是"谁在什么时候知道什么"。更确切地说，对所有与叙事相关的叙事域而言，这个结构指每个个体和群体在横向上和纵向上的认识及认识发生的时间。从广义上讲，认识结构也包括一些错误的看法和一些基于确定性和特性的看法，比如预感和猜疑。

在神秘小说中，认识结构是故事中的人物、创作者及受话人在情节上不断向前发展的主要推动力。因此，仅从故事内部看，下面的一系列行为都依赖认识顺序结构：如故事中的人物隐瞒身份，摆脱了侦探的跟踪，然后进行特务活动；侦探进行侦察，给嫌疑犯制造了假的安全感或诱骗嫌疑犯上钩，最后找出了真正的杀人犯。

从神秘小说的创作者叙事域来考虑，认识顺序结构就是创作者用叙事行为组织神秘事件的体系，比如，留下线索或错误的踪迹，给出一系列看似不能证实的解释，或是直到作品的末尾才提供正确的解释。

相应地，在体验者的叙事域内，认识结构会使受话人产生这样的经历：悬疑，费解，对事实的预感，确定性感觉的增加和减弱，先前的解释框架瓦解后的失落感以及将零散的东西一致地、连贯地组合在一起后产生的喜悦感。

除了神秘小说，认识结构还可以在许多方面发挥作用。比如，它可以影响创作者的创作风格。因此创作者可以在创作之前就把情节完全构思出来，也可以在创作开始时"并不十分清楚"故事的走向，而是让故事的逻辑和人物的心理按它们自己的方式展开。

4.4.4 视点顺序结构

视点有自己的顺序结构原则，我们把它称作**视点顺序结构**（**perspectival sequential structure**）。在很大程度上，作为一个物质实体，虽然视点顺序结构在某些方面遵循物理世界的许多原则，但它不受这些原则的限制和影响。比如，"视点物理学"在空间、时间和致使结构的某些方面上不同于材料物理学。所以，视点可以在故事世界空间中跳跃，不受"物质世界连续性"这个普遍原则的影响。如有需要，故事可以越过或隐藏在其他固态物体中，因而不受"物质不能同位"这一普遍原则的影响。相比较而言，它可以先出现在一个故事世界时间里，然后跳跃到另一个故事世界时间中，前后转换，不受时间连续性原则和单向进程原则的影响。视点不会对故事世界的产生致使效应，即视点可以随处使用，对于所要发生的事没有任何影响。

与这些物理上的自由性相关，视点也可以自由地出现在叙事背景的一系列结构中。比如，它不仅可以出现在空间层级的物体中，也可以出现在心理层级中不同人物的脑海中。此外，视点可以在叙事域中出现或跨域跳跃出现，比如，通过在文本中使用人称代词"我"或"你/你们"，作品突然把受话人的注意转向了创作者或受话人自己。如果文本自身想吸引注意，也可以使用视点，即让受话人自身重新把注意从文本内容上移开，之后再回到文本上。其他的实体很少有这样的自由度。

但是视点物理学与材料物理学在很多方面还是一致的。虽然视点不影响周围的环境，但它自己受环境的影响，至少是在视点"决定"自己要停留多久，要观察什么以及接下来要去往哪里时，视点会受周围环境的影响。此外，虽然视点忽视了空间结构的一些特点（比如它能体现路径的非连续性，能与另一个物体占据同样的位置），但它遵循了空间结构其他方面的特征，例如，它通常会在一个指定的空间区域内停留一段时间，并遵守该区域的空间结构。此外，就时间结构而言，视点有自己的时钟，即从它自身的角度看,它可以决定一条向前进展的时间轴。所以,虽然视点可以在故事世界时间中前后跳跃,但最终的观察结果位于视点自身的时间轴上,就像是位于一个持续向前展开的卷尺上。

4.4.5 动机顺序结构

作为"情感"心理范畴的一个成员(参见第 3.4.1 节),**动机**(motivation)包括一个有感知能力的实体对特定类型行为的倾向,这与实体本身的心理状态有关,或者是由心理状态引起的。下面是体现这些倾向的最典型的图式例子:对某物体的恐惧会使人远离这个物体;对某事物感到愤怒便会使人想要破坏或抵制这一事物;渴望某事物,人们便会接近并获取这一事物;对某事物感兴趣,人们便会注意该事物;厌倦某事物,人们便会将注意转向其他事物。相比较而言,人对某事物的期待状态,也就是当人有一个目标时,往往会采取一系列行动,使这种期待感到达顶点。

就顺序结构而言,它指不同个体或群体的动机在不同范围内连接、嵌入、交叉以及对抗,以形成一个重要的(通常也是主要的)、具有连贯结构的叙事。这种现象的制约原则就是这里的**动机顺序结构**(**motivational sequential structure**)。

4.4.6 心理顺序结构

回顾 3.4 节的内容,我们可知,心理结构表现为一个层级,即它是一种现象,可以呈现叙事背景中不同位置的不同价值。心理结构有三个层面:个体、群体和氛围。在这里,我们观察到一个实体在任何一个层面上都会体现一系列的心理形式,因而表现出不同的**心理顺序结构**(**psychological sequential structure**)模式。前面几小节中提到的顺序结构形式也属于心理层级,但正如 3.4.1 节所言,它们代表心理结构的"范畴"。在此我们关注的是心理结构的不同"层面",这在 3.4.2 节中已提到。

因此,在个体这个层面上,一个个体可以展示这些心理顺序模式:理性思考的一系列进程;把模糊的理解逐渐合并成一个具体的观点;一系列意识流形式的思想,即每一个思想或许只通过一个共同的概念成分及一个很相似的情感矢量与最后一个思想相关联;或者是观点或感觉的突然转换。

在下一个层面上,群体被认为是受制于管辖这些心理顺序的原则的:

传播大量歇斯底里的情绪；通过控制媒体逐步获得公众的赞同；社会从充满活力走向萎靡不振。

此外，氛围的转换还包括从乐观积极的基调转向对无情命运的扼腕叹息，或是从一种威胁感转变为一种温情感。

同样，科幻小说作为一种体裁，也有意运用物质顺序结构的标准原则和心理顺序结构中的普遍期望。它在个体层面上也是如此，如在表现一个外星人在控制整个行为的过程中带有无法解释的动机时。在群体层面上它也是如此，比如，当它被超感官交流刺激时，它可以代表具有部分社区思维的外星人集体。或是代表一个具有深不可测的世界观的社会，这种世界观可以指导它的行动。同样，它在氛围层面也是如此，如在表现一个行星引发一个人类观测者从未有过的离奇感觉时。

4.5 评价

心理实体能够进行这样一种认知操作，即**评价**（evaluating）某个现象在特征系统中的位置。这种特征系统通常是呈阶梯状的：从否定到肯定。该系统包括真实性、功能、重要性、价值、美学特性和原型性。因此，认知实体可以评估位于尺度正极这一端的某些现象是否是真实的、有目的性的、重要的、美好的以及标准的。除了美学特性以外，我们将在下面的小节中讨论其他系统。

4.5.1 真实性

真实性（veridicality）参数涉及叙事中的一些表达结构与"真实世界"的某些方面具有高度的一致性，与认知实体评定相似性的方式和构想这一世界的方式一致。这样的认知实体可以是外部分析师、创作者、受话人或者是一部作品的表演者。

例如，凡是**经典**（classic）的小说作品，在众多的评论家和外行读者看来，都是创作者准确地捕捉到了人类灵魂或社会的本质、真实的一面，并且把这一面融入了故事中。或者，从表演者的角度来看，如果一个演员认为一部戏剧不真实，通常情况下他无法相信自己扮演的角色，也许会认为这个角色的台词或个性是错的，因此，由于演员不能进入状态，演出会以失败而告终。

不同类型的叙事对真实性有不同程度的要求。因此，非小说作品，比如历史，要求文本的描写与外部世界必须有高度的一致性。相比之下，科幻作品没有如此高的要求。此外，鉴于一个故事的科学似真性，科幻小说也不同于科学幻想（基于当前的理解）。

在一部作品中，不同的表达形式对真实性程度的要求也各不相同。事实上，人们认为在表达真实情况时，某些偏离真实性的表达也是必要的。依据这种观点，一个叙事在表达出现的直观可能性（这些可能性通常归属于外部世界）时，可以脱离事实，而在抽象表达深层的心理或社会结构时必须真实。比如，一部影片可以通过虚构的方式描述周围人的日常生活，刻画人物的行为，进而表达观众心目中理想的或期望的那种抽象的人际关系。

受话人"情愿悬置怀疑"的传统概念直接被纳入当前的真实性参数中。这个概念指受话人接受故事中的某些虚构形式和虚构数量，换来的是叙事的其他方面，比如情感体验。一种观点认为受话人喜欢真实，所以作品偏离真实性会使受话人付出一定代价，即使他在阅读其他部分时很享受并由此得到了补偿。另一种观点认为，受话人实际上更偏爱某些脱离事实的描述，因为这样描述的世界比日常生活的世界更有趣。当受话人努力地在这种非现实的叙事中寻求安慰时，这样的作品就是**逃避主义**（escapist）文学。

我们可以假设人们对真实性程度的评定是基于大脑认知系统负责评定功能的认知操作的。在它众多的认知操作中，大脑评定真实性的认知系统通常适用于模式形成认知系统的认知操作，特别是它把概念的不同部分组合成一个顺序叙事的功能。因此，一些脑损伤病人之所以出现虚构症，可能是由于他们不能把评定真实性的认知系统与形成叙事结构的认知系统很好地联系起来。

4.5.2 功能

一个创作者可以根据作品中的一个结构与交际意图的相关性和有效性来评定这个结构。我们认为创作者对作品结构的安排是出于特定**目的**（purpose），或者是有意让结构发挥特定的**功能**（function）。作者在组织叙事时所做的一切选择都是基于对特定功能的考虑。

例如，从作品的局部来看，创作者对一段、一句甚至是一词的安排都会为接下来的故事进展设定特定的信息或情绪；通过改变节奏去激发受话人的兴趣和注意；或者使受话人产生特殊的情感，比如疑惑。

从作品的整体层面来讲，创作者最主要的意图是在受话人身上引发特定的整体心理效果。作品与作品的不同实际上就是所产生的心理效果的不同。心理效果通常属于"修辞"的研究范围。想让作品在受话人心中产生整体的心理效果，其实是为了让他们变得更明智或更具有道德感，编排特定的情节顺序及情感上的起伏变化可以涤荡受话人的心灵（这种效果也会发生在创作者身上），或是激发受话人，使其表现出特定的行为。

叙事可以忽略功能参数。就拿幽默来讲，常见的笑话不会忽视这个参数，因为在此过程中展示的元素通常会做背景或为高潮做铺垫。相比之下，冗长杂乱的故事只是在表面上模仿了这种叙事形式，实际上，冗长故事中的元素与高潮（在双关场合才有）之间没有功能性的关系。所以，在元层面上说，冗长杂乱的故事是毫无意义的。

4.5.3 重要性

一个有感知能力的实体在多大程度上与该实体具有优先性的系统相关联或是可以影响该系统（无论是肯定的还是否定的）是具有**重要意义**的。依照优先系统，实体对不同的目标有不同程度的喜爱。这种具有优先性的系统可以是感知实体的价值观系统、欲望系统、审美系统或兴趣系统。在本研究背景下，具备重要意义的最相关的现象是叙事作品中所表达的结构，如，一个段落或整部作品。经历或评定现象的重要意义的感知实体可以是受话人、创作者或社会群体（当然也可以是叙事中表现的人物或群体）。

4.5.4 价值

一个有感知能力的实体可以凭借价值系统去评定一个现象的好与坏。如果说重要性参数指的是一个现象与诸如人的价值这样的优先系统之间的相关程度（可以是肯定的，也可以是否定的），那么**价值**（value）参数指的是价值优先级系统的肯定或否定程度。这个参数的一个普遍现象是，每一个熟悉的认知实体似乎都是以好坏为标准来评价一个现象的。从所周知，不同的认知实体对现象的好坏评定是各不相同的。此外，同一个认知实体显然可以对同一个现象持有前后不一的评价。比如，在叙事背景中，一部作品所呈现的道德观既可能被受话人接受，从而提升受话人的道德素养；也可能被受话人当作是一种说教，从而不被接受。

价值参数的评定大多与本节中其他参数的评定相一致。比如，如果一个评论家认为一部作品重要，那么他通常会给这部作品好评，认为它符合现实世界的某些方面(诸如心理或社会结构),并且认为作者是优秀的,同时,评论家会认定该作品在一定程度上通过创作者自己所做的选择实现了他的目的。

4.5.5 原型性

在整个叙事背景中,对所有结构的评定都要考虑它的**原型性**(**prototypicality**)。即,由于创作者、受话人或整个文化群体的成员对历史传统或其他叙事背景的体验所形成的,即,一般情况下,经过历史传统经验或其他叙事背景的熏陶后,创作者、受话人或文化成员的头脑中会形成一些特定形式、期望形式及精通的形式。根据这一特征的本质属性,这些规范在不同的体裁中有不同的结构,在同一文化内因个体或群体的不同而不同,在单一文化传统中因阶段的不同而不同,在不同的文化中也不相同。

当创作者或创作者的行为使他们的作品从当前标准发生巨大的偏离时,在当代人看来,他们称得上是**先锋**(**avant-garde**),他们的作品具有**试验性**(**experimental**)。文化传统可以展现二级层面上的不同,即它在多大程度上给创作者施加压力,以使他保持继承的规范,或是对其发出挑战。所以,长期以来中国的艺术和文化似乎都非常保守,而同时代的西方世界不仅提倡创新,还会给这些创作者以奖励。

在体验者这个叙事域中,如果一部作品偏离原型,则该作品的受话人通常会对新奇事物感到惊讶。这些体验可能会产生负面的情感效应,比如震惊;或产生正面的情感效应,比如兴奋。事实上,当前的分析框架包含了原型性参数的主要原因是,我们认为有必要追踪一个不断发展的叙事在受话人身上引发的认知效果,毕竟创作者不辞辛苦地创作就是想让受话人发出回应,而打破规范正是在受话人身上引发特定的认知效果的主要方法。

4.6 不同参数间的关系

就像不同的叙事域之间的关联,本节将讨论各种常见的和特定的参数间的相互关联。例如,与交替形式相关的参数也适用于范围参数:文本中的两个结构可以在局部或整体上发生交替;或者,连续-离散参数可以适用于颗粒度参数,比如一个叙事可以从两个不同的颗粒度层面讲述同一件事情,换言之,既可以是详细描述也可以是粗略勾画(也可能两者交替出现);或者,它可以随着颗粒度的持续变动范围讲述这个故事;再或者,真实性参数可以适用于与抽象化相关的参数。在受话人或一些分析师看来,这个参数组合涉及创作者在抽象化自己对叙事的理解(他已将这种理解并入叙事中)时,是否准确地捕捉到了人物灵魂的本质。

不同参数互相关联的另一种方式是:作为可供选择的选项,依据给定的加权或说明,参数在各自的突显性上发生转换。所以,基于体验者对它们所做的特定处理或解读,叙事中的两个结构可以形成 4.1 节中讨论的"嵌入""交替""共现""相关"等所有关系。例如,在陷于战争的国家中发生的爱情故事有时可以被看作是**嵌入**(embedded)大历史背景下的小事件。或者,这好比是一部戏剧,与社会事件的外部力量一样,内部力量也是强烈的,因此一个场景好像与其他场景发生了**交替**(alternate)。再或者,这似乎是拼命地在充满恐惧的气氛中营造一种正常的生活,好像是要掩盖动乱,而这种掩盖又和动乱**共现**(concurrent)。抑或是,这个叙事似乎包含了不同的场景,而每一幕都与战争的进展**相关**(correlates)。

5 结 论

本章初步描绘了一个框架,这个框架展示了叙事及较大叙事语境的主要结构特征。该框架可用于分析特定的叙事作品,但我们也尝试性地将它与认知科学和人文学科中的其他领域(包括作者自己的语言学著作)相联系,以期推进对人类认知中的概念结构的整体理解。

注 释

1. 以下人员参与了本章素材的讨论工作,在此我向他们表示特别的感谢,他们是:原书编辑 Gail Bruder, Judy Duchan 及 Lynne Hewitt; SUNY Buffalo 叙事研究小组的成员 Bill Rapaport, Erwin Segal, Stuart Shapiro 及 David Zubin。此外,我还要感谢 Emmy Goldknopf 对多个更新版书稿的反馈。
2. 这个框架也可以勾勒叙事语境中结构的历时变化特征,但我们在此并未涉及。我们仅注意到,对于叙事结构,所有历史传统的普遍倾向似乎是让新的观点逐渐发展。也就是说,之前一些同时出现并组成单个整体的成分可以随时被具有创造力的叙事发出者拆成不同的组成部分。此外,这种在一些传统的后期才显现的表达可能在另一些传统中出现得较早。因此,一些近来才在西方历史文献中出现的表达方式在一些传统民族文化的叙事中早已存在。
3. Genette(1980)和其他结构叙事主义者的著作以及在此提出的方法有很多重合的地方。但是我们的方法是从认知语言学的角度出发,并且我们的框架基于对认知结构和过程的评定。

4. 动态雕塑是这个列表中唯一一个没有严格遵照依次展示自身不同部分这一原则的项目，因为雕塑整体无论何时都可以看到。另一种主张辩称，它的不同构形状态构成了雕塑整体的不同"部分"。
5. 虽然很大一部分时间脉络可以构建我们的经验和叙事作品，但是语言的语法形式（封闭类）限定在对其中一小部分时间脉络的表达中，比如一些典型的意义'持续''瞬时''重复''有界'——统称为"体"。
6. 此类空间特征的语言学分析细节可参阅本卷的其他章节以及其他作者的一些作品，如 Herskovits(1986)。
7. 若群体层次的心理因素在叙事本身之外被列举出来，那么它们可以被看作是共同合作的合作创作者、一个现场观众或者是一个戏剧的演员阵容。
8. 我们完全有可能有两套不同的心理附属认知子系统。一个子系统将个人所具有的心理归属于一个物质实体，而另一个子系统将一种氛围归属于一个区域。相应地，可以被概念化为两个范畴之一的某物易受这两种归属类型的影响。例如，在一个故事中，一座发生怪事的房子本身可以被看作是一个邪恶的实体（或者一座被邪恶灵魂控制的房子），或者被看作一个充斥着阴森怪诞气氛的地方。
9. 我们注意到这个参数很容易与之前的密度参数区分开。这个参数涉及一个固定的区域和成分的数量（这些成分或密集、或稀疏地分布在这个区域中）。在离散性用法中，这个参数涉及数量固定的成分以及这些成分是分散在一个特定区域中还是聚焦在这个区域内。
10. 或许存在这样的情况：在某些文化中，个体意识最突出的认知结构可能并不是与他的个人身份连续性相关联的那些经验集合，而是他所关联的较大群体的经验集合，或是他在群体中所扮演的角色的经验集合。

英汉术语对照表

1. ablative 夺格
2. ablative absolute 夺格独立语
3. ablative absolute construction 夺格独立语结构
4. absolute universal 绝对共性(特征)
5. abstract level of palpability 可触知性的抽象层面
6. abstractedness 抽象化(特征)
7. abstraction 抽象化,抽象关系
8. accent 口音
9. access path 接近路径
10. accessibility to consciousness 意识可及性
11. accommodation 适应,调变
12. accommodation pattern 适应模式
13. accompaniment 伴随行动
14. accomplishment term 完成词
15. accomplishment verb 完成动词
16. accumulation 聚合体,聚集体
17. achievement term 达成词
18. achievement verb 达成动词
19. act 动作
20. action 动作,行为,行动
21. action correlation 行动关联
22. action verb 行为动词
23. actionability 行动力
24. actionalizing 行为化
25. action-dominant language 行为主导型语言
26. activating process 激活过程
27. active-determinative principle 活性支配原则
28. activity 活动
29. activity term 活动词语
30. activity verb 活动动词;动态动词(dynamic verb)的一种,指表示动作一类的动词。
31. actor 行动者,行为者
32. actural 现实的
33. actualization 现实化
34. actualizing 行为化
35. additive/additionality 附加,添加
36. addressee 受话人,受话者
37. addressee time 受话者时间
38. addresser 发话人
39. adjunct 附加语
40. adposition 附置词
41. adpositional systems 附置词系统
42. advent path 显现路径
43. adverbial adjunct 副词性附加语
44. adverbial clause 副词性分句,状语从句
45. adverbial pro-clause 副词性代句成分
46. adversative 转折词,转折语
47. adversative conjunction 转折连词
48. affected object 受影响的宾语
49. after image 残留影像
50. agency 施事,施事性,行动者

51. agent 施事者,施事
52. agent causation 施事因果(关系)
53. agent causative 施事致使
54. agent-distal object pattern(见 emanation) 施事者远端物体模型
55. agentive 施事(性)的
56. agentive callsal chain 施事因果链
57. agentive causation 施事性因果关系
58. agentive clause 施事句
59. agentive matrix 施事矩阵
60. agentive situation 施事情景
61. agentive structure 施事结构
62. agentivity 施事性
63. agglutinating language 黏着语,黏着型语言(如芬兰语、匈牙利语、土耳其语、日语等)
64. agonist 主力体(参见 antagonist)
65. agonist demotion 主力体降格
66. aktionsart 体态
67. alignment path 直线排列路径
68. alternate 交替
69. alternation 交替形式
70. American sign language(ASL) 美国手语
71. anaphoric form 回指形式
72. anchor/anchoring 定位体,定位
73. animation 激活,有生化
74. antagonist 抗力体(参见 agonist)
75. anteriority 先前关系,前位性
76. anticipatory projection 预期投射
77. antifulfillment satellite 反向完成卫星语素
78. antisequential 反向
79. apparent motion 似动
80. approval/disapproval response 赞同/反对回应
81. approximate-precise parameter 相似-精确参数
82. argument 论元
83. argumentation 论辩
84. argument-predicate relation 论元-谓项关系
85. artificial scotoma 人造盲点
86. ascription of entityhood 实体性归属
87. aspect 体
88. aspect-causative 体致使
89. aspect system 体系统
90. aspectual type 体类型
91. assertion 断言
92. assessment 评定
93. associated attributes 关联特征,附属特征
94. association function 关联功能
95. associative 联想
96. asymmetric relations in Figure and Ground 焦点和背景的不对称关系
97. asymmetry 不对称/非对称
98. asymmetry in directedness 指向性的非不对称性
99. asymmety of motion 运动的非对称性
100. asymmetry of parts 组成部分的不/非对称性
101. atmosphere 气氛,氛围,环境
102. Atsugewi 阿楚格维语
103. attained-fulfillment verb 完全完成义动词
104. attention 注意
105. attentional system 注意系统
106. author 行为者,创作者
107. author causation 行为者因果(关系)
108. author causative 行为者致使
109. author domain(见 domain,narrative)行为者域
110. autonomous events 自发事件
111. away 离开
112. away phase 离开相位
113. axial properties 轴线特征
114. axiality 轴线性
115. Aztec 阿兹特克语
116. background (参照)背景

117. backgrounded （被）背景化
118. backgrounding 背景化
119. backward-looking 回顾
120. ballistic causation 投射体因果关系
121. ballistic causative 投射体致使
122. Bantu 班图语
123. base phase 基点相位，基础相位
124. baseline 基准线
125. baseline within a hierarchy 层级基准线
126. basic causation 基本因果关系
127. basic causative situation 基本致使情景
128. basic enabling situation （见 minimal enabling situation）基本使能情景
129. basic-divergent model 基本偏离模型
130. BE$_{LOC}$（be located）方位，位于，处所
131. beginning-point causation 初始点因果关系
132. beneficiary 受益者
133. biasing 偏好
134. bilateral symmetry 双边对称性
135. bipartite conceptualization 二元虚实概念化
136. bipartite partitioning 二元分割
137. blend 整合
138. blending type of cultural patterns 混合型文化模式
139. blockage 受阻
140. blocked complement 受阻补足语
141. blocking 力的阻碍，阻止，阻碍
142. body English 体态英语
143. borrower 借入语
144. borrowing pattern 借用模式
145. boundary 界限
146. boundary coincidence 界限重合
147. boundedness, state of （见 unboundedness）有界（状态）
148. bounding （见 debounding）有界化
149. bravado 夸口
150. bulk 形体
151. bulk neutral （见 neutrality）形体无关性
152. cancelability 可取消性
153. case hierarchy 格层级（体系）
154. case-frame setup 格框架配置
155. causal chain 致使/因果链
156. causal continuity 因果连续性
157. causal continuum 因果连续体
158. causal discontinuity 因果非连续性
159. causal domain 致使/因果域
160. causal sequence 因果序列
161. causal structure 致使结构
162. causal-chain event frame 因果链事件框架
163. causal-chain windowing 因果链视窗开启
164. causality 因果性
165. causation 因果关系
166. causative 致使（式），致使动词，致使句，致使关系
167. causative situation 致使情景
168. causativity 致使性
169. cause 使因，原因，致使
170. caused agency 致使性施事
171. caused event 受因事件
172. causee 受因者
173. causer 使因者
174. cause-result principle 因果原则
175. causing 致因，致使，使因
176. causing event 使因事件
177. causing-event causation 使因事件因果关系
178. causing-event causative 使因事件致使
179. ceive 感思
180. ception 感思
181. ceptual 感思的
182. certainty 确定性
183. chain of agency 施事链
184. chaining （见 nesting）链式嵌套
185. change 变化

186. change of state 状态变化
187. chunking（语言）板块
188. chunking 话语切分,话语划分
189. circumstance 场景
190. clarification 阐明
191. clarity 清晰度
192. classic 经典
193. clause 分句,小句,从句
194. clause conflation 分句合并
195. clause union 小句合并
196. cleft sentence 分裂句,强调句,断裂句,强调句式
197. cliff-hanger 悬宕未决的情节
198. cline 渐变体,连续体
199. closed path 封闭路径
200. closed-class 封闭类
201. closed-class elements 封闭类成分
202. closed-class forms 封闭类形式
203. closed-class semantics 封闭类语义学（见 semantics of grammar 语法语义学）
204. closure neutral 闭合度无关性
205. coactivity 共同活动
206. co-event 副事件
207. co-event gerundive 副事件动名词
208. co-event satellite 副事件卫星语素
209. co-event verb 副事件动词
210. co-extension path 共同延展路径
211. cognitive anchoring 认知锚定
212. cognitive culture system 认知文化系统
213. cognitive dynamism 认知动态论/性
214. cognitive model 认知模型
215. cognitive pattern 认知模式
216. cognitive representation 认知表征
217. cognitive splicing 认知接合
218. cognitive systems 认知系统
219. cognitivism 认知论
220. coherence 连贯
221. collective nouns 集合名词
222. combination 合并,组合
223. combinatory structure 组合结构
224. comitative 伴随格/体
225. communalism 集体主义
226. communication 交际
227. communicative goals 交际目的
228. communicative means 交际方式,交际手段
229. companion 伴随者
230. comparison frame 对比框架
231. compartmentalization type of cultural accommodation 文化调节的分类处理类型
232. competence 语言能力
233. complement 补语,补足项
234. complement structure 补语结构
235. complementizer 标补语（引导补语分句的）补语化成分
236. completive aspect 完成体
237. complex 复合体
238. complex event（参见 unitary event）复元事件
239. complex sentence 复合句
240. componential 成分组合
241. componential level 成分组合层次
242. componentialization 组合成分化
243. composite 合成体,复合的
244. composite Figure 复合焦点
245. composite Ground 复合背景
246. compound sentence 并列复合句
247. conative 意动的
248. conative verb 意动动词
249. concept structuring systems 概念构建系统
250. conception 概念,概念化
251. conceptual alternativity 概念可选性
252. conceptual coherence 概念连贯性
253. conceptual manipulation 概念加工
254. conceptual partitioning 概念分割/切分
255. conceptual representation 概念表征
256. conceptual separability 概念可分性

257. conceptual splicing 概念接合
258. conceptualization 概念化
259. concert 共同行动
260. concessive/concession 让步
261. concomitance 伴随关系（副事件与主事件的关系之一）
262. concrete level of palpability（见 palpability）可触知性具体层面
263. concurrence 共时（关系），共现
264. concurrent result 伴随结果关系
265. conditionality 条件关系，条件性
266. configuration 构型
267. configurational structure 构型结构
268. confirm 确认
269. confirmation 确认
270. confirmation satellite 确认义卫星语素
271. conflate 词化并入
272. conflation 词化并入
273. conformation（见 motion-aspect formulas）构形，几何构形
274. conjunction 连词
275. conjunctional pro-clause 连词性代句成分
276. conjunctivization 连词化
277. connective 连词，连接词
278. connective copy-cleft 连接词复写–分裂
279. connective phrase 连词短语
280. connectivity 连通性
281. consequence 结果关系（副事件与主事件的关系之一）
282. constant argument 恒定论元
283. constitutive relation 组合关系
284. construal 识解
285. constructional fictive motion 构式型虚构运动
286. content/structure parameter 内容/结构参数
287. contiguity 毗邻性
288. contingency 依存性
289. contingency principle 依存原则
290. contingent concurrence 依存性共时
291. continuous 连续的
292. continuous causation 连续因果关系
293. continuous causative chain 连续致使/因果链
294. continuous-discrete parameter 连续–离散参数
295. contour 轮廓，大体形式，相
296. controlled causation 控制性因果关系
297. conversion 转换
298. convertibility 可转换性
299. coordinate clause 并列分句
300. coordinate sentence 并列句
301. coordinating conjunction 并列连词
302. copy-cleft phrase 复写分裂短语
303. copy-cleft sentence 复写分裂句
304. core schema 核心图式
305. coreferential possessive form 共指所有格形式
306. correlation 相互关系，关联性关系
307. cosequential 同向
308. count nouns 可数名词
309. counterfactual 虚拟的，非真实的
310. CR(cognitive representation) 认知表征
311. cross-event relation 交叉事件关系
312. cross-related events 交叉关联事件
313. cultural impairment 文化损伤
314. cultural universals 文化普遍性
315. culture acquisition 文化习得
316. cycle event frame（参见 phase windowing）循环事件框架
317. cycle of culture 文化循环
318. dative 承受格，与格
319. debounding 无界化
320. decausativizing 去因果化
321. deep morpheme 深层语素（词素）
322. degree of differentiation 区分度
323. degree of manifestation 展示度

324. degree of salience 突显度
325. deictic 指示,指示词
326. deictic center 指示中心
327. deictic component of path 路径指示成分
328. deictic verb 指别动词,指示性动词
329. deictic word 指示词
330. deixis 指示语
331. demonstration 示范行动
332. demonstrative path 指示路径
333. demoted agonist 降格主力体
334. densely constrained 极度受限
335. density 密度
336. deontic modality 义务情态（参见 epistemic modality）
337. departure 出发
338. departure phase 出发相位
339. dependent variable 因变量
340. depolysemize 去多义化
341. derivation of semantic relations 语义关系派生
342. diachronic hybridization 历时混合,历时混合的过程
343. differentiation, degree of 区分度
344. diminutive 指小（的）
345. diminutive inflection （语法上）指"小"的屈折变化
346. direct 直视
347. directedness 指向性
348. direction of viewing 观察方向
349. directional constituent 方位成分
350. directional suffix 方向后缀
351. disapproval/approval response 反对/赞同回应
352. discontinuity（见 disjuncture）非连续性
353. discontinuous causation 非连续因果关系
354. discontinuous causative chain 非连续致使/因果链
355. discourse expectation 语篇期待
356. discrete 离散的
357. discretizing 离散化
358. disjunct mode of representation 离散的表征模式
359. disjunctiveness 离散性
360. disjuncture 分离
361. disposition 配置
362. disposition of a quantity 量的配置
363. distal 远距
364. distal perspective 远距离视角
365. distributed-concentrated parameter 分散-集中参数
366. distribution of an actor 行为者分布
367. distribution of attention 注意分布
368. divided self 分裂自我
369. divideness 分离状态
370. domain 认知域,域,叙事域
371. donor 借出语,源语
372. donor object 施体
373. dotting 置点
374. doublet 双式词,成对词
375. dummy 填充词,假位
376. dummy verb 形式动词,假位动词
377. durational causation 持续性因果关系
378. dyad 二元体
379. dyad formation 二元构建
380. dyadic 二元型
381. dyadic personation type 二元型角色类型
382. Dyirbal 迪尔巴尔语（使用于澳大利亚东北部的一种语言）
383. dynamic 动态（的）
384. dynamic opposition 动态对立
385. dynamism 动态性/论
386. dysphasias 失语症,言语障碍症
387. earth-based 基于地球
388. echo question 反问句
389. effected object 结果宾语,又作 object of result（结果宾语）

390. effectuating causation 已然性因果关系
391. elaboration 阐释
392. Emai 依麦语（非洲的一种语言）
393. emanation 散射型（虚构运动）
394. embedding 嵌入，内嵌
395. enablement 使能，使能关系
396. enabling causation 使能因果关系
397. enabling situation 使能情景
398. enclosure 封闭体
399. encompassive secondary reference object（参见 reference object）包围型次要参照物
400. ensuing event 随后发生的事件
401. entail 蕴涵
402. entailment 蕴涵关系
403. entity 实体
404. envelope 包络
405. epistemic modality 认识情态（参见 deontic modality）
406. epistemic sequential structure 认识顺序结构
407. equality 等同，对等
408. equational sentence 等式句，等价句
409. equi-NP deletion 等同名词短语删略，等名删除（Equi）
410. ergative 作格
411. ergative verb 作格动词
412. escapist 逃避主义
413. Euclidean "欧几里得"几何学的
414. evaluating 评价，评定
415. event 事件
416. event causation 事件因果关系
417. event complex 事件复合体
418. event frame 事件框架
419. event integration 事件融合
420. event of correlation (行动)关联事件
421. event of realization 实现事件
422. event of state change 状态变化事件
423. event of time contouring 体相事件
424. even-array model 平衡-排列模型
425. event-specifying nominals 事件具体化名词
426. evidential suffix 传信后缀
427. evidentiality 传信性
428. evidentials 传信语
429. exact reduplication 精确重叠
430. exceptive counterfactuality 虚拟例外
431. exemplar 代表
432. expectation 期待
433. experienced 体验对象
434. experienced fictive motion 体验型虚构运动
435. experiencer 体验者，感事，经历者
436. experiencer domain 经历者域
437. experiential complex 体验复合体
438. explanation types 解释类型
439. exposure type of cultural imparting 文化传承的接触类型
440. expressive forms 表情表达式
441. extendability in ungoverned direction 扩展方向不定
442. extended causation 持续因果关系
443. extended causation of motion 持续运动因果关系
444. extended causative 持续致使
445. extended causing of action 持续行动致使
446. extended causation of rest 持续静止因果关系
447. extended causing of rest 持续静止致使
448. extended letting of action 持续行动使/让
449. extended letting of motion 持续运动使/让
450. extended letting of rest 持续静止使/让
451. extended prototype verb 扩展的原型动词
452. extension, degree of extension 延展度

453. extent causation 时间段因果关系
454. extent event 时间段事件
455. extent-durational causation 时间段延续因果关系
456. external concurrent event 外部并发事件
457. external secondary reference object 外在型次要参照物
458. extertion 施加
459. extrajection 外投射
460. factive motion 事实运动
461. factive representation 事实表征
462. factive stationariness 事实静止
463. factivity 事实性
464. factual 事实的
465. factuality 事实性
466. factuality event frame 事实性事件框架
467. factuality windowing 事实性视窗开启
468. fiction 小说
469. fictive change 虚构变化
470. fictive absence 虚构缺失
471. fictive motion 虚构运动
472. fictive path 虚构路径
473. fictive presence 虚构存在
474. fictive stasis 虚构停滞
475. fictive stationariness 虚构静止
476. fictivity 虚构性
477. field based 基于参照物场的
478. field linguists 田野(调查)语言学家
479. field-based reference object 基于场境的参照物
480. figural entity 焦点实体
481. figure 焦点
482. figure entity 焦点实体
483. figure event 焦点事件
484. figure object 焦点物
485. figure-encountering path 接近焦点路径
486. figure-ground windowing 焦点背景视窗开启
487. final phase 终端相位
488. fine structure 微观结构
489. finite clause 限定分句
490. finite type 限定类型
491. Finno-Ugric 芬兰-乌戈尔语
492. first-order object 第一序列物体
493. fixity 不变
494. focus 聚焦点,强调,中心
495. focus of attention 注意焦点
496. force and causation 力与因果(关系)
497. force dynamics 力动态
498. force opposition 力对抗
499. force-dynamic complex 力动态复合体
500. foregrounded (被)前景化,前景化的
501. foregrounding 前景化
502. frame 框架
503. frame-relative motion 相对框架运动
504. framing event 框架事件
505. framing satellite 框架卫星语素
506. framing verb 框架动词
507. freeze-frame phenomenon 定格现象
508. fulfilled verb 完成义动词
509. fulfillment 完成
510. fulfillment satellite 完成义卫星语素
511. full complement 完全补足项
512. fully abstract level 完全抽象层面
513. fully concrete level 完全具体层面
514. function 功能
515. fundamental figure schema 基本焦点图式
516. fundamental ground schema 基本背景图式
517. further-event satellite 其他事件卫星语素
518. gap 视窗闭合
519. gapped 闭合视窗,视窗闭合
520. gapping 闭合视窗,视窗闭合
521. general fictivity 普遍虚构
522. general fictivity pattern 普遍虚构模式
523. general parameter 普通变量,常规参数

524. general parameters of narrative structure 叙事结构的普通变量
525. general visual fictivity 普遍视觉虚构
526. generativity 能产性,生成性
527. generic 类属
528. generic verb 类属动词
529. genericity 概括性
530. geometric complex 几何图形复合体
531. geometry 几何图式,几何结构,几何图形
532. gerund 动名词
533. gerundive 动名词
534. gerundive type 动名词类型
535. gerundive-type subordinating conjunction 动名词类从属连词
536. Gestalt 格式塔
537. Gestalt formation 格式塔化
538. Gestalt level of synthesis 格式塔合成层次
539. Gestalt psychology 格式塔心理学
540. ghost physics 幽灵物理学
541. global frame (of reference) 整体(参照)框架
542. goal 目的
543. gradient verb 梯度动词
544. gradient zone 梯度区
545. graduated 级差性
546. grammatical 语法类
547. grammatical complexes 语法复合体
548. grammatical constructions 语法构式
549. grammatical forms 语法形式
550. grammatical specifications 语法标注
551. grammatically marked cognitive operations 有语法标志的认知操作
552. granularity 精细度,颗粒度
553. ground 背景
554. ground based 基于背景的
555. ground entity 背景实体
556. ground event 背景事件
557. ground object 背景物
558. ground-based reference object 基于背景的参照物
559. guidepost-based 基于路标的
560. guidepost-based reference object 基于路标的参照物
561. Hausa 豪萨语
562. head constituency 中心词构成
563. hearer 听话人,听话者
564. hedging 模糊限制语
565. helping 助使
566. Hermann grid 赫尔曼栅格
567. heterophenomenology 异质现象学
568. hierarchy 层级体系
569. hindering 阻碍
570. Hindi 印地语
571. Hokan 霍卡语言
572. home 起源
573. home phase 初始相位
574. hybrid formation 混合形式
575. hybrid polysemy 混合多义现象
576. hybrid system 混合系统
577. hybridization 混合
578. ICM (Idealized Cognitiue Model) 理想化认知模式
579. id 本我
580. id-ego conflict 本我-自我冲突
581. id-superego conflict 本我-超我冲突
582. idealization 理想化
583. ideation 概念
584. ideational complex 概念复合体
585. ideational sequential structure 概念顺序结构
586. identifiability 可识别度
587. identificational space 身份空间
588. identity 身份
589. illocutionary act 言外行为
590. illocutionary flow 言外之力
591. illocutionary force 言外之意,言外之力

592. image-constructing processes 意象构建过程
593. imaging systems 意象系统
594. imagistic ception 意象感思
595. imitation 模仿行动
596. impingement 作用
597. implicated-fulfillment verb 隐含完成义动词
598. implicational universal 蕴含共性
599. implicature 隐含意义
600. implicit-explicit parameter 隐性-显性参数
601. implied-fulfillment verb 隐含完成义动词
602. improvisational 即兴作品（的）
603. in between 中间区域
604. in concert 一致的
605. inchoative 起始的
606. inchoative verb 起始动词
607. inclusion principle 包含原则
608. incongruity effects 不一致效果/不协调效果
609. incorporate 词化编入
610. incorporated valence 并合价
611. incorporation 词化编入
612. independent variable 自变量
613. individual 个体
614. individualism 个体主义
615. individually shared metaschema of group differentiation 个体共有的群体差异元图式
616. individually shared schema 个体共有图式
617. individually shared schema acquisition from a group 来自群体的个体共有图式习得
618. individually shared schema for group cooperation 个体共有的群体合作图式
619. individually shared schema summated over the group 个体共有的群体集合图式
620. induced agent 被诱使施事
621. induced motion 诱使运动/诱动
622. inducee 被诱使者
623. inducer 诱使者,诱导者
624. inducing agent 诱使施事
625. inducive agency 诱使性施事
626. inducive causation 诱使因果关系
627. inexact reduplication 非精确重叠
628. infinite complement 不定式补语
629. infinitival form 不定式形式
630. inflection 屈折形式
631. initial phase 初始相位
632. initial windowing 初始视窗开启
633. inner story world 内部故事世界
634. instigative agency 煽动性施事
635. instrument 工具
636. instrument causation 工具型因果关系
637. instrument causative 工具型致使
638. intended event 期望的事件
639. intended outcome 期望的结果
640. intender 意愿者
641. intending 意图
642. intensity 强度
643. intent 意图
644. intention 意向（图）
645. integration 融合
646. interlocking type of multipart relations 连接性整合关系
647. interlocutor 会话者,交际参与者
648. interrelational complex 相互关系复合体
649. interrelationship event frame 相互关系事件框架
650. interrelationship windowing 相互关系视窗开启
651. intersection 语义交叉
652. intersection type of accommodation 交叉型融合

653. intonation contour 语调升降曲线
654. intracategorial conversion 范畴内转换
655. intrinsicality 内在性
656. intrinsic-fulfillment verb 固有完成义动词
657. introject 内投射
658. introjection 内投射
659. introjection type of semantic blend 内投射型语义整合
660. intromission 插入
661. intuitive physics 直觉物理学
662. inventory 集合,库藏,清单
663. inverse form 逆转形式
664. inverse pair 逆转对子
665. inverse sentence 逆转句
666. isolating language 孤立语
667. item and arrangement 选项和排列
668. item and process 选项和过程
669. iterative 反复
670. Jívaro 希瓦罗语
671. juggling 曲解
672. junctural pause 连音停顿
673. junctural transition 连音过渡
674. juxtaposition 并置
675. Kaluli 卡鲁利语
676. Kikiyu 基库尤语
677. Klamath 克拉马斯语
678. Kwakiutl 夸扣特尔语
679. Lahu 拉祜语
680. landmark 界标,路标
681. left-dislocation 左移位
682. letting 使/让
683. level of attention 注意层次
684. level of baseline within a hierarchy 层级中的基准线层次
685. level of exemplarity 代表性层次
686. level of palpability 可触知性
687. level of particularity 具体性层级
688. levels of synthesis 合成层次
689. lexeme 词汇单位,词位
690. lexical 词汇类
691. lexical class 词汇语类
692. lexical complexes 词汇复合体
693. lexical doublets 词汇双式词
694. lexical form 词汇形式
695. lexical triplets 词汇三式结构
696. lexicalization 词汇化
697. lexicalized implicature 词汇化隐含义
698. line of sight 视线
699. linear figure 线状焦点
700. linguistic causation 语言因果
701. listener 听话人,听话者,听者
702. local frame (of reference) 局部(参照)框架
703. localizability 位置性
704. location 位置,方位
705. location of perspective point 视角点位置
706. locative 方位格,位置格
707. locative constituent 位置成分
708. locative event 方位事件
709. locution 以言指事
710. logic gaters 逻辑引导语
711. logic tissue 逻辑组织
712. macro-event 宏事件
713. macro-role 宏观角色
714. magnification 放大
715. magnitude neutral 量值无关
716. main clause 主句
717. main clause event 主句事件
718. main event 主事件
719. manner 方式,方式关系(副事件与主事件的关系之一)
720. mapping of attention 注意映射
721. mass(of material) 物量
722. mass nouns 不可数名词
723. matrix 矩阵
724. matrix clause 主句

725. matrix sentence 主句
726. matrix verb（matrix-clause verb 的简称）主句动词
727. Mayan 玛雅语
728. medial 中距,中间
729. medial phase 中间相位
730. melding 认知合并
731. mental imagery 心理意象
732. mental models 心智模型
733. mereology 分体
734. metacommunication 元交际
735. meta-entity 元实体
736. meta-Figure 元焦点
737. meta-Ground 元背景
738. meta-pattern 元模式
739. metaphor 隐喻
740. meta-schema 元图式
741. mid-level morpheme 中间层次语素
742. minimal enabling situation 最简使能情景
743. minimal pairs 最小对立体,最小音位对
744. modificational processes 修正过程
745. monad 一元体
746. monad formation（参见 dyad formation）一元构建
747. monadic 一元型
748. monadic personation type 单元型角色类型
749. monoclause 单分句
750. mood 语气,情绪
751. moot-fulfillment verb 未然完成义动词
752. morpheme 语素,词素
753. motility 运动性
754. motion 运动
755. motion event 运动事件
756. motion event frame 运动事件框架
757. motion situation 运动情境
758. motion-aspect formulas 运动-体公式
759. motivaltion 动机,理据
760. motivational sequential structure 动机顺序结构
761. motor control 运动控制
762. move 移动,运动
763. moving 运动的,移动的
764. multipart relations 多部分关系
765. multiple conflation 多重词化并入
766. multiple figures 多元焦点
767. multiple specification 多重语义解读
768. multiple-embedding 多重嵌入
769. multiplex 复元体
770. multiplexing 复元化
771. multiplexity 多元体
772. naïve physics 朴素物理学
773. narratee 听述者
774. narrative 叙事,叙事结构
775. narrative cognitive system 叙事认知系统
776. narrative structure 叙事结构
777. narrator 叙述者,叙事者
778. Navaho 纳瓦霍语
779. negative additionality 否定附加
780. nested secondary subordination 嵌套次要从属关系
781. nesting 嵌套加工,嵌套
782. neutrality 无关性
783. Nez Perce 内兹佩尔塞语
784. nominal 名词性词,名词性成分
785. nominal pro-clause 名词性代句成分
786. nominalized clause 名词化分句
787. nonactive voice 非主动语态
788. nonagentive 非施事的
789. nonagentive causation 非施事性因果关系
790. noncontiguity 非毗邻性
791. nonfinite category 非限定范畴
792. nonfinite connective 非限定连接
793. nonhead constituency 非核心词成分
794. number 数

795. object 物体，宾语
796. object maneuvering 物体操控
797. object-dominant language 事物主导型语言
798. objectivity 客观性
799. objectivization 客观化
800. obligatoriness 限制性，强制性
801. obligatory complement 强制性补足语
802. oblique case 间接格/旁格
803. oblique constituent 间接成分
804. oblique object 间接宾语
805. oblique phrase 间接短语
806. observer-based 基于观察者的
807. observer-based motion 基于观察者的运动
808. obtent 注意内容
809. occupy 占据
810. Ojibwa 奥吉布瓦语
811. online cognitive processing 在线认知加工过程
812. onset causation 初始因果关系
813. onset causing of action 初始行动致使
814. onset causing of rest 初始静止致使
815. onset letting of action 初始行动使/让
816. onset letting of motion 初始运动使/让
817. open-class forms 开放类形式
818. open path 开放路径
819. operation 加工，操作
820. optional complement 选择性补足语
821. orientation path 方向路径
822. orienting responses 定向反应
823. ostension 明示性
824. other-event satellite 其他事件卫星语素
825. outer story world 外部故事世界
826. overcoming 克服
827. over-fulfillment satellite 超然完成义卫星语素
828. overlapping systems model 系统交叉模型
829. overlapping systems model of cognitive organization 认知组织的系统交叉模型
830. overspecificity 过度细化
831. Pac Man figure 豆精灵
832. palpability 可触知性
833. palpability-related parameters 可触知性相关参数群
834. parameter 参数，变量
835. parameter of accessibility 可及性参数
836. parameter of actionability 行为力参数
837. parameter of certainty 确定性参数
838. parameter of clarity 清晰度参数
839. parameter of identifiability 可识别性参数
840. parameter of intensity 强度参数
841. parameter of localizability 定位参数
842. parameter of objectivity 客观性参数
843. parameter of palpability 可触知性参数
844. parameter of stimulus dependent 刺激依赖性参数
845. paratactic copy-cleft 并列复写分裂
846. part-for-whole representation 部分代整体的表征
847. partial overlap 部分重叠
848. participant 参与者
849. participant-interaction event frame 参与者互动事件框架
850. participant-interaction windowing 参与者互动视窗开启
851. participle clause 分词分句
852. particle 小品词
853. particular parameters 特定参数，特殊参数
854. particularity 具体性
855. partition （语义）分割
856. part-whole （relationship） 部分与整体（关系）
857. path 路径
858. path deixis 路径指示词

859. path event frame and windowing 路径事件框架及其视窗开启
860. path satellites 路径卫星语素
861. path singularity 路径奇点
862. path structure 路径结构
863. path verbs 路径动词
864. patient 受事，受事者
865. pattern 模式
866. pattern of alignment 匹配模式，对应模式
867. pattern of attention 注意模式
868. pattern paths 模式路径
869. pattern-forming cognitive system 模式形成认知系统
870. paucal 几个，指数（number）范畴的子集，系有些语言如阿拉巴语表示"几个"物体这一概念的数的范畴
871. pejorative inflection 轻蔑语屈折变化
872. percepetion 感知
873. performance 语言运用，语言行为
874. personation 角色构成
875. personation envelope 角色构式包络
876. perspectival distance 视角距离
877. perspectival location 视角位置
878. perspectival mode 视角模式
879. perspectival motility 视角的运动性
880. perspective 视角
881. perspectival sequential structure 视点顺序结构
882. perspective point 视角点，视点
883. pervasive system 普遍系统
884. phase 相位，阶段
885. phase windowing 相位视窗开启
886. phenomenological primitives 现象学本原
887. phenomenology 现象学
888. phosphene effect 光幻视效应
889. pied-piping 伴随移位
890. placement 放置
891. pleonastic 冗余
892. pleonastic satellite 赘述卫星语素
893. pleonastic verb 赘述动词
894. plexity 量级
895. pluralization 复数化
896. point event 时间点事件
897. point figure 点状焦点
898. point-durational causation 时间点延续因果关系
899. polarity 极性
900. Polynesian 波利尼西亚语
901. polysynthesis 多式综合
902. polysynthetic language 多式综合语
903. polysynthetic verb 多式综合动词
904. Pomo 波莫人（美国加利福尼亚北部的北美印第安部落），波莫人讲的霍次语
905. portion excerpting 部分抽取
906. position class 词序类别
907. posteriority 先后关系
908. potential 潜在的
909. precedence 优先级
910. precedence marking 先后次序标记
911. precision 精确性
912. precursion 先发关系（副事件与主事件的关系之一）
913. precursor-result sequence 先因后果序列
914. preselecting 预选
915. presupposition 预设
916. preterminal structure 终端前结构
917. primary circumstance 主要场景
918. primary object 首要目标
919. primary reference object 首要参照物（参见 secondary reference object）
920. principle of backgrounding according to constituent type 基于成分类型的背景化原则
921. probe 探测，探测物
922. pro-clause 代句成分
923. producer 发出者

924. producer of narrative 叙事发出者
925. profile 指向
926. pro-form 替代形式
927. progression 进行, 进程, 进展
928. projection 投射
929. projection of knowledge 知识投射
930. projector 射体
931. projector based 基于射体的
932. projector-based reference object 基于投射体的参照物
933. prominence 突显性
934. prompting event 促使事件
935. pronominalization 代词化
936. proposition 命题
937. prospect path 前景路径
938. prospective 前视
939. prototype 原型
940. prototype effect 原型效应
941. prototypicality 原型性
942. proximal 近距
943. proximal perspective 近距视角
944. pseudo-cleft sentence 假分裂句, 准分裂句
945. psychological black box 心理黑匣子
946. psychological reference 心理所指
947. psychological sequential structure 心理顺序结构
948. psychological structure 心理结构
949. punctifying 聚点化
950. punctual aspect 瞬时体
951. punctual coincidence 时间点重合
952. punctual event 时间点事件
953. purpose 目的(关系)
954. purpose forms 目的形式
955. quantification 量化
956. quasi-topological notion 准拓扑概念
957. queue-based 基于队列
958. radiation 辐射型
959. radiation path 辐射路径
960. reality status 真实性状态
961. realization 实现
962. reason 原因
963. reassurance 再确认
964. receiver 接受者
965. recipient 接受者
966. reciprocal 相互照应
967. reciprocity 相互关系
968. reconceptualization 再概念化
969. reconstitute 重建
970. recycling of culture 文化再循环
971. reduction 消减
972. reference 指称
973. reference complex 参照复合体
974. reference entity 参照实体
975. reference field 参照场
976. reference frame 参照框架
977. reference object 参照物
978. reference point 参照点
979. referent 所指, 所指事物, 所指对象
980. referential semantics 指称语义学
981. reflexive 反身形式, 反身代词
982. reflexive clitic 反身附着形式
983. reflexively dyadic 反身二元型
984. reflexively transitive 反身及物的
985. region 区域
986. reification 具体化
987. reinterpretation 重新解释
988. relational grammar 关系语法
989. relative clause 关系从句
990. relative quantity 相对量
991. relative temporal location 相对时间位置
992. replacement 置换
993. repose 休止
994. representation 表征
995. representational momentum 表征动量
996. representative 表征性的
997. resection 语义切除, 语义削减
998. resistance 抵制

999. rest 静止
1000. result 结果
1001. resultant 结果,结果状态
1002. resultative 结果体
1003. resultative complement 结果补语
1004. resulting event 结果事件
1005. resulting-event causation 结果事件因果关系
1006. resulting-event causative 结果事件致使
1007. resumptive 重述
1008. retrospective 后视
1009. return 返回
1010. return phase 返回相位
1011. reverse convertibility 逆向可转换性
1012. reverse enablement 逆向使能关系(副事件与主事件的关系之一)
1013. reverse Ground-Figure precedence 反向背景焦点优先
1014. reverse pair 逆转对
1015. role derivation 角色衍生
1016. root usage 根用法
1017. salience 显著性
1018. Samoan 萨摩亚语
1019. satellite(sat)卫星语素,卫星词,附加语(缩写为 Sat)
1020. satellite-framed 卫星框架
1021. satellite-framed languages 卫星框架语言
1022. satellite preposition 卫星语素介词
1023. satellite to the verb 动词卫星语素
1024. scene 场景
1025. scene partitioning 场景分割
1026. schema 图式
1027. schema juggling 图式歪曲,图式曲解,图式变换
1028. schematic categories 图式范畴
1029. schematic pictorial representation 图式化图像表征
1030. schematic reduction 图式化缩减
1031. schematic systems 图式系统
1032. shematization 图式化
1033. schematization process 图式化过程
1034. scope 范围
1035. scope of intention 意向范围
1036. scope of perception 感知范围
1037. script 行为图式
1038. secondary reference object 次要参照物(参见 primary reference object)
1039. secondary subordination 次要从属关系
1040. second-order meta-object 第二序列元物体(参见 first-order object)
1041. selected windows of attention 注意选择窗口
1042. selection type of cultural accommodation 文化适应的选择类型
1043. self-agentive 自我施事
1044. self-agentive causation 自我施事因果关系
1045. self-contained motion 自足运动
1046. self-direction 自我导向
1047. self-referencing event 自指事件
1048. self-referencing locative event 自指方位事件
1049. self-referencing motion event 自指运动事件
1050. semantic alignment 语义对应,语义匹配
1051. semantic borrowing 语义借用
1052. semantic causation 语义因果关系
1053. semantic conflict 语义冲突
1054. semantic envelope 语义包络
1055. semantic event 语义事件
1056. semantic primitive 语义基元
1057. semantic relations 语义关系
1058. semantic resolution 语义解决方案
1059. semantic space 语义空间,语义结构
1060. semantic structure 语义结构
1061. semantic subtraction 语义消减
1062. semantics of grammar 语法语义学(同

closed-class semantics 封闭类语义学）
1063. semelfactive 一次体,单次体
1064. semiabstract level 半抽象层面
1065. semiconcrete level 半具体层面
1066. Semitic 闪族语
1067. sender 发出者
1068. sensing 感知,感知到
1069. sensing of a reference frame 参照框架感知
1070. sensing of force dynamics 力动态感知
1071. sensing of object structure 物体结构感知
1072. sensing of path structure 路径结构感知
1073. sensing of projected paths 投射路径感知
1074. sensing of structural future 结构未来感知
1075. sensing of structural history 结构历史感知
1076. sensorimotor 感觉运动
1077. sensory modality 感知形态
1078. sensory path 感知路径
1079. sentient entities 感知实体
1080. sequence 序列
1081. sequence principle 顺序原则
1082. sequential event frame 续发事件框架
1083. sequential mode 顺序模式
1084. sequential structure 顺序结构
1085. sequentializing 顺序化
1086. serial causation 系列因果关系
1087. shadow paths 影子路径
1088. shape 形状
1089. shape neutral 形状无关
1090. Shawnee 美国肖尼族印第安人,肖尼语
1091. shift 转换,转移
1092. shifting force dynamic patterns 力动态转换模式
1093. simultaneity 同时性
1094. simple sentence 简单句
1095. simplex verb 单纯动词
1096. singhalese 僧伽罗语
1097. single-argument 单谓元
1098. singulative 单数成分
1099. site arrival 地点到达型
1100. site deixis 地点指示语
1101. site manifestation 地点显现型
1102. situated 放置,处于
1103. situation 情景
1104. source 来源格
1105. Southwest Pomo 西南波莫语
1106. spatial array 空间排列
1107. spatial disposition 空间配置
1108. spatial path domain 空间路径域
1109. spatial structure 空间结构
1110. spatiotemporal homology 时空同源性,时空同源
1111. speaker 说话人,说话者
1112. speaker-based 基于说话者
1113. specification 语义解读
1114. specificity 详略度
1115. speech-act type 言语行为类型
1116. stasis 不变,静态
1117. state 状态
1118. state change 状态变化
1119. state of boundedness 界态
1120. state of dividedness 离散性,离散状态
1121. state of progression 进行状态
1122. state term 状态词
1123. state verb 状态动词
1124. static 静态(的)
1125. staticism 静态论
1126. staticity 静止
1127. stationary 静止的
1128. steady-state force dynamic patterns 恒定力动态模式
1129. steady-state opposition 恒定对抗
1130. stimulus 刺激物

1131. stimulus-dependence 刺激依赖性
1132. story-world time 故事世界时间
1133. strata 层次，层级
1134. strength of attention 注意强度
1135. structural conformation 结构构型
1136. structural selectivity 结构选择性
1137. style 语体，文体，风格
1138. subevent 子事件
1139. subordinate clause 从句，从属分句
1140. subordinate event 从属事件
1141. subordinating conjunction 从属连词
1142. subordinating conjunctional complex 从属连词复合体
1143. subordinating conjunctional phrase 从属连词短语
1144. subordinating preposition 从属介词
1145. subordinating prepositional complex 从属介词复合体
1146. subordination 主从关系
1147. subordinator 从属词
1148. subsequence 后发关系
1149. substance neutral 物质无关
1150. substitution 替代
1151. substitution principle 替代原则
1152. superego 超我
1153. superimposition 叠加
1154. support 支撑
1155. surface complexes 表层表达复合体
1156. surpassment 超越行动
1157. Swahili 斯瓦希里语
1158. synchrony 共时性
1159. synoptic mode 全局模式
1160. synopticizing 全局化
1161. synthetic language 综合语，综合型语言
1162. synthetic structure 综合结构
1163. Tagalog 塔加拉族语
1164. Tamil 泰米尔语
1165. targeting path 目标路径
1166. telepresence 远程呈现
1167. telic 终结，有终点的
1168. temporal contouring 体相
1169. temporal inclusion 时间包含
1170. temporal sequence 时间顺序
1171. temporal structure 时间结构
1172. temporal texture 时间脉络
1173. terminalizing 终点化
1174. theme 主题，主位
1175. three-event causative chain 三事件致使链
1176. Tibeto-Burman 藏缅语
1177. token 标记
1178. token neutral 标记无关
1179. token sensitivity 标记敏感性
1180. topological 拓扑性
1181. topology 拓扑
1182. trajector 射体
1183. transition 转变
1184. transition type 转变类型
1185. transitivity envelope 及物性包络
1186. translational motion 位移运动
1187. transposition 移位
1188. trial 三数
1189. two-event causative chain 双事件致使链
1190. type-of-geometry 几何类型
1191. Tzeltal 泽尔托尔语
1192. unboundedess 无界性
1193. undergoer 受事者
1194. underfulfillment satellite 未然完成义卫星语素
1195. underspecificity 不够细化
1196. understanding system 理解系统
1197. undirectionality 单向性
1198. unintended outcome 非期望的结果
1199. uniplex 单元体
1200. unit excerpting 单元抽取，单元摘选
1201. unitary event（参见 complex event）单

元事件
1202. universal 普遍性,类性,普遍的
1203. upper form 上位形式
1204. upshot 要点
1205. vague-clear parameter 模糊-清晰参数
1206. valence 配价
1207. valence alternative 配价选择,配价变化
1208. variable 变量
1209. variant 变体
1210. variation 变体,变异,差异(性)
1211. vector 矢量
1212. vector resultant 矢量合力结果
1213. vector reversal 矢量逆转
1214. verb satellite 动词卫星语素
1215. verb-complex 动词复合体
1216. verb-framed languages 动词框架语言
1217. veridicality 真实性
1218. versatile verb 多功能动词
1219. viewing time 观察时间
1220. virtual motion 虚拟运动
1221. virtual reality 虚拟现实
1222. visual path 视觉路径
1223. volition 意志
1224. volitional agency 意志性施事
1225. volume 容器
1226. Warlpiri (亦可作 Walpiri, Warlbiri, Elpira, Ilpara 及 Wailbri)沃匹利语(沃匹利人的帕玛-努甘语言,以其相对自由的词序知名。沃匹利人为澳大利亚中北部和中部的传统游牧原住民)
1227. window 视窗开启,开启视窗
1228. window of attention 注意视窗
1229. windowed 开启视窗,视窗开启
1230. windowing 开启视窗,视窗开启
1231. windowing of attention 注意视窗开启
1232. Wintu 温图语
1233. work 作品
1234. Yana 雅拿语,雅拿人
1235. Yiddish 依地语
1236. zero-conjunction gerundive form 零连词动名词形式
1237. "zero" forms 零形式

参考文献

Aoki, Haruo. 1970. *Nez Perce grammar*. University of California Publications in Linguistics, no. 62. Berkeley: University of California Press.

Aske, Jon. 1989. Path predicates in English and Spanish: A closer look. In *Proceedings of the 15th Annual Meeting of the Berkeley Linguistics Society*. Berkeley, Calif.: Berkeley Linguistics Society.

Baker, Charlotte. 1976. Eye-openers in ASL. Paper delivered at the California Linguistics Association Conference, San Diego State University, San Diego.

Berman, Ruth, and Dan Slobin. 1994. *Relating events in narrative: A cross-linguistic developmental study*. Hillsdale, N.J.: Erlbaum.

Bowerman, Melissa. 1981. Beyond communicative adequacy: From piecemeal knowledge to an integrated system in the child's acquisition of language. In *Papers and Reports on Child Language Development*, no. 20. Stanford, Calif.: Stanford University Press.

Boyer, Pascal. 1994. Cognitive constraints on cultural representations: Natural ontologies and religious ideas. In *Mapping the mind: Domain specificity in cognition and culture*, edited by Lawrence Hirschfeld and Susan Gelman. New York: Cambridge University Press.

Brown, Penelope, and Stephen C. Levinson. 1987. *Politeness: Some universals in language usage*. New York: Cambridge University Press.

Brugman, Claudia. 1988. *The story of over: Polysemy, semantics, and the structure of the lexicon*. New York: Garland.

Bybee, Joan. 1980. What's a possible inflectional category? Unpublished paper.

———. 1985. *Morphology: A study of the relation between meaning and form*. Amsterdam: Benjamins.

Chafe, Wallace. 1970. *Meaning and the structure of language*. Chicago: University of Chicago Press.

Choi, Soonja, and Melissa Bowerman. 1991. Learning to express motion events in English and Korean: The influence of language-specific lexicalization patterns. *Cognition* 41: 83−121.

Chomsky, Noam. 1965. *Aspects of the theory of syntax*. Cambridge, Mass.: MIT Press.

Cook-Gumperz, Jenny, and John Gumperz. 1976. Context in children's speech. Unpublished paper, University of California, Berkeley.

Costello, Anne M., Gail Bruder, Carol Hosenfeld, and Judith Duchan. 1995. A structural analysis of a fictional narrative: "A Free Night." In *Deixis in narrative: A cognitive science perspective*, edited by Judith Duchan, Gail Bruder, and Lynne Hewitt. Hillsdale, N. J.: Erlbaum.

Dennett, Daniel C. 1991. *Consciousness explained*. Boston: Little, Brown.

Dixon, Robert M. W. 1972. *The Dyirbal language of North Queensland*. London: Cambridge University Press.

Ervin-Tripp, Susan. 1975. *Making cookies*, *Playing doctor*, *Tea party*. Videotapes shot for the project *Development of Communicative Strategies in Children*. Berkeley: University of California at Berkeley.

Fauconnier, Gilles, and Mark Turner. 1998. Blends. In *Discourse and cognition: Bridging the gap*, edited by Jean-Pierre Koenig. Stanford, Calif.: CSLI Publications.

Fillmore, Charles. 1975. The future of semantics. In *The Scope of American Linguistics: Papers of the First Golden Anniversary Symposium of the Linguistic Society of America*, edited by Robert Austerlitz et al. Lisse: De Ridder.

——. 1977. The case for case reopened. In *Syntax and semantics* (vol. 8): *Grammatical relations*, edited by Peter Cole and Jerrold Sadock. New York: Academic Press.

Fillmore, Charles, and Paul Kay. Forthcoming. *Construction grammar*. Stanford, Calif.: CSLI Publications.

Fleischer, Richard (director). 1966. *Fantastic voyage*. Screenplay by Harry Kleiner, from a story by Otto Klement and Jay Lewis Bixby, novelized by Isaac Asimov. Hollywood, Calif.: 20th Century Fox.

Fodor, Jerry. 1983. *Modularity of mind: An essay on faculty psychology*. Cambridge, Mass.: MIT Press.

Fraser, Bruce. 1976. *The verb-particle combination in English*. New York: Academic Press.

Gallaway, Clare, and Brian Richards, eds. 1994. *Input and interaction in language acquisition*. New York: Cambridge University Press.

Garfinkel, Harold. 1967. *Studies in ethnomethodology*. Englewood Cliffs, N. J.: Prentice Hall.

——. 1972. Studies of the routine grounds of everyday activities. In *Studies in Social interaction*, edited by David Sudnow. New York: Free Press.

Genette, Gerard. 1980. *Narrative discourse: An essay in method*, translated by Jane E. Lewin. Ithaca, N. Y.: Cornell University Press.

Gerdts, Donna B. 1988. *Object and absolutive in Halkomelem Salish*. New York: Garland.

Goffman, Erving. 1956. The nature of deference and demeanor. *American Anthropologist* 58: 473—502.

Goldberg, Adele. 1995. *Constructions: A construction grammar approach to argument structure*. Chicago: University of Chicago Press.

Greenberg, Joseph. 1961. Some universals of grammar with particular reference to the order of meaningful elements. In *Universals of language*, edited by Joseph Greenberg. Cambridge, Mass.: MIT Press.

Gruber, Jeffrey S. 1965. *Studies in lexical relations*. Doctoral dissertation, MIT. Reprinted as part of *Lexical structures in syntax and semantics*, 1976. Amsterdam: North-Holland.

Gumperz, John, and Dell Hymes, eds. 1972. *Directions in sociolinguistics: The ethnography of communication*. New York: Holt, Rinehart and Winston.

Gumperz, John, and Robert Wilson. 1971. Convergence and creolization: A case from the Indo-Aryan border. In *Pidginization and creolization of languages*, edited by Dell Hymes. Cambridge, England: Cambridge University Press.

Gurganus, Alan. 1991. *White people*. New York: Knopf.

Hamill, James F. 1990. *Ethno-logic: The anthropology of human reasoning*. Urbana: University of Illinois Press.

Has, Wojciech J. (director). 1965. *Rekopis Znaleziony W Saragossie* (The Saragossa manuscript). Polski State Film release of a Kamera production.

Heath, Jeffrey, Francesca Merlan, and Alan Rumsey, eds. 1982. *The language of kinship in Aboriginal Australia*. Sydney: Oceania Linguistics Monographs.

Heath, Shirley Brice. 1983. *Ways with words: Language, life, and work in communities and classrooms*. New York: Cambridge University Press.

Henry, O. 1903. A retrieved reformation. In *Roads of destiny*, 134–143. Garden City, N.Y.: Doubleday, Page & Co.

Herskovits, Annette. 1986. *Language and spatial cognition: An interdisciplinary study of the prepositions in English*. Cambridge, England: Cambridge University Press.

Hetzron, Robert. 1975. Where the grammar fails. *Language* 51(4): 859–872.

Hill, Jane. 1991. The production of self in narrative. Paper presented at the Second Bi-Annual Conference on Current Thinking and Research of the Society for Psychological Anthropology, October 11–13, Chicago.

Hockett, Charles. 1954. Two models of grammatical description. *Word* 10: 210–231.

Hook, Peter. 1983. The English abstrument and rocking case relations. In *Papers from the 19th Regional Meeting of the Chicago Linguistic Society*. Chicago: Chicago Linguistic Society.

Hutchins, Edwin. 1991. The social organization of distributed cognition. In *Perspectives on socially shared cognition*, edited by Lauren B. Resnick, John M. Levine, and Stephanie D. Teasley. Washington, D.C.: American Psychological Association.

———. 1993. Learning to navigate. In *Understanding practice: Perspectives on activity in context*, edited by Seth Chaiklin and Jean Lave. New York: Cambridge University Press.

Ikegami, Yoshihiko. 1985. 'Activity'-'Accomplishment'-'Achievement'—a language that can't say 'I burned it, but it didn't burn' and one that can. In *Linguistics and philosophy: Essays in honor of Rulon S. Wells*, edited by Adam Makkai and Alan K. Melby. Amsterdam: Benjamins.

Jackendoff, Ray. 1992. Is there a faculty of social cognition? In *Languages of the mind: Essays on mental representation*. Cambridge, Mass.: MIT Press.

Jefferson, Gail. 1972. Side sequences. In *Studies in social interaction*, edited by David Sudnow. New York: Free Press.

Kafka, Franz. 1936. *The* metamorphosis. In *Selected short stories of Franz Kafka*, translated by Willa and Edwin Muir, 19—89. New York: Random House.

Kahane, Claire. 1996. The *passions of the voice: Hysteria, narrative, and the figure of the speaking woman, 1850—1915*. Baltimore: Johns Hopkins University Press.

Keenan, Elinor, and Bambi Schieffelin. 1975. Foregrounding referents: A reconsideration of left-dislocation in discourse. In *Proceedings of the Second Annual Meeting of the Berkeley Linguistics Society*. Berkeley, Calif: Berkeley Linguistics Society.

Keller, J. D., and F. K. Lehman. 1991. Complex categories. *Cognitive Science* 15(2): 271—291.

Langacker, Ronald W. 1987. *Foundations of cognitive grammar*. 2 vols. Stanford, Calif.: Stanford University Press.

Lave, Jean. 1988. *Cognition in practice: Mind, mathematics, and culture in everyday life*. New York: Cambridge University Press.

Levinson, Stephen C. 1983. *Pragmatics*. Cambridge, England: Cambridge University Press.

Lexer, Matthias. 1966. *Matthias Lexers Mittelhochdeutsches Taschenworterbuch*. Stuttgart: S. Hirzel Verlag.

Li, Charles, and Sandra Thompson. 1976. Development of the causative in Mandarin Chinese: Interaction of diachronic processes in syntax. In *The grammar of causative constructions*, edited by Masayoshi Shibatani. New York: Academic Press.

Li, Fengxiang. 1993. *A diachronic study of V-V compounds in Chinese*. Unpublished doctoral dissertation, State University of New York at Buffalo.

Linde, Charlotte. 1993. *Life stories: The creation of coherence*. New York: Oxford University Press.

Lindner, Susan. 1981. *A lexico-semantic analysis of English verb particle constructions with* out *and* up. Unpublished doctoral dissertation, University of California, San Diego.

Matisoff, James A. 1973. *The grammar of Lahu*. University of California Publications in Linguistics, no. 75. Berkeley: University of California Press.

Matsumoto, Yo. 1991. On the lexical nature of purposive and participial complex motion predicates in Japanese. In *Proceedings of the 17th Annual Meeting of the Berkeley Linguistics Society*. Berkeley, Calif.: Berkeley Linguistics Society.

McCawley, James. 1968. Lexical insertion in a transformational grammar without deep structure. In

Papers from the Fourth Regional Meeting of the Chicago Linguistic Society. Chicago: Department of Linguistics, University of Chicago.

——. 1971. Prelexical syntax. In *Monograph Series on Languages and Linguistics*. 22nd Annual Roundtable. Washington, D. C.: Georgetown University Press.

Minoura, Yasuko. 1992. A sensitive period for the incorporation of a cultural meaning system: A study of Japanese children growing up in the United States. *Ethos* 20(3): 304—339.

Murdock, George Peter. 1965. The common denominator of cultures. In *Culture and society*. Pittsburgh: University of Pittsburgh Press.

Ozhegov, Sergei. 1968. Slovar'russkovo jazyka. Sovetskaja Enciklopedia, pub.

Pinker, Steven. 1994. *The language instinct*. New York: Morrow.

Postal, Paul. 1976. Linguistic anarchy notes. In *Notes from the Linguistic Underground (Syntax and Semantics* vol. 7), edited by James D. McCawley. New York: Academic Press.

Pustejovsky, James. 1993. Type coercion and lexical selection. In *Semantics and the lexicon*. Dordrecht: Kluwer.

Quinn, Naomi, and Claudia Strauss. 1993. A cognitive framework for a unified theory of culture. Unpublished manuscript.

Sacks, Harvey, Emanuel Schegloff, and Gail Jefferson. 1974. A simplest systematics for the organization of turn-taking for conversation. *Language* 50(4): 696—735.

Schachter, Paul, and Fe T. Otanes. 1972. *Tagalog reference grammar*. Berkeley: University of California Press.

Schaefer, Ronald. 1988. Typological mixture in the lexicalization of manner and cause in Emai. In *Current approaches to African linguistics* (vol. 5), edited by Paul Newman and Robert Botne. New York: Foris Publications.

——. In press. Talmy's schematic core and verb serialization in Emai: An initial sketch. In *Proceedings of the First World Congress on African Linguistics*, edited by R. K. Herbert and E. G. L. Kunene. Johannesburg: University of Witwatersrand.

Schieffelin, Bambi. 1979. *How Kaluli children learn what to say, what to do, and how to feel: An ethnographic study of the development of communicative competence*. Unpublished doctoral dissertation, Columbia University.

Schlicter, Alice. 1986. The origins and deictic nature of Wintu evidentials. In *Evidentiality: The linguistic coding of epistemology*, edited by Wallace Chafe and Johanna Nichols. Norwood, N. J.: Ablex.

Searle, John. 1969. Speech acts: *An essay in the philosophy of language*. London: Cambridge University Press.

Slobin, Dan I. 1985. Cross linguistic evidence for the language-making capacity. In *The crosslinguistic study of language acquisition: Theoretical issues* (vol. 2), edited by Dan I. Slobin. Hillsdale, N. J.: Erlbaum.

——. 1996. The universal, the typological, and the particular in acquisition. In *The crosslinguistic study of language acquisition* (vol. 5): *Expanding the contexts*, edited by Dan I. Slobin. Mahwah, N. J.: Erlbaum.

——. 1997. Mind, code and text. In *Essays on language function and language type: Dedicated to T. Givon*, edited by J. Bybee, J. Haiman, and S. A. Thompson. Amsterdam: Benjamins.

Slobin, Dan I., and N. Hoiting. 1994. Reference to movement in spoken and signed languages: Typological considerations. In *Proceedings of the 20th Annual Meeting of the Berkeley Linguistics Society*. Berkeley, Calif.: Berkeley Linguistics Society.

Spielberg, Stephen (director). 1993. *Schindler's list*. Hollywood, Calif.: Universal Pictures.

Supalla, Ted. 1982. *Structure and acquisition of verbs of motion and location in American Sign Language*. Unpublished doctoral dissertation, University of California, San Diego.

Talmy, Leonard. 1972. *Semantic structures in English and Atsugewi*. Doctoral dissertation, University of California, Berkeley.

——. 1975a. Figure and ground in complex sentences. In *Proceedings of the First Annual Meeting of the Berkeley Linguistics Society*. Berkeley, Calif.: Berkeley Linguistics Society.

——. 1975b. Semantics and syntax of motion. In *Syntax and semantics* (vol. 4), edited by John P. Kimball. New York: Academic Press.

——. 1976a. Communicative aims and means—synopsis. *Working Papers on Language Universals* 20: 153—185. Stanford, Calif.: Stanford University.

——. 1976b. Semantic causative types. In *Syntax and semantics* (vol. 6): *The grammar of causative constructions*, edited by Masayoshi Shibatani. New York: Academic Press.

——. 1977. Rubber-sheet cognition in language. In *Papers from the 13nd Regional Meeting of the Chicago Linguistic Society*. Chicago: Chicago Linguistic Society.

——. 1978a. Figure and ground in complex sentences. In *Universals of human language* (vol. 4): *Syntax*, edited by Joseph H. Greenberg. Stanford, Calif.: Stanford University Press.

——. 1978b. Relations between subordination and coordination. In *Universals of human language* (vol. 4): *Syntax*, edited by Joseph H. Greenberg. Stanford, Calif.: Stanford University Press.

——. 1978c. The relation of grammar to cognition—a synopsis. In *Proceedings of TINLAP-2*, edited by David Waltz. New York: Association for Computing Machinery.

——. 1982. Borrowing semantic space: Yiddish verb prefixes between Germanic and Slavic. In *Proceedings of the Eighth Annual Meeting of the Berkeley Linguistics Society*. Berkeley, Calif.: Berkeley Linguistics Society.

——. 1983. How language structures space. In *Spatial orientation: Theory, research, and application*, edited by Herbert L. Pick, Jr., and Linda P. Acredolo, 225—282. New York: Plenum Press.

——. 1985a. Force dynamics in language and thought. In *Papers from the 21st Regional*

Meeting of the Chicago Linguistic Society. Chicago: Chicago Linguistic Society.

——. 1985b. Lexicalization patterns: Semantic structure in lexical forms. In *Language typology and syntactic description* (vol. 3): *Grammatical categories and the lexicon*, edited by Timothy Shopen. Cambridge, England: Cambridge University Press.

——. 1987. Lexicalization patterns: Typologies and universals. Berkeley Cognitive Science Report 47. Berkeley: Cognitive Science Program, University of California.

——. 1988a. Force dynamics in language and cognition. *Cognitive Science* 12:49—100.

——. 1988b. The relation of grammar to cognition. In *Topics in cognitive linguistics*, edited by Brygida Rudzka-Ostyn. Amsterdam: Benjamins.

——. 1991. Path to realization: A typology of event conflation. In *Proceedings of the 17nd Annual Meeting of the Berkeley Linguistics Society*. Berkeley, Calif.: Berkeley Linguistics Society.

——. 1995a. The cognitive culture system. *The Monist* 78: 80—116.

——. 1995b. Narrative structure in a cognitive framework. In *Deixis in narrative*: *A cognitive science Perspective*, edited by Gail Bruder, Judy Duchan, and Lynne Hewitt. Hillsdale, N.J.: Erlbaum.

——. 1996a. Fictive motion in language and "ception." In *Language and space*, edited by Paul Bloom, Mary Peterson, Lynn Nadel, and Merrill Garrett. Cambridge, Mass.: MIT Press.

——. 1996b. The windowing of attention in language. In *Grammatical constructions*: *Their form and meaning*, edited by Masayoshi Shibatani and Sandra Thompson. Oxford: Oxford University Press.

——. In press. Lexicalization patterns. In *Language typology and syntactic description*, 2nd ed., edited by Timothy Shopen. Cambridge, England: Cambridge University Press.

Tomasello, Michael, Ann Cale Kruger, and Hillary Horn Ratner. 1993. Cultural learning. *Behavioral and Brain Sciences* 16(3): 495—552.

Vendler, Zeno. 1967. *Linguistics and philosophy*. Ithaca, N.Y.: Cornell University Press.

Warhol, Andy (director). 1964. *Empire*. New York: Andy Warhol Films.

——. 1969. *Blue movie*. New York: Andy Warhol Films.

Weinreich, Max. 1980. *History of the Yiddish language*. Chicago: University of Chicago Press.

Weinreich, Uriel. 1952. Tsurik tsu aspektn. *Yidishe Shprakh* 12: 97—103.

——. 1953. *Languages in contact*. New York: Linguistic Circle of New York.

——. 1968. *Modern English-Yiddish Yiddish-English dictionary*. New York: YIVO Institute for Jewish Research.

Whorf, Benjamin Lee. 1956. *Language, thought, and reality*. Cambridge, Mass.: MIT Press.

Wilkins, David P. 1988. Switch-reference in Mparntwe Arrernte: Form, function, and problems of identity. In *Complex sentence constructions in Australian languages*, edited by P. Austin. Amsterdam: Benjamins.

———. 1989. *Mparntwe Arrernte: Studies in the structure and semantics of grammar.* Unpublished doctoral dissertation, Australian National University, Canberra.

———. 1991. The semantics, pragmatics, and diachronic development of 'associated motion' in Mparntwe Arrernte. *Buffalo Papers in Linguistics* 91(1): 207—257. State University of New York at Buffalo.

———. 1993. Linguistic evidence in support of a holistic approach to traditional ecological knowledge: Linguistic manifestations of the bond between kinship, land, and totemism in Mparntwe Arrernte. In *Traditional ecological knowledge: Wisdom for sustainable development*, edited by N. Williams and G. Baines. Canberra: CRES Publications.

Wolkonsky, Catherine, and Marianne Poltoratzky. 1961. *Handbook of Russian roots.* New York: Columbia University Press.

Woolf, Virginia. 1944. *A haunted house and other short stories.* New York: Harcourt, Brace.

Woolf, Virginia. 1948. *The voyage out.* New York: Harcourt, Brace & World.

Zakharova, A. V. 1958. Acquisition of forms of grammatical case by preschool children. In *Studies of child language development*, edited by Charles Ferguson and Dan I. Slobin. New York: Holt, Rinehart and Winston.

Zborowski, Mark, and Elizabeth Herzog. 1952. *Life is with people: The Jewish little-town of Eastern Europe.* New York: International Universities Press.

Zelazny, Roger. 1971. *The doors of his face, the lamps of his mouth and other stories.* Garden City, N. Y.: Doubleday.